WERNER KRAFFT

Das betriebliche Vorschlagswesen als Gruppenaufgabe und Gruppenproblem

NÜRNBERGER ABHANDLUNGEN
ZU DEN WIRTSCHAFTS- UND SOZIALWISSENSCHAFTEN

Herausgegeben von Prof. Dr. Hermann Eichler, Prof. Dr. Hanns Linhardt,

Prof. Dr. Theodor Scharmann, Prof. Dr. Dr. Walter Weddigen

Verantwortlicher Herausgeber: Th. Scharmann

Heft 23

Das betriebliche Vorschlagswesen als Gruppenaufgabe und Gruppenproblem

Ein Beitrag zur Sozialpsychologie im Betrieb

Von

Dr. Werner Krafft

DUNCKER & HUMBLOT · BERLIN

Gedruckt 1966 bei Alb. Sayffaerth, Berlin 61
Printed in Germany
n 2

Meinem Vater und meinem Schwiegervater
in Dankbarkeit zugeeignet

Inhaltsverzeichnis

Vorwort

Das betriebliche Vorschlagswesen gehört auch heute noch zu den meist umstrittenen Maßnahmen der Arbeitsrationalisierung und Produktivitätssteigerung im industriell und bürokratisch organisierten Betrieb der Gegenwart. Während die Befürworter dieser Institution in oftmals geradezu enthusiastischer Weise den innerbetrieblichen Ideenwettbewerb als eines der wirkungsvollsten Mittel sozialer Rationalisierung und Menschenführung im Betrieb propagieren, lehnen die Gegner derartige Einrichtungen ebenso entschieden mit der Begründung ab, daß der Vorteil im Erfolgsfalle nicht dem Erfinder zugutekomme, sondern der unkontrollierten Ausbeutung von Arbeitnehmererfindungen durch die Betriebsleitung diene. Dieser Gegensatz der Auffassungen wird sich zumindest solange nicht überbrücken lassen, als das betriebliche Vorschlagswesen lediglich unter zweckrational-ökonomischen Gesichtspunkten der Leistungs- und Gewinnmaximierung und als rein individuelles Anliegen einzelner Betriebsangehöriger gesehen wird, die ihre Verbesserungsvorschläge als Einzelleistungen einer unpersönlichen Bewertung durch eine anonyme Prüfungsinstanz überlassen müssen, ohne selbst auf den Fortgang dieser Prüfung und die Auswertung ihrer Vorschläge Einfluß nehmen zu können. Der Autor dieses Buches, mit dem ich seit seinen Studienjahren in einem intensiven theoretischen und praktischen Erfahrungsaustausch über die Problematik des betrieblichen Vorschlagswesens stehe, sucht diesem Dilemma dadurch zu entgehen, daß er in einer durchaus eigenständigen Konzeption anstelle der individualistischen und zugleich bürokratisch-anonymen Handhabung des Laien- und Arbeitnehmererfindungswesens den Vorschlag eines offenen, demokratischen und teamartigen Gedankenwettbewerbs als institutioneller Grundlage des Vorschlagswesens — das „Gruppenvorschlagssystem" — entwickelt. Zwar spricht Krafft dem heute noch überwiegend angewandten Einzelvorschlagssystem seine Berechtigung nicht ab, aber er vermag doch überzeugend nachzuweisen, daß ohne die psychologisch und sozialpsychologisch fundierte Anpassung der Organisation des betrieblichen Vorschlagswesens an die personalen und sozialen Bedürfnisse der Menschen im modernen Betrieb „geradezu mit peinlicher Genauigkeit das Gegenteil von dem erreicht würde, was das betriebliche Vorschlagswesen eigentlich bewirken sollte: einen weiteren Schritt zu einer Form der Zusammenarbeit und des Zusammenlebens im Betrieb, die auf dem Prinzip einer durch Gruppen- und

Teamarbeit realisierten *‚teilnehmenden Mitarbeit‘* beruht und die das *Mitwissen, Mitdenken* und *Mithandeln* und damit auch das *Mitverantworten* auf allen Stufen der Betriebshierarchie umfaßt...“

Der Autor macht sich die Lösung seiner Aufgabe, für deren Bewältigung er als Betriebswirt und Betriebspraktiker, als Sozialwissenschaftler und Personalleiter besonders prädestiniert ist, nicht leicht. Nach einer systematisch gegliederten Übersicht über die verschiedenen Formen und Anwendungsmöglichkeiten des freiwilligen Ideenwettbewerbs im Betrieb, gibt er zunächst eine betriebs- und arbeitswissenschaftliche Standortbestimmung des Vorschlagswesens, dessen institutionellen und funktionellen Einbau in die Organisation des modernen Betriebes er ebenso eingehend untersucht wie die Geschichte seiner Entstehung, die zugleich eine Geschichte der Arbeits- und Betriebspsychologie von Taylor und Gilbreth bis Hellpach und Herwig, von Elton Mayo bis Georges Friedmann ist. Erst nachdem er diese grundsätzlichen psychologischen und sozialpsychologischen, last not least soziologischen Voraussetzungen des betrieblichen Vorschlagswesens aufgezeigt hat, geht Krafft dazu über, im dritten und umfassenden Abschnitt seines Buches sein Hauptanliegen darzustellen: Die Gestaltung des betrieblichen Vorschlagswesens mit Hilfe sozial- und gruppenpsychologischer Erkenntnisse.

Er zeigt dabei anhand empirischen Materials aus der bisherigen Forschung, daß die Anwendung der Prinzipien der „Gruppenpflege im Betrieb“ auf das Vorschlagswesen diese Institution nicht nur produktiver im wirtschaftlichen Sinne macht, sondern daß sie auch zu einer von den Vertretern beider Sozialkontrahenten kontrollierten Verbesserung der mitmenschlichen Beziehungen im Betrieb beiträgt. Aber bei allem Verständnis für die persönlichen und sozialen Bedürfnisse der Arbeiter und Angestellten, die im industriell-bürokratisch organisierten Unternehmen mit seiner unpersönlichen Betriebsverfassung und seinem anonymen Arbeitsreglement mehr denn je der Gefahr „seelischer Unterernährung“ (Richard F. Behrend) ausgesetzt sind, verliert der Autor als Betriebspraktiker den ökonomisch-wirtschaftlichen Aspekt des Vorschlagswesens nie aus dem Auge und gerät so gar nicht erst in die Gefahr der Betriebsromantik, der manche „Human relations“-Experten nur zu leicht verfallen, wenn sie das betriebliche Vorschlagswesen als Mittel zur Lösung legitimer sozialer Konflikte mißverstehen.

Kraffts umsichtige und theoretisch wie praktisch gleicherweise fundierte Darstellung der wirtschaftlichen und sozialpolitischen Problematik des betrieblichen Vorschlagswesens und seiner psychosozialen Implikationen macht freilich auch eines mit aller Deutlichkeit klar: Die Notwendigkeit weiterer empirischer und theoretischer Bemühungen der einschlägigen wissenschaftlichen Disziplinen gemeinsam mit den Betrieben und Unternehmensleitungen. Es bedarf insbesondere noch sehr umfassender und exakter vergleichender Forschung auf dem Gebiete des Einzel- und des Gruppenvorschlagswesens, um die Vor- und Nachteile beider Systeme des innerbetrieblichen Ideenwettbewerbes und der Mitarbeiterwerbung abzuwägen, denn unsere faktischen Kenntnisse sind noch dürftig. Diese Forschungen sind freilich nicht nur unter institutionellen Gesichtspunkten zu betreiben, sondern mit dem Ziel, die objektiven Wechselwirkungen kritisch zu analysieren, die zwischen den auf zweckrationalem Kalkül beruhenden Bestrebungen der Unternehmensleitungen zur Produktivitätssteigerung einerseits und den ebenso maßgeblichen Bedürfnissen der Menschen im modernen Betrieb nach Kooperation und Solidarität andererseits entstehen, und zwar gerade in diesem spezifischen Zwischenbereich ökonomischer und sozialer Rationalisierung.

Erlangen-Nürnberg, im Mai 1966

Theodor Scharmann

Vorbemerkung

Während meines Studiums in den Jahren 1955 bis 1959 an der heutigen Fakultät für Wirtschafts- und Sozialwissenschaften der Universität Erlangen-Nürnberg, bin ich erstmals mit der Wirtschafts- und Sozialpsychologie in Berührung gekommen. Die daraus gewonnenen Erkenntnisse von der personalen und sozialen Strukturiertheit des Menschen, der als Person unsere Wirtschafts-, Gesellschafts- und Kulturordnung formt, als soziales Wesen sich aber gleichzeitig ihren Gesetzen, Denknormen und Handlungsweisen anzupassen hat, veranlaßten mich zu einer vertieften Beschäftigung mit theoretischen und praktischen psychologischen Fragen.

Die von Herrn Professor Dr. Theodor Scharmann, Nürnberg, vertretene Auffassung von der sozial-individualen Verschränkung der Person, die den Menschen nicht nur als Einzelwesen, sondern auch als Sozialperson im Schnittpunkt zahlreicher sozialer Gruppen sieht, hat mich angeregt, mich mit den durch diesen Prozeß sich bildenden Handlungs- und Verhaltensweisen näher zu befassen und auf eine bisher zu einseitig technisch-ökonomische, aber auch individual-psychologisch ausgerichtete Organisationsform im Betrieb zu projizieren: *das betriebliche Vorschlagswesen.*

Inzwischen bemühen sich Wissenschaft und Praxis in zunehmendem Maße um den arbeitenden Menschen, der im Mittelpunkt des betrieblichen Geschehens steht und dessen Handeln und Verhalten durch den ständigen technischen, wirtschaftlichen und sozio-kulturellen Wandel beeinflußt und geprägt wird, der aber durch seine schöpferische Aktivität ebenso handelnd und gestaltend in diese Prozesse eingreift und damit zu diesem Wandel beiträgt. Auch im Betrieb, der hier als technisch-ökonomisch-soziale Leistungseinheit gesehen wird, werden Zusammenarbeit und Zusammenleben von Verhaltensweisen geprägt, die motiviert sind aus Bedürfnissen, die der arbeitende Mensch als Einzelperson und Gruppenmitglied empfindet und erfährt, so daß erst die sozial-individuale Verschränkung des einzel- und zwischenmenschlichen Handelns und Verhaltens im Betrieb, zu der Synthese zwischen technisch-wirtschaftlicher Rationalität und menschlich-sozialer Befriedigung führen kann.

Die Einbeziehung der Gruppenarbeit und des Teamwork beim betrieblichen Vorschlagswesen erscheint geeignet, diesen Prozeß der sozial-individualen Integration mit seinen Teilvorgängen der sozialen Prägung, der Selbstentfaltung und der Persönlichkeitsentwicklung zu unterstützen, um durch das gemeinsame *Mitwissen, Mitdenken* und *Mithandeln,* die aktive *Mitbeteiligung* und *Mitverantwortung* möglichst vieler *Mitarbeiter* am Betriebsgeschehen zu bewirken.

Für die Anregung zu meiner Arbeit und ihre Betreuung gilt mein besonderer Dank meinem hochverehrten Lehrer, Herrn Professor Dr. Theodor Scharmann, sowie meinen übrigen Lehrern der ehemaligen Nürnberger Hochschule für Wirtschafts- und Sozialwissenschaften.

Desgleichen gilt mein Dank den Inhabern der Firma Kugelfischer Georg Schäfer & Co., Schweinfurt, aber auch allen Firmen, Institutionen und sonstigen Verbänden, die mich bei der Materialsammlung unterstützt haben.

Dank sagen möchte ich aber auch nicht zuletzt meiner lieben Frau für ihr Verständnis während der berufsbedingten langen Vorbereitungszeit.

Wuppertal, im Frühjahr 1966

Werner Krafft

Einführung

Problemstellung der Arbeit

Das betriebliche Vorschlagswesen ist zwar zu einer allgemein anerkannten Einrichtung im Wirtschaftsleben geworden und hat sich trotz immer wieder auftretender Bedenken und Meinungsverschiedenheiten behauptet; in den Betrieben selbst sind aber seine Anwendungsmöglichkeiten von den Beteiligten noch viel zu wenig erkannt und ausgenutzt. Dabei soll es die arbeitenden Menschen zu einer aktiveren Teilhabe und Teilnahme am Betriebsgeschehen — zur *Mitarbeit* — anregen und ihnen insbesondere Ansatzpunkte für ihr *Mitdenken* geben. Durch die Teilnahme am betrieblichen Vorschlagswesen soll jeder Betriebsangehörige die Möglichkeit haben Verbesserungsvorschläge einzureichen, d. h., sich mit eigenen Ideen an der Verbesserung und Vereinfachung der Betriebsaufgaben zu beteiligen, um dafür in entsprechender Form belohnt zu werden. Dieses produktive, schöpferische Denken ist für den gesamten menschlichen Fortschritt von grundlegender Bedeutung, denn „am Beginn allen Planens und Handelns steht die Idee. Sie ist der Ausgangspunkt jeden menschlichen Tätigwerdens und damit auch jeder *wirtschaftlichen* Tätigkeit" (Krauss, *156*, S. 36). Auch die Unternehmung beruht auf dem Wirken schöpferischer Kräfte, derer sie nicht nur bei ihrer Gründung, sondern auch immer wieder im Laufe ihrer weiteren Existenz bedarf; wobei die Erbringung schöpferischer Leistungen keineswegs einem bestimmten Personenkreis vorbehalten, sondern auf allen Stufen der betrieblichen Hierarchie notwendig und möglich ist (Ulrich, *339*). Eine solche Mobilisierung der Ideenreserven im Betrieb ist im Grunde die Aufgabe des betrieblichen Vorschlagswesens, ausgehend von der Erkenntnis, daß „keiner so klug sein kann wie alle" (Höckel, *122*), dabei aber nicht nur auf den rein wirtschaftlichen Zweck, sondern auch auf das menschlich-soziale Verhalten abzielend.

In seinen Anfängen hat man allerdings das betriebliche Vorschlagswesen fast ausschließlich als Mittel zur Leistungssteigerung im Zuge der fortschreitenden Rationalisierung angesehen; man bewertete es als eine rein wirtschaftliche Einrichtung, der lediglich das Rentabilitätsstreben, also ein reines Erfolgsdenken zugrunde lag[1]. Man ahnte zwar,

---

[1] Zum Begriff der „Rentabilität" in der Betriebswirtschaftslehre, vgl. *Rieger* (*260*, S. 64 ff.) sowie *Schäfer* (*274*, S. 309/10).

daß hierfür gerade im Betrieb „die wertvollsten Helfer zu finden sind, deren Erfahrung und praktisches Wissen genutzt werden sollten" (Stehle, *319*, S. 217), ließ aber dieses Mitdenken und Mithandeln nur vom Standpunkt der technisch-ökonomischen Zweckrationalität und als ein Mittel zur technologischen Rationalisierung des Betriebes gelten.

Dieser rein technisch-ökonomische Aspekt wurde zum Leitbild dieser Einrichtung. Die psychologisch-soziologischen Probleme, die bei den Maßnahmen des betrieblichen Vorschlagswesens in so vielfältiger Form auftreten, wurden zunächst kaum beachtet, obwohl gerade diese Institution, wie die Arbeit noch nachzuweisen hat, aus vielerlei Gründen den menschlich-sozialen Lebens- und Betriebsbereich in besonderem Maße beeinflußt.

Inzwischen hat sich die Auffassung, daß der Betrieb nur ein zweckrationales Gebilde von Menschen und Sachen sei, grundlegend gewandelt, wozu insbesondere die neueren betriebspsychologischen und industrie- bzw. betriebssoziologischen Untersuchungen und die daraus gewonnenen praktischen Erkenntnisse beigetragen haben[2]. Auch der

---

[2] Die nachstehend aufgeführten Werke sind nur ein Teil der in den letzten Jahren erschienenen betriebspsychologischen und -soziologischen Literatur, wobei die Aufzählung nach dem Erscheinungsjahr erfolgt:

Scherke, Felix: Betriebspsychologie, Berlin 1948.

Mayer, Arthur: Die soziale Rationalisierung des Industriebetriebes, München 1951.

Miller, D. C. und *Form*, W. H.: Unternehmung, Betrieb und Umwelt (Org.: Industrial Sociology, An Introduction to the Sociology of Work Relations, New York 1951), Deutsche Ausgabe bearbeitet von K. G. *Specht* (Übersetzt von J. *Stemmle)*, Köln und Opladen 1957.

Scherke, Felix: Soziale Betriebsgestaltung. In: „Nürnberger Abhandlungen" (Heft 1, Berlin 1952 [Herausgeber: H. *Proesler*]).

Heitbaum, Heinrich: Psychologie im Betrieb, Köln 1952.

Scharmann, Theodor: Betriebsorganisation und Gruppenpflege. In: „Soziale Welt", Dortmund, Jahrgang 4, Heft 2/1953, S. 130—142.

Derselbe: Die Gruppe im Betrieb. In: *Paul* und *Steinmetz* (Hrsg.), „Die Gruppe im Betrieb", Dortmund 1953, S. 53—76.

Schelsky, Hellmut: Industrie- und Betriebssoziologie. In: „Soziologie", Lehr- und Handbuch zur modernen Gesellschaftskunde, Herausgeber: A. *Gehlen* und H. *Schelsky*, Düsseldorf—Köln 1955.

Scherke, Felix: Die Arbeitsgruppe im Betrieb, Wiesbaden 1956.

Scharmann, Theodor: Arbeit und Beruf, Tübingen 1956.

Neuloh, Otto: Die deutsche Betriebsverfassung und ihre Sozialformen bis zur Mitbestimmung, Tübingen 1956.

Dahrendorf, Ralf: Industrie- und Betriebssoziologie (Sammlung *Göschen* [Band 103]), Berlin 1956.

Grössle, Heinz K.: Der Mensch in der industriellen Fertigung, Wiesbaden 1957.

Popitz, H., *Bahrdt*, H. P., *Jüres*, E. A. und *Kesting*, H.: Das Gesellschaftsbild

Betrieb wird als ein Ganzes gesehen, das mehr ist, als die Summe seiner Teile, nämlich der Menschen und Sachen. Er ist „eine technisch-ökonomisch-soziale Einheit“ (Mellerowicz, *212*, S. 87) und wird seinen Zweck, die optimale Leistungserstellung, nur dann erfüllen, wenn die dauernden Wechselwirkungen zwischen den Anforderungen und Gegebenheiten der verschiedenen betrieblichen Bereiche[3] oder Ordnungsprinzipien[4], auf einen gemeinsamen Nenner gebracht werden. Damit tritt neben die rein technisch-ökonomische Auffassung die Beachtung des Menschlich-Sozialen im Betriebsgeschehen, die Anerkennung des Betriebes als eines sozialen Gebildes, in dem sich ständig Prozesse zwischenmenschlichen Geschehens vollziehen[5]. Rationalisierung und

---

des Arbeiters (Soziologische Untersuchungen in der Hüttenindustrie), Tübingen 1957.

Mayntz, Renate: Die soziale Ordnung des Industriebetriebes, Stuttgart 1958.

Atteslander, Peter: Konflikt und Kooperation im Industriebetrieb, Köln und Opladen 1959.

Dahrendorf, Ralf: Sozialstruktur des Betriebes, Wiesbaden 1959.

Gerwig, Ernst: Die soziologische Struktur des Industriebetriebes, Zürich und Stuttgart 1960.

Handbuch der Psychologie, 9. Bd.: Betriebspsychologie (Hrsg. Arthur *Mayer* und Bernhard *Herwig*), Göttingen 1961.

Kellner, Wolfgang: Der moderne soziale Konflikt, Stuttgart 1961.

Veröffentlichungen der Walter-Raymond-Stiftung „Der Mensch im Betrieb“ (Bd. 2 und 3), Köln und Opladen 1962.

Fürstenberg, Friedrich: Grundfragen der Betriebssoziologie, Köln und Opladen 1964.

Ackermann, Albert: Das Unternehmen in psychologischer Sicht, München 1964.

[3] Christian *Gasser* nennt drei betriebliche „Sphären“: die technische, die wirtschaftlich-kalkulatorische und die menschlich-gesellschaftliche, „die untrennbar ineinander verwoben sind“ (*76*, S. 16 ff.; vgl. auch seinen Aufsatz „Der Mensch ist unteilbar“. In: „Fortschrittliche Betriebsführung“, Darmstadt, 12. Jahrgang, Heft 3/1963, S. 76).

[4] Vgl. dazu *Atteslander* (*4*, S. 14 und 28 ff.), der von einem technischen, wirtschaftlichen und sozialen Ordnungsprinzip spricht, die das Betriebsgeschehen unablässig formen.
Siehe auch *Ziegenfuss* (*364*, S. 25 ff.).

[5] Wolfgang *Kellner* zitiert in seinem Buch „Der moderne soziale Konflikt“ (*136*, S. 75), im Abschnitt über die Entstehungsgeschichte der Betriebssoziologie Heinrich *Lechtape*, dessen Buch „Die menschliche Arbeit als Objekt der wissenschaftlichen Sozialpolitik“, Jena 1929, er zu einem bemerkenswerten Werk der theoretischen Betriebssoziologie rechnet. *Lechtape* spricht darin bereits vom Betrieb als einem „sozialen Gebilde“ und führt dazu aus (S. 23 ff.): „In dieses soziale Gebilde ist der Arbeiter, der *Träger der menschlichen Arbeit*, eingeordnet. Insbesondere die Beziehung der Ober- und Unterordnung steht für die menschliche Arbeit im Betriebe im Vordergrund ... In diesem *sozialen Prozeß* der Über- und Unterordnung, der natürlich in praxi sich sehr verschieden gestalten kann, lassen sich wieder verschiedenartige *soziale Unterprozesse* beobachten ... Von welcher Seite man auch die sozialen

damit technischer Fortschritt werden zwar als notwendig und als „der Motor zur Erhöhung der Produktivität und damit zur Steigerung des Lebensstandards" (Magnus, *194*, S. 7) angesehen; man erkennt aber auch, daß jede Rationalisierungsmaßnahme, wenn sie lebensnah sein soll, nicht an den menschlichen Problemen des Betriebsgeschehens vorbeigehen darf. Es setzt sich immer mehr die Erfahrung durch, daß es töricht wäre, „sich um die Produktivitätsverbesserung eines Betriebes bemühen zu wollen, ohne zuvor seine Mitarbeiter über die Notwendigkeit einer solchen Forderung aufgeklärt und für eine aktive Mitarbeit gewonnen zu haben" (Havenbeck, *98*, S. 14). Das aber bedeutet nichts anderes, als daß Maßnahmen zur Leistungssteigerung im Betrieb — und dazu ist auch indirekt das betriebliche Vorschlagswesen zu rechnen — niemals einen optimalen Wirkungsgrad aufweisen, „wenn sie nicht von Menschen getragen werden, die am Betriebsgeschehen interessiert und zur Mitarbeit bereit sind" (*98*, S. 14). Damit tritt der Mensch in den Blickpunkt des Betriebsgeschehens — erst seine Person „gibt dem Ganzen Sinn und Leben", wie Schäfer (*274*, S. 98) schreibt; „er stellt unausgesprochen den Mittelpunkt und ‚Motor' dar." Der Mensch ist, wie auch Weddigen (*349*, S. 132) betont, „als Träger aller Bedürfnisse, für die die Wirtschaft Mittel beschafft, das Maß auch aller wirtschaftlichen Dinge"[6]; er wird damit zum eigentlichen Träger der menschlichen Arbeit und zwar mit „der Gesamtheit seiner körperlichen, geistigen und seelischen Wirkungsmöglichkeiten" (*381*, S. 27). Diese ganzheitliche Auffassung vom Menschen, auch im betrieblichen Geschehen, hat sich heute weitgehend durchgesetzt und selbst Betriebswirtschaftler betonen immer wieder, daß es in wachsendem Maße des Bewußtseins bedarf, „daß die einem Betrieb anvertrauten Arbeitskräfte zu allererst *Menschen* sind, also Wesen aus Leib, Seele und Geist, und daß diese *Dreiheit* immer wieder angesprochen und ... in Betracht gezogen werden muß" (Schäfer, *274*, S. 113; Hasenack, *97*; vgl. auch Anm. [7]).

Beziehungen und Prozesse im Betriebe betrachten mag, immer handelt es sich um *integrierende* und *differenzierende* soziale Prozesse (im Sinne von *Wiese*)" (Hervorhebungen durch den Verfasser).

[6] W. *Kilger* bemerkt in seinem Aufsatz „Der Faktor Arbeit im System der Produktionsformen" (*143*, S. 597—611), ganz richtig, daß „heute fast von allen Nationalökonomen eine *sozialwirtschaftliche* Betrachtungsweise angewandt wird, bei der dem Produktionsfaktor Arbeit eine Sonderstellung eingeräumt und sein Verhalten unter Berücksichtigung *psychologischer* und *soziologischer* Erkenntnisse analysiert wird" (S. 597 [Hervorhebungen durch den Verfasser]).

[7] In dem eben genannten Aufsatz, der den Untertitel „Inwieweit kann oder muß die Betriebswirtschaftslehre den Menschen in ihre Untersuchungen einbeziehen?" trägt, legt *Hasenack* dar, daß sich Mensch und Betrieb einander nicht ausschließen — die Betriebswirtschaftslehre damit nicht die menschlich-gesellschaftlichen Prozesse, die Sozialwissenschaften nicht den Betriebszweck ignorieren können.

Diese Bemühungen um den Menschen im Betrieb dürfen aber nicht bei einer *einseitigen psychologischen* Betrachtungsweise, beim isolierten Einzelwesen, stehenbleiben. Da der Mensch Mitglied einer Gemeinschaft ist, steht er ebenfalls in vielseitigen und vielschichtigen Beziehungen zu seiner Umwelt, „im Schnittpunkt zahlreicher sozialer Kreise" (Solms, *272*). Er ist damit gleichzeitig Sozialperson — „homo sociologicus"[8] — und steht auch im Betrieb als soziales Wesen in einem Kraftfeld menschlicher Beziehungen, die sein individuales und soziales Verhalten, seine Wünsche und Bedürfnisse und damit seine Einstellung zum Betrieb und seine Leistungsbereitschaft weitgehend prägen und beeinflussen, sie fördern oder hemmen. Umgekehrt ergeben sich daraus Wechselwirkungen zur Außenwelt, so daß der Betrieb neben seinem eigentlichen Zweck des Wirtschaftens zur Bedürfnisbefriedigung, menschliche Einstellungen und Haltungen anregt und fordert, die sich auf die Ordnungsprinzipien und Verhaltensweisen unserer industriebestimmten Gesellschaftsordnung auswirken können (Dahrendorf, *45*, S. 87—93; Vaubel, *342*, S. 1—9).

Wir haben zu Beginn angedeutet, daß das betriebliche Vorschlagswesen in seinen Anfängen nur als technisch-ökonomisches Mittel zum Zwecke fortschreitender Rationalisierung angesehen wurde und seine möglichen Auswirkungen im menschlich-sozialen Bereich unbeachtet blieben. Die Einbeziehung psycho-sozialer Faktoren und die Erkenntnis ihres Vorhandenseins im Betriebsgeschehen, läßt uns den zweiten großen Aufgabenkreis des betrieblichen Vorschlagswesens erkennen und beschreiben: die Förderung der *mitmenschlichen Beziehungen* im Betrieb, durch „Anerkennung und Verwirklichung der seelischen Rechte des Menschen" (Scherke, *301*, S. 11) und Würdigung der „sozial-individualen Polarität" (Beck) seiner Person[9]. Das betriebliche Vorschlagswesen kann so gesehen zu einem wirksamen Mittel der betrieblichen „Kontaktpflege" werden und damit der Kooperation im Betrieb dienen, andererseits aber auch zur Befriedigung personaler und sozial determinierter Bedürfnisse des einzelnen Mitarbeiters beitragen.

Allerdings darf das Anliegen dieser Arbeit, die Untersuchung der gruppenpsychologischen Probleme des betrieblichen Vorschlagswesens

---

[8] Vgl. dazu *Dahrendorf*, Ralf (*46*) und *Scharmann's* Stellungnahme (*289*, S. 15—32).

[9] Vgl. dazu Walter *Beck* (*13*, S. 103 ff.) und seine Lehre von der „sozial-individualen Polarität der Seele", nach der sich das Sozialpsychische aus der „Interfunktion der Individualseelen" ergibt und bei der „nach dem Prinzip der sozial-individualen Polarität Individualität und Sozialität in der individualen Seele angelegt (sind) und zwar nicht als Teile oder Aspekte sondern als *Pole*, die die seelische Struktur bestimmen und in deren Spannungsfeld sich das menschliche Leben vollzieht" (S. 6), sowie Willy *Hellpach* (*105*, S. 121 ff.) und Theodor *Scharmann* (*290*, S. 35 ff.).

und die Anwendung ihrer Erkenntnisse auf die Gestaltung des Vorschlagsprogrammes, nicht so verstanden werden, als ginge es dabei ausschließlich um die menschlich-soziale Aufgabenstellung dieser betrieblichen Einrichtung. Die enge und fortwährende Wechselwirkung zwischen dem technischen, wirtschaftlichen und sozialen Ordnungsprinzip im Betrieb, schließt eine derartig isolierte Betrachtungsweise des Menschen und seiner innerbetrieblichen Beziehungen aus; denn auch sie sind nur ein Teil im System gegenseitiger Einflüsse. Daher dürfen auch die beiden Aufgabenkreise des betrieblichen Vorschlagswesens — der eine umfaßt den technisch-ökonomischen Betriebsbereich, der andere die „soziale Sphäre" — nicht getrennt, sondern soweit wie möglich in ihrer gegenseitigen Wechselwirkung betrachtet werden. Nur in der Verbindung der technisch-ökonomischen mit der menschlich-sozialen Aufgabe, wird das betriebliche Vorschlagswesen der *sozial-wirtschaftlichen* Betrachtungsweise gerecht, denn letztlich liegt der „Humanisierung der Arbeit" auch der ökonomische Zweckgedanke von Arbeit und Leistung — die Produktivität — zugrunde[10], und nur im *Zusammenwirken beider Aufgabenkreise* kann es gleichzeitig den wirtschaftlichen und menschlichen Bestrebungen im Betrieb nützlich sein. Das betriebliche Vorschlagswesen kann damit, wie es Krauss *(156)* im Vorwort seiner Arbeit bereits zum Ausdruck bringt, als eines der möglichen Mittel der „psycho-sozialen Rationalisierung"[11] des Betriebes angesehen werden, da es ganz besonders in der Lage ist, „einerseits die notwendige technische und organisatorische Entwicklung zu unterstützen (und damit auch die Wirtschaftlichkeit [Zusatz des Verfassers]), andererseits aber *gleichzeitig* dazu beizutragen, sowohl die Haltung des Einzelnen in

---

[10] Dazu schreiben Theodor *Scharmann* *(281,* S. 62) aus betriebspsychologischer und H. *Schelsky* *(293,* S. 189) aus betriebssoziologischer Sicht:
„In einer rationell bestimmten Wirtschaftsform wie der unsrigen versteht es sich von selbst, daß ... die menschlichen Beziehungen im Betrieb und ihr Verhältnis zu den technischen und organisatorischen Arbeitsbedingungen betriebswirtschaftlich und sozialwissenschaftlich analysiert werden müssen, ehe man angemessene Maßnahmen zu ihrer Pflege und Förderung einleiten kann. Hier berühren sich die wissenschaftlichen Methoden der Arbeits- und Sozialforschung und zwar insbesondere ihre physiologischen, psychologischen, soziologischen und arbeitskundlichen Zweige, mit der Wirklichkeit des Betriebsgeschehens."

„Praktisch kommt dies darin zum Ausdruck, daß die moderne Betriebssoziologie (wie allmählich die gesamten Arbeitswissenschaften) stets einen *zwiefachen Nutzeffekt* der von ihr empfohlenen und angeregten Maßnahmen nachzuweisen trachtet: einmal die erhöhte soziale und seelische Befriedigung der arbeitenden Menschen, zum anderen die Steigerung der Produktionsleistung und Wirtschaftlichkeit des Betriebes."

[11] Dieser Begriff wird dem der „Sozialen Rationalisierung des Betriebes" (so A. *Mayer, Scherke* u. a.) vorgezogen, weil damit besonders der *einzelmenschliche* wie auch der *vergesellende* Aspekt von Rationalisierungsmaßnahmen zum Ausdruck kommt.

der Gesamtheit, als auch das Zusammenleben der Menschen im Betrieb positiv zu beeinflussen". Wenn es in einem Bericht von der Jahrestagung der Arbeitsgemeinschaft „Betriebliches Vorschlagswesen" in Essen heißt: „Es geht nicht nur darum, das Vorschlagswesen zu einem Mittel der Rationalisierung abzustempeln. Hinzu kommt die rein menschliche Note. Jedem Mitarbeiter soll die Möglichkeit gegeben sein, seine Fähigkeiten in besonderem Maße bestätigt zu sehen. Der *Einzelpersönlichkeit* und der kleinen *Gruppe* soll geholfen werden, sich zu behaupten, damit sich niemand mehr als Nummer oder unbedeutendes Rädchen im Betrieb fühlen braucht" (*374,* S. 122), dann kommt darin zum Ausdruck, daß die sozial-psychologischen Erkenntnisse bereits Eingang in die betriebliche Praxis des Vorschlagswesens gefunden haben, ohne daß daraus freilich in allen Fällen die notwendigen Folgerungen gezogen wurden. Die Hemmnisse und Widerstände, die sich bis in die Gegenwart gegen diese betriebliche Institution richten — das betriebliche Vorschlagswesen ist sozialethisch nicht nur hoch gelobt, sondern ebenso streng verurteilt worden (Irle, *130,* S. 231) — und die keineswegs nur von den Führungskräften, sondern auch von den Mitarbeitern selbst ausgehen, zeigen recht deutlich, daß bei seiner Gestaltung die *sozialpsychologischen* Bedingungen noch viel zu wenig erkannt sind und deshalb auch weitgehend nicht beachtet werden.

Wir haben an anderer Stelle bereits darauf hingewiesen (s. o. S. 19), daß der Mensch als „sozial-individuale Polarität" aufzufassen ist, daß er, sozialpsychologisch gesehen, in einem ständigen Prozeß steht, der sowohl individual als auch sozial determiniert ist. Er steht also in Wechselbeziehungen zu der ihn umgebenden Wirk- und Wertwelt, so daß er „nicht mehr *nur* als isoliertes ‚binnen-seelisch' determiniertes Einzelwesen, sondern auch als Sozialperson zu sehen ist, die im Schnittpunkt zahlreicher Kreise und Gruppen steht" (Scharmann, *283,* S. 17 / Hervorhebungen durch den Verfasser) und sich damit letztlich als sozialindividual integrierte Person realisiert. Diese Erkenntnis vom Menschen als einem zugleich personal und sozial strukturierten Wesen (Wurzbacher, *361*), umreißt die anthropologische Problemstellung unserer Arbeit sowohl aus psychologischer als auch soziologischer Sicht[12], ohne

---

[12] Wenn wir hier andeuten, daß die Problemstellung unserer Arbeit sowohl aus psychologischer als auch soziologischer Sicht zu sehen ist, dann stellt diese gemeinsame Blickrichtung ein Korrelat zum Begriff des „Sozialpsychologischen" dar. Die Sozialpsychologie ist als „Gesellschaftspsychologie" eine Begegnungswissenschaft, die in ihrer Betrachtungsweise an der Grenze zwischen der Psychologie und Soziologie steht und auf beide Disziplinen einwirkt (A. *Gehlen, 79,* S. 119 ff.). Damit kommt es zu einem gegenseitigen Ineinandergreifen beider Disziplinen und selbst Psychologen und Soziologen sprechen von der Notwendigkeit einer solchen Annäherung nach der einen

dabei die wirtschaftliche Zweckorientierung, die Auswirkungen auf die einzelwirtschaftliche Rentabilität und volkswirtschaftliche Produktivität[13], auszuschließen. Sie führt über die technisch-organisatorischen Gegebenheiten und die sozialpsychologischen Einflüsse zu einer neuen Form des betrieblichen Vorschlagswesens: dem *Gruppenvorschlagssystem*. Dieses System ist als betriebsimmanente sozio-ökonomische Institution mit ihren zahlreichen sozialen Prozessen ganz besonders in der Lage, ein „Wir-Bewußtsein" bei den Beteiligten zu integrieren, welches auf Grund der Gemeinsamkeit von Normen, Wertungsskalen und Zielen ein Bestverhältnis zwischen Kooperation und Leistungsnorm zu bewirken vermag. Unsere These lautet daher, daß dieses System des betrieblichen Vorschlagswesens allen anderen Formen in seiner Wirkung überlegen ist, wenn es sachgemäß entwickelt und gehandhabt wird. Die neuere Gruppenforschung (s. u. S. 85 ff. und 123 ff.) mit ihren sozialpsychologischen und insbesondere gruppendynamischen Erkenntnissen hat der „Gruppenarbeit" und ihrer Sonderform, dem "Teamwork", als Arbeits- und Organisationsform im Betrieb den Weg gewie-

---

oder anderen Seite und damit von der stärkeren Beachtung sozialer *oder* psychologischer Faktoren.

Scharmann (*289*, S. 17) meint dazu: „Neben dem biologischen und geistigen, dem genetischen und individuellen, wird die Psychologie der Zukunft, will sie ihre Aufgabe im Kreis der Wissenschaften vom Menschen erfüllen, auch den *sozialen Aspekt* noch stärker berücksichtigen müssen." Und *Gerwig* (*82*, S. 18/19) schreibt: „Es gibt eine Menge sozialer Prozesse, die sich zurückführen lassen auf Entschlüsse einzelner Individuen oder auf psychologische Vorgänge bei Einzelnen. Es wird darum etwa das soziale Werden auf persönliche Entschlüsse der verursachenden Menschen zurückgeführt. Es kann aber auch auf eine gegebene Situation, auf Milieu und Atmosphäre, also auf sachliche (soziologische!) Tatbestände zurückgeführt werden. In der Tat ... gibt es auch hier Wirkung und Wechselwirkung und wenig kausale Zusammenhänge. Wir kommen nicht aus *nur* mit individueller Psychologie ohne Untersuchung der jeweiligen *sozialen* Gegebenheiten und wir kommen auch nicht aus mit *ausschließlicher* Analyse von Milieu und materialistischen Faktoren ohne Berücksichtigung der *Psychologie*" (Hervorhebungen durch den Verfasser).

Vgl. auch Leopold von *Wiese* (*356*, S. 12 ff.) und insbesondere den Abschnitt: Die Lehre von den sozialen Beziehungen und den sozialen Gebilden (S. 146 ff.), die nach *Weddigen* (*349*, S. 31) und auch nach u. M. schon hauptsächlich der Sozialpsychologie zuzuordnen sind, sowie K. G. *Specht* (*312*, S. 13), der die Sozialpsychologie „als die der Soziologie nach Grundfragestellung und Forschungsobjekt nächstliegende Disziplin" bezeichnet.

Damit zeigt sich eine Annäherung der Einzeldisziplinen Anthropologie, Sozialpsychologie und Soziologie zu einer allgemeinen *Sozialwissenschaft* (*Atteslander*, *4*, S. 273 und *Scharmann*, *290*, S. 35 ff.), ohne daß dabei etwa der Soziologie, die zwar eine zentrale, „grundierende" Position einnimmt, die alleinige Verantwortung und Federführung zu übertragen wäre, sondern die arbeitsteilige Zusammenarbeit der einzelnen Sozialwissenschaften immer wieder hervorgehoben wird (*Specht*, *312*, S. 20).

[13] Zu den Begriffsbestimmungen „einzelwirtschaftliche Rentabilität" und „volkswirtschaftliche Produktivität", vgl. Walter *Weddigen*, *349*, S. 56 ff.

sen und die gemeinschaftsbildende und zugleich die persönliche Entfaltung und Leistung fördernde Funktion der Gruppe aufgezeigt[14]. Die Möglichkeit und Bereitschaft einer solchen „Denkgruppe"[15] auf dem Wege der Kooperation optimale Lösungen zu suchen und zu bestimmen und diese als *gemeinsame* Leistungen, Erkenntnisse und Normen anzunehmen und durchzusetzen, führt in der Regel zu den zweckmäßigsten und sinnvollsten Ergebnissen. Damit erweist sich dieser „Leistungsvorteil der Gruppe" (Hofstätter, *123*, *124*), den Leistungen der Einzelmitglieder als überlegen, „ohne ein restloses Aufgehen oder gar Aufgeben ihrer Persönlichkeit im Gruppeninteresse zu fordern. Gruppenzugehörigkeit bewahrt vor Isolierung und Vereinsamung, sichert Anerkennung und soziale Bestätigung, ermöglicht individuelle Entfaltungen im Rahmen des Gruppenzwecks und der Gruppennormen und bietet überdies den Vorteil der Leistungssteigerung durch Team-Arbeit" (Scharmann, *283*, S. 42). Durch das Gruppenprinzip werden gegenüber dem Einzelvorschlagssystem insbesondere die negativen Einflüsse der Angst, des Neides und der Mißgunst gegen den in die Rolle des ehrgeizigen Einzelgängers gedrängten Mitarbeiters aufgehoben, da sich die ganze Gruppe mit dem Verbesserungsvorschlag identifiziert — abgesehen von dem infolge der darin enthaltenen gemeinsamen Erfahrungen gesteigerten Wirtschaftlichkeitswert solcher Gruppenvorschläge[16].

Bei einer gruppenpsychologischen und gruppensoziologischen Betrachtung des betrieblichen Vorschlagswesens muß aber auch auf die *Problematik der Gruppe* hingewiesen werden. Jede Gruppe setzt sich aus Individuen zusammen, deren individuelle Eigenarten zu beachten sind und die als *Personen* gesehen, „als unwiederholbare dynamische Kon-

---

14 Siehe dazu die Ausführungen von Theodor *Scharmann* über Probleme der Team- und Gruppenarbeit (*287*, S. 29—38) und seine grundlegenden Hinweise zur „Gruppenpflege" (*276*, S. 130—142 und *277*, S. 53—76), in denen er die Gruppenarbeit als eine Arbeitsform bezeichnet, die durch spontanen Zusammenschluß mehrerer Personen entsteht (informale Gruppe) oder durch planmäßige Zusammenfassung organisiert wird (formale Gruppe).
Stirn sieht in der Gruppenarbeit, die sich aus den Forschungen über die Arbeitsgruppe entwickelt hat, eine Methode der Menschenführung, die sich mit „Initiative wecken", „Verantwortung delegieren", „Entscheidungen aus der Arbeitsgruppe heraus fördern", „Zusammenarbeit", "Teamwork" und „Partnerschaft" umreißen läßt (*325*, S. 487 ff.).

15 Wir übernehmen den Terminus von Carlos *Kollmannsperger*, der die Gruppen im Betrieb nach der Art der Leistung in „Arbeitsgruppen" und „Denkgruppen" ordnet (*151*, S. 14 ff.).

16 Auf diesen „Leistungsvorteil" auf dem Gebiet des produktiven Denkens ("creative thinking") durch sog. „Suchgruppen", (*Hofstätter*) weist bereits N. R. F. *Mayer:* The quality of group decisions as influenced by the discussions leader. Human Relations, Vol. II, 1950, hin. Inzwischen ist dieses gemeinschaftliche Denken unter dem Begriff "brainstorming" auch bei uns bekannt geworden (vgl. S. 206 ff.).

tinua von psychophysischen Vorgegebenheiten, Strukturen, Motiven und Verhaltensweisen“ (Scharmann, *290,* S. 39), den Maßnahmen der Gruppenpflege subjektive Grenzen setzen (Weippert, *350,* S. 22). Da sich die Gruppe aus sozialpsychologischer Sicht als Abstraktion erweist, d. h., ihre Mitglieder sich in einer ganz bestimmten Gruppensituation befinden, muß die bewußte und unbewußte Einstellung des Einzelnen zur Gruppe in Betracht gezogen werden. Nicht jeder Mensch fühlt sich in der jeweiligen Gruppensituation zufrieden und ist bereit, sich einer Gruppe ein- oder unterzuordnen, denn auch ohne Einzelgänger oder Narzißt zu sein, kann sich der Einzelne durch die Gruppennorm beengt oder gar in seinem Fortkommen gehemmt fühlen. Das gilt besonders für strebsame, ehrgeizige und überdurchschnittlich begabte Mitarbeiter, den Typus, des auf sich selbst gestellten, energischen und intelligenten Menschen, dem weder etwas an der Gruppenarbeit, noch an einer humanen Behandlung durch die Vorgesetzten liegt[17]. Daneben ist auch das Gruppenverhalten gegenüber dem Einzelnen zu beachten, besonders dann, wenn er von den Gruppenmitgliedern in die Rolle des „Sündenbockes“ oder „schwarzen Schafes“ gedrängt wird[18], sowie die Entartung der Gruppe zur Clique mit Merkmalen der Isolierung nach außen, einem Bremsen der Gruppenleistung (Leistungsminderung), einem forcierten Gruppenegoismus und einem zur Durchsetzung ihrer ich-haften Ziele ausgeübten Zwang zur bedingungslosen Unterordnung der Mitglieder[19]. Damit vermögen sowohl *intrapersonale,* d. h. in der Person liegende Gründe, als auch *interpersonale,* d. h. in der Gruppe liegende Gründe, gruppenpädagogischen Maßnahmen Grenzen zu setzen und den Bemühungen einer Gruppenbindung (Kohäsion) entgegenzuwirken (Schiller, *302,* S. 107).

Diese Gruppenproblematik zeigt sich auch bei der Gestaltung des betrieblichen Vorschlagswesens als Gruppenvorschlagssystem, weil gerade der „Ideenwettbewerb“, die intelligenten, strebsamen und ein

---

17 Vgl. dazu Th. *Scharmann* (277, S. 73/74), der sich insbesondere auf die Forschungsergebnisse des Amerikaners R. *Likert:* Productivity, Supervision and Morale in an office Situation, Ann Arbor, Mich. 1951, bezieht.
Siehe dazu auch Ernst *Bornemann* (29, S. 93—100), sowie die kritischen Äußerungen von William H. *Whyte* (353), zur Ideologie der Gruppe und der „modernen“ sozialen Ethik, die eine Anpassung an die Gruppe und die „Organisation“ als höchstes Ziel predigt.

18 *Scharmann* hat hierbei insbesondere auf die Rolle des „Tertius miserabilis“ in der Dreiergruppe hingewiesen: Tertius miserabilis, Nürnberger Abhandlungen zu den Wirtschafts- und Sozialwissenschaften, Heft 12, Berlin 1959.

19 Vgl. dazu Th. *Scharmann* (277, S. 69 ff.); K. *Lukasczyk* (192, S. 27/28) und D. *Miller* und W. H. *Form* (220, S. 133 ff.), die allerdings die informale Gruppe ausschließlich mit dem Begriff „Clique“ umschreiben, während wir darin nur eine Sonderform kleiner, informaler Gruppierungen verstehen und zwar eine negative.

großes Maß an Selbstentfaltung entwickelnden Individualisten zu Verbesserungsvorschlägen anregt und damit ihre Einzelleistungen in Konflikt mit dem Gruppeninteresse und mit dem „Gruppenrichtmaß" (von Wiese und Scharmann) bringt. Daher wird in aller Regel die Majorität den Vorschlag eines genialen oder produktiven Einzelgängers verwerfen, insbesondere dann, wenn sich die Gruppe durch dieses Verhalten in irgendeiner Weise bedroht fühlt. Umgekehrt können Gruppenvorschläge zu Meinungsverschiedenheiten zwischen den einzelnen Mitgliedern führen (Streit um die Priorität der Idee, geistiger Diebstahl, Anteil an der Prämie, u. a. m.), so daß in beiden Fällen „Gruppenspannungen" (Scherke) auftreten, welche die gewünschte Harmonisierung der menschlichen Beziehungen und die damit verbundene Leistungssteigerung negieren. Obwohl wir diese Grenzen gruppenpflegerischer Bemühungen anerkennen und die sich daraus ergebenden Bedenken gegen das Gruppenvorschlagssystem teilen, vertreten wir in unserer Arbeit die grundsätzliche Überzeugung, daß die sachgemäße Anwendung des *Gruppenprinzips* auf das Vorschlagswesen aus sozialpsychologischen und ökonomischen Gründen den anderen Formen des Ideenwettbewerbs überlegen ist. Das psychische Spannungsfeld, das sich zwischen den beiden Polen der „Ichhaftigkeit" und „Wirhaftigkeit" der Gruppenmitglieder bildet und das in der sozial-individualen Polarität der menschlichen Seele begründet ist[20], veranschaulicht, daß es sich bei den gruppenpsychologischen Maßnahmen um einen Prozeß der Strukturierung handelt, mit dem Ziel einer „sozial-individualen Integration". Diese wird von Beck (*13*, S. 110) als „zunehmende Durchgliederung und Verdichtung der seelischen Dynamik und ihrer Gehalte im Spannungsfeld der sozial-individualen Polarität sowohl im Menschen wie der polaren Verschränkung der Menschen untereinander und mit denen aus ihnen gewachsenen oder von ihnen gebildeten Gruppen, Verbänden, Ordnungen und Objektivationen" bezeichnet. Diese Betrachtungsweise schließt aber das Vorhandensein einer „Gruppenseele" sowie eine „Vergruppung" schlechthin aus, da solche Maßnahmen den Gruppengedanken ad absurdum führen würden. Gruppenarbeit und Gruppenpflege ist daher auf diejenigen Betriebsangehörigen eingestellt, deren Leistungsfähigkeit, Arbeitsfreude und Wohlbefinden eine Förderung durch Gruppenzugehörigkeit erfahren. Es ist dies weitaus die Mehrzahl, während die tüchtigen „Einzelgänger" nur einen Bruchteil ausmachen. Was sie dank ihrer Intelligenz und Energie aus eigener Einsicht und eigenem Leistungswillen zu leisten vermögen, vermittelt

[20] „Das Sozialsein ist der eine seelische Pol, der mit dem Individualsein als dem anderen seelischen Pol im notwendigen Zusammen, das Dispositionsgefüge der menschlichen Seele konstitutiert" (W. *Beck*, *13*, S. 104).

dem „Durchschnitt" der Arbeiter und Angestellten das Gruppenerlebnis und die Gruppenarbeit (Scharmann, 277, S. 73 ff. und Anm. [21]).

So gesehen, verdient die von uns vertretene These, daß das Gruppenvorschlagssystem bei sachgemäßer Entwicklung und planmäßiger Pflege den anderen Formen des Vorschlagswesens überlegen ist, grundsätzlich und praktisch den Vorzug vor den anderen Verfahren, ohne daß dabei den heute noch überwiegend angewandten Einzelvorschlagssystemen die Berechtigung abgesprochen wird. Wir haben uns lediglich vorgenommen, im Rahmen unserer Arbeit, auf diese besondere Form des betrieblichen Vorschlagswesens — die Verwirklichung des Gruppenprinzips — einzugehen, weil insbesondere die Gruppe als „Gemeinschaftsprozeß" (Scharmann) geeignet ist, die Motive menschlichen Handelns und Verhaltens in den Wechselbeziehungen der sie umgebenden Wirk- und Wertwelt zu befriedigen und einen Ausgleich im sozialpsychischen Spannungsfeld zu bewirken.

Angesichts dieser Erkenntnisse kann auch das betriebliche Vorschlagswesen, als vom menschlichen Zusammenleben bewirkte Gruppe oder Institution und bei Beachtung seiner gefügeartigen Struktur[22], seiner eigentlichen Aufgabe im Wirtschaftsleben einen Schritt näherkommen: der *Synthese* zwischen technisch-wirtschaftlicher Rationalität und menschlich-sozialer Befriedigung.

---

[21] Es sei nochmals darauf hingewiesen, daß auch wir hier keine „Gruppenromantik" vertreten, sondern gerade in unserer Gruppenbetrachtung sehr realistisch vorgehen, weil wir unser Augenmerk dabei auf kleine soziale Gebilde mit sozialpsychologischer Überschaubarkeit richten und uns der Meinung anschließen, daß der Einzelne gerade in einer „kleinen Gruppe" ein Höchstmaß an Eigenleben bewahren kann.

[22] Zum Begriff „Gefüge" und „Gerüst" vgl. *Solms*, M., Graf: Analytische Gesellungslehre, Tübingen 1956, S. 210 ff.

I. Die Entwicklung und der organisatorische Stand des betrieblichen Vorschlagswesens

1. Das betriebliche Vorschlagswesen

Die *Bezeichnung* „Vorschlagswesen"[1] entstand aus dem eigentlichen Grundgedanken dieser Maßnahme, jedem Arbeiter und Angestellten eines Betriebes die Möglichkeit zu eigenen *Vorschlägen* zu geben, mit denen er sich aktiv an der Verbesserung und Vereinfachung betrieblicher Einrichtungen und Verfahren beteiligen kann. Das betriebliche Vorschlagswesen wendet sich also an den schaffenden Menschen selbst; es spricht ihn unmittelbar an, neue Möglichkeiten und Wege zu einer besseren Betriebs- und Arbeitsgestaltung *vorzuschlagen*, damit selbst mitzudenken und mitzuarbeiten und dafür eine materielle oder ideelle Anerkennung zu erhalten. Es stellt also eine Art „Ideenwettbewerb" (Lill, *184*) dar und wird, da jeder schöpferische Gedanke irgendeiner kritischen Einstellung entspringt, gleichsam zum „Sammelbecken einer positiven betrieblichen Kritik" (Geldmacher, *81*). In diesem Sinne kann auch der von einzelnen Autoren verwendete Ausdruck „Verbesserungsvorschlagswesen" (so Goossens, Hohmann, Kern, Lill u. a.) anerkannt werden, während der Begriff „Laienerfindungswesen" (so Kolbinger, *148*, S. 159) vom Verfasser abgelehnt wird, weil er sich seinem Wortsinn nach, mehr auf die patentfähigen Arbeitnehmererfindungen[2] bezieht. Michligk gibt in seinem Buch „Neue Praxis des betrieblichen Vorschlagswesens und der Arbeitsvereinfachung" *(215)* folgende kurzgefaßte Begriffsbestimmung: „Das betriebliche Vorschlagswesen sammelt, bearbeitet und wertet zentral alle Anregungen von Belegschaftsmitgliedern aus, die über ihren Pflichtenkreis hinaus als Beiträge zum Betriebsfortschritt eingereicht werden und darauf gerichtet sind, die betriebliche Arbeit zu vereinfachen, zu erleichtern und zu beschleunigen" (S. 29); es beinhaltet also alle freiwilligen Anregungen aus dem Kreise der Betriebsangehörigen zur einfacheren, besseren, billigeren,

---

1 Englisch: "suggestion systems" oder "proposal plans"; Französisch: „L'instution de la boîte aux idées" oder „proposition d'almelioration".

2 Die sog. „Diensterfindung" nach dem Arbeitnehmererfindungsgesetz (§§ 2 und 4 ArbNErfG vom 25. Juli 1957 [BGBL I, S. 756]) gehört nicht zur Institution des betrieblichen Vorschlagswesens, dessen Mittel ausschließlich der „Verbesserungsvorschlag" ist (Näheres dazu S. 31 ff.).

aber auch sichereren Gestaltung der Arbeit und des menschlichen Zusammenlebens im Betrieb. Damit ist gleichzeitig ausgesagt, daß sich der Anwendungsbereich des betrieblichen Vorschlagswesens keineswegs nur auf Verbesserungsvorschläge innerhalb des eigenen Arbeitsbereiches erstrecken muß, es kann vielmehr so weit gefaßt werden, wie es im Betriebsinteresse nützlich und wünschenswert erscheint. Das betriebliche Vorschlagswesen kann also sowohl auf den technischen und betriebsorganisatorischen Bereich als auch auf die soziale Betriebssphäre ausgedehnt werden. Dem Vorschlagsprogramm können alle nur denkbaren Verbesserungsmöglichkeiten zugrunde liegen, denn „es steht außer Zweifel, daß noch unschätzbare Verbesserungsmöglichkeiten im Betrieb vorhanden sind, nicht nur auf dem Gebiete der Fertigung, sondern in der gesamten betrieblichen Organisation" (Mechler, *211*, S. 24 [s. auch Anm. [3]]).

In der Praxis hat es sich zwar gezeigt, daß die meisten Vorschläge aus dem unmittelbaren Arbeitsbereich des Mitarbeiters eingehen, was verständlich wird, wenn man den hohen Grad der „Spezialisierung" und „Funktionalisierung"[4] im Arbeitsleben und den dadurch fehlenden Überblick über die betrieblichen Zusammenhänge berücksichtigt. Doch liegen gerade hier schon wichtige Ansatzpunkte des betrieblichen Vorschlagswesens, auf die noch später eingegangen wird. An dieser Stelle mag zur Kennzeichnung des Anwendungsbereiches die Aussage genügen, daß Verbesserungsvorschläge aus allen Teilbereichen des Betriebes gemacht werden können, sei es „um bestehende Verfahren, Arbeitsgänge, Einrichtungen oder Organisationen zu verbessern, die Güte der Erzeugnisse oder ihren Absatz zu heben, Werk-, Kraft- und Hilfsstoffe einzusparen, Leerlaufzeiten zu verringern, geeignete Vorrichtungen und Hilfswerkzeuge zu finden, Fehler, Ausschuß, Gesundheitsgefährdung und Unfälle zu vermeiden oder zu verhüten, Kompliziertes zu vereinfachen, zügige Werkzeug- und Materialbestellung zu gewährleisten, die Arbeitsfreude zu steigern und die Betriebssicherheit zu erhöhen" (Michligk, *216*, S. 186). Ergänzend wäre hinzuzufügen, daß auch Verbesserungsvorschläge aus dem „sozialen Betriebsbereich" zum betrieblichen Vorschlagswesen gehören. Dabei kann es sich um Vorschläge handeln, die einmal der Gestaltung und Verwaltung der sozialen Einrichtungen, zum anderen aber auch der Förderung der Beziehungen zwischen Betriebsleitung und Belegschaft, dem Kontakt zwischen den einzelnen Abteilungen, der betrieblichen Zusammenarbeit — ganz

---

[3] Es sei hier angemerkt, daß wir im Gegensatz zu J. A. C. *Brown* (*34*, S. 84 ff.), der gesamten betrieblichen Organisation auch die „innere Organisation" — wie *Brown* die Sozialstruktur des Betriebes bezeichnet — zuordnen.

[4] Die entsprechende Stelle bei *Barnard* (*7*, S. 127) lautet: „Menschen spezialisieren sich, Arbeit wird funktionalisiert" (nach H. *Grössle*, *92*, S. 101).

allgemein, der Verbesserung der mitmenschlichen Beziehungen im Betrieb dienen.

Die Bezeichnung *betriebliches* Vorschlagswesen verlangt auch eine Stellungnahme zum Begriff „Betrieb". Es wäre im Rahmen dieser Arbeit wenig fruchtbar, auf die alte und viel erörterte Streitfrage der begrifflichen Unterscheidung von „Unternehmung" und „Betrieb" einzugehen — dient sie doch letztlich nur der Klärung des Erkenntnisgegenstandes der Betriebswirtschaftslehre. Es wird aber in dieser Hinsicht die Auffassung von Schäfer (*274*, S. 95 ff.) geteilt, daß es den Betrieb in einer reinen Isolierung, als „ein technisch-organisatorisches Gehäuse ohne Führung und Sinngebung" nicht gibt und der Betrieb für sich gesehen, ebensowenig verstanden werden könnte, „wie der menschliche Organismus ohne Berücksichtigung seines ständigen Durchdrungenseins von der seelisch-geistigen Persönlichkeit als dem Träger der Körperhülle" (S. 97/98). Diesen geistigen Aspekt stellt die „Unternehmung" dar; „sie ist dem Betrieb als geistiger, unanschaulicher Komplex abstrakter Beziehungen übergeordnet und bildet sich den Betrieb als Durchführungsorgan zur Realisierung ihrer Zwecke — als körperlich-seelisches Gehäuse. Der Betrieb bleibt somit immer *Objekt*, Substrat eines ihn beherrschenden Willens- und Machtträgers" (*274*, S. 96); er ist die „rein technische Institution und bedarf erst einer übergeordneten Instanz, einer wirtschaftlichen Idee ... ; er ist ein Mittel des Wirtschaftens, ist Instrument, aber er wirtschaftet nicht selbst" (Rieger, *260*, S. 33 und 41 [vgl. auch Anm. [5]]). Insofern könnte man also auch von einem „Vorschlagswesen der Unternehmung" sprechen, da ja die Unternehmung den eigentlichen Willensträger (das „Steuerungsorgan" [W. Kellner]) dieser *betrieblichen* Institution darstellt. Trotzdem besteht zwischen „Unternehmung" und „Betrieb" noch ein weiterer Unterschied. Während die Unternehmung das rechtlich-finanzielle „Gewand", den Außenaspekt darstellt, bildet der Betrieb das eigentliche „innere Leben" der Unternehmung, den Prozeß des Arbeits- und Leistungsvorgangs. Der Betriebsbegriff kennzeichnet damit das Vorhandensein von „*konkreten körperlichen* Gegenständen und Vorgängen", verbunden mit „unmittelbar erfahrbaren, erlebbaren *seelischen* Tatbeständen" (Schäfer 274, S. 96). So gesehen stellt der *Betrieb* nicht nur eine technisch-wirtschaftliche Einheit, eingegliedert in die Unternehmung als die rechtlich-finanzielle Einheit[6], sondern auch ein *soziales Gebilde* dar, „ein Zentrum

[5] In der Festschrift zum 85. Geburtstag von Wilhelm *Rieger*, die den Titel „Der ‚Betrieb' in der Unternehmung" trägt, haben sich seine Schüler wiederum zu dieser These bekannt (Herausgeber: *Fettel* J. und *Linhardt* H., Stuttgart 1963).

[6] Friedrich von *Gottl-Ottlilienfeld* sagt: „Der Betrieb zieht seinen Sinn und zugleich die Möglichkeit seines Fortbestehens erst daraus, daß er sich einem Vollgebilde dienend einschmiegt" (Wirtschaftspolitik und Theorie, Berlin 1939).

von Willensbildungen..., in dem autonome Kräfte und Wirkungen bestehen" (Gerwig, *82*, S. 15 und Anm.[7]). Auch Mueller (*229*, S. 25) bezeichnet unter dem Gesichtspunkt der äußeren Erscheinungsweise den Betrieb als das eigentliche Gebilde menschlichen Zusammenlebens, wenn er ausführt, „daß der Betrieb als *konkrete* Produktionsordnung oder Verwaltungsapparat und als ausgedehntere *menschliche Vergesellung* in unseren Gesichtskreis tritt"[8] (hervorgehoben vom Verfasser).

Nun kann eine „Einrichtung" oder „Maßnahme", wie sie das Vorschlagswesen darstellt, nur auf *konkret* bestimmbare Aufgaben ausgerichtet sein, gleichgültig ob diese technischer, organisatorischer oder sozialer Art sind. Zudem wendet sich der „Ideenwettbewerb" direkt an den arbeitenden Menschen im Betrieb, an *Subjekte*, die ebenfalls *konkret* erfaßbar sind. Dazu kommt, daß das Vorschlagswesen als eine der Maßnahmen und Verfahren „Sozialer Betriebsgestaltung"[9] angesehen wird und somit dem dauernden Wandel der technologischen und organisatorischen Verhältnisse und den damit verbundenen sozialen Veränderungen in bezug auf die Erhaltung des inneren Gleichgewichtes der Gesamtorganisation, dienen soll. Veränderungen dieser Art vollziehen sich aber überwiegend nur im *betrieblichen* Bereich; das Unternehmen lebt weiter — „es erscheint somit als das Dauernde, die Kontinuität bewirkende, der Betrieb als das Wandelbare" (Schäfer, *274*, S. 97 und Anm. [10]).

Damit stellt der Betrieb innerhalb der Unternehmung eine technisch-ökonomisch-soziale Einheit dar, „eine Welt der Menschen und Sachen" (Mellerowicz, *212*, S. 87). Schon deshalb gehört das Vorschlagswesen, wie auch Krauss (*156*) in seiner Arbeit ausführt, als „betriebliche Einrichtung" zum Betrieb, „da es seine Berechtigung und seine Ergebnisse aus *inner*betrieblichen Vorgängen, aus der ‚technisch-wirtschaftlichen' (und *sozialen* [Zusatz des Verfassers]) und nicht aus der ‚juristisch-finanziellen' Seite der Betriebswirtschaft bezieht" (S. 53 [vgl. auch Anm. [11]]).

---

[7] Ralf *Dahrendorf* spricht in seiner „Industrie- und Betriebssoziologie" (*44*, S. 57 ff.) vom „Sozialgefüge des Industriebetriebes" bzw. bezeichnet den Betrieb als „Sozialsystem" (*45*, S. 15 ff.).

[8] Von hier aus wird die Definition der „*Betriebs*soziologie" von W. *Kellner* begreifbar, der sie kurz „als die Wissenschaft vom Zusammenarbeiten der Menschen" bezeichnet (*136*, S. 67).

[9] Zum Begriff „Soziale Betriebsgestaltung", vgl. Felix *Scherke* (*296* und *299*), sowie die Erklärungsversuche von R. *Krauss* (*156*, S. 24 ff.).

[10] W. *Rieger* sagt dazu: „Der Betrieb verbrennt heute, was er gestern angebetet hat, aber die Unternehmung dient ihrem Gott, so lange sie lebt" (*260*, S. 42).

[11] *Krauss* (*156*, S. 52/53) hält allerdings bei der Umschreibung des konkreten Betriebsbegriffes „eine gewisse Beschränkung des allgemeinen Begriffes, zumindest in räumlicher und größenmäßiger Hinsicht (für) unumgänglich". Er meint, daß das betriebliche Vorschlagswesen für „kleinere" Betriebe

Es ergibt sich demnach die Schlußfolgerung, daß das Vorschlagswesen dem *Betrieb* (im allgemeinen Sinne) und nicht der Unternehmung — insoweit unter diesem Begriff der Zweck-, Recht- und Finanzaspekt nach außen verstanden wird — zuzuordnen ist.

Eine Institution, wie sie das betriebliche Vorschlagswesen darstellt, bedarf zur Ausführung ihrer „Zweckwahl" geeigneter Mittel, mit denen sie die ihr im Rahmen der Aufgaben vorgegebenen Ziele verwirklichen kann. Das betriebliche Vorschlagswesen bedient sich hier des sog. *„Verbesserungsvorschlages"*, für dessen Definition es zunächst ohne Bedeutung ist, in welcher Art und Weise ein solcher Vorschlag eingereicht und in welcher Organisationsform das betriebliche Vorschlagswesen verwirklicht wird. Desgleichen ist die Unterscheidung zwischen *Einzel-* und *Gemeinschafts-* (oder Gruppen-) vorschlägen für eine Begriffserklärung ebenfalls ohne Belang. In den Betrieben werden aber nicht nur Verbesserungsvorschläge ausgearbeitet, sondern auch *Erfindungen* gemacht. Es ist also notwendig vor einer näheren Begriffsbestimmung des Verbesserungsvorschlages, eine Abgrenzung zu den sog. „Arbeitnehmererfindungen" vorzunehmen. Grundsätzlich kann gesagt werden, daß es sich bei Verbesserungsvorschlägen um die Nutzbarmachung prinzipiell bekannten Gedankengutes handelt; „im Gegensatz zum Patent (oder Gebrauchsmuster), bei dem der Begriff der ‚*Neuheit*' nachgewiesen werden muß" (Miessner, *219*, S. 5 und Anm. [12] [Hervorhebung vom Verfasser]). Man verlangt also von einem Verbesserungsvorschlag lediglich, daß er gegenüber den bestehenden Einrichtungen und Verfahren eine *„Neuerung"* bedeutet; daß er aus einer vom Arbeitnehmer gefaßten Idee entstanden ist und eine schöpferische Leistung des Vorschlagenden darstellt (Vollmer, *344*, S. 169). Diese Unterscheidung wurde auch im „Gesetz über Arbeitnehmererfindungen" vom 25. 7. 1957 (BGBL. I/S. 756) berücksichtigt und in den §§ 2 und 3 eine Abgrenzung zwischen „Erfindungen" und „Verbesserungs-

---

keinen Sinn hat, also gar nicht notwendig ist — eine Auffassung, die wir keineswegs teilen. Auch im „kleinen Betrieb" (wobei die Größenordnung stets ein relativer Begriff sein wird) sind Verbesserungsmöglichkeiten vorhanden und gerade bei geringer Arbeitsteilung, wenig ausgebauter Organisation, noch möglicher Überschaubarkeit des Arbeitsprozesses, teilmechanisierter Ausrüstung und betont gestalteter menschlicher Arbeit — Kriterien, die nicht unter den von *Krauss* gemeinten „Betriebsbegriff im engeren Sinne" fallen, die aber als charakteristische Merkmale zur Kennzeichnung eines bestimmten Industrietyps angesehen werden können — bieten sich viele Ansatzpunkte für Verbesserungsmöglichkeiten (Vgl. dazu den Exkurs im Anhang zu dieser Arbeit: Industrietypus und betriebliches Vorschlagswesen, S. 304 ff.).

[12] Vgl. auch das Patentgesetz vom 25. Mai 1877, letzte Fassung vom 18. Juli 1953 und das Gebrauchsmustergesetz vom 1. Juni 1891, letzte Fassung vom 18. Juli 1953.

vorschlägen" vorgenommen[13]. Alles, was also außerhalb des patent- oder gebrauchsmusterfähigen Bereiches liegt, ist demnach als Verbesserungsvorschlag anzusehen.

Dem *Begriff* Verbesserungsvorschlag selbst liegt eine solche Vielzahl von Beschreibungen zugrunde, die — wie Schirm *(303)* meint — „von der einfachen Feststellung: Ein Verbesserungsvorschlag ist jede selbständig verfaßte Idee, die eine betriebliche Änderung bedeutet, bis zu langen und komplizierten Begriffsbestimmungen reichen, die offenbar von Patentanwälten aufgesetzt worden sind" (S. 65). Es kann hier nicht näher auf die Problematik, die sich aus den verschiedenen Definitionen ergibt, eingegangen werden (vgl. dazu Höckel, *122,* S. 45—61); man sollte aber die Begriffsbestimmung einerseits nicht zu abstrakt, zu allgemein und zu juristisch fassen, andererseits aber auch nicht zu viele Einschränkungen vornehmen. Vom Wortsinn ausgehend handelt es sich beim Verbesserungsvorschlag zunächst um den Hinweis eines Mitarbeiters, der sich mit einer *Änderung* oder *Neuerung* irgendeines betrieblichen Zustandes befaßt. Damit scheiden bereits solche Andeutungen aus, die lediglich auf Mißstände hinweisen, ohne die Lösung des Problems in sich zu tragen und die man als „negative Kritik" bezeichnen könnte. Als *Verbesserungs*vorschlag kann also nur ein Hinweis gelten, der nicht nur erklärt *was,* sondern auch *wie* etwas verbessert werden kann. Allerdings ist wiederum die Aussage, daß bereits jeder Einfall einen Verbesserungsvorschlag im Rahmen des betrieblichen Vorschlagswesens darstellt, für die betriebliche Praxis zu weit, weil es im Betrieb Personen gibt, die sich im Rahmen ihres beruflichen Pflichtenkreises (Arbeits- oder Dienstvertrages) mit Verbesserungen *bestimmter* Art zu beschäftigen haben. Dadurch entstehen nach A. W. Schmidt *(304)* zwei Arten von Verbesserungsvorschlägen, die scharf voneinander zu trennen sind: der *auftragsgebundene* Verbesserungsvorschlag und der *auftragslose* oder freiwillige Verbesserungsvorschlag.

[13] § 2 / *Erfindungen* — Erfindungen im Sinne dieses Gesetzes sind nur Erfindungen, die patent- oder gebrauchsmusterfähig sind.

§ 3 / *Technische Verbesserungsvorschläge* — Technische Verbesserungsvorschläge im Sinne dieses Gesetzes sind Vorschläge oder sonstige technische Neuerungen, die nicht patent- oder gebrauchsmusterfähig sind.

Anmerkung: Wenn das Gesetz nur *technische* Verbesserungsvorschläge behandelt, dann deshalb, weil es gleichfalls nur *technische* Erfindungen erfaßt. Das ist zwar nach Meinung des Verfassers eine zu bemängelnde Auslegung, schließt aber keineswegs die auf organisatorischem, kaufmännischem und sozialem Gebiet gemachten Verbesserungsvorschläge aus, da die Behandlung dieser Vorschläge nach § 20 ArbNErfG grundsätzlich der Regelung durch Tarifvertrag oder Betriebsvereinbarung überlassen bleibt. (Zur besonderen Problematik des technischen Verbesserungsvorschlages siehe auch den Beitrag von *May,* in: „Der Betriebs-Berater", Heft 16, Juni 1960, S. 628, sowie die Entgegnung von *Vollmer,* Bernhard, in: „Der Betriebs-Berater", Heft 34/10, Dezember 1960, S. 1332—34).

Der *auftragsgebundene* Verbesserungsvorschlag „ist immer identisch mit einem festumrissenen Arbeitsauftrag. Er muß zwangsläufig überall dort erscheinen, wo Personen die *ausdrückliche Auflage* erhalten, ihre fachlichen Kenntnisse auf eine Verbesserung der Produktion (besser: eines bestehenden Zustandes [der Verfasser]) zu richten. Die sich hieraus ergebenden Vorschläge sind daher nur Sonderfälle in der Vielfalt beruflicher Verpflichtungen" (S. 632 [Hervorhebungen vom Verfasser]). Diese, dem aufgabengebundenen Verbesserungsvorschlag zugeordnete „ausdrückliche Auflage" zu Verbesserungen, seine Identität mit einem festumrissenen Arbeitsauftrag, drängen ihn in ein ganz bestimmtes Tätigkeitsfeld, in den unmittelbar dienstlichen Pflichtenkreis und damit außerhalb des betrieblichen Vorschlagswesens. Der *freiwillige* Verbesserungsvorschlag „steht dagegen unter ganz anderen dynamischen Zusammenhängen. Von ihm steht nur fest, daß er auftreten kann, nicht aber, daß er geäußert zu werden braucht" (Schmidt, *304*, S. 623). Er stellt also eine *zusätzliche* Leistung dar, gleichgültig aus welchen Beweggründen auch immer; eine „Sonderleistung", unter der eine Vollbringung verstanden wird, „deren Art und Umfang mehr oder weniger offensichtlich über den Pflichtenkreis des Leistenden hinausgeht" (Kupka, *166*, S. 277 und Anm. [14]). Damit werden lediglich diejenigen Ideen und Hinweise zu Änderungen und Neuerungen ausgeschieden, die gemäß *Arbeitsvertrag* an den dienstlichen Pflichtenkreis gebunden sind[15]. Diese Feststellung ist sehr bedeutsam, weil damit diese Personen und Personengruppen keinesfalls allgemein von der *Einreichung* von Verbesserungsvorschlägen ausgeschlossen sind, da auch sie Änderungen zu Einrichtungen und Verfahren vorschlagen können, die *außerhalb* ihres dienstlichen Pflichtenkreises liegen[16]. Eine generelle Abgrenzung wird durch

---

[14] Vgl. auch die Ausführungen bei R. H. *Krauss* (*156*, S. 89 ff.), der sich mit dem Begriff der „Sonderleistung" ausführlich auseinandersetzt.

[15] *Höckel* schlägt in seinem Buch (*122*, S. 63 ff.) eine an die berufliche Tätigkeit gebundene Abgrenzung vor und zwar mit Hilfe der Begriffe Arbeits-, Aufgaben- und Verantwortungsbereich. Er versucht dann mit Beispielen aus der Praxis einige Kriterien für dieses „leidige Abgrenzungsproblem" zu finden und weist auf die Möglichkeit hin, mit den sog. „Arbeitsplatzbeschreibungen" ("job discriptions") eine einfache und eindeutige Abgrenzung vorzunehmen.

Der Verfasser dieser Arbeit konnte als Mitglied eines Prüfungsausschusses ebenfalls feststellen, daß die Frage, ob ein Verbesserungsvorschlag eines bestimmten Mitarbeiters als ein solcher im Rahmen des Vorschlagswesens anzusehen ist, immer wieder zu heftigen Meinungsverschiedenheiten führte, weil man sich in vielen Fällen nicht über den Funktionsbereich — den dienstlichen Pflichtenkreis — im klaren ist. Schon deshalb sollte der Forderung, die Aufgaben des Einzelnen bereits im Arbeitsvertrag klar festzulegen und durch eine Arbeitsplatzbeschreibung zu ergänzen, entsprochen werden.

[16] *Krauss* (*156*, S. 88 ff.), der für seine Arbeit diesen Problemkreis sehr genau untersucht hat, warnt ebenfalls vom direkten Ausschluß solcher Personen und Personengruppen und unterscheidet in seiner Definition zwischen Trägern der ausführenden, sowie planenden und leitenden Arbeit.

Einführung des Begriffes *einreichbarer* Verbesserungsvorschlag erreicht, den der Verfasser wie folgt definieren möchte:

Ein *einreichbarer* Verbesserungsvorschlag ist ein auf Verwirklichung gerichteter Hinweis zu einer Änderung oder Neuerung eines betrieblichen Zustandes. Er darf nicht aus dem durch den Arbeitsvertrag festgelegten dienstlichen Pflichtenkreis des Einreichers stammen und in seiner Form noch von keiner anderen Stelle des Betriebes vorgeschlagen worden sein.

In der Literatur und in den Vorschlagsfibeln wird die Definition des Verbesserungsvorschlages teilweise auch auf Bewertungsmerkmale — den wirtschaftlichen Nutzen — ausgedehnt. Solche Formulierungen sind abzulehnen, weil dadurch der Eindruck entstehen könnte, daß nur rentable Verbesserungsvorschläge eingereicht werden können, was wiederum keineswegs dem Gedanken des betrieblichen Vorschlagswesens nützlich wäre. Die Feststellung des Nutzeffektes eines Vorschlages gehört zu den Fragen der „Prämienberechtigung" und gerade in dieser nicht immer klaren Trennung zwischen *einreichbaren* und *bewertbaren* Verbesserungsvorschlägen, scheinen nach Ansicht des Verfassers auch die Schwächen aller Definitionen zu liegen[17]. In Anlehnung an den Begriff „einreichbarer Verbesserungsvorschlag" wäre dem *bewertbaren* Verbesserungsvorschlag folgende Begriffsbestimmung zu geben:

Ein Verbesserungsvorschlag ist *bewertbar*, wenn er wirtschaftlich ausführbar ist, also einen höheren Nutzen bringt als seine Durchführung kostet. An Stelle der Rentabilität rein technischer oder organisatorischer Verbesserungsvorschläge, können auch solche Vorschläge bewertet werden, die sich mit Änderungen oder Neuerungen im sozialen Betriebsbereich befassen.

Ergänzend sei noch auf eine betriebliche Maßnahme hingewiesen, die zwar nicht ohne weiteres dem Vorschlagswesen zugeordnet werden kann, die aber in enger Verbindung mit dem Ideenwettbewerb steht und beim Aufbau des betrieblichen Vorschlagswesens maßgeblich beteiligt war. Es handelt sich um das sog. „DE-Programm" (Program of Directed Energy), das nach amerikanischem Muster auch in den deutschen Betrieben Eingang gefunden hat und zu einer gewissen Bedeutung gekommen ist. Das "Program of Directed Energy" übersetzt Heyer *(114)* als „Sammlung aller Kräfte zur Arbeitsvereinfachung", wobei er das Kernproblem darin sieht, „die Mitarbeiter aus ihrer passiven Einstellung herauszulösen und sie zu aktiver Mitarbeit zu bringen"

---

[17] Die gleiche Problematik ergibt sich aus einer nicht immer konsequenten Trennung zwischen dem Kreis der „vorschlagsberechtigten" und „prämienberechtigten" Personen (vgl. S. 67 ff.).

(S. 8). Die Betriebsangehörigen sollen also unter *Mitwirkung* der *Vorgesetzten* dazu erzogen werden, selbst über die Arbeit nachzudenken und nach Arbeitsvereinfachungen zu suchen; es soll ihnen — wie es in einem amerikanischen „Handbuch für Unternehmensführer" heißt — „der Drang zu forschen, die Fähigkeit zu fragen, die Fähigkeit zu analysieren und anzuwenden" vermittelt werden (Cox, *40*, S. 12). Es geht also auch hier um die *Mitarbeit* der Betriebsangehörigen bei der „Arbeitsvereinfachung", wobei sich dieses Mitdenken und Mitwirken mehr auf den eigentlichen Arbeitsplatz bezieht, ohne dabei allerdings den Zusammenhang mit dem Ganzen außer acht zu lassen. Damit ist das "Programm of Directed Energy" als Führungsmaßnahme zur ständigen Wachhaltung und Anregung der allgemeinen Leistungsbereitschaft der Betriebsangehörigen, weder eine Konkurrenz, noch ein Ersatz für das betriebliche Vorschlagswesen, es kann aber als wesentliche Grundlage angesehen werden und mithelfen, die noch aufzuzeigenden Widerstände gegen das Vorschlagsprogramm zu überwinden.

Die in der Einführung angedeuteten *Aufgaben des betrieblichen Vorschlagswesens* haben bereits die Bedeutung dieser Einrichtung im Arbeitsleben erkennen lassen und sollen an dieser Stelle vom rein Sachlichen her, d. h. sowohl unter ökonomischen, als auch psychologischen Gesichtspunkten, noch etwas näher beschrieben werden. Durch das betriebliche Vorschlagswesen soll der arbeitende Mensch Ansatzpunkte für sein Mitwissen, Mitdenken und Mithandeln erhalten; er soll nicht nur Arbeitnehmer, sondern *Mit*arbeiter sein. Das betriebliche Vorschlagswesen macht es sich also ganz besonders zur Aufgabe, den Menschen im Betrieb aus der eingespurten Denkleere herauszuführen, ihn zu „schöpferischer Eigeninitiative" (so Sogorsky, *271*, S. 110) zu erziehen, zu eigenen Ideen anzuregen und wieder an einem sinnvollen Arbeitserlebnis teilhaben zu lassen. Damit erfaßt es mit seinen Maßnahmen den gesamten betrieblichen Bereich. Auf wirtschaftlicher Ebene — in der technischen und organisatorischen Rationalisierung — dient es der Erfüllung und Verbesserung der betrieblichen Rentabilität, wodurch es gleichzeitig dem Betriebszweck und der vom Betrieb erwarteten Leistung oder Anstrengung seiner Mitarbeiter gerecht wird. Es wird damit gleichsam zu einem „heilsamen Zwang" zur technologisch-organisatorischen Rationalisierung des Betriebes. Die *technisch-ökonomische* Auffassung stellt also die Leistungssteigerung und die Erreichung der bestmöglichen Rentabilität in den Vordergrund. Es geht zwar auch dabei um die gesteigerte Mitarbeit aller Betriebsangehörigen, denn man will auch sie zu „Ideenträgern" machen; die eingereichten Verbesserungsvorschläge werden jedoch mehr von ihrem technisch-wirtschaftlichen Nutzeffekt betrachtet. Die technische Rationalität bildet hier den Zweckzusammenhang zur Rentabilität[18], der technisch-ökonomische Aufgabenkreis ist also zweckbestimmend.

In der sozialen Sphäre des Betriebes wird das betriebliche Vorschlagswesen zu einem „Hilfsmittel der Menschenführung" (so Schirm, *303*, S. 12), zu einem „psychologischen Führungsmittel" (so Höckel, *122*, S. 33); es kann also als psychologisches und insbesondere sozialpsychologisches „Instrument" bei der Befriedigung individueller und sozialer Bedürfnisse des arbeitenden Menschen und damit bei der Verbesserung der menschlichen Beziehungen wertvolle Hilfe leisten. Schon Baumgarten *(9)* weist auf den *sozialpsychologischen* Effekt des Vorschlagswesens hin, wenn sie schreibt: „Der Arbeiter hat unwillkürlich das Gefühl, daß er eine Rolle im Betrieb spielt und das Empfinden dieser Gewichtigkeit verpflichtet ihn wiederum zu einem psychisch aktiven Anteil" (S. 206). Diese mitwirkende Einstellung und Haltung war durch die industrielle Entwicklung mit den ihr bekannten Erscheinungsformen der Technisierung, Mechanisierung und Arbeitsteilung und der damit verbundenen zunehmenden Arbeitsentfremdung fast völlig verloren gegangen und gerade „unsere Zeit scheint berufen, mit Hilfe ihrer sozialpsychologischen Erkenntnisse, die innere und äußere Situation des Arbeiters zu verbessern, indem sie (auch) der *menschlichen Seite* des Arbeitsprozesses größere Beachtung schenkt" (Scharmann, *277*, S. 55). Die *sozialpsychologische* Auffassung betont also die menschlich-soziale Aufgabe des betrieblichen Vorschlagswesens; sie sieht im Ideenwettbewerb in erster Linie ein Mittel zur Verbesserung der menschlichen Beziehungen im Betrieb. Im Vordergrund steht die Förderung der *Zusammenarbeit* und des *Zusammenwirkenwollens* möglichst *aller* Betriebsangehörigen, die dadurch bedingte Ausschaltung vorhandener und möglicher menschlicher „Reibungsverluste", ein gutes „Betriebsklima"[19] und damit letztlich die bestmögliche Harmonisierung der menschlichen Kooperation im Sinne der sozialen Integration des Betriebes[20].

---

[18] Vgl. dazu Wilhelm *Rieger* *(260)*, der in diesem Rentabilitätsstreben („ökonomisches Prinzip"), das Erkenntnisobjekt der „Privatwirtschaftslehre" sieht.

[19] Im Schrifttum wird auch von „Betriebsatmosphäre" (so *Heyde*, *Herwig*, u. a.) oder „Betriebsgeist" (so *Moede*, *Scherke*) gesprochen. Da alle diese Begriffe unklare und vage Umschreibungen darstellen, sollte man besser von der „Einstellung zum Betrieb" oder „Betriebszufriedenheit" sprechen (so M. R. *Lepsius*, *171*, S. 41 und L. v. *Friedeburg*, *66*, S. 16 ff.).

[20] Die technisch-ökonomische Auffassung der Aufgabe des betrieblichen Vorschlagswesens einerseits und die psychologische Auffassung andererseits, stellen kein Gegensatzpaar im Sinne von „materiell" und „ideell" dar; man kann sich ohne weiteres vorstellen, daß man die sozialpsychologischen Aspekte des Vorschlagswesens unter rein materiellen Gesichtspunkten betrachtet und danach handelt et vice versa!

Wir haben schon bei den Erörterungen zur Problemstellung dieser Arbeit darauf hingewiesen, daß die beiden Aufgabenkreise des betrieblichen Vorschlagswesens nicht getrennt, sondern in einer sinnvollen Verbindung gesehen werden müssen. Diese Verknüpfung wird notwendig, weil die Wechselwirkungen zwischen den technischen, wirtschaftlichen und sozialen Ordnungsprinzipien, die das Betriebsgeschehen unablässig beeinflussen und formen, auch bei der Gestaltung des betrieblichen Vorschlagswesens zu beachten sind und innerhalb dieser Ordnungsprinzipien ein dynamisches Gleichgewicht herrschen sollte (Atteslander, *4*, S. 14 und 28 ff.). Andererseits ist der Mensch ein „bio-psycho-soziales Wesen" (Miller/Form, *220*, S. 16 ff.), dessen Handeln und Verhalten von den engen Wechselwirkungen seiner biologischen Faktoren, psychischen Arten der Anpassung und sozialen Beziehungen abhängt, so daß auch diese drei Bedingungen seines sozio-ökonomischen Verhaltens grundsätzlich von ihrer Gesamtsituation und nicht isoliert oder getrennt zu betrachten sind. Damit würde also jede *einseitige* Aussage über die Aufgaben des betrieblichen Vorschlagswesens diese ganzheitliche Auffassung vom Betrieb und vom Menschen übersehen. Es muß daher jede Überbetonung der menschlich-sozialen Aufgabenstellung des betrieblichen Vorschlagswesens („wenn dabei außerdem noch wirtschaftliche Einsparungen erzielt werden können, so ist das erfreulich, aber nicht entscheidend" [Schirm, *303*, S. 12]), ebenso abgelehnt werden, wie die einseitige Auffassung vom reinen wirtschaftlichen Nutzeffekt dieser Einrichtung; selbst wenn letztere durchaus nicht die positiven menschlichen Auswirkungen verkennt und sie als „erfreuliche Nebenwirkung" bezeichnet[21]. Zwar standen die Anfänge des Vorschlagswesens mehr unter dem rein wirtschaftlichen Aspekt — es hat sich aber in der Auffassung vom Sinn und Zweck des betrieblichen Vorschlagswesens ein grundsätzlicher Wandel vollzogen. Wenn Schirm *(303)* in diesem Zusammenhang allerdings von einem „periodischen Wechsel" der Einstellung zum Vorschlagswesen spricht — er schreibt: „In Zeiten, in denen die Produktionsausweitung im Vordergrund steht (Rüstung, Wiederaufbau, etc.), ist auch das betriebliche Vorschlagswesen auf Produktionssteigerung abgestellt; in den nachfolgenden Perioden liegt der Schwerpunkt wieder mehr auf den menschlichen Beziehungen" (S. 13) — so muß seiner Aussage widersprochen werden, da sie den tatsächlichen Verhältnissen nicht entspricht. Denn diese „Schwerpunktverlagerung", die gegenwärtig neben der wirtschaftlichen Aufgabe auch die menschlichen Aspekte des betrieb-

---

[21] Daß die positiven menschlichen Auswirkungen nicht nur, wie *Schirm* meint, eine „erfreuliche Nebenwirkung" des Vorschlagswesens darstellen, sondern für ein erfolgreiches Vorschlagswesen von grundlegender Bedeutung sind, wird noch nachzuweisen sein.

lichen Vorschlagswesens hervorhebt, ist in den neueren Erkenntnissen der allgemeinen Psychologie und Soziologie begründet — insbesondere in der Entdeckung der Soziabilität des Menschen und der damit entstandenen speziellen Fachrichtung, der Sozialpsychologie[22], wobei hier insbesondere auf die Ausführungen zur Entwicklung der Betriebspsychologie in dieser Arbeit verwiesen sei (vgl. S. 76 ff.). Außerdem muß Schirm widersprochen werden, wenn er im Sinne einer Theorie der Schwerpunktverlagerung meint, daß sich die Wirtschaft gegenwärtig in einer Art „Ruhestellung" befinde und deshalb „unter gar keinen Umständen der Rationalisierungsgedanke in den Vordergrund treten dürfe" (*303*, S. 13). Obwohl eine solche Wechselwirkung zwischen Wirtschaft und Rationalisierung keineswegs bestritten wird, so vertreten doch die Rationalisierungsfachleute geradezu die entgegengesetzte Ansicht von Schirm und meinen, daß in der Konjunktur nur wenig, in einer Krise dafür aber sehr viel Zeit für Rationalisierungsbemühungen sei[23]. Unter welchen Einflüssen man auch diese Wechselwirkungen sehen mag, man wird zu bedenken haben, daß Rationalisierung jedem Wirtschaften immanent ist, also Wirtschaften ohne Rationalisierung, ohne bewußt mit der „ratio" gestaltete Dinge und Vorgänge, eigentlich unmöglich ist. Auch heute wird dem Rationalisierungsgedanken besondere Aufmerksamkeit geschenkt — nicht zuletzt auf Grund der sich immer mehr verschärfenden Wettbewerbssituation, die sich durch die in der Entwicklung befindlichen wirtschaftspolitischen Ereignisse in Europa — den „Gemeinsamen Markt" — noch verstärken dürfte. Dazu kommen die Faktoren der ständigen technischen und organisatorischen Entwicklung, ein noch weiter anhaltender Arbeitskräftemangel, die Tendenz zu einer immer kürzeren Arbeitszeit und ein durch wirtschafts- und sozialpolitische Maßnahmen ansteigendes Kostenniveau; alles Merkmale, die die Unternehmer geradezu zwingen, sich durch Rationalisierungsmaßnahmen ständig diesen laufenden Veränderungen im Wirtschaftsleben anzupassen. Damit bleiben die Rationalisierungsbestrebungen auch weiterhin ein wirtschaftlich-aktuelles Problem; sie dürfen nur nicht einseitig überbetont werden, sondern haben sich auch immer wieder am Menschen zu orientieren (Kroeber-Keneth,

---

[22] Zum Begriff und Gegenstand der Sozialpsychologie s. u. S. 90 ff.

[23] *Pentzlin*, Kurt: Meister der Rationalisierung (Herausgegeben in Zusammenarbeit mit dem Rationalisierungskuratorium der Deutschen Wirtschaft (RKW), Düsseldorf—Wien 1963.

In der Einführung schreibt *Pentzlin*, daß wir sehr wenig wissen über „das Entstehen und Wachsen der Rationalisierungsbewegung und über den Anreicherungsprozeß ihres Gedankengutes ..., das von der Zeitstudie über die Bewegungsstudie zur Organisationslehre, zur Psychotechnik und Psychologie; von der Arbeitsmedizin über die betriebliche Sozialpolitik, die Betriebssoziologie bis zur Normung und zur rein konstruktiven Technik" reicht, wobei alle Beiträge ihren Wert für Theorie und Praxis behalten (S. 7/8).

160, S. 66). Man kann also nicht, wie Schirm meint, von einer *periodischen* Schwerpunktverlagerung in der Auffassung vom betrieblichen Vorschlagswesen sprechen, selbst wenn es den Anschein hat, als würde gegenwärtig dessen menschlich-soziale Aufgabe besonders betont. Sinn und Zweck und damit Aufgabe des betrieblichen Vorschlagswesens ist also nicht nur die ständige Verbesserung des Zustandes im technischen Betriebsbereich und innerhalb der Betriebsorganisation (etwa im Sinne der technisch-organisatorischen Rationalisierung), sondern ebenso die Förderung der betrieblichen Zusammenarbeit und die Verbesserung des mitmenschlichen Kontaktes innerhalb des betrieblichen Sozialsystems. Der Weg zur Bestgestaltung der Produktivität und der menschlichen Beziehungen im Betrieb führt also nicht über die kategoriale Denkweise des „Entweder — Oder", nämlich entweder technisch oder ökonomisch oder sozial, sondern über die sinnvolle Verknüpfung dieser Faktoren: die *„ganzheitliche Rationalisierung"* (Poeverlein, *248,* S. 323/324 und Anm. [24]).

2. Geschichte des betrieblichen Vorschlagswesens

Ein Rückblick auf die Entwicklung des betrieblichen Vorschlagswesens kann von verschiedenen Gesichtspunkten interessant sein. Einmal bestätigt es sich, daß der Beginn des betrieblichen Vorschlagswesens in der Industrialisierungsepoche des ausgehenden 19. Jahrhunderts zu finden ist und daß es an Bedeutung, wenn auch langsam, so doch stetig, zugenommen hat. Zum anderen werden schon in seinen Anfängen die menschlichen Schwächen dieser betrieblichen „Einrichtung" deutlich.

Ein Suchen nach Ideen zur Verbesserung oder Vereinfachung irgendwelcher Einrichtungen oder Tätigkeiten hat es eigentlich schon immer gegeben. Die gesamte Entwicklung der Menschheitsgeschichte stellt mit ihren Erfindungen und Entdeckungen die Verwirklichung von Ideen dar; der Mensch versuchte und versucht immer wieder, sich die Naturkräfte nutzbar zu machen und diese sich unterzuordnen. Die menschliche Erfindungsgabe auf technischem und wissenschaftlichem Gebiet scheint auch weiterhin unbegrenzt und diese dauernde Entwicklung und Veränderung stellt sich gerade in unserer Zeit als ein wesentliches Merkmal der abendländischen Wirtschaft und Gesellschaft dar. Dieser allgemeine Hinweis auf die anhaltende Dynamik unserer technisch-industriellen Welt mag genügen, weil damit nur zum Ausdruck gebracht

---

[24] *Höckel* schreibt dazu aus der Sicht des betrieblichen Vorschlagswesens: „Wir dürfen das BVW weder bloß materiell (besser: ökonomisch [der Verfasser]) noch einseitig psychologisch oder soziologisch sehen und handhaben. Auf die optimale Kombination der beiden Faktoren kommt es an" (*122,* S. 33).

werden sollte, daß sich in dem Suchen nach Ideen, auch der Grundgedanke der heutigen Form des Vorschlagswesens darstellt.

Die Anfänge des betrieblichen Vorschlagswesens — als der Versuch, die Arbeitnehmer zur Mitarbeit über ihren eigentlichen Arbeitsauftrag hinaus zu gewinnen — sind in Deutschland erstmals gegen Ende des 19. Jahrhunderts zu finden. Alfred Krupp erkannte als erster Unternehmer, daß auch die Betriebsangehörigen Ideen haben, als er im Jahre 1872 in seinem „General-Regulativ" zum „Mitdenken" aufrief und Anweisungen für die Behandlung solcher Vorschläge gab[25]. Freilich war das Echo zunächst gering, „weil die Mitwirkung von Arbeitern über ihre pflichtgemäße Aufgabe hinaus in das Arbeitsgebiet der ‚Beamten' (frühere Benennung der Vorgesetzten) eingriff" (Michligk, *215*, S. 31) und diese sich daher schon damals ihres Vorrechtes zu schöpferischer Leistung und in ihrer sozialen Stellung bedroht fühlten. Andere Unternehmer brauchten mehr Zeit, bis auch sie den Wert von Verbesserungsvorschlägen aus den Reihen der Arbeitnehmer erkannten. Erst im Jahre 1902 folgte August Borsig, der das Vorschlagswesen durch einen Aufruf an den „Schwarzen Brettern" seines Betriebes einführte. Obwohl hier zum ersten Mal durch Einwurf in sog. „Vorschlagskästen" die Anonymität des Einreichers gewährleistet werden sollte (in dem Aufruf hieß es: „Die Verbesserungsvorschläge sind schriftlich zu machen, ... und verschlossen in diesen Kasten zu werfen"), war auch hier die Beteiligung zunächst zurückhaltend. Damit zeigt sich schon in den Anfängen die Problematik dieser Einrichtung — allein bei der Wahl der Vorschlagsabgabe: Dienstweg bei Krupp und Angst bzw. Widerstand der Vorgesetzten, Wahrung der Anonymität bei der Einreichung bei Borsig, ebenfalls ohne größeren Erfolg (vgl. dazu S. 263 ff.). Heinrich Freese führte das Vorschlagswesen im Jahre 1903 in seinem Betrieb mit einem Aufruf über „Verbesserungspreise" ein und berichtet darüber in seinem Buch „Die institutionelle Fabrik" *(63)*. Wenn Freese auch allein der Höhe der Verbesserungsprämien die zunehmende Mit-

---

[25] § 13 des *Krupp*'schen General-Regulativs vom 9. 9. 1872:
„Anregungen und Vorschläge zu Verbesserungen, auf solche abzielende Neuerungen, Erweiterungen, Vorstellungen über und Bedenken gegen die Zweckmäßigkeit getroffener Anordnungen, sind aus allen Teilen der Mitarbeiter dankbar entgegenzunehmen und durch Vermittlung des nächsten Vorgesetzten an das Directorium zu befördern, damit dieses ihre Prüfung veranlasse.

Eine Abweisung der gemachten Vorschläge ohne eine vorangegangene Prüfung derselben soll nicht stattfinden, wohingegen denn auch erwartet werden muß, daß eine solche Ablehnung dem Betreffenden, auch wenn ihm ausnahmsweise nicht alle Gründe dafür mitgeteilt werden können, genüge und ihm keineswegs Grund zur Empfindlichkeit und Beschwerde gebe.
Die Wiederaufnahme eines schon abgelehnten Vorschlages unter veränderten tatsächlichen Verhältnissen oder in verbesserter Gestalt ist selbstredend nicht nur zulässig, sondern empfehlenswert."

wirkung zuschreibt (der von ihm im Jahre 1903 „ausgelobte" Prämienbetrag von 100,— Mark, betrug im Jahre 1922 bereits 1000,— Mark), so hat er doch bereits die wirtschaftliche und psychologische Bedeutung des betrieblichen Vorschlagswesens erkannt und seine Erfahrungen wie folgt zusammengefaßt: „Jede Fabrik ist darauf angewiesen, ihre Erzeugnisse und Einrichtungen zu verbessern. Nur dann kann sie im Konkurrenzkampf bestehen ... In jeder Fabrik gibt es erfinderische Geister, deren Ehrgeiz geweckt und in den Dienst der Fabrik gestellt werden kann ... Ich glaube, daß es der Industrie nur nützen kann, wenn dem System der Verbesserungsprämien mehr Aufmerksamkeit als bisher zugewendet wird. Die Leistungsfähigkeit mancher Betriebe und ihre Aussichten im internationalen Wettbewerb können dadurch nur vermehrt werden" (Freese, *63,* S. 81—85; 161). In den Zeiss-Werken / Jena, kommt es im Jahre 1904 ebenfalls zur Einführung des betrieblichen Vorschlagswesens. Dort ist erstmals ein ständiges Anwachsen der Vorschlagseinreichungen zu beobachten, was als Zeichen einer aufgeschlossenen Betriebsgemeinschaft angesehen werden kann, zumal Ernst Abbé als einer der ersten sozialpolitisch eingestellten Unternehmer gilt, der die öffentliche Aufgabe des Unternehmers bereits in der Verwaltung der nationalen Arbeitskraft, in der Wirtschaftstätigkeit des Volkes sah[26]. Einige Jahre später folgen die Siemens-Schuckert-Werke, wobei Werner Siemens in seinem Aufruf besonderen Wert auf das „freudige, selbsttätige *Zusammenarbeiten aller Mitarbeiter*" (*215,* S. 32) legte und eine solche Sonderleistung durch Prämien *und* berufliche Förderung belohnte. Auch in den Pelikan-Werken, Günther Wagner, Hannover, werden schon vor dem 1. Weltkrieg Verbesserungsvorschläge prämiert, um einen Anreiz zum Mitdenken zu geben und die Mitarbeit im Betrieb zu fördern. Trotzdem waren die Erfolge noch recht bescheiden und viele Unternehmer standen dieser betrieblichen Einrichtung sehr skeptisch gegenüber. Das Gleiche gilt für die „Mitarbeiter", die einmal in der damals vorherrschenden patriarchalischen Führungsform bei ihren Vorgesetzten auf nur sehr schwer überwindbare Hemmnisse und Widerstände gegen das eigene Mitdenken stießen, zum anderen aus Furcht vor Akkordkürzungen ihre speziellen „Kniffe" und „Tricks" für sich behielten. Diese Zurückhaltung gegenüber dem Vorschlagswesen zeigt auch die damalige „Betriebswirtschaftslehre". Nur in einem Aufsatz über „Prämienlöhne" (Zeitschrift für handelswissenschaftliche Forschung [Jahrgang 12, 1919]) geht Neuss kurz auf das Vorschlagswesen ein und schreibt: „Es ist nicht zu leugnen, daß Arbeiter nach jahrelanger Tätigkeit auf gute Ideen zur Vereinfachung der Produktion, Verbesserung der Maschinen und der Betriebsorganisation kommen."

---

[26] Vgl. dazu Walter *Weddigen* (*348,* S. 24 — nach Ernst *Abbé:* Gesammelte Abhandlungen, III. Bd., 1921).

In den nachfolgenden Jahren wird das betriebliche Vorschlagswesen in vielen Unternehmen eingeführt, obwohl Betriebswirtschaftler, Sozialpolitiker und Unternehmer erstmals auf so manche „wunde Stelle" des Vorschlagsprogrammes hinweisen. Einige Sätze aus einem Aufsatz von Dessauer *(52)* seien hier erwähnt, schon deshalb, weil sich darin teilweise die noch heute herrschende Meinung der Vorgesetzten zum Vorschlagswesen widerspiegelt — 38 Jahre nach dem Erscheinen dieses Aufsatzes. Dessauer schreibt: „In einem Betriebe machte ich die Beobachtung, daß die Aufhängung von Betriebsbriefkästen für Arbeitervorschläge zuerst einen guten Anreiz gab, aber dann wurden in Konferenzen von unteren Vorgesetzten, Meistern und Betriebstechnikern, diese Vorschläge, die fast immer irgendeinen oder einige Fehler neben brauchbaren Einzelheiten enthielten, bekämpft. Das geschah aus dem Instinkt, weil es viele Vorgesetzte nicht gern haben, wenn der Untergebene etwas findet, was sie selbst nicht gefunden haben... Die unteren Vorgesetzten brachten es fertig, daß die Institution nach kurzer Zeit versagte." Und dann seine Forderung: „Die Einstellung des Betriebes zur Arbeiterinitiative muß eben auch vom Standpunkt des richtigen Einsatzes des Produktionsfaktors Mensch herrühren: Anerkennung seiner Würde, seiner Tüchtigkeit. Was immer brauchbar ist, muß man aufnehmen und die unteren Vorgesetzten dazu erziehen, sich darüber zu freuen, statt sich darüber zu ärgern und keinesfalls den Autor eines solchen Vorschlages nachher zu schikanieren." Und ein Jahr später schreibt Dessauer in seinem Buch „Kooperative Wirtschaft" (*53*, S. 110): „Jede Initiative, jedes lebendige Interesse, jeder gute Rat fördert uns alle, ist uns allen willkommen und wird, wenn er sich bewährt, seinem Autor besonderen Vorteil bringen. Wir wünschen die *Kooperation* aller guten Kräfte zum Nutzen *aller* in unserem Unternehmen" (Hervorhebungen vom Verfasser). Hier wird erstmals auch auf die menschlich-soziale Aufgabe des betrieblichen Vorschlagswesens hingewiesen, aber auch auf die mit dieser Einrichtung eintretenden menschlichen Konflikte. Schließlich kommt es zu den ersten Veröffentlichungen einzelner Betriebe (Borsig [1925], Osram [1931], u. a.), die zwar aus „Geheimniskrämerei" noch sehr dürftig sind, aus denen aber eine verstärkte Werbung und Systematisierung des Vorschlagswesens und eine steigende Tendenz der Vorschlagseinreichungen zu beobachten ist.

Im „Dritten Reich" erlebte das betriebliche Vorschlagswesen infolge der Aufrüstung und ganz besonders in den Kriegsjahren (1939—1944) einen starken Aufschwung. Der Staat erkennt die Vorteile dieser Einrichtung zur Steigerung der Arbeitsleistung bei gleichzeitiger Kostensenkung durch Einsparung von Material, Arbeitskräften und Zeit; Faktoren, denen gerade in Zeiten einer Kriegswirtschaft besondere

Bedeutung zukommt. Die Lenkung des Vorschlagswesens wird in den Aufgabenbereich der „Deutschen Arbeitsfront" gelegt, so daß man hier schon von geplanten und gesteuerten „Vorschlagskampagnen" (so Peter, *244*, S. 26 ff.) sprechen kann, wenn auch der organisatorische Aufbau den Betrieben überlassen blieb. 1934 erscheint das erste Buch über das betriebliche Vorschlagswesen: Albert Klöckner, „Betriebliches Vorschlagswesen" (Berlin 1934) — 9 Jahre später zwei weitere Werke: Ernst Heinkel, „Meine Erfahrungen als Betriebsführer mit dem betrieblichen Vorschlagswesen" (Berlin 1943) sowie Herbert Steinwarz, „Das betriebliche Vorschlagswesen als nationalsozialistisches Führungsinstrument" (Berlin 1943). Wenn auch in diesen Niederschriften noch weitgehend die technisch-ökonomische Auffassung vorherrscht, so finden sich doch bereits Ansätze des menschlich-sozialen Aspekts des Vorschlagswesens. Aber im gleichen Jahr (1943) wird dann die bisher freiwillige Mitarbeit am betrieblichen Vorschlagswesen durch angeordnete „Meldepflicht" in staatlichen Zwang umgewandelt, der sogar die Kriegsgefangenen erfaßt. Michligk (*215*, S. 38) schreibt zwar, daß diese „Meldepflicht" keineswegs geeignet war, das betriebliche Vorschlagswesen zu fördern, aus statistischen Unterlagen geht aber hervor, daß gerade in den letzten Kriegsjahren die Zahl der eingereichten Vorschläge „sprunghaft" anstieg — ohne etwa damit dieser Zwangsmaßnahme ein besonderes Lob aussprechen zu wollen.

Nach dem Zusammenbruch im Jahre 1945 kam das betriebliche Vorschlagswesen zunächst zum Erliegen, aber die nach und nach einsetzende wirtschaftliche Aufwärtsentwicklung brachte auch wieder die Erinnerung an diese Einrichtung. Und gerade beim Wiederaufbau der Betriebe zeigte es sich dann, wie wertvoll das Mitwissen, Mitdenken und Mithandeln jedes einzelnen Betriebsangehörigen war. So entstand das Vorschlagswesen wieder, zwar als „alte Einrichtung", aber mit vielen neuen Erkenntnissen und einer weit aufgeschlosseneren Haltung der Unternehmensleitungen für die Mitarbeit der Betriebsangehörigen. Diese Aufwärtsentwicklung wurde in Westdeutschland teilweise durch amerikanische Erfahrungen und Methoden beeinflußt, insbesondere durch das bereits genannte "Directed Energy" Programm (vgl. S. 34 ff.). Man hat zwar das starke Anwachsen des betrieblichen Vorschlagswesens oft als „Modeerscheinung" abgetan, im allgemeinen hat aber die Neuentwicklung die Erwartungen erfüllt und für beide Sozialpartner Vorteile gebracht. Die nach dem Kriege erschienene Literatur[27],

---

[27] Neben den Büchern, die sich ausschließlich mit dem Vorschlagswesen befassen, wird diese Einrichtung in fast allen betriebspsychologischen, industrie- und betriebssoziologischen Werken und Untersuchungen, sowie in Büchern über Personalpraxis und Personalführung angeführt.

die sehr offen und kritisch gehaltenen Veröffentlichungen in Fachzeitschriften und Tageszeitungen, lassen erkennen, daß man die Bedeutung des betrieblichen Vorschlagswesens im Rahmen der heute so oft geforderten „Sozialen Betriebsgestaltung" erkannt hat und seine Aufgaben ernst nimmt. Dazu kommt, daß sich auch Institute, Arbeitskreise und sonstige Vereinigungen in steigendem Maße mit dem betrieblichen Vorschlagswesen und seiner Problematik beschäftigen, so z. B. die FORFA (Forschungsinstitut für Arbeitspsychologie und Personalwesen in Braunschweig), die ASB (Arbeitsgemeinschaft für Soziale Betriebsgestaltung in Heidelberg), einzelne Gruppen des RKW (Rationalisierungskuratorium der Deutschen Wirtschaft) und seit 1954 die Arbeitsgemeinschaft „Betriebliches Vorschlagswesen", beim Deutschen Institut für Betriebswirtschaft e. V. in Frankfurt (ehemals Hessisches Institut für Betriebswirtschaft e. V. der Industrie- und Handelskammern des Landes Hessen). Dieser Arbeitsgemeinschaft hat sich eine weitere Erfahrungsaustauschgruppe (ERFA-Gruppe „Betriebliches Vorschlagswesen") angeschlossen. Beide bilden gemeinsam — ähnlich wie die NASS (National Association of Suggestion System) in USA — eine Art „Zentralstelle" für das „Betriebliche Vorschlagswesen" in Westdeutschland, bei der sich viele deutsche und einige schweizerische Betriebe zum gemeinsamen Erfahrungsaustausch zusammengeschlossen haben[28]. Außerdem werden bei dieser „Zentralstelle" statistische Aufzeichnungen über das betriebliche Vorschlagswesen geführt, die einen Überblick über den Stand in der deutschen Wirtschaft geben (Höckel, *122*, S. 300—303).

In der Sowjetzone (Deutsche Demokratische Republik) wurde am 6. Februar 1953 eine staatliche „Verordnung über das Erfindungs- und Vorschlagswesen in der volkseigenen Wirtschaft" erlassen, die zunächst den Aufbau besonderer Büros für das Erfindungs- und Vorschlagswesen in den volkseigenen Betrieben und deren zahlenmäßige Besetzung regelte[29]. Damit wurde das Erfindungs- und Vorschlagswesen in den sozialistischen Aufbauplan „eingeschaltet", was besonders in der Prämienberechnung (die Höchstprämie beträgt 30 000,— DM-Ost) und der hohen Steuerfreiheit (bis zu 10 000,— DM-Ost) zum Ausdruck kommt. Der Staat — oder besser die Partei — übernahmen damit die Förderung des Erfindungs- und Vorschlagswesens; „SED und der FDGB

---

[28] Näheres dazu bei G. *Höckel*, dessen Buch (*122*), wie er selbst im Vorwort schreibt, eigentlich eine „Gemeinschaftsarbeit" ist, durch welche die Erkenntnisse und Erfahrungen der in der „Zentralstelle" zusammengefaßten Firmen zum Ausdruck gebracht werden soll.

[29] Eine eigens herausgegebene Zeitschrift „Erfindungs- und Vorschlagswesen", VEB Deutscher Zentralverlag, Berlin, behandelt alle Fragen und praktischen Fälle zum Erfindungs- und Vorschlagswesen.

sind Führer und Träger der Rationalisatorenbewegung, die mehr und mehr alle Werktätigen in den Kreis der Neuerer und Erfinder einbezieht" (Becker, *14*, S. 44 und Anm. [30]).

Wenn man abschließend die Entwicklung des betrieblichen Vorschlagswesens der letzten 20 Jahre überschaut, so läßt sich nicht bezweifeln, daß es in immer größerem Maße in den Betrieben Eingang gefunden und die Zahl der eingereichten Verbesserungsvorschläge ständig zugenommen hat. Das wird einmal aus dem von einzelnen Betrieben veröffentlichten Zahlenmaterial über das Vorschlagswesen[31], zum anderen aus der Übersicht über die Entwicklung des „Betrieblichen Vorschlagswesens"[32] bei der gleichnamigen Arbeitsgemeinschaft erkennbar. Trotzdem können die Zahlenergebnisse, Entwicklungsstatistiken und „Ideenbilanzen" nicht darüber hinwegtäuschen, daß auch beim betrieblichen Vorschlagswesen selbst noch manches „verbesserungsbedürftig" ist und die Beteiligung im Durchschnitt aller Beschäftigten und im Hinblick auf die Teilnahme in anderen Ländern noch viel zu wünschen übrig läßt. Die nachstehende Übersicht, die anhand der „Jahresstatistiken" der Arbeitsgemeinschaft und der ERFA-Gruppe „Betriebliches Vorschlagswesen" beim Deutschen Institut für Betriebswirtschaft e. V., Frankfurt, erstellt wurde, zeigt dies recht deutlich[33].

---

[30] In dieser Arbeit spiegelt sich der „dialektische Materialismus" eines *Marx, Lenin* und *Stalin* bis in das Vorschlagswesen wider.

[31] Fast alle großen und mittleren Unternehmen, die das betriebliche Vorschlagswesen eingeführt haben, veröffentlichen vorwiegend in ihren Werkszeitschriften Zahlen über die Beteiligung an dieser Einrichtung. Der Verfasser muß sich aus naheliegenden Gründen versagen, einzelne Firmen aufzuzählen.

[32] Jahresstatistik 1961 des Deutschen Instituts für Betriebswirtschaft (unveröffentlicht).

[33] Zur Entwicklung des betrieblichen Vorschlagswesens in den USA — vgl. *Michligk*, Paul (*216*, S. 187 ff. und *215*, S. 39—74), sowie *Markull*, Fritz: Incentive awards — ein Mittel der Verwaltungsvereinfachung in den USA. In: „Zeitschrift für Organisation [ZfO]", Wiesbaden, Jahrgang 25, Heft 6/1956, S. 215/216.

Bei einem Rückblick auf die Entwicklung des betrieblichen Vorschlagswesens in den USA, scheint es uns bemerkenswert, daß der Anstoß zu dieser Institution von der „Wissenschaftlichen Betriebsführung" F. W. *Taylor's* ausging, der in einer Vorlesung über „Die Prinzipien des Scientific Management" vor dem Verwaltungsrat, den Dozenten und der Studentenschaft des Dartmouth College im Oktober 1911, für Verbesserungsvorschläge aus dem Kreis der Arbeiter eintrat (Siehe dazu den gleichnamigen Aufsatz nach dem Stenogramm dieser Vorlesung in „Meister der Rationalisierung" [*243*, S. 63—88, insbesondere S. 87/88]). Wir werden darauf noch im Abschnitt über die Entwicklung der Betriebspsychologie zurückkommen (S. 79 ff.).

Das Vorschlagswesen in *Schweden* ist besonders im Hinblick auf die „Sozialpartner" erwähnenswert, da sich Arbeitgeberverband und Gewerkschaftsbund in echter partnerschaftlicher Gesinnung um eine zweckmäßig geordnete

Statistik des betrieblichen Vorschlagswesens

Ergebnisse aus den Jahren 1961 bis 1965

Institution	Jahr	Anzahl der zusammengeschlossenen Firmen bzw. Behörden	Gesamtzahl der Vorschlagsberechtigten	Zahl der eingereichten Verbesserungsvorschläge		davon				Durchschnittsprämie	Höchstprämie
						prämiierte Verbesserungs-Vorschläge		zur Durchführung angenommene Verbesserungs-Vorschläge			
				insgesamt	pro 1000 Mann	insgesamt	%	insgesamt	%	DM	DM
National Association of Suggestion Systems (NASS) USA	1965	243	6 646 799	2 477 539	390	594 609	24,0	575 062	23,2	170,–	116.800,–
Industrial Welfare Society (IWS) ENGLAND	1965	353	2 318 798	241 785	226	76 962	31,8	—	—	67,–	14.000,–
Nederlands Instituut voor Efficiency (NIVE) NIEDERLANDE	1961	140	495 094	44 051	106	13 817	31,4	13 832	31,4	62,–	11.110,–
Arbeitsgemeinschaft und ERFA-Gruppe „Betriebliches Vorschlagswesen" BUNDESREPUBLIK DEUTSCHLAND	1965	110	1 825 293	77 818	43	40 465	52,0	34 294	44,0	362,–	21.700,–
Österreichisches Produktivitäts-Zentrum (ÖPZ) ÖSTERREICH	1962	33	104 997	1 515	11	839	55,4	839	55,4	101,–	750,–

Anmerkung: Diese Übersichtstabelle wurde aus Zahlenmaterial der „Jahresstatistiken" der Arbeitsgemeinschaft und ERFA-Gruppe „Betriebliches Vorschlagswesen" (Herausgeber: Deutsches Institut für Betriebswirtschaft in Frankfurt) vom Verfasser erstellt.

3. Der organisatorische Aufbau und die personalen Träger des betrieblichen Vorschlagswesens[34]

„Wesentlich und von besonderer Bedeutung ist die Organisation des Vorschlagswesens, welches auf eine offene, auf Vertrauen von Mensch zu Mensch fußende Bearbeitung aufzubauen und als Ausdruck lebendiger Werksgemeinschaft pfleglich und korrekt zu behandeln ist" (Hohmann, *127*, S. 98). Schon in diesem Satz kommt zum Ausdruck, daß ein sinnvoll aufgebautes und gehandhabtes Vorschlagswesen einen wichtigen Faktor des „Ideenwettbewerbs" darstellt und gerade den organisatorischen Maßnahmen — die auch hier nicht Selbstzweck, sondern nur Mittel zum Zweck sind — besondere Bedeutung zukommt. Man hat zwar gegen eine Überbetonung organisatorischer Maßnahmen bei den Diskussionen um das Vorschlagswesen oft Stellung genommen und teil-

---

Vorschlagstätigkeit bemühen, die gute Ergebnisse zeigt (vgl. dazu den Aufsatz: „Das Vorschlagswesen der Arbeitnehmer im Lichte der Statistik" [*368*]).

In den *Niederlanden* ist im Niederländischen Rationalisierungsinstitut in Den Haag (Nederlands Instituut voor Efficiency, The Hagne), einer staatlichen Einrichtung, im Jahre 1954 eine „Zentrale für das Vorschlagswesen" gegründet worden. Hier bemüht sich insbesondere die Regierung um das Vorschlagswesen und den Erfahrungsaustausch. Bei der Beratung werden zur Einführung eines Vorschlagssystems besonders die Aufklärung und Schulung der mittleren und unteren Führungskräfte sowie die Anhörung der Arbeitnehmervertreter hervorgehoben. (Nach einem Bericht des Niederländischen Institutes für Rationalisierung in Den Haag: "The suggestion-box in the Netherlands Trade and Industry [Nr. E 56, 1770], der dem Verfasser freundlicherweise zur Verfügung gestellt wurde).

[34] Es sei zu Beginn dieses Abschnittes angemerkt, daß es bei den nachstehenden Ausführungen um die *formalsoziologischen* Kategorien der Organisation des betrieblichen Vorschlagswesens geht, also um das Teilgebiet der „sozialen Organisation des Betriebes" (nach R. *Mayntz, 205*, erstmals erwähnt bei F. J. *Roethlisberger* und W. J. *Dickson, 261*, die eine technische und menschliche Organisation des Betriebes unterscheiden und letztere in eine individuelle und *soziale* Sphäre trennen), das von den Betriebssoziologen als „formelle Organisation" bezeichnet wird (vgl. dazu insbesondere *Barnard, 8; Miller* und *Form, 220,* S. 30 ff.; *Dahrendorf, 44,* S. 61 sowie *45,* S. 15 ff.; *Mayntz, 205,* S. 14 ff.; *Atteslander, 4,* S. 57 ff.). R. *Mayntz* definiert diese *formale* Organisation als „die in Hinsicht auf Erfüllung der Betriebsaufgabe bewußt durch ein System von Anordnungen und Regelungen geschaffene Zueinanderordnung von menschlichen Funktionsträgern. Die Stellung des einzelnen Menschen in dieser Ordnung bestimmt dabei seine Beziehungen zu anderen Menschen im Betrieb ebenso wie seine Aufgaben im Rahmen der Erfüllung der Betriebsaufgaben, seine Rechte und Pflichten" (*205,* S. 12/13). Wir betrachten hier also das Organisiertsein des menschlichen Gesellungslebens im Betrieb in seiner äußeren Form, unter Ausschaltung des Innenbildes, sowie der in diesem Gefüge vorherrschenden sozialpsychologischen Tatsachen — damit also das formal-verfassungsmäßige Gerüst (*Solms, 273,* S. 351 ff.). Das betriebliche Vorschlagswesen ist in diesem Sinne Institution, ein aus rationalen Verfestigungen von Gruppenfunktionen oder als Konkretisierung von Objektivationen entstandener „Apparat", mit dessen Hilfe der Betrieb den gewollten Zweck des Vorschlagswesens durchsetzt (*Beck, 13,* S. 111/112).

weise mit Recht, denn „eine ungeeignete, schwerfällige, undurchsichtige Organisation kann sehr wohl die ... Bereitschaft zur Mitarbeit abtöten" (Schirm, *303*, S. 57); man sollte aber auch nicht so „hemdsärmelig" werden und meinen, daß es genüge, „wenn der Betreuer des Vorschlagswesens den Überblick behält und dafür sorgt, daß *wenigstens* die brauchbaren Vorschläge dem Unternehmensleiter zur Kenntnis kommen" (G. Schmidt, *306*, S. 376). Es wird also auch beim betrieblichen Vorschlagswesen nicht ganz ohne Organisation gehen, wobei freilich weder ein Zuwenig noch ein Zuviel dem angestrebten Ziel nützlich sein kann. Mit anderen Worten: es geht einerseits nicht, daß der Ideenwettbewerb in aller Stille (sozusagen „unter dem Ladentisch") abgewickelt wird, andererseits darf seine Organisation nicht in einer Art „Verbürokratisierung"[35] ersticken. Denn obwohl jede Organisation ursprünglich aus der Notwendigkeit zur Kooperation gewachsen ist, enhält sie in sich „die Tendenz der Verallgemeinerung und eine Gefahr der Schematisierung und Bürokratisierung" (Linhardt, *185*, S. 174) und damit auch Merkmale der Entpersönlichung.

Geht man von dem Wort „Organisation" aus, so wird man feststellen, daß es in verschiedener Weise gedeutet und in vielfältigen Erscheinungsformen auftritt. Der Ursprung dieses Ausdruckes liegt im Wort „Organ", welches sich aus dem griechischen „ôrganon" gebildet hat und in der genauen Übersetzung „Werkzeug" heißt, „nämlich der abgegrenzte Teil eines Lebewesens, eines ‚Organismus', der als Glied des Ganzen und durch dieses bedingt eine besondere Leistung zu erfüllen hat. Organisieren bedeutet also das Ordnen verschiedener, zusammenhaltloser Teile, so daß die Gesamtheit der Teile einen vollkommenen Organismus bildet, jeder einzelne Teil aber als Organ in sich selbst ebenso vollkommen ist" (*371*, S. 199); das Handeln mit Mitteln zu einem bestimmten Zweck. Linhardt (*185*) sagt: „Organisation ist Verhältnisgestaltung bei Verfolgung gesetzter Zwecke mit gegebenen Mitteln. Nicht Mittelbeschaffung, wohl Mittelwahl ist ihre Sache, nicht Zweckbestimmung sondern Zweckerreichung ... Bei aller Organisation durchdringen sich menschliches Denken und menschliches Handeln wechselseitig. Im sozialen Bereich geht das Denken des Einen in das Handeln des Anderen über, geht das Handeln der Vielen aus dem Denken der Wenigen hervor" (S. 174). Menschen und Dinge (genaugenommen Kräfte und Stoffe) wirken also zu einem bestimmten Zweck zusammen, womit noch nicht gesagt ist, ob diese Art von Organisation gut oder schlecht ist. Die Zwecksetzung, die der Organisation vorausgehen muß,

---

[35] E. *Schäfer* kennzeichnet dieses Merkmal der Organisation als eine „bis ins Einzelne ausgetüftelte, bürokratisch-verknöcherte Bindung jeder einzelnen Arbeitskraft und ihrer Betätigungen" (*274*, S. 105).

ist in ihrem Ursprung und ihrer Idee von einem Menschen vorgedacht und nach dessen Willen festgelegt, was sich auch nicht bei wachsender Zahl der Menschen und Mittel ändert; denn das Zusammenspiel bedarf jeweils einer entsprechenden Lenkung von der Spitze. Aber weder die Idee als schöpferische Kraft, noch der Wille als bewegendes Element allein genügen, um die Wirksamkeit einer Organisation auf die Dauer zu tragen; es bedarf eines Systems der Regelungen, vorausgehender Planungen, einer Aufgabenverteilung und Zuständigkeitsabgrenzung — einer Zuweisung von Funktionen von einer Stufe zur anderen, bis zum letzten in der Organisation stehenden Menschen. Erst in dieser „Kette ineinander kausal bedingter Maßnahmen" (so Lohmann, *188*, S. 546) wird der Wesensinhalt der Organisation in ihrer Gesamtheit deutlich; damit kann Organisation als „das planmäßig geregelte, funktionsgebundene Zusammenwirken von Menschen und Dingen zu einem bestimmten Zweck unter einem einheitlichen leitenden Willen" (*188*, S. 546) definiert werden. Organisation hat demnach die Aufgabe, das Zusammenwirken von Menschen und Sachen zur Erfüllung eines bestimmten Zweckes reibungslos zu gestalten; sie ist nach der kurzen und treffenden Denifition von Bente *(20)*, „sinnvolle, d. h. ziel- und ideenbezogene Ordnung von Gliedern oder Teilen eines Gebildes"[36].

Auch der Betrieb kann seiner eigentlichen Zwecksetzung entsprechend zunächst als Organisation erklärt werden, die auf technische und wirtschaftlich optimale Weise Güter beschafft, bearbeitet und verteilt (Grössle, *92*, S. 14). Diese zunächst rein zweckorientierte Organisation des Betriebes findet ihren Niederschlag im Organisationsplan, der das Nebeneinander sowie die Über- und Unterordnung von Position und Funktion darstellt und das Skelett der Betriebsorganisation bildet. Damit umfaßt die technisch-wirtschaftliche Organisation den sog. „Sachproblemkreis" der Organisation[37], in dem die Maximierung des Nutzeffektes erreicht werden soll. Bei dieser „äußeren Organisation" (Brown, *34*, S. 68 ff.) werden bewußt alle Wechselbeziehungen, die sich zwischen dem Sach- und Personenproblemkreis (der äußeren und inneren Organisation) ergeben, ausgeschaltet und nur das Formalgültige betrachtet. Wie wir bereits zu Beginn dieses Abschnittes angemerkt haben, hat die Betriebssoziologie dafür den Begriff der „formalen Organisation"

---

[36] Das Zitat wurde aus dem Aufsatz von Fritz *Ottel:* „Organisation und Organismus" übernommen (In: „Zeitschrift für Organisation", Wiesbaden, Jahrgang 32, Heft 6/1962, S. 321).

[37] Nach Leopold v. *Wiese*, der in seiner Organisationslehre einen Sachproblem- und einen Personenproblemkreis unterscheidet (Zitiert bei J. *Johanneson:* „Organisation". In: W. *Bernsdorf* und Fr. *Bülow* [Hrsg.], Wörterbuch der Soziologie, Stuttgart 1955, S. 358 ff.).

herausgebildet, die Barnard (7, S. 73 und Anm. [38]) als ein „System bewußt koordinierter Akivitäten (Handlungen — Arbeitsvorgänge) zweier oder mehrerer Menschen" bezeichnet, wobei damit nicht der Mensch als Person (als ein Wesen aus Fleisch und Blut), sondern sein „Amt" gemeint ist[39], d. h. die „geregelte Zueinanderordnung menschlicher Funktionsträger im Betrieb" (Mayntz, *205*, S. 14). Damit ist die formale Organisation eines sozialen Gebildes identisch mit dessen „Gerüst", als „das faktisch wiederholt äußerlich-gleichförmig ablaufende oder das in seinem äußeren Ablauf aus *Sach*gründen sich wandelnde Mit- und Gegeneinandersein von Menschen, einerlei, welche gefügerelevanten inneren Motive und Ursachen diesen Sozialprozessen zugrunde liegen mögen" (Solms, *273*, S. 356). Die somit bewußt geplante und zweckorientierte formale Sozialorganisation, kann man als „Soll-Organisation" (Mayntz) bezeichnen, da sie nur theoretisch faßbar ist und keineswegs immer der sozialen Wirklichkeit entspricht[40]. Ihre Elemente sind die betriebliche Hierarchie („Herrschaftsstruktur"), das betriebliche Verkehrs- oder Kommunikationssystem als Ausfluß der Betriebshierarchie sowie die einzelnen Positionen (Ämter), die wiederum aus einem Komplex von Funktionen (Aufgaben) bestehen. Diese von der formalen Sozialorganisation entwickelten und nur ihr dienenden Einrichtungen, Systeme und Prozesse, nennt E. W. Bakke "Bonds

---

[38] Vgl. dazu auch die ausführliche Buchbesprechung von E. *Dederra* über die beiden Hauptwerke von Ch. I. *Barnard*, unter dem Titel: Über Führung und Struktur sozialer Gebilde. In: „Fortschrittliche Betriebsführung", Darmstadt, 9. Jahrgang, Heft 2/1960, S. 42—47.

[39] Ralf *Dahrendorf* (*44*, S. 61) beschreibt die formale Organisation des Industriebetriebes als ein um den Zweck der Produktion zentriertes System sozialer Rollen, das „zunächst ein auf diesen Zweck hin angelegtes und durch die technischen Mittel zu seiner Verwirklichung bestimmtes Arrangement von *Aufgaben* und *Ämtern*" verlangt.

Robert *Staerkle* (*316*, S. 9—11) nennt nachstehende typische Merkmale der „formalen" Organisation:

a) Weitgehende Arbeitsteilung und Spezialisierung.
b) Klare Definition der Verantwortlichkeiten und Kompetenzen der einzelnen Stellen.
c) Grundsätzliches Festhalten an der individuellen Verantwortung.
d) Hierarchische Über- und Unterordnung der Stellen.
e) Pyramidenförmiger Stellenaufbau.
f) Abstrakte und verallgemeinernde Regelungen und Vorschriften.
g) Forderung nach Ordnung und Disziplin, unterstützt durch mannigfalte „Belohnungen" und Sanktionen.

[40] Die Beschreibung des Auseinanderfallens von „Soll-" und „Ist-Organisation" und damit des inneren Gefüges von Sozialstrukturen, wie sie auch das betriebliche Vorschlagswesen darstellt, wird Aufgabe des II. Abschnittes sein, wobei die daraus gewonnenen Erkenntnisse, der Hauptthese dieser Arbeit, die notwendige sozialwissenschaftliche Grundlage geben werden.

of organization"[41], wobei er folgerichtig ausführt, daß die Prinzipien der formalen Organisation für die Unternehmensleitung der richtungsweisende Aspekt sind, während für die Mitarbeiter und um so mehr, je weiter man von „oben" nach „unten" steigt, die informale Sozialorganisation[42] an Bedeutung gewinnt. Schon aus diesem Grunde wird jede rein formal-soziologische Gerüstbetrachtung im Hinblick auf ihre Gefügesituation zu ergänzen sein, was bedeutet, daß es eine formale und informale Sozialorganisation niemals für sich allein geben kann, sondern immer nur als zwei voneinander abhängige und nicht trennbare Bestandteile, deren Synthese im Sinne der „Polaritätslehre" (W. Beck) anzustreben ist.

Auch das betriebliche Vorschlagswesen benötigt — wie eingangs erwähnt — zu seiner reibungslosen *sachlichen* Durchführung ein gut aufgebautes und unbürokratisch arbeitendes Organisationsgerüst. Seine Organisation hat von den eigentlichen *Trägern* dieser betrieblichen Einrichtung auszugehen, die sich zur Durchführung der Aufgaben betrieblicher *Organe* bedienen, die wiederum nach dem Willen der Träger und dem Zweck dieser Institution die organisatorischen Grundbedingungen zu klären und festzulegen haben. Der Aufbau der rein formalen Organisation des betrieblichen Vorschlagswesens hat also neben der Bildung der Organe und deren Zusammensetzung, die Eingliederung in die Gesamtorganisation, die Einführung und die organisatorische Abwicklung des Vorschlagsprogrammes (einschließlich der Prämiierung) und nicht zuletzt den Kreis der Vorschlagsberechtigten festzulegen. Dieses formal-soziologische Gerüst wird sich in dem dafür erstellten „Organisationsplan für das betriebliche Vorschlagswesen" widerspiegeln, in dem einmal „Ämter" (Positionen) und Aufgaben (Funktionen), die Verkehrswege von „oben" nach „unten" (Kommunikationssysteme), aber auch der rein organisations-*technische* Arbeitsablauf des Vorschlagswesens dargestellt werden können.

---

41 Vgl. Erich *Dederra*: Was hält den Betrieb zusammen? (Gedanken zu dem Buch von E. Wight *Bakke*: Bonds of Organization). In: „Fortschrittliche Betriebsführung", Darmstadt, 12. Jahrgang, Heft 3/1963, S. 85—87. *Dederra* verdeutscht diesen Ausdruck mit „Systeme des betrieblichen Zusammenhaltens".

42 Renate *Mayntz* (*205*, S. 13) definiert die *informale* Organisation „als denjenigen Komplex von formell nicht geplanten und beabsichtigten sozialen Abläufen und Phänomenen im Betrieb, die aus der Tatsache entstehen, daß die Betriebsangehörigen soziale (besser „sozial-individuale" [der Verfasser]) Wesen sind und in ihrem Verhalten nicht nur von den Anordnungen der Betriebsleitung, sondern auch von ihrer Herkunft, ihren Sitten, Wünschen und Erwartungen bestimmt werden", also überwiegend von sozialpsychologischen Einflüssen. Vgl. dazu auch Arthur *Mayer* (*201*, S. 81 ff.), der diese innere Organisation recht treffend als „sozial-psychische Organisation" des Betriebes bezeichnet.

a) Träger und Organe

Der *Unternehmensleitung* (ob es sich hierbei noch um den „klassischen Unternehmer" oder das sog. "Management" [Dahrendorf, *45*, S. 22 ff.; Mechler, *210*, S. 9 ff.] handelt, ist in diesem Zusammenhang ohne Bedeutung), kommt als oberstem Träger des betrieblichen Vorschlagswesens die bedeutsamste Funktion beim Aufbau dieser Einrichtung zu. Von dieser höchsten Autoritätsebene geht die Organisation des betrieblichen Vorschlagswesens aus und die von „oben" gegebenen Anordnungen, die in der Regel das Abbild der Einstellung zum betrieblichen Vorschlagswesen darstellen, werden sich auf die Mitträger (die Führungskräfte, den Sachbearbeiter und die Belegschaftsvertretung), die Organe (Bewertungs- und Prüfungsausschuß) und letztlich auf alle Mitarbeiter des Betriebes entscheidend auswirken. Die Unternehmensleitung muß also mit ihrer ganzen Autorität hinter dem „Ideenwettbewerb" stehen und klar zum Ausdruck bringen, welche unternehmenspolitischen Grundsätze durch das betriebliche Vorschlagswesen verwirklicht werden sollen. Sie darf das Vorschlagsprogramm nicht nur einführen wollen, weil es in Konkurrenzbetrieben besteht oder weil man es auch einmal ausprobieren möchte, um es im Falle eines Nichterfolges wieder „ad acta" zu legen, sondern sie muß sich auch von vornherein darüber klar sein, daß sie das Vorschlagswesen nach Möglichkeit zu einer Dauereinrichtung machen möchte. Der Standpunkt, daß das betriebliche Vorschlagswesen eine „Modeeinrichtung" oder nur ein Experiment oder sogar eine „alte Kamelle" (G. Schmidt) sei, ist keineswegs geeignet, das Interesse und die Teilnahme der Mitarbeiter zu fördern. Auch das Motto: „Zeit haben wir nur für wichtige Dinge" (so Lill), verurteilt das betriebliche Vorschlagswesen von vornherein zum Scheitern und man darf sich dann nicht wundern, wenn die Einwurfkästen leer bleiben (Lill, *184*, S. 9). Zudem unterschätzt die Unternehmensleitung vielfach die schöpferischen Kräfte ihrer Arbeitnehmer und diese Unterschätzung „hat ihre letzte Wurzel ganz einfach darin, daß man größtenteils noch gar nicht den Versuch unternommen hat, die Arbeiter (und Angestellten [Zusatz durch den Verfasser]) aktiv an der Gestaltung des betrieblichen Geschehens zu beteiligen" (Krauss, *156*, S. 60 und Anm. [43]). Man betrachtet die sog. „Mitarbeiter" eher als eine „dumpfe Masse", ein Vorurteil, das sich schon deshalb nicht rechtfertigen läßt, weil der Beweis für diese Auffassung noch gar nicht erbracht wurde.

Erschwerend kommt hinzu, daß sich die Einstellung der Unternehmensleitung durch das formale Organisationssystem (lineare oder

[43] Vgl. dazu auch W. *Kellner (136)*, insbesondere den Abschnitt über das Menschenbild vom Arbeiter aus der Sicht des Unternehmers (S. 119 ff.).

skalare Hierarchie [Dahrendorf, *44*, S. 63 ff.]), auf direktem Wege von „oben" nach „unten" verlagert und somit nicht nur Informationen, Wünsche und Anordnungen auf dem „Dienstweg" weitergegeben werden, sondern auch *Haltungen* bis in das unterste Glied der Hierarchiepyramide ausstrahlen. Das Wollen oder Nichtwollen der Unternehmensleitung, die sich eigentlich als „der *erste Träger* des Vorschlagswesens für dessen Gelingen persönlich verantwortlich fühlen muß" (*390*, S. 17), geht somit auf dem Wege der Kommunikation über die betriebliche Stufenleiter (oder den Instanzenzug) auf alle nachgeordneten Führungskräfte und Mitarbeiter über, und wird deren Einstellung ganz besonders günstig oder ungünstig beeinflussen.

Damit wird die Initiative zum „Ideenwettbewerb" von der Unternehmensleitung zunächst auf die betrieblichen *Führungskräfte* (vgl. Fassbender, *59*) übertragen, die als *Mitträger* des betrieblichen Vorschlagswesens auf diese Institution einen großen Einfluß ausüben. Da sie innerhalb der vertikalen Betriebsstruktur, zwischen der Unternehmensleitung und den die Arbeit unmittelbar Ausführenden stehen, können sie, je mehr sie in ihrer Stellung innerhalb der „Status-Organisation" (Dahrendorf) der Basis der Autoritätspyramide näherkommen, die Absichten der Unternehmensleitung besonders aufklärend, beratend und fördernd unterstützen. Als „verlängerter Arm" der Betriebsspitze „sollten sie an sich Interpreten des guten Willens ihres obersten Chefs sein" (Kern, *139*, S. 40/41), was voraussetzt, daß sie selbst um die Bedeutung des Vorschlagswesens wissen und überzeugt sind, daß es sich dabei um ein echtes Anliegen der Unternehmensleitung handelt. Es gilt also ganz besonders diesen Personenkreis — die Männer in der Mitte der Sozialordnung des Betriebes (s. u. S. 235 ff.) — für den Gedanken des betrieblichen Vorschlagswesens zu gewinnen, da gerade von den *mittleren* und insbesondere *unteren* Führungskräften „sozialpsychologische Verteidigungsmechanismen" (so Grössle, *92*, S. 113) ausgehen, die allen noch so ehrlich gemeinten Bemühungen der Unternehmensleitung entgegenwirken können, wenn auch sie nicht für die Pläne der Unternehmensführung gewonnen worden sind. Diese sogenannten „Männer der Mitte" (Roethlisberger) oder die „Kader" und insbesondere der direkte Vorgesetzte, werden damit neben der Geschäftsleitung zu einem der wichtigsten Mitträger aller Maßnahmen und Verfahren des betrieblichen Vorschlagswesens. Michligk (*216*, S. 31) bezeichnet in diesem Zusammenhang den *direkten* Vorgesetzten — allerdings etwas übertrieben — sogar als „Geburtshelfer", weil gerade er sich als Kommunikationsträger von „oben" nach „unten" mit der Einstellung der Unternehmensleitung identifizieren muß, da sonst die wichtigste Voraussetzung nicht erreicht wird: die Begeisterung der Mitarbeiter und ihre Bereitwilligkeit, an Verbesserungen mitzuwirken (Moore, *227*, S. 84 und Anm. [44]).

Auch der *Betriebsrat* kann im Rahmen des organisatorischen Aufbaues des betrieblichen Vorschlagswesens eine entscheidende Mitträgerfunktion haben. Sie ergibt sich einmal aus dem Betriebsverfassungsgesetz (BVG), das besonders im Abschnitt „Mitwirkung und Mitbestimmung" eine *vertrauensvolle* Zusammenarbeit fordert[45] und mit dem eine zweite, aus sozialpolitischen Maßnahmen abgeleitete, institutionalisierte formale Organisationsstruktur in den Betrieben entstanden ist[46], zum anderen aus der Erkenntnis, daß die positive Einstellung der Belegschaftsvertretung, auch die von ihr vertretenen Mitarbeiter günstig beeinflußt. Wenn auch die Richtlinien für das betriebliche Vorschlagswesen üblicherweise nicht durch Tarifvertrag geregelt werden — dem Verfasser ist keine derartige Tarifbestimmung bekannt — so ist doch das Aufstellen gemeinsamer Richtlinien in einer „Betriebsvereinbarung" möglich. Allerdings besteht hierzu, wie es im Merkblatt Nr. 1 der DGB-Erfindungsberatungsstelle für das Bundesgebiet vom 9. 7. 1954 heißt „kein Rechtsanspruch ... Die Arbeitgeber können daher nicht gezwungen werden ... Sie können, wenn sie es für zweckmäßig halten, durch einen einseitigen Akt Richtlinien für das betriebliche Vorschlagswesen erlassen, ohne hieran den Betriebsrat zu beteiligen" (S. 3). Ein solcher Ausschluß des Betriebsrates kann aber, da er dem Sinn der betrieblichen Kooperation zuwider ist, nicht im Interesse des betrieblichen Vorschlagswesens liegen, das als *partnerschaftliche Einrichtung* auch vom Betriebsrat mitgetragen werden sollte. Neben ausreichender Information über die Grundsätze des Vorschlagswesens, ist die Einbeziehung des Betriebsrates in die Organisation (und zwar bereits bei deren Aufbau) im Interesse einer vertrauensvollen Zusammenarbeit mit der Unternehmensleitung und den Führungskräften,

---

[44] Auch in der sonstigen Literatur über das betriebliche Vorschlagswesen wird auf die Bedeutung und Einstellung der „unteren Vorgesetzten" für den Erfolg des Vorschlagswesens hingewiesen (*Lill*, *184*, S. 14 ff.; *Schirm*, *303*, S. 26 ff.; Informationsbrief 2 des RKW, Bezirksgruppe Nordrhein-Westfalen, *379*, S. 8 ff.). Außerdem sei zu diesem Thema insbesondere auf die wiedergegebenen Äußerungen der Arbeiter gegen die Meister in der Untersuchung von H. *Popitz* u. a. (*249*, S. 50—52) verwiesen.

[45] Der einleitende § 49 dieses Abschnittes lautet: „Arbeitgeber und Betriebsrat arbeiten im Rahmen der geltenden Tarifverträge vertrauensvoll und mit den im Betrieb vertretenen Gewerkschaften und Arbeitgebervereinigungen zum Wohl des Betriebes und seiner Arbeitnehmer unter Berücksichtigung des Gemeinwohls zusammen" (BVG vom 11. 10. 52).

[46] *Schelsky* (*293*, S. 185) spricht auf Grund des Nebeneinanders von ökonomischer und sozialer Formalorganisation (Arbeitsdirektor, Betriebsrat, betriebliche Gewerkschaftsvertretung in den USA) von einer „dualistischen Autoritätsstruktur", die immer mehr zur hierarchischen Grundverfassung des modernen Betriebes werde.

aber auch *aller* Betriebsangehörigen, unbedingt erforderlich. Seine Mitwirkung und gleichberechtigte Stellung in der Prüfungs- oder Bewertungskommission (s. u. Seite 58) wird einmal sein Interesse am „Ideenwettbewerb" fördern, gleichzeitig aber auch den Mitarbeitern das Gefühl geben, „daß seine freigewählten Betriebsvertreter ein Wort mitzureden haben und die Unternehmensleitung nicht allein entscheidet" (Lill, *184*, S. 20/21). Die Aufrufe von Betriebsräten in den zahlreichen Vorschlagsfibeln, Werkszeitschriften und sonstigen betrieblichen Publikationen über das Vorschlagswesen zeigen recht deutlich, daß die Betriebsvertretungen ihre mittragende Rolle sehr ernst nehmen und schon deshalb in beiderseitigem Interesse in das Organisationssystem des betrieblichen Vorschlagswesens einbezogen werden sollten[47].

Einen *Sachbearbeiter* für das betriebliche Vorschlagswesen findet man in fast allen Betrieben, ganz gleich, in welcher Organisationsform der Ideenwettbewerb durchgeführt wird. Ob dieser ein Techniker oder Kaufmann ist, wird sich nach der Zuordnung des betrieblichen Vorschlagswesens in der organisatorischen Betriebsstruktur richten, obwohl gerade darüber die Auffassungen sehr stark auseinandergehen. Auf dieses Problem kann, da es mehr betriebsorganisatorischer Natur ist, im Rahmen unserer sozialpsychologischen Betrachtungsweise nicht näher eingegangen werden und man sollte auch solche organisatorischen Meinungsverschiedenheiten keineswegs überbewerten. Letzten Endes kommt es auch hier darauf an, den *richtigen* Mann als Sachbearbeiter

---

[47] Wir können hier, gleichsam stellvertretend für die vielen Aufrufe, nur zwei Aufforderungen von Betriebsräten zur Mitbeteiligung am betrieblichen Vorschlagswesen wiedergeben, aus denen die positive Einstellung erkennbar wird:

„Wir als Vertreter der Belegschaft stehen dem Betrieblichen Vorschlagswesen aufgeschlossen gegenüber. Der heutige Stand der Technik baute sich auf aus unzähligen Vorschlägen, Verbesserungen und Erfindungen. Auch wir in unseren Werken können nicht stehenbleiben, sondern müssen mit der Zeit Schritt halten. Wir sind überzeugt, daß mancher gute Gedanke bei unserer Belegschaft — sei es in den Werkstätten oder in den Büros — gereift ist und dann in Verbesserungsvorschlägen zur Entfaltung kommt, damit dem neugestalteten Betrieblichen Vorschlagswesen ein Erfolg beschieden ist." (Der Betriebsratsvorsitzende der Firma Kugelfischer Georg Schäfer & Co., Schweinfurt. In: „Richtlinien für das Betriebliche Vorschlagswesen", Ausgabe 1961.)

„Wir können es uns nicht leisten, bei dem weiteren Aufbau unseres Werkes auf die Vorschläge unseres großen Kollegenkreises zu verzichten. *Jeder Vorschlag*, der dem Werk nützt, hilft uns auch wieder selber und *sichert unseren Arbeitsplatz*. Für angenommene Vorschläge wird eine angemessene Prämie gezahlt werden, die dem Einzelnen wieder weiter hilft. Es *lohnt sich* also, von allen Seiten *Vorschläge zu machen*...

Stützen wir deshalb gemeinsam diese Selbsthilfeaktion und arbeiten wir alle an den Aufgaben, die vor uns liegen."

(Der Betriebsratsvorsitzende der Phönix-Gummiwerke AG, Hamburg-Harburg. In: Vorschlagsfibel „Jeder denkt mit!" S. 6.)

zu finden, zumal „für die Belegschaft das Vorschlagswesen weitgehend durch ihn repräsentiert wird" (*390*, S. 18). Das ist allerdings leichter gesagt als getan. Wie schwierig es ist, dafür die geeignete Persönlichkeit, d. h. „den" Mitarbeiter zu finden, kommt immer wieder in Diskussionen zum Ausdruck, bei denen auf die vielen Fehlbesetzungen dieser Position mit ansonsten nicht ausgelasteten oder sogar für andere Aufgaben „unbrauchbaren" Mitarbeitern hingewiesen wird[48]. Eine derartige Einstellung der Unternehmensleitung zum Vorschlagswesen entspricht aber keineswegs der anfangs aufgestellten Forderung, insbesondere dann, wenn die damit zusammenhängenden Aufgaben „von einem Ingenieur oder einem Angestellten der Personalabteilung ‚en passant' erledigt werden" (Lill, *184*, S. 9).

Die Auswahl des Sachbearbeiters muß also recht sorgfältig vorgenommen werden, denn gerade ihn erwartet eine doppelte Aufgabenstellung in der Organisation des betrieblichen Vorschlagswesens. Über seine Person — als direkten „Kontaktmann" — laufen alle Verbindungen dieser betrieblichen Einrichtung, so daß er aus dieser Sicht zu einem weiteren wichtigen Träger des betrieblichen Vorschlagswesens wird und somit sowohl die Meinungsbildung nach „oben" als auch nach „unten" entscheidend beeinflussen kann. Damit wird er gleichsam zum *Mittler* zwischen Unternehmensleitung, Führungskräften und Belegschaft und kann zur Vertiefung des gegenseitigen Vertrauensverhältnisses entscheidend beitragen. Michligk (*215*, S. 76) bemerkt dazu ganz richtig, daß dies eine Aufgabe sei, die nicht leicht zu lösen ist und die dem Sachbearbeiter in der Praxis auch nicht leicht gemacht wird. Es wird also notwendig sein, die Stellung des Sachbearbeiters in der formalen Organisation des Betriebes so festzulegen, daß der seiner sozialen Rolle zugeordnete soziale Status oder Rang (Dahrendorf, *44*, S. 71; Mayntz, *205*, S. 18, 48 ff.) von *allen* Mitarbeitern erkannt und anerkannt wird, damit er auf Grund dieser Stellung seine Mittlerfunktion innerhalb des betrieblichen Vorschlagswesens auch ausüben kann (Höckel, *122*, S. 85 ff.). Neben dieser Rolle wird der Sachbearbeiter gleichzeitig seine Funktion als eigentliches *Vollzugsorgan* wahrzunehmen haben, da seine Tätigkeit den gesamten und umfangreichen organisations*technischen* Abwicklungsprozeß des betrieblichen Vorschlagswesens umfaßt, angefangen von der Einreichung der Vorschläge über deren Bearbeitung bis zur Kontrolle ihrer Durchführung. Dazu kommen Aufgaben, die mit den Worten „Beratung der Vorschlagenden" nur angedeutet sind und für deren Erfüllung der Sachbearbeiter die nötige Geduld und Zeit aufbringen muß. Auch die Auswahl der Prüfer für die

---

[48] Günther *Höckel* (*122*, S. 84) schreibt dazu: „Das BVW ist aber in keinem Fall ein Abstellgleis für unfähige oder auch schon verbrauchte Mitarbeiter."

erste Begutachtung der Vorschläge, sowie die Vorbereitungen für die Sitzungen der Prüfungs- oder Bewertungskommission fallen in seinen Arbeitsbereich, ebenso weitgehend die Planung und Durchführung der Werbemaßnahmen für das betriebliche Vorschlagswesen. Das sind zwar nur die wichtigsten Aufgaben des Sachbearbeiters, aber schon allein diese Anforderungen verlangen einen sehr qualifizierten Mann, der zudem Zeit und zwar sehr viel Zeit haben muß[49].

Ein wichtiges, im Rahmen des organisatorischen Aufbaues des betrieblichen Vorschlagswesens zu bildendes *Organ*, ist der *Prüfungsausschuß* (auch „Bewertungsausschuß", „Ausschuß für Verbesserungsvorschläge", „Vorschlagskommission" oder „Vorschlagskomitee"). Es gibt heute kaum eine größere Unternehmung, die im Rahmen ihres Vorschlagswesens keinen Prüfungsausschuß besitzt, nicht zuletzt auf Grund der „Verordnung über die steuerliche Behandlung von Prämien für Verbesserungsvorschläge" vom 18. 2. 1957, die Betrieben mit mehr als zwanzig Arbeitnehmern einen solchen Ausschuß zur Pflicht macht, insofern man die Steuervergünstigungen für die Prämien in Anspruch nehmen will[50]. Es gab aber diese Prüfungsausschüsse in größeren Unternehmungen eigentlich schon immer, allein aus der Einstellung heraus, daß die Prüfung der Brauchbarkeit und die „gerechte" Bewertung der eingereichten Verbesserungsvorschläge für den Fortbestand des gesamten Vorschlagsprogramms von größter Bedeutung sei und man eine solche Entscheidung nicht einer Einzelperson überlassen könne. Man kann also mit Michligk *(215)* von einem „Gremium" sprechen, „das neben dem Leiter des Vorschlagswesens der Belegschaft die Sicherheit geben soll, daß jeder Vorschlag durch eine *neutrale* Gemeinschaft von Mitarbeitern einer sachgemäßen Wertung unterzogen wird" (S. 88/89). Das bedeutet aber, daß die Mitglieder des Prüfungsausschusses nach Möglichkeit das Vertrauen *aller* Betriebsangehörigen besitzen sollten, daß sie der Belegschaft bekannt sind und daß sie von *jedem* Betriebsangehörigen erreicht werden können. Außerdem sollte der Aufgabenkreis des Prüfungsausschusses nicht nur auf die Prüfung und Bewertung der eingereichten Vorschläge beschränkt bleiben, sondern als zuständiges *Organ* sollte er gleichzeitig auch mittelbar zum grundsätzlichen *Träger* des betrieblichen Vorschlagswesens werden und Aufgaben mitübernehmen, die innerhalb des gesamten Vorschlagspro-

---

49 Vgl. dazu Günther *Höckel (122,* S. 82 ff.), der sich eingehend mit der Auswahl, der Stellung und den Aufgaben des Sachbearbeiters befaßt hat.

50 Im § 2, Ziff. 1, Abschnitt 1 dieser Verordnung wird bestimmt: „In Betrieben und Dienststellen mit mehr als 20 Arbeitnehmern muß ein Ausschuß, dem der Arbeitgeber oder Betriebsleiter (in Verwaltungen der Dienststellenleiter oder sein Vertreter) oder die von ihm etwa beauftragten Personen und außerdem mindestens zwei Arbeitnehmer des Betriebes oder der Dienststelle angehören, der Gewährung der Prämie und ihrer Höhe zustimmen."

gramms liegen. Die unerläßliche Voraussetzung hierfür ist, daß die Mitglieder des Prüfungsausschusses neben der fachlichen Qualifikation auch eine positive Einstellung zum Vorschlagswesen besitzen. Lill (*184*, S. 28) zählt hierzu die innere Aufgeschlossenheit gegenüber dem Vorschlagsprogramm, die Bereitwilligkeit jeden Verbesserungsgedanken genau zu überprüfen, Fairneß aber auch umfangreiche fachliche Kenntnisse; denn niemand profitiert davon, wenn ein unbrauchbarer Vorschlag angenommen und prämiiert und eine brauchbare Idee abgelehnt wird. Trotzdem sollte, wie auch Reitmayer (*257*, S. 91) meint, stets „der Gedanke der Gemeinschaftsarbeit, auch bei kleinen Dingen vorherrschen; auch unbedeutende Hinweise unter den Vorschlägen können unter Umständen große Auswirkungen zeigen“[51].

Damit wird die *Zusammensetzung* des Ausschusses für dessen Wirkungsweise von besonderer Bedeutung. Vom Gesichtspunkt der betrieblichen Partnerschaft und der Vertrauenswürdigkeit des Ausschusses, die sich möglichst auf eine feste Basis stützen sollte, ist es notwendig, diesen *paritätisch* zu besetzen, also beide „Sozialpartner“ gleichberechtigt mitwirken zu lassen. Dieses Prinzip ist in fast allen bestehenden Vorschlagskomitees verwirklicht, deren Mitglieder sich in gleicher Personenzahl und mit gleicher Stimmberechtigung aus Arbeitgeber- und Arbeitnehmervertretern zusammensetzen. Andererseits muß die Auswahl der Mitglieder so vorgenommen werden, daß dieses Organ gleichsam einen Schnitt durch die formale Organisation des Betriebes darstellt. Seine Mitglieder sollten also jene Pyramide der vertikalen Betriebsstruktur verkörpern, wie sie sich aus der sozialen Struktur der betrieblichen Hierarchie ergibt; lediglich mit dem Unterschied, daß die Mitglieder innerhalb der durch den Prüfungsausschuß geschaffenen „Gruppensituation“ *gleichberechtigt* sind. Die *fachliche* Qualifikation des Ausschusses wird dagegen durch eine breite Streuung über die horizontale Betriebsstruktur erreicht, was bedeutet, daß fachlich hervorragende Mitarbeiter aus den wichtigsten oder für die Durchführung des Vorschlagsprogramms notwendigen Betriebsabteilungen als Prüfungsmitglieder in den Ausschuß berufen werden sollten. Dazu wird es notwendig, für die Zusammensetzung des Ausschusses gleichsam eine Art „sozialen“ Berufsquerschnittes anzustreben und neben Führungskräften und Fachleuten auch angelernte und ungelernte Arbeitskräfte heranzuziehen, damit Ideen, die oft von Laien kommen, nicht zu einseitig beurteilt werden.

Um diesen Forderungen der paritätischen, organisationsmäßigen und fachlichen Zusammensetzung des Prüfungsausschusses gerecht zu wer-

[51] Hier wird bereits der Gedanke der sog. „Kleinen Rationalisierung“ (s. u. S. 169) angedeutet, die den Respekt vor jedem, auch noch so einfachen Verbesserungsvorschlag verlangt.

den, gibt es eine Vielzahl von Möglichkeiten. Es würde aber in diesem Zusammenhang wenig fruchtbar sein, sich etwa mit den von Lill (*184*, S. 31 ff.) aufgestellten Formen von Prüfungsausschüssen eingehender zu befassen, doch seien sie zumindest genannt: Zentralisierte Prüfungsausschüsse, Dezentralisierte Prüfungsausschüsse, Werksprüfungsausschüsse und Ausschüsse in doppelter Instanz. Im Prinzip sind in allen Formen die Forderungen, welche an den Prüfungsausschuß gestellt wurden, erfüllt, wobei die Variationen in der Größe und Zusammensetzung den betriebsindividuellen Erfordernissen anzupassen sind. Es wäre lediglich noch darauf hinzuweisen, daß man die einmal in den Ausschuß berufenen oder gewählten Mitarbeiter nicht zu oft wechseln sollte, denn „das dürfte", wie es auch im Informationsbrief 2 des RKW (*379*, S. 12) heißt, „keine Ideallösung sein. Vertrauen erwirbt sich der Ausschuß erst allmählich durch seine Entscheidungen".

Schließlich kommt der *Häufigkeit* und *Regelmäßigkeit* der Zusammenkünfte weitere Bedeutung zu. Zwar sind auch hier gewisse betriebsindividuelle Gepflogenheiten ausschlaggebend — teilweise auch der zahlenmäßige Anfall von Verbesserungsvorschlägen — doch darf die Bearbeitungsdauer, auf deren Verkürzung immer wieder besonders hingewiesen wird (s. u. S. 281 ff.), nicht gerade durch den Bewertungsvorgang im Prüfungsausschuß verzögert werden, was insbesondere dann eintritt, wenn die Kommission nur sehr selten zusammentritt. Die Tatsache, daß Klagen über eine zu lange Bearbeitungsdauer der Vorschläge an der Spitze aller Beanstandungen gegen das betriebliche Vorschlagswesen stehen, sollte zu denken geben. Eine gewisse Regelmäßigkeit der Zusammenkünfte ist auch deshalb geboten, „weil die Besprechungen sowohl im Interesse der Teilnehmer als auch des Betriebes zeitlich so kurz als möglich sein und sich tunlichst auf wenige Punkte beschränken sollten, was nur zu erreichen ist, wenn man den ‚Stoff' sich nicht zu sehr anhäufen läßt" (Scharmann, *276*, S. 138). In der Praxis liegen die Zusammenkünfte der Prüfungskommissionen zwischen acht Tagen und mehreren Monaten — eine Zeitspanne, in der sich die ganze Problematik der zeitlichen Organisation widerspiegelt.

Die eigentlichen Aufgaben des Prüfungs- und Bewertungsausschusses liegen in der Durchsprache der Verbesserungsvorschläge unter Zugrundelegung der Gutachten des oder der Vorprüfer und in der endgültigen Bewertung der Verbesserungsvorschläge, die mit der Festlegung der Prämienart und Prämienhöhe ihren Abschluß findet.

b) Eingliederung in die Gesamtorganisation des Betriebes

„Bei der Bedeutung, die dem betrieblichen Vorschlagswesen zukommt, ist es ratsam, dafür eine zentrale Stelle im Betrieb zu schaffen", schreibt Michligk (*215*, S. 75), eine organisatorische Maßnahme, die bereits beim

Aufbau des Vorschlagswesens zu entsprechenden Überlegungen führen muß. Ob diese „Zentralstelle“ (so Michligk) als eigene Abteilung gebildet oder einer bereits bestehenden Abteilung angegliedert wird, hängt weitgehend von der Größe des Unternehmens, dem Umfang des betrieblichen Vorschlagswesens, aber auch von der Bedeutung, die man dieser „Einrichtung“ beimißt, ab. Es geht also zunächst um die Frage, ob diese Stelle für das Vorschlagswesen einer Abteilung zugeordnet werden soll oder ob eine eigene Abteilung für den Ideenwettbewerb notwendig wird. Diese Fragestellung ist aber zu eng; denn man wird sich zusätzlich Gedanken darüber machen müssen, *welcher* Abteilung man die Maßnahmen und Verfahren des betrieblichen Vorschlagswesens übertragen will oder wenn man eine eigene Abteilung bildet, an *welcher Stelle* diese in die Gesamtbetriebsorganisation eingeordnet werden soll. Es wird daher zweckmäßig sein, diesen Abschnitt in zwei Teilen zu behandeln. Zunächst aber sind einige allgemeine Bemerkungen zu dieser organisatorischen Einrichtung an sich angebracht.

Die Schaffung einer *„Zentralstelle“*, in der die gesamten mit dem betrieblichen Vorschlagswesen zusammenhängenden Arbeiten erledigt werden, ist für einen reibungslosen Ablauf der Organisation *unbedingt* erforderlich. Denn an irgendeiner Stelle des Betriebes müssen die Verbesserungsvorschläge gesammelt, bearbeitet, geprüft, bewertet, registriert und alle sonstigen Maßnahmen des Vorschlagsprogrammes durchgeführt werden. Diese Stelle sollte dann aber innerhalb der betrieblichen Gesamtorganisation „möglichst ‚hoch‘, möglichst neutral und möglichst unabhängig“ angeordnet sein, wie auch Krauss (*156*, S. 133 ff.) meint, der sich mit dieser Frage ebenfalls ausführlich befaßt hat. In kleineren Betrieben könnte sie dem „Chefbüro“ zugeordnet werden, aber auch in größeren Betrieben sollte die Zentralstelle noch der persönlichen Aufsicht der Unternehmensleitung unterstehen. In einem Beitrag über das Verfahren des betrieblichen Vorschlagswesens bei der Fa. Dynamit AG, Troisdorf, schreibt Starker: „Das Vorschlagswesen ist zentral zusammengefaßt und *unmittelbar der Aufsicht der Werksleitung* unterstellt. In dieser Regelung hat die Erkenntnis von der Bedeutung eines richtig gehandhabten Vorschlagswesens für das Betriebsklima ihren Niederschlag gefunden und die Erkenntnis, daß eine Vielfalt von Gesichtspunkten dabei zu beachten ist“ (*317*, S. 324 ff.). Auch Kroeber-Keneth meint, daß „selbst bei gutem Willen und vielem Geschick der Federführung das Vorschlagswesen zum Scheitern verurteilt ist, wenn nicht die Geschäftsleitung *laufend*, also nicht nur bei der Ansprache zur Eröffnung des Vorschlagswesens, mit ihrem vollen Gewicht hinter der Aktion steht ...“ (*158*, S. 697 ff.). Mit diesen Aussagen dürfte schon die Bedeutung der *direkten* organisatorischen Unterstellung unter die Unternehmensleitung hinreichend zum Ausdruck gekommen sein — ihre Begründung wird noch in den folgenden Ausführungen gegeben werden. Zu den grundsätzlichen Voraussetzungen gehört schließlich neben der Auswahl des geeigneten Sachbearbeiters — ein solcher wird ja bei beiden Organisationsformen der „Abteilung Vorschlagswesen" zu finden sein — die Bestimmung seiner formalen Position (Rangstellung) in der betrieblichen Autoritätspyramide.

Nachdem so einige grundsätzliche und allgemeingültige Gesichtspunkte der Eingliederung der zentralen Bearbeitungsstelle für das betriebliche Vorschlagswesen besprochen wurden, sollen nur typische Möglichkeiten seiner Eingliederung in die Gesamtorganisation des Betriebes kurz dargestellt werden.

aa) Angliederung der Zentralstelle für das betriebliche Vorschlagswesen an eine bestehende Abteilung

Diese Organisationsform wird man in solchen Betrieben wählen, in denen sich nach Art und Umfang des betrieblichen Vorschlagswesens, aber auch aus kostenmäßigen Erwägungen, die Bildung einer eigenen Abteilung „Betriebliches Vorschlagswesen" nicht „lohnt". Es muß allerdings davor gewarnt werden, dies etwa nur zu tun, weil man das betriebliche Vorschlagswesen so „nebenbei" erledigen möchte und es erscheint wesentlich nochmals darauf hinzuweisen, daß die Aufgaben im Rahmen des betrieblichen Vorschlagswesens „nicht einer Stelle, die bereits durch andere Aufgaben hundertprozentig ausgefüllt ist, als Aufgabe zur linken Hand gegeben wird" (Miessner, *219*, S. 8). Daß dies keine leeren Phrasen sind, beweist eine selbstkritische Äußerung von Spahn *(310)*. Er schreibt dazu: „In einem Betrieb unserer Größe (Seifenwerke GmbH, Heilbronn) lohnte es sich nicht, eine neue Stelle dafür zu schaffen. So wurde das Vorschlagswesen an die technische Abteilung angehängt. Nun ist es wohl meistens so, daß heute jeder ziemlich ausgelastet ist und keine neue Arbeit sucht. Die Folge: Das Vorschlagswesen als Anhängsel — ich kann nicht sagen: als lästiges Anhängsel, denn es wurde immer mit wohlwollender Förderung betrachtet — wurde vielleicht etwas stiefmütterlich behandelt." Sprechen also betriebswirtschaftliche oder betriebsorganisatorische Gründe gegen eine eigene Abteilung, dann entsteht die Frage, *welche* Abteilung man mit der Durchführung des Vorschlagsprogrammes betrauen sollte. Dabei kommt es dann auch hier immer wieder zu den oft leidigen Auseinandersetzungen, ob das betriebliche Vorschlagswesen dem technischen oder kaufmännischen Betriebsbereich zugeordnet werden solle; eine Frage, die schon bei der Auswahl des Sachbearbeiters eine Rolle spielte (s. o. S. 55 ff.) Hier gilt es zunächst, den Charakter der Neutralität zu wahren und weder die technische noch die kaufmännische Seite überzubetonen, damit die in der Praxis leider immer noch vorzufindenden Spannungen zwischen Technikern und Kaufleuten nicht dadurch weiteren Konfliktstoff erhalten. Wenn Krauss (*156*, S. 135) als mögliche Lösung allerdings in einem Atemzug die Patentabteilung, Arbeitsstudienabteilung, Organisations-, Presse-, Sozial- oder Werbeabteilung bzw. die Koppelung mit der Kostenforschungsstelle (coast research department) vorschlägt, so sind das zwar gutgemeinte Ratschläge, die aber keineswegs weiterhelfen. Es wird hier doch letztlich auf betriebsindividuelle Voraussetzungen ankommen, auf die Größe und Besetzung der vorgesehenen Abteilung, auf ihre Funktionen und Ausgelastetheit und in besonderem Maße auf ihre Eingliederung in die formale Organisationsstruktur des Betriebes. Immerhin geht die Tendenz dahin, das betriebliche Vorschlagswesen mehr dem Bereich der Personalführung anzugliedern, und in vielen Fällen liegt es in der betrieblichen Praxis im Aufgabenbereich der Personal- und Sozialabteilungen. Das hat einmal seinen Grund in der speziellen Aufgabenstellung der Personal- und Sozialabteilung innerhalb der Betriebsorganisation, die allgemein als „neutrale" Abteilung angesehen und anerkannt wird, andererseits sprechen dafür personal- und sozialpolitische Überlegungen, zu denen erst im Hauptteil der Arbeit Stellung zu nehmen ist (s. u. S. 253 ff.).

Wichtig ist, daß die Zuordnung vom Organisatorischen her zweckmäßig und zweckentsprechend vorgenommen wird, und die nachstehende Aufzählung einiger Unternehmen zeigt, daß in der Praxis beide Formen verwirklicht und in der Regel wohl von betriebsindividuellen Eigenarten abhängig sind. Dem *personellen* Bereich ist z. B. das betriebliche Vorschlagswesen in folgenden Firmen angegliedert: Phönix-Gummiwerke AG, Hamburg-Harburg; National Registrier Kassen GmbH, Augsburg; Hoesch-Walzwerke AG, Hohenlimburg; Esso-AG, Hamburg; Hüttenwerk Salzgitter AG, Salzgitter-Drütte; Standard Elektrik Lorenz AG, Stuttgart; Friedrich Krupp AG, Essen; im *technischen* Sektor findet sich das betriebliche Vorschlagswesen bei folgenden Unternehmen: Robert Bosch GmbH, Stuttgart; Farbenfabriken Bayer AG, Leverkusen; Kugelfischer Georg Schäfer & CO., Schweinfurt; Knapsack-Griesheim AG, Knapsack bei Köln.

bb) Die Zentralstelle für das betriebliche Vorschlagswesen als eigene Abteilung und ihre Stellung in der Betriebsorganisation

Die Bildung einer eigenen *Zentralstelle* für das Vorschlagswesen — in der Praxis haben sich dafür die Bezeichnungen „Vorschlagsbüro", „Verbesserungsvorschlagsbüro", „Sachbearbeiterbüro Vorschlagswesen", „Büro für Verbesserungsvorschläge", „Abteilung Vorschlagswesen" u. a. eingebürgert — ist vom Standpunkt der umfangreichen Aufgabenstellung grundsätzlich zu bejahen. Neben den reinen Verwaltungsarbeiten obliegt dieser Abteilung die Mitwirkung bei der Gestaltung des betrieblichen Vorschlagswesens, angefangen von der Beratung der Mitarbeiter bis zur Überwachung der Durchführung angenommener Vorschläge, die Steuerung des betrieblichen Vorschlagswesens bei Zweig- bzw. Konzernwerken in Verbindung mit einem umfangreichen Erfahrungsaustausch innerhalb der Werke, sowie die Ausrichtung der notwendigen Werbemaßnahmen. Man wird hierbei freilich auch den Kostenaufwand zu berücksichtigen haben, doch wird sich zumindest in größeren Betrieben die Bildung einer eigenen Abteilung rechtfertigen lassen[52]. Auch bei dieser Organisationsform ist besonders zu beachten, daß diese Abteilung der unmittelbaren Aufsicht der Unternehmensleitung unterstellt bleibt, zudem muß sie „für *alle* im Betrieb Tätigen das Merkmal der Objektivität und Neutralität gegenüber allen anderen Stellen im Betrieb, sowie gegenüber allen Beschäftigten tragen; der Wille der Leitung muß äußerlich sichtbar sein, ihre Autorität immer dahinter stehen" (Krauss, *156*, S. 136). Daraus ergibt sich die Forderung nach einer völlig unabhängigen Stellung in der Gesamtorganisation des Betriebes. Die Organisationslehre hat eine ganze Anzahl von Organisationsformen des betrieblichen Aufbaues entwickelt, dem die Formen der betrieblichen Verkehrswege („Instanzenbau") zugrunde liegen (Ulrich, *338;* Arbeitskreis Dr. Krähe, *376;* Mellerowicz, *212*, S. 119 ff.). Sie reichen von den Grundtypen des „Liniensystems" und „Stabssystems", über die Mischform der „Stab-Linienorganisation" (Mellerowicz), sowie des „Funktionssystems" (Taylor) bis zur Form des „Pretialen Betriebssystems" (Schmalenbach); wobei in der Praxis diese Organisationstypen wiederum in allen möglichen Variationen vorkommen. In eines dieser Organisationssysteme ist die „Abteilung Vorschlagswesen" einzuordnen, wobei wir diese Eingliederung hier im gerüstsoziologischen Sinne sehen und keineswegs beabsichtigen, einen Abriß der rein sachlichen Organisationslehre zu geben.

Es geht also um die Eingliederung der „Abteilung Vorschlagswesen" aus der Sicht der hierarchischen Anordnung der Organisationseinheiten im Betrieb. Dahrendorf (*45*, S. 21) spricht hier von dem Prinzip der skalaren (Über- und Unterordnung) und funktionalen (Nebeneinander) Organisation, als „den bewußt geplanten Aspekt der sozialen Binnenstruktur", welche die formale Sozialorganisation des Betriebes ausmacht. Diese formale Organisation „ist sowohl notwendig wie unvermeidbar, um die Zusammenarbeit vieler Menschen und Gruppen zu verwirklichen" (Miller/Form, *220*, S. 43) und es ist nun einmal so, daß

[52] In folgenden Unternehmungen — um nur einige zu nennen — besteht eine eigene Abteilung für das Vorschlagswesen: Ford-Werke AG, Köln-Niehl; Adam Opel AG, Rüsselsheim; Internationale Büro-Maschinengesellschaft mbH., Sindelfingen, Kugelfischer Georg Schäfer & Co, Schweinfurt.

größere Gebilde einer eigentlichen Struktur bedürfen, um alle Einzelzellen zusammenzuhalten. „Hierarchischer Aufbau und genaue Kompetenzausscheidung sind also unbedingtes Erfordernis“ (Carrard, *36*, S. 238), obwohl durch dieses hierarchisch-organisierte und formal festgelegte System von Anordnungen und Regelungen — auch wenn dadurch eine Zueinanderordnung von menschlichen Funktionsträgern erfolgt — die „wichtigste Variable im Organisationsplan *nicht* berücksichtigt wird, nämlich der Mensch“ (Miller/Form, *220*, S. 43); hier gemeint als vom Organisationszweck abgehobenes sozial-individuales Wesen. Dadurch entstehen innerhalb der formalen Organisation laufend Spannungen, sowohl zwischen den Rangstufen oder Autoritätsebenen, als auch zwischen den Abteilungen und zwischen Stab und Linie, da hier Personen und Personengruppen in mehr oder weniger engerem Kontakt miteinander stehen — Menschen, deren Verhaltensweisen von der formalen Organisation losgelöst sind und deren gegenseitiges Verhältnis „ein Netz *persönlicher* und *sozialer* Beziehungen darstellt, die nicht von der formalen Organisation abhängig oder vorgeschrieben sind“ (Miller/Form, *220*, S. 124); die sog. „informale Organisation“, des Betriebes (Atteslander, *4*, S. 76 ff.; Dahrendorf, *44*, S. 67 ff.; Mayntz, *205*, S. 41 ff. u. a. [Hervorhebungen vom Verfasser]).

In der Praxis überwiegt die Eingliederung der „Abteilung Vorschlagswesen“ als „Stabsstelle“ innerhalb des Stab-Liniensystems der formalen Organisation. Sie besitzt dann zwar eine gewisse Selbständigkeit, hat aber im Rahmen des eigentlichen Liniensystems keinerlei Autorität (Anordnungsrecht). Man spricht bei dieser Organisationsform auch von einer „Linienorganisation und Spezialistentum“ (so Grössle, *92*, S. 63 ff.) und die theoretische Konzeption dieses Begriffes geht dahin, daß diese „Experten“ oder „Spezialisten“ nur beratend tätig werden sollen. Innerhalb einer solchen organisatorischen Zuordnung ist es aber für eine Stabsstelle — hier die „Abteilung Vorschlagswesen“ — sehr schwierig, der „Linie“ die Notwendigkeit ihrer Existenz zu beweisen; sie fühlt sich in die Defensive gedrängt und versucht mit allen Mitteln ihre Daseinsberechtigung unter Beweis zu stellen. Das geschieht aber meist in Form einer kritischen Äußerung gegenüber einer Stelle in der Linienorganisation und dieses Vorgehen ist keineswegs geeignet, die Zusammenarbeit zwischen der Vorschlagsabteilung und allen anderen betrieblichen Stellen zu fördern. Unter solchen Voraussetzungen ist es für den Leiter der „Abteilung Vorschlagswesen“ sehr schwer, seiner Aufgabe gerecht zu werden; wie soll er z. B. zwischen Vorgesetzten und Vorschlagenden ausgleichend wirken, wenn er selbst durch die Ausschaltung aus der generellen Weisungsbefugnis von den anderen Führungskräften im Betrieb nicht anerkannt wird. Er kann sich zwar, da er im Idealfall durch die direkte Unter-

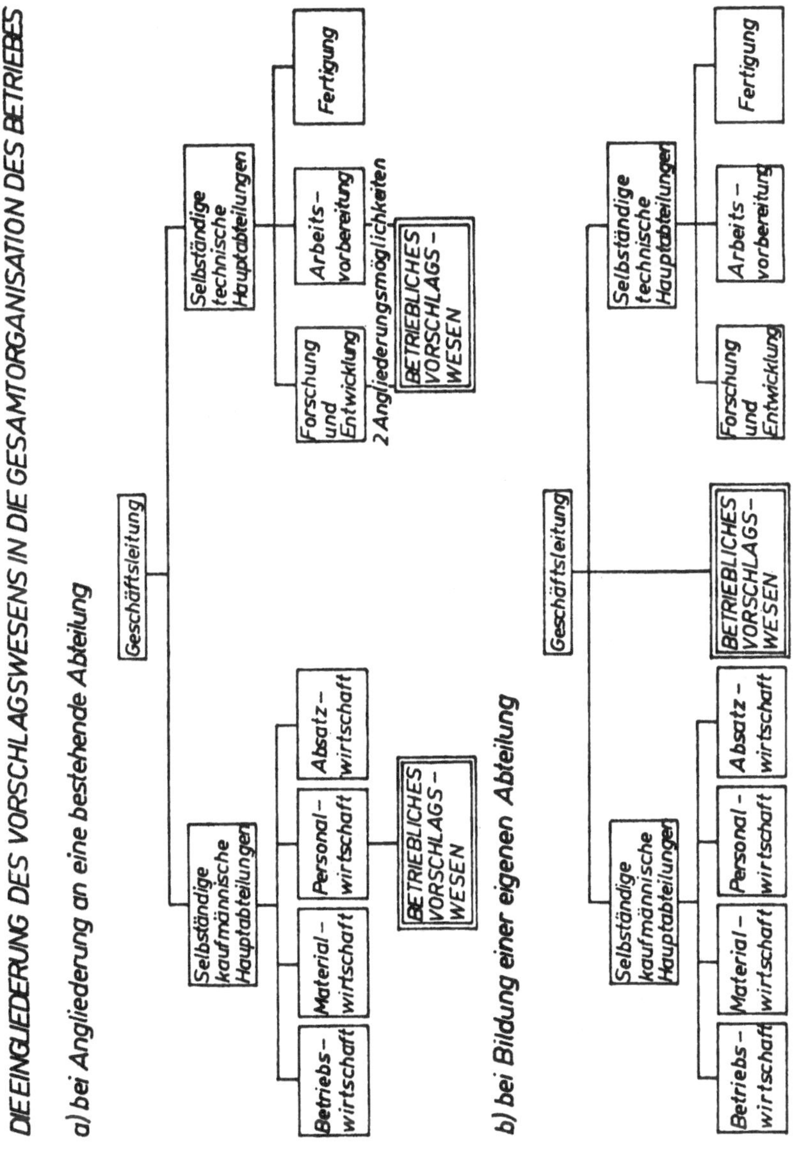
DIE EINGLIEDERUNG DES VORSCHLAGSWESENS IN DIE GESAMTORGANISATION DES BETRIEBES
a) bei Angliederung an eine bestehende Abteilung
Geschäftsleitung
Selbständige kaufmännische Hauptabteilungen
Selbständige technische Hauptabteilungen
Betriebs-wirtschaft
Material-wirtschaft
Personal-wirtschaft
Absatz-wirtschaft
Forschung und Entwicklung
Arbeits-vorbereitung
Fertigung
BETRIEBLICHES VORSCHLAGS-WESEN
BETRIEBLICHES VORSCHLAGS-WESEN
2 Angliederungsmöglichkeiten
b) bei Bildung einer eigenen Abteilung
Geschäftsleitung
BETRIEBLICHES VORSCHLAGS-WESEN
Selbständige kaufmännische Hauptabteilungen
Selbständige technische Hauptabteilungen
Betriebs-wirtschaft
Material-wirtschaft
Personal-wirtschaft
Absatz-wirtschaft
Forschung und Entwicklung
Arbeits-vorbereitung
Fertigung

stellung der Unternehmensleitung näher steht, „indirekte Autorität" verschaffen, was allerdings die Spannungen noch verstärken und zu einer Defensivreaktion auf seiten der Betroffenen führen würde. Es genügt hier eben kein Organisationsplan für sich, sondern eine kooperative Einstellung von „Stab" und „Linie", wenn man sich schon für dieses Organisationsprinzip entscheidet.

Als weit vorteilhafter wird es sich allerdings erweisen, der Abteilung „Betriebliches Vorschlagswesen" im Rahmen des heute gebräuchlichen „Pretialen Organisationssystems"[53] eine eigenständige und selbstverantwortliche Position einzuräumen, wobei auch die Stellung des *Leiters* der Vorschlagsabteilung „unabhängig genug sein muß, um gegebenenfalls auch gegen die Auffassung eines Betriebsleiters Stellung nehmen zu können" (Miessner, *219*, S. 8). Die Schemata auf Seite 65 zeigen die für beide Organisationsformen geforderte Eingliederung des betrieblichen Vorschlagswesens in die Gesamtorganisation des Betriebes.

c) Kreis der Vorschlagsberechtigten

Im Rahmen des organisatorischen Aufbaues des betrieblichen Vorschlagswesens, wird es weiterhin notwendig den Personenkreis zu bestimmen, der am Ideenwettbewerb teilnehmen kann. Die Festlegung des Personenkreises ist in den einzelnen Betrieben sehr verschieden geregelt und auch im Schrifttum über das betriebliche Vorschlagswesen wird eine oft sehr gegensätzliche Meinung vertreten. Die eine Forderung geht dahin, grundsätzlich *alle* im Betrieb tätigen Personen zu beteiligen — die andere Auffassung lehnt die Beteiligung der betrieblichen Führungskräfte, zumindest der mittleren und oberen Führungsschicht, ab. Grundsätzlich — und das sei schon hier erwähnt — sollten *alle Betriebsangehörigen* am Ideenwettbewerb teilnehmen können, einmal weil es sich dabei um die Verwirklichung einer „Gemeinschaftsidee" handelt, zum anderen, weil man bei grundsätzlicher Ausschaltung der Führungsschicht „einen buchstäblich brachliegenden Aktivposten übersieht: die natürliche schöpferische Begabung der durchschnittlichen Führungskräfte" (Randell, *256*, S. 8; vgl. auch Eisenring, *56*). Diese Auffassung hat sich inzwischen auch in den Betrieben weitgehend durchgesetzt, nicht nur, weil durch die Ausschaltung der Vorgesetzten, die Gefahr von Umgehungshandlungen gegeben ist — („fast jeder Vorgesetzte hat einen Bekannten im Betrieb, über den er dann in einem sog. 'Fifty-

[53] Bei dieser Organisationsform wird jeder Abteilung eine weitgehende Eigenbestimmung möglich gemacht, die noch erweitert wird durch das *System der selbständigen Hauptabteilungen*, deren Leiter „selbständig und bei voller Verantwortung die Geschäfte abwickeln". (Vgl. dazu den Aufsatz von *Scholz*, Wilhelm: Aufgaben und Organisation der Führung industrieller Unternehmungen. In: „Zeitschrift für Organisation", Wiesbaden, Jahrgang 26, Heft 5/1957, S. 184 ff.).

Fifty-Abkommen' doch noch seine eigene Idee als Verbesserungsvorschlag anbringt" [Höckel, *121*]), sondern weil eine solche „betriebliche Klassenscheidung" der Gemeinschaftsidee des Vorschlagswesens zuwiderlaufen würde (Kroeber-Keneth, *158*, S. 698/699).

Die Meinungsverschiedenheiten über den Kreis der Vorschlagsberechtigten scheinen allerdings kaum die hier gemeinte *Teilnahme*berechtigung zu betreffen, weil dabei, wie aus allen theoretischen und praktischen Konzeptionen hervorgeht, grundsätzlich *jedes* Belegschaftsmitglied (und zwar ebenso als Einzelperson, wie auch in Gruppen) als Einsender auftreten kann. Die Diskussionen zielen auf ein ganz anderes Problem, nämlich auf die Frage, ob alle Belegschaftsangehörigen in gleicher Weise *prämien*berechtigt sind, d. h., ob auch Vorschläge von Führungs- und Spezialkräften prämiiert werden sollen. Allerdings wird diese Unterscheidung zwischen *Teilnahme*- und *Prämien*berechtigung nicht immer konsequent vorgenommen. Wenn dazu die Arbeitsgemeinschaft „Betriebliches Vorschlagswesen" in ihren „Anregungen zur Einrichtung, Gestaltung und Verbesserung des Betrieblichen Vorschlagswesens" (*389*, S. 2/3) fragt: „Wer darf sich am betrieblichen Vorschlagswesen beteiligen?" und dann verschiedene Möglichkeiten aufzählt — unter anderem: Teilnahme aller Betriebsangehörigen, außerdem Pensionäre und sogar Betriebsfremde — im gleichen Augenblick aber den Ausschluß der Gehaltsempfänger, die Verweigerung der Annahme von Vorschlägen vom Abteilungsleiter aufwärts und die Ablehnung der Prämiierung von Vorschlägen leitender Angestellter fordert („obwohl man solche von diesen erwartet"), so wird die eben geschilderte Diskrepanz recht deutlich veranschaulicht. Außerdem kann eine solche „Empfehlung" zu Fehlentscheidungen bei der praktischen Gestaltung des betrieblichen Vorschlagswesens führen[54].

Die Fragenstellungen müssen also lauten: „Wer darf am betrieblichen Vorschlagswesen teilnehmen?" und „Wer ist im Rahmen des betrieblichen Vorschlagswesens prämienberechtigt?" Dabei ist die *Teilnahmeberechtigung* gleichzusetzen mit unserer Definition des *einreichbaren* Verbesserungsvorschlages (vgl. S. 34), die bereits gewisse Grenzen aufzeigt, aber keineswegs die Beteiligung *aller* Betriebsangehörigen — vom Lehrling bis zu den obersten Führungskräften — ausschließt. Die *Prämienberechtigung* hat andere Merkmale zu berücksichtigen, von

---

[54] In seinem schon mehrfach erwähnten Buch „Keiner ist so klug wie alle" (*122*, S. 62), das die Erkenntnisse und Erfahrungen der in der Arbeitsgemeinschaft und ERFA-Gruppe „Betriebliches Vorschlagswesen" zusammengeschlossenen Unternehmen vermittelt, schreibt *Höckel* allerdings schon, daß sich *alle* Betriebsangehörigen beteiligen sollten, weil „das BVW keine Angelegenheit des kleinen Mannes, sondern eine *echte Gemeinschaftsaufgabe* des ganzen Betriebes ist" (Hervorhebung vom Verfasser).

denen die Frage der Bewertbarkeit eines Verbesserungsvorschlages nur eines ist (s. unsere Definition auf S. 34). Wenn hierbei aber dann bestimmte Personen und Personengruppen (und solche sind zweifellos im Betrieb vorhanden) grundsätzlich ausgeschlossen werden, dann kann sich eine solche Einschränkung nur auf Vorschläge beziehen, die innerhalb des eigenen Aufgabenbereiches oder vertraglicher Dienstverpflichtungen liegen. In Merkblättern und Vorschlagsfibeln einiger Unternehmen wird die Unterscheidung zwischen *Teilnahme*- und *Prämien*berechtigung bereits vorgenommen, wobei man teilweise aber auch dem unter bestimmten Voraussetzungen ausgeschlossenen Personenkreis, Dank- oder Anerkennungsschreiben übermittelt bzw. eine Vergütung gewährt, wenn es sich bei einem Verbesserungsvorschlag, z. B. aus dem *eigenen* Arbeitsgebiet, um eine besonders schöpferische Leistung oder auffallend gute Lösung einer Aufgabe handelt, die als *Sonderleistung* angesehen werden muß[55]. Das sind allerdings die einzigen Beispiele aus dem umfangreichen Material des Verfassers, in denen sogar Vorschläge aus dem eigenen Arbeitsgebiet vergütet werden. Aber soweit braucht man gar nicht zu gehen; auf alle Fälle darf eine Leistung, die außerhalb des Pflichtenkreises liegt, von einer Anerkennung, gleich welcher Art, nicht ausgeschlossen werden. Denn eine solche Maßnahme „widerspricht dem Leistungsprinzip, das normalerweise eine ‚Sondervergütung' verlangt, wenn ihm eine ‚Sonderleistung' gegenübersteht" (Becker, *14*, S. 115). Hierzu sei noch eine Stellungnahme aus einem Aufsatz von Liebel (*180*, S. 129) erwähnt, der zu diesem Problem schreibt: „Die Beteiligung höherer Angestellter und Vorgesetzter wird immer ausweichend und unklar beantwortet. Dabei geht man von der Annahme aus, daß bei dieser Gruppe auch Verbesserungsvorschläge zur beruflichen Aufgabe gehören und ihre Abgeltung bereits in der Höhe der Gehälter erfolgt. Sofern im Dienstvertrag derartige Leistungen eingeschlossen sind, stimmt diese Auffassung. Nicht richtig ist sie, wenn es sich entweder um einen *fremden Arbeitsbereich* oder eine *wertvolle Sonderleistung* handelt, denn das kann weder vertraglich vereinbart noch fortlaufend verlangt werden, selbst wenn man an höhere Angestellte besondere Ansprüche stellt" (Hervorhebungen vom Verfasser).

Die Erörterung der „Prämienberechtigung" ergibt sich bei der Frage des Teilnehmerkreises fast zwangsläufig, weil die *Teilnahme*- und *Prämien*berechtigung, die nur indirekt miteinander verbunden sind, nicht immer konkret auseinandergehalten werden. Hier muß also eine scharfe Abgrenzung vorgenommen werden, denn grundsätzlich ist anzu-

---

[55] Vgl. Vorschlagsfibel der Adam Opel AG., Rüsselsheim, S. 7; „Richtlinien für das Betriebsvorschlagswesen" der Robert Bosch GmbH., Stuttgart, S. 4; „Richtlinien für das Vorschlagswesen" der Esso AG., Hamburg Art. XII/S. 6.

streben, daß *alle* Betriebsangehörigen (einschließlich der Werkspensionäre) und selbst ein bestimmter Kreis von „Werksfremden" (etwa Montagegruppen, Praktikanten, Werkstudenten, aber auch Besucher) am betrieblichen Vorschlagswesen *teilnehmen* können, selbst dann, wenn bei der Bewertung und Prämiierung der Verbesserungsvorschläge, beim Einzelnen im Rahmen der formalen Organisation, als der durch den Arbeitsvertrag zugeordneten, formellen Position und der damit vertikal wie horizontal zugeordneten Aufgaben (Mayntz, *205*, S. 18—20), gewisse Einschränkungen gemacht werden müssen. Dabei sei jetzt schon darauf hingewiesen, daß bei gefügesoziologischer Betrachtungsweise, d. h. bei grundsätzlicher Einbeziehung sozialpsychologischer Aspekte in die Struktur der Formalorganisation, diese zweiseitige Betrachtungsweise geradezu erforderlich wird.

d) Die organisatorische Abwicklung des betrieblichen Vorschlagswesens

Zum Abschluß des organisatorischen Aufbaues sei noch in aller Kürze auf die rein verwaltungstechnische Handhabung des betrieblichen Vorschlagswesens eingegangen. Da es sich hierbei um die heute üblichen organisations*technischen* Maßnahmen bei der Durchführung des betrieblichen Vorschlagswesens handelt, wird auf die Ausführungen in der einschlägigen Literatur verwiesen (Höckel, *122*, S. 82—162; Kern, *141*, *142*; Krauss, *156*; Michligk, *215*; Miessner, *219*, S. 9—13; Schirm, *303*, S. 57—72; Weber, *345*, S. 7/8; sowie Handbuch „Soziale Betriebspraxis", *390*, S. 29—42 und Fachbericht über das betriebliche Vorschlagswesen, *380*, S. 1—6 mit ausführlichem Literaturverzeichnis). Trotzdem sei hier bereits angemerkt, daß die organisatorische Verwaltungstechnik dieser Einrichtung — die sich von der Einreichung der Verbesserungsvorschläge bis zu deren möglicher Durchführung im Betrieb erstreckt — nicht zu einem schwerfälligen bürokratischen Apparat werden darf. Sie hat grundsätzlich nur solche Funktionen zu übernehmen, die für die rasche Bearbeitung, Prüfung, Bewertung und Durchführung der Verbesserungsvorschläge und einzelner damit zusammenhängender Teilgebiete erforderlich sind. Man sollte sich allerdings über die Methode dieser organisatorischen Abwicklung schon vor der Einführung des Vorschlagswesens im klaren sein und diese in einem für alle Betriebsangehörigen möglichst verständlichen *Organisationsplan* festlegen[56].

Daß auch in der rein verwaltungstechnischen Handhabung Probleme sozialpsychologischer Natur störend wirken können, ist allgemein bekannt, obwohl daraus nicht immer die entsprechenden Konsequenzen

---

[56] Derartige Organisations- oder Bearbeitungspläne sind in einzelnen „Vorschlagsfibeln" in verschiedenartiger Darstellung zu finden (siehe auch den vom Verfasser skizzierten „Organisationsplan für das betriebliche Vorschlagswesen" am Schluß dieser Arbeit).

gezogen werden. Aber wie jede Organisation hat es auch diese ebenfalls mit Menschen und menschlichen Imponderabilien zu tun, die kein technisches Kalkül darstellen, sondern sozial-individual motivierte Personen sind, die erwarten, daß von ihrer spontanen *Mitarbeit* und *Leistungsbereitschaft*, wie sie sich in der Teilnahme am betrieblichen Vorschlagswesen modifizieren, in gebührender Weise Kenntnis genommen wird (A. W. Schmidt, *305)*. Dazu kommen die sozialpsychologischen Auswirkungen auf die anderen Betriebsmitglieder (Arbeitskollegen, Vorgesetzte), die keineswegs nur positive Merkmale zeigen und aus denen letztlich auch die negativen Einstellungen zum Vorschlagswesen resultieren (A. W. Schmidt, *304;* Kern, *139, 140;* Bräutigam, *32)*. Die Widerstände des Einzelnen und der Belegschaft beginnen bei der Art der Einreichung des Verbesserungsvorschlages (Dienstweg oder Umgehung desselben mit dem Problem der Anonymität[57]), sie haben ihre Wurzeln in der Bearbeitungsdauer (vgl. dazu insbesondere Liebel, *181*, S. 5) und dem zwischenzeitlichen Kontakt mit dem Einreicher (Miessner, *219*, S. 10; Schirm, *303*, S. 60; Weber, *345*, S. 8), in der Bewertung der Vorschläge und der Prämienfindung[58], in der Form der Auszeichnung der erfolgreichen Mitarbeiter, überwiegend durch „Einzelanerkennung" (Höckel, *122*, S. 209 ff.; Kern, *142;* Schirm, *303*, S. 89) und nicht zuletzt in der Art der Durchführung der eingereichten und als geeignet befundenen Verbesserungsvorschläge (Höckel, *122*, S. 142 f.; Levitt, *175;* Kern, *142)* oder in ihrer Ablehnung (Herwig, *110*, S. 68; Höckel, *122*, S. 139 bis 141; Kropff, *161*, S. 211). Auch aus dieser Sicht — der *organisationstechnischen* Abwicklung des Vorschlagswesens — wird zur Beachtung damit verbundener sozialpsychologischer Einflüsse noch einiges im abschließenden Teil dieser Arbeit zu sagen sein (s. u. S. 281 ff.).

4. Strukturformen des betrieblichen Vorschlagswesens

Ein kurzer Überblick auf die verschiedenen *Strukturformen* des betrieblichen Vorschlagswesens — es werden hierunter die in der Literatur angeführten und in der Praxis vorherrschenden „Vorschlags-

---

[57] Die besondere Problematik, die sich gerade bei dieser Frage aus sozialpsychologischen Gründen ergibt, veranlaßt uns diesen Problemkreis erst im Hauptteil der Arbeit zu behandeln (s. u. S. 259 ff.).

[58] Es wird hier auf die Einzeldarstellungen im Handbuch „Soziale Betriebspraxis" *(390*, S. 43 ff.), der „Arbeitsgemeinschaft Betriebliches Vorschlagswesen" *(389*, S. 4—7), die Ausführungen bei *Michligk (215*, S. 103 ff.), *Lill (184*, S. 85 ff.), *Krauss (156*, S. 207 ff.) und *Höckel (122*, S. 163—195); auf die von der RKW-Bezirksgruppe Nordrhein-Westfalen herausgegebene Veröffentlichung: „Die Prämien und ihre Berechnung" (Verfasser: A. *Seidemann)*, auf den Fachbericht der Gesellschaft für Soziale Betriebspraxis: „Das betriebliche Vorschlagswesen" (380, S. 4 ff.), sowie auf einen Aufsatz von G. *Schmidt:* „Prämie = c × $2^{p/30}$" *(307*, S. 139—141) hingewiesen.

systeme" verstanden — soll am Schluß unserer gerüstsoziologischen Betrachtungsweise stehen. Obwohl sich diese Systeme als verfassungsmäßige Strukturen (Solms) oder verfestigte Verhaltensmuster (Dahrendorf) darstellen, gehen sie aus dem menschlichen Zusammenleben hervor und repräsentieren sich, wie aus den vorausgegangenen Ausführungen deutlich wurde und wie Beck (*13*, S. 112) schreibt, „phylo — wie ontogenetisch, zunächst in menschlichen Personen, ehe sie selbst ‚Personen' und in Symbolen und Abstraktionen als eigene und eigentümliche Gebilde erfaßt und begriffen werden". Dabei mag es im Rahmen unserer Arbeit bereits hier von Interesse sein, festzustellen, inwieweit die einzelnen Strukturformen, die sich bis heute allerdings vorwiegend am System des *Einzel*vorschlagsprogrammes orientieren, bereits sozialpsychologische Gesichtspunkte berücksichtigen.

Wenn man das Schrifttum über das Vorschlagswesen überschaut, wird man feststellen, daß „Strukturformen" oder „Vorschlagssysteme" dieser betrieblichen Einrichtung nur von Klöckner (*144*, S. 33 ff., S. 71 ff., S. 83 ff.), Peter (*244*, S. 26—35), Krauss (*156*, S. 121—126), im Handbuch *„Soziale Betriebs-Praxis"* (*390*, S. 4—6) und in einem Aufsatz von Kropff (*161*, S. 211) mehr oder weniger ausführlich behandelt werden, ohne daß dabei etwa schon dem Gruppengedanken Beachtung geschenkt wird. Erst Scharmann hat in zwei grundlegenden Aufsätzen zur Gruppenpflege im Betrieb (*277*, S. 60 und *276*, S. 133) auch auf das betriebliche Vorschlagswesen und dessen Förderung unter Berücksichtigung gruppenpflegerischer Maßnahmen hingewiesen und dabei die positive Wirkung einer solchen „demokratisch-institutionellen Gruppe" besonders hervorgehoben. Weitere Ansatzpunkte einer Gruppenbetrachtung finden sich im Informationsbrief 2 des RKW / Bezirksgruppe Nordrhein-Westfalen (*379*, S. 25/26), in einem Aufsatz von Kroeber-Keneth (*159*) und bei Schirm (*303*, S. 88—90). Einen weiteren, allerdings sehr kurzen Hinweis auf sogenannte „Gruppenvorschläge" gibt auch Herwig in seinem Beitrag „Das betriebliche Vorschlagswesen" im Handbuch der Psychologie, Bd. 9 „Betriebspsychologie" (*110*, S. 68), sowie neuerdings Höckel in seinem Buch „Keiner ist so klug wie alle" (*122*, S. 206—209). Es wird allerdings nicht möglich sein, alle Vorschlagssysteme vollständig zu erfassen, da sich neben den bekannteren Formen, viele betriebsindividuelle Systeme des Ideenwettbewerbs herausgebildet haben; ebenso erscheint es nicht von allzu großem Wert, etwa eine systematische Zuordnung der einzelnen Vorschlagsprogramme zu versuchen.

Geht man zunächst von rein organisatorischen Merkmalen aus, so kann man nach Peter (*244*, S. 26 ff.) zwischen *„beweglich-organisierten"* und *„fest-organisierten"* Typen von Vorschlagssystemen unterscheiden:

zwei Programmen, denen die Merkmale der Straffheit ihrer Organisationsform, aber auch die Dauer ihrer Errichtung zugrunde liegen. Während die erste Form für alle Gelegenheits- oder Einzelaktionen geeignet ist (Peter nennt hier die „Befragung der Mitarbeiter", „Vorschlagswettbewerbe" und „Vorschlagskampagnen"), einen bestimmten Aufgabenkreis umfaßt und nach Ermessen der Betriebsleitung durchgeführt wird, handelt es sich bei der fest-organisierten Form um Dauereinrichtungen des betrieblichen Vorschlagswesens. Darunter fallen — immer noch nach Peter — die „Vertragliche Festlegung zu Verbesserungen im Dienstvertrag von Arbeitern oder Angestellten", und die „Niederlegung in den Statuten der Arbeiterkommission oder einem besonderen Vorschlagsreglement mit Bestellung einer ständigen Vorschlagskommission". Hier werden Vorschläge dauernd aus allen Aufgabengebieten entgegengenommen und nach einem bestimmten Verfahren bearbeitet, geprüft und bewertet. Obwohl Peter's Haupteinteilung in beweglich-organisierte und fest-organisierte Vorschlagssysteme recht brauchbar ist, können die Untergruppierungen nicht immer eindeutig dem Vorschlagswesen zugeordnet werden; zumindest nicht von der Aufgabenstellung her, die heute dem betrieblichen Vorschlagswesen eingeräumt und die auch in dieser Arbeit vertreten wird. Darunter fällt einmal in gewisser Hinsicht die „Befragung der Mitarbeiter", da Peter hier keine „materielle Entschädigung" voraussetzt, wie es beim Vorschlagswesen allgemein üblich ist[59], zum anderen auch die „Niederlegung im Dienstvertrag der Arbeiter und Angestellten"[60], ebenfalls „ohne gesonderte Honorierung", da hier gegen das Prinzip einer auf freiwilliger und gemeinsamer Mitarbeit aufbauenden Gemeinschaftsidee verstoßen wird. Auch die „Vorschlagskampagnen" oder „Vorschlagsfeldzüge", die Peter — und damit ist seine Aufzählung zumindest gerechtfertigt — den „planwirtschaftlich-organisierten Staaten" (oder Wirtschaftssystemen) zuordnet, gehören ebensowenig wie die von Klöckner (*144*, S. 71 ff.) so benannte „Aktion als Dienstanweisung" zu einem Vorschlagswesen, das auf völlig freiwilliger Basis durchgeführt werden sollte[61].

Eine schon mehr geeignete Gruppierung von Vorschlagssystemen, bei denen neben der Organisationsform und Zeitdauer auch „Faktoren psychologischer Natur" anklingen, bringt Kropff (*161*, S. 211) in seinem Aufsatz „Innerbetriebliche Werbung als Exekutive der industriellen

---

[59] Vgl. auch die vorgebrachte Kritik von *Krauss* (*156*, S. 121/122).

[60] „Es wird jedem Angestellten *zur Pflicht* gemacht, von ihm beobachtete Übelstände und Mißstände irgendwelcher Art, sowie Vorschläge für die Verbilligung bzw. Vereinfachung von Betriebsaufgaben sofort der Direktion bekanntzugeben" (*Peter*, *244*, S. 32).

[61] Vgl. die ebenfalls von *Krauss* (*156*, S. 121/122) vorgebrachte Kritik.

Psychologie“[62]. Der Verfasser bezeichnet dort zwar das Vorschlagswesen lediglich als *eines* der Mittel der innerbetrieblichen Werbung — er schreibt: „Es ist ein sehr prägnanter Ausdruck der Eigengesetzlichkeit derselben“ (S. 208) —, da er aber im betrieblichen Vorschlagswesen „eine der stärksten Stützen aller Bemühungen zur Leistungssteigerung und gleichzeitig zur Verbesserung der Beziehungen zwischen Unternehmer und Belegschaft sieht“ (S. 208), verdienen seine Ausführungen besondere Beachtung. Er unterscheidet drei große Gruppen von Vorschlagssystemen — denen sich auch die meisten Systeme der anderen Autoren zuordnen lassen (S. 211):

1. Der fallweise Ideenwettbewerb
2. Lang andauernde Ideenwettbewerbe
3. Das ständig laufende Vorschlagssystem

Der fallweise Ideenwettbewerb stellt den einfachsten Weg freiwilliger Mitarbeit dar und ist ohne eine dauernde Organisation durchführbar, da er *zeitlich befristet* und in der Regel auf eine *bestimmte* Aufgabenstellung begrenzt ist. Sein besonderer Vorteil liegt darin, daß die bereits feststehenden Preise als zusätzlicher Anreiz wirken, wobei allerdings zu beachten ist, daß dieselben der geforderten Leistung entsprechend angepaßt und neben wenigen großen Preisen auch eine Vielzahl kleinerer Preise auszusetzen sind, um die Chancen für den Einzelnen zu erhöhen. Nachteilig wirkt sich dagegen die späte Verteilung der Preise aus, da erst alle Einsendungen geprüft, verglichen und evtl. sogar ausprobiert werden müssen. „Das dauert oft sehr lange und schwächt die Wirkung durch enttäuschte Hoffnungen“ ab (Kropff, *161*, S. 211). Zudem erfolgt die Bewertung hier in der Regel subjektiv und nicht objektiv und das kann zur Folge haben, „das geringwertige Vorschläge in eine — immer objektiv gesehen — zu gute Preisposition kommen, wenn das wertmäßige Niveau der Vorschläge allgemein tiefer ist, und umgekehrt können gute Vorschläge in eine schlechte Kategorie kommen, weil allgemein gute Vorschläge eingereicht wurden“ (Peter, *244*, S. 13). Trotzdem wird sich dieses Vorschlagssystem besonders zur *Einführung* des betrieblichen Vorschlagswesens und speziell für kleinere Betriebe eignen. Zu diesem fallweisen Ideenwettbewerb gehört in erster Linie das „Preisausschreiben“, man kann aber auch die sogenannten „Werbewochen für Arbeitsvereinfachung“ (*390*, S. 5) — auch „Rationalisierungswochen“ genannt — diesem Vorschlagssystem zuordnen.

Lang andauernde Ideenwettbewerbe liegen in ihrer Organisationsform schon mehr in der Nähe des fest-organisierten Vorschlagswesens,

---

[62] Diese Einteilung ist bereits in seinem Buch: Neue Psychologie in der neuen Werbung, Stuttgart 1951, S. 41, zu finden.

lediglich mit dem Unterschied, daß hier noch mit fixierten Preisen gearbeitet wird und auch die Themenstellung, im Gegensatz zu der erstgenannten Form, umfassender ist. Die Schwächen sind dieselben wie beim fallweisen Ideenwettbewerb (Krauss, *156*, S. 124).

Das ständig laufende Vorschlagssystem stellt die heute überwiegende Form des betrieblichen Vorschlagswesens dar; eine „Dauerinstitution", bei der „nicht nur gelegentlich gute Gedanken zu bestimmten Themen für den Betrieb ausgewertet werden, sondern ein ständiger Fluß von verwertbaren Ideen aus der reichen Quelle der Erfahrungen und Begabungen der Mitarbeiter fließt" (*390*, S. 6). Jeder einzelne Vorschlag wird hier auf Grund vorgeschriebener Richtlinien oder Regeln bearbeitet, geprüft und seinem Wert entsprechend belohnt. Diese festorganisierte Form birgt zwar die Gefahr des Schematismus und der Erstarrung in sich; sie wird aber im allgemeinen befürwortet und ist in den Betrieben, die ein betriebliches Vorschlagswesen eingeführt haben, vorherrschend. Hierbei wird es aber in besonderem Maße notwendig, vor der Einführung eine positive Haltung aller Betriebsangehörigen zu erreichen und durch „Erinnerungswerbung"[63] immer wieder zur Mitarbeit aufzurufen.

Den bisher genannten Organisationsformen des betrieblichen Vorschlagswesens ist gemeinsam, daß sie grundsätzlich auf dem *Prinzip* der *Einzelleistung* aufbauen. Sie beinhalten damit zwar auch sozialpsychologische Merkmale, insofern diese in den sozialen Bedürfnissen der „Einzelperson" gesucht werden; in transpersonalen Strebungen, Haltungen und Wertvorstellungen, die den Menschen neben rein ichbezogenen Motiven zum Handeln antreiben. Diese Motive menschlichen Verhaltens sind aber keineswegs nur „ichbezogen", sondern ebenso „umweltkohärent", was bedeutet, daß hier im Sinne der Auffassung vom Menschen als einem gleichzeitig sozial und personal strukturiertem Wesen[64], sozial-individuale Verschränkungen zu beachten sind, die nicht nur die Bedürfnisse des Menschen als Einzelwesen, sondern auch als Sozialperson befriedigen[65]. Durch die Einzelvorschlagssysteme können aber gerade die förderlichen Wechselbeziehungen zwischen dem Individuum und seiner Umwelt — die sozialen Kontakte und Strebungen — in ein Negativum umgekehrt werden, das keineswegs geeignet erscheint, die sozialpsychologisch motivierte oder „gefügeartige Kooperation"

---

[63] Siehe dazu S. 184 ff. dieser Arbeit.

[64] Vgl. dazu G. *Wurzbacher* (Hrsg.) u. a.: Der Mensch als soziales und personales Wesen (Beiträge zu Begriff und Theorie der Sozialisation), Stuttgart 1963.

[65] Darauf wird im Abschnitt „Der Mensch im Betrieb als personales und soziales Wesen" (S. 90 ff.) näher eingegangen.

(Popitz u. a.), der bewußt geplanten sozialen Betriebsorganisation anzugleichen (Staerkle, *316*).

Obwohl auf die Bedeutung gruppenpsychologischer und gruppensoziologischer Erkenntnisse für die Gestaltung des betrieblichen Vorschlagswesens in den letzten Jahren verstärkt hingewiesen wurde und in der Praxis das von uns vertretene *Gruppenvorschlagssystem* bereits vereinzelt Anwendung findet[66], hat man seine Überlegenheit gegenüber anderen Formen des Vorschlagswesens, noch keineswegs vollständig erkannt. Damit werden aber sozialpsychologisch wichtige Bedingungen übersehen, die geeignet sind, die Mißerfolge dieser betrieblichen Einrichtung zu erklären; gleichzeitig wird es möglich, den sozialpsychologischen Effekt eines sachgemäß aufgebauten und gehandhabten Gruppenvorschlagssystems nachzuweisen, ohne dabei etwa die Schwierigkeiten dieses jüngsten Typus des Vorschlagswesens zu übersehen[67].

---

[66] Vgl. dazu die auf S. 202 ff. gebrachten Hinweise.

[67] Siehe dazu den Abschnitt „Das Gruppen-Vorschlagssystem als neue Form des betrieblichen Vorschlagswesens und sein sozialpsychologischer Effekt" (S. 192 ff.).

II. Die psychologischen und sozialpsychologischen Voraussetzungen des betrieblichen Vorschlagswesens

1. Die Entwicklung der Betriebspsychologie von Taylor bis zur Gegenwart

Der Versuch, die psychologischen und sozialpsychologischen Probleme des betrieblichen Vorschlagswesens aufzuzeigen, verlangt von der Zuordnung dieser Institution zum Betrieb eine kurze Übersicht auf diejenige psychologische Richtung, die sich speziell mit dem arbeitenden Menschen im Betrieb befaßt: Die *Betriebspsychologie*[1]. Wenn sie in der Gegenwart als das „Gesamt der psychologischen Bemühungen, welche in Theorie und praktischer Anordnung im Dienste der Bestgestaltung der innerbetrieblichen Arbeits- und Sozialverhältnisse stehen" (A. Mayer, *201,* S. 22), bezeichnet wird, so steht dahinter eine Entwicklung, in der sich der Wandel naturwissenschaftlicher, geistiger, kultureller und gesellschaftlicher Formen der menschlichen Beziehungen widerspiegelt, angefangen von ihrer rein technisch-ökonomischen Ausrichtung bis zu ihrer heutigen betont menschlich-sozialen Auffassung. Mit der nachfolgenden Übersicht über die Entwicklungsphasen der Betriebspsychologie wird aber gleichzeitig und gleichsam als „Hintergrund" erkennbar, daß sich aus den veränderten Auffassungen,

---

[1] Zusammenfassende Darstellungen der Arbeits- bzw. Betriebspsychologie geben:

Scherke, Felix: Betriebspsychologie, Berlin 1948.

Carrard, Alfred: Praktische Einführung in die Probleme der Arbeitspsychologie, Zürich 1949.

Erdély, Michael: Einführung in die Wirtschafts- und Betriebspsychologie, Göttingen 1955.

Heitbaum, Heinrich: Psychologie im Betrieb, 2. erweiterte und überarbeitete Aufl., Köln 1952.

Hetzer, K. G.: Deutsche Betriebspsychologie, München und Düsseldorf 1952.

Mayer, Arthur und *Herwig,* Bernhard: Betriebspsychologie. In: Handbuch der Psychologie, Bd. 9, Göttingen 1961.

Mayer, Arthur: Die soziale Rationalisierung des Industriebetriebes, München/Düsseldorf 1951.

Hische, Wilhelm: Arbeitspsychologie (Theorie-Systematik-Praxis), Hannover 1950.

Herwig, Bernhard: Arbeitspsychologie. In: Handwörterbuch der Sozialwissenschaften, Tübingen 1954.

Rüssel, Arnulf: Arbeitspsychologie, Bern und Stuttgart 1961.

die das „Menschenbild“ im Laufe des Industrialisierungsprozesses erfahren mußte (Brown, *34*, S. 7—48; Gehlen, *79;* A. Mayer, *202* und *204*, S. 3—47), auch der Gedanke des betrieblichen Vorschlagswesens gebildet hat und darin ebenso seine zunehmende Durchdringung mit psychologischem Gedankengut zu suchen ist.

Bei einer Betrachtung der geschichtlichen Entwicklung der Betriebspsychologie, die aus der älteren und umfassenderen Arbeitspsychologie hervorgegangen ist, kann man von drei Epochen ausgehen, die zwar chronologisch nicht streng auseinanderzuhalten sind, die aber die Entwicklungssphasen einer Psychologie des arbeitenden Menschen im Betrieb recht deutlich zeigen und deren Beginn am Anfang des 20. Jahrhunderts liegt und im sog. „Taylorismus“ begründet ist:

1. **Entwicklungsphase** (1900 bis etwa 1910)	=	Von der „Wissenschaftlichen Betriebsführung“ zur Psychotechnik
2. **Entwicklungsphase** (1900 bis etwa 1930)	=	Von der Psychotechnik zur individuellen Arbeitspsychologie
3. **Entwicklungsphase** (1930 bis heute)	=	Von der individuellen Arbeitspsychologie zur Sozialpsychologie des Betriebes

Allen drei Richtungen ist eines gemeinsam: sie untersuchen das Verhältnis von Mensch, Arbeit, Betrieb und in der Gegenwart auch der Gesellschaft auf psychologischer Grundlage, wenn auch unter wechselnden Aspekten[2]. Diese verschiedenartige Betrachtungsweise ging, wie bereits angedeutet, von den Veränderungen des Menschenbildes aus, das den Arbeiter zu Beginn der „Industriellen Revolution“ und unter Zugrundelegung einer mechanistischen Elementenpsychologie als ”l’homme machine“ (Lamettrie) sah — als „exakt arbeitende *bewußtseins-* und *gedankenlose* Verlängerung der Maschine“ (A. Mayer, *202*, S. 69 [Hervorhebungen der Verfasser]). Diese mechanistische, positivistische und utilitaristische Auffassung vom arbeitenden Menschen wurde durch die fortschreitende Mechanisierung, Technisierung, Arbeitsteilung und Arbeitszerlegung noch verstärkt; auch der Mensch wird im Sinne räumlich und zeitlich genau abgestimmter Arbeitsfunktionen, als „Funktionär von Teilleistungen“, wenn auch als ein etwas „komplizierter Mechanismus“, angesehen. Der Betrieb dieser Zeitepoche ist eine „technische Apparatur“, zum Zwecke einer rational-ökonomischen Produktion, die Industriegesellschaft steht unter dem Leitbild der Entfremdung von Mensch und Arbeit (Hegel, Marx). Die mit diesem „ökonomischen

---

[2] Vgl. dazu A. *Mayer* (*204*, S. 11—33) der diese Entwicklung nach folgenden Aspekten gliedert:
1. Der technisch-ökonomische Aspekt.
2. Der psycho-physische Aspekt.
3. Der ganzheitliche, charakterologische und typologische Aspekt.
4. Der geistig-ethische Aspekt.
5. Der soziale und kulturelle Aspekt.

Prinzip" verbundenen Rationalisierungsbestrebungen fanden ihren Höhepunkt in dem von F. W. Taylor *(326)* entwickelten „System der wissenschaftlichen Betriebsführung" ("scientific management"). Die zahllosen Abhandlungen über Taylor, den man als „Vater" der wissenschaftlichen Betriebsführung bezeichnet, und das auch von anderen Ingenieuren übernommene und ausgebaute System (es sei hier insbesondere F. B. Gilbreth, *84*, genannt), entheben uns der Aufgabe, hier eine ausführliche Beschreibung seiner Methoden und seines Systems zu geben[3].

Trotzdem sind im Rahmen unserer Arbeit einige Bemerkungen notwendig, und zwar schon deshalb, weil die Grundsätze der „wissenschaftlichen Betriebsführung" dem Gedanken des Vorschlagswesens im Betrieb geradezu diametral gegenüberstehen. Elementarfaktoren, Elementarbewegungen und Elementarzeiten, mechanistisch-mathematisch genau erfaßt, bilden hier die Grundlage eines nach exakten Regeln festgelegten und vorgeschriebenen Arbeitsablaufes, der bei seiner Ausführung vom Einzelnen nicht verändert werden darf. Der Mensch hat also die Arbeit lediglich nach diesen Gesetzen der Mechanik auszuführen und die einmal gegebenen Anweisungen *wort-* und *gedankenlos* bis ins einzelne genau zu verfolgen (Brown, *34*, S. 9). Während das betriebliche Vorschlagswesen zum Mitdenken auffordert (gleichgültig, welchen Zweck es damit zunächst verfolgt), steht Taylors „Wissenschaftliche Betriebsführung" geradezu unter der These: Der Arbeiter soll nicht denken! Er hat bei seiner Tätigkeit den experimentell gefundenen „einzig richtigen" Weg einer Arbeitsoperation ohne jede persönliche Initiative zu befolgen, ganz im Sinne der Aussage von Taylor *(326*, S. 7): „... an Stelle der Faustregeln muß die Organisation treten; ... an Stelle des Menschen muß das System gestellt werden[4]."

Hier wird deutlich, daß Taylor das System, die Organisation wichtiger war als alles Menschliche, selbst dann, wenn man einschränkend ein-

---

[3] Vgl. dazu die ausführlichen Darstellungen bei H. *Heitbaum* (*103*, S. 18 ff.), G. *Friedmann* (*67*, S. 33 ff.), J. A. C. *Brown* (*34*, S. 7 ff.), P. *Atteslander* (*4*, S. 30 ff.) und M. *Pietsch* (*245*, S. 64 ff.).

[4] Dieses System erlangte im „Fordismus" mit seinem Fließband die letzte gedanklich noch mögliche Steigerung der „Vergeistigung" des Betriebes. Es muß allerdings hier angemerkt werden, daß *Taylor* wenige Jahre vor seinem Tode in einer Vorlesung im Jahre 1911 vor dem Verwaltungsrat, den Dozenten und der Studentenschaft des Darthmouth-Collegs, sein System gegen die einseitigen Kritiken, daß es aus Menschen Maschinen und Werkzeuge mache, mit viel Temperament verteidigt hat. Am Schluß dieser Vorlesung spricht er sogar von Vorschlägen aus den Reihen der Arbeitnehmer, zur Verbesserung der durch das "Scientific management" entwickelten Methoden. Er sagte: „Wir wollen Eure Originalität, aber doch zum Erfinden aufwärts und nicht abwärts! Lernt erst einmal das, was wir als die besten Methoden kennen, und *dann* schlagt Neues vor. Dann baut auf ihnen weiter!" (*327*, S. 87).

räumt, daß sich Taylor bei der Arbeiterauslese, die für eine bestimmte Aufgabe bestgeeigneten Leute aussuchte, wobei er nicht nur körperliche, sondern vereinzelt bereits auch psychologische Verhaltensweisen beachtete. Über die Methoden der „Wissenschaftlichen Betriebsführung", die sich immer mehr zu einem System der „Menschenökonomie" entwickelte, gibt es zahlreiche kritische Äußerungen (Friedmann, *67*, S. 33; Atteslander, *4*, S. 38 ff.), aber selbst Friedmann meint in seinem zweiten großen Werk *(68)*, daß das "Scientific management" und damit die rationale Arbeitsorganisation am Ende des 19. Jahrhunderts notwendig wurde und daß man Taylor, wenn er nicht gelebt hätte, eben hätte erfinden müssen. Freilich ändert diese Einschränkung nichts an dem Urteil über die Folgen dieser einseitig vorherrschenden utilitaristischen Betrachtungsweise des menschlichen Arbeitsverhaltens und der Auffassung, daß die Menschen in erster Linie um des Geldes willen arbeiten, so daß dieses Verhalten ausschließlich durch materielle Bedürfnisse determiniert und geprägt werde. Auch Taylor war wie seine Zeit zu sehr im mechanistischen und vor allem materialistischen Denken befangen und vielleicht liegt hier der tiefere Grund, weshalb er trotz mancher sozialer Aspekte, die in seinen Thesen der wissenschaftlichen Betriebsführung zu finden sind[5], den Arbeiter, ganz im Sinne seiner Zeit, als „homo oeconomicus" sah.

Die oben erwähnte These, daß der „Taylorismus" das selbständige Denken des arbeitenden Menschen im Betrieb nach Möglichkeit ausschließt, kann allerdings nicht über die Tatsache hinwegtäuschen, daß gerade von diesem System der wissenschaftlichen Betriebsführung, die ersten Impulse zum betrieblichen Vorschlagswesen ausgingen, weil hier der grundsätzliche Gedanke durch ständige Rationalisierung bestmögliche Wirtschaftlichkeit des Einsatzes menschlicher Arbeitskraft zu erreichen, erstmals mit aller Konsequenz vertreten worden ist. Psychologische Gesichtspunkte traten allerdings erst mit der Weiterentwicklung der betriebspsychologischen Forschung, beginnend mit der Epoche der „Psychotechnik" in das engere Bezugsfeld dieser betrieblichen Einrichtung. Die wirtschaftliche Psychotechnik, nach ihrem Begründer Hugo Münsterberg *(232, 233)* ein Teilgebiet der angewandten Psychologie[6], stellt das psychologische Experiment planmäßig in den

---

[5] Vgl. dazu die Ausführungen von Peter *Atteslander* (*4*, S. 36 ff.) über *Taylors* „Philosophie der menschlichen Zusammenarbeit" ("underlaying philisophy"), mit der er die Geisteshaltung seiner wissenschaftlichen Betriebsführung zu erklären versuchte, sowie den Aufsatz von L. F. *Urwick* (*341*, S. 7 ff.), in dem *Taylors* Ideen, den Menschen durch seine Prinzipien zum Aufstieg zu verhelfen, ausgiebig behandelt werden.

[6] Es wird hierzu auf die ausführlichen Darstellungen bei H. *Heitbaum* (*103*, S. 16 ff.), F. *Scherke* (*295*, S. 8 ff.) und H. *Spreng* u. a. (*315*) verwiesen.

Dienst der Wirtschaft (*232*, S. 1); sie versucht mit Hilfe psychodiagnostischer und sinnesphysiologischer Methoden die physische *und* psychische Leistungsfähigkeit des Menschen festzustellen[7] und das gewonnene Erscheinungsbild der Arbeit anzupassen. Der Mensch hat aber auch hier noch keinerlei Einfluß auf die Wahl und Art der Ausführung seiner Tätigkeit, die ihm auf Grund der Eignungsauslese und der durch die Organisation vorgeschriebenen Arbeitsfunktionen und Arbeitsanweisungen verbindlich zugeteilt wird. So blieb diese sogenannte „Experimentalpsychologie"[8], trotz der Erkenntnis vom Vorhandensein psychischer Faktoren im Arbeitsleben, in ihrer praktisch-psychologischen Anwendung (Stern) noch zu sehr dem abstrakten Experiment verhaftet. Es fehlte der soziale und ganzheitliche Aspekt und auch die Psychotechnik sah den Menschen immer noch zu sehr als isolierten Leistungsträger. Diese Epoche der „Anpassung des Menschen an die Arbeit" (Hische, *119*, S. 58) durch die wirtschaftliche Psychotechnik, wird durch die Richtung der Ganzheitspsychologie, die an Stelle der Zusammengesetztheit des Seelischen aus „Elementen" gegliederte Inhalte setzt (Gestaltspsychologie [Hauptvertreter: v. Ehrenfels, Krüger, Sander, Köhler, Wertheimer]) und eine organische und sinnvolle Gliederung des seelischen Aufbaues (Strukturpsychologie [W. Dilthey, E. Spranger]) lehrt, immer stärker mit neuen Erkenntnissen über Motivation und Struktur des Arbeitsverhaltens konfrontiert, so daß sie sich allmählich zu einer Revision ihres Menschenbildes und ihrer Methoden gezwungen sieht, obwohl sie ihre Forschungen auch weiterhin mit der methodischen Exaktheit der Experimentalpsychologie fortführt (W. Moede, *221*, *222*, *223*; W. Stern, *322;* O. Lipmann, *186*, *187;* u. a.). Schließlich wendet sich die Psychologie allmählich von der isolierenden Betrachtungsweise ab, die den Arbeiter im Betrieb nur als unpersönlichen Funktionsträger sieht. Die in den zwanziger Jahren entstehende individuelle Arbeitspsychologie (Eignungs- und Leistungspsychologie) macht es sich zur Aufgabe, den Menschen nicht nur den technischen Arbeitsbedingungen, sondern diese auch dem Menschen anzupassen. Insbesondere W. Poppelreuter *(251)*, F. Giese *(83)*, H. Rupp *(267)*, B. Herwig *(107, 108)* und W. Hische *(116)* wenden sich gegen die abstraktatomistischen „Funktionsprüfungen" und technizistischen Zeit- und Bewegungsstudien der Psychotechnik und vertreten im Sinne der sich

---

7 W. *Hische* (*120*, S. 44—47) spricht hier von zwei Erscheinungsbildern des Menschen: dem „Leistungsbild" (physisch) und dem „Persönlichkeitsbild" (psychisch).

8 Als maßgebend für die Entwicklung fast aller psychologischen Teildisziplinen, so auch der arbeitspsychologischen Richtung, werden die bereits im Jahre 1879 von Wilhelm *Wundt* vorgenommenen experimentellen Versuche zur Erforschung menschlichen Verhaltens angesehen. (Erstes Institut für experimentielle Psychologie an der Universität Leipzig.)

immer stärker ausweitenden psychologischen Epoche des Personalismus (Differentielle Psychologie und Charakterologie [L. Klages, W. Stern, E. Rothacker, Ph. Lersch]), die Ganzheitsdiagnose vom Menschen — auch im Betrieb. Der Mensch wird als Person und diese als „leiblich-geistigseelische Einheit" (Klages) gesehen. Damit wird, wie A. Mayer (*202*, S. 70) sagt, seine „individuelle psychophysische Gesamtdisposition" hervorgehoben, er selbst steht als *Subjekt* im Mittelpunkt der Arbeit. Mit diesem Wandel kommt es sowohl in der Eignungspsychologie (Giese bezeichnet diese als „Subjektpsychotechnik"), als auch in der Arbeitspsychologie (nach Giese „Objektpsychotechnik") zur „Anpassung der Arbeit an den Menschen" (so Hische), wobei auch hier fließende Übergänge zwischen einer zwar den Menschen in seiner Ganzheit erfassenden Psychotechnik[9] und der Weiterentwicklung einer rein arbeitspsychologischen Richtung vorliegen. Aufgabe der Arbeitspsychologie wird die mit Hilfe der Arbeitsanalyse technisch-organisatorische Bestgestaltung der Arbeit durch möglichst zweckmäßige Gestaltung der Arbeitshilfen und Arbeitsbedingungen. Dabei wird gleichzeitig und als Korrelat zur Arbeitsentfremdung (Monotonie und Fließbandarbeit [Rupp, *267;* Friedmann, *67*, S. 160 ff.]), eine Anpassung an die seelische Struktur des Menschen versucht. Soziologische Faktoren werden allerdings aus der Sicht der Subjekt-Objektbeziehung zwischen Mensch und Arbeit in diesem Zusammenhang noch völlig übersehen, als ob diese Arbeitsprozesse isoliert, in einem soziologisch gleichsam neutralen Raum abliefen.

Schließlich kommt es in dieser Übergangsepoche zur Entstehung einer neuen arbeitswissenschaftlichen Richtung der Psychologie, zur *Betriebspsychologie,* mit ersten Übernahmen tiefen- und sozialpsychologischer Erkenntnisse vom Menschen[10] und deren Einflußnahme auf das Arbeitsleben. Damit beginnt sich die Betriebspsychologie der *inneren* Motive und Determinanten der Leistung des arbeitenden Menschen zu widmen, die sein Handeln und seine Einstellung zu Arbeit und Beruf bestimmen[11]. Immer mehr wird erkannt, daß auch der Frage: „Warum arbeitet der Mensch?" entscheidende Bedeutung zukommt, daß erst die Befriedigung seiner Bedürfnisse, Wünsche und Strebun-

---

[9] Die jüngere Psychotechnik wehrt sich gegen die verbreitete Auffassung, daß sie eine „Psychologie ohne Seele" sei, erkennt aber ihre sozialen Grenzen an. Ihre Aufgabe sieht sie in der Erfassung „des ganzen Menschen als Einheit von intellektuellen und praktischen Fähigkeiten und einer bestimmten seelischen Struktur. Ihr Ziel ist schlagwortartig formuliert worden: Jeder am rechten Platz"! (H. *Biäsch, 21,* S. 35 ff.).

[10] Hier sind als Hauptvertreter zunächst S. *Freud,* A. *Adler,* C. G. *Jung* (Tiefenpsychologie), sowie Mc*Dougall,* W. *Hellpach* (Sozialpsychologie) zu nennen.

[11] Zum Begriff „Motivation" und zu den Motivationslehren sei auf die umfassende Darstellung bei *Scharmann* (*278,* S. 133—172) hingewiesen.

gen, ihn zu einem *sinnvollen* Arbeitserlebnis kommen läßt. Man versucht die Beweggründe seines Handelns und Verhaltens (die Arbeitsmotivation) zu erklären — allerdings immer noch einzelmenschlich (individuellpsychologisch) gesehen — und die daraus gewonnenen Erkenntnisse zur Wiederherstellung der Sinn- und Werterfüllung der Arbeit anzuwenden[12]. Die entscheidende Wende der Betriebspsychologie von der psychophysischen und differentiellen zur *sozialpsychologischen* Betrachtungsweise, vollzieht sich mit der Wiederentdeckung der „sozialen Natur" des Menschen durch Elton Mayo[13] und der damit verbundenen Erkenntnis, daß „wir es in der Wirtschaft und in anderen menschlichen Bereichen mit eng verbundenen menschlichen Gruppen und nicht mit einer Menge von Einzelpersonen zu tun haben" (Mayo, *208*, S. 165). Mit dieser Betrachtungsweise kommt es zunächst in der amerikanischen Industriepsychologie und -soziologie, und nach dem 2. Weltkrieg auch bei uns, zu einer ausgedehnten theoretisch-sozialpsychologischen und angewandt-betriebspsychologischen Forschung. Die Entwicklung wird von der sich immer mehr abzeichnenden Epoche einer transpersonalistischen Psychologie und der damit verbundenen *Soziabilität* des Menschen stark beeinflußt. Mit diesem Richtungswandel entsteht ein spezieller Zweig der allgemeinen Psychologie, der sich mit der Stellung des Individuums in der Gesellschaft befaßt: die *Sozialpsychologie*[14].

---

12 Gegen die zunehmende „Sinnentleerung" und „Entpersönlichung" der industriellen Arbeit und die fortschreitende „Anonymisierung" der natürlichen Beziehungen zwischen den Arbeitern und die daraus tendierenden seelischen Störungen („Motivschwund" und „Motivrest") wendet sich schon W. *Hellpach* in dem mit H. *Lang* verfaßten Werk über „Gruppenfabrikation", Berlin 1922, S. 20 ff., mit der er im Rahmen seiner sozialpsychologischen Forschungen auf die Arbeitsgesellung als sozialer Prozeß, verwirklicht durch eine gemeinsame Verbundenheit (Gruppe) hinweist und diese „Gruppenfertigung" zur Befriedigung menschlicher Motive vorschlägt.

13 Die ersten Erkenntnisse dieser Art stammen aus den bekannten Hawthorne-Experimenten; vgl. dazu die Veröffentlichungen von E. *Mayo* (*207* und *208*), F. J. *Roethlisberger* und W. J. *Dickson* (*261*), sowie die Darstellungen bei H. *Gross* (*93*, S. 45 ff.), H. *Stirn* (*324*, S. 67 ff.), O. *Neuloh* (*237*, S. 99—111), D. C. *Miller* und W. H. *Form* (*220*, S. 6), die in der Hawthorne-Untersuchung den Ausgangspunkt der innerbetrieblichen soziologischen Forschung sehen, J. A. C. *Brown* (*34*, S. 49—67) und R. *Dahrendorf* (*44*, S. 32—39).

14 Zum Begriff und Gegenstand der Sozialpsychologie vgl. S. 90 ff. und folgende Werke:
Hellpach, Willi: Sozialpsychologie, Stuttgart 1933.
Newcomb, Theodore M.: Social Psychology, New York 1950 (Deutsch: Sozialpsychologie, Meisenheim 1959).
Hartley, Eugeno L. und Ruth E.: Fundamentals of social psychology, New York 1952 (Deutsch: Die Grundlagen der Sozialpsychologie, Berlin 1955).
Beck, Walter: Grundzüge der Sozialpsychologie, München 1953 (1960 ³).
Hofstätter, Peter R.: Einführung in die Sozialpsychologie, Stuttgart 1954.
Hofstätter, Peter R.: Sozialpsychologie (Sammlung *Göschen* [Bd. 104/104a]), Berlin 1956.
König, René: Sozialpsychologie. In: Fischer-Lexikon (Bd.: Soziologie), Frankfurt 1958, S. 274—283.

Es kann hier nicht auf den historischen und gesellschaftlichen Hintergrund eingegangen werden, der zu dieser Entwicklung geführt hat. Es möge daher der Hinweis genügen, daß sowohl die Loslösung des Einzelnen aus der organischen Haus- und Arbeitsgemeinschaft (Brown, *34*, S. 41, spricht von der „Trennung aus einer leiblich-seelischen und sozial-produktiven Einheit") und des damit festbestimmten Standortes in der altständischen Gesellschaft, als auch der andauernde Umformungs- und Anpassungsprozeß unserer dynamischen Gesellschaft (Mobilität), zur bewußten Betrachtung des Einzelnen als eines sozialen Gliedes geführt haben, wobei aus psychologischer Sicht noch der Einfluß der Tiefenpsychologie (Psychoanalyse) zu nennen ist (Brown, *34*, S. 30—48; Geck, *77;* Gehlen, *79;* König, *147*, S. 274—283). Die sozialpsychologischen Forschungen ließen erkennen, daß das Leben im sozialen Miteinander ein wechselseitiges Geschehen zwischen dem Einzelnen und seiner Mitwelt ist, daß es sowohl vom Einzelmenschen wie auch vom sozialen Umfeld ständig beeinflußt und geformt wird — eine theoretische „Konzeption", die nun auch von der modernen Betriebspsychologie als einem Zweig der angewandten Psychologie übernommen wird. Damit gehört die Betriebspsychologie um mit Scherke (*295*, S. 13) zu sprechen, „einerseits zur *individuellen* Psychologie (soweit sie den einzelnen Menschen im Betrieb untersucht) und andererseits zur *sozialen* Psychologie (insofern als sie sich mit dem Einzelnen als Glied einer Gruppe, mit den Arbeitsgruppen und dem Betrieb als Kollektiverscheinung beschäftigt)". In der Verbindung von Mensch und Mitmensch — und darin liegt ihre zeitnahe Hauptaufgabe — bezeichnet sie Mayer (*201*, S. 23) als „Betriebliche Sozialpsychologie" und auch Erdély (*57*, S. 35) sieht ihre Hauptaufgabe in den „Problemen des Einzelmenschen in seinem Verhältnis zu anderen Individuen und Gruppen, zu denen er Stellung nehmen muß und in welchen er sich einen Stand zu erwerben hat". Damit hat die Sozialpsychologie ihren Platz in der Betriebspsycholgie gefunden, die damit in erster Linie *Sozialpsychologie des betrieblichen Lebens* ist.

Mit dieser Neuorientierung betont die Betriebspsychologie in der nun folgenden Epoche ihre *soziale* Aufgabe in einer „Anpassung des Menschen an den Mitmenschen" (A. Mayer), der „nicht mehr *nur* als isoliertes ‚binnen-seelisch' determiniertes Einzelwesen gesehen wird, sondern *auch* als Sozialperson, die im Schnittpunkt zahlreicher Kreise und Gruppenbeziehungen steht" (Scharmann, *283*, S. 17 [Hervorhebung vom Verfasser]) und die es ihm ermöglichen, auch im Betrieb menschlich-soziale Bedürfnisse zu befriedigen, und zwar sowohl als Einzelperson wie auch als Sozialwesen. Diese mitmenschlichen Beziehungen waren mit der zunehmenden Arbeitszerlegung und Taktgebundenheit der Arbeitsverrichtungen sowie auf Grund eines rein kosten- und leistungslogisch vorgeplanten Arbeitsprozesses weitgehend „anonymisiert" worden; an die Stelle menschlicher Begegnungen von Personen trat eine Arbeitsorganisation funktioneller Beziehungen von Abteilungen und Gruppen (Scherke, *299*, S. 4), die ihre Regeln nach abstrakten Organisationsprinzipien rein theoretisch zu deduzieren versuchte (Mayntz, *206*, S. 6). Das führte zu Spannungen zwischen den Menschen und den ausschließlich technisch-wirtschaftlich rationalisierten Arbeitsbedingungen und aus diesen Konfliktsituationen ergaben sich Reibungsverluste, die der geforderten technischen und wirtschaftlichen Rationalität wieder geradezu entgegenwirkten (Hische, *118*). Gegen diese „sozialpsychische Entfremdung" von Mensch und Arbeit wendet sich die sozialpsychologisch orientierte Betriebspsychologie, die im arbeitenden Menschen weder eine „Maschine", noch einen „Produkterzeuger", auch nicht den „homo oeconomicus" sieht, sondern ein geistiges und personhaftes Wesen, dessen Menschenbild erst im Handeln und Gestalten seine Grundbestimmung findet („homo faber"). Seine organische Eingliederung in den Betrieb ist für sein Arbeitserlebnis und seine Arbeitshaltung und damit gleichzeitig für seine innere Einstellung zu seiner Arbeitsgruppe und den Betrieb, in dem er lebt, schafft und leistet, von besonderer Bedeutung. Auch das Bild vom Betrieb als „technische Apparatur" wandelt sich zu einer geschlossenen Ganzheit, zu einem „technisch-ökonomisch-sozial-menschlichen Gebilde" (Jost), in dem Menschen, Maschinen und Material zur Erreichung eines bestimmten Zwekkes zusammenarbeiten und dessen inneres Gefüge („Sozialstruktur"/ Dahrendorf), eine ineinander verwobene Arbeits-, Lebens- und Leistungsgemeinschaft darstellt (Scherke, *295*, S. 17). Das neue Ziel betriebspsychologischer Arbeit ist die „Ordnung des Betriebes vom Menschen her" (Scherke, *295*, S. 18).

Bei dieser Neuorientierung der Betriebspsychologie am *sozialpsychologisch* wichtigen Faktor der „Subjekt-Subjekt-Beziehungen" — den die ältere Arbeitspsychologie übersehen hatte oder zumindest als „nicht anpassungsfähigen Rest"[15] auszuklammern versuchte — stehen zunächst Probleme der Menschenbehandlung und Menschenführung im Vordergrund, wobei anfangs dem Verhältnis zwischen Vorgesetzten und Mitarbeiter (F. Baumgarten, *9, 10;* F. Scherke, *295, 298;* A. Carrard, *36*, S. 171 ff.), später auch den menschlichen Beziehungen zwischen den Mitarbeitern selbst (F. Baumgarten, *11;* A. Carrard, *36*, S. 215 ff.) beson-

---

[15] W. *Hische* von dem dieser Ausdruck stammt (*119*, S. 59 und 49), versucht zumindest diesen Faktor, der sich offenbar den Anpassungsbestrebungen der individuell-psychologischen Bemühungen entzieht, aus dem „apsychonomen" Verhalten des Menschen bzw. als Folge „zwischenmenschlicher Antinomik" zu erklären (*119*, S. 60), ohne daß er diese „zwischenmenschlichen Beziehungen" (*117*, S. 24), als eine für uns heute ebenso selbstverständliche wie unausweichliche Bedingung menschlicher Arbeit erkennt.

dere Aufmerksamkeit geschenkt wird. Dabei orientiert sich die betriebspsychologische Forschung und Praxis immer mehr an der Motivation menschlichen Handelns (H. Heitbaum, *103*, S. 126 ff.; A. Rüssel, *259*, S. 280 ff.), indem sie, von der soziopsychischen Struktur des Menschen ausgehend, versucht, den Einfluß der sie beinhaltenden „seelischen Wirkkräfte" (insbesondere Strebungen) und deren Befriedigung auf die betrieblichen Mensch-Mitmensch-Beziehungen zu bestimmen — mit dem Ziel einer durch bessere Zusammenarbeit erhöhten Wirtschaftlichkeit (Mayer, *201*). Scherke *(295, 299)* geht dabei psychodiagnostisch vor und sieht als Aufgabe seiner „Sozialen Betriebsgestaltung" die Wiederherstellung der Menschenwürde im Betrieb — nicht als ein System der „Menschenökonomie", sondern als Angelegenheit der „sozialen Therapie".

Dieser soziale Aspekt in der Betriebspsychologie führt auch zu einem Wandel in der Auffassung des betrieblichen Vorschlagswesens, dessen menschlich-soziale Aufgabe in den Vordergrund gestellt wird[16]. Als „Mittel zur sozialen Betriebsgestaltung" (so Krauss,[17]) soll es einmal die *Mit*arbeit durch ausreichendes Mitwissen, selbständiges Mitdenken und produktives Mithandeln fördern, zum anderen die Zusammenarbeit möglichst aller *Mit*arbeiter reibungslos gestalten. Auf diese menschlichen Vorteile des betrieblichen Vorschlagswesens weist neben Baumgarten (*9*, S. 206) auch Carrard (*36*, S. 209, 211 ff.) hin, der Vorschläge aus dem Mitarbeiterkreis als geeignete Mittel zur Hebung und Schulung der Eigeninitiative und Verantwortungsfreude bezeichnet, sowie Brown (*34*, S. 110), der sog. „Besserungsvorschläge" zum Ausgleich menschlicher Spannungen im Betrieb empfiehlt. Desgleichen wird in vielen psychologischen, soziologischen und personalpolitischen Arbeiten dieser Zeit auf die positiven menschlich-sozialen Auswirkungen des betrieblichen Vorschlagswesens hingewiesen.

In dieser Epoche der „Betrieblichen Sozialpsychologie" kommt es außerdem in Anlehnung an die Veröffentlichungen der Ergebnisse der Hawthorne-Studien (Mayo, Roethlisberger, Dickson), in denen die fundamentale Bedeutung der zwischenmenschlichen Beziehungen und

---

[16] Vgl. dazu die Ausführungen bei R. *Schirm* (*303*, S. 13), der dort diese Auffassung vom betrieblichen Vorschlagswesen als Schwerpunkt der Gegenwart herausstellt, wobei natürlich Äußerungen, daß es erfreulich sei, wenn sich neben den menschlichen Auswirkungen außerdem noch wirtschaftliche Einsparungen erzielen lassen, genauso übertrieben sind wie die rein technisch-ökonomische Auffassung vom Vorschlagswesen (*303*, S. 11—13). Hier vermissen wir den Hinweis auf eine Synthese beider Aufgabenkreise, wie wir sie auf S. 37 ff. vertreten haben.

[17] *Krauss* vertritt allerdings in seiner Dissertation *(156)* schon beide Aufgabenkreise des betrieblichen Vorschlagswesens und sieht es sowohl als Mittel zur Rationalisierung als auch zur sozialen Betriebsgestaltung.

Gruppierungen im Betrieb für das Arbeitsverhalten und den Arbeitserfolg nachgewiesen wird[18], zu einer Forschungsrichtung und -praxis, die sich speziell mit den Problemen des Gruppenlebens und insbesondere mit der Arbeitsgruppe im Betrieb befaßt[19]. Gerade die „Kleinen Gruppen" ("primary groups" oder "small groups"/Cooley) sind im Sinne einer sozialpsychologischen Betrachtungsweise für die Erforschung des mitmenschlichen Verhaltens und Zusammenlebens unter dem Gesellungsdrang und einzelmenschlichen Gegenbewegungen besonders geeignet, einmal, weil sie wesentliche und häufige Formen sozialer Kontakte sind, zum anderen, weil sie sozial-figurale Gruppierungen (Hellpach) der arbeitsteiligen und funktionalen Koordination bzw. Kooperation im modernen Produktions- bzw. Verteilungsprozeß darstellen. Die nun folgenden gruppenpsychologischen Untersuchungen über das Verhalten in betrieblichen Gruppenorganisationen und informalen Gruppenbeziehungen, sollen in Anwendung der daraus gewonnenen Erkenntnisse nach Scharmann zu einer bewußten „Gruppenpflege im Betrieb" (Gruppenarbeit, Gruppenpädagogik, Gruppentherapie) führen, mit dem Ziel eines durch Integration der Gruppenmitglieder zweckdienlichen Binnenklimas (harmonische zwischenmenschliche Beziehungen) und eines ebensolchen Leistungsrichtmaßes (Produktivitätssteigerung). Diesen „Gruppenvorteil" (Hofstätter), der sich aus dem „Gruppenverhalten" (nach Homans: der „Aktivität", der „Interaktion" und der „Stimmung") der einzelnen Gruppe entwickelt („Gruppendynamik" [Lewin]) kann man sich auf den Betrieb — als eine aus vielen Gruppen gebildete Gruppenorganisation — übertragen, auch als „Leistungsvorteil" des Betriebes denken, so daß eine solche sozialpsychologische Gruppenforschung und Gruppenpflege auch ihren Beitrag zur sozialen Entspannung in der rationalisierten Arbeitswelt leisten kann. Zwar sind Gruppenarbeit und Teamwork nicht das alleinige Mittel zur Lösung sozialer Konflikte, aber immerhin ein Beitrag zur Humanisierung der entpersönlichten Arbeitswelt; ein Weg zur Befriedigung emotionaler Bedürfnisse, eine Möglichkeit zur Hebung der Arbeitsfreude und Leistungsbereitschaft und damit schließlich auch ein Mittel zur Steigerung der Produktivität *(383)*. Daneben wird — allerdings überwiegend aus betriebssoziologi-

---

[18] Es sei hier angemerkt, daß in Deutschland bereits *Moede (222), Rosenstock (265), Hellpach (105), Lang (169)* u. a. auf den wirtschaftlichen und psychologischen Leistungsvorteil der „Gruppe im Betrieb" oder der „Gruppenfabrikation" hingewiesen haben.

[19] Zu nennen sind hier insbesondere *Benad, Bornemann, Dirks, Mayer, Paul, Scharmann, Scherke, Schiller, Stirn,* die vor allem aus den Ergebnissen der "group dynamics research" *(Homans, Lewin, Likert, Lippitt, Moreno, White, Whitehead)* wertvolle Hinweise übernehmen und mit ihren Studien daran anknüpfen (Literaturhinweise siehe unter Abschnitt „Sozialpsychologie der Gruppe im Betrieb", S. 123 ff.).

scher Sicht — der systematischen Erforschung, Gestaltung und Steuerung der gesamten Sozialstruktur des Betriebes (der „formalen" und „informalen" Organisation, Aufsicht und Kontrolle, Mitwirkung und Mitbestimmung) — dem ganzen Netzwerk interpersonaler Beziehungen und ihrer Veränderungen besondere Aufmerksamkeit geschenkt (P. Atteslander, Ch. J. Barnard, R. Dahrendorf, F. Fürstenberg, Ch. Gasser, L. H. Ad. Geck, E. Gerwig, R. Mayntz, D. C. Miller und W. H. Form, H. Schelsky u. a.), wobei gleichzeitig die empirisch-soziologische Forschung (Specht, *312*) über die soziale Situation und das Sozialverhalten der Arbeiter und Angestellten im Betrieb an Bedeutung gewinnt (vgl. dazu *377*; Pirker u. a., *246*; Popitz u. a., *249*; Friedeburg, *66*). Das psychologische und soziologische Bild vom arbeitenden Menschen rundet sich ab durch Untersuchungen über die heutige Arbeits- und Berufssituation und Probleme der Berufsfindung (Scharmann, *278*, *292*; Specht, *311*), sowie Arbeiten zur Neuorientierung der Berufsausbildung und -erziehung im Betrieb (Abraham, *1*; Krause, *154*, *155*; Riedel, *258*).

Fast gleichlaufend mit der Entdeckung des „menschlichen Faktors" in Wirtschaft und Betrieb, kommt es in den USA zu einer sozialen Bewegung (um nicht zu sagen „Revolution"), die nach 1945 unter der etwas vagen Kennzeichnung "Human Relations in Industry" auch die deutsche Betriebspsychologie und -soziologie stark beeinflußt hat und deshalb bei einer geschichtlichen Betrachtung nicht ausgeklammert werden darf. In diesem Sammelbegriff zur „Gestaltung menschlicher Beziehungen in der Industrie" (er ist inzwischen in gekürzter Form als "Human Relations" zu einem Schlag- und Modewort geworden) verschmelzen alle psychologischen, sozialpsychologischen und soziologischen Bemühungen um den Menschen in der industriellen Arbeitswelt in einem Maße, daß eine Abgrenzung der einzelnen Disziplinen kaum mehr möglich ist. Daher ist auch eine Definition dieses begrifflich unscharfen und methodisch vieldeutigen Terminus, mit dessen Klärung sich Psychologen, Sozialpsychologen und Soziologen bis heute beschäftigen[20], nicht ganz leicht[21]. "Human Relations", denen eine geistes- und sozialgeschichtliche Bewegung in den USA zugrunde liegt (Scharmann, *285*), kennzeichnen einmal eine Haltung des Unternehmertums gegenüber

---

[20] Vgl. dazu insbesondere P. *Atteslander* (4, S. 288 ff.), R. *Dahrendorf* (45, S. 84 ff.), sowie die nachstehend genannten Beiträge.

[21] Die von *Erdély* (57, S. 204) versuchsweise angebotene Begriffsbestimmung, die unserer Auffassung am nächsten kommt, bezeichnet "Human Relations" als das „Prinzip der Einstellung zu menschlichen Problemen im Wirtschaftsleben, das auf Grundlage wissenschaftlicher Methodik und durch Betonung der Rolle der Gesamtpersönlichkeit und der dynamischen Gruppenbeziehungen die Lösung der jeweiligen Probleme auf dem Wege der aktiven Mitarbeit und der gegenseitigen Einsicht der beteiligten Parteien durch freiwillige Annahme der zu befolgenden Schritte anstrebt".
Vgl. auch den Aufsatz von Th. *Scharmann* (279).

den Arbeitnehmern und ihren Vertretern (Gewerkschaften), zum anderen die Maßnahmen und Verfahren zur Förderung und Pflege der menschlichen Beziehungen im Betrieb, wobei sich letztere keineswegs nur in der Bestgestaltung menschlicher Beziehungen — in einem betrieblichen Romantizismus oder Psychologismus (Cattepoel, *37*) — erschöpfen oder mit Maßnahmen einer Betriebswohlfahrtspflege (Sozialleistungen) identisch sind, denn letztlich liegt der Humanisierung der Arbeit auch der ökonomische Zweckgedanke von Arbeit und Leistung — die einzelwirtschaftliche Rentabilität und die volkswirtschaftliche Produktivität (Weddingen) — zugrunde. In der ökonomisch-sozialen Sinngebung liegt ihre *sozialwirtschaftliche* Bedeutung, wie auch aus einer Definition von der Rom-Konferenz der Europäischen Produktivitäts-Zentrale (OECO) über "Human Relations in Industry" im Jahre 1956 deutlich wird: „Vom praktischen Standpunkt kann das Studium der 'Human Relations' definiert werden, als die Erforschung der psychologischen Beziehungen, die sich aus den optimalen Bedingungen *menschlicher* Beziehungen und *Produktivität* ergeben" (Scharmann, *280*, S. 62). Das bedeutet aber die Einbeziehung technischer, organisatorischer, wirtschaftlicher, tarif- und lohnpolitischer, personaler und sozialpolitischer Faktoren in die Pflege menschlicher Beziehungen[22], eine Polarität zwischen der Rationalisierung der Betriebsarbeit und der Humanisierung des Zusammenlebens im Betrieb (Vetter, *343*, S. 21 ff.). Man kann sie demnach als durchseelte Pflege und wohldurchdachte Ordnung des Mitmenschlichen betrachten, „als ein bewußt zur Anwendung gebrachtes anständiges und vernünftiges Verhalten der Menschen untereinander . . . ; also als das was die Sittenlehre der Religion und die Anstandslehre im bürgerlichen Leben besagen, angewendet auf den Betriebsbereich mit seiner ökonomischen Zwecksetzung" (RKW, *378*, S. 13; vgl. dazu auch Cronin, *42* und Weddigen, *347*). Vielleicht sollte man diesen so viel strapazierten und so oft mißverstandenen Begriff der "Human Relations" aufgeben und bei der Berücksichtigung des „menschlichen Faktors" im Betriebsgeschehen, „in Analogie zur technologischen und zur kommerziell-betriebsorganisatorischen Rationalisierung von einer ‚Sozialen Rationalisierung des Betriebes'[23] sprechen.

[22] Vgl. dazu Th. *Scharmann* (*280*, S. 62/63) und W. F. *Whyte*: (*351*, S. 54 ff.), sowie Walter *Weddigen*, der in seinem Buch „Grundzüge der Sozialpolitik und Wohlfahrtspflege" (*348*, S. 60 ff.), der *Produktivität sozialpolitischer Maßnahmen* und dazu zählt auch die „Pflege und Förderung des ‚Arbeitsfaktors', der im komplementären Zusammenwirken mit den übrigen Produktionsfaktoren den Ertrag der Wirtschaft hervorbringt" (sog. Akte einer „biologisch-organischen Produktion") eine wichtige Funktion einräumt (siehe insbesondere im eben genannten Buch die Kapitel „Arbeitsschutz" [S. 76 ff.] und „Betriebsgemeinschaft" [S. 124 ff.]).

[23] *Scharmann* hat diesen Begriff — er stammt von Arthur *Mayer* — erweitert und spricht von einer „psycho-sozialen Rationalisierung" des Be-

Dieser Ausdruck ist weit genug, um alle grundsätzlichen und praktischen Maßnahmen zur bestmöglichsten Anpassung des Menschen an die technischen, organisatorischen und sozialen Arbeitsbedingungen zu kennzeichnen, wie sie zur Steigerung der Produktivität und Zufriedenheit in und außerhalb des Betriebes Anwendung finden" (Scharmann, *279*, S. 429). Die „Soziale Rationalisierung des Betriebes" (so Mayer, *201*) oder die „Soziale Betriebsgestaltung" (so Scherke, *296*, *299*) kann man damit als einen Versuch zur Humanisierung der Arbeit und des Lebens im Betrieb bezeichnen; beide Begriffe beinhalten aber letztlich die Forderung nach einem inneren Gleichgewicht zwischen technisch-ökonomischer und menschlich-sozialer Betriebsgestaltung. Ihren Ausdruck finden diese Bemühungen in psychologischer und soziologischer Sicht in den komplexen Erscheinungen der „Arbeitsmoral" und des „Betriebsklimas", in wirtschaftlicher Sicht jedoch in der Höhe der Arbeitsleistung. So gesehen sind, wie Grössle (*92*, S. 137) folgerichtig sagt, „‚Arbeitsmoral', ‚Betriebsklima' und ‚Arbeitsleistung' lediglich Bezeichnungen für verschiedene Aspekte des gleichen Phänomens, nämlich der Bereitschaft zur Kooperation" und damit Ausdruck einer echten betrieblichen Partnerschaft.

Am Ende unserer Betrachtung der Entwicklung der Betriebspsychologie, deren Weg von der industriellen Psychotechnik zur industriellen Soziotechnik führte und deren „Anpassungs"bestrebungen sich immer mehr zu einem einheitlichen Aufgabenbereich integriert haben, erkennen wir, daß dieser Wandel auch das betriebliche Vorschlagswesen stark beeinflußt hat. Auch die Einstellung zu dieser betrieblichen Institution war zunächst eine technisch-ökonomische, die sich in der Epoche der "Human Relations" in das entgegengesetzte Extrem, menschlich-sozial, umkehrte. Diese einseitigen Betrachtungsweisen verlieren sich gegenwärtig immer mehr, da weder das rein zweckrationale, noch das ausschließlich human-soziale Prinzip, zum gewünschten Ziel, einer durch harmonische Zusammenarbeit erhöhten Wirtschaftlichkeit führen. Die auch von Betriebswirtschaftlern erhobene Forderung, die sich in jedem Unternehmen schneidende wirtschaftliche und soziale Ebene ins rechte Verhältnis zu bringen (E. Schäfer, *274*, S. 121), unterstreicht die von uns vertretene *Synthese* von technisch-ökonomischer und menschlich-sozialer Rationalität im Arbeitsleben, zu der auch das betriebliche Vorschlagswesen als eines der vielen möglichen Mittel beitragen kann (s. o., Seite 37 ff.).

Jedes betriebliche Arbeitsproblem beinhaltet gleichzeitig einen *technologischen*, einen *psychologischen* und einen *sozialen* Aspekt, so daß

---

triebes. Diese Umschreibung ist insofern klarer, als dabei sowohl die *einzelmenschliche* wie auch die *vergesellende* Betrachtungsweise der Betriebspsychologie zum Ausdruck kommt.

sich Veränderungen eines Faktors, in Reaktionen der anderen widerspiegeln. Daraus ergibt sich, daß die diesen Aspekten zugrunde liegenden spezifischen betriebspsychologischen Merkmale, ebenfalls in ihrer Gesamtheit zu sehen, theoretisch zu untersuchen und praktisch anzuwenden sind. Wenn der Mensch — und um die „organische Eingliederung seiner Einzelpersönlichkeit in das ideelle Ganze des betrieblichen Geschehens" (Lersch, *172,* S. 63) geht es ja bei allen betriebspsychologischen Bemühungen — als leiblich-seelisch-geistige Einheit gesehen wird, dann muß auch die Betriebspsychologie, die sich mit dem arbeitenden Menschen als strukturierter Ganzheit befaßt, ihrerseits eine strukturelle Einheit darstellen. In dieser ganzheitlichen Auffassung sind ihre Forschungs- und Arbeitsbereiche — die Anpassung der Arbeit an den Menschen (betriebliche Arbeitspsychologie), die Anpassung des Menschen an die Arbeit (betriebliche Berufspsychologie) und die Anpassung des Menschen an den Mitmenschen (betriebliche Sozialpsychologie) — auch in ihren individuellen Anpassungsbemühungen als Einheit zu sehen. Nur in dieser gegenseitigen Verbindung kann die *Betriebspsychologie* ihrer Aufgabe in der industriellen Arbeitswelt — der Synthese von technisch-wirtschaftlicher und menschlich-sozialer Betriebsgestaltung — gerecht werden, wobei ihr aus den Wechselbeziehungen und Wechselwirkungen zwischen Mensch, Betrieb *und* Gesellschaft und den damit verbundenen Anpassungsvorgängen, neue Aufgaben einer anthropologischen Orientierung und der damit verbundenen Auswirkungen auf das Geistes- und Kulturleben erwachsen[24].

2. Der Mensch im Betrieb als personales und soziales Wesen

Wir haben in unseren Ausführungen schon des öfteren darauf hingewiesen, daß wir den Menschen als ein in einer sozial-individualen Verschränkung lebendes Wesen sehen und uns damit der dynamischen psychologischen Betrachtungsweise und Richtung anschließen, die sowohl die Individualität als auch Soziabilität des Menschen in ihren Wechselbeziehungen zu erforschen und zu bestimmen versucht: der *Sozialpsychologie*[25]. Diese sozialwissenschaftliche Forschungsrichtung sieht den Menschen in einem „Kraftfeld" (Lewin) zwischenmenschlicher Beziehungen (Vergesellung), als Mitglied eines „Beziehungsgeflechtes" (Beck), in dem sich sein Individual- und Sozialsein integrieren. Dabei kann die Sozialpsychologie nicht nur mitseelische Beziehungen von

[24] Vgl. A. *Mayer* (*202,* S. 76—80), sowie J. *Poeverlein* (*248,* S. 177 und 306 ff.), der von einer „Anpassung des Menschen an das Leben" als letzte der vier Anpassungsbestrebungen zur „ganzheitlichen Rationalisierung" spricht (S. 323 ff.).

[25] Vgl. dazu die auf S. 82 angegebenen Literaturhinweise.

Mensch zu Mensch als ihren Forschungsgegenstand erklären, d. h. eine Betrachtungsweise anwenden bei der die sozialen[26] Faktoren eine relativ große Rolle spielen, sondern sie muß von einer „sozial-individualen Polarität als strukturelle Eigentümlichkeit der menschlichen Seele" (Beck) ausgehen, aus der sich das zwischenmenschliche Verhalten als sozialseelischer Prozeß entfaltet und gestaltet[27]. Das individuale und soziale Leben sind also gleichsam zwei Pole, die das Spannungsfeld menschlichen Seins bestimmen „das Sozialsein ist der eine seelische Pol, der mit dem Individualsein als dem anderen seelischen Pol im notwendigen Zusammen das Dispositionsgefüge der menschlichen Seele konstituiert" (Beck, *13*, S. 104). Der Gegenstand der Sozialpsychologie ist demnach generell „das menschliche Zusammenleben als Wirkung seelischer Bedingungen und als Bedingung seelischer Wirkungen" (Beck, *13*, S. 109), womit gleichzeitig zum Ausdruck kommt, daß auch soziologische Erscheinungen („verfestigte Muster und Strukturen" [Dahrendorf]) letzten Endes psychologisch bedingt sind, da sie vom menschlichen Zusammenleben bewirkt werden[28]. Die Sozialpsychologie

---

[26] Der Begriff „sozial" besagt hier immer soviel wie „mitmenschlich" oder „zwischenmenschlich", im Gegensatz zu seiner sozialpolitischen Bedeutung von „fürsorglich" oder dem politisch-weltanschaulichen Begriff „sozialistisch". Vgl. auch die Begriffsbestimmung von A. *Geck* (*78*, S. 17), der das Wort „sozial" sehr anschaulich wie folgt definiert: „Das seit nicht viel mehr als zweihundert Jahren geläufige Wort ‚sozial' bedeutet ursprünglich wie das Wort ‚gesellt', ganz einfach ‚zusammen sein', ‚zusammen leben'. In dem Maße, wie das Zusammenleben der Menschen substantiviert wurde im Worte ‚Gesellschaft', fand das Wort ‚sozial' die Bedeutung ‚auf die Gesellschaft bezogen'; es bedarf eine Angelegenheit, die eine Mehrheit von Menschen anging. Dieser Begriff mit der Bezeichnung eines objektiven Tatbestandes rein seinsmäßiger Art wurde ethisiert, d. h. man trug ein sittliches Werten in den Begriff hinein; hierdurch erfolgte eine Wandlung des früheren Sinnes, derzufolge der Begriff ‚sozial' nunmehr die subjektive Beachtung einer Mehrheit von Menschen und schließlich gar auch nur eines einzelnen Menschen als Pflicht umschloß. ‚Sozial' bedeutet nunmehr auch eine Rücksichtnahme auf das Vorhandensein oder Wohlergehen anderer Menschen mit eigener Lebenssphäre, eigenem Wollen usw. und zwar einmal Rücksichtnahme im Verhalten auf irgendeine Menschenmehrheit, deren Dasein, Anschauung, Wollen, Wohlsein usw., sodann schließlich auch Rücksichtnahme im Verhalten gegenüber irgendeinem anderen Einzelmenschen."

[27] Im Vorwort der amerikanischen Ausgabe seines Buches "Social Psychology" (*236*, S. VI) sagt Th. *Newcomb*: „Der erste Schritt zu diesem Buch wurde eigentlich schon vor ungefähr zwanzig Jahren getan, als ich nämlich erkannte, daß ich nicht gut Psychologie des Menschen lehren könne, ohne nicht auch ein wenig in die Probleme der Soziologie eingedrungen zu sein ... Hierbei kam mir erst recht zum Bewußtsein, daß eine rein psychologische Darstellung der Entstehung sozialer Einstellungen unzureichend bleiben mußte."

[28] Wenn Leopold von *Wiese* in seiner „Lehre von den sozialen Beziehungen" von „sozialen Prozessen" als deren Ergebnis spricht und ausführt: „Wir wollen die *Kräfte* erkennen, die aus dem sozialen Bereiche des Menschenlebens hervorgehen", dann muß seine Lehre schon mehr unter *sozialpsychologischen als* soziologischen Kategorien betrachtet werden (*356*, S. 146 ff.).

steht somit hinsichtlich ihrer Betrachtungsweise zwischen der Psychologie und Soziologie; als „Begegnungswissenschaft“ wirkt sie auf beide Disziplinen ein[29]. Sie kann, wie Scharmann folgerichtig ausführt, als derjenige Wissenszweig verstanden werden, „der die Ursachen und Motive, Prozesse und Formen der Begegnung von Individuum und Gesellschaft in ihrem wechselseitigen Verhalten untersucht und beschreibt. Die Sozialpsychologie bildet einerseits die individuelle psychologische oder personalistische Grundlage der Soziologie, andererseits untersucht sie die sozialen Bedingungen, Normen und Einwirkungsmöglichkeiten der Gesellschaft für die Entstehung und Entwicklung des Individuums, vom unangepaßten autistischen Reflexwesen des Kindes bis zur sozialgereiften Persönlichkeit des Erwachsenen und ist insofern die Beziehungswissenschaft der Psychologie“[30].

Diese einführenden Gedanken waren notwendig, um von vornherein kritische Äußerungen zu der nun folgenden Betrachtungsweise auszuschließen, bei der wir den Menschen im Betrieb als *Einzelwesen* (Individuum) und *Sozialwesen* (animal social) beschreiben wollen. Daß wir damit keineswegs die strukturelle Einheit des Menschen als sozialindividuales Wesen auflösen, wird aus der oben dargestellten sozialpsychologischen Betrachtungsweise deutlich und in dem Abschnitt „Sozialpsychologie der Gruppe“ (s. u. S. 123 ff.) noch besonders herausgestellt werden. Wenn wir dazu eine Einschränkung der Beschreibung des Menschen im *Betrieb* vornehmen, dann deshalb, weil es uns hierbei speziell um die Darlegung der psychologischen und soziologischen Voraussetzungen des *betrieblichen* Vorschlagswesens geht und damit um eine überwiegend *betriebs*psychologische Betrachtungsweise.

Vgl. auch *Hinkle*, Roscoe L. und *Hinkle*, Gisela N. *(115)*, die nachweisen, daß die amerikanische Soziologie als eigentliche Quelle zwischenmenschlichen Handelns, der Sozialstruktur und des sozialen Wandels, die *Einzelperson* ansieht, die eine „soziale Interaktion“ erfährt und danach handelt („Interaktionistische Sozialpsychologie“ der Chicagoer Schule [Ch. *Cooley*, J. *Dewey*, G. H. *Mead*, W. I. *Thomas*]).

[29] Es wäre müßig, sich hier um Abgrenzungsfragen zu streiten und sozialpsychologische oder soziologische Erklärungsweisen gegeneinander auszuspielen, zumal sich eine Annäherung zu einer sozialwissenschaftlichen Betrachtungsweise bemerkbar macht (vgl. S. 21/22[12]). Selbst L. v. *Wiese* meint sinngemäß, daß es zwar schwer fällt, die Polarität, die zwischen der Seele und den sozialen Beziehungen besteht, zu erfassen — die doppelte Betrachtungsweise aber lehre, daß der Mensch sowohl von der Gesellschaft geformt wird, als auch selbst wieder an der Formung mitwirkt. „Er ist zwar Schnittpunkt sozialer Kräfte, ist aber nicht bloß ein solcher Schnittpunkt“ *(356*, S. 13).

[30] Diese Definition stammt aus einer Vorlesung von Prof. Theodor *Scharmann* über „Sozialpsychologie“ im Wintersemester 1958/59 an der Hochschule für Wirtschafts- und Sozialwissenschaften in Nürnberg (jetzt VI. Fakultät der Friedrich-Alexander-Universität, Erlangen—Nürnberg).

a) Der Mensch als Einzelwesen

Die psychologische Betrachtung des Menschen als *Einzelwesen im Betrieb* kann nicht so verstanden werden, als wollten wir hier einen umfassenden Überblick der allgemeinen Psychologie geben. Ihre Entwicklung hat seit Aristoteles einen so vielfältigen Wandel erfahren, der allein in den letzten 150 Jahren durch die drei Epochen der mechanistischen Psychologie (Psychophysik), des Personalismus (genetische Psychologie) und Tendenzen zu einer transpersonalistischen Psychologie gekennzeichnet ist[31]. Dabei stand das Individuum weitgehend im Vordergrund psychologischer Betrachtungsweise, zunächst als „höheres Reflexwesen", dessen Seelenleben sich aus psychischen „Elementen" (Funktionen, Empfindungen, Reaktionen, Assoziationen) zusammensetzt, später als „Person", als geschlossene leiblich-seelisch-geistige Einheit. Die „personalistische Psychologie" (W. Stern) war der Ausgangspunkt der modernen Psychologie, die den Menschen als handelndes, sich entwickelndes, die Umwelt beeinflussendes Wesen zu begreifen versuchte. Als Individuum ist der Mensch das für sich bestehende Eigenwesen — seine Einzigartigkeit, Einmaligkeit und Unvergleichbarkeit bezeichnet man als „Individualität". Damit wird die *Person* „als einzigartiges und unwiederholbares dynamisches Kontinuum von psychophysischen Vorgegebenheiten, Strukturen, Motiven und Verhaltensweisen, das zentrale Anliegen der Psychologie" (Scharmann, *290,* S. 39), die sich immer mehr den Motiven oder Antrieben menschlichen Handelns zuwendet (Motivforschung). Bühler *(35)* sagt dazu: „Der Begriff der Motivation oder der Beweggründe des Handelns dürfte wohl der zentralste Begriff in der heutigen Psychologie überhaupt sein. Im Unterschied zur früheren Psychologie, die sich auf das Studium von Verhaltensweisen, Funktionen und Leistungen beschränkte, ist die moderne Psychologie seit Freuds grundlegenden Forschungen *(64, 65)* zunehmend am Studium der Motivation interessiert. Denn nur von seinen Beweggründen her können wir einen Menschen wirklich verstehen und beurteilen. Und nur von den Beweggründen her können wir einen Menschen wirklich beeinflussen, lenken und therapeutisch behandeln" (S. 110). Auch Toman meint in der Einleitung seines Buches „Dynamik der Motive" *(336,* S. 5), daß das Teilgebiet der Motivation vielleicht das wichtigste von allen der Psychologie ist, weil der Mensch zu jedem Augenblick seines wachen Lebens motiviert ist[32]. Die moderne Psychologie erkennt immer mehr die Bedeutung der Motivforschung, die die

---

[31] Zur Geschichte der Psychologie vgl. *Hehlmann (100,* S. 409—415 und *101),* Charlotte *Bühler (35,* S. 23—47), *Rubinstein (266,* S. 68—110).

[32] Hier findet sich auch eine ausführliche Darstellung der Motivationstheorien (Historischer Teil, S. 11—164).

Beweggründe für das zielgerichtete Handeln und Verhalten des Menschen zu erklären versucht, wenn sich auch das Motivationsproblem als eines der schwierigsten Gebiete der seelenkundlichen Forschung darstellt[33]. Die Definitionen, die den Begriff „Motiv" zu beschreiben versuchen, sind so vielseitig, daß hier der Versuch einer Begriffserklärung nicht möglich ist — obwohl heute schon insoweit Übereinstimmung besteht, „daß es sich sowohl um bewußte Beweggründe als auch um mehr oder minder unbewußte Antriebskräfte handeln kann, auf welche das Wort hinweist" (Scharmann, *278*, S. 134). Grundsätzlich geht es dabei um den Versuch die Frage zu beantworten, warum sich Menschen in einer gegebenen Situation so verhalten oder so handeln, wie sie es gerade tun und nicht anders. Die Frage gilt also dem „Warum", den Ursachen und „Grund-Folge-Zusammenhängen" menschlichen Handelns und Verhaltens und damit den seelischen Kräften, aus denen sich diese Vorgänge entwickeln. Man kann also mit Lersch (*173*, S. 29 und S. 59/60) sagen, daß Motivationsforschung „die angestrebte Aufhellung des Seelenlebens", die Aufdeckung der „innerseelischen Zusammenhänge" bedeutet, die dem menschlichen Tun zugrunde liegen und das dadurch begründet werden soll, indem man bis auf die „Entstehungszusammenhänge und Entstehungsbedingungen" des Handelns zurückgreift. Das menschliche Handeln oder Verhalten kann somit grundsätzlich auf unbewußt-vitale und -seelische Antriebe (Triebkräfte) und bewußte Willenshandlungen (Richtungskräfte) zurückgeführt werden, also auf psychische Prozesse, die in der leiblich-seelisch-geistigen Personeinheit des Menschen zu begreifen sind — in den sich strukturell überlagernden „Lebensschichten" oder „Lebensbereichen" des menschlichen Seins[34]. Leibliches, seelisches und geistiges Leben bilden durch das Zusammenwirken von Empfinden und Handeln, Fühlen, Streben, Denken und Wollen, die „Lebensganzheit" (Poeverlein, *248*, S. 65 ff.), in der sich die einzelnen Schichten mehr oder weniger ausgeprägt zum Charakter umformen. Der Charakter ist aber wiederum die Gesamtheit der an einem Menschen allgemein zu beobachtenden Verhaltensweisen, die der Einzelperson ihre besondere Eigenart geben. Die Charakterologie, als Lehre von den typischen Verhaltensweisen

---

[33] Vgl. Th. *Scharmann* (*278*, S. 134), der in diesem Buch auch einen Überblick auf die Motivationstheorien gibt (S. 133—172).

[34] Vgl. dazu *Rothacker*, Erich: Die Schichten der Persönlichkeit, 5. Aufl., Bonn 1953.

Als weitere Vertreter dieser „Schichtentheorien der Persönlichkeit" sind zu nennen: R. *Heiss*, Ph. *Lersch*, A. *Welleck*.

Solms (*273*, S. 138 ff.), unterscheidet im Stufenbau des Seelischen („Schichtung") die *Es*-Hauptstufe, die *Ich*- und *Sozialperson*-Hauptstufe und die *Persönlichkeits*-Hauptstufe und sieht für die Gesellung besonders zwischen den beiden letzteren sehr wichtige, wenn auch fließende Übergänge, mit dem Ziel einer Synthese zwischen Persönlichkeit und Sozialperson.

eines Menschen, hat bei ihren charakterkundlichen Forschungen[35] versucht, eine Typologie der Charaktereigenschaften aufzustellen, die von den „Leitbildern“ Künkels, den psychoanalytischen Charaktertypen Freuds, den psychologischen Richtungstypen von Jung, den psychologischen Konstitutionstypen Kretschmers bis zu den Werttypen („Lebensformen“) von Spranger, als „Idealtypen“ menschlichen Seins reichen. Getragen aber werden diese Charaktereigenschaften von den bewußten und unbewußten Strebungen, von „Interessen“ oder „Triebfedern“, die das menschliche Denken, Fühlen, Wollen und Handeln bestimmen, ordnen und ausrichten, also von Motiven, die in der personalen Bedürfnisstruktur des Menschen verankert sind (Stern, *323*, S. 558).

Bei der einschränkenden Betrachtungsweise des Menschen als Einzelwesen im *Betrieb*, ergibt sich die Frage, welche Antriebe und Motive dem menschlichen Handeln und Verhalten im Betrieb zugrunde liegen oder mit anderen Worten, welche Antriebs- und Richtungskräfte die Arbeitsverrichtung und das Arbeitsverhalten der Einzelperson begründen. Dabei übernehmen wir in Anlehnung an Scharmann (*278*, S. 1) die Definition, die unter *Arbeit* zunächst „jede bewußte zweckmäßige Tätigkeit, die zur Befriedigung materieller und geistiger Bedürfnisse des Einzelnen und der Gemeinschaft dient“ (Vontobel) versteht, also eine Dienstleistung, die der Bedürfnisbefriedigung des Menschen dient. Bedürfnis ist aber ein „elementares Antriebselement“ in der Motivationslehre, „das Streben, eine Störung des seelischen Gleichgewichtes, die durch das Unlustgefühl eines Mangelleidens verursacht ist, durch Beseitigung des Mangels wieder auszugleichen“ (Scherke, *300*, S. 52 [vgl. auch Scherhorn, *294*, insb. S. 84 ff.]). Diese, auch der Arbeitstätigkeit zugrunde liegende Befriedigung menschlicher Bedürfnisse, bedarf aber des Einsatzes, körperlicher, geistiger und seelischer Kräfte, deren Kombination uns das ganzheitliche „Strukturbild der Arbeit“ (Böhrs, *24*, S. 643) erkennen läßt — das Zusammenwirken und die Bedeutung physischer, psychischer und sozialer menschlicher Eigenschaften für den Arbeitseinsatz im Betrieb (Kilger, *143*). Eine solche Auffassung der Arbeit wendet sich bewußt gegen einseitige Begriffsbestimmungen menschlicher Tätigkeit[36] und beinhaltet neben der Erklärung der Arbeit

---

[35] Als wichtigste Vertreter seien hier L. *Klages*, E. *Kretschmer*, Ph. *Lersch* und H. *Rohrbacher* genannt.

[36] So auch John *Cohen* (*39*, S. 161), der die rein physikalisch-physiologischen Erklärungsversuche des Begriffes Arbeit verwirft und folgerichtig meint: „Sie lassen die subjektive Seite der Arbeit außer acht, ebenso ihre Phänomenologie, ihre soziale Geschichte, ihre Rolle im Leben des Einzelnen, ihr Verhältnis zum Spiel und ihren Wandel von Kultur zu Kultur. Eine bloß physikalische oder physiologische Definition der menschlichen Arbeit übergeht die Betrachtung dieser eigentümlichen Aspekte, die sich in der Tätigkeit von Maschinen und Tieren nicht auffinden lassen.“

auf rein mechanistischer Grundlage (Technologie[37]), Fragen der „physischen Belastung“ (physiologischer Aspekt) und der „psychischen Beeinflussung“ (psychologischer Aspekt), sowie ihrer Motivation (sozialpsychologischer Aspekt) als auch ihrer gesellschaftlichen Form (soziologischer Aspekt).[38] Mit dieser ganzheitlichen Betrachtungsweise ergibt sich gleichzeitig die Grundfragestellung der heutigen Arbeitswissenschaft „nach dem Wesen der Arbeit, nach ihrem Verhältnis zum Menschen und nach dem Verhältnis des Menschen zu ihr“ (Specht, *313*, S. 4)[39]. Die Frage nach den Beweggründen menschlicher Arbeit (Rüssel, *259*, S. 280 ff.), führt über den objektiven Sachverhalt der Bedürfnisbefriedigung hinaus bis zu den Anfängen menschlichen Lebens. Es sind zunächst rein biologische Bedürfnisse („primäre“ oder „Grundbedürfnisse“), die zur Erledigung drängen und die in der Natur des „animalischen“ Menschen begründet und zur Lebens- und Arterhaltung notwendig sind. Diesen Grundbedürfnissen liegt ein spontaner, vitaler Antrieb — ein natürliches Erfordernis — zugrunde; das Streben, einen fühlbaren Mangel zu beseitigen. Das Bedürfnis geht, wie Lewin *(176)* in seiner Bedürfnislehre nachzuweisen versucht, auf ein seelisches Spannungssystem („Spannungsfeld“) zurück, das den Menschen zum Handeln auffordert (sog. „Aufforderungscharakter“). Lewin unterscheidet dabei zwischen „echten Bedürfnissen“, denen die Empfindung eines direkten Mangels zugrunde liegt und die zur Sättigung drängen und den „Quasi-Bedürfnissen“, deren Erledigung ein indirekter Mangel vorausgeht und die sich erst aus einer Vornahmehandlung entwickeln. Dabei vollzieht sich die Verrichtung biologischer Triebbedürfnisse in den meisten Fällen unbewußt, es liegt ihnen also ein noch unbewußter Drang zum Handeln zugrunde; ihre Befriedigung erfolgt beim Tier und wenn wir uns den Menschen als Primitivperson vorstellen auch bei ihm, weitgehend instinktiv oder triebhaft bedingt. Wenn auch diese

---

[37] Hier würde der Begriff „Arbeit“ dem physikalischen Produkt aus Kraft × *Weg* entsprechen.

[38] Zur Frage der „physischen Belastung“ vgl. den gleichnamigen Aufsatz von G. *Lehmann* (Handbuch der Psychologie [Bd. 9: Betriebspsychologie, Göttingen 1961, S. 231—251]), *Heitbaum (103,* S. 123—126) u. a.; zu der Frage der „psychischen Beeinflussung“ den gleichnamigen Aufsatz von H. *Bartenwerfer (6).* Über die „Motivation der Arbeit“ berichten Ch. *Bühler (35,* S. 291 ff., *320,* 358 ff.), die insbesondere auf die Untersuchung von *Herzberg, Mausner* und *Synderman:* The Motivation of Work, New York 1959, hinweist sowie *Grössle (92,* S. 23 ff.), *Heitbaum (103,* S. 131 ff.), *Rüssel (259,* S. 280—293) u. a.; über ihre gesellschaftliche Form *Dahrendorf (44,* S. 90 ff.), *Lepsius (170,* S. 133, und *171,* S. 13 ff.), *Nell-Breuning (235,* S. 257 ff.) u. a.

[39] In diesem Aufsatz anläßlich des Erscheinens dieser Zeitschrift tritt *Specht* für eine Synthese aller Wissenschaften zum Verhältnis Mensch und Arbeit ein und meint, daß es bei der Betrachtung der menschlichen Arbeit an der Zeit sei, daß *„alle* ihre Erscheinungsformen und Beeinflussungen und alle Reaktionen auf diese als Einzelphänomene wie in ihrer gegenseitigen Verknüpfung und Bedingtheit untersucht werden“ (S. 5).

organischen und sinnlichen „Triebkräfte“ (McDougall) die Quelle aller Motive darstellen — also auch die Arbeitsmotivation mit begründen — läßt sich daraus das menschliche Verhalten noch nicht restlos erklären, „denn das Leben in der Gemeinschaft erzeugt neue Bedürfnisse („abgeleitete Bedürfnisse“/Malinowski), die ebenso machtvoll, ja sogar noch mächtiger sein können, als die ursprünglich biologisch bedingten“ (Brown, *34*, S. 35)[40]. Der Mensch hat, als in der Welt handelndes und seine Umwelt gestaltendes Wesen, neben seinen Grundbedürfnissen, gesellschaftliche und kulturelle Bedürfnisse entwickelt, die nicht ausschließlich der Sättigung eines direkten Mangels, sondern der Erfüllung seiner personhaften Interessen, Gesinnungen, Neigungen, Vorlieben und Wünsche dienen (Scharmann, *278*, S. 164)[41]. Diese „Quasi-Bedürfnisse“ (Lewin), denen ein besonderer „Aufforderungscharakter“ vorausgeht, entwickeln sich aus einer Vornahmehandlung, die das Denken und Wollen, die Wirksamkeit des menschlichen Willens miteinschließt. Damit verliert die Befriedigung eines *menschlichen* Bedürfnisses den Charakter eines rein triebbedingten oder dranghaften Erlebnisses, „vielmehr wirkt an ihrer Entstehung mehr oder minder bewußt und nachhaltig der Wille des Individuums mit“ (Erismann, *58*, S. 79). Der Wille ist aber „mein aktives Ich selbst!“ (Erismann) und jede Willenshandlung ist ausgerichtet auf ein bestimmtes Ziel, einen bestimmten Zweck. Zwischen den mehr oder minder bewußten oder unbewußten Anruf oder Vollzug schiebt sich das menschliche Wollen als geistiger Prozeß — Auslösung, Richtung, Stil und Tempo der Handlung bestimmend. Der Wille beinhaltet aber gleichzeitig den Entschluß einer Handlung, die Entscheidung für eine von mehreren Möglichkeiten. Damit kommt es zu „Wahlhandlungen“ (Lersch), zu einer „Zäsur“ zwischen Motivation und Handlung, in der der Konflikt der Motive ausgetragen wird. Dieser „Kampf der Motive“ ist auch für die Arbeitsmotivation von entscheidender Bedeutung, da das ursprüngliche Motiv verdrängt werden kann und sich damit Einstellung und Verhalten wandeln können[42]. Dazu kommt, daß das in der Person herrschende

---

[40] Gerhard *Scherhorn* schreibt dazu in seinem bereits erwähnten Buch „Bedürfnis und Bedarf“ (*294*, S. 65): „Das Maß der Bedürfnisbefriedigung orientiert sich weitgehend an der sozialen Umwelt, an *sozialkulturellen* Normen, und jeder Mensch, jede Menschengruppe und jede Kultur sind durch ein oder mehrere dominierende Bedürfnisse zu kennzeichnen.“

[41] Heinz Rolf *Lückert* versucht in seiner „Konfliktpsychologie“ (*190*), erstmals eine ganzheitliche Präzisierung des Bedürfnisbegriffes und hebt fünf Merkmale heraus, durch die das Bedürfnisphänomen formal charakterisiert ist: das Mangelerlebnis, das Anmutungsmoment, das Antriebsmoment, das Richtungsmoment und das Gegenstandsmoment (Vgl. auch Gerhard *Scherhorn, 294*, insbesondere S. 49 ff.).

[42] A. *Rüssel* (*259*, S. 284) verweist hierzu auf ein Werk von *Ryan*, Th. A. und *Smith*, P. C. "Principles of industrial Psychology“, New York 1954, in dem die Verfasser betonen, daß im Verlauf der Berufstätigkeit häufig ein

Motivsystem keineswegs nur aus ursprünglich vorhandenen, angeborenen Instinkten (McDougall) oder Trieben (Freud) zu begreifen ist, sondern als Ergebnis eines individuellen Reifungs- und Integrationsprozezesses, in dem es dauernd zu einem Wandel der Antriebs- und Richtungsfunktionen kommen kann (sog. „Dominanzwechsel der Motive“). Allport (*3*, S. 191) nennt diesen Vorgang die „funktionelle Autonomie der Motive“ und ergänzt mit diesem dynamischen Wachstumsprinzip die bisher vorwiegend genetisch begründeten Motivationstheorien. Die Motive der Erwachsenen bezeichnet er „als unendlich verschiedenartige und sich selbst tragende, in der Gegenwart bestehende Systeme, die aus vorhergehenden Systemen erwachsen, aber von ihnen funktionell unabhängig sind“ (S. 194). Daß ein solcher Motivwandel im Laufe der menschlichen Entwicklung vorherrscht — und zwar sowohl einzelmenschlich als auch umweltbezogen — hat Lewin in seiner „Feldtheorie des psychischen Verhaltens“ (*178*) besonders herausgestellt. Das menschliche Verhalten wird geformt und bestimmt vom personalen Lebensraum oder „psychologischen Feld“, d. h. von der Person und der psychologisch wirksamen Umwelt, wobei die sich daraus entwickelnden Motive unter dem bedingt zeitlichen Aspekt Gegenwartscharakter tragen. Zusammenfassend können wir uns den Worten Scharmanns (*278*, S. 171/172) am Ende seiner psychologischen Erklärungsversuche der Motivation anschließen, der dort feststellt, daß heute weitgehende Übereinstimmung besteht, „daß die *Motive* unserer Handlungen und Entscheidungen unter Mitwirkung der unbewußten Schichten unserer Persönlichkeit zustande kommen, wenn sie ihren Ursprung nicht überhaupt in ihren Trieb- und Drangsystemen, im Es, in den Instinkten oder im endothymen Grund nehmen. Erst im Verlauf der phylogenetischen Entwicklung und der individuellen Reifung verlieren sie ihren Zwangscharakter und erfahren auf der Stufe der gereiften Persönlichkeit eine bewußte und souveräne Umformung im Dienste der Selbstgestaltung und Wertorientierung — sie entwickeln sich — wie auch Toman (*335*, S. 135) folgerichtig meint — „durch Reifung, durch Lernen und durch Übung“.

In den vorangehenden Ausführungen haben wir das menschliche Handeln und Verhalten als bedürfnis-motiviert zu erklären versucht und auch die Arbeitstätigkeit als eines der Mittel zur Befriedigung materieller und geistiger Bedürfnisse angesehen. Nun ist die Arbeit des Menschen in unserer hochindustrialisierten und arbeitsteiligen Wirtschaft keineswegs unmittelbar auf die Befriedigung der Bedürfnisse

---

Motivationswechsel dadurch eintritt, daß die weitgesteckten Ziele um derentwillen eine Arbeit aufgenommen wird, auf Grund eines gesteigerten Arbeitsinteresses zurücktreten, so daß die Ansprüche, die der Arbeitsablauf selbst stellt, motivierende Kraft erhalten.

ausgerichtet, sondern in eine vom Menschen geschaffene komplizierte technisch-ökonomisch-soziale Organisation eingebettet; „es gehört zum Wesen der Arbeit, daß gerade die Bedürfnisse, um derentwillen sie aufgenommen wird, zeitweilig zurückgestellt werden müssen und oft nur mittelbar durch die Arbeit Befriedigung erfahren" (Rüssel, *259*, S. 282/283, 355 ff.). Das bedeutet, daß die Motivation zu Arbeit und Beruf, als Handlungserklärung für die damit verfolgte Bedürfnisbefriedigung in der Regel durch sekundäre Faktoren bestimmt wird und die dafür notwendigen Mittel lediglich durch die Arbeit bereitgestellt werden. Die Bedürfnisse, um derentwillen eine Arbeitstätigkeit aufgenommen oder ein Beruf erlernt wird, sind überwiegend Fernziele, die als innere Beweggründe das Verhalten und die Einstellung zu Arbeit und Beruf modifizieren und verstärken können und deshalb bei der Frage der Arbeitsmotivation nicht übersehen werden dürfen. Wenn sich auch solche Motivationsprozesse stets innerhalb des handelnden Individuums vollziehen, sind sie doch wesentliche soziale Prozesse; Prozesse der Interaktion des einzelnen Ich mit eine Vielzahl Anderer (Parsons, *238*, S. 249). Das menschliche Handeln kann sich deshalb auch nicht mehr ausschließlich unmittelbar auf die Gegenstände des eigenen Bedarfes richten, sondern erfährt die Befriedigung seiner personalen oder sozial determinierten Bedürfnisse weitgehend in der Erfüllung einer bestimmten sozioökonomischen Funktion. Diese, nur mittelbare Bedürfnisbefriedigung durch die Arbeit, macht verständlich, daß heute noch keine generell theoretisch bewiesenen Aussagen über die Motivationszusammenhänge bei der Arbeitstätigkeit vorliegen. Man hat zwar in vielen betriebssoziologischen Untersuchungen versucht, ganze Kataloge von Motivationsstrukturen zu erstellen[43], die ein gewisses Motivationsgerüst menschlicher Arbeit im Betrieb aufweisen, aber keineswegs eine für die Einzelperson generell zutreffende Verhaltensweise erklären[44]. Schon deshalb sind solche katalogartigen Verallgemeinerungen

---

[43] Es sei hier insbesondere auf die Untersuchungen des Institutes für Sozialforschung an der Universität Frankfurt (siehe dazu das Literaturverzeichnis in Bd. 13 der Frankfurter Beiträge zur Soziologie [*377*]) sowie der Sozialforschungsstelle der Universität Münster (insbesondere *Popitz* u. a., *249*) verwiesen.

Die Schwierigkeiten, vor denen die empirische Sozialforschung bei ihren Studien steht, hat K. G. *Specht* in seiner Antrittsvorlesung an der Hochschule für Wirtschafts- und Sozialwissenschaften in Nürnberg (jetzt Wirtschafts- und Sozialwissenschaftliche Fakultät der Friedrich-Alexander-Universität Erlangen—Nürnberg) klar herausgestellt. Gedruckt als Bd. XV der Veröffentlichungen der Hochschule für Wirtschafts- und Sozialwissenschaften (*312*).

[44] Auch R. *Dahrendorf* (*45*) meint dazu: „Das Verhalten des Einzelnen wird zum Teil durch Motive bestimmt, die nur seinem eigenen Charakter und Temperament entspringen; zum anderen Teil aber wird Individualverhalten durch überpersönliche Interessen von einer gewissen sozialen Verbindlichkeit motiviert" (S. 82).

gefährlich, wobei erschwerend hinzukommt, daß derartige Untersuchungen im Sinne des „zeitlichen Aspektes" der Motive (Lewin) eine Gegenwartsnähe zeigen, die leider zu oft zu situationsbedingten Verallgemeinerungen führt, womit allerdings die Theorie von der „funktionellen Autonomie der Motive" (Allport) ihre Bestätigung erhält. Aus dieser Einstellung heraus wendet sich Allport aus psychologischer Sicht gegen die Vertreter mehr oder weniger umfangreicher Triebkataloge, mit denen diese das menschlich-motivierte Handeln und Verhalten erklären wollen. Da auch wir versuchen, Motive menschlicher Tätigkeit im Betrieb zu ergründen und zwar nicht ausschließlich individualpsychologisch noch ausschließlich soziologisch, sondern *sozialpsychologisch*, sind auch für uns solche „Instinktkataloge" nicht anwendbar — mit der gegenüber Allport vertretenen Ausnahme: der Theorie von den vier grundlegenden Wünschen ("principal attitudes"), die William I. Thomas erstmals in seinem mit Florian Znaniecki herausgegebenen Buch "The Polish Peasent in Europe and America"[45] aufstellt und die nicht nur die amerikanische Sozialpsychologie und Soziologie, sondern auch die kontinentalen Sozialwissenschaften (v. Wiese, Vershofen, u. a.) so vielseitig befruchtet hat. Wenn wir der ausgezeichneten Darstellung über die Entwicklung der amerikanischen Soziologie von R. L. und G. N. Hinkle (*115*, S. 56) folgen, so definiert Thomas das Verhalten von Einzelpersonen „als das Ergebnis des Zusammenwirkens von Wünschen, Haltungen und Wertvorstellungen, die unter gegebenen Umweltbedingungen zur Geltung kommen"[46]. Damit hat die „Theorie von den vier Grundansprüchen", wie sie Hofstätter (*123*, S. 23) in weitgehender Anlehnung an W. I. Thomas bezeichnet, mit einer Instinkt- oder Triebiehre nichts mehr gemein, wie auch der Versuch einer psychologischen Begriffserklärung des Wortes „Wunsch" zeigen wird.

---

[45] *Thomas*, William I. und *Znaniecki*, Florian: The Polish Peasent in Europe and America, Volume I, Boston 1918.

Thomas gibt in seinem Buch "The Unadjusted Girl" (Boston 1923) einleitend einen Überblick über die menschlichen Wünsche und schreibt auf Seite 4: "The Human wishes have a great variety of concrete forms, but are capable of the following general classification:

1. The desire for new experience (Erfahrungen)
2. The desire for security (Sicherheit)
3. The desire for response (Erwiderung)
4. The desire for recognition." (Anerkennung).

[46] Die Übersetzer schreiben in der Einleitung, daß die Verfasser immer wieder darlegen, „daß als Träger gesellschaftlichen Handelns und zwischenmenschlichen Verhaltens nach übereinstimmender Auffassung der amerikanischen Soziologen immer nur das ‚Individuum', die körperlich und empirisch-bewußtseinsmäßig umgrenzbare *Einzelperson* in Frage käme" (S. 16/17) — eine u. E. weitgehend sozialpsychologische Aussage, die den jüngsten Bestrebungen einer sozial-individualen Integration innerhalb der deutschen Sozialwissenschaften entspricht (Vgl. dazu *Wurzbacher* u. a., *360*).

Wir haben bereits ausgeführt, daß das Bedürfnis auf ein gespanntes seelisches System zurückgeht, in sich also eine Tendenz, ein Streben zum Handeln beinhaltet. Solange dieses Streben nicht bewußt geworden und nicht auf einen bestimmten Gegenstand ausgerichtet ist, tritt es zunächst als Trieb auf; d. h. „solange der Mensch nur einen Trieb empfindet, ohne zu wissen, welcher Gegenstand diesen Trieb befriedigt, weiß er nicht, was er will. Er hat kein bewußtgewordenes Ziel, auf das er sein Handeln richten könnte" (Rubinstein, *266*, S. 626). Erst die bewußtgewordene Verbindung zwischen Bedürfnis und entsprechendem Gegenstand, die *Zielgerichtetheit* des Strebens, bewirkt den Übergang vom Trieb zum *Wunsch*, „erst dann, wenn der objektive Ausdruck des Bedürfnisses ein *bewußtgewordener* und *gegenständlicher* Wunsch wird, der auf ein bestimmtes Objekt gerichtet ist, weiß der Mensch, was er will und kann auf einer neuen, bewußtgewordenen Grundlage sein Handeln einrichten" (Rubinstein, *266*, S. 626 [Hervorhebungen vom Verfasser]). Von dieser Zielgerichtetheit als besonderes Merkmal eines Wunsches, spricht auch McDougall, der den Wunsch als „Wirktendenz der Triebkraft" bezeichnet[47]. Damit rückt der Wunsch in die Nähe einer Willenshandlung, wie auch aus der nachstehenden Definition von Erismann deutlich wird. Er schreibt: „Auch der vollausgebildete Wunsch ist eine Art des Willens. Er ist kein bloßer Trieb, denn auch das Subjekt des Wunsches ist das Ich ... Der Wunsch ist zwar nicht so ernst zu nehmen wie der Wille — aber in ihm hat das Ich doch schon Stellung bezogen. Während es dem Trieb gegenüber erst noch ‚im Entschluß' Stellung nehmen muß, damit aus dem bloßen Trieb ein Willensakt des Ich wird", äußert sich im echten Wunsch schon die definitive Stellungnahme des Ich. Trotzdem ist der Wunsch noch kein „echter" Entschluß, denn es bleibt offen, ob durch die Tätigkeit des Willens das Gewünschte auch erreicht wird. Diese Möglichkeit aber muß da sein, „damit aus dem bloßen Wunsch ein Willensentschluß werden kann. Besteht die Überzeugung, daß die Aktivität meines Willens zum Werden des Gewünschten nichts beitragen kann, so wird der Wunsch ... dadurch nicht aufgehoben; er kann als brennender, sehnlichster Wunsch weiterbestehen", „aber auch neue Wünsche auslösen" (*58*, S. 101/102). Mit dieser *psychologisch* orientierten Begriffsbestimmung des Wunsches nehmen wir gleichzeitig kritisch zur Behauptung L. v. Wieses Stellung, der in seinem „System der allgemeinen Soziologie" glaubt, das Wort „Wünsche" schon deswegen bevorzugen zu müssen, weil es seines Wissens (!) in der Psychologie kaum gebraucht werde. Für v. Wiese

---

[47] Mc*Dougall* (*55*, S. 75 ff.) schreibt: „Eine Triebkraft (propensity) ist eine Disposition, eine Funktionseinheit des seelischen Gesamtorganismus, die — sobald sie ausgelöst wird — eine Tendenz, ein Streben, einen Impuls oder Trieb (drive) nach einem Ziel hin erzeugt. Eine solche Tendenz, die bewußt auf ein vorausgehendes Ziel hinarbeitet, ist ein Wunsch (desire)."

(*355*, S. 168) sind Wünsche bereits Ausdruck der Bedürfnisse, wobei er aus rein soziologischer Sicht meint, daß das „Ich" seine Bedürfnisse, soweit sie auf die zwischenmenschliche Sphäre gerichtet sind, in diesen Wünschen äußert. Und obwohl er die vier grundlegenden Wünsche von Thomas übernimmt und gegen zahlreiche Kritiker als vortreffliche Arbeitshilfen soziologischer Forschung leidenschaftlich vertreten hat (*355*, S. 179—182), stellen wir seine einseitige Auffassung, daß es sich dabei ausschließlich um „soziale Wünsche" handelt in Zweifel, zumal auch der Begründer dieser Theorie zwischen persönlichen und sozialen Wünschen unterscheidet[48]. Aber auch wir gehen, wie die nachstehenden Ausführungen noch zeigen werden, mit der von W. I. Thomas vorgenommenen Zuordnung personaler und sozial- determinierter Wünsche nicht ganz einig, halten aber die Meinungsverschiedenheiten, ob diesen „vier Fundamentalwünschen des Menschen" (so bei Beck, *13*, S. 42) persönliche oder soziale Motive zugrunde liegen und sie deshalb der Psychologie oder Soziologie zuzuordnen sind, für wenig fruchtbar, da sie wieder einmal nur das leidige Abgrenzungsproblem zwischen den beiden Disziplinen berühren, aus der uns die Sozialpsychologie und die ihr zugeordnete Motivlehre herausführen soll[49].

Kehren wir zurück zu der Frage nach den Verhaltensweisen und Motivationen menschlicher Tätigkeit im Betrieb, zunächst noch aus der Sicht der *Einzelperson*. Welches sind die primär personal bedingten Bedürfnisse, deren Befriedigung bei der Arbeitstätigkeit angestrebt wird und die sich auf ein bestimmtes Ziel gerichtet, als Wünsche des Einzelnen äußern? Wenn wir dabei der Theorie von den vier menschlichen Grundwünschen nach W. I. Thomas folgen, können wir nur das *Streben nach Sicherheit* als „nicht"-sozial determinierten Wunsch bezeichnen, wobei wir ergänzend das *Selbsterhaltungsstreben* als primär personales Bedürfnis hinzufügen, schon deshalb, weil es als Grundbedürfnis und aus dem „Lebenstrieb" heraus, „die Gesamtheit aller Lebensfunktionen umfaßt" (Erismann, *58*, S. 71). Denn in der Regel werden alle anderen Bedürfnisse zurücktreten, wenn dieses Grundbedürfnis keine ausreichende Befriedigung findet. Das würde bedeuten, daß der

---

[48] Vgl. dazu die bereits genannte Schrift von R. L. und G. N. *Hinkle* über die Entwicklung der amerikanischen Soziologie (*115*), in der die Verfasser zur Theorie von der Dynamik der Persönlichkeit nach W. I. *Thomas* schreiben: „Jeder Mensch besitzt eine einzigartige biologische Struktur und ein besonderes Temperament. Dennoch ist die Persönlichkeit vornehmlich das Ergebnis des Zusammenwirkens zahlreicher Haltungen, die vier grundlegenden 'Wünschen' entspringen. Es gibt *persönliche* Wünsche, den Wunsch etwas Neues zu erfahren und den Wunsch nach Sicherheit; und *soziale* Wünsche, den Wunsch nach Erwiderung und den Wunsch nach Anerkennung" (S. 69).

[49] Eine sehr brauchbare Abgrenzung zwischen den beiden Wissenschaften haben wir bei P. J. *Bouman* (*31*, S. 17/18) gefunden.

Mensch über den Umweg der materiell entlohnten Arbeitstätigkeit, zunächst danach trachtet, sein Streben nach Selbsterhaltung zu erfüllen und aus dieser Sicht wäre sein Verhalten im Betrieb rein „zweckrational"; d. h. ausschließlich durch wirtschaftliche Vorteile bestimmt. Lebt er also doch für Brot allein und ist nur das Geld der eigentliche Beweggrund des Arbeitens? Die darüber auseinandergehenden Meinungen betrachten den Selbsterhaltungs„trieb" zu einseitig von ideellen oder materiellen Einstellungen her und ohne näher auf diese Problematik einzugehen, lassen wir zunächst die Frage offen, ob der Mensch nicht doch für Brot allein arbeitet, wenn er es nicht hat (Urwick, *340*).

Eng verknüpft mit dem Selbsterhaltungsstreben, ist das daraus abgeleitete Bedürfnis nach *Sicherheit*, das Streben des Menschen nach einer gegenwärtigen und zukünftigen Sicherstellung seiner Existenz. Hierbei muß klar herausgestellt werden, daß damit das elementare Bedürfnis nach „natürlicher Sicherheit" gemeint ist, die Kellner (*136*, S. 218) als „die hinreichend genaue Voraussicht dessen, wie die Kollegen, die unmittelbare menschliche Umgebung, sich gegenüber zukünftigen Ereignissen verhalten werden", definiert und die dem Wunsch des Menschen entspricht, „die voraussichtlichen Reaktionen der ihn umgebenden Natur mit ausreichender Genauigkeit beurteilen zu können, um nicht ständig vor unerwartete Situationen gestellt zu werden, in denen er sich dann nicht mehr zu helfen weiß"[50]. Dieses personhafte Sicherheitsbedürfnis läßt Einflüsse, welche dieses vom Einzelnen angestrebte Gefühl in Frage stellen, als Bedrohung empfinden, auch wenn in Wirklichkeit die Existenz nicht direkt gefährdet ist. Insofern geht, wie Grössle (*92*, S. 24) richtig folgert, das Streben nach Sicherheit über das Streben nach Selbsterhaltung hinaus, obwohl die Verteidigungsreaktionen des Menschen in beiden Fällen große Ähnlichkeit aufweisen. Damit wird gerade das Bedürfnis nach Sicherheit zu einem elementaren Faktor in der Motivierung des Verhaltens, zu einem Streben, das sich im Betrieb in dem Wunsch nach einem sicheren Arbeitsplatz manifestiert[51]. Das große Gewicht, das auf die Arbeitsplatzsicherheit auch in Zeiten der Vollbeschäftigung gelegt wird, mag seine Wurzeln in der heutigen Arbeitswirklichkeit haben, die diesem Sicherheitsstreben „im Gegensatz zur ruhigen Sicherheit und Selbstverständlichkeit des Menschen, der in seinen Beruf, in seine Arbeit und ihre Ordnung hinein-

---

[50] Etwas anderes ist mit dem Begriff „sozialer Sicherheit" gemeint, die auch als „wirtschaftliche Sicherheit" bezeichnet werden kann und bei der es um die Sicherung vor den Wechselfällen des Lebens (Krankheit, Alter u. ä.) geht.

[51] Vgl. Ludwig v. *Friedeburg:* Soziologie des Betriebsklimas *(66)*, S. 35 ff. und die in den Tabellen auf den Seiten 38, 39, 40, 41 an *erster Stelle* rangierende *Sicherheit des Arbeitsplatzes*.

wuchs" (Beck, *13,* S. 92) — etwa des Bauern und des Handwerkers alten Schlages — keineswegs entgegenkommt. Die Abhängigkeit des arbeitenden Menschen im Betrieb läuft seinem persönlichen Wunsch nach Sicherheit zuwider und der technisch-organisatorisch institutionalisierte Arbeitsprozeß, der durch eine zunehmende Tendenz zur Automation gekennzeichnet ist, bringt weitere Verluste „an Geborgenheit und Gebundenheit im Primärgefüge, an Bodenständigkeit und Einheit des Lebensvollzuges, an Sicherheit und Bestimmtheit der Lebensordnung" (Beck, *13,* S. 95/96). Durch diesen sozialen und kulturellen Wandel[52] bekommt die heutige Arbeitssituation, oder wie Beck (*13,* S. 92) meint, „unser Berufs- und Arbeitsverhältnis, etwas Flackerndes und Unruhiges", woraus sich wiederum das besonders ausgeprägte Sekuritätsstreben, die sozialpsychologischen Verhaltensweisen bei einer Veränderung der gegebenen Arbeitsbedingungen erklären lassen. Die Wertschätzung eines sicheren, krisenfesten Arbeitsplatzes kann also allgemein „auf ein erhöhtes, für *unser Zeitalter* typisches Sicherheitsbedürfnis des Menschen zurückgeführt (werden) und dies gewiß zu Recht, ... läßt sich doch selbst die Jugend bei der Wahl einer Lehrstelle davon bestimmen, ob ein ständiger Arbeitsplatz zu erwarten ist" (Rüssel, *259,* S. 270)[53].

Mit diesen Hinweisen wird aber ebenso deutlich, daß Verhaltensweisen und Motivationen im Betrieb keineswegs nur als personaldeterminierte Strebungen auftreten, sondern weitgehend sozial oder kulturell geprägt und entkulturiert sind. Gerade in unserer modernen Industriegesellschaft tritt in der Arbeit die Gesellschaft in ihren unterschiedlichen Wirkungsgrößen dem Individuum fordernd und bestätigend gegenüber, wobei diesem Sozialverhalten einerseits ein starker Zwang zur Anpassung, andererseits eine Bestätigung des Selbstwertgefühls zugrunde liegen (Schmidtke, *308*). Die heutige Arbeitswirklichkeit akzentuiert in besonderem Maße den Prozeß „sozial-individualer Integration"[54] oder Verschränkung, in dem neben einer sozial- und kulturspezifisch determinierten Prägung und Ausformung (Sozialisation) der Grundstruktur der Person, auch personal gesteuerte Anpassungs-

---

[52] Zum Begriff des „Sozialen Wandels" vgl. den gleichnamigen Abschnitt von Peter *Heintz* in *Fischer*-Lexikon „Soziologie" (Hrsg.: René König), S. 268—274.

[53] Auf dieses Streben nach größtmöglicher Sicherheit des Arbeitsplatzes (wirtschaftlich und sozial) weist auch Theodor *Scharmann* mehrfach in seinen soziologischen und psychologischen Untersuchungen über die heutige Berufssituation hin (*278* und *292*).

[54] Der Begriff stammt von Walter *Beck* (*13,* S. 109 ff.) und beinhaltet das Ziel des sozialseelischen Strukturierungsprozesses, der sich in der Entfaltung und Gestaltung des sozial-individualen Dispositionsgefüges der menschlichen Seele vollzieht (Vgl. auch S. 90 ff. dieser Arbeit).

und Integrationsvorgänge zwischen Gesellschaft, Kultur und Individuum (Enkulturation) erkennbar sind[55], die den Menschen als Person in einem lebenslangen Wandlungsprozeß, als beobachtendes, unterscheidendes, bewertendes, integrierendes, koordinierendes, die Umwelt nach seinem Willen veränderndes Wesen, kennzeichnen (Wurzbacher). Von diesem Vorgang der gegenseitigen Verschränkung und Anpassung von Person, Gesellschaft und Kultur, sowie der Entfaltung und Struktierung der engodenen personalen bzw. individualen Dispositionen und Anpassungsmechanismen durch die Wechselwirkung von Person, Gesellschaft und Kultur werden auch diejenigen menschlichen Bedürfnisse erklärbar, die sich auch im Sozialisationsmedium der Arbeit in den Wünschen nach Selbstentfaltung und nach Information oder Abwechslung äußern. Die Einsicht in diese Wirkungszusammenhänge macht es notwendig, den Menschen auch im Betrieb als *soziales* Wesen zu betrachten und zu begreifen, um die daraus tendierenden Verhaltensweisen und Motivationen zu erkennen und im Rahmen unserer Themenstellung nutzbar zu machen.

b) Der Mensch als Sozialwesen

Wir haben in den vorangegangenen Ausführungen schon darauf hingewiesen, daß eine Betrachtungsweise des Menschen im Betrieb unter rein individualistischen Gesichtspunkten keineswegs geeignet ist, die Wechselbeziehungen und Wechselwirkungen zwischen Individuum, Gesellschaft und Kultur zu erklären. Als handelndes (d. h. beobachtendes, beurteilendes, wertendes, eingreifendes) Wesen, tritt der Mensch Situationen gegenüber, die er als „Mitglied sozialkultureller Wirkungszusammenhänge“ (Wurzbacher) erlebt und von denen nicht nur eine „soziale Prägung“ (Thomae) ausgeht, sondern in die er auch gestaltend eingreift. Das Leben im sozialen Miteinander, das auch im Betrieb, der ein soziales Gebilde darstellt, zweifelsohne vorhanden ist, ist also ein wechselseitiges Geschehen zwischen dem Einzelnen und seiner Mitwelt — es wird sowohl vom Einzelmenschen als auch vom sozialen oder kulturellen Umfeld beeinflußt und geformt. Diesem, in der soziologischen Forschung so benannten allgemeinen „Sozialisationsprozeß“[56] mit seinen lediglich zur Ausdifferenzierung und Unterschei-

[55] Zur Begriffserklärung vgl. G. *Wurzbacher (361,* S. 1—34).
Auf den erst in jüngerer Zeit unternommenen Versuch einer Theorie der sozial-individualen Integration (bzw. der Sozialisation im weiteren Sinne), kommen wir im Abschnitt „Der Mensch als soziales Wesen“ (S. 106 ff.) zurück.

[56] Der Begriff "socialisation“ ist amerikanischen Ursprungs und geht auf die von F. *Znaniecki,* R. M. *Mac Iver,* H. P. *Becker* und T. *Parsons* entwickelte Theorie vom sozialen Handeln zurück — dessen geistige Wurzeln in den sozialwissenschaftlichen Traditionen des deutschen Idealismus, besonders bei Max *Weber* zu finden sind. Die sozialpsychologische Komponente ist nach Meinung des Verfassers in der „Interaktionstheorie“ als Lehre von den

dung zu ergänzenden Begriffen der „Sozialisation", „Enkulturation" und „Personalisation", entspricht aus psychologischer und sozialpsychologischer Sicht, der Vorgang der sozial-individualen Integration (bzw. Sozialisation im weiteren Sinne). Scharmann *(290)* hat erst in jüngster Zeit in dankenswerter Weise den Versuch unternommen, die soziologischen Begriffe der Sozialisation, Enkulturation und Personalisation, durch psychologisch korrespondierende oder adäquate Begriffe und Hypothesen zu ergänzen, um auch von der Psychologie und Sozialpsychologie her, zu einer umfassenden sozialwissenschaftlichen Theorie der Sozialisation (im allgemeinen Sinne) oder der sozial-individualen Integration beizutragen. Danach wäre dem Begriff der Sozialisation in seiner engeren Bedeutung „seitens der Psychologie der adäquate Begriff der Entwicklung, im Sinne des ‚Reifens' und des ‚Lernens' in der sozialen Wirklichkeit ‚zuzuordnen' " (Scharmann, *290,* S. 37), wobei „die Begriffe ‚Entwicklung' und ‚Soziale Prägung' nicht nur den Altersstufen der Kindheit und der Adoleszenz vorbehalten bleiben, sondern Vorgänge kennzeichnen, die sich während der gesamten Spanne des menschlichen Daseins ereignen" (Scharmann, *286,* S. 535). Dieser lebenslange Anpassungsprozeß vollzieht sich im Zeichen der „Sozialen Prägung" als psychologisch entsprechendem Begriff der „Sozialisation" im engeren Sinne, denn Entwicklung als Prägung gesehen heißt, wie Thomae (*330,* S. 18) meint, „sie als einen Fall unwillkürlichen ‚natürlichen' Lernens zu betrachten", wobei „die Festlegung des Verhaltens auf bestimmte ‚Verhaltensmuster' im Vordergrund stünde". In dieser Begriffsbestimmung, die „Entwicklung als Prägung und Verfestigung" bezeichnet, wird der Vorgang der Sozialisation im engeren Sinne von Prozessen bedingt und gesteuert, welche die Person zum passiven und individualitätsentfremdeten „Träger sozial vorgeformter Rollen" (Dahrendorf) machen, wozu auch die das Arbeitsleben verändernden Einflüsse der fort-

---

sozialen Beziehungen (C. H. *Cooley,* J. *Dewey,* G. H. *Mead,* W. I. *Thomas* und L. v. *Wiese)* zu suchen. Soziales Handeln und soziale Beziehungen — und darüber besteht weitgehende Einigkeit — gehen aber grundsätzlich auf *persönliche* Verhaltensweisen zurück, die, ebenso wie das daraus entstehende Handeln, von Haltungen (Tendenzen zum Handeln) und Wünschen (als zweck- oder zielgerichtetes Streben nach Bedürfnisbefriedigung) geformt werden. Psychologie und Soziologie haben hier ein Bezugssystem gefunden, das als Prozeß zwischen der einseitigen soziologischen Auffassung vom Menschen als „Träger sozial vorgeformter Rollen" (*Dahrendorf*) und einer rein individual-psychologischen Einstellung verläuft. Das von Talcott *Parsons* und Edward *Shils* herausgegebene Symposium "Toward a General Theorie of Action" (Harvard University Press 1952), in dem Soziologen, Psychologen und Ethnologen von ihren Disziplinen zu einer Theorie des Handelns und zu einer gemeinsamen Charakterisierung des Sozialisationsprozesses beigetragen haben, bringt erste Ansätze eines sozialwissenschaftlichen Bezugssystems, um das Verhältnis von Person, Kultur und Gesellschaft zu klären (vgl. dazu Ralf *Dahrendorf:* Gesellschaft und Freiheit, Sammlung Piper, München 1962, insbesondere S. 49 ff.).

schreitenden Industrialisierung mit den ihr vorgegebenen Bedingungen der Arbeitsform, Arbeitsorganisation und Arbeitsteilung beigetragen haben und ständig beitragen.

Dieser Prozeß der sozial-individualen Integration wird aber auch von der *selbständigen* und *aktiven* Teilnahme des Individuums im Wege der *Selbstentfaltung* getragen (vgl. Scharmann, *290,* S. 40 ff.), die Müller *(230)* definiert als „Verwirklichung vorgegebener Anlagen in einer gegebenen Umwelt unter Wahrung einer optimalen Konstellation dieser Anlagen; sie vollzieht sich durch die Wirkung unbewußt-vitaler und -seelischer Antriebe und bewußten Personwillens, der sich an ein immanentes Leitbild gebunden weiß" (S. 308). „Selbstentfaltung" entspricht damit dem soziologischen Begriff der „Enkulturation", als Vorgang der aktiven, mehr oder minder bewußten Mitwirkung des Individuums an seiner sozial-individuellen Anpassung und Integration, die über die passive Hinnahme sozial vorgeformter Rollen hinausgeht[57]. Dies geschieht durch kritische Verarbeitung und Verinnerlichung der kulturellen Werte und sozialen Normen durch die Person, wobei „sich die Kultur in ihrer zwingenden Breite und Herausforderung und die Person in angeregter, folgender und lernender Aktivität" gegenüberstehen (Wurzbacher, *361,* S. 14). Hierbei wirken sich, wie Scharmann (*290,* S. 51) folgert, Verhaltensweisen und Motivationen aus, die den Bedürfnissen nach *Selbstentfaltung* und *Selbstbehauptung, Anerkennung* und *Abwechslung* entspringen, wodurch „die mit dem Begriff Selbstentfaltung umschriebenen personalen Akte und Reakte ohne scharfe Grenzen einerseits in Vorgänge der sozialen Prägung, andererseits in solche der Persönlichkeitsbildung oder Personalisation übergehen können"[58]. Diese Einwirkung der Person auf Kultur und Gesellschaft (Beck spricht in diesem Zusammenhang von „sozial-schöpferischer Aktivität") entspricht dem sozialpsychologischen Begriff der „Persönlichkeit als Prozeß" (Heiss, Thomae, u. a.), bei dem allerdings neben

---

[57] W. *Kellner* (*136,* S. 80) hat die Diskrepanz zwischen dem „Leitbild" (das Bild, das der Mensch von sich hat und wonach er seine Verhaltensweisen ausrichtet) und dem „Menschenbild" (dem Bild, wie der andere ihn sieht) als eine der wesentlichen Ursachen des modernen sozialen Konfliktes im Betrieb sehr anschaulich und anhand vieler Beispiele dargestellt. Zu einer Lösung wird es nach seiner Meinung nur kommen, „wenn es auf breiter Basis gelingt, das Menschenbild, nach dem sich die beabsichtigte Organisation und der geplante Arbeitsablauf in den Betrieben richten, in Übereinstimmung mit dem Leitbild zu bringen", mit dem Ziel, auch dadurch die gesamtgesellschaftlichen Konflikte zu lösen.

[58] Der soziologische Begriff „Personalisation" umfaßt die individuelle Gestaltung und Entfaltung im Rahmen der sozial-individualen Integration und bedeutet „Ausbildung und Anwendung der menschlichen Fähigkeit zur Integration des sozialen und kulturellen Pluralismus", damit ein sozialabweichendes Verhalten, das sich bis zur kultur- und sozialschöpferischen Initiative steigern kann (*Wurzbacher, 361,* S. 14).

dieser dynamisierenden Wirkung der Persönlichkeit auf die kulturelle und gesellschaftliche Umwelt auch stimulierende sozio-kulturelle Reize auf die individuelle Persönlichkeitsstruktur einwirken. Die „Persönlichkeitsbildung" (Scharmann) wird damit auch aus der Sicht des Menschen als Sozialperson zu einem wichtigen Faktor im sozialseelischen Strukturierungsprozeß, wobei sich Richtung und Dynamik der Persönlichkeitsentwicklung in den Verhaltensweisen und Motivationen auswirken, die den menschlichen Bedürfnissen entsprechen[59].

Diese sozial-psychologischen Wirkungszusammenhänge treten auch im Arbeitsleben auf, so daß auch vom Faktor „Arbeit" (und Beruf) fördernde oder hemmende Einwirkungen auf den Vorgang der sozialindividualen Integration ausgehen (vgl. Schmidtke, *308*). Wir haben schon mehrfach angedeutet, daß mit dem Übergang zur modernen Industriegesellschaft und der damit entstandenen Arbeitssituation, Veränderungen vor sich gegangen sind, die bei einer sozialpsychologischen Betrachtungsweise des Menschen im Betrieb eine entscheidende Rolle spielen und aus denen sich die Wünsche des arbeitenden Menschen deuten lassen. Aus der Sicht des Menschen als personalem Wesen im Betrieb, zeigten sich das Selbsterhaltungs- und Sicherheitsstreben als primär-personhaft bedingte Bedürfnisse, während das Streben nach „Abwechslung" oder „Information" (nach Thomas "the desire for new experience") und nach „Anerkennung" (nach Thomas "the desire for recognition") sozial-determinierte Wünsche darstellen, da sie letztlich sozial oder kulturell ausdifferenzierte Formen des Selbstentfaltungsbedürfnisses sind[60]. Wenn der von Thomas genannte vierte Wunsch nach „Erwiderung" ("the desire for response") hier nicht gesondert aufgeführt wird, dann deshalb, weil u. M. nach dem Bedürfnis nach Anerkennung und Erwiderung gleichlautende, zumindest aber sehr verwandte Antriebskräfte zugrunde liegen und sich diese schon rein

---

[59] Philipp *Lersch (173)* spricht in diesem Zusammenhang vom „Funktionskreis des Erlebens", in den jedes Lebewesen hineingestellt ist. Erst in Beziehung zur Umwelt kann sich seelisches Leben entfalten (Kommunikation). Auf der einen Seite ist also der beseelte Lebensträger, auf der anderen die Welt zu unterscheiden.

[60] Wir verweisen nochmals auf W. I. *Thomas,* der die *Persönlichkeit* als das Ergebnis der Sozialbeziehungen, die in einer bestimmten Umwelt wirksam werden, bezeichnet, wobei er jedem Menschen eine *einzigartige* biologische Struktur und ein *besonderes* Temperament zuordnet. Die Persönlichkeit ist aber vornehmlich das Ergebnis des Zusammenwirkens zahlreicher Haltungen, die vier grundlegenden „Wünschen" entspringen. Da man seine Wünsche nur als Mitglied einer *sozialen Gruppe* befriedigen kann, werden sie sowohl als subjektive Haltungen wie als entsprechende objektive Werte offenbar (Werte sind objektiv, insofern sie Interessen enthalten, die von der ganzen Gruppe geteilt werden, während Haltungen zwar ähnlich, jedoch bei verschiedenen Personen nie dieselben sein können). Näheres bei R. L. und G. N. *Hinkle, 115,* S. 68 ff.

sozialen Wünsche weitgehend ergänzen, wenn nicht gar überschneiden[61]. Der Hinweis auf die vier Wünsche nach Thomas darf allerdings auch nicht so aufgefaßt werden, als ließen sich damit alle Vorgänge zwischenmenschlichen Handelns und Verhaltens bei der Arbeit und im Betrieb erklären; sie können aber als die vier menschlichen Grundansprüche angesehen werden, sind sie doch in allen noch so fragwürdigen Katalogisierungen über die Bedürfnisbefriedigung bei der Arbeit und der daraus abgeleiteten Einstellung zur Arbeit und zum Betrieb zu finden.

Der zeitliche und dynamische Aspekt der Motive und die daraus tendierenden Bedürfnisse, ihre im Vorgang der Entwicklung enthaltenen Formen der „sozialen Prägung", „Selbstentfaltung" und „Persönlichkeitsdynamik", erschweren die Erklärung der Erwartungen des Menschen im Betrieb, wie sie sich im „*Informationsstreben*" oder der „*Abwechslung*" und dem Wunsch nach „*Anerkennung*" äußern. Wenn wir uns noch einmal die Ausführungen zum Sekuritätsstreben ins Gedächtnis zurückrufen, den durch die dauernden technisch-organisatorischen und damit auch sozio-kulturellen Veränderungen hervorgerufenen Prozeß der Labilisierung, Restabilisierung und Umstrukturierung entstehenden Drang nach Sicherheit, so wird aus dem damit verbundenen Gefühl der Unsicherheit, auch der Wunsch nach dem *Mitwissen* am betrieblichen Geschehen und an betrieblichen Vorhaben — das Bedürfnis nach ausreichender *Information* — begreiflich. Das Streben nach stärkerer Information über die Tätigkeit, den Arbeitsprozeß an sich und die Veränderungen im technisch-organisatorischen Bereich, entspringt, neben der menschlichen Neugierde (hier nicht in der Alltagsbedeutung des Wortes „Naseweisheit" gemeint), dem Wunsch nach einer weitgehenden Übersicht, die mit der fortschreitenden Arbeitsteilung und -zerlegung verloren ging. Auf die damit verbundene Spezialisierung und Funktionalisierung und die wachsende Undurchsichtigkeit der betrieblichen Apparatur wurde schon im Abschnitt über die Entwicklung der Betriebspsychologie hingewiesen. Außerdem sind über die Entfremdung und Sinnentleerung der industriellen Arbeit eine so große Anzahl Bücher und Schriften verfaßt worden, daß uns nähere Ausführungen darüber erlassen sein mögen. Wir zitieren hier lediglich Beck, der aus sozialpsychologischer Sicht dazu schreibt: „Die Arbeit in der abgetrennten Arbeitswelt ist für die meisten Werktätigen kein ‚Werk' keine geschlossene Ganzheit, sondern vollzieht sich überwiegend in Teilfunktionen, die dem Arbeitsleben und -erleben weder Sinn noch Inhalt geben können" und die Arbeitsverrichtungen vollziehen sich nicht organisch, sondern organisiert, und „zwar nicht allein im Sinne

[61] Unsere Auffassung wird durch die Umschreibung: „Achtet mich!" (Anerkennung) — „Beachtet mich!" (Erwiderung) bestätigt. Anerkennung wird erst durch Erwiderung, Achtung erst durch Beachtung möglich.

der Geordnetheit und Gerichtetheit, dem alles Arbeiten als sinnvoll methodisches Tun zu entsprechen hat, sondern organisiert in dem Sinn, daß nicht mehr der Mensch die Organisation seines Tuns, sondern ‚das Organisatorische' als anonyme Macht das Tun des Menschen bestimmt" (*13*, S. 94/95). Wenn auch heute von einigen Soziologen die These von der Arbeitsentfremdung bestritten wird[62], so bleibt doch die sie beinhaltende Undurchsichtbarkeit der Arbeitstätigkeit durch die weiter fortschreitende Funktionalisierung der Arbeitsverrichtungen, Spezialisierung der Arbeitskräfte sowie die Komplizierung der Produktionsverfahren und der Erzeugnisse auch weiterhin ein aktuelles Problem, das durch die allgemeine Vergrößerung und Verschachtelung vieler industrieller Unternehmen und der Unüberschaubarkeit ihrer wirtschaftlichen Zusammenhänge noch eine Verstärkung erfährt (Boes, *25*). Dahrendorf (*47*, S. 17) meint zwar, daß „es nicht menschenmöglich ist, ein Leben lang in einem Industriebetrieb zu arbeiten und diese Arbeit abzuwerten als etwas Erniedrigendes, Entwürdigendes oder Monotones"; uns erscheint aber diese viel zu generelle Aussage im Hinblick auf den Entfremdungscharakter der Arbeit zweifelsohne überspitzt formuliert. Andererseits kann diese Feststellung auch nicht als überzeugender Beweis für eine weitgehende Arbeitszufriedenheit gelten, zumal arbeits- und betriebspsychologische Untersuchungen sowie arbeitsmedizinische Statistiken auf eine immer noch weitverbreitete Arbeitsunzufriedenheit mit allen ihren sozialen Folgen hinweisen. In einem sozialpsychologischen Beitrag zum Thema „Der Mensch im Betrieb" nennt Gehlen (*80*) als einen Komplex von Vorurteilen gegen die industrielle Arbeitswelt den „antitechnischen Affekt", aus dem der Wunsch nach weitgehender Aufklärung und Information erwachse[63]. Hier scheint ein wichtiger Ansatzpunkt des Informations-

---

[62] Genannt seien hier *Dahrendorf* (*45*, S. 77 und *47*, S. 10 ff.), *Lepsius* (*171*, S. 42 ff.) sowie *Popitz, Bahrdt, Jüres* und *Kesting* (*249* und *250*).
Wir sehen die „Arbeitsentfremdung" — zu der sich Philosophen, Psychologen, Soziologen, Antrophologen, Volks- und Betriebswirtschaftler in so mannigfalter Weise geäußert haben — mehr von ihrer *sozial-psychologischen* Ausprägung und verstehen darunter diejenigen „atomistischen" Tätigkeitsfolgen im modernen Fertigungsprozeß, die vom arbeitenden Menschen ohne innere Anteilnahme erlebt werden, wodurch die Arbeitstätigkeit ein entfremdetes Eigenleben ohne menschlichen Befriedigungswert erhält. Vielleicht sollte man aus sozial-psychologischer Sicht nicht mehr von Arbeitsentfremdung, sondern von einem „Prozeß der Umbildung der Arbeit" (*Rüssel*) sprechen, da jede Zeitepoche einen ihr eigentümlichen Arbeitsstil entwickelt und sich dieses Problem letztlich als ein solches der Wesensprägung des Menschen durch die Arbeit erweist (*Rüssel, 259*, S. 345 ff.).

[63] Wir sehen neben dem von *Gehlen* genannten „antitechnischen" Affekt, auch einen „antiorganisatorischen" Affekt — beide gewachsen aus der Unsicherheit gegenüber der streng zweckrationalen Sachordnung des Betriebes, nämlich der Tatsache, daß der technische *und* organisatorische Ablauf von vornherein und ohne Mitwirkung des Ausführenden geplant wurde und

strebens zu liegen, so daß auch ohne Überbetonung der These von der Arbeitsentfremdung, hier Wunschvorstellungen des Mitwissens und — wenn auch eingeschränkt — des Mitverantwortens erkennbar werden. Daß die Ursachen des verstärkten Informationsbedürfnisses bei der Arbeitstätigkeit im modernen Betrieb in dem Erfahrungsverlust durch die immer größere Unüberschaubarkeit einer industriell und bürokratisch organisierten Arbeitswelt zu suchen sind und sich diese Unwissenheit auf die Verhaltensweise des Menschen negativ auswirkt, hat Gehlen ebenfalls sehr prägnant mit folgenden Worten ausgedrückt: „Hat jemand das Gefühl, nur ein austauschbares und überhaupt etwas abgeschliffenes Rad in der großen Maschine zu sein; hat er die übrigens berechtigte Überzeugung, daß sie auch ohne ihn läuft, und bekommt er die Folgen seines Handelns gar nicht oder nur chiffriert als Zahlen oder Kurven oder bloß in Gestalt der Lohnabrechnung zu Gesicht, so muß der Sinn für Verantwortlichkeit sich in demselben Verhältnis verengen, wie das Gefühl der Hilflosigkeit steigt" (*79*, S. 45). Aus diesen Worten erhellt sich der sozialpsychologische Aspekt der Information im Betrieb. „Damit verwandelt sich", wie Bräutigam (*33*, S. 534) folgert, „das bloße zweckdienliche Mitteilen zu einer sozialpsychologischen Urfunktion, für die der Begriff ‚Kommunikation' am kennzeichnensten ist". Die innerbetriebliche Information beinhaltet somit den Fluß von Anordnungen, Mitteilungen, Erklärungen, Berichten, *Vorschlägen* usw. von „oben" nach „unten" und umgekehrt und entspricht dem „Kommunikationssystem" (Mayntz), durch das die Verbindung zwischen den einzelnen Personen des Betriebes hergestellt wird[64]. Das Wesen der innerbetrieblichen Information besteht demnach „im wechselseitigen Austausch von Mitteilungen, Gedanken und *schöpferischen Ideen*[65], im ebenso wechselseitigen Beachten und Beeinflussen von Kontakten, Verhaltensweisen, Gefühlen und Meinungen. Sie sind die Gesamtheit der mündlichen, schriftlichen, bildlichen und verhaltensmäßigen Änderungen, die im Betrieb von Mensch zu Mensch, direkt oder indirekt fließen" (Feurer, *60*, S. 18) und streben letztlich nicht nur das bereits erwähnte *Mitwissen*, sondern auch das *Mitdenken*, *Mithandeln* und *Mitverantworten* an. Damit bekommt die innerbetriebliche Information eine sozialpsychologische Breiten- und Tiefenwirkung und die richtige oder

---

diese Vorausbestimmung ein Gefühl des Zwanges, der Unterdrückung und der mangelnden Selbständigkeit hinterläßt.

[64] Nach E. L. *Hartley* und R. E. *Hartley* (*95*, S. 11 und 24) ist Kommunikation „der eigentliche Träger des sozialen Geschehens ..., die Grundlage aller sog. sozialen Funktionen des lebendigen Organismus. Beim Menschen ist er wesentlich für die Entwicklung (heute würde man sagen: Persönlichkeitsentwicklung), zur Bildung und zum Bestand von Gruppen und für die Beziehungen zwischen den Gruppen".

[65] Hier zeigen sich wichtige Ansatzpunkte und Voraussetzungen für die Gestaltung des betrieblichen Vorschlagswesens.

falsche Handhabung der Kommunikationsmittel kann dazu beitragen, entweder den Betrieb zu einer Gemeinschaft zusammenzuschließen oder ihn zu einem mehr oder weniger gestaltlosen Gebilde auseinanderfallen zu lassen. Neben einem wirksamen Führungsinstrument kann die betriebliche Information gleichzeitig zu einem Mittel der Persönlichkeitsentfaltung werden, wodurch auch ihre positive Wirkung auf das Arbeitserlebnis und Arbeitsergebnis erklärbar wird (Wistinghausen, *358)*. Dazu kommt, daß das Maß an Kommunikationsteilnahme und der Grad an Informiertheit auch wesentliche „Statussymbole" sind (Lepsius, *170*, S. 128), worunter wir soziale Motivationen aus dem Bereich des Geltungsstrebens verstehen, die im Wunsch nach Anerkennung und Erwiderung ihren Ausdruck finden.

Mit dem Informationsstreben eng verknüpft ist der Drang nach *Abwechslung*, nach neuen Erfahrungen oder Erlebnissen (Thomas). Dieser „Erlebnishunger" (so A. Mayer) ist ebenfalls weitgehend sozial determiniert, d. h. von den Veränderungen und Vorgegebenheiten der Arbeitssituation beeinflußt. Während dem Streben nach Information Motive zugrunde liegen, die dem Selbstwertgefühl, Gesellungs- und Kontaktbedürfnis, aber auch dem „Überlegenheitsbedürfnis" (im Sinne von „Wissen ist Macht") entsprechen, wird der Wunsch nach Abwechslung durch die Gleichförmigkeit, Eintönigkeit und Taktförmigkeit der Arbeitstätigkeit erlebt — von Faktoren beeinflußt, die seit dem Beginn der industriellen Revolution zu einer Auseinandersetzung mit dem „Monotonieproblem" in der arbeitspsychologischen und betriebssoziologischen Forschung geführt haben. Ohne dieses Problem verkleinern zu wollen — wir werden dazu noch einiges zu sagen haben — sei hierzu zunächst auf die Beiträge von A. Mayer *(204)*, E. Bornemann *(30)*, H. Bartenwerfer *(6)* u. a. im „Handbuch für Psychologie, Bd. 9: Betriebspsychologie (Hrsg. B. Herwig und A. Mayer), Göttingen 1961, hingewiesen, sowie auf die dort angeführte Literatur zu diesem Thema.

Monotonie kann aus der Sicht der Technik oder der Psychologie beschrieben werden. Von der technischen Seite her gesehen versteht Boes (*25*, S. 31) darunter „jedweden rhythmischen (es muß heißen taktförmigen [der Verfasser]) Arbeitsgang, der immer in gleicher Weise vollzogen wird, der über lange Zeit — das ist wichtig — durchgeführt werden muß und der keine eigene Entscheidung übrigläßt, bis vielleicht auf das Tempo". Dabei ist für die Frage der Monotonie am Arbeitsplatz entscheidend, was sein Inhaber und nicht etwa ein Außenstehender empfindet. Diese Tatsache ist die psychologische Variante der einförmigen und repetitiven Arbeitstätigkeit; der „Monotoniezustand" (Bartenwerfer), in dem sich die individuelle Reaktion und die unterschiedlichen

Grade des Monotonieerlebens auswirken[66]. Damit eng verknüpft ist der Prozeß der wachsenden Abneigung bei sich wiederholenden Handlungen, der sogenannten „psychischen Sättigung" (Karsten und Lewin); beides Verhaltensweisen, die ermüdungsähnliche Zustände hervorrufen, die vor allem die Antriebsseite der menschlichen Persönlichkeit betreffen (vgl. Bornemann, *30*, S. 80). Bartenwerfer (*6*, S. 267) hat den Monotoniezustand als einen Akt „der herabgesetzten psychischen Aktivität" mit verminderter Umstellungs- und Reaktionsfähigkeit bezeichnet, als einen „Schläfrigkeitszustand", der mit einem leichten Unlustgefühl und dem Eindruck „geistiger Stumpfheit" verbunden ist, der aber schon bei „geringfügiger Änderung der Arbeitssituation" sofort verfliegt[67]. Für ihn sind der „Monotoniezustand" und die „psychische Sättigung" (Langeweile) „besondere Beanspruchungsfolgen psychischer Tätigkeit", woraus freilich auch das Streben nach Abwechslung, der Wunsch nach neuen Erlebnissen erklärbar wird. Diese Bedürfnisse, die sich durch eine „Integration der Arbeit" (Poschenrieder, *252*) weitgehend befriedigen lassen, vermitteln dem Einzelnen wieder das Sinnerlebnis der Arbeit und damit Arbeitsfreude und Arbeitszufriedenheit. Der dadurch bewirkte „Wertgehalt der Arbeit" trägt gleichzeitig in sich „eine unmittelbare und jederzeit wirksame motivierende Kraft", die wiederum die Arbeitshaltung und die Arbeitsleistung günstig beeinflussen wird (Rüssel, *259*, S. 283/284). Friedmann, der sich in mehreren umfangreichen Monographien mit dem Problem Mensch, Arbeit und Technik auseinandersetzt (*67, 68, 69*), hat — obwohl seine Entfremdungs- und Monotonietheorien stark negativ überzeichnet sind — zur Überwindung der Sinn- und Wertentleerung der Arbeit ausgeführt, daß die „psychologische, geistige, menschliche und soziale Sinngebung der einzelnen unterteilten Arbeitsaufgabe es erlauben wird, wieder eine Verbindung der Aufgabe mit tieferen inneren Neigungen der Persönlichkeit zu schaffen und so die Aufgabe wieder reizvoll und damit auch fruchtbarer zu machen" (*67*, S. 178), wodurch die geistig-ethischen und personalen Kräfte mobilisiert würden[68]. Obwohl es auf technischer und organisatorischer Ebene durch die zunehmende Mechanisierung und Automatisierung weitgehend gelungen ist, die repetitiven und einförmigen Arbeitstätigkeiten zu verdrängen und durch erhöhte Verantwortung (Ausbildung und Fortbildung) seelisch und geistig aufzuwer-

---

[66] Vgl. auch A. *Rüssel* (*259*, S. 187), der von „individueller Reaktionslage" und „Anpassungserscheinungen" spricht.

[67] Darin liegt das entscheidende Merkmal zur Unterscheidung des durch Monotonie und psychischer Sättigung ermüdungs*ähnlichen* Zustandes zur *Ermüdung* selbst, zu deren Behebung es einer *längeren* Erholungsphase bedarf.

[68] Vgl. auch den Aufsatz von D. *Ambros* und K. G. *Specht*: Zur Ideologisierung der Arbeit. In: Studium Generale, Berlin, 14. Jahrgang, Heft 4/1961, S. 199—207.

ten, bleibt das Problem der „Abstraktion und Anonymisierung der Arbeit" (Scherke) auch weiterhin bestehen[69]. Es erhält gerade mit der Automatisierung — ohne damit die Situation verallgemeinern zu wollen — neue Aspekte der Beziehungslosigkeit, diesmal vorwiegend von der *sozialen* Seite der Arbeit her, denn im Zuge der Automatisierung einzelner Produktionsabschnitte, mehren sich die Arbeitsplätze, die durch eine weitgehende zwischenmenschliche Isolierung gekennzeichnet sind. Die einzelnen Fertigungsfolgen laufen ohne menschliches Zutun mehr oder weniger zwangsläufig ab und werden lediglich in einer Zentrale, „in der ein Arbeiter quasi als Monitor höherer Ordnung sitzt" (Schmidtke, *308*, S. 66), überwacht[70]. Bei dieser durch den Fertigungsprozeß lediglich vorhandenen Handlungsbereitschaft, die sich in der Regel nur sehr selten in aktive Tätigkeit umsetzen kann, wirkt sich wie Schmidtke (*308*, S. 67) schreibt, „neben der psychischen Belastung, die sich aus einer solcherart erzwungenen Untätigkeit ergibt und die zu einer ‚Überforderung durch Unterforderung' führen kann ..., die für solche Arbeitsplätze charakteristische *Einzel*arbeit ohne nennenswerte Kontaktmöglichkeit mit anderen Menschen als ausgesprochen sozialisationshemmend aus. Im unmittelbaren Arbeitsvollzug *ist eine Gruppenbildung unmöglich geworden*. Damit entfallen an derartigen Arbeitsplätzen nicht nur die aus der ständigen Bewältigung definitiver Arbeitsaufgaben resultierenden Anregungen, sondern auch die stimulierenden Effekte aus der Auseinandersetzung und dem unmittelbaren Zusammenleben mit anderen Menschen" (Hervorhebungen vom Verfasser). Es kommt bei einer derart natürlich oder technologisch bedingten bzw. künstlich oder organisierten Fließfertigung (nach E. Schäfer) unter Umständen zu einer „Verdrängung der betrieblichen Kooperation" (Rüssel, *259*, S. 318 ff.) und damit zu einer Arbeitsvereinsamung, die keineswegs dem sozialen Charakter der Arbeit und der sozialen Natur des Menschen entspricht.

---

[69] Ob im Zuge fortschreitender Automatisierung und deren Endziel der Automation die Arbeitsanforderung und der Grad an Verantwortung steigen oder zurückgehen, ist eines der am meisten diskutierten Themen in der umfangreichen Literatur über die wirtschaftlichen und sozialen Auswirkungen der Automation (*Schelsky*, H.: Die sozialen Folgen der Automation, Düsseldorf und Köln 1957; *Buckingham*, Walter: Automation und Gesellschaft, Frankfurt 1963; Verschiedene Verfasser: „Automation — Soziale und wirtschaftliche Probleme", Berlin 1962; *Pollock*, Friedrich, u. a.: Automation — Materialien zur Beurteilung der ökonomischen und sozialen Folgen, neubearbeitete und erweiterte Aufl., Frankfurt 1964).

[70] *Rüssel* (*259*, S. 195) meint zwar, daß nur die Teilautomatisierung die vermutete Isolierung der Arbeitsplätze im Gefolge hat, „während in einem vollautomatisierten Betrieb die Überwachung der gesamten Anlage von einer Stelle aus, eine Doppel- oder Mehrfachbesetzung des Kontrollstandes erfordert".

Diese Aussage muß aber mit der nötigen Vorsicht betrachtet werden, da hierzu wenig empirisches Forschungsmaterial vorliegt.

Der soziale Charakter der Arbeit kann objektiv durch das arbeitsteilige Wirtschaften, subjektiv durch das menschliche Gesellungsstreben erklärt werden, dem vitalen Drang mit anderen Menschen zusammenzusein[71]. Dem Arbeitsvollzug liegt demnach einerseits ein technisch-organisatorisch bedingter sozial-kooperativer Prozeß zugrunde[72], andererseits wird auch bei der Arbeitstätigkeit die soziale Natur des Menschen erkennbar, die ihn nicht nur als Mensch, sondern — vielleicht sogar vor allem — als Mitmensch begreifbar werden läßt (Gasser, *76*, S. 20). Elton Mayo, der mit seinen Mitarbeitern diese soziale Natur der menschlichen Arbeit wieder in den Vordergrund der arbeitswissenschaftlichen Forschung stellte, sieht in dem Verlangen nach menschlicher Begegnung ein besonders starkes Charakteristikum des arbeitenden Menschen und fordert zur Ergänzung der „technischen Geschicklichkeit" und der „systematischen Anordnung der Arbeitsverfahren", die „Organisation der dauernden Zusammenarbeit" (Mayo, *209*). Während den beiden ersten Problemen — die einen Betrieb arbeitsfähig machen — von jeher genügend Aufmerksamkeit geschenkt wurde, übersah man lange Zeit die Förderung und Pflege der menschlichen Beziehungen, als eigentliche Träger der Bereitschaft zur gemeinsamen Leistung. Denn mit der Entdeckung dieser „sozio-kulturellen Konditionierung der Arbeitsleistung als einer Form sozialen Verhaltens" (Lepsius), zeigte sich, daß die technisch-organisatorischen Arbeitsbedingungen nicht nur als bloße Objekte und Sachverhältnisse dem Menschen gegenüberstehen, sondern auch durch ihre soziale Überformung, Wertgebung und Relativierung in den *sozialpsychischen* Lebensraum des Menschen einbezogen sind, daß der Mensch nicht aus-

---

[71] Vgl. dazu F. *Baumgarten (10*, S. 19 ff.), A. *Carrard (36*, S. 215 ff.), E. *Mayo (208*, S. 165), A. *Mayer (201*, S. 54) u. a.

Walter Beck (13, S. 31 ff.) schildert ebenfalls recht anschaulich, wie auch der Einsame sich selbst bestätigt oder begleitet — in sich selbst und zu sich selbst gewissermaßen eine „soziale Beziehung" stiftet und damit selbst zur Gemeinschaft wird.

[72] *Popitz, Bahrdt, Jüres* u. *Kesting* haben in einer analytischen Untersuchung zwei Hauptformen dieser technisch bedingten Kooperation herausgearbeitet, die sog. „teamartige" und die sog. „gefügeartige Kooperation" (Technik und Industriearbeit, Tübingen 1957). Danach sind diese Kooperationen eine Eigentümlichkeit der *industriellen* Arbeit, wobei im Zuge der technischen Entwicklung die „teamartige" Kooperation von der „gefügeartigen" abgelöst würde.

Rüssel (259, S. 316/317) hält den Verfassern mit Recht entgegen, daß es auch im Handwerk solche Kooperation gebe und daß die fortschreitende Automatisierung auch diese Kooperationen wahrscheinlich verdrängen wird. Er weist darauf hin, daß Kooperation auch ohne lebensvollen Kontakt möglich sei, so z. B. durch ein System von Signalen.

Sozialpsychologisch handelt es sich hierbei um den sog. „Mitteilungsweg" oder um die „Kundgabe" *(Hellpach)*, als einer der Formen menschlicher Kommunikation, der sich nicht nur in der Sprache, in Appellen und Gebärden, sondern auch durch Zeichen und Signale, Symbole und Rituale äußern kann (Anm. vom Verfasser).

schließlich als isoliertes Einzelwesen der technisch-organisierten Arbeitswelt hilflos gegenübersteht, sondern sich aus seinen sozialen Kontakten und Gruppenbeziehungen eine eigene soziale Sphäre und eine ihn sichernde soziale Umwelt schaffen kann. Die Arbeit unterliegt also nicht nur technisch-organisatorischen und psychophysischen Bedingungen (M. Weber, *346*), sondern auch sozialen Einflüssen — sie ist wie Beck, allerdings etwas übertreibend schreibt, „nicht nur technisch-ökonomische Funktion, sondern immer zugleich, wenn nicht in erster Linie, *sozialer* Vorgang katexochen integrierender Bestandteil des sozial-individualen Wirkungsgefüges, und zwar nicht nur wegen ihrer Zwecke und Produkte, sondern wesentlich wegen ihrer strukturellen und strukturierenden Bedeutung für das *seelische Leben* überhaupt" (*13*, S. 97). Mit dieser sozialpsychologischen Bestimmung der Arbeit wird erkennbar, daß den Arbeitskontakten, auch sozialpsychische Verhaltensweisen zugrunde liegen, die als verfestigte Strukturen die sozialen Verflechtungen darstellen, welche das soziale Gebilde des Betriebes (seine „Sozialstruktur" [Dahrendorf]) darstellen. Damit steht die Arbeit der Kategorie „Sozialform" nahe, deren Sinngehalt die reine Beziehung zwischen Menschen ist; ihre soziale Motivierung ist also aus „mitseelischen Wirkkräften" (A. Mayer) erklärbar, die im Sinne der Polarität des menschlichen Verhaltens nicht nur verbindend, sondern auch trennend wirken können oder neutralen Charakter zeigen. Schon hier wird deutlich, daß sich die Frage nach der „sozialen Valenz" der Arbeit nicht allein aus dem Streben nach Gesellung erklären läßt, sondern daß es sich dabei um einen Komplex sozialer Bedürfnisse handelt, denen so wichtige sozialpsychische Motive wie das Streben nach Anerkennung (Geltung) und Erwiderung (Gemeinschaft, im Sinne des Füreinandersein) zugrunde liegen[73]. Diesem Motivationsdrang hat auch Beck (*13*, S. 15) eine wichtige Rolle im Prozeß struktureller Verschränkung eingeräumt, und dem Verlangen des Menschen „Liebesobjekt" zu sein und Zuneigung zu empfangen, auch das Streben zugeordnet, selbst als Quelle der Zuneigung empfangen zu werden; der Gruppe als integrierender Bestandteil zuzugehören und von ihr als Wert *anerkannt zu sein*. Die daraus abzuleitende Doppelstellung des Menschen, sein Streben nach Gemeinschaft und nach Geltung in dieser, trägt in sich die Konfliktsituationen, die fast in jedem Sozialgebilde vorherrschen und es in einen dauernden Widerstreit zwischen Konflikt und Kooperation stellen (Atteslander, *4*; Kellner, *136*).

---

[73] Wie umfangreich auch ein „Katalog sozialer Bedürfnisse" sein mag, es wird ihm immer das Streben nach Anerkennung durch die Mitmenschen und das Empfangen und Geben von Freundschaft und Liebe zu Grunde liegen, der Drang nach „Vergemeinschaftung", als das echte Zusammenwirken dieser das Sozialpersonsein ausmachenden Gefügesituation (*Solms, 273*, S. 235).

Auch das soziologische Strukturbild des Betriebes wird von den Aspekten der Integration und des Konfliktes geformt und getragen, von einem System sozialer Rollen, in denen sich die technisch-organisatorischen Funktionen (Arbeitsaufgaben) durch die sie ausführenden Personen realisieren (Dahrendorf, *45;* Fürstenberg, *72*). Mit der gleichzeitigen hierarchischen Anordnung der Arbeitsaufgaben in ein System der Über- und Unterordnung („Autoritätshierarchie" [Dahrendorf]) erhalten diese Rollen einen sich aus ihrer Stellung ergebenden sozialen Status oder Rang. Mit der Rangstellung ist also immer die soziale Rolle verbunden, als die von einer Person in dieser bestimmten Stellung erwarteten Verhaltensweise[74]. Rolle und Stellung sind also nicht voneinander zu trennen, ohne die dazugehörende Rolle hat die Stellung keinerlei Bedeutung oder wie Newcomb schreibt: „Zu jeder Stellung gehört eine Rolle und zu jeder Rolle gehört die entsprechende Stellung. Wie auch immer die Stellungen verteilt werden, ob durch Zuweisung oder Leistung, sie sind stets mit bestimmten Rollen verbunden" (*236*, S. 214). Da wir „Stellung" mit „Status" gleichsetzen, also mit der in der betrieblichen Autoritätspyramide sich daraus ergebenden Rangstufe, die dem Einzelnen zunächst formale Anerkennung und Macht („Autorität der Position" [Mayntz]) verleiht, läßt sich daraus das Hinstreben in eine gewisse Rangstellung innerhalb der Statushierarchie des Betriebes erklären; das Bedürfnis nach Aufstieg[75]. Aber dieses Streben nach formaler Autorität (von Mayntz als „institutionalisierte Form der Macht" bezeichnet [*205*, S. 21]), hat noch wenig mit dem sozialpsychologischen Begriff der Anerkennung im Zuge der Selbstentfaltung zu tun. Die soziale Rolle, die dem Einzelnen formal zugeordnet wird, beinhaltet nur *einen* Vorgang im Ablauf der sozial-individualen Verschränkung, nämlich den Prozeß der Sozialisation im engeren Sinne, durch den die Person zu einem Rollen- und Funktionsträger mit einem mehr oder minder angemessenen Status geprägt wird. Dieser Prozeß macht die Person lediglich zu einem passiven und individualitätsentfremdeten „Träger sozial vorgeformter Rollen" (Dahrendorf), ohne die autonome und aktive Teilnahme des Individuums zu beachten, die sich in dem Verlangen nach *persönlicher* Anerkennung („Autorität der Persönlichkeit" [Mayntz]) widerspiegelt; in dem Streben nach subjektiver Achtung und Beachtung. Wir wollen hierfür den Begriff „Pre-

---

[74] *Hartley* und *Hartley* (*95*, S. 342) definieren den Begriff der sozialen Rolle als „die strukturierte Gesamtheit aller Erwartungen, die sich auf die Aufgaben, das Benehmen, die Gesinnungen, Werte und wechselseitigen Beziehungen einer Person richten, die eine spezifische Gruppenposition innehat und in der Gruppe eine bestimmte Funktion erfüllen muß".

[75] Vgl. L. F. *Urwick* (*341*), E. *Zander* (*363*) und F. *Fürstenberg* (*73*). *Fürstenberg* hat außerdem in seinem kürzlich erschienenen Buch „Grundfragen der Betriebssoziologie" (*74*), über das Aufstiegsproblem in der Industrie einige bemerkenswerte Ausführungen gebracht (S. 110—122).

stige“ einführen und damit die Einschätzung, die soziale Bewertung des Einzelnen durch die Mitglieder eines Sozialgebildes bezeichnen — im Gegensatz zum Statusbegriff, den wir mit der sich aus der Stellung oder der Position (Amt) ergebenden Rangstufe in der Herrschaftsstruktur eines sozialen Systems gleichsetzen[76]. Während sich also der Status des Einzelnen aus dem formal angeordneten System hierarchischer Organisation ergibt („Status-Organisation“ [Dahrendorf]), ist das soziale *Prestige*, wenn auch von den formalen Kennzeichen des Ranges beeinflußt, weitgehend spontanen Ursprungs und wird von stark informalen Faktoren bestimmt[77]; es ist Folge des sozialen Ansehens in der Gefügesituation und damit Ausdruck der *Anerkennung der Person*.

Diese Unterscheidung scheint uns nicht nur deswegen wichtig, weil oft behauptet wird, beruflicher Aufstieg werde nur um des erhöhten Status willen angestrebt, obwohl in Wirklichkeit dahinter nur das Streben nach einer Stellung steht, in der sich dann auch das persönliche Prestige erhöhen läßt (Brown, *34*, S. 93), sondern weil damit der Rollenbegriff eine sozialpsychologische Erweiterung erfährt und personale Modalitäten einschließt; bewußte und unbewußte Daseinstechniken, welche der Einzelne angesichts der Vorgänge des Sozialisationsprozesses entwickelt, um sich als Person zu bewahren und zu entfalten (Scharmann, *289*, S. 22). Mit dieser sozialpsychologischen Ausdifferenzierung des Rollenbegriffes verliert dieser seine formal-soziologische Abstraktheit, seine Einengung auf diejenigen Verhaltensweisen, „die der Mensch im Soziodrama des alltäglichen Lebens spielt oder zu übernehmen gezwungen ist, nämlich die weitgehend von seiner Individualität unabhängigen und abhebbaren sozialen Funktionen und Positionen“ (Scharmann, *289*, S. 17/18). Nur in dieser Beschränkung sind Rollen vorgegebene Verhaltensmuster, Maßstab des der Rangstellung entsprechenden Verhaltens, durch die der einzelne Rollenträger zum „homo sociologicus“ entfremdet wird[78]. Dieses Rollenverhalten ent-

---

[76] Die Begriffe „Position“, Stellung“, „Status“ und „Prestige“ werden in der sozialwissenschaftlichen Literatur keineswegs einheitlich definiert. Wenn wir „Stellung“ und „Status“ gleichsetzen, dann folgen wir weitgehend dem soziologischen Schrifttum und meinen damit ebenfalls formal-soziologische Strukturmerkmale. „Prestige“ ist dann das sozialpsychologische Merkmal, das soziale Ansehen in der Gefügesituation.

[77] A. *Mayer* hat in seiner Sozialpsychologie des Betriebes *(201*, S. 100) zwischen einer „sozialphysischen“ und einer *„sozialpsychischen“* Organisation unterschieden. Erstere umfaßt die „Ranghierarchie“, letztere stellt eine interne, sozialpsychologische „Geltungshierarchie“ dar, die nicht der rationalen Überlegung, sondern den vitalen Strebungen, Gefühlen und Gesinnungen entstammt.

[78] Ralf *Dahrendorf:* Homo Sociologicus, Köln und Opladen 1961.
In diesem Werk, das einen Versuch zur Geschichte, Bedeutung und Kritik der Kategorie der sozialen Rolle darstellt, setzt sich *Dahrendorf* mit dem Rollenbegriff auseinander.

spricht dann aber innerhalb des Vorganges der sozial-individualen Integration nur dem Sozialisationsprozeß im engeren Sinne bzw. der „sozialen Prägung" und läßt die autonome und aktive Teilnahme des Individuums im Rahmen der „Enkulturation" bzw. „Selbstentfaltung" außer acht. Ebensowenig berücksichtigt dieses Rollenverhalten die Vorgänge der individualen Gestaltung und Entfaltung („Personalisation" bzw. „Persönlichkeitsentwicklung"), die Möglichkeit zum sozialabweichenden Verhalten, das sich bis zur kultur- und sozialschöpferischen Initiative steigern kann (Wurzbacher, *361*, S. 14).

Die damit angedeutete sozialpsychologische Betrachtungsweise des Menschen als sozial und personal strukturiertes Wesen, läßt die berechtigte Kritik Scharmann's *(289)* an der einseitigen formal-soziologischen Auffassung des Rollenbegriffes verständlich werden und wenn auch die Bedürfnisse nach Geborgenheit, Zugehörigkeit und Anerkennung unmittelbar auf Sozietät gerichtet sind, so sind sie dem Individuum keineswegs „nur als Einschränkung, als Frustuation seiner individuellen Dynamik aufgezwungen ... ; das Individuum ist vielmehr spontan und aktiv daran beteiligt und autochthon auf die Verschränkung ‚gerichtet'" (S. 15). Von dieser Auffassung wird auch die „Theorie des sozialen Wandels" (Ogburn) begreifbar, einmal, weil die dem Einzelnen von der Gesellschaft zugeordnete Rolle nicht immer seinen persönlichen Erwartungen entspricht, zum anderen, weil er sich durch einen Rollenwechsel auf Grund der dauernden wirtschaftlichen, sozialen und kulturellen Veränderungen in ständig neue Konfliktsituationen gedrängt fühlt. Diese Rollenkonflikte (und man kann diese Aussage in unserem Zusammenhang auf die Arbeitskonflikte einschränken), sind dann aber nicht Ursache oder Bedingung, sondern Symptome des sozialen und kulturellen Wandels (Atteslander, *4*, S. 199)[79]. Trotzdem liegt in dem dynamischen Prozeß dieser Konflikte eine Möglichkeit zur Entfaltung schöpferischer Kräfte und damit ein wichtiges Lebenselement, denn „ohne sie würden alle vortrefflichen Naturanlagen in der Menschheit ewig unterentwickelt schlummern. Der Mensch will Eintracht; aber die Natur weiß besser, was für seine Gattung gut ist: sie will Zwietracht" (Kant, *135*, S. 210 f.).

Wir sind bei unseren Überlegungen davon ausgegangen, daß der formal vorgegebene Status und das persönliche Streben nach sozialem Prestige, Konfliktsituationen hervorrufen, die aus der sozial-individualen Polarität nur sozialpsychologisch zu erklären sind. Ohne hier schon den Ausführungen zu einer „Sozialpsychologie der Gruppe" vorgreifen zu wollen (s. u. S. 123 ff.), sei eine Stelle aus einer Buchbesprechung des

---

[79] Auch *Beck* meint, daß „besonders die Emanzipation der Arbeitswelt ein so mächtiges, entwicklungspsychologisch so zwingendes Faktum ist, daß eher von ihm eine Wandlung des Sozialgefüges ausgehen wird" *(13*, S. 96).

Werkes "Morale in War and Work" von T. T. Paterson zitiert, mit der der Rezensent unter Hinweis auf die gruppenpsychologischen Beobachtungen des Verfassers, unsere oben gemachten Ausführungen unterstreicht. „Jedermann will nämlich", so führe der Verfasser aus, „Status- als auch Prestigebefriedigung erfahren. Den Grundantrieb für die erstere findet er in dem Wunsch der Menschen, der Gemeinschaft ihren Anlagen gemäß zu dienen (Service drive), den Grundantrieb für die zweite in dem Wunsch sich auszuzeichnen, geschätzt zu werden, ‚jemand zu sein' (Prestige drive). Werden beide Antriebe befriedigt, so besteht innere Harmonie und optimale Leistungsbereitschaft des Menschen. Verschafft ihm aber sein Status kein Prestige, fühlt er sich in seiner *Rolle* nicht genügend anerkannt, dann strebt er aus dieser Rolle weg und sucht das Prestige anderswo — ein Fall, der heutzutage in unserer ganzen Arbeitswelt überaus häufig ist" (Dederra, *50*, S. 23)[80]. Der *Wunsch nach Anerkennung* bei der Arbeit ist damit für die Bestätigung des Selbstwertgefühls des Einzelnen von besonderer Bedeutung, da sich hierbei Reifungsprozesse des sozialen Verhaltens und die Persönlichkeitsentfaltung harmonisierend ergänzen. Anerkennung kann aber erfolgen sowohl durch die Mitarbeiter als auch durch die Vorgesetzten, durch Teilhabe am betrieblichen Geschehen (Mitwissen, Mitdenken, Mitgestalten) und durch Mitverantwortung. Ihre Befriedigung führt nicht nur aus der Sinnentleerung der Arbeit und der Anonymität der Person heraus, dem Gefühl, nur ein „Rädchen" oder eine „Nummer" im Betriebsgeschehen zu sein, sondern auch aus Konfliktsituationen menschlicher Gesellung — sie integriert damit das „Wirbewußtsein", ohne der Persönlichkeitsentfaltung die ihr ureigenste schöpferische Dynamik zu nehmen. Das Streben nach Anerkennung bildet damit gleichzeitig eine nicht zu unterschätzende Antriebskraft für den beruflichen Aufstieg und die Arbeits- und Berufsbefriedigung an sich. Dieser Wunsch nach Fortkommen, nach verantwortungsvoller und damit angesehener Tätigkeit, „trägt in sich wiederum eine permanente Antriebskomponente, die den Sozialisationsprozeß unterhält und — sofern es nicht zu einem Steckenbleiben in einer Labilisierungsphase kommt — eine stärkere Dynamik in der eigenen Lebensbewältigung und im Sozialverhalten zur Folge hat" (Schmidtke, *308*, S. 63).

---

[80] Wenn wir dabei an die Befriedigung des Ansehens und der Macht innerhalb von informalen Gruppierungen denken, an die Rolle, die der Mensch dort nicht als „Organisationspersönlichkeit" (so *Barnard*), sondern kraft seiner Person und der subjektiven Anerkennung durch die einzelnen Mitglieder innehat, brauchen wir dem Gesagten nichts hinzuzufügen. Das gilt allerdings nicht nur für die informale Wertung der Person im Betrieb, sondern ebenso von „Führerrollen", die der Einzelne aus der Nichterfüllung seines Prestiges im Betrieb in autonomen Gruppen außerhalb der Arbeitswelt sucht. In dieser Ersatzbefriedigung zeigt sich dann oft die „zweite Seele" des Menschen.

Vgl. auch Friedrich *Fürstenberg* (*74*, S. 121/122).

Wir erkennen schon hier, daß das *Bedürfnis nach Anerkennung* auch im Rahmen des betrieblichen Vorschlagswesens eine zu beachtende Rolle spielt und für den Einzelnen zu einem wichtigen Motiv der Teilnahme wird. Mit der Respektierung und Anerkennung seiner Fähigkeiten, der Wertung seiner Erfahrungen und seines Mitdenkens bei der Arbeitstätigkeit, steigert sich das Selbstwertgefühl des arbeitenden Menschen — er fühlt sich beachtet und als Mitarbeiter anerkannt. Nicht nur die Belohnung durch die Prämie gibt hierbei den Ausschlag — sie ist lediglich die materielle Bewertung einer solchen Sonderleistung und an ihrer Überbewertung hat sich schon manches Vorschlagssystem totgelaufen (W. Kellner, *136*, S. 122 ff.) — sondern die „indirekte Anerkennung", die der arbeitende Mensch durch die Frage nach seinen Arbeitserfahrungen und die Aufforderung zu Verbesserungsvorschlägen, zu einer Mitwirkung bei technisch-organisatorischen Veränderungen, erfährt. Wenn Rüssel (*259*, S. 294) dazu ausführt, daß „wahrscheinlich dieser Anerkennung sogar der höchste Wert beigemessen wird", dann macht er auf eine sozialpsychische Wirkungstendenz aufmerksam, mit der wir uns im letzten Hauptabschnitt unserer Arbeit noch zu beschäftigen haben. Es muß aber schon hier einschränkend bemerkt werden, daß eine solche Anerkennung auch zu den schon genannten Konfliktsituationen zwischen dem Einzelnen in seinem Verhältnis zu Vorgesetzten und Mitarbeitern führen kann, weil er damit in der Regel aus der ihm zugeordneten sozialen Rolle heraustritt und die Verhaltensnormen, die ihm die Gruppenbindung vorschreibt, überschreitet. Gerade aus solchen Hemmnissen und Widerständen, die sich in Gefühlen des Neides, der Mißgunst, der Platzangst u. a. m. äußern, ergeben sich die Fehleinstellungen gegen das betriebliche Vorschlagswesen, die uns als „sozialpsychologische Verteidigungsmechanismen" (Grössle) ebenfalls noch im letzten Hauptabschnitt dieser Arbeit begegnen werden.

Die Betrachtung des Menschen als personales und soziales Wesen im Betrieb, seine aus dem Streben nach Bedürfnisbefriedigung motivierten Verhaltensweisen bei der Arbeit, die zwar seinem Wesen als Einzelmensch und Sozialperson entsprechen, aber durch Arbeitsform, Arbeitsvollzug und Arbeitsposition zu einer Divergenz zwischen den individualen und sozialen Wunschvorstellungen und deren Befriedigung in der Arbeitswirklichkeit führen, hat uns die vielschichtigen Probleme im Interaktionsgefüge des Betriebes vor Augen geführt. Wir haben aber gleichzeitig die Erkenntnis gewonnen, daß die Motivierung der Arbeit durch die Entlohnung allein nicht ausreicht, „daß die Löhne nur selten Hauptgrund der Zufriedenheit oder Unzufriedenheit sind. Sie sind lediglich Gradmesser der Zufriedenheit und der Unzufriedenheit und gehen auf fundamentale Wünsche wie die nach Sicherheit, Aufstieg, menschenwürdige Behandlung und einfach nach menschlicher

Würde zurück" (Miller und Form, *220*, S. 247). Neben der Befriedigung ökonomischer Bedürfnisse, denen ein zweckrationales Verhalten zugrunde liegt, „sind es vorwiegend wertrationale, traditionale und emotionale Motivationen, die sehr komplexen Quellen der *Persönlichkeitsstruktur* entstammen und in ihrer Stärke, Richtung und Gestaltung manchmal nur durch eine sehr genaue Kenntnis der gesamten Lebensgeschichte des Individuums zu erklären sind" (Erdély, *57*, S. 211 [Hervorhebung vom Verfasser]). Daneben ist es notwendig zu begreifen, daß Motive nicht einzeln auftreten, sondern daß der arbeitende Mensch „von einer großen Anzahl verschieden gestalteter, in verschiedenen Richtungen wirkender, manchmal sich verstärkender und manchmal gegeneinander sich auswirkender (oder daraus sich neu bildender [Zusatz vom Verfasser]) Motive beherrscht ist und daß seine Handlungsweise das Resultat dieser komplexen Kräftespiele der Motive darstellt" (Erdély, *57*, S. 212). Aus dieser mächtigen Energiequelle der Motivation erwachsen Arbeits- und Betriebszufriedenheit und die Bereitschaft zur Leistung. Der arbeitende Mensch erwartet also neben der Entlohnung noch andere Gegenleistungen zur Befriedigung seiner Bedürfnisse[81], die nicht nur aus dem „Gewinnstreben" erwachsen sind, sondern denen auch persönliche und soziale Antriebskräfte zugrunde liegen (Goode, *86*). Daß der Lohn trotzdem heute noch ausgesprochenen Symbolcharakter hat und wahrscheinlich das Ausdrucksmittel aller Wünsche bleiben wird, hat andere Gründe, die hier nicht näher erörtert werden können[82].

Wir haben am Schluß dieses Abschnittes nur festzustellen, daß auch bei der Arbeitstätigkeit im Betrieb Bedürfnisse motiviert werden, die nur aus der „sozial-individualen Polarität" und „Spannweite" (W. Beck, Hellpach) des Menschen begriffen werden können. Während das Individualsein, als der eine Pol im Spannungsfeld des seelischen Lebens auf Entfaltung und Gestaltung der Persönlichkeit ausgerichtet ist, wirkt das Sozialsein, als der andere Pol, auf die Vorgänge des menschlichen Zusammenlebens. Beide Strukturierungsvorgänge streben aber letztlich nach einer Synthese, nach „sozial-individualer Integration", die Beck (*13*, S. 110), als das Ziel des sozialseelischen Strukturierungsprozesses bezeichnet hat. Diese Verschränkung gilt es auch bei der menschlichen

---

[81] Vgl. dazu die von A. *Carrard* (*36*, S. 246) aufgestellte „Bedürfnistabelle", aus der hervorgeht, daß nur wenige Bedürfnisse mit klingender Münze befriedigt werden können.

[82] Siehe dazu L. v. *Friedeburg* (*66*, S. 76—105), A. *Ackermann* (*2*, S. 17/18) und die Erklärungsversuche von R. *Dahrendorf* (*47*), der dazu meint, daß „auch menschliche Emotionen und Wünsche, auch zunächst von finanziellen Forderungen ganz unabhängige Klagen und Beschwerden, mit einer gewissen Notwendigkeit im ökonomischen Bereich des Betriebes in die Sprache Geld übersetzt werden" (S. 14).

Arbeit anzustreben, durch Harmonisierung verliehener und angeeigneter Rollen im sozialen System des Betriebes und eines sozialen Interaktionsgefüges, das jedem Betriebsangehörigen gleichzeitig noch die Möglichkeit zur Entwicklung eines eigenen Selbstwertgefühles bietet; denn die menschlichen Bedürfnisse sind stets ambivalent und zielen sowohl auf individuales Selbstsein als auch auf mitmenschliche Teilhabe hin. Wenn wir uns dazu sozial- und gruppenpsychologischer Erkenntnisse bedienen, dann sei auf die einführenden Gedanken zu dieser Arbeit verwiesen, in denen bereits auf die gemeinschaftsbildende und zugleich die persönliche Entfaltung und Leistung fördernde Funktion der *Gruppe* hingewiesen wurde und mit der wir uns nun im folgenden Abschnitt zu beschäftigen haben.

3. Sozialpsychologie der Gruppe im Betrieb

Es ergibt sich nunmehr die Aufgabe, uns im Rahmen der Themenstellung unserer Arbeit mit dem „Gruppen"*begriff* und der „Gruppe im Betrieb" zu befassen, und zwar aus der Sicht derjenigen Disziplin, die in erster Linie die psychologischen Bedingungen der mitmenschlichen Kommunikation und des sozialen Handelns analysiert: Der *Sozialpsychologie*. Neben anderen Gemeinschafts- oder Verbandungsformen, in denen der „Mensch im Plural" erscheint (Hofstätter, *124*, S. 23), wurde der *Gruppe*[83] als mitmenschlichem Kontaktgebilde in den einschlägigen Sozialwissenschaften schon immer besondere Aufmerksamkeit geschenkt. Diese Tatsache scheint zunächst kaum verwunderlich, wenn man bedenkt, daß sich ein Großteil unseres Lebens im Verband von „Gruppen" abspielt, sei es im Schoße der Familie, in der Schulklasse, in der Werkgemeinschaft oder ganz allgemein im geselligen Beisammensein (Hofstätter, *124*, S. 149). Die daraus abgeleitete Erkenntnis, daß die Gruppe ein „Urphänomen" (Proesler und Beer, *255*, S. 21) menschlichen Zusammenlebens ist und die Feststellung Scharmann's (*283*, S. 16), daß „es merkwürdig ist, mit welcher Zähigkeit sich das Wort Gruppe zur Charakterisierung irgendwie gearteter mitmenschlicher Kontakte und Kontaktgebilde in den einschlägigen Sozialwissenschaften hält", unterstreichen die Bedeutung dieser Gesellschaftsform menschlichen Zusammenlebens. Dabei wird dieser Begriff in so vielseitiger Bedeutung gebraucht, daß nicht nur in der Umgangssprache und in der Praxis, sondern auch in den theoretischen und angewandten Wissenschaften ständig ein allgemeiner und

---

[83] Das Wort Gruppe ist dem französischen Groupe (= Vereinigung) entlehnt und wurde zunächst als Kernbegriff von der Soziologie übernommen (R. *König*, *384*, S. 104 ff.). Heute gilt der Begriff *Gruppe* als einer der wichtigsten in der Soziologie, ebenso wird der *Rolle des Einzelnen* in der Gruppe unter sozialpsychologischer Betrachtungsweise grundlegende Bedeutung beigemessen (*Bühler*, *35*, S. 336).

ein spezieller Gruppenbegriff durcheinander gehen und nicht genügend gegeneinander abgegrenzt werden. „Auf der einen Seite wird ‚Gruppe' ganz allgemein für die Zusammenfassung merkmalsgleicher Daten oder Personen, wie zum Beispiel für die Gruppe der Alkaloide oder für die Gruppe der Minderjährigen usw., gebraucht; zum anderen aber dient ‚Gruppe' als spezieller Begriff zur Bezeichnung einer mehr oder minder engen Verbindung einiger weniger oder allenfalls einer Mehrzahl von noch überschaubaren Personen oder Dingen" (Scharmann, *287*, S. 30). Damit kommt für den weiteren Versuch einer Deutung dieses vielseitigen Wortes nur der spezielle oder engere Gruppenbegriff in Frage, der sich dann auch schon eindeutig gegenüber den sonstigen „Vermassungserscheinungen" unserer Gesellschaft abhebt[84]. Trotzdem wird das Wort „Gruppe", sowohl für große als auch kleine Sozialgebilde gebraucht, in denen es zu zwischenmenschlichen Beziehungen kommt. Das führte — zuerst in der soziologischen Gruppenforschung — zu einer Unterscheidung von „kleinen Gruppen" ("primary groups" bzw. "small groups")[85] und abgeleiteten, eventuell auch umfassenderen Sozialgebilden, den sog. „Sekundär-Gruppen" (nach Cooley "secondary groups"). Allein diese Auflösung des Wortes „Gruppe" erschwert die Bemühungen um einen allgemein-verbindlichen Gruppenbegriff, da die Beiwörter „klein" und „groß" nicht nur in Verbindung mit der Anzahl der Gruppenmitglieder und damit vorwiegend zur Kennzeichnung für die „Überschaubarkeit" oder „Unüberschaubarkeit" dieses Sozialgebildes gebraucht werden, sondern auch mit den ihnen synonym angewandten Begriffen der „Primär"- bzw. „Sekundärgruppe" als Merkmal ihrer Verbundenheit im Sinne von „Gemeinschaft" und „Gesellschaft"[86]. Andererseits brachte es diese Unterscheidung mit sich, daß sich das Hauptaugenmerk der sozialwissenschaftlichen Forschung auf die „kleine Gruppe" ("small group") richtete, die nach Stirn (*324*, S. 33, Fußnote 44) nur ein Spezialfall der „Primärgruppe" ist. Auf die Bedeutung dieser „kleinen Gruppen", in denen sehr enge persönliche Bindungen und häufig interpersonale Kontakte vorherrschen,

---

[84] Hier wird die Gruppe aus ideologischer Sicht zu einem Remedium gegen den „Massenmenschen" und damit ein Instrument zur Kritik an der Massenpsychologie (Le *Bon*, Ortega y *Gasset*). Darauf hat insbesondere P. *Hofstätter* (*124*, S. 7—42), aber auch Th. *Scharmann* (*283*, S. 44—48) hingewiesen.

[85] Nach einer Anmerkung von Heinrich *Schiller* (*302*, S. 69—70), wird der Begriff "primary groups" erstmals von C. H. *Cooley* in seinem 1909 in erster Auflage veröffentlichten Buch "Social Organisation" verwendet. Diese „Intimgruppen" sind durch eine "intimate face-to-face association and cooperation" charakterisiert; von einer „Wahrhaftigkeit" (*Künkel*), die mit besonderer Intensität auf die Lebensgestaltung des Individuums wirksam wird.

[86] Zu dem Begriffspaar „Gemeinschaft" und „Gesellschaft, vgl. F. *Tönnies* (*334*), der als erster auf diese zwei wesentlichen Grundformen menschlicher Verbundenheit hingewiesen hat.

haben neben Cooley bereits Vierkandt, Simmel u. a. hingewiesen. Trotzdem — und das sei hier vorweg angemerkt — scheint es auch u. M. nach erforderlich, zumindest auch die sozialen Beziehungen zwischen den „kleinen“ und „großen Gruppen“, sowie die Einordnung „kleiner Gruppen“ in größere Gruppenstrukturen zu beachten, da von diesen Primärgruppen wesentliche Impulse ausgehen können, die dann auch auf die Integration größerer Gruppengebilde stimulierend et vice versa wirken (vgl. Scharmann, *277*, S. 54; Stirn, *325*, S. 489/490 und Anm. [87]).

Mit dem bisher Gesagten ist nur angedeutet, daß eine rein statisch-figurale Konzeption des Gruppenbegriffes, die Umschreibung und Abgrenzung sozialer Gebilde oder sozialer Figuren auf Grund einer gerüstsoziologischen Betrachtungsweise, keineswegs zu einer Systematisierung geeignet ist, zumal dabei das Wort „Gruppe“ sowohl von Soziologen als auch Psychologen und Sozialpsychologen, in vieldeutiger Weise zur Kennzeichnung verfestigter Sozialgebilde gebraucht wird. Das ändert sich, sobald die den sog. „Gruppen“ zugrunde liegenden *Gesellungsprozesse* einer näheren Betrachtungsweise unterzogen werden, „das Verhalten von Menschen zu Menschen und die daraus entstehenden Bindungen und Lösungen“ (v. Wiese, *356*, S. 146 ff.). Hier wird der Terminus „Gruppe“ als gefügesoziologischer Begriff angewandt — das Innenleben, die innere ganzheitliche Fügung und Richtung bestimmter Verlaufsformen der Gesellungsvorgänge kennzeichnend. Diese dynamisch-prozessuale Auffassung des Gruppenbegriffes fördert die erstaunliche Tatsache zutage, daß sich dann hinsichtlich der Merkmale, die die Verlaufsformen sozialer Prozesse bestimmen, sowohl aus soziologischer als auch psychologischer Sicht eine weitgehende Übereinstimmung ergibt. Diese Feststellung beruht auf einem eingehenden Vergleich von Scharmann *(283)*, der sich der Mühe unterzogen hat, die unbestimmten und divergierenden Begriffsauffassungen der Gruppe in der neuen deutschen Psychologie und Soziologie aufzuzeigen und einige Erklärungsversuche zum „Gruppen“begriff aus soziologischer, psychologischer und insbesondere sozialpsychologischer Sicht zu geben. Er kommt dabei zu dem Ergebnis, daß „die ‚Gruppe‘ als *Prozeß* ein heuristisches Hilfsmittel zur Kennzeichnung und Abgrenzung spezifischer interpersoneller und interorganisatorischer Kommunikationsvorgänge von durchaus idealtypischer Wertigkeit ist“ (*283*, S. 44 [Hervorhebung vom Verfasser]). Der Gruppenbegriff ist also keineswegs nur durch eine statisch-figurale Konzeption, durch reine Struktur-

---

[87] Auch in der amerikanischen Sozialforschung bleibt die Betrachtung interpersonaler Beziehungen nicht auf die „Kleingruppe“ beschränkt; auf ihre Bedeutung im Rahmen größerer Organisationen (z. B. der eines Betriebes) wird in vielen Arbeiten hingewiesen (C. M. *Arensberg*, W. F. *Whyte*, *Miller* und *Form*, E. W. *Bakke* usw.).

merkmale gekennzeichnet, sondern überwiegend durch einen *dynamischen Prozeß*[88], das „Miteinander-Tätigwerden“ der Gruppenmitglieder, durch das erst die Bildung einer Gruppe ermöglicht wird. Die Gruppe ist demnach kein statisches Gebäude mit Gebilde- oder Gestaltcharakter, sondern ein dynamisches System von Kräften — eine „dynamische Ganzheit“ (Lewin), was bedeutet, „daß eine Veränderung im Zustand eines Teils den Zustand jedes anderen Teiles (mit-)verändert“ (Lewin, *179*, S. 128). Sicherlich wird jede Gruppierung gewisse, ihr eigene Strukturmerkmale aufweisen, die aber nur aus den vorangegangenen Gesellungsvorgängen erklärt werden können oder wie Beck (*13*, S. 44) sagt, einen „sozial-dynamischen Charakter“ haben. H. Fischer (*61*, S. 13) stellt ebenfalls zu Recht fest, daß das Unbefriedigende der meisten vorgeschlagenen Gruppenbegriffe deren Statik sei; auch er sieht die Gruppe als *Prozeß*, wenn er schreibt, daß „die sogenannte Interaktion zwischen zwei Personen einer Gruppe *reziprok* sein muß“ (Hervorhebung vom Verfasser). Damit wird der dynamische Begriff der Gruppe zu einem sozialpsychologischen Phänomen, zu einem begrifflichen Hilfsmittel, mit dem wir transpersonale Gesellungsvorgänge, die sich im Bereich von sozialen Strukturen abspielen, kennzeichnen, denn gerade „in ihr und durch sie wirkt die Gemeinschaft auf den Einzelnen und in ihr und durch sie wirkt der Einzelne auf die Gemeinschaft zurück“ (Scharmann, *277*, S. 53).

Um diese typischen Verlaufsformen der Gesellungsvorgänge innerhalb des so divergierenden Terminus „Gruppe“ näher zu bestimmen, wird es notwendig, sich gewisser Merkmalskombinationen zu bedienen,

---

88 Die aus dieser Sicht entstandene „Gruppendynamik“ (Group dynamics) geht auf ihren Schöpfer Kurt *Lewin* und seine sozial-psychologisch konzeptierte „Feldtheorie des Verhaltens“ (Field Theory in Social Science, New York 1951) zurück, die er und der um ihn sich bildende Forscherkreis (R. *Lippitt*, R. *White*, M. *Sherif*, G. *Homans* u. a.) zur Beschreibung und Erklärung der sich in Gruppen abspielenden Prozesse und Strukturveränderungen verwendete. Die Bedeutung, die *Lewin* der sozial-psychologischen Gruppenbetrachtung einräumt, geht daraus hervor, daß er die Gruppe als „grundlegende Determinante des Lebensraumes des Individuums“ hält, für den Boden, auf dem eine Person steht. Er behauptet sogar, daß ein Mensch, der sich über seine Zugehörigkeit nicht im klaren ist, oder von einer Gruppe nicht akzeptiert wird, seinen Lebensraum als instabil erfährt (*179*, S. 130). Desgleichen hat die von I. L. *Moreno* entwickelte „soziometrische“ Methode, mit der er Prozesse des Zueinanders und Auseinanders, der Anziehung und Abstoßung, des spontanen Sich-Wählens oder Verwerfens innerhalb formaler Gruppen untersuchte, um daraus die jeweilige Gruppenstruktur graphisch darzustellen („Soziogramm“), zu der Auffassung der „Gruppe“ als einer dynamischen Einheit bedeutsame Erkenntnisse geliefert (Die Grundlagen der Soziometrie, Köln 1954).

Die Methode und die Ergebnisse der "group dynamics“ haben auch die deutsche Gruppenforschung stark beeinflußt (G. *Benad*, E. *Bornemann*, H. *Paul*, Th. *Scharmann*, F. *Scherke*, H. *Hiller*, H. *Stirn* sowie H. *Fischer* und insbesondere P. R. *Hofstätter*).

die diese gegenseitigen Formierungstendenzen kennzeichnen. Dabei stützt sich der Verfasser dieser Arbeit auf die vergleichenden Übersichten in dem oben erwähnten Beitrag von Scharmann *(283)*, ohne die von ihm teilweise wörtlich übernommenen Ausführungen jeweils besonders zu kennzeichnen. Wir unternehmen allerdings den Versuch, die von Scharmann sowohl aus soziologischer, als auch psychologischer und sozialpsychologischer Sicht getrennt angeführten gruppenspezifischen Merkmale zu gemeinsamen *idealtypischen* Merkmalskombinationen zu vereinigen, um damit die weitgehende Übereinstimmung der Gesellungsvorgänge mit Gruppencharakter zu unterstreichen. Faßt man nämlich die Merkmale, welche diese Gesellungsvorgänge immer wieder charakterisieren, also das Wesen und Wirken der Gruppe bzw. die Verlaufsgestalten, die den Gruppenprozeß bestimmen, zusammen, dann wird dieses Sozialgebilde, das wir mit dem heuristischen Begriff „Gruppe" zu umschreiben pflegen, durch folgende Strukturmerkmale gekennzeichnet:

1. *durch zeitliche, räumliche und zahlenmäßige Bedingungen, d. h. durch die relative Kleinheit des „Gebildes" und die relative Dauer der Wechselbeziehungen zwischen den Gruppenmitgliedern, die ein gemeinsames Streben nach Erhaltung der Gruppe erkennen lassen.*

Die Gruppengröße hat bei der Erforschung der Gruppenprozesse schon immer zu einer gewissen Problematik Anlaß gegeben. Rein quantitativ läßt sich die Zahl der Mitglieder nicht genau bestimmen, obwohl insbesondere die „kleineren Gruppen" bei der experimentellen Gruppenforschung als Modell zur Erklärung von Gruppenprozessen dienten. Aber eine rein quantifizierende Betrachtung würde zu unlösbaren Widersprüchen führen, da selbst wenige Menschen noch ein struktur- und beziehungsloses Konglomerat sein können, während ein paar hundert Menschen (z. B. ein Betrieb oder eine studentische Korporation), zwischen denen sich gruppenspezifische Wechselwirkungen abspielen, noch als „Gruppe" bezeichnet werden könnte. Ob das letztgenannte Sozialgebilde mit der „Sekundärgruppe" Cooleys vergleichbar ist (die „kleine Gruppe" wird ja von Stirn als Unterfall der Primärgruppe gesehen), wäre erst noch zu klären, zumal in „größeren" Gruppenstrukturen in der Regel die enge persönliche Verknüpfung fehlt, die bindenden Kräfte abstrakter bleiben und die Integration nur im Umweg über die darin sich gebildeten kleinen Gruppen umgesetzt werden kann. Hofstätter meint zwar mit Recht, daß sich „die Frage nach der optimalen Größe einer Gruppe ... im Augenblick noch nicht wirklich beantworten läßt" (*124*, S. 171 und S. 35 ff., *123*, S. 72 ff.); man könnte aber immerhin mit Scharmann (*276*, S. 130) unter qualitativ-phänomenalogischer Betrachtungsweise darunter auch noch ein soziales Gebilde verstehen, daß „einerseits klein genug ist, um gegenüber ... abstrakten oder überpersönlichen Großgebilden noch den Charakter unmittelbarer menschlicher Nähe oder Verbundenheit zu wahren, und andererseits groß genug, um über die engumgrenzte Intimsphäre der Familie hinauszureichen und den Einzelnen in Kontakt mit den übergreifenden Prozessen des gesellschaftlichen und wirtschaftlichen Lebens zu bringen"[89]. Bei einem solchen Versuch, die Relation der Gruppengröße zu bestimmen, sollte allerdings auch nicht übersehen werden, was einmal C. G. Jung ausgesprochen hat, weil damit echte sozialpsychologisch relevante Motive angedeutet sind: „Je kleiner ein sozialer Körper, desto mehr ist die Individualität der Mitglieder gewährleistet, desto größer ihre relative Freiheit und damit die Möglichkeit einer bewußten Verantwortlichkeit" („Psychologische Betrachtungen", Zürich 1945, S. 187).

Der relative Zeitraum des Bestehens der Wechselbeziehungen ist für die Strukturierung der Gruppe ebenfalls von Bedeutung und hebt sie von dem plötzlichen Zustandekommen von Massenaktionen (wilder Streik, Panik; vgl. Carrard, *36*, S. 275 ff.) deutlich ab. Neben einer gewissen Anlaufzeit, bedarf der Gruppenprozeß einer gewissen Stetigkeit zeitlicher Normierungen und Übereinkünfte, welche die Fortsetzung und Wiederaufnahme der Kommunikationen gewährleistet[90]. Schließlich bedarf es auch der Sicherung gegen eine allzulange zeitliche Unterbrechung der mitmenschlichen Kontakte, um den übrigen Konstituanten und den Kräften der Integration die Bedingungen zu schaffen, unter denen sie überhaupt erst wirksam werden können[91].

2. *durch Identität und Kohärenz; Merkmale, in denen sich der prägende und bestimmende Einfluß der Gruppe so weitgehend manifestiert, daß ihr überpersönlicher Charakter und Bestand vom einzelnen Glied unabhängig ist.*

Es kommt hier zu einer Zunahme des gegenseitigen Kontaktes (Abnahme der „sozialen Distanz") auf Grund gruppenspezifischer Wechsel-

[89] Für die „kleine" oder „primäre" Gruppe werden von der Gruppengröße her gesehen, u. M. nach sowohl die quantitativen als auch die qualitativen Merkmale der begrenzten Anzahl der Mitglieder, die persönliche Überschaubarkeit der ganzen Gruppe für jeden Einzelnen und die unmittelbar persönlichen Beziehungen (face-to-face contact) bestimmend bleiben müssen. Dieses „à la taillé de l'homme" *(Ramuz)* ist notwendig, damit ein jeder sich zurechtfindet und entwickeln kann.

[90] Hierin liegt die Problematik der Auflösung der Gruppe, der vorzeitige Verlust der Spontaneität und der Willensschwund zur Kooperation, ehe der Gruppenprozeß zum Gebilde führt und Gestalt annimmt (*Scharmann, 277,* S. 70 ff.).

[91] Die damit angedeuteten gruppenpädagogischen Maßnahmen sind sowohl von *Scharmann* als „begleitende Gruppenpflege" *(277,* S. 60 ff.), als auch von *Scherke* eingehend beschrieben worden. *Scherke* sieht als Aufgabe der „Gruppenpädagogik" (im Betrieb), „ein fortgesetztes, sachkundiges, planmäßiges Bemühen um die Betreuung, die Pflege und die Förderung der Gruppen und ihres Lebens im Betrieb" *(301,* S. 58).

wirkungen, die erst durch bestimmte Identifizierungsmöglichkeiten der Individuen möglich sind, sei es auf Grund gegenseitiger Sympathie[92], der Gemeinsamkeit bestimmter Motive oder Wertschätzungen bzw. sonstiger Umstände allgemeiner Art oder einfach durch den Zwang organisierter arbeitsteiliger Kooperation. Die Träger dieser Prozesse, die dadurch identische Vorstellungen und Wertschätzungen über die Art, das Ausmaß und den Gefügecharakter dieser Beziehungen entwickeln, erhalten durch diese Stilisierungstendenzen eine gruppenspezifische Prägung, d. h. im Verlaufe der gegenseitigen Annäherung, Anpassung, des gemeinsamen Erlebens und koordinierten Handelns entwickeln sich die „Kräfte", die schließlich zur Gruppenbindung „Gruppenkohärenz" [vgl. Hofstätter, *124*, S. 72 ff.] oder „Kohäsion"[93]) führen. Die daraus entstehenden Verhaltensweisen sind bereits an übergreifenden Erlebnisvorgängen im Sinne eines „Wir" orientiert und gewährleisten den inneren Zusammenhang der Gruppe — ihre „Homogenität"[94].

3. *durch den „Intentionalgehalt der Gemeinschaft", ihren „objektiven Geist" oder das „Gruppenziel", also der Ganzheitlichkeit, Einheitlichkeit und Gerichtetheit der Prozesse auf ein gemeinsames Ziel.*

Hier bildet sich durch die Bereitschaft zur Zusammenarbeit und das Maß der Aktivität (= Kooperation) bei den Beteiligten das Gruppenbewußtsein und damit der mehr oder minder bewußte Charakter der Gruppe als einer Gemeinschaft mit gemeinsamen und übergreifenden Interessen und Zielsetzungen[95]. Es kommt hier zu dem eigentlichen Erlebnis der Zugehörigkeit zu einer Anzahl von Menschen, die von gegenseitiger Sympathie oder zumindest Anpassungsbereitschaft erfüllt sind, oder dieselben Ideale, Wertschätzungen, Vorurteile oder Gewohnheiten teilen und sich bei der Verfolgung des gemeinsamen Zieles in den Dienst der gemeinsamen Sache stellen — also *„Team-*

---

[92] „Kontakt und Sympathie sind interdependente Größen; das Anwachsen der einen hat eine Zunahme der anderen zur Folge" (*Hofstätter, 382*, S. 155).

[93] H. *Schiller (302*, S. 107) nennt als Faktoren, die zur „Kohäsion" beitragen können: „Gleiche Interessen — gleiches Herkommen — gemeinsame Feinde — ähnliche Bedürfnisse — gemeinsame Erlebnisse — gleiche Tradition — gemeinsame Angst oder Furcht".

[94] Vgl. W. *Kellner (136*, S. 215 ff.), der als Beispiel für Kohärenz-Wirkung von Gruppen, über Ursache und Wirkung der „Bindung an eine Gruppe" auf die Höhe des Krankenstandes im Betrieb berichtet.

[95] Nach Fritz *Künkel* (Charakter, Einzelmensch und Gruppe, Leipzig 1933) sind die „Ichhaftigkeit" und die „Wirhaftigkeit" für die Bildung des Gruppencharakters von besonderer Bedeutung; sie sind „Strukturformeln" der Gruppe (S. 15). Jede Gruppe hat zwar ein gemeinsames Ziel, aber erst in der Wirhaftigkeit kommt die eigentliche Gemeinschaft zum Ausdruck. *Künkel* spricht hier bereits von einer „Wirhaften Bewegung" von einem Vorgang, bei dem jedes Wir „entweder ein vergehendes, zerbrechendes oder ein neu entstehendes, noch unvollständiges Wir ist" (S. 73).

geist" entwickeln. Dieses „Wir-Erlebnis" bewirkt dann auch den „Leistungsvorteil der Gruppe" (Hofstätter[96]), der sich in der Regel den Leistungen ihrer einzelnen Glieder als überlegen erweist, ohne ein restloses Aufgehen oder gar ein Aufgeben ihrer Persönlichkeit im Gruppeninteresse zu fordern. Die Zugehörigkeit zu einer Gruppe bewahrt daneben nicht nur vor Isolierung und Vereinsamung, sondern sichert auch Anerkennung und soziale Bestätigung und ermöglicht somit Selbstentfaltung und Persönlichkeitsbildung im Rahmen des Gruppenzweckes und der Gruppennormen.

4. *durch Gliederung und Strukturierung, d. h. durch Vorgänge der Aufteilung von Funktionen („Funktionalisierung") und Verantwortungen („Rollenspezifizierung"), die eine Ordnung zwischen den Trägern der Prozesse strukturieren.*

Hierbei wird den Gruppenmitgliedern eine ganz bestimmte Stellung in der Hierarchie und im Kommunikationsnetz zugewiesen, angefangen vom „Gruppenführer" und der „Gruppenprominenz" über „Mitarbeiter" und „Mitläufer", bis zu den Randfiguren der geduldeten „Außenseiter". Die damit geschaffene innere Gruppenstruktur, kann auf dem Prinzip der Über- und Unterordnung beruhen (also gerüstsoziologisch bedingt sein); sie geht aber weitgehend auf den Wert zurück, den die Persönlichkeit und die Leistungsfähigkeit des einzelnen Gruppenmitgliedes für die Verwirklichung des gemeinsamen Zieles oder Verhaltens der Gruppe hat („inoffizielle" oder „wertbedingte" Rangordnung, nach der von der Gruppe meist unbewußt eingeräumten Stellung — auch „sozialer Gruppenstatus" genannt[97]). Diese Rangordnung kann sowohl auf der Tüchtigkeit, als auch auf der Beliebtheit ihrer Träger beruhen, so daß ein solcher Status keinesfalls immer einem Dauerzustand gleichkommt[98]. Damit ist angedeutet, daß die einzelnen Gruppenstrukturen, in denen das Individuum die ihm zugeteilten oder die sich angeeigneten (gewählten) Rollen spielt, in sich eine mannigfaltige, meist situations-

---

[96] F. *Scherke* (*301*, S. 39 ff.) hat nach *Künkel* die „wirhafte" (integrierte, „verbundene") und „ichhafte" (nicht integrierte, „aufgelöste") Gruppe, also die „Verbundenheit" bzw. die „Aufgelöstheit", als das eigentliche Ergebnis der „inneren Leistung" der Gruppe bezeichnet, wobei er sich auf die „Verbundenheitsleistung" (nach W. *Kellner*) als Bezeichnung der Differenz zwischen Gruppenleistung und Summe der Individualleistungen bezieht (Vgl. auch G. *Benad*, *18*, S. 156 ff.).

[97] P. *Hofstätter* meint zu Recht, daß „der gruppenspezifische Rangplatz eine höchst augenfällige Eigenschaft ist, die auf die Beurteilung von Charakterzügen, Fähigkeiten und Leistungen sehr stark auszustrahlen pflegt" (*124*, S. 124).

[98] P. *Hofstätter* (*124*, S. 129 ff.) weist darauf hin, daß zwischen anerkannter Fähigkeit und Beliebtheit ein „recht kompliziertes Interdependenzverhältnis" zu bestehen scheint und sich daher diese beiden Wertschätzungen innerhalb einer Gruppe recht selten bei einem einzigen Mitglied vereinigen.

bedingte Flexibilität (dynamische Kontinuität) zeigen, denn nicht immer tritt der „offizielle" Gruppenführer als solcher hervor. Es können sogar Umstände eintreten, wo er seine Funktion an ein anderes Gruppenmitglied abgibt („informaler Gruppenführer", "second man"[99]). Daneben ist die Rolle des „Außenseiters" zu beachten (vgl. Hofstätter, *124*, S. 71 ff.). Sie kann durch Zwangszugehörigkeit, also objektiv bedingt sein, ist aber in der Regel eine Folge der geistig- seelischen oder körperlichen Verfassung des Abgelehnten oder Verfolgten. Da er trotzdem die Gruppe subjektiv bejaht, ist seine Stellung mit einem meist eigentümlichen Rollenspiel verbunden[100]. Diese Prozesse der Funktionalisierung und Rollenspezifizierung, mit der sich der Gefügecharakter einer Gruppe strukturiert, zeigen in ihrem dynamischen Ablauf ganz deutlich, daß eine Gruppe eine gegliederte Ganzheit ist, deren zwischenmenschliche Teilkonstellationen bestimmten gruppenspezifischen Ordnungs- und Stilisierungstendenzen unterliegen.

5. *durch Objektivierung der Gruppenprozesse, d. h. Bildung von gruppenspezifischen Normen, Werten und Verhaltensweisen.*

Hier werden durch den „objektiven" oder „Teamgeist" die „Äußerungs- und Wirkungsformen", die „besonderen Umgangsformen" und „Verhaltensweisen" normiert, geprägt und gegebenenfalls bis zur gemeinsamen Anerkennung bestimmter Bräuche, Symbole, Leitbilder, Stereotype usf. stilisiert[101]. Aus dieser Uniformierung des geistigen und praktischen Verhaltens der Gruppenmitglieder ergibt sich eine spezifische „Gruppenmoral" oder „Gruppenethik", ein „Niveau" für die „Aktivität" der Gruppe, ihre Leistungs- und Einsatzbereitschaft für das Gruppenziel im Sinne des „Gruppenrichtmaßes" nach v. Wiese (vgl. dazu Kellner, *136*, S. 227 ff.). Hiervon wird aber auch das Leistungsniveau des Einzelnen weitgehend mitbestimmt, weil die Gruppe durch ihren Teamgeist und ihre Leistungsnormen auch stimulierend wirkt.

---

[99] In der Regel kommt es dabei zur Ausbildung eines „Führungsduals", bei dem der Träger der (anerkannten) Tüchtigkeitsrolle und der Träger der Beliebtheitsrolle gemeinsam die Gruppe leiten (Hofstätter, *382*, S. 156).
Den damit verbundenen Fragen der „Gruppenführung" ist seit den Untersuchungen von K. *Lewin* und seinen Schülern besondere Aufmerksamkeit gewidmet worden. Wir werden dazu noch an anderer Stelle nähere Ausführungen bringen (vgl. S. 139 ff.).

[100] *Künkel* nennt hier den Clown als besondere Spielart des Außenseiters, der sich zwar zu seiner Gruppe nicht ganz zugehörig fühlt, aber um nicht völlig allein dazustehen gewisse Fähigkeiten entwickelt, die ihn bei den anderen beliebt oder gar unentbehrlich machen (Jugendcharakterkunde, Schwerin 1931, S. 64—67).

[101] Es sei hier auf das Buch von Rolf *Bigler:* Der einsame Soldat (Frauenfeld 1963) und den daraus veröffentlichten Aufsatz „Sie wollen ganz anders sein" (Die Psychologie militärischer Eliteverbände. Eine Untersuchung über den „Para"-Geist) hingewiesen. In: „Frankfurter Allgemeine Zeitung" vom 12. 2. 64, S. 11/12.

Allerdings darf dabei nicht übersehen werden, daß infolge der Solidarität und des Richtmaßes, die Gruppenleistungen im Vergleich zu den isolierten Einzelleistungen nicht nur normierend, sondern auch nivellierend nach unten wirken können (Moede, Hofstätter).

Wenn wir die Merkmale, welche die Gesellungsvorgänge im Gruppenprozeß immer wieder charakterisieren, noch einmal „stichwortartig" zusammenfassen, dann ergeben sich bei den mit diesem Begriff umschriebenen Sozialprozessen oder Sozialkonstellationen folgende Bedingungen und Tendenzen, die gleichzeitig eine *idealtypische* Abgrenzung gegenüber andersartigen Verbandungsvorgängen und -maßnahmen möglich machen:

1. die relative Kleinheit des „Gebildes" und die relative Dauer der Wechselbeziehungen *(Gruppengröße* und *Gruppendiskussion)*
2. die Identität und Kohärenz der verbindenden Kräfte *(Gruppenbindung)*
3. die Intention auf das gemeinsame Ziel *(Gruppenbewußtsein)*
4. die Funktionalisierung und Rollenspezialisierung der Beteiligten *(Gruppenstruktur)*
5. die Herausbildung eines „objektiven" Geistes *(Gruppennorm)*.

Diese Vorgänge, aus denen sich eine Gruppe strukturiert, weisen nochmals darauf hin, daß sich hinter dem „Gruppen"begriff eine „dynamische Ganzheit" (Scharmann) verbirgt, ein Spannungsfeld, mit gegenseitig verlaufenden Wechselbeziehungen und Wechselwirkungen zwischen den Einzelindividuen und der Gruppe. Es handelt sich also bei diesen gruppenspezifischen Gesellungsvorgängen um einen Prozeß, der sowohl individuell als auch sozial dynamisch verläuft und dessen relative Geschlossenheit oder Konformität, die Integriertheit dieses Sozialgebildes ausmacht. Diese Gesellungsphänomene, für die dann der Gruppenbegriff verbindlich wäre, lassen sich bei Unterstellung gleicher Stilisierungs- und Formierungstendenzen, nicht nur für die begriffliche Umschreibung der „kleinen Gruppe" anwenden, sondern sie werden auch für größere Sozialverbände bestimmend sein, obwohl in solchen Verbandungsformen, „dieses wechselseitige Verhalten je nach Art, Größe, Offenheit oder Geschlossenheit, Mächtigkeit und Dignität der verschiedenen Verbindungen seine Modifikationen erfahren wird" (Scharmann, *283*, S. 27). Wenn sich trotzdem die Gruppenforschung weitgehend den sog. „kleinen Gruppen" zugewandt hat, dann einmal, weil die in diesen Beziehungsstrukturen ablaufenden zwischenmenschlichen Kontakte, „sich im endlichen Raum, in einer endlichen Zeitdauer, mit begrenzten Zahlen von Versuchspersonen, die außerdem identifizierbar und definierbar (durch ihre gegenseitige Abhängigkeit und verbindende Rolle) sind, bewegen" (H. Fischer, *61*, S. 14) und daher leichter bestimmt werden können; zum anderen, weil dadurch bedingt, günstigere Ansatzpunkte für eine wirksame „Gruppenarbeit“ und „Gruppenpflege“ (wir werden auf diese Begriffe noch eingehen) möglich werden. Ob allerdings von der Warte „kleiner Gruppen“ und der aus ihrer Erforschung gewonnenen Erkenntnisse ein induktiver Schluß auf größere Gruppenstrukturen gezogen werden kann, bedarf wohl noch grundlegender Beweise. Aber es gibt bereits in der modernen Sozialforschung Soziologen, Sozialpsychologen und Sozialanthropologen, deren Untersuchungen über eine „Kleingruppenforschung“ hinausgehen und die grundlegende interpersonale Beziehungen *zwischen* den Gruppen eines Sozialgebildes genauso studieren, wie diejenigen innerhalb jeder einzelner dieser Gruppen[102]. Ihre Ergebnisse lassen die Bedeutung gut integrierter Gruppen innerhalb eines größeren Sozialgebildes (z. B. eines Betriebes) erkennen, ihre anregende Wirkung auf die zwischenmenschlichen Beziehungen innerhalb einer größeren Sozialstruktur, die sich eben auch nur als „Flechtwerk“ von Teilstrukturen und damit als „Netzwerk“ aller interpersonalen Beziehungen darstellt[103].

Abschließend sei eine Definition des Begriffes „Gruppe“ von Scharmann (*287*, S. 30) wiedergegeben, der sich dazu wie folgt äußert: „*Soziologisch* ist unter einer Gruppe im engeren Sinne ein soziales Gebilde zu verstehen, das sich von der form- und strukturlosen Menge oder von der alles Individuelle einschmelzenden, jedoch kurzlebigen Massenaktion, aber auch von den Großorganisationen und Kollektivgebilden der Klassen, der Berufsgruppen, des Staates als ein zwar kleinerer, aber verhältnismäßig stark strukturierter und differenzierter Sozialverband abhebt. In ihm herrschen die Merkmale des engeren, ja des intimen Kontaktes, der Kontinuität und Dauer, der gemeinsamen Aktivität, der inneren Strukturierung, Aufgabenverteilung und der Rollenspezialisierung vor, als deren Ergebnis sich ein besonderer Team-, Korps- oder Gruppengeist bildet.“

Dieser spezielle oder engere Begriff der „kleinen Gruppe“ bildet auch die Grundlage für die Erforschung und Darstellung der Gruppenprozesse und der ihnen zugrunde liegenden Vorgänge der „Interaktion“[104], d. h. der sozialpsychologischen Gefügesituationen, wie sie

---

[102] Hier ist innerhalb der amerikanischen Industrie-Sozialforschung die "Society for Applied Anthropologie“ mit ihren Vertretern *Arensberg, Tootell, Whyte, Homans* u. a. zu nennen. Vgl. dazu auch H. *Stirn* (*324*) und Th. *Scharmann* (*284*).

[103] *Scharmann* schreibt dazu aus betriebspsychologischer Sicht: „Im Betrieb können solche Gruppen das Leistungsniveau des Einzelnen weitgehend *mit*bestimmen, indem sie durch ihren Teamgeist und ihre Leistungsnormen stimulierend wirken; außerdem trägt der Geist der Solidarität, der die echte (besser die integrierte) Gruppe beherrscht, wesentlich zur Verbesserung des Betriebsklimas bei“ (*277*, S. 54).

sich bei der Bildung einer Gruppenstruktur darstellen. Dabei wird im Sinne der begrifflichen Umschreibung eines solchen Sozialgebildes vorausgesetzt, daß die „zu einer Gruppe spontan (informal) vereinigten oder zweckrational (formal) zusammengefaßten Einzelwesen, sich ohne Preisgabe ihrer Individualität als zusammengehörig erleben, gemeinsamen Zielen dienen, gleiche Auffassungen haben und sich gemeinsamen Verhaltensregeln und Leistungsnormen unterwerfen" (Scharmann, *287*, S. 30). Die Unterscheidung, die hier zwischen sog. „formalen" und „informalen" Gruppen getroffen wird, lenkt den Blick auf den Prozeß ihrer Entstehung. Die „formale Gruppe" entsteht danach durch planmäßige und bewußte Herbeiführung der sie kennzeichnenden gruppenspezifischen Merkmalskombinationen, sie ist ein zweckrational organisiertes Sozialgebilde mit institutionellem Zwangscharakter. In diesen „Zwangsgruppen" (so Traphagen, *337)* spielen sich die interpersonalen Beziehungen innerhalb eines offiziellen Rahmens bestehender Regeln ab, ihre zweckrational aufgebaute Sozialstruktur mit klar definierten Funktions- und Verantwortungsbereichen, läßt je nach dem Grade ihrer Organisiertheit der eigenen Initiative einen sehr begrenzten Spielraum zur persönlichen Entfaltung. Autorität und alle sonstigen Befugnisse werden kraft des gegebenen Auftrages ausgeübt und leiten sich primär von dem Amt oder der Stellung innerhalb der hierarchischen Rangordnung und nicht von der Persönlichkeit ab, so daß die Gefahr, daß der Einzelne in solchen Zwangsgruppen zu einem „Träger sozial vorgeformter Rollen" (Dahrendorf) wird, besonders groß ist. Die Stärke einer solchen „hierarchisch-institutionellen Gruppe" (Scharmann) liegt in ihrer relativen Leistungsfähigkeit und Zuverlässigkeit als „organisierter Apparat"; ihre Schwäche in der Tendenz zur „Bürokratisierung"[105], in dem Vorrang der anonymen Organisation vor dem menschlichen Kontakt (Lukasczyk, *192*, S. 26/27). Dagegen

---

[104] Interaktionen stellen die eigentlichen Elemente sozialen Verhaltens dar; sie sind nach v. *Wiese* „soziale Beziehungen durch menschliche Handlungen" (Allgemeine Soziologie, München und Leipzig 1924—1929, Teil I, S. 3) und damit Verhaltensweisen (Frage und Antwort, Gedankenaustausche und Tätigkeiten), „die mit der Dynamik der Gruppe unmittelbar verknüpft sind" (H. *Fischer, 61,* S. 13).

Die Hauptvertreter der „Interaktionstheorie", die sich bewußt gegen die Instinktlehren wandten und als sozialpsychologische Schule von Chicago bekannt wurden, waren C. H. *Cooley*, J. *Dewey*, G. H. *Mead* und W. I. *Thomas* (vgl. R. L. *Hinkle* und G. N. *Hinkle, 115,* S. 63 ff.). Theodore M. *Newcomb* (*236*, S. 12 ff.) sieht in der sozialen Interaktion zwischen menschlichen Wesen sogar den Hauptgegenstand der Sozialpsychologie; für ihn ist „Interaktion aktive Reaktion", also Handeln, als aktives Streben des Einzelnen nach Befriedigung persönlicher Wünsche und nach einem auskömmlichen Verhältnis zur Umwelt. „Interaktion ist hauptsächlich gegenseitige Beeinflussung."

[105] Zum soziologischen Begriff der „Bürokratisierung" siehe den gleichnamigen Beitrag von R. *König* (Hrsg.), in Fischer-Lexikon, Bd. 10, „Soziologie", Frankfurt 1958, S. 46—52.

bilden sich die sog. „informalen Gruppen" spontan, d. h. auf Grund eines freiwilligen Zusammenschlusses vereinzelter Personen, die aus gleichen oder ähnlichen Motiven ein gemeinsames Ziel anstreben und dieser Verbindung Dauer verleihen wollen. Informale Gruppen sind demnach „persönliche Wahlgruppen" (Lukasczyk), für dessen Zusammenschluß gemeinsame Bedürfnisse, Interessen und Ziele genauso bestimmend sein können, wie gleiche Rangstellungen, ähnliches Prestige, ständiges räumliches Beisammensein oder sonstige gleichgerichtete Motive. Sie bilden sich also aus freiem Entschluß auf Grund gemeinsamer seelisch-geistiger Beziehungen, die sich in ihrer sozialpsychischen Situation als „Sinnbildungen" (W. Beck) konstituieren, in einer Erlebnisgemeinschaft, bei der es nicht nur zu einer soziokulturellen Anpassung kommt, sondern in der dem Einzelnen noch genügend Freiheit zur Entfaltung seiner persönlichen Initiative bleibt. Da sich derartige „Initiativgruppen" (W. Traphagen) weitgehend willkürlich und als Formierung bestimmter Situationen bilden, die in ihrer Art so mannigfaltig sein können wie das Leben selbst, sind die Motivationen informaler Gesellungsvorgänge nicht einfach zu erklären, obwohl hier als wichtigste Sympathie, Solidarität, Spontaneität oder Gewohnheit, sowie Schutz- und Aggressionstendenzen zu nennen sind[106].

Mit dieser Unterscheidung des Prozesses der Gruppenbildung, einmal in der Form einer zweckrational organisierten Zwangsgruppierung (formal), zum anderen durch freiwilligen, spontanen Zusammenschluß (informal), ist aber mehr ausgesagt, als etwa nur über die Art und Weise der menschlichen Kontaktaufnahme. In der reinen „Zweckorganisation"[107], der die gleichen gruppenspezifischen Merkmale wie in der Spontangruppe zugrunde liegen müssen (anderenfalls wir diese Gesellungsvorgänge nicht mit dem Begriff „Gruppe" umschreiben dürften), sind die Interaktionsvorgänge vorgeschrieben, d. h., daß ein aus der Sachlogik organisiertes Gerüst vorhanden ist, welches nicht nur die sozialen Kontakte, sondern auch die Einstellung und die Aktivität der zusammengefaßten Personen in vorgeschriebene Gruppennormen und

---

106 Diese Grundlagen informaler Verbindungsvorgänge finden sich bei Th. *Scharmann* (*276*, S. 133).
Hans *Stirn* (*324*, S. 35) nennt bei seiner begrifflichen Umschreibung der informalen Gruppe folgende wichtige Merkmale ihrer Verlaufsformen: „häufige wiederkehrende, aber nicht unbedingt regelmäßig stattfindende interpersonale Kontakte außerhalb der durch eine formelle Organisation gesetzten Ordnung. Zahl und Dauer der Kontakte sind nicht entscheidend, wohl aber, daß ein gewisses Gruppenbewußtsein existiert ... Es gibt in jeder informellen Gruppe einen oder mehrere informelle Führer ... Da der informellen Gruppe das ‚Gerüst' einer formellen Organisation fehlt, sind Sympathie, Gewohnheit und gleiche Interessen die einzigen Kohäsionskräfte".

107 Wir übernehmen diesen Begriff von P. J. *Boumann* (*31*, S. 48 ff.), der dieser Formalgruppe die „Lebensgemeinschaft" als sozialpsychologisches Bezugssystem gegenüberstellt.

Verhaltensweisen zwängt. Die einzelne Person wird hier gezwungen, „sich funktional dem jeweiligen sozialen Wirkungsganzen ein- und unterzuordnen, eine zugewiesene Position anzunehmen und auch seinerseits Rollenträger und -partner zu werden“ (Wurzbacher, *361*, S. 12); sich damit einem Prozeß sozialer Prägung und Kontrolle zu unterwerfen, der von seiner Organisiertheit her wenig Freiheit zur Befriedigung personaler und sozialer Wünsche läßt[108]. Es wird daher unabhängig von der Gerüststruktur einer solchen formalen Gruppe, außerdem zu spontanen (informalen) Gruppenprozessen kommen, zu inoffiziellen Interaktionsvorgängen, in deren Verlauf sich eine eigene gruppenspezifische Gefügesituation[109] mit eigenen Normen und Verhaltensweisen strukturiert, die dem Einzelnen innerhalb des strengen Reglements der formalen Organisation noch die Möglichkeit eines persönlich gestaltbaren Lebensraumes bietet und seinen Bedürfnissen nach Sicherheit, Anerkennung und Selbstentfaltung entgegenkommt. Das innere Gefüge der Gruppe beruht also auf *sozialpsychischen* Motivkonstellationen, von denen wichtige Wirkungstendenzen zur Bedürfnisbefriedigung ausgehen, wobei es ohne Belang ist, ob das daraus bedingte Handeln primär personal determiniert oder sozio-kulturell geprägt und enkulturiert ist. Dieses, von den das Individuum überformenden Einflüssen der formalen Gruppe abweichende Verhalten, dem innerhalb des Vorganges der sozial-individualen Integration oder Verschränkung die Prozesse der „Enkulturation“ oder „Selbstentfaltung“ sowie der „Personalisation“ oder „Persönlichkeitsdynamik“ zugrunde liegen (s. o. S. 106 ff.), spielt auch innerhalb des Gruppenprozesses eine zu beachtende Rolle, weil sich dadurch der Mensch selbst erst als Mitglied und Mitträger sozialer Gebilde verstehen lernt[110]. So gesehen kann

---

108 Max Graf zu *Solms*, dessen „aspektologische Betrachtungsweise“ (nach *Scharmann*) wir hier anwenden, obwohl er selbst den Begriff der Gruppe aufgibt und lediglich von Zuordnungen und Verbandungen spricht, die dann unter gefüge- oder gerüstsoziologischen Aspekten beobachtet werden können, hat sich in seiner „Analytischen Gesellungslehre“ *(273)* dazu wie folgt geäußert: „Bei der gerüstmäßig-schematischen Zusammenfassung von Menschen nach äußerlichen Gesichtspunkten bleiben gerade die Kriterien außer Betracht, die, wie etwa jenes der *Persönlichkeitsentfaltung*, für die Gefügebetrachtung im Vordergrund stehen“ (S. 249) ... Die Sozialpersonen werden nach äußerlichen Kennzeichen eingeteilt, man fragt nicht nach ihren Persönlichkeitsqualitäten, ihren inneren Nöten und Entfaltungsbedürfnissen. Man läßt sie mit-leiden, mit-profitieren, je nachdem, ob sie zufällig einer solchen Zuordnung oder einem solchen Verband angehören (S. 418) ... Da aber stets die Menschen sich nicht mit der äußerlich schematischen Einteilung begnügen, wird ihr Unbehagen hieran offenbar“ (S. 429/430).

109 Eine Gefügebetrachtung ist nach *Solms (273,* S. 361) stets sozialpsychologisch orientiert; ihr liegt stets „eine Mehrheit von Gefühlen-, Begehrens-, Denk- und Wollenssituationen und noch eine Fülle anderer psychologischer Tatbestände zugrunde, die ständig durcheinander gehen“.

110 Damit wird einer „Vergruppung“ an sich widersprochen — der Annahme, daß sich der Mensch *nur* in funktionaler Gliedhaftigkeit eines über-

man auch von einer „äußeren" (organisierten) und „inneren" (entstandenen) Gruppenstruktur sprechen, eine Unterscheidung, wie sie Scherke in seiner psychodiagnostischen Gruppenanalyse (*301,* S. 22 ff. und 26 ff.) vornimmt, wobei er anmerkt, daß die Untersuchung der „äußeren" Struktur *soziologisch,* die der „inneren" Struktur *psychologisch* orientiert sei, was letztlich einer *Gerüst-* und *Gefüge*betrachtung entspricht. Denn auch Scherke sieht in dem Bestehen „sozialer Wechselbeziehungen und Wechselwirkungen" zwischen den Gruppenmitgliedern ein wesentliches Merkmal der Gruppensituation; „diese zwischenmenschlichen Beziehungen bestimmen nicht nur das individuelle Verhältnis der einzelnen Gruppenmitglieder zueinander, sondern darüber hinaus auch die *innere Struktur* und die *Dynamik* jeder (Arbeits-) Gruppe. Dieses zwischenmenschliche Kräftespiel innerhalb der Gruppe ist ein dialektischer Prozeß im Sinne der vitalen Dialektik Fritz Künkels" (*301,* S. 30)[111]. Der Blick auf die innere Struktur und die Dynamik des Gruppenlebens ist also eine *sozialpsychologische* Betrachtungsweise, die wir lediglich auch auf die Wechselwirkungen zwischen formalen, d. h. zweckrational institutionalisierten und informalen, also spontan entstandenen Gruppenbeziehungen, erweitert wissen wollen. Der Kern des sozialpsychologischen Problems der Gruppe besteht also in dem Versuch zu einer Synthese zwischen erzwungener zweckrationaler Organisationsstruktur und freiwillig gebildeter Gefügesituation zu gelangen, d. h. zu einer Integration zwischen dem sich durch die Organisation ergebenden Interaktions*gerüst* und dem spontan abgewandelten Interaktions*gefüge* einer Gruppe. Die Spannungen und Konfliktsituationen, die sich zwischen diesen formalen und informalen Aspekten der Gruppenprozesse bilden, machen dann auch Verhaltenskonflikte zwischen einzelnen Gruppen und in größeren Sozialgebilden begreifbar, gleichzeitig bilden sie wichtige Ansatzpunkte für gruppenpflegerische Bemühungen, mit denen sich dann auch die Gruppe bzw. die Gemeinschaft ihrer Mitglieder bis zur kultur- und sozialschöpferischen Aktivität steigern kann.

---

geordneten Organismus der Gruppe befände. *Wurzbacher* bemerkt zu Recht, daß „der soziale Begriff ‚Mit-Glied' nicht mit dem biologischen des ‚Gliedes' gleichzusetzen ist; er beinhaltet immer nur eine partiell-funktionale und individuell mitbestimmte Zugehörigkeit. Hinter ihm steht die Vorstellung, daß die sozialen Beziehungen, aus denen sich *Gruppe* und Gesellschaft aufbauen, durch den Einzelnen mitgetragen und mitgestaltet werden" (*361,* S. 13). C. I. *Barnard* spricht in seinen bedeutenden Werken über die Struktur und Führung sozialer Gebilde (*7* u. *8*) nicht von den Mitgliedern einer sozialen Organisation, sondern bezeichnenderweise von den zur Erfüllung des Organisationszweckes „Beitragenden".

[111] Nach *Carrard* (*36,* S. 219) stellt die dialektische Betrachtungsweise deshalb den Schlüssel zum Verständnis individueller und sozialer Eigenart dar, weil jede Erscheinung aus ihrem *ganzheitlichen* Zusammenhang verstanden werden muß.

An dieser Stelle sind einige allgemeine Ausführungen zur „Führung der Gruppe“[112] notwendig, weil der Führungsstil den gruppenspezifischen Merkmalskombinationen angepaßt sein muß, wenn er nicht mit dem Gruppenprozeß in Gegensatz geraten soll. Abgesehen davon, daß die Bildung von Gruppen oftmals um eine Persönlichkeit oder eine „Kerngruppe“ (Scharmann) erfolgt, sind auch die gruppenpflegerischen Bemühungen von der Person des Gruppenführers oder der Gruppenprominenz und damit weitgehend von der Rolle der Leitung und Führung abhängig. Scharmann (*277*, S. 66 ff.), der neben anderen (E. Bornemann, H. Paul, W. Rohn u. a.), die für den Integrationsvorgang notwendigen Eigenschaften des Gruppenführers dargelegt hat, folgert zu Recht, daß „auf dem Gruppenführer oder dem Gruppenkern ... in erster Linie das ganze System der Gruppenpflege ruht“. Das hatten als erste bereits E. Mayo, F. Roethlisberger u. a. erkannt und seitdem Moreno (*228*), mit der von ihm geschaffenen „soziometrischen Methode“ auch die „Führerrolle“ in der sozialpsychischen Gefügesituation einer Gruppe und damit die informale Gruppenhierarchie entdeckt hat, wissen wir, daß sowohl in der formalen als auch informalen Gruppe eine „Rollendifferenzierung“ (Hofstätter) stattfindet, in deren Verlauf neben den durch die offizielle Organisation eingesetzten formalen Gruppenführer, ein von den Mitgliedern gleichsam frei „gewählter“, informaler Gruppenführer treten kann. Hofstätter (*124*, S. 129 ff.) nennt als Kriterien für diesen Ausleseprozeß zwei Wertschätzungen: das der „Tüchtigkeit“ und das der „Beliebtheit“ und meint, „daß sich diese beiden Prädikate der Auszeichnung innerhalb einer Gruppe nur recht selten bei einem einzigen Mitglied vereinigen“. Auf diese Rollendivergenz hat erstmals Bales (*5*) hingewiesen, der mit seinen Mitarbeitern in den sog. "interaction process analysis“ auf die Tatsache aufmerksam machte, daß zu dem formalen Gruppenführer und den offiziellen Unterführern (Stellvertreter, Vorarbeiter) auch ein "second man“ oder „best-liked man“ gehören kann, mit dem wichtige Entscheidungen beraten werden, und der seinerseits den Kontakt mit den übrigen Gruppenmitgliedern hält[113]. Es leuchtet zwar ohne weiteres ein,

---

[112] Zu diesem wichtigen Problemkreis, bei dem es um das Zusammenführen der individuellen und der Gruppenzielsetzungen geht ("fusion of goals"), also um ein Verschmelzen gegenteiliger Meinungen durch geförderte und gepflegte Kontakte auf und zwischen allen Stufen der Gruppenhierarchie — gleichgültig, ob diese formal oder informal strukturiert ist — hat insbesondere die sozialpsychologisch orientierte Gruppenforschung in Theorie und Praxis wichtige Erkenntnisse geliefert (K. *Lewin*, R. *Lippitt*, R. *White*, R. F. *Bales*, L. *Coch* und J. R. P. *French*, jr., C. M. *Arensberg*, C. I. *Barnard* — E. *Bornemann*, A. *Carrard*, H. *Paul*, Th. *Scharmann*, F. *Scherke*, W. *Rohn*, H. *Fischer* u. a.).

Vgl. dazu auch F. *Fürstenberg* (*74*, S. 88—105) und M. *Irle* (*129*).

[113] Vgl. auch die Untersuchungen von L. *Cronbach*, F. E. *Fiedler*, P. E. *Slater*.

daß die Vereinheitlichung beider Rollen in einer Person dem Integrationsproß der Gruppe nur förderlich sein kann, aber auch im sog. „Führungsdual" (Hofstätter), bei dem der Träger der Tüchtigkeitsrolle und der Träger der Beliebtheitsrolle *gemeinsam* die Gruppe leiten, kann infolge des Verbalkontaktes und der gegenseitigen Bestätigung eine erfolgreiche Gruppenführung begründet sein (Hofstätter, *124*, S. 132; Lukasczyk, *193*). Dieses Vertrauensverhältnis zwischen dem formalen und informalen Gruppenführer gewinnt an Bedeutung durch die Erkenntnis, daß sich die übrigen Gruppenmitglieder weitgehend mit der Einstellung und dem Verhalten des „informalen" Gruppenführers identifizieren und Verbindungen zur Gruppenprominenz durch Pflege sachlicher und persönlicher Kontakte mit den Inhabern von Schlüsselpositionen, vor allem über den „zweiten Mann" hergestellt werden. „Während vom formalen Gruppenführer ... weit mehr erwartet wird, daß er seine Untergebenen unparteiisch behandelt und dem einzelnen Mitarbeiter als Einzelpersönlichkeit begegnet, spricht der informale Gruppenführer selbstverständlich per „Wir" und erwartet, daß der andere sich mit ihm solidarisch im Sinne der gemeinsamen Gruppe sowie ihrer Leistungs- und Verhaltensnormen fühlt" (Scharmann, *287*, S. 33). Wie dem auch sei, auch der formale Gruppenführer sollte nicht nur sachlich, sondern auch menschlich von den Gruppenmitgliedern akzeptiert werden, d. h. sowohl auf Grund seiner beruflichen Tüchtigkeit und seiner Einstellung zur Arbeitssituation, mit der er das inoffizielle Leistungsrichtmaß der Gruppe repräsentiert, als auch auf Grund seiner Beliebtheit, mit der die engen persönlichen Kontakte zu den übrigen Gruppenmitgliedern ausgedrückt werden. Nur wenn er sich eindeutig mit dem Leistungsrichtmaß und dem spezifischen „menschlichen Klima" seiner Gruppe identifiziert, kann er gegenüber den anderen Gruppenmitgliedern und auch im Verkehr mit anderen Gruppen, das „Wir" seiner Gruppe repräsentieren; als „primus inter pares" die Haltung der Gruppe, sowie ihre Einstellung zur Umwelt und zum Gruppenziel mitbestimmen.

Von hier aus läßt sich die Frage nach der Form der Gruppenführung ableiten, nach dem Führungsstil (vgl. Kunze, *165*), dessen Art und Weise einen entscheidenden Einfluß auf den Gruppenprozeß hat. Lewin, Lippitt und White (*177*) haben in ihren Untersuchungen erstmals die Wirkungen verschiedener Führungsweisen aufgezeigt und nachgewiesen, daß weder die „autoritär-autokratische" Führungsform, noch die Form des "laissez-faire" (als extrem liberalistische Führungsmethode) geeignet sind, einen positiven Einfluß auf die Stimmung und die Leistungsbereitschaft einer Gruppe auszuüben. Dagegen haben die Übergangsformen der „autoritativen" und der „demokratischen" Führung, die Integration zu einem harmonischen Gruppenverhalten weitgehend gefördert. Wenn wir auch der Ansicht von Scharmann (*287*, S. 33) zustimmen, daß über die Wahl des zweckmäßigsten Führungsstils, die Art des Auftrages, die Arbeitsbedingungen und die personelle Zusammensetzung der Gruppe entscheiden und ebenfalls keineswegs der demokratischen Führungsweise ausschließlich die größten Leistungserfolge zuschreiben[114], so halten wir doch gerade die „demokratisch-integrierende Führung“ (so W. Rohn, *264*, nach einer Gegenüberstellung verschiedener Führungsformen durch das "Industrial Relation Center“, USA[115]), der ein „kooperatives Führungsverhalten“ zugrunde liegt, als besonders geeignet, die gruppenbildenden und gruppenpflegerischen Bemühungen und die ihnen zugrunde liegenden dynamischen Aspekte menschlichen Handelns und Verhaltens wirkungsvoll zu unterstützen. Die demokratische Gruppenführung weckt die Initiative und die spontane Selbstentfaltung der Gruppenmitglieder, sowie deren Mitverantwortung; sie bewirkt eine natürliche Selbstgliederung der Gruppe und führt über die gegenteilige Anteilnahme und die soziale Geltung des einzelnen Gruppenmitgliedes zu einer freudigen und harmonischen Zusammenarbeit mit einem dadurch sich steigernden sachlichen Arbeitserfolg[116]. „Demokratisch bedeutet hier, daß die Autorität in den Grundsätzen, Anschauungen und Standards der Gruppe liegt“ (Rohn, *264*, S. 77), also ein *kooperatives* Führungsverhalten, das alle Gruppenmitglieder zu einem gemeinsamen Handeln im Sinne der zu lösenden Aufgabe — zu Gruppenarbeit und Teamwork — zusammenführt. Als höchste Form einer solchen kooperativen Führung mag sich dann das sog. "participative leadership“ (Lewin, Likert, Hayes u. a.) darstellen,

---

[114] Auf Grund vieler Untersuchungsergebnisse, insbesondere in der amerikanischen Gruppenforschung (*Berkowitz*, L., *Preston*, M. G. und *Heintz*, R. K., *Kahn*, R. L. und *Katz*, D.), ist man zu dem Ergebnis gekommen, daß bei autoritärer Führung die Produktivität, bei demokratischer Führung die Gruppenmoral größer sei.

[115] W. *Rohn* nennt in seinem Beitrag unter dem Abschnitt „Die Führung in der Gruppenarbeit“ (*264*, S. 76/77) als bekannteste Führungsformen:
1. die bürokratisch-formale Führung, 2. die autokratisch-dirigistische Führung, 3. die idiokratisch-manipulierte Führung und 4. die demokratisch-integrierende Führung.

[116] Diese gruppen-spezifischen Erfolge zeigen sich besonders auf dem Gebiet des produktiven Denkens — in sog. „Denk- oder Suchgruppen“ (N. R. F. *Maier*, *196*).

Damit wird die Bedeutung der Einbeziehung sozial- und gruppenpsychologischer Erkenntnisse bei geistig produktiver Arbeit, wie sie letztlich auch das *betriebliche Vorschlagswesen* darstellt, erkennbar, ganz im Sinne der Themenstellung dieser Arbeit, bei der es um Verwirklichung gruppenspezifischer Maßnahmen innerhalb des betrieblichen Vorschlagswesens geht. (Vgl. auch die unveröffentlichte Diplom-Arbeit des Verfassers: Der organisatorische Aufbau des betrieblichen Vorschlagswesens unter Berücksichtigung betriebs- und sozialpsychologischer Gesichtspunkte, Nürnberg 1959, in der nachgewiesen wird, daß die „institutionell-demokratische“ Organisation dieser Einrichtung im Sinne der Teamarbeit, sich als die erfolgreichste erweist.)

— eine Art „teilhabende Führerschaft" —, die alle Gruppenmitglieder erfaßt und an der Gestaltung des Gruppenzieles teilhaben läßt[117]. Aus gruppenpsychologischer Sicht ist Führung keineswegs als Prozeß einseitiger Willensdurchsetzung zu verstehen, sondern als ein mehrdimensionaler Vorgang mit starken sozialpsychologischen Akzenten. „Führen heißt dann, das Leistungspotential sozialer Gruppen im Sinne des Betriebszieles zu aktivieren, was nicht nur durch direkten Einsatz der ‚Führungspersönlichkeit', sondern auch und oft besser indirekt durch den Aufbau von Teamarbeit, d. h. durch zweckmäßige Verteilung sozialer Rollen geschehen kann" (Fürstenberg, *74*, S. 92; sog. „Delegation von Verantwortung"). Dabei wird eine auf gruppendynamischen Aspekten aufbauende Führungsform stets psychologische, sozialpsychologische und soziologische Elemente in sich vereinigen müssen, um sowohl den formalen als auch informalen Prozessen der Organisationsstruktur einer Gruppe gerecht werden zu können[118].

In dem sozialpsychologischen Spannungsfeld, das zwischen den beiden Polen des Gruppenprozesses verläuft, hat sich die Gruppe zu bewähren — hier werden die bindenden oder lösenden Kräfte wirksam, die zur „Wirhaftigkeit" oder „Ichhaftigkeit" ihrer Mitglieder und damit auch der Gruppe selbst führen und die letztlich auch die *Gesamtleistung* der Gruppe beeinflussen. Der „Leistungsvorteil der Gruppe" (Hofstätter) wird zwar mit der Zunahme gleichartiger und engerer Beziehungen, angemessener Rollenspezifizierung und Aufgabenverteilung und der Ausrichtung der Gruppenmitglieder auf ein gemeinsames Ziel ansteigen[119], es wäre aber falsch daraus zu schließen, daß die Gruppenleistung

---

117 Hier werden Probleme der Mitwirkung und Mitbeteiligung angesprochen; freilich auch der Mitverantwortung — ohne daß man dabei an eine Demokratisierung der gesamten Führung denken darf, da sich jede Führungsform letztlich immer nur innerhalb gewisser Grenzen — der gesetzten „sozialen Ordnung" — entwickeln kann. Teilhabe bedeutet hier nicht mehr und nicht weniger als ausreichende Information und Diskussion innerhalb der Gruppe, ein gegenseitiges Verständnis zwischen „oben" und „unten" und umgekehrt und damit die Beachtung des Menschlichen in der Gruppenorganisation. Diese Erkenntnis haben die Amerikaner in einem Satz zusammengefaßt: "People, who don't share, don't care."

118 Chester I. *Barnard* beschreibt das Wesen der Führung einer Gruppe wie folgt: „Für ihn (den Gruppenführer) ist Führung die Funktion einer Gleichung mit drei Unbekannten: dem *Einzelwesen*, der *Gruppe* und der *Umwelt*. Deshalb ist die Situation jedes Führenden stets eine äußerst unsichere und labile" (nach E. *Dederra*, *51*, S. 46).

119 T. T. *Paterson* nennt in seinem Buch "Morale in War and Work", London 1955, drei Elemente derer es zur Bildung eines echten Gemeinschaftsgeistes bedarf:

1. des *Wirbewußtseins*, durch das das Einzelinteresse mit dem Interesse der Gemeinschaft verschmolzen wird, 2. des *Rollenbewußtseins*, das den Gliedern die Überzeugung gibt, eine Funktion zu erfüllen, die auszuüben sich lohnt und 3. des *Abhängigkeitsbewußtseins* aller von allen, das in der Einsicht gipfelt, daß der Einzelne ohne die Gemeinschaft nicht existieren kann (nach E. *Dederra*, *50*, S. 24).

mit der zunehmenden rein gefühlsbetonten Integration der Gruppenmitglieder in einem proportionalen Verhältnis steht (H. A. Müller, *231* und Hanhart, *94*). Obwohl zweifellos ein bestimmtes Minimum an Interaktionen im Bereich der sozialen Gefühle zur Erzielung einer guten Gruppenleistung notwendig ist — wobei die positiven Gefühlsäußerungen die negativen überwiegen müssen — ergibt sich daraus keineswegs die Folgerung, daß mit der Zunahme der Sympathie der Gruppenmitglieder ein ständiges Ansteigen des Leistungseffektes zu erwarten ist, weil vermutet werden kann, daß auch ein gewisses Maß an Opposition der Leistung förderlich ist (Hanhart, *94*, S. 34). Das Ansteigen der Gruppenleistung durch einen hohen Anteil an zustimmenden Interaktionen im emotionalen Bereich, wird also begleitet von einem ebenfalls relativen hohen Anteil an ablehnenden Interaktionen, deren Verhältnis zueinander das Leistungsergebnis der Gruppe positiv oder negativ beeinflussen wird. Damit wird deutlich, daß die integrative Verfassung der Gruppe eine dynamische und labile ist und sowohl die Möglichkeit der „Verbundenheit" als auch der „Aufgelöstheit" als auch der „Gleichgültigkeit" mit einem diesen Konstitutionen entsprechendem Leistungsrichtmaß einschließt. Sowohl ein Übermaß an sozialer Integration, das zur egoistischen, cliquenhaften Selbstabschließung der Gruppe führt — zur Distanzierung von der sozialen Umwelt — aber auch zur völligen Identifikation des Einzelnen mit der Gruppe, zu einer Rollenspezifizierung, aus der der Einzelne aus Gründen der Gruppenloyalität selbst bei günstiger Gelegenheit nicht mehr herauskommt (Bigler, *22*, S. 11), als auch ihr innerer Zerfall durch unzweckmäßige Führung, mangelnde oder erzwungene Kooperation (Scharmann, *277*, S. 70 ff.), wirken sich bei der Eingliederung in einem größeren Sozialverband nachteilig aus. Aus dieser Sicht wird auch die Bedeutung gruppenpflegerischer Bemühungen zur Erreichung eines guten „Gruppenklimas" verständlich, „das für die Gruppenleistung ebenso wichtig ist, wie die eigentlich sachlichen, arbeitsorganisatorischen Momente" (H. A. Müller, *231*, S. 28). Scharmann (*287*, S. 35) schreibt dazu: „Die technisch-organisatorischen Voraussetzungen und sozialpsychologischen Bedingungen, welche einen optimalen Integrationsvorgang begünstigen, können bewußt und planmäßig im Wege der sogenannten ‚Gruppenpflege' bewirkt werden, so daß sich auf die Dauer ein zweckdienliches Binnenklima und ein ebensolches Leistungsrichtmaß entwickeln."

Da wir uns die Aufgabe gestellt haben, die ‚Gruppe im Betrieb' aus sozialpsychologischer Sicht zu beschreiben, um daraus für das eigentliche Anliegen unserer Arbeit die notwendigen Erkenntnisse abzuleiten, wird es erforderlich, sich nun den transpersonalen Gesellungsvorgängen zuzuwenden, die sich im Bereich *betrieblicher* Sozialgebilde abspielen und die wir in den vorangegangenen Ausführungen mit dem

Hilfsbegriff „Gruppe" umschrieben haben. In unserem Rückblick auf die historische Entwicklung der Betriebspsychologie, unter der heute weitgehend eine „Sozialpsychologie des Betriebes" verstanden wird (vgl. S. 83 ff.), haben wir bereits darauf hingewiesen, daß dieses Teilgebiet der angewandten Psychologie weitgehend unter dem Einfluß einer Forschungsrichtung steht, die sich geradezu um den Begriff der „Gruppe im Betrieb" zentriert (s. o. S. 86). Dabei wurde insbesondere der „Arbeitsgruppe", als einer Form der menschlichen Gesellung im Betrieb, besondere Aufmerksamkeit geschenkt, da sie sich als kleines, überschaubares Gebilde zu Forschung und Experiment besonders eignete (Scherke, *301;* Stirn, *324, 325* mit umfangreichen Literaturangaben). Ohne eine nähere Stellungnahme zu dem nach unserer Auffassung zu enggefaßten Begriff abzugeben, ziehen wir hier die allgemeine und neutrale Bezeichnung „Betriebsgruppe" vor, weil damit irgendeine der mehr oder weniger zahlreichen Gruppierungen innerhalb des Betriebes gemeint sein kann, in denen es zu menschlich-sozialen Kontakten kommt[120]. Dabei kann es ebenfalls nicht unsere eigentliche Aufgabe sein, den Menschen als eigenständiges dynamisches Wesen in seinen Gruppenbeziehungen zu sehen, sondern insbesondere die Gruppe selbst als dynamische Einheit zu betrachten, weil Individuum und Gruppe in einer wechselseitig-abhängigen Beziehung zueinander stehen oder wie Künkel (*164,* S. 8) das einmal ausgedrückt hat: „Die Gruppe formt — naturgemäß — den Einzelnen, und der Einzelne formt — unwillkürlich — die Gruppe." Und schließlich wird es notwendig sein, nicht nur beim dynamischen Prozeß zwischen Individuum und Gruppe stehenzubleiben, sondern auch auf die Wechselbeziehungen und Wechselwirkungen zwischen den Gruppen selbst einzugehen, auf ihre Bedeutung in und für die soziale Organisation des Betriebes, die letztlich auch als Gruppenstruktur, als ein System von zusammenhängenden, sich überlappenden Gruppen, aufgefaßt werden kann[121].

Trotz der zweifelsohne vorhandenen gruppenspezifischen Merkmale der Betriebsstruktur — F. H. Müller (*229,* S. 154) nennt in diesem Zusammenhang: „Dauerhaftigkeit und Beständigkeit, arbeitsteilige Ver-

---

120 Carlos *Kollmannsperger (151,* S. 14—16) unterscheidet nach der Art der Leistung zwischen „Arbeitsgruppen" und „Denkgruppen" im Betrieb, wobei er die „Arbeitsgruppe" als organisiertes Gebilde mit einem relativ dauerhaften Zustand bezeichnet, in der die materielle, physische Arbeit verrichtet wird.

121 Diesen Vorschlag hat erst kürzlich wieder R. *Likert* in seinem Aufsatz "A Motivation Approach to a Modified theory of Organization and Management", in: Modern, Organization theory, *Haire,* M. (ed.), New York / London 1959, S. 184—217, gemacht (Vgl. dazu R. *Staerkle* [*316,* S. 35 ff.]).

Es muß hier der Vollständigkeit wegen angemerkt werden, daß bereits *Scherke* darauf hingewiesen hat, daß der Betrieb *soziologisch* gesehen, „eine feste, zufällig entstandene Gruppe von Menschen ist, die unter bestimmten technischen Bedingungen zum Zwecke der Bereitung wirtschaftlicher Mittel zusammenarbeiten" (*297,* S. 8). Diese soziologische Begriffsbestimmung des

bundenheit der Glieder, klares Bewußtsein aller Beteiligten von der Gleichgerichtetheit ihres Tuns und ihrer Zusammengehörigkeit" — stellt sich doch das Sozialgebilde „Betrieb" zunächst als hierarchisch-organisiertes Gerüst dar, als „institutioneller Bezugsrahmen" (Fürstenberg), der von einem „Flechtwerk sozialer Gruppen" (Fürstenberg) durchzogen wird. In diesen Gruppen — die wir oben mit dem allgemeinen Begriff „Betriebsgruppen" umschrieben haben — spielen sich diejenigen Gesellungsvorgänge ab, die sich durch die zwischenmenschlichen Beziehungen (Interaktionen) und der in ihnen verwirklichten sozialen Rollen ergeben und aus denen das sozialpsychische Arbeitsverhalten und die Leistungsbereitschaft der Betriebsangehörigen resultieren. Der Hinweis auf die im Betrieb vorhandenen Gruppen bedeutet allerdings noch nicht, daß jede dieser Verbandungsformen den Anspruch erheben kann, eine Gruppe im Sinne unserer sozialpsychologischen Betrachtungsweise zu sein, da hierfür ihr inneres Gefüge bestimmte Merkmale aufweisen muß, zu denen insbesondere die Überschaubarkeit, die dauernden persönlichen Beziehungen und das gemeinsame „Wir-Bewußtsein" zählen (Bornemann). Innerhalb der Organisationsstruktur des Betriebes ist aber eine solche Gruppe oft nichts weiter als eine bloße Ansammlung von Menschen — ein „strukturloses Konglomerat" (Scharmann) — die nur durch die äußerlich vorgegebene technologische und organisatorische Zuordnung zu einem bestimmten Teil des Arbeitsprozesses und durch vorgeschriebene Regeln der Betriebsdisziplin zusammengehalten werden[122]. Es handelt sich also um zweckrational geschaffene und organisierte Gebilde innerhalb des Betriebes, mit deren Hilfe die durch die Arbeitsteilung und Arbeitszerlegung aufgegliederten Produktions- und Verteilungsprozesse wieder koordiniert werden sollen

---

Betriebes, die statischen Charakter trägt (Formalsoziologie), erweitert *Grössle* mit seiner Auffassung vom Betrieb „als einer Primärstruktur höherer Ordnung" zu einer sozialpsychologischen. Er stellt damit den Betrieb in Gegensatz zu einer Sekundärgruppe, „in der die *indirekte* Zusammenarbeit zur Erreichung eines bestimmten Zweckes im Vordergrund steht und die sich durch *geringe* Häufigkeit der persönlichen Kontakte ihrer Mitglieder auszeichnet" (*92*, S. 55).

Obwohl *Grössle* mit seinem Buch, das nebenbei einen ausgezeichneten Überblick über den Stand der betriebspsychologischen und betriebssoziologischen Forschung in den USA gibt, die Interdependenz zwischen Wirtschaftlichkeit und sozialem Gleichgewicht auf Grund einer verbindenden betriebswirtschaftlichen mit einer sozialpsychologischen Betrachtungsweise nachweisen konnte, erscheint uns seine Auffassung des Betriebes als „Primärgefüge" etwas zu stark akzentuiert, da gerade in einem so unüberschaubaren Gebilde diejenigen Rückbildungen der Integration eintreten, die er selbst als bestimmend für die Sekundärgruppe nennt.

[122] Schon H. de *Man* vertritt die Meinung, daß hierbei gerade das Gegenteil einer Gruppenbildung im sozialpsychologischen Sinn eintritt, wenn er schreibt: „Man könnte fast das Gesetz formulieren, daß die Arbeitssolidarität um so geringer ist, je stärker der Charakter der Arbeitsaufgabe zur Kooperation zwingt" (*197*, S. 263).

— und zwar sowohl durch eine Zuordnung der arbeitsteiligen Tätigkeiten, als auch ihrer Träger. Diese Koordination wird einmal bewirkt durch die „funktionale Organisation“ (die horizontale Nebenordnung nach Gesichtspunkten der Abfolge und technischen Abhängigkeit), zum anderen durch die „skalare Organisation“ (die vertikale Über- und Unterordnung als Ausdruck der Befehlsbefugnis oder formalen Autorität) innerhalb des betrieblichen Sozialsystems. Die Beteiligten treten in diesen organisierten Zweckgebilden aber lediglich innerhalb des vorgegebenen Organsationsrahmens in soziale Beziehungen; ihre Zusammenarbeit ist eine reine „Arbeitskooperation“, die technisch-organisatorisch bedingt ist. Es ist das Verdienst der Forschungsgruppe Popitz, Bahrdt, Jüres und Kesting *(250)*, die sich aus den Arbeitsvollzügen ergebenden Kontakte in einem Hüttenbetrieb untersucht und zwei neue Formen dieser aus der Arbeitsverknüpfung sich ergebenden Zusammenarbeit aufgezeigt zu haben[123]. Sie kommen dabei zu einer Unterscheidung zwischen „gefügeartiger“ und „teamartiger“ Kooperation innerhalb der funktionalen Organisation des Betriebes[124]. Während bei dem ersten Typ die Zusammenarbeit ausschließlich über die technische Anlage erfolgt und die Arbeitskräfte durch die feste Systematik in unmittelbarer gegenseitiger Abhängigkeit stehen, ohne daß sie in der Lage wären, sich gegenseitig auszuhelfen (die sozialen Kontakte werden hier durch die technische Anlage nicht nur bedingt und ermöglicht, sondern auch vermittelt), läßt die sogenannte „teamartige Kooperation“ noch gegenseitige Unterstützung und persönliche Zusammenarbeit zu, so daß es hier innerhalb des vorgegebenen technisch-organisatorischen Kooperationsrahmens noch zu spontan herausgebildeten Verhaltensweisen mit gruppenspezifischen Normen kommen kann. Das bedeutet, daß bei diesem Typ der Leistungsanspruch der technischen Anlage noch eine Ergänzung durch einen sozialen Verhaltensanspruch der Mitglieder dieser Betriebsgruppe erfahren kann und „der Einzelne in einer teamartig kooperierenden Arbeitsgruppe, für den Anderen nicht mehr nur als Arbeitskraft, sondern auch als Individualität gegenwärtig ist“ *(250*, S. 184). Aus dieser Sicht läßt dann nach Meinung der Verfasser nur noch die „teamartige“ Kooperation den Begriff „Arbeitsgruppe“ sinnvoll erscheinen, da mit fortschreitender Mechanisierung der Arbeitsvollzüge, die sozialen Kontakte einen auf präzise Leistungserfüllung abgestellten und versachlichten Charakter erhalten[125]. Soweit diese

---

123 Auf diese, durch die Art der Arbeitsverknüpfung entstehenden sozialen Kooperationsformen hat auch schon W. *Jost (133*, S. 45) hingewiesen.

124 Die wichtigsten Elemente dieser Kooperationsformen sind im Abschnitt II dieser Arbeit: „Analyse der Kooperationsformen“, von H. *Kesting*, gegenübergestellt (S. 66 ff.).

125 M. R. *Lepsius (171*, S. 16 ff.) stellt zu diesen technisch bedingten Kooperationsformen als Resümee die These auf, daß „die sozialen Formen der

Versachlichung in der zunehmenden technisch-organisatorischen Rationalisierung der Arbeitsvollzüge gesehen wird, sind wir der gleichen Ansicht wie die Verfasser, denn diesen Umwandlungsprozeß können wir in der betrieblichen Praxis täglich beobachten; nur sind wir der Auffassung, daß weder die „gefügeartige", noch die „teamartige Kooperation", denen ausdrücklich technisch-organisatorische Bedingungen zugrunde liegen, mit dem sozialpsychologischen Gruppenbegriff identifiziert werden können[126]. Sie stellen lediglich zwei verschiedenartige Kooperationsformen zur Koordination von Teilprozessen innerhalb der funktionalen Betriebsorganisation dar — organisatorische Zusammenfassungen von mehreren Arbeitskräften zur Durchführung eines Arbeitsauftrages, die eben je nach dem Grad der technisch-organisatorischen Rationalisierung „teamartig" oder „gefügeartig" kooperieren, wenn auch damit eine gewisse Interdependenz zwischen technischen und organisatorischen Bedingungen (dem institutionellen Bezugsrahmen) und den daraus abzuleitenden interpersonalen Beziehungen (dem Interaktionsgefüge) zum Ausdruck kommt[127]. Diese zweckrational geschaffenen und organisierten Gruppen im Betrieb, in denen sich die interpersonalen Kontakte zwischen den Gruppenmitgliedern innerhalb des offiziellen Rahmens bestehender Anweisungen und Regelungen abspielen, entsprechen den sog. „formalen" oder „formellen" Gruppen[128]. Eine formale Gruppe — auch im Betrieb — hat also „eine rational aufgebaute soziale Struktur mit klar definierten Funktionen ... Sie ist hierarchisch gegliedert und enthält eine Reihe von Ämtern, denen kraft ihrer Funktion Vorrechte und Verpflichtungen innewohnen ... Die Autorität der Personen leitet sich von dem Amt und nicht von

---

Industriearbeit in unmittelbarer Abhängigkeit zum Rationalisierungsstand der Produktionstechnik und der Fertigungsorganisation stehen" (S. 22).

[126] Auch M. R. *Lepsius* schreibt dazu: „An die Stelle einer *persönlich* harmonisierenden Arbeitsgruppe mit gruppenspezifischen Verhaltensweisen und einem Gruppenführer, tritt als neue Kooperationseinheit ein in der Ausübung seiner Arbeitsvollzüge spezialisiertes und technisch kompetentes Arbeitsgefüge, unter dessen Mitgliedern keine wesentliche persönliche Verbundenheit zu bestehen braucht" (*171*, S. 19).

[127] Vgl. dazu auch die Stellungnahmen von R. *Dahrendorf* (*45*, S. 18 ff.), A. *Rüssel* (*259*, S. 315 ff.) und F. *Fürstenberg* (*74*, S. 52 ff.). Im übrigen sei nochmals auf W. *Jost* (*133*, S. 45 ff.) hingewiesen, der feststellt, daß die menschlich-sozialen Gehalte einer Arbeitsverrichtung von sehr verschiedenen und mannigfaltigen Umständen bestimmt werden können, z. B. vom Betriebsgegenstand, der Betriebsgröße, dem allgemeinen Charakter der Betriebstechnik, u. ä., sowie auf den Abschnitt „Großbetrieb und Automatisierung" bei W. *Kellner* (*136*, S. 247 ff.).

[128] In der Literatur wird das aus der angelsächsischen Gruppenforschung stammende Beiwort „formal" in der Regel mit dem Ausdruck „formell" verdeutscht. Da aber auch der deutsche Wortschatz den Ausdruck „formal" kennt (formal = der Form und damit der Gestalt, Figur gemäß [Der Große Brockhaus, 16. völlig neubearbeitete Aufl. in 12 Bänden, Wiesbaden 1954, Vierter Bd., S. 176]), verwenden wir ihn, soweit wir die Gestalt, das organisatorische Gerüst einer Gruppe meinen, auch weiterhin.

der Persönlichkeit ab" (Stirn, *324*, S. 33). Formale Gruppen sind daher mehr Verbandungsformen im Sinne von Tönnies „Gesellschaft" als „Gemeinschaft"; ihre Stärke liegt in der Leistungsfähigkeit als „organisierter Apparat"; ihre Schwäche in den formalistischen und entpersönlichten menschlichen Beziehungen. Wir bezeichnen diese Gruppen im Betrieb, die einmal aus der horizontalen Organisation (Arbeitsteilung), zum anderen aus der vertikalen Organisation (Vollmachtenteilung) entstanden und verinstitutionalisiert worden sind, mit Scharmann (*276*, S. 132) als „hierarchisch-institutionelle" Betriebsgruppen. Diese Gruppen strukturieren in ihrem funktionalen Nebeneinander und ihrer skalaren Über- und Unterordnung[129], die Formalorganisation des Betriebes[130]; sie machen zusammen mit den sie beinhaltenden sozialen Wechselbeziehungen (Interaktionen) und der in ihnen verwirklichten sozialen Rollen, wie Dahrendorf (*45*, S. 21) schreibt, „den bewußt geplanten Aspekt seiner sozialen Binnenstruktur aus"[131]. Formale Betriebsgruppen „verdanken also ihre Entstehung bewußter Planung und sind die eigentlichen Träger der Betriebsfunktionen, der Fertigungs- und Verteilungsprozesse, der Verwaltungs-, Planungs- und Vorbereitungsmaßnahmen" (Scharmann, *276*, S. 132). Sie stellen damit aus formalsoziologischer Sicht das organisatorische Gerüst für die Durchführung eines Teilauftrages zur Erreichung des Betriebszweckes dar; ob in ihnen aber „auch Gruppen- oder gar Teamarbeit geleistet wird, hängt davon ab, wie das innere Gefüge oder die Struktur einer solchen Gruppe gestaltet ist. Nur dann nämlich, wenn eine Arbeitsgruppe (oder um bei unserem neutralen Begriff zu bleiben, eine Betriebsgruppe [der Verfasser]) durch bewußte Maßnahmen oder durch zufällige Fügung im Sinne einer ‚kleineren Gruppe'[132] strukturiert ist, wird in ihr Gruppen- bzw. Teamarbeit geleistet" (Scharmann, *287*, S. 30)[133].

---

[129] Zu den Begriffen der „funktionalen" und „skalaren" Organisation, die auf Ch. I. *Barnard* zurückgehen, siehe R. *Dahrendorf* (*44*, S. 61 ff.).

[130] Vgl. R. *Dahrendorf* (*45*, S. 21 ff.), D. C. *Miller* und W. H. *Form* (*220*, S. 30 ff.), R. *Mayntz* (*205*, S. 14), die in diesem Zusammenhang von „Soll-Organisation" spricht; A. *Mayer* (*201*, S. 81 ff.), der für den Bereich der äußeren sozialen Betriebsstruktur (Tätigkeits-, Aufgaben-, Kompetenz-, Befugnis- und Anordnungsbereich), den Begriff der „sozialphysischen Organisation" geprägt hat; sowie J. A. C. *Brown* (*34*, S. 68 ff.), der von der „äußeren Organisation" spricht.

[131] Siehe auch F. *Fürstenberg* (*74*, S. 22 ff.), der zu den konstituierenden Merkmalen der betrieblichen Sozialstruktur den „institutionellen Bezugsrahmen" und das „Interaktionsgefüge" zählt.

[132] Der Begriff der „kleinen Gruppe" wird von *Scharmann* (*287*, S. 30) wie folgt definiert: „Man kennzeichnet damit ganz allgemein ein soziales Gebilde, das, aus wechselseitigen Beziehungen zweier oder mehrerer Menschen entstehend, sich zeitlich als relativ beständig erweist und sich von seiner sozialen Umwelt mehr oder minder deutlich abhebt. Von den zu einer Gruppe spontan (informal) vereinigten oder zweckrational (formal) zusammengefaßten Einzelwesen wird in der Regel angenommen, daß sie sich ohne Preisgabe ihrer

Bevor wir auf die für unsere weiteren Ausführungen wichtigen Begriffe, der „Gruppen- bzw. Teamarbeit“ näher eingehen, haben wir uns noch mit denjenigen Gruppierungen innerhalb der betrieblichen Sozialstruktur zu beschäftigen, die nicht ausschließlich aus der formalen Organisation entstanden sind, sondern sich durch Verbindungen auf horizontaler Ebene oder durch eine besondere Aufgabenstellung, im betrieblichen Ablauf mit weitgehender *Eigenverantwortlichkeit* gebildet haben. Obwohl auch diese Betriebsgruppen noch mit *offizieller* Anerkennung der Unternehmensleitung geschaffen werden, fehlt ihnen die sonst nach streng hierarchisch-formalen Gesichtspunkten geordnete Geschäfts- und Auftragsverteilung, die weitgehend zugunsten einer *demokratischen* Kooperation zurücktritt und daher in der Regel über die einzelnen Rangstufen und Abteilungen hinwegreicht. Diese betrieblichen Zusammenschlüsse nennen wir mit Scharmann (*276*, S. 132/133) „demokratisch-institutionelle Gruppen“ und unterteilen sie, je nachdem, ob die Teilnahme jedem Betriebsangehörigen freisteht oder ob ihre Mitglieder nach dem Prinzip einer gewissen Repräsentation ausgewählt werden, in „demokratisch-*fakultative*“ und „demokratisch-*repräsentative*“ Gruppen. Zu solchen Gesellungsformen, die ihre Entstehung also *nicht nur* einem betriebsorganisatorischen Bedürfnis (im Sinne des eigentlichen Betriebszweckes) verdanken, sondern sich neben sehr vielseitigen Gründen auch aus der Spontaneität ihrer Einzelmitglieder bilden, gehören z. B. das betriebliche Informationswesen, der betriebliche Arbeitsschutz, das *betriebliche Vorschlagswesen* u. a. m.[134]. Schließ-

---

Individualität als zusammengehörig erleben, gemeinsamen Zielen dienen, gleiche Auffassungen haben und sich gemeinsamen Verhaltensregeln und Leistungsnormen unterwerfen.“

[133] Auch terminologisch gibt die Unterscheidung von „gefügeartiger“ und „teamartiger“ Arbeitsorganisation zu Bedenken Anlaß, da *gefügeartige Kooperation* im Sinne der sozialpsychologischen Auffassung dieser Vorgänge gerade den inneren und strukturellen, den interaktionsdynamischen Aspekt des gesamten Vorganges, im Gegensatz zu einer hierarchisch oder skalaren, d. h. eben „gerüstartig“ formalisierten Kooperation, meint. (Vgl. dazu S. 50 f. und S. 136, Anm. [108] u. [109], wo Interaktions„gefüge“ genau das meint, was *Popitz, Bahrdt* etc. nicht meinen!).

[134] Die Bedeutung dieser institutionell-demokratischen Organisation einer Gruppe für das betriebliche Vorschlagswesen wird noch in unserer Arbeit nachzuweisen sein. Dabei ergeben sich von der Beteiligung an dieser betrieblichen Einrichtung her zwei verschiedene Blickrichtungen, auf die wir schon jetzt hinweisen möchten. Aus der Sicht des organisatorischen Aufbaues des betrieblichen Vorschlagswesens — das grundsätzlich auf dem Prinzip *freiwilliger* Teilnahme beruht — ist es zu den „demokratisch-fakultativen Gruppen“ zu rechnen, da nach unserer Auffassung die Beteiligung *allen* Betriebsangehörigen freistehen sollte (s. u. S. 255 ff.). Dagegen ist es als Gruppenaufgabe gesehen, auch zu den „demokratisch-repräsentativen Gruppen“ zu zählen (wie es z. B. *Scharmann* getan hat, *276*, S. 133), da sich das von uns vertretene „Gruppen-Vorschlagssystem“ auch auf spontane oder planmäßige gebildete „Such- oder Denkgruppen“ stützt, die in der Regel verschiedensten Auslesekriterien unterworfen sind (Vgl. S. 280 ff.).

lich sind zu den institutionellen Betriebsgruppen auch noch vorhandene betriebliche „Freizeitgruppen“ zu rechnen, allerdings mit der Einschränkung, daß dazu nur solche Gebilde zählen, die eine *offizielle Förderung* durch den Betrieb erfahren[135]. Da bei der Entstehung solcher Gruppierungen — die ja nicht mehr unmittelbar dem Betriebszweck dienen — die Spontaneität und Sympathie ihrer Mitglieder eine noch größere Rolle spielen, als bei den demokratisch-institutionellen Gruppen, zeigt sich hier schon der Übergang zu denjenigen Gruppenprozessen, deren interpersonale Kontakte außerhalb der durch die formale Organisation gesetzten Ordnung stattfinden und die als „informale Gruppen“ bezeichnet werden (vgl. dazu Stirn, *324*).

Informale Gruppen entstehen auf der Grundlage echter menschlicher Beziehungen; sie sind persönliche „Wahlgruppen“ (Lukasczyk). Obwohl sie sich auf Grund gemeinsamer Bedürfnisse, Interessen und Ziele, meist gleicher Rangstellung, ständigem räumlichen Beisammensein oder sonstigen gleichgerichteten Motiven auch außerhalb des Betriebes bilden können, interessieren uns hier die informalen Verbindungen innerhalb des Betriebes, die, wie Scherke (*296*, S. 80) sagt, in „der ‚Merk- und Wirkwelt‘ des Betriebes eine ganz bestimmte positive oder negative Wirkung ausüben“. Sie sind gleichsam „unterirdische“ soziale Gebilde, mit sehr unterschiedlicher Struktur und Prägung und die Situationen aus denen sie sich bilden, können in ihrer Art so mannigfaltig sein, wie das Leben selbst. Scharmann (*276*, S. 133) hat auf eine Reihe von Grundlagen dieser informalen Verbindungsvorgänge aufmerksam gemacht, unter denen Sympathie, Solidarität, Spontaneität oder Gewohnheit, Schutz- und Aggressionstendenzen nur die wichtigsten sind — gemeinsame seelisch-geistige Interessen, die sich in ihrer sozialpsychischen Situation in einer Erlebnisgemeinschaft des „Mit“ und „In“ konstituieren (Beck, *13*, S. 59). In diesen äußerlich so verschiedenartigen Verbindungen und Gruppierungen wird ein menschlicher Ausgleich gegenüber den unpersönlichen Beziehungen des technisch- organisatorischen Arbeitsprozesses angestrebt: die Betriebsangehörigen suchen auf diese Weise „einen Modus vivendi zwischen den individuellen Bedürfnissen und den Anforderungen der formalen Organisation“ (Staerkle, *316*, S. 24, nach L. R. Sayles). Die Bedeutung informaler Gruppen liegt darin, daß sie die vielfach unerkannten Träger der inneren Dynamik im Leben des Betriebes sind (so Scherke), daß sich

---

[135] Da der reine Arbeitsvorgang und die Unüberschaubarkeit des Sozialverbandes „Betrieb“ in der heutigen Zeit nur wenig Möglichkeiten zur Kommunikation läßt, sind die betrieblich geförderten Freizeitgruppen oftmals ein Versuch, aber nach u. M. keinesfalls ein Ersatz, um wenigstens außerhalb des Arbeitsprozesses Kristallisationspunkte für eine Gruppenbildung zu finden und den sozialen Zusammenhalt der Belegschaft zu stärken (Vgl. auch Friedrich *Fürstenberg*, *74*, S. 31).

in ihnen das sozialseelische Kräftespiel entfaltet und gestaltet, das dem Einzelnen innerhalb des strengen Reglements der formalen Organisation, noch genügend Freiheit zur Befriedigung seiner persönlichen und sozialen Bedürfnisse läßt.

Seit der Entdeckung der informalen Gruppenbeziehungen und ihrer Bedeutung für das Leben im Betrieb (E. Mayo, F. Roethlisberger und F. W. Dickson), hat man der Erforschung der informalen Gruppe besondere Aufmerksamkeit geschenkt und der Förderung solcher Gruppen das Wort geredet. Dabei wurden allerdings die integrierenden Kräfte solcher spontan entstandenen Gruppenstrukturen stark in den Vordergrund geschoben, was teilweise zu heftigen Kritiken führte, weil damit die betrieblichen Sozialvorgänge in vielen Fällen zu einseitig und harmonisierend gesehen wurden und die Spannungsherde und Konfliktsituationen fast völlig ohne Beachtung blieben[136]. Diese „harmonistische Anpassungsideologie" (Fürstenberg) wird aber heute innerhalb der sozialwissenschaftlichen Gruppenforschung kaum noch vertreten, wobei gerade die sozialpsychologische Auffassung der Gruppe als Prozeß — als eines sozialen Spannungsfeldes — nicht nur integrierende sondern auch desintegrierende sowie indifferente Verhaltensweisen berücksichtigt[137]. Der dynamische Aspekt, der durch dieses sozial-seelische Kräftespiel zwischen den Menschen im Betrieb bewirkt und getragen wird, durch die Auseinandersetzung des Einzelnen mit seiner betrieblichen Umwelt, beinhaltet den „sozialseelischen Strukturierungsprozeß" (W. Beck), der im dialektischen Wechsel von Differenzierung und Verdichtung, Geöffnetheit und Geschlossenheit durch verschiedene Strukturniveaus verläuft, wovon die Gruppe — sozialpsychologisch, also als Prozeß gesehen — nur eines ist (Beck, *13*, S. 110). Diese Spannungen zwischen der „Wirhaftigkeit" und „Ichhaftigkeit" der Gruppenmitglieder — Scherke (*301*, S. 43 ff.) spricht von „positiven und negativen Gruppenspannungen", sowie von „individuellen und kollektiven Spannungsträgern" — weisen eindeutig auf den dynamischen Charakter des Gruppengefüges hin, auf ein polares Spannungsfeld, aus dem sich die Gruppenstruktur figuriert.

Ähnliche Einwände richteten sich gegen die sog. „Kleingruppenforschung" und zwar mit dem Hinweis, daß aus den daraus gewonnenen Erkenntnissen keineswegs ein induktiver Schluß auf größere Sozialgebilde gezogen werden kann. Dieser Einwand mag zwar berechtigt

---

[136] Hans *Stirn* berichtet darüber ausführlich in seinem Buch „Die informelle Arbeitsgruppe" (*324*, S. 90 ff.).

[137] F. *Scherke* (*301*, S. 30/31) nennt drei Hauptbewegungsrichtungen der sozialen Wechselbeziehungen und Wechselwirkungen innerhalb der Gruppe: 1. Die Anziehung (Miteinander/Füreinander), 2. Die Abstoßung (Auseinander/Gegeneinander), 3. Die Indifferenz (Nebeneinander).

sein, weil die Vermutung, daß von der kleinen Gruppenstruktur auf eine große geschlossen werden kann, noch des Beweises bedarf. Andererseits bietet sich aber gerade die „kleine Gruppe" infolge ihrer Überschaubarkeit zumindest für die experimentelle Forschung als geeignetes Objekt an; sie ist noch ein geschlossenes Feld, in dem direkte oder unmittelbare zwischenmenschliche Kontakte nicht nur möglich, sondern entsprechend häufiger, intensiver und wiederkehrender Art sind. In ihr werden Rollenerwartungen und -kontrollen persönlicher und damit intensiver erfahren und ausgeübt — „Personverhältnisse herrschen gegenüber Sachverhältnissen vor" (Wurzbacher, *361*, S. 24). Aber auch ein größeres Sozialgebilde stellt sich nach allgemeiner Auffassung als ein System formaler und informaler sozialfiguraler Gruppierungen dar und auch die Gruppenstruktur eines Betriebes, setzt sich ebenfalls aus vielen kleinen Gruppen zusammen, die formal (organisationsbestimmt) gebildet oder „informal" (spontan) entstanden sind. Die kleinen Gruppen sind Strukturen der arbeitsteiligen und funktionalen Koordination bzw. Kooperation im modernen Betrieb; ihr Netzwerk bildet den institutionellen Bezugsrahmen und das Interaktionsgefüge des Betriebes als wesentliche Merkmale seiner Sozialstruktur, innerhalb dieser sich die interpersonalen Beziehungen zwischen dem Einzelnen und der Gruppe, sowie zwischen den Gruppen selbst abspielen[138]. Insoweit lassen sich die dynamischen Aspekte der Gruppenbeziehungen auch auf die Sozialbeziehungen des Betriebes übertragen, dessen „soziale Dynamik" (R. Mayntz) durch die Spannungen zwischen Interaktions*gerüst* und Interaktions*gefüge* gekennzeichnet ist, durch Konflikt und Kooperation und den vom Grad der Verbundenheit aller Betriebsangehörigen abhängigen Leistungserfolg. Diese Verbundenheit einzelner Gruppen im Betrieb und der damit erreichte Gemeinschaftsgeist, der wiederum eine positive Leistungs- und Einsatzbereitschaft aller Gruppenmitglieder für das Gruppenziel beinhaltet („Gruppenrichtmaß"), kann also auch einen bestimmenden Einfluß auf die soziale Integration des Betriebes ausüben und auf das Leistungs- und Sozialverhalten der Belegschaft stimulierend wirken. Damit wird aber deutlich, daß das Problem technisch-wirtschaftlich-sozialer Integration im Betrieb, das durch die Abstraktion und die Anonymität der Arbeit und des Lebens im Betrieb entstanden ist, eine gruppenspezifische Verhaltensorientierung und Handlungsweise aller Betriebsmitglieder voraussetzt — die Anerkennung gemeinsamer Leistungs- und Verhaltensnormen.

Diese Erkenntnis zwingt aber andererseits zu geeigneten Maßnahmen, mit denen diese integrierenden Kräfte gefördert und gepflegt werden und damit zur Verwirklichung des Gruppenprinzips durch *Gruppen-*

---

[138] Darauf haben insbesondere C. M. *Arensberg*, D. C. *Chapple* und W. F. *Whyte* sowie F. *Fürstenberg* *(74)* hingewiesen.

arbeit und *Teamwork*. Beide Begriffe sind zunächst Ausdruck einer bestimmten Arbeitsform, die sich durch die Zusammenarbeit mehrerer Personen — im Gegensatz zur Einzelarbeit — ergeben. Da sie aber sowohl in der betriebspsychologischen als auch betriebssoziologischen Literatur nicht immer einheitlich gebraucht werden, übernehmen wir die Definition von Scharmann *(291)*, der sich dazu wie folgt äußert: „Gruppenarbeit nennt man eine Arbeitsform, durch die ein höheres Leistungsniveau dadurch angestrebt wird, daß sich mehrere Personen *spontan* zu einer *informalen* Gruppe zusammenschließen, um eine Arbeitsaufgabe gemeinsam leichter zu lösen oder daß eine begrenzte Anzahl von Arbeitskräften zu gemeinsamer Arbeitsverrichtung *planmäßig* zusammengefaßt und zu einer *formalen* Arbeitsgruppe mit dem Ziel der Gruppenarbeit organisiert wird. Nicht jede Arbeitsgruppe leistet Gruppenarbeit, vielmehr stellt die letztere eine produktive Form der Arbeitsorganisation dar. Im letzteren Falle — es handelt sich um die organisierte kleine Gruppe im Betrieb — sollten die individuellen Fähigkeiten sowie Fertigkeiten und die gegenseitige gefühlsmäßige Einstellung der Gruppenangehörigen durch geeignete Maßnahmen derart aufeinander abgestellt (koordiniert) und abgestimmt werden, daß sich aus ihrem Zusammenwirken (Team-Work, Team-Arbeit) eine Steigerung der Gesamtleistung ergibt, welche die Summe der Einzelleistungen übertrifft. Dies wird freilich nur dann gelingen, wenn man durch geeignete Maßnahmen dafür Sorge trägt, daß die Spontaneität, welche die informale Gruppe aktiviert und belebt, allmählich auch das unpersönliche und starre Reglement der formalen Arbeitsorganisation durchdringt“[139].

---

[139] In einem früheren Aufsatz „Psychologische Aspekte der Teamarbeit im Unternehmen“ (*287*, S. 30) hat *Scharmann* noch von „Gruppen-“ *oder* „Teamarbeit“ gesprochen und letztere als Sonderform der Gruppenarbeit bezeichnet, „als bewußte Intensivierung und Regelung der Gruppenprozesse“. Die Aufnahme dieser Steigerungsform „Teamarbeit“ in die neue Definition der Gruppenarbeit halten wir vom Grad der Vereinigung bzw. Integration der Gruppenmitglieder, ihrem Wir-Bewußtsein (teamspirit, ésprit de corps) gerechtfertigt. Bei einem zum „team“ ausgeprägten Gruppengeist, wäre dann aus der sozialschöpferischen Aktivität aller Gruppenmitglieder, die sozialindividuale Verschränkung, als Ziel des sozialseelischen Strukturierungsprozesses im Sinne der „Polaritätslehre“ (W. *Beck*) erreicht.

Kurt *Lukasczyk* überschreibt in seinem Beitrag „Sozialwissenschaftliche Einführung und Grundbegriffe“ (*192*), den Abschnitt 5.06 mit "Teamwork (Gruppenarbeit)“ (S. 28/29), meint aber auch damit *wirksame* Gruppenarbeit, da dieser im deutschen Projektvorschlag enthaltene Begriff lediglich mit "Teamwork“ übersetzt wurde (*383*, S. 13).

Arnulf *Rüssel (259)* unterscheidet zwei verschiedene Formen der Gruppenarbeit, das „Miteinanderarbeiten“ und das „Nebeneinanderarbeiten“. Bei der ersten Form ist die Zusammenarbeit von der Arbeitsverrichtung her bedingt (also technisch-organisatorischer Art [Zusatz vom Verfasser]), während Gruppenarbeit im „Nebeneinander“ immer daran gebunden ist, daß ein Zusammengehörigkeitsgefühl besteht, „denn die bloße räumliche

Gruppenarbeit im Betrieb darf also keineswegs nur auf die technisch-organisatorischen Arbeitsbedingungen und auf die sich daraus ergebende Kooperation ausgerichtet sein, sondern auch die sozialpsychologischen Faktoren berücksichtigen — den Prozeß menschlich-sozialer Integration, der sowohl den berechtigten Ansprüchen der Gemeinschaft wie denen des Einzelnen Rechnung trägt und dabei zugleich ein Höchstmaß an persönlicher Befriedigung[140] zu gewähren vermag. Bei einer zum Teamwork integrierten Gruppenarbeit werden die individuellen Fähigkeiten und Kräfte für das gemeinschaftliche Ganze mobilisiert[141], womit ein „sozialschöpferisches Prinzip" gekennzeichnet ist: das menschliche Zusammenleben in Form einer „spontanen Kooperation" über die Einzelinteressen hinweg und auf der Grundlage echter Partnerschaft, die den anderen als gleichwertige und gleichberechtigte Persönlichkeit anerkennt und achtet (Lukasczyk, *192*, S. 26). Gleichzeitig kommt es in einer derart wohlintegrierten Gruppe zu einer Leistungsüberlegenheit gegenüber den möglichen Einzelleistungen der Individuen, die als „Ver-

---

Nähe schafft noch keine Gruppe" (S. 317). Abgesehen davon, daß auch die erste Form der Gruppenarbeit nicht allein aus ihrer technisch bedingten Kooperation ein Zusammengehörigkeitsgefühl integriert, sind wir uns nicht ganz klar darüber, welche Bedeutung eine solche Unterscheidung haben soll — es sei denn, daß unsere Vermutung richtig ist, daß *Rüssel* hiermit die formalen bzw. informalen Beziehungen der Gruppenarbeit aufzeigen wollte. Wir nehmen das an, weil er bei seinem Begriff der „Gruppenarbeit im Nebeneinander" von „Gruppenbildung" spricht und verschiedene Möglichkeiten der Kontaktaufnahme erwähnt (S. 315 ff.). Allerdings würden wir dann in Anlehnung an *Scherke (301,* S. 30) den Begriff des „Füreinanderarbeiten" vorziehen, der beim Prozeß der Anziehung, das „Miteinander" als gerichtet auf ein gemeinsames objektives Ziel, das „Füreinander" als gerichtet auf den einzelnen Menschen interpretiert.

140 Wir verweisen hier auf die so elementaren menschlichen Bedürfnisse nach Sicherheit, Anerkennung und Selbstentfaltung, die wir neben dem reinen Selbsterhaltungsstreben als wichtige Antriebskräfte für die Arbeitsmotivation erkannten und die im Rahmen der Persönlichkeitsentwicklung und damit im Prozeß der sozial-individualen Integration eine bedeutende und zu beachtende Rolle spielen (s. u. S. 103 f. u. S. 107 ff.).

Friedrich *Fürstenberg*, der in seinem kürzlich erschienenen Buch „Grundfragen der Betriebssoziologie" *(74)* den Problemen der Zusammenarbeit viel Platz einräumt (S. 123 ff.), berichtet über die soziale Dynamik der "Joint Consultations", einem britischen System gemeinsamer Beratungen zwischen Arbeitnehmer- und Arbeitgebervertretern innerhalb des Betriebes. Auch hierbei wurde festgestellt, daß sich die „Strategie der Arbeitnehmer" (ihre Wünsche, ihr Streben und ihr Verlangen) auf drei klar umrissene Ziele richtet: *Anerkennung, Information* (der das Streben nach Sicherheit, aber auch nach Abwechslung zugrunde liegt) und *konkrete Handlungsweisen*, d. h. Mitarbeit bei allen betrieblichen Änderungen, sowie Vorschlagen selbst ersonnener Vereinfachungen und Verbesserungen, also ein Streben nach Selbstentfaltung und Selbstbehauptung im Betrieb (S. 161 ff.).

141 Hier erhält der Ausspruch „Team ist Einheit in der Vielfalt" seine eigentliche Berechtigung (*Gaitanides*, J.: Gesellschaftsordnung durch Teamwork. Beilage zur Wochenzeitschrift „Das Parlament" v. 12. 10. 1955, S. 618—624; zitiert nach K. *Lukasczyk*).

bundenheitsleistung" (W. Kellner), die Differenz zwischen der Gruppenleistung und der Summe der Individualleistungen ist (Benad, *18*). Dieser „Leistungsvorteil der Gruppe" (P. R. Hofstätter) wirkt sich aber letztlich auch als Produktivitätssteigerung aus, so daß sich von hier aus auch der betriebswirtschaftliche Wert der Gruppenarbeit im Betrieb ableiten läßt (Tittes, *333*). So gesehen kann Gruppenarbeit dem gemeinsamen Ziel aller Bemühungen um den Menschen im Betrieb dienen und sowohl zur Erreichung des optimalen ökonomischen Nutzeffektes als auch zu bestmöglicher menschlich-sozialer Befriedigung beitragen[142].

Freilich läßt sich Gruppenarbeit im Betrieb nicht ohne gezielte Maßnahmen durchführen; d. h. es müssen die für die Konstituierung und das Bestehen von Gruppen notwendigen Bedingungen — die gruppenspezifischen Merkmalskombinationen, die wir zu Beginn dieses Abschnittes aufzeigten — planmäßig und bewußt herbeigeführt werden. Scharmann hat hierfür den Begriff der „Gruppenpflege" (*277*, S. 54, 56-65 und *287*, S. 35 ff.) eingeführt[143], die neben den technischen und organisatorischen Einrichtungen, dem Ziel der Leistungssteigerung dient, dabei aber gleichzeitig die menschlichen Beziehungen im Betrieb günstig beeinflussen soll. Wir können hier nicht auf die einzelnen Voraussetzungen einer Gruppenarbeit und die Maßnahmen einer betrieblichen Gruppenpflege eingehen und verweisen auf Scharmann, der die wichtigsten Thesen für eine praktische Gruppenarbeit im Betrieb (die das „Teamwork" einschließt), in seinem Beitrag „Psychologische Aspekte der Teamarbeit im Unternehmen" (*287*) und später in seinen „Leitsätzen zur Gruppenarbeit und Gruppenpflege im Betrieb" (*291*) zusammengefaßt hat. Zu den Voraussetzungen erfolgreicher Teamarbeit hat sich Schnewlin (*309*, S. 19) wie folgt geäußert: „Wesentlich scheint bei allen Fragen der Team-Arbeit zu sein, daß jede arbeitsorganisatorische Regelung bewußt Kanäle und Spielräume offen läßt, die den Einsatz der persönlichen Initiative des Einzelnen ermöglichen und eine positiv gerichtete Spontaneität. Teamarbeit setzt natürlich bestimmte Verhaltensweisen und Einstellungen des Menschen voraus, nämlich den Willen zur Verbesserung und Pflege des mitmenschlichen Kontaktes und ein gewisses Zurückstellen der eigenen Geltung. Die Rolle, die man innerhalb des Teams spielt, die also dem Betreffenden vom Team zuerkannt wird, und das zu erreichende Ziel müssen nicht nur intellektuell, sondern auch emotional akzeptiert sein. Team-Arbeit kann

---

[142] *Scharmann* (*287*, S. 36) schreibt dazu: „Die Pflege der Team- und Gruppenarbeit im modernen industriell-bürokratisch organisierten Betrieb ist eine bedeutende, vielfach notwendige sozialpsychologische Maßnahme zur Ergänzung der technologischen und organisatorischen Rationalisierung."

[143] *Scherke* (*301*, S. 58 ff.) spricht bei diesen gruppenpädagogischen Maßnahmen im Sinne seiner psychodiagnostischen Betrachtungsweise von „Gruppenbehandlung".

aber auch nur entstehen, wenn man die Leistung des Einzelnen wie der Gruppe würdigt und ihnen Anerkennung zukommen läßt. Ein Schlüssel zur erfolgreichen Team-Arbeit ist aber sicherlich auch die Fähigkeit, die beiden Aspekte des arbeitenden Menschen, einmal als Träger einer Funktion in der Unternehmung und zum anderen als Mitmensch, miteinander in Einklang bringen zu können." Bei einer Klassifizierung und Charakterisierung der Gruppenarbeit von ihrer negativsten bis zu ihrer positivsten Arbeitsform (vgl. Schnewlin, *309*, S. 13) zeigt sich wiederum die sozial-individuale Polarität und Spannweite der einzelnen Gruppenprozesse, der gruppendynamische Aspekt, der es verbietet, technisch-wirtschaftliche und menschlich-soziale Vorgänge einseitig vom Standpunkt einer zweckrationalen Organisation oder einer harmonischen Anpassung zu sehen. Die sozial-psychologische Auffassung der Gruppe und hier der Gruppe im Betrieb, setzt ein psychisches Spannungsfeld voraus, in dem die verschiedenartigsten Interaktionsprozesse ablaufen, d. h. Vorgänge der Kooperation und der Diskussion, der positiven oder negativen Kontaktnahme, der Funktionalisierung und Rollenverteilung, der Strukturierung oder Desorganisation, der Herausbildung oder des Zerfalls eines Gruppenrichtmaßes. Je nachdem ob diese sozialen Wechselbeziehungen mehr verbindender oder mehr auflösender Art sind, ergeben sich Auswirkungen auf die Art des Gruppen-„Klimas" und damit auch auf den Leistungseffekt der Gruppe. Die Erkenntnis, daß es bei der Gruppenarbeit nicht nur um die einseitige Förderung der Sozialbeziehungen geht — um soziale Kontaktpflege zur Humanisierung der Arbeit und des Lebens im Betrieb — ist das besondere Verdienst gruppenpsychologischer und -soziologischer Forschung im Betrieb, die stets von den vorhandenen Mensch-Technik- und Mensch-Mensch-Beziehungen und ihren interpersonalen Kontakten in oder neben dem Fluß der Arbeit, mit ihren sozialen Rollen und Anpassungen unter dem Druck und Gegendruck auf Einzelmenschen und Gruppen auszugehen hat, da sich nur aus diesem beiderseitigen Aspekt die Situation der Arbeitsmoral, als *sozialwirtschaftliches* Verhalten und Handeln, erklären läßt. Das gilt im übertragenen Sinne auch für den Betrieb, als „technisch-wirtschaftlich-soziale Leistungseinheit" (Fürstenberg), da auch hier die sozialen Probleme nicht nur sozial, sondern auch technisch und wirtschaftlich bedingt sind, ganz abgesehen von den außerbetrieblichen Einflüssen, die einzelbetrieblich oft gar nicht zu beeinflussen sind. Trotzdem kann die sachliche und planmäßige Förderung und Pflege des Gruppenprinzips, zur Milderung der „emotionalen Unterernährung" (Behrendt) des arbeitenden Menschen beitragen[144] und ihm durch sinnvolle Anpassung der

[144] *Scherke* (*301*, S. 11) spricht von einer „Ordnung des Betriebes vom Menschen her", und meint damit „Vermenschlichung der Arbeit", „Aner-

Organisation (Staerkle, *316)* ein Gefühl größerer Sicherheit, sowohl am Arbeitsplatz als auch gegenüber der Undurchschaubarkeit betrieblicher Vorgänge, geben. Dazu vermag die Gruppe das Verhalten und die Leistung ihrer Mitglieder besser zu werten und anzuerkennen und durch Beteiligung an der Lösung ihrer Gruppenziele und der damit verbundenen Weckung der Initiative und Verantwortungsfreude für das gemeinsame Anliegen, auch dem Bedürfnis nach Selbstentfaltung zu entsprechen. Die in der Gruppe und zwischen den Gruppen sich bildende Wettbewerbssituation — der das sozialpsychologisch relevante Motiv der Konkurrenz zugrunde liegt — wird von der Gemeinsamkeit ihrer Zielvorstellungen produktiv, d. h. es entwickelt sich ein „Gruppen-Wetteifer“[145], der als ein die Einzelmitglieder in Leistung und Haltung *verbindender* Wettstreit, im krassen Gegensatz zu dem zwischen Einzelpersonen auftretenden *neidendem* Wettbewerb, mit allen sich daraus ergebenden Konfliktsituationen steht[146].

Unsere sozialpsychologische Betrachtungsweise der Gruppe und Gruppenbeziehungen ist freilich auch nicht ohne *Problematik*, weil der darin enthaltene Gruppenkonformismus den Einzelnen zur Anpassung, zu einem gruppenkohärenten Verhalten und Handeln, zwingt. Dadurch, daß „die Dynamik der Gruppe die Entscheidungen der einzelnen Partner lenkt und bisweilen auch vorwegnimmt“, also seine Verhaltensweisen prägt und ihn zum vorgeformten Rollenträger macht, bekunden wir, wie Hofstätter in seiner „Gruppendynamik“ (*124*, S. 160) meint, „ein gewisses Desinteresse an der Je-Einmaligkeit des Individuums“. Diese selbstkritische Äußerung schwächt aber Hofstätter mit einer kardinalen Funktionsbedingung der Gruppe ab, dem „Prinzip der eigenen Freiheit und der geschonten Freiheit des Anderen“ (*124*, S. 160 und 171). Diese aus der sozialen Wirklichkeit abgeleitete Freiheit, die das Individuum für sich behauptet und am anderen schont, stellt die Grundlage und das Ziel der sozial-individualen Verschränkung,

---

kennung und Würdigung des Arbeiters als Mensch“, „Wiederverselbständigung des Arbeiters“ und „Wiedererweckung und Stärkung des Bewußtseins seiner Verantwortlichkeit“, sowohl für seine Arbeit, als auch die seiner Gruppe und schließlich des ganzen Betriebes.

[145] Nach Ingeborg von *Zastrow*, die in ihrem Aufsatz „Gruppenarbeit im Betrieb“, in: „Zeitschrift für Organisation“ Heft 2/1957, S. 49—51, sogar von einem *Gesetz* des Gruppen-Wetteifers spricht. Da diese Wetteifer-Komponente nicht in allen Gruppen auftritt, sollte man besser von einer *Tendenz* zum Wetteifer sprechen.

[146] *Fürstenberg* schreibt dazu: „Wo der Wettbewerb nicht ein gemeinsames Ziel betrifft, sondern zum Unterliegen eines Partners führt, zerstört er die Vorstellung vom Dienst an der gemeinsamen Sache. Die Gemeinsamkeit des 'team-work' wird in diesem Fall durch den Leistungsegoismus aller Beteiligten verdrängt“ (74, S. 41).

Hieraus werden die im System des Einzelvorschlagswesens liegenden Hemmnisse und Widerstände begreifbar.

mit den sie beinhaltenden Prozessen der „Sozialen Prägung", der „Selbstentfaltung" und der „Persönlichkeitsdynamik" dar (s. o. S. 105 ff.). Wo diese sozial-individuale Integration des Einzelnen nicht gelingt, werden allen gruppenpädagogischen Bemühungen Grenzen gesetzt, eine Erkenntnis, die uns die Grenzen der Gruppenarbeit und Gruppenpflege aufzeigt — auch bei ihrer praktischen Verwirklichung im Betrieb. Diese Grenzen können sowohl objektiver als auch subjektiver Art sein, d. h. es können ihnen sachliche Gegebenheiten oder menschliche Motive zugrunde liegen. Scherke (*301,* S. 64) sagt dazu: „Die *objektiven* (sachlichen) Grenzen ... werden durch die technischen, wirtschaftlichen und organisatorischen Gegebenheiten und Bedingungen des Betriebes bestimmt. Die subjektiven Grenzen liegen in der *Eigenart der einzelnen Menschen* im Betrieb. Die Gruppe ist — sozialpsychologisch gesehen — eine Abstraktion; real und konkret gegeben sind immer nur die Individuen in einer ganz bestimmten Gruppensituation. Die Gruppe ist nur ein Mittel zum Zweck und deshalb ist sie nicht das primäre Objekt der Gruppenpädagogik, sondern immer nur die einzelnen Mitglieder der Gruppe." Wer gruppenpädagogisch arbeitet, darf das nicht übersehen und stets bei allen gruppenpädagogischen Maßnahmen die bewußte oder unbewußte Einstellung des Einzelnen zur Gruppe grundsätzlich mit in Betracht ziehen. Denn, wie Scharmann (*277,* S. 73) meint, „auch ohne Einzelgänger oder Narzißt zu sein, kann sich der Einzelne durch die Gruppennorm beengt oder sich sogar in seinem Fortkommen gehemmt fühlen". Insbesondere Likert (*182*) hat, wie wir bereits zu Beginn unserer Arbeit andeuteten, darauf hingewiesen, daß unter den strebsamen, energischen und überdurchschnittlich begabten Arbeitern und Angestellten gerade diejenigen Einzelgänger zu finden sind, denen weder die Gruppenarbeit als solche liegt, noch auch an einer humanen Behandlung durch ihre Vorgesetzten gelegen sei. Auch Lorenz (*189*) hat schon in seinen Untersuchungen nachgewiesen, daß es noch eine Reihe von Menschen gäbe, die Einzelarbeit bevorzugen, wobei er insbesondere lohnpolitische Gründe anführte[147]. Schon diese wenigen

---

[147] W. F. *Whyte* u. a. (*351*) haben allerdings in ihren Untersuchungen festgestellt, daß das rein ökonomische Leistungsmotiv des Einzelakkords, keineswegs die erwartete zweckrationale Wirksamkeit zeigt und zu neidendem Wettbewerb führt. Dagegen haben die Gruppenakkord-Systeme, bei denen die soziale Einheit der Gruppe vorausgesetzt wird, sozialwirtschaftliche Erfolge gebracht und zwar um so mehr, als die Gruppenverantwortung stieg. (Vgl. dazu auch die Ausführungen bei W. *Kellner, 136,* S. 230 ff.)

Der bei W. F. *Whyte* und Mitarbeitern (*351*) beschriebene „Scanlon-Plan", ein Kollektivprämiensystem, bei dem die Mitarbeiter entsprechend der Produktivitätssteigerung des Betriebes einen prozentualen Zuschlag zum Tariflohn erhalten, schließt auch Verbesserungsvorschläge mit ein, für die es deshalb auch keine besonderen Prämien gibt. Trotzdem bewirkte dieses *Gruppensystem*, bei dem jede Abteilung gemeinsam Verbesserungsvorschläge diskutiert und weitgehend selbständig durchführt (also unter Mitwirkung

Hinweise zeigen, daß sich eben nicht jeder Mensch in der Gruppensituation zufrieden fühlt, und das gilt insbesondere vom Typus des auf sich gestellten, energischen und intelligenten Menschen, der in sich das Bewußtsein trägt, daß er sich auch allein im Betrieb behaupten kann. Diese tüchtigen „Einzelgänger“ etwa „vergruppen“ und sie so zu „Gemeinschaftsmenschen“ erziehen zu wollen, würde das gruppenpädagogische Prinzip ad absurdum führen, da der damit geschaffene Gruppenzwang, dem Zwang der betrieblichen Autoritätshierarchie in nichts nachstehen würde (W. H. Whyte, *353*). Dazu kommt, daß sich solche „Außenseiter“ kaum oder nur sehr schwer den Gruppenmeinungen anschließen; sie sind dann ein „Ärgernis“, das gegen die „Gruppenloyalität“ verstößt und das es zu beseitigen gilt, sei es durch Abkapselung oder Ausstoßung (Beck, *13*, S. 51 ff.). Aber gerade unter diesen Individualisten finden sich jene „schöpferischen, talentierten, führenden, unabhängigen Individuen, die, soweit sie nicht Querköpfe, Bösewichter oder Narren sind, sich zwar auch als realitätsangepaßte Rollenträger bewähren, darüber hinaus aber als dynamische und autonome *Persönlichkeiten* originelle und zugleich vorbildliche Lösungen für Rollenkonflikte und Leistungsprobleme angesichts veränderter oder unvorhergesehener Umweltforderungen finden und vorleben und so in einem dynamischen Sinne auf die Kultur und Gesellschaft wirken“ (Scharmann, *290*, S. 52/53). Da sie aber nur einen Bruchteil der arbeitenden Menschen im Betrieb ausmachen, bleibt für die Maßnahmen der Gruppenarbeit und der damit verbundenen Gruppenpflege noch ein weites Tätigkeitsfeld, nämlich die Mehrzahl der Betriebsangehörigen, deren Leistungsfähigkeit, Arbeitsfreude und Wohlbefinden eine Förderung durch das Gruppenerlebnis erfährt. Für sie kann Gemeinschaft „Beglückung“ (Beck) bedeuten, ihr Leistungsniveau wird vom Gruppenrichtmaß bestimmt und getragen, zwar mit der Tendenz eines gewissen Ausgleichs, der aber im Gruppendurchschnitt in der Regel zu höheren Leistungen führt als bei Einzelarbeit.

Neben den Grenzen, die bei der Anwendung des gruppenpädagogischen Prinzips beim Einzelmenschen beachtet werden müssen, sind auch der Gruppenarbeit im Betrieb als Gemeinschaftsform gewisse Grenzen gesetzt. Die Einwände, die gegen eine solche Arbeitsform vorgebracht werden, werden sowohl auf technisch-organisatorische Gegebenheiten, als auch auf sozialpsychologische Bedingungen zurückgeführt (vgl. Bornemann, *28*, und Silberer, *270*, S. 28). Wenn in den kritischen Äußerungen u. a. darauf hingewiesen wird, daß es Arbeiten und Aufgaben gäbe, die sich zur individuellen Erledigung besser eignen

---

des oder der Vorgesetzten) eine wesentliche Steigerung der Beteiligung und des Anteils verwertbarer Vorschläge. Es zeigt sich also auch hier der des öfteren genannte „Leistungsvorteil der Gruppe“.

oder behauptet wird, daß nur der einzelne Mensch Ideen hat und die schöpferische Leistung ihren Anfang immer in der schöpferischen Kraft einzelner Menschen nimmt (Ulrich, *339*, S. 11), so sind das lediglich Einwände, die nicht mehr besagen, als daß auch die Möglichkeiten der Teamarbeit begrenzt sind und die sich gegen eine zu einseitige „Ideologie der Gruppe“ (so insbesondere W. H. Whyte) richten, die auch wir keineswegs vertreten. Die Verwirklichung des Gruppengedankens bei der Arbeit im Betrieb birgt zwar in sich ebensoviele Gefahren wie jede andere Arbeitsform, sie lassen sich aber gerade durch eine sachgemäße gruppenpsychologische und -pädagogische Gestaltung der Gruppenarbeit und Gruppenpflege weitgehend vermeiden. Dagegen wird jede Überbetonung des Gruppenprinzips zu einem Gruppenegoismus führen, der den Gemeinschaftsgedanken negiert und die Gruppe zu einer Clique entarten und damit zu einem gemeinschaftszerstörenden und leistungshindernden Element werden läßt (vgl. dazu Scharmann, *277*, S. 69 ff.). Gruppenarbeit im Betrieb bedeutet daher nicht nur Förderung und Pflege der ihr zugrunde liegenden Zusammenarbeit, wobei dem Einzelnen am Ergebnis des Ganzen mehr liegt als an seinem eigenen Anteil, sondern auch das rechtzeitige Erkennen und Verhindern von gemeinschaftszerstörenden Strukturen. Gruppenarbeit hat auch keine Parallele zu Kollektivarbeit, ebensowenig wie ein Team eine „Kollektivseele“ hat, denn „es wird geformt von Einzelpersönlichkeiten, die ihrerseits, durch das Zusammenleben und Zusammenarbeiten mit Kameraden, sich entfalten können“ (Silberer, *270*, S. 28). Gruppenarbeit und Gruppenpflege führt auch nicht zur vollkommenen Harmonie der sozialen Beziehungen im Betrieb; sie kann aber die verschiedenen Bedürfnisse, Meinungen und Interessen im Interaktionsgefüge des Betriebes einander angleichen, anstatt sie als „betriebsfremd“ zu ignorieren. Sie hat dabei lediglich innerhalb ihrer sozialen Dynamik, die beiden Pole der „Ichhaftigkeit“ (Individualität), und der „Wirhaftigkeit“ (Sozialität) zu beachten und zu versuchen, diese sozial-individuale Polarität zu integrieren, d. h. auf einen *gemeinsamen Zweck* und ein *gemeinsames Ziel* auszurichten, ohne dadurch ein rechstloses Aufgehen oder Aufgeben der Einzelpersönlichkeiten im Gruppeninteresse zu fordern.

Die Erkenntnis, daß der Mensch weder nur ein isoliertes Einzelwesen, noch auch nur ein Massenmensch ist, sondern ein Partner im Kraftfeld zahlreicher sozialer Gruppen, hat dazu geführt, auch den sozialen Wechselbeziehungen und Wechselwirkungen, die das menschliche Handeln und Verhalten weitgehend mitbestimmen, immer größere Beachtung zu schenken — auch innerhalb der Gruppenstruktur des modernen industriell-bürokratisch organisierten Betriebes. Die von der älteren Arbeitspsychologie noch als „nicht anpassungsfähiger Rest“

(Hische) ausgeklammerten mitmenschlichen Beziehungen, haben in der sachgemäßen Pflege der Team- und Gruppenarbeit im Betrieb eine Anpassungsform gefunden, die eine notwendige sozialpsychologische Ergänzung zur technischen und organisatorischen Rationalisierung darstellt. Es wird von ihrer Gestaltung abhängen, ob sie zur Lahmlegung und Unterdrückung der Persönlichkeitswerte des Einzelnen führen wird, zu einer Anpassung, die das einzelne Gruppenmitglied zum passiven und individualitätsentfremdeten Rollenträger prägt — oder ob sie bei entsprechender Beachtung gruppenpsychologischer und gruppenpädagogischer Grundsätze das Klima und den Rahmen abgibt, in dem sich die Persönlichkeitsentfaltung des Einzelnen vollziehen und in einzelnen Fällen auch bis zur kultur- und sozialschöpferischen Initiative steigern kann. Die vom Betrieb erwartete sozialwirtschaftliche Handlungs- und Verhaltensweise wird nur dann eintreten, wenn der Arbeitsprozeß die berechtigten Ansprüche des einzelnen Individuums nach Sicherheit, Selbstentfaltung und Anerkennung gewährleistet, wobei vom Einzelnen zweifelsohne eine Anpassung an die vorliegenden technisch- organisatorischen Bedingungen und menschlich-sozialen Begegnungsformen notwendig wird. Diesen Integrationsvorgang menschlicher Zusammenarbeit und menschlichen Zusammenlebens im Betrieb, der ständig vom soziokulturellen Wandel beeinflußt wird und in gleicher Weise auf Gesellschaft und Kultur einwirkt, gilt es ständig zu fördern und zu pflegen, um der immer wieder geforderten *Synthese* zwischen technisch-wirtschaftlicher Rationalität und menschlich-sozialer Befriedigung näher zu kommen. Dazu können die Erkenntnisse der sozialpsychologischen und sozialpädagogischen Gruppenforschung und ihre sachgemäße Anwendung auf die Arbeit und das Leben im Betrieb ihren Teil beitragen, indem sie in den hochorganisierten, straff koordinierten Betrieben unserer Zeit, Arbeits- und Lebensformen entwickelt, in denen die Person ihre eigene Freiheit behaupten kann und gleichzeitig lernt, auch die Freiheit der anderen zu schonen. Denn nur in dieser Synthese von Freiheit und Bindung, Persönlichkeit und Gemeinschaft, wird sich auch der Mensch im Betrieb als Mitarbeiter und Mitmensch und damit als anerkannte und geachtete Person behaupten können. Ob und inwieweit das betriebliche Vorschlagswesen unter Berücksichtigung sozialpsychologischer Gruppenprinzipien seinen Beitrag zur technisch-wirtschaftlich-sozialen Integration der Arbeit und des Lebens im Betrieb mit dem Ziel eines bestmöglichen *sozialwirtschaftlichen* Nutzeffektes zu leisten vermag, soll in dem nun folgenden Hauptteil dieser Arbeit dargelegt werden, der sich mit dem Gruppen-Vorschlagssystem als neue Form des Ideenwettbewerbs auseinandersetzt.

III. Die Gestaltung des betrieblichen Vorschlagswesens mit Hilfe sozial- und gruppenpsychologischer Erkenntnisse

1. Die sozialpsychologischen Grundlagen der innerbetrieblichen Werbung und des betrieblichen Vorschlagswesens

Werbung kann man im weitesten Sinne als eine bestimmte Beeinflussungsform im zwischenmenschlichen Bereich bezeichnen, als das „seelische Beeinflussen bestimmter Menschengruppen durch emotionale und rationale Mittel" (Kropff, *161*, S. 195). Sie stellt damit, wie Behrens (*16*, S. 257/258) folgert, kein spezifisch ökonomisches, sondern ein allgemeines soziales Phänomen dar, ... eine absichtliche und zwangfreie Form der Beeinflussung[1], welche die Menschen zur Erfüllung der Werbeziele veranlassen soll, „wobei es zunächst ohne Bedeutung ist, ob es sich um die außerbetriebliche Werbung, die Wirtschaftswerbung im weitesten Sinne oder die innerbetriebliche Werbung (die Werbung um den Menschen im Betrieb) handelt". Schon mit dieser Aussage wird deutlich, daß in der Werbung die psychologischen und insbesondere die sozialpsychologischen Faktoren eine wichtige Rolle spielen, daß es bei dem Umwerben um die Bemühung geht, den ganzen Menschen mit seinem Kaleidoskop von Bedürfnissen, Wünschen, Gefühlen und Interessen zu erfassen und zu beeinflussen. Die Entwicklung der Werbepsychologie (vgl. Hofstätter, *125;* Jacobi, *131)* — als angewandte Psychologie der Werbung — zeigt ganz deutlich eine immer stärkere Berücksichtigung der Erkenntnisse der theoretischen Sozialpsychologie — insbesondere feldtheoretischer Prägung (Lewin) — deren Aspekte sich die Werbung heute schon überwiegend zunutze macht. Man erkennt immer mehr, daß sich die „Umworbenen" oder „Werbeempfänger" nicht mit Hilfe primitiver Reize „manipulieren" lassen, sondern daß sich „zwischen den Reiz und die auf ihn folgende Reaktion strukturierende Kräfte drängen, die aus der Persönlichkeit des Wirtschaftssubjektes

---

[1] Karl Chr. *Behrens (16,* S. 25) merkt dazu an: „Der Begriff ‚Beeinflussung' ist in diesem Zusammenhang so weit gefaßt, daß er auch die reine Information umschließt. Diese Auslegung ist dadurch gerechtfertigt, daß auch eine rein informative Werbung letztlich auf dem Wege über die Erhöhung des Informationsgrades der Menschen auf Beeinflussung abzielt."

Diese Auffassung entspricht unserer Meinung über die Rolle der Information bei der Werbung für das betriebliche Vorschlagswesen (vgl. S. 168 ff.).

emporquellen" (Behrens, *16*, S. 262) und die erst über das Schicksal der Reize entscheiden. „Werbemaßnahmen sollen daher den Menschen ganz und gar erfassen, mit allen seinen Gefühlen, Interessen, Einstellungen, Intentionen, Wünschen, Strebungen usw." (Behrens, *16*, S. 263)[2].

Es kann nicht unsere Aufgabe sein, hier einen grundlegenden Abriß über die Werbepsychologie und ihre Anwendung in der Meinungs- und Motivforschung zu geben, zumal dies von berufener Seite bereits geschehen ist[3] und wir uns vom Thema unserer Arbeit her mit der *innerbetrieblichen* Werbung zu befassen haben. Obwohl auch die Werbung nach außen (die Wirtschaftswerbung als absatzpolitisches Instrument), sich in der Meinung- und Motivforschung mehr und mehr sozialpsychologischer Erkenntnisse bedient, wobei eine spezielle Richtung unter Überbetonung psychoanalytischer Aspekte (Freud) mit dem „Griff nach dem Unbewußten" (Packard), die Entschleierung der allerletzten Geheimnisse des Verbrauchers versucht — sogenannte „Tiefenwerbung"[4] —

---

[2] Helmut *Jacobi* hat in seinem Buch „Werbepsychologie" *(131)* erstmals die ganzheits- und gestaltpsychologischen Grundlagen der Werbung aufgezeigt, wie sie sich aus den sozialpsychologischen Erkenntnissen über das Verhalten des „dynamischen Verbrauchers" im „wirtschaftlich-sozialen Umfeld" ergeben.

[3] *Holzschuher*, L. v.: Psychologische Grundlagen der Werbung, 1956.

Hundhausen, Carl: Wirtschaftswerbung, Essen 1963.

Jacobi, Helmut: Werbepsychologie, Wiesbaden 1963.

Kropff, Hans F.: Verbrauchs-, Motiv- oder Motivationsforschung, 1960.

Derselbe: Angewandte Psychologie und Soziologie in Werbung und Vertrieb, 1960.

Scherke, Felix: Konsum-Motivforschung, in: Jahrbuch der Absatz- und Verbrauchsforschung 1958.

Spiegel, Bernt: Werbepsychologische Untersuchungen, Bern 1958.

Derselbe: Die Struktur der Meinungsverteilung im sozialen Feld, Bern und Stuttgart 1961.

Stephan, Erhard: Methoden der Motivforschung, München 1961.

[4] Die betont tiefenpsychologisch angelegte Motivforschung, mit deren Methoden die Wünsche der Verbraucher und die Vorstellungen der Wähler in die jeweils opportunen Bahnen gelenkt werden, ist besonders in den USA stark ausgeprägt (vgl. *Packard*, Vance: Die geheimen Verführer, Düsseldorf 1959; *Mayer*, Martin: Madison Avenue — Verführung durch Werbung, Köln 1959 und *Dichter*, Ernest: Strategie im Reich der Wünsche, dtv Nr. 229/30, München 1964, der als „Vater" der Motivforschung gilt). Diese, von der Manipulierbarkeit des Menschen ausgehende Werbung, „spielt", wie das G. *Bergler* in einer Vorlesung über „Allgemeine Werbelehre" (Wintersemester 1957/58 an der Hochschule für Wirtschafts- und Sozialwissenschaften in Nürnberg) einmal treffend ausgedrückt hat, „auf der Klaviatur der Gefühle" und bereite ein „tiefes Unbehagen", indem sie versucht „dem Menschen über seine Urinstinkte ein Halfter umzulegen". Für ihre Methoden gelte keineswegs der Satz „homo homini sanctus", der Mensch müsse dem Menschen heilig sein. (Aus dem Streitgespräch zwischen Georg *Bergler* und Ernest *Dichter*, veranstaltet vom Hessischen Institut für Betriebswirtschaft in Frankfurt am 24. 2. 1958 [siehe auch den Bericht in der „Frankfurter Allgemeinen Zeitung" vom 25. 2. 1958]).

bestehen zwischen ihr und der Werbung um den Menschen im Betrieb grundlegende Unterschiede. Zwar muß auch sie das „Werbesubjekt“ als dynamische Einheit sehen, als personal und sozial strukturiertes Wesen, da sie sich aber an eine reich gegliederte, anonyme Masse von Verbrauchern richtet, werden ihre Werbemaßnahmen allgemeingültiger sein. Die Werbung um den Menschen als Verbraucher muß also flache Apelle verwenden um eine extensive Streuung ihrer Mittel zu erreichen; da sie in voller Öffentlichkeit für die Öffentlichkeit gemacht wird, zielt sie auf Publizität — auf öffentliche Geltung.

Ganz anders die *innerbetriebliche* Werbung (auch „innere Werbung“), die sich innerhalb des Betriebes und ausschließlich für den Betrieb abspielt. Von Kropff (*162*, S. 1) als „Exekutive der Menschenführung im Betrieb“ bezeichnet, ist es ihre Aufgabe, weitgehend zur Förderung der mitmenschlichen Beziehungen beizutragen und dadurch die Einstellung der Betriebsangehörigen und deren Leistungsbereitschaft zur Erreichung des Betriebszweckes positiv zu beeinflussen. Damit versucht sie im Gegensatz zur Verbraucherwerbung, „einen scharf umrissenen Menschenkreis seelisch zu beeinflussen“ (Kropff, *161*, S. 195), wodurch es ihr möglich wird, individuelle, direkte und intensiv wirksame Werbemethoden anzuwenden, wenn sie dabei auch die Besonderheiten des Betriebes und der Belegschaft zu beachten hat. Innerbetriebliche Werbung darf daher niemals mit „Reklame im Betrieb“ gleichgesetzt werden; sie ist Aufklärung über die betrieblichen Ziele und Aufforderung zur Überwindung der einer Mitarbeit entgegengebrachten Widerstände. In ihren Bemühungen liegt „ein Werben um Verständnis, Gefolgschaft und Freundschaft“ (Kropff, *161*, S. 195), ihre Hauptfunktionen sind „Aufklärung, Unterrichtung und Belehrung“ (Kropff, *162*, S. 24).

Damit wird die innerbetriebliche Werbung zu einem wichtigen Faktor beim Aufbau guter menschlicher Beziehungen im Betrieb. Sie ist „der auf den Arbeiter als Menschen zugeschnittene und an dessen freien Willen gerichtete Teil der Betriebspolitik, der enge Bindungen zwischen Arbeiter, Arbeit und Werksganzem anstrebt, mit dem Ziel größerer Wirtschaftlichkeit und dem Leitziel bejahender Wirtschaftsgesinnung seitens der Arbeitnehmer“[5]. Sie richtet sich „an jene Sphäre seines freien Willens, die er nicht nur als Mensch, sondern auch als arbeitendes Glied im Arbeitsprozeß ... immer besitzt, und die er durch Lern- und Arbeitsinteresse zum Nutzen, durch Indolenz und Leistungssabotagen jedoch auch zum Schaden des Betriebes anwenden kann“ (Peter, *244*, S. 40). Innerbetriebliche Werbung ist menschliches Bemühen um das *Vertrauen* der Mitarbeiter — ihre Aufgaben sind also

[5] So H. *Meichsner* in seiner Dissertation „Betriebsorganisatorische Maßnahmen zur Schadenverhütung durch Innenwerbung“, Dresden 1929, S. 7 (zitiert nach W. *Peter*, *244*, S. 40).

weniger technisch-organisatorischer, sondern mehr psychologisch-pädagogischer Natur. Das bedeutet aber, daß bei allen Maßnahmen der Werbung im Betrieb, der Mensch zu beachten ist, daß „sich Entwurf und Verteilung der Mittel ganz eng an die Erkenntnisse und Maßnahmen der industriellen Psychologie als Grundlage der sozialen Menschenführung im Betrieb anschließen" (Kropff, *162*, S. 18). Das heißt weiter, daß im Betrieb bereits eine „innerbetriebliche Werbereife" (so Frauenknecht und Lechner, *62)* vorhanden sein muß; erst dann wird die innerbetriebliche Werbung zur „Geburtshelferin" für das unternehmerische Denken und Handeln im Betrieb. Denn die Betriebsangehörigen beurteilen auch die Mittel und Wege der innerbetrieblichen Werbung aus der Sicht, ob dadurch ihre soziale Stellung bedroht bzw. ihre bisherigen Gewohnheiten, ihre "creeds", "feelings" und "sentiments" nicht angetastet werden (Gasser, *76*, S. 32). Werbung im Betrieb wendet sich also an vorwiegend *sozialpsychologisch* motivierte Mitarbeiter und muß diese Faktoren bei ihren Appellen beachten, zumal diejenigen, an die sich ein solcher Appell richtet, ein feines Gefühl für die Echtheit dieser Werbung haben. Von diesem Personenkreis läßt sich sagen, daß „er die Werbung mit peinlicher Nüchternheit in Beziehung zu den Realitäten des Alltags setzt" (so Kern, *138*, S. 34); seine Reaktion wird entsprechend sein. Schon die Tatsache, daß es dem Umworbenen völlig freigestellt ist, „ob er sich diesem Werben ergibt oder nicht ..., ob er sich die Werbung überhaupt anhören will oder nicht ... ", verlangt, daß jedes Vorhaben in der Werbung auf den ganzen Menschen ausgerichtet werden muß, also auf sozialpsychologischen Grundlagen zu beruhen hat (Hundhausen, *128)*.

In den vorangegangenen Ausführungen und insbesondere in dem Teil dieser Arbeit, in dem wir den Menschen im Betrieb als personales und soziales Wesen betrachteten (s. o. S. 90 ff.), wurde immer wieder darauf hingewiesen, daß die Motivationen und Verhaltensweisen bei der Arbeit und die daraus tendierenden Leistungsimpulse keineswegs ausschließlich auf finanziellen Anreizen beruhen, gleichgültig ob es sich dabei um noch so ausgeklügelte Lohnsysteme, Geldprämien, Gewinnbeteiligungen u. ä. Erwerbsformen handelt. Dem menschlichen Streben nach Sicherheit, Abwechslung, Information und Anerkennung — nach Selbstbehauptung und Selbstentfaltung — lagen Antriebe zugrunde, die mehr auf eine „emotionale Motivationsstruktur" schließen lassen, auf bestimmte Gefühlslagen, die durch sozialen Ehrgeiz oder Geltung, Rivalitäten, Sympathien oder Antipathien, Furcht oder Zuversicht gekennzeichnet werden. Hierin liegen auch die sozialpsychologischen Reizwerte der innerbetrieblichen Werbung, wobei insbesondere dem sozialpsychologisch so ungemein wirkungsvollen Motiv des Geltungsstrebens, nämlich dem Streben, eine „Persönlichkeit" zu sein, eine wichtige Rolle zukommt. Diese personalen und sozialen Wünsche, die, wenn auch in unterschiedlicher Rangfolge, fast bei jedem Betriebsangehörigen auftreten, gilt es bei allen Maßnahmen der innerbetrieblichen Werbung zu beachten und anzusprechen. Dabei geht es aber nicht nur um die Mitarbeit des Einzelnen, sondern auch um das Zusammenarbeiten *aller* im Betrieb, um die Bildung einer betrieblichen Arbeits- und Leistungsgemeinschaft, in der trotz der notwendigen Anpassungsvorgänge noch genügend Freiheit zur Entfaltung der eigenen Person bleibt.

Neben diesen menschlich-sozialen Aspekten hat die innerbetriebliche Werbung aber noch andere betriebsindividuelle Eigentümlichkeiten zu berücksichtigen, was nichts anderes bedeutet, als daß es kein allgemeingültiges Rezept für die Maßnahmen innerbetrieblicher Werbung geben kann. „Sie wird nach der Art des Betriebes, seiner Größe, der Landschaft (also dem Standort und der durch diese geographische Lage bedingten Stammeszugehörigkeit und damit typischen Wesensart der Belegschaft [Zusatz des Verfassers]) etc., verschieden sein bzw. verschiedenen Voraussetzungen unterliegen" (vgl. Michligk, *216*, S. 149; vgl. auch Kropff, *161*, S. 201—205), so daß die technischen, organisatorischen und künstlerischen Maßnahmen der Werbung auf eine dem Betrieb dienliche Form abgestimmt werden müssen. Die Maßnahmen der innerbetrieblichen Werbung sind also sorgsam zu planen, sie müssen auf *den* Betrieb zugeschnitten sein und mit der Wirklichkeit der Betriebsführung im Einklang stehen. Sie werden unwirksam sein, wenn es sich dabei nur um einen „Überbau" oder um „dialektische Phrasen" handelt (Görsdorf, *85*).

Eine auf grundlegenden sozialpsychologischen Erkenntnissen aufbauende innerbetriebliche Werbung, vermag auch den Bemühungen um ein erfolgreiches betriebliches Vorschlagswesen wertvolle Hilfsdienste zu leisten und dem Ideenwettbewerb starke Impulse zu geben. Denn das ihr zugrunde liegende Bemühen um das Vertrauen der Mitarbeiter, mit dem sie gleichzeitig darauf abzielt, das unternehmerische Denken und Handeln der Betriebsangehörigen anzuregen und ihre Einstellung zur Arbeit und zum Betrieb positiv zu beeinflussen, kann erst die „Betriebsatmosphäre" schaffen, in der auch das betriebliche Vorschlagswesen gedeihen kann. Hierin liegt kein Widerspruch zwischen innerbetrieblicher Werbung und den Aufgaben des betrieblichen Vorschlagswesens, wenn auch die Weckung des Interesses zu aktiver Mitarbeit und das Bemühen um die Dauerhaftigkeit einer solchen aktiven Teilnahme am betrieblichen Geschehen, eigentlich schon mehr Zwecksetzungen sind, die dem Vorschlagsprogramm selbst obliegen[6]. Trotzdem

---

[6] Aus dieser Sicht ist etwa die von *Kropff* vorgenommene Zuordnung des

ist es notwendig, das gegenseitige Vertrauensverhältnis zwischen den Mitarbeitern auf möglichst allen Stufen der Betriebsgemeinschaft schon vor der Einführung des betrieblichen Vorschlagswesens zu begründen, um dadurch eine der wichtigsten Voraussetzungen für das bestmögliche Zusammenwirken der gesamten Belegschaft zu verwirklichen. Die innerbetriebliche Werbung — hier im weitesten Sinne gemeint — geht damit in ihrer Zwecksetzung einerseits dem betrieblichen Vorschlagswesen und seinen Werbebemühungen voraus, andererseits wird die *Werbung für das betriebliche Vorschlagswesen* ohne ein bereits vorhandenes positives Leistungs- und Sozialverhalten der Betriebsangehörigen ohne nennenswerten Erfolg bleiben.

Sucht man nach den Gründen für diese unterschiedlichen Werbeerfolge, so wird deutlich, daß das mit den Werbemaßnahmen angesprochene Mitdenken und Mithandeln der Betriebsangehörigen, bei seiner Verwirklichung in der Betriebswelt mit vielen Hemmnissen und Widerständen belastet ist und die Teilhabe und Teilnahme der Mitarbeiter weitgehend ignoriert wird. Hier fehlt dann die Verbindung zwischen Meinen und Tun und damit jenes Vertrauensverhältnis, das bereits die innerbetriebliche Werbung mit ihren Bemühungen um den Menschen im Betrieb zu begründen hatte. Die Werbung für das betriebliche Vorschlagswesen kann also nur eine *unterstützende* Aufgabe übernehmen, man darf in ihr nicht das „Allheilmittel" (so Schirm) zur Förderung des betrieblichen Vorschlagswesens sehen — einen Ersatz für die an die Gestaltung des Ideenwettbewerbs in dieser Arbeit noch zu stellenden Forderungen. Auch die Erfahrungen in der Betriebspraxis zeigen, wie Schirm nachzuweisen versucht, „daß eine ungenügende Beteiligung am Vorschlagswesen in den meisten Fällen tieferliegende Gründe hat, als nur etwa die ungenügende Werbung" (*303*, S. 75); eine Aussage, die durch die teilweise sehr erheblich voneinander abweichen-

---

betrieblichen Vorschlagswesens als *eines der Mittel* der „Innerbetrieblichen Werbung" zu verstehen, wobei er es als eine „wahre Domäne der innerbetrieblichen Werbung" bezeichnet (*163*, S. 188). Bereits auf dem Münchener Psychologenkongreß 1949 hat *Kropff* diese Auffassung vertreten und dazu ausgeführt:

„Mit seinen starken Appellen an vitale und soziale Triebe, mächtige Gefühle und lebhafte Interessen hat sich das Vorschlagswesen als eines *der stärksten Mittel der innerbetrieblichen Werbung* erwiesen. Genau abgestimmt auf die besonderen Verhältnisse des Betriebes, bewahrt vor Bürokratie und Parteilichkeit, ist es im besten Sinn dazu angetan, die strebenden Kräfte zu ermuntern und wirksame Leistungsantriebe zu mobilisieren."

Diese Zuordnung ist keineswegs so abwegig, wenn man an den großen Aufgabenkreis der „innerbetrieblichen Werbung" denkt (so auch Paul *Michligk:* „Innerbetriebliche Werbung um Mitarbeit", Essen 1953). Aber es besteht doch ein wenig die Gefahr, daß bei dieser Betrachtungsweise das betriebliche Vorschlagswesen in eine *zu wenig* beachtete Stellung gerät, selbst wenn es bei allen Bemühungen um eine „ganzheitliche Rationalisierung" (so *Poeverlein)* im Betrieb, auch nur eines der vielen möglichen Mittel darstellt.

den Erfolge betrieblicher Werbeaktionen für das betriebliche Vorschlagswesen ihre Bestätigung erhält. Wenn Krauss (*156*, S. 107) schreibt: „Die Gewinnung des Einzelnen zur Mitarbeit am betrieblichen Vorschlagswesen ist nicht die Folge einer vorausgegangenen entsprechenden Werbung, sondern umgekehrt, die Werbung für das betriebliche Vorschlagswesen hat eine gewisse *geistige Aufnahmebereitschaft*, ein Aufgeschlossensein für das durch sie vermittelte Gedankengut zur Voraussetzung" (Hervorhebung vom Verfasser), so unterstreicht er ebenfalls die vorausgegangenen Ausführungen.

Differenziert man den Begriff der Werbung für das betriebliche Vorschlagswesen noch ein wenig genauer, so kommt man zu einer Unterscheidung zwischen „Werbung" und „Propaganda", wie sie Kern in einem seiner Aufsätze über das betriebliche Vorschlagswesen bringt (*141*, S. 110). Während er unter *Werbung*, das „diskrete Bemühen von Mensch zu Mensch, das Gewinnen und Überzeugen auf der persönlichen Ebene" versteht — also die innerbetriebliche Werbung im eigentlichen Sinne — bezeichnet er als *Propaganda*, das „aufwendige Bemühen, die gesamte Belegschaft mit den bekannten Werbemitteln ..., für eine allgemein angekündigte Zielsetzung zu gewinnen" (*141*, S. 110). Obwohl die lautstarke, effektvolle und gefühlsbetonte Massenpropaganda der Öffentlichkeitswerbung vorbehalten bleiben sollte — im Betrieb werden diskrete, persönliche und vertrauensvolle Werbebemühungen die größere Wirkung haben — kann sich auch die innerbetriebliche Werbung in geeigneten Situationen dieser Propaganda bedienen. Denn auch die Wahl der wirkungsvollste Methode ist eine *werbepsychologische* Aufgabe und weitgehend von der Mentalität der Belegschaft, von den sonstigen Eigenarten des Betriebes, aber auch vom Zweck und Zeitpunkt der Werbemaßnahmen abhängig. Darüber wird noch in den folgenden Ausführungen einiges zu sagen sein. Auf jeden Fall wird eine gute, auf den Menschen und die Betriebsatmosphäre abgestimmte Werbung dem betrieblichen Vorschlagswesen wesentliche Impulse vermitteln, besonders dann, wenn sie sich an ein bereits bestehendes Vertrauensverhältnis im Betrieb anlehnen kann. Die Werbung für das betriebliche Vorschlagswesen kann also nicht vollständig ausgeschaltet werden, denn wenn dieses gemeinsame Mitdenken, Mitgestalten und Mitarbeiten wirklich systematisch zum Erfolg geführt werden soll, läßt sich dieses Ziel nicht ohne spezielle Werbung erreichen. Die Erfolge, die in der Praxis durch werbepsychologische und aufklärende Maßnahmen erreicht werden konnten, zeigen die Wirkung einer harmonischen und als etwas Ganzes betriebenen Werbung für den Ideenwettbewerb. Theiss (*329*, S. 35/36) meint zwar, „daß es bei den materiellen und ideellen Vorteilen der Mitarbeit an Betriebsverbesserungen keiner großen Werbung bedürfe", und wo das betriebliche Vorschlagswesen seit Jahren besteht und zur Zufriedenheit der Beteiligten angewendet wird, mag es vielleicht selbst Werbekraft genug haben um fortzubestehen; trotzdem bleiben nach u. M. der innerbetrieblichen Werbung für das betriebliche Vorschlagswesen noch genügend Aufgaben gestellt.

Sie beginnen schon mit der *Information* der Mitarbeiter über das betriebliche Vorschlagswesen, seine Zweck- und Zielsetzung und setzen sich fort in dauernden und intensiven Hinweisen auf seine Bedeutung. Alle im Betrieb tätigen Mitarbeiter müssen zunächst einmal begreifen, um was es geht, es muß ihnen klargemacht werden, „daß es überall etwas zu verbessern gibt, und daß gerade derjenige eine Chance hat, die Verbesserung zu erkennen, der besonders nahe an der Sache steht" (Höckel, *122*, S. 226). Dabei ist aber darauf hinzuweisen, daß es nicht das Ziel dieser betrieblichen Einrichtung sein kann, aus jedem Betriebsangehörigen einen Rationalisierungsfachmann zu machen, der eben einmal mit „gesundem Menschenverstand" beweist, daß er mehr versteht, als der eigentliche Fachmann, denn eine solche Auffassung wäre keineswegs geeignet zur gemeinsamen Mitarbeit beizutragen[7]. Das gilt in gleicher Weise, wenn nicht von vornherein klargestellt wird, daß das Vorschlagswesen keineswegs ein „Mittel zur Vorgesetztenkontrolle" (so Goossens) ist, da gerade von einer solchen Sinndeutung die immer wieder auftretenden Widerstände der Führungskräfte ausgehen, auf die wir schon hingewiesen haben und denen wir noch besondere Aufmerksamkeit widmen werden. Hierbei spielt der Versuch durch Mißbrauch des betrieblichen Vorschlagswesens die eigentliche Führungshierarchie zu umgehen — also bei der Vorschlagseinreichung den Dienstweg auszuschalten — eine besondere Rolle (s. u. S.268 ff.). Diese Hinweise deuten schon auf die Wichtigkeit einer sachdienlichen Information über den Sinn des betrieblichen Vorschlagswesens hin, mit der den Betriebsangehörigen die „Spielregeln" bekanntgemacht werden müssen, damit sie erkennen, daß es dabei um eine „echte Gemeinschaftsaufgabe des ganzen Betriebes" (so Höckel) geht.

Damit engverbunden ist die *Lenkung des Mitdenkens* auf lohnende Verbesserungmöglichkeiten mit Hilfe von Leitfragen, wobei hier das Wort „leiten" im Sinne von „Suggestion", neben der wohl bekannteren Bedeutung einer ‚Beeinflussung durch Fremdwillen', auch den Sinn der Lenkung des Gedächtnisses oder des Bewußtseins unter der Wirkung von richtunggebenden Einflüssen hat (Pentzlin, *242*, S. 12/13). Die Leitfrage versucht durch eine eingehende oder hinweisende Formulierung, das Erkennen und die Lösung eines kritisierbaren Zustandes zu er-

---

[7] Darauf weist insbesondere Franz *Goossens* (Handbuch der Personalleitung, I. Bd.: Personalorganisation und Personalführung, 3. Aufl., München 1959, S. 412) hin.

leichtern, sie zielt auf einen bestimmten betrieblichen Vorgang, auf eine ungelöste Aufgabe; von ihr geht also der besondere „Aufforderungscharakter“ (Lewin) zu einer bestimmten Handlung oder einem bestimmten Verhalten aus. Diese „Aufforderung“ zum Handeln — hier einer zu lösenden Aufgabe — birgt in sich einen starken werbepsychologischen Effekt, der dort am größten sein wird, wo die Leitfrage im direkten Wahrnehmungsbereich der angesprochenen Person liegt. In der Praxis hat es sich immer wieder gezeigt, daß einfache und begrenzte Fragestellungen nach Verbesserungsvorschlägen das Mitdenken erfolgreicher anregen, weil trotz aller Rationalisierungsbestrebungen der Betriebe, noch viele kleine Verbesserungsmöglichkeiten vorhanden sind. Hier ist der Gedanke der sog. „Kleinen Rationalisierung“ (Bayerle, Maucher u. a.), angesprochen, der Rationalisierung „von unten her“, die bis zur letzten Keimzelle des Betriebes geht, den letzten „Handlanger“ berührt und damit zur „Rationalisierung in eigener Zuständigkeit“ (Mand, *198,* S. 83/84) wird. Von der Anerkennung einer noch so geringen schöpferischen Mitarbeit wird gleichzeitig eine psychologische Wirkung auf die Rationalisierung „von oben her“, die „Befehlsrationalisierung“ ausgehen, denn die „Entschlüsse der Betriebsleitung werden im allgemeinen um so leichter von den Betriebsangehörigen verstanden und angenommen, je besser sie auf diese Beschlüsse vorbereitet wurden oder an ihnen *in irgendeiner Form beteiligt* waren“ (Scharmann, *279,* S. 426). Und insbesondere um diese „kleinen Fische“ (Höckel) sollte sich der Ideenwettbewerb bemühen, um das Einfache, das den Betriebsangehörigen die Möglichkeit bietet, zu dieser gemeinsamen Aufgabe beizutragen[8]. Wenn mit dieser betrieblichen Einrichtung die Mitarbeit der gesamten Belegschaft erreicht werden soll, wäre es psychologisch geradezu widersinnig den guten Willen der Betriebsangehörigen durch Äußerungen wie z. B.: „Es kommen viel zuviel triviale Vorschläge“ zu untergraben und damit die Einreicher für immer zu entmutigen. Hier wäre das Gegenteil von dem erreicht, worauf es bei allen Werbemaßnahmen letztlich ankommt; auf die Überwindung der *Denkträgheit* und der *Betriebsblindheit* und die Entfaltung der *Initiative* möglichst vieler Mitarbeiter *(372).* Es geht hier um die psychologisch so wichtige Durchbrechung des menschlichen Beharrungsvermögens, als jener typischen Tendenz, die sich auf ausgefahrenen Gleisen bewegt und alles als verdächtig ansieht, was vom Althergebrachten abweicht. Schließlich ist es eine altbekannte Tatsache, daß „die meisten Mitarbeiter im Betrieb den Weg des geringsten Widerstandes

[8] *Höckel (122,* S. 31 ff.) spricht hier im übertragenen Sinne vom „Ährenlesen“ im Rahmen des betrieblichen Vorschlagswesens, von den durch die Rationalisierungsmaßnahmen liegengebliebenen kleinen Verbesserungsmöglichkeiten, die für den, der sich danach bückt, immer noch reizvoll und lohnend genug sind.

wählen und bei der erprobten und gewohnten Arbeitsweise bleiben möchten" (Hohmann, *127*, S. 54), daß sie dies als unabänderliches Schicksal hinnehmen und sich teilweise gegen jede Änderung bestehender Arbeitsverfahren wehren. Man spricht dann im allgemeinen von „Erfahrungen" von denen man nicht abgehen möchte, beachtet aber nicht, daß dieser „Traditionsbazillus" auch leistungshemmend wirken kann[9]. Gegen eine gewisse Traditionsgebundenheit ist zwar grundsätzlich nichts einzuwenden — „aber Tradition darf auch nicht zum Zopf werden und den Fortschritt hemmen; keinesfalls darf sie zur Tarnung für die Trägheit (als Ausfluß des menschlichen Beharrungsvermögens [Zusatz vom Verfasser]) dienen" (Theiss, *329*, S. 35). Leider ist es aber so, daß zwischen der Erkenntnis, daß man etwas besser machen könnte und dem Entschluß auch nach dieser Erkenntnis zu handeln, oft ein unüberwindliches Hindernis liegt und kein Geringerer als Poppelreuter hat diese Schwierigkeiten in zwei seiner arbeitspsychologischen Leitsätze umrissen[10], dabei aber darauf hingewiesen, daß auch unter den gerade gegebenen Verhältnissen stets große Verbesserungsmöglichkeiten bestehen. Im menschlichen Beharrungsvermögen wirkt sich eine sozialpsychologische Tendenz dahingehend aus, daß eine bereits gelöste Aufgabe, z. B. eine vorgegebene Arbeitsweise, ihren Aufforderungscharakter verloren hat und kein Bedürfnis mehr besteht, sich mit dieser Aufgabe zu befassen. Mit der dauernden Wiederholung erlischt schließlich jede Initiative zum Mitdenken und diese Verhaltensweise führt dann schließlich zu der so oft erwähnten *Betriebsblindheit*, zur be-

---

[9] Jürgen *Eick* hat erst in jüngster Zeit in seinem Artikel „Erfahrung — ein gefährlicher Lehrmeister" (FAZ vom 27. 4. 1964) auf die Problematik der Anwendung des Begriffes „Erfahrung" hingewiesen und bei dem Versuch einer Typologie der Fehlanwendung folgende Formen unterschieden:

1. Erfahrung als Ersatz für neues Nachdenken.
2. Erfahrung als Ausrede.
3. Erfahrung als Rache-Engel.
4. Erfahrung als Verführung, in den gegenteiligen Fehler zu fallen.

Er schließt mit folgenden Worten: „Der Umgang mit seinen eigenen Erfahrungen ist also nicht leicht. Hier liegen Fallgruben, die oft gar nicht erkannt werden. Ein Mensch ohne Erfahrung ist ein Nichts. Aber man kann das, was man erlebt und erfahren hat, nicht blindlings als Richtschnur für gegenwärtiges und künftiges Verhalten wählen. Man muß vielmehr immer wieder neu prüfen, ob denn nicht die Erfahrungen von einst unter Bedingungen zustande kamen, die gar nicht mehr vorliegen. Denn sonst kann die Erfahrung die Schwester des Vorurteils sein. Beide können wie Scheuklappen klarem Denken und klugem Handeln im Wege stehen."

[10] Die hier gemeinten Leitsätze *Poppelreuters* lauten:

1. „Die Natur des Menschen widerstrebt der Rationalisierung."
2. „Der Anreiz, spontan Mängel zu beseitigen, ist viel geringer als die Fähigkeit, sie zu ertragen."

(Vgl. dazu auch den Aufsatz von W. *Poppelreuter* in: K. *Pentzlin:* Meister der Rationalisierung, Düsseldorf—Wien 1963, S. 533—544.)

trieblichen Routine, die oftmals so zur Selbstverständlichkeit wird, daß der Versuch sie auch nur in Frage zu stellen, schon gegen ein Tabu verstößt. Die Betriebsblindheit wird daher auch nicht ganz zu Unrecht als Grundübel des Fortschritts bezeichnet und es bleibt auch kaum jemand ganz von ihr verschont. Denn ohne eigenes Wollen und Zutun trübt sie im Laufe der Zeit den *kritischen* Blick des Einzelnen, insbesondere für Vorgänge in der nächsten Umgebung. Mit der Gewöhnung an die alltäglich gleichförmig ablaufende Arbeit stumpfen die Gedanken ab, so daß mit zunehmender Gleichgültigkeit und Dauer einer *gleichbleibenden* Arbeitsverrichtung, die Fähigkeit Mängel oder Fehler zu erkennen und der Wunsch sie zu beseitigen mit fast gesetzesmäßiger Folge immer mehr abnimmt. Diese Gleichgültigkeit verursacht als Nebenerscheinung eine gewisse „Betriebslangeweile", die in vielen Fällen zur „unbewußten Quelle betrieblicher Unzufriedenheit" (Kroeber-Keneth, *157*, S. 155) wird.

Hier liegen echte werbepsychologische Aufgaben; das „Wachrütteln" aus der Bequemlichkeit des „Das machen wir immer so", das Lenken der Aufmerksamkeit auf die Arbeit selbst und das Fördern einer gesunden Kritiklust am gegenwärtigen Zustand. Wenn hier von Kritiklust die Rede ist, dann darf aber eine solche Kritik im Rahmen des betrieblichen Vorschlagswesens nicht nur auf sachliche Mängel hinweisen und diese beanstanden, sondern muß auch die Möglichkeiten zu ihrer Beseitigung aufzeigen. Sie muß also *positiv* sein und von der Auffindung eines Mangels über die Idee zu einem Verbesserungsvorschlag führen. Dabei sollte sie allerdings jede Personenbezogenheit vermeiden, weil sie damit schon die Färbung eines Tadels gewinnt und dann aus begreiflichen Gründen keineswegs erwünscht wäre. Kritik ist also nur fruchtbar, wenn sie die Sache bemängelt und sich daraus die „Idee" — ein eigener Gedanke — aufbaut, der sich in einem Verbesserungsvorschlag verwirklicht. In dieser Form ist die Aufforderung zu „schöpferischer Eigeninitiative" (Sogorsky) geeignet zur Überwindung der Denkträgheit im Sinne: „es ist schon alles rationalisiert" und der Betriebsblindheit, des „jung gewohnt, ist alt getan" beizutragen und Antriebskräfte zu wecken, denen insbesondere das Abwechslungsstreben zugrunde liegt, der Wunsch nach neuen Erlebnissen in der mechanisierten und eintönigen Arbeitswelt. Die daraus entstehenden Verbesserungsvorschläge bringen, wie Baumgarten (*9*, S. 206) ausführt, „eine Entspannung im monotonen, täglichen Einerlei der Berufsarbeit, lenken die Aufmerksamkeit auf neue Möglichkeiten hin und erhalten so den Geist beweglich ... Das Vorschlagswesen ist das Belebende, Erfrischende, neue Hoffnung weckende Moment, daher auch psychohygienisch". Gerade diese Anteilnahme am Betriebsleben gilt es zur Vermeidung geistig-seelischen Leerlaufs und unwirtschaftlicher Verfahren durch die Werbung für das betriebliche Vorschlagswesen zu wecken, wobei es zunächst gar nicht so wichtig ist, was der Einzelne vorschlägt, sondern daß er überhaupt vorschlägt. Denn abgesehen davon, daß von der Aufforderung zum *Mit*denken und *Mit*gestalten ein starker positiver Einfluß auf die Arbeitsfreude, das Selbstbewußtsein, das Verantwortungsgefühl, die Zusammenarbeit und die Leistungsbereitschaft ausgeht (sozialpsychologische Auswirkung), erlebt man häufig, daß durch das Einreichen an sich unbrauchbarer oder wenig wertvoller Vorschläge, „Gedanken in der Diskussion auftauchen, auf die man selbst nicht gekommen wäre oder daß sich bei der Erörterung dieser Vorschläge irgendwelche Übelstände im Betrieb herausstellen, die man dann beseitigen kann" (Peddinghaus, *241*, S. 236 [wirtschaftliche Auswirkung]). Wichtig bleibt, daß durch die Werbung eine innere Bereitschaft zur *Mit*arbeit entsteht und sich jeder einzelne Mitarbeiter als „Ideenträger" fühlt, der durch sein *Mit*wissen, *Mit*denken und *Mit*handeln auch seinen Anteil zum betrieblichen Erfolg und Fortschritt beiträgt.

Wenn dieser von der Werbung ausgehende „Appell an die Mitdenker" zu einem Erfolg führen soll, dann darf er nicht nur „Fassade" sein, sondern ehrliches Bemühen um Mitarbeit. Die Erkenntnis, daß die meisten Betriebsangehörigen ein sehr feines Gefühl für die Echtheit solcher Werbebemühungen haben, verlangt bei allen Werbemaßnahmen menschliches Einfühlungsvermögen, d. h. ein Gerichtetsein der Werbung auf die Person. Will man also die Betriebsangehörigen innerlich für das betriebliche Vorschlagswesen gewinnen, „so sollten sie von der Seite ihres Ehrgeizes, Selbstbewußtseins, Betriebsstolzes, Wettbewerbseifers, u. ä. angesprochen werden" (*390*, S. 27/28), d. h. auf ihre *sozialpsychische Reizbasis*. Diese psychologische und soziopsychologische Meisterung der Werbung beinhaltet eine wesentliche Voraussetzung für den Werbeerfolg, denn „das Werben um die ‚interessierte Mitarbeit' bekommt damit eine bedeutsame Wendung: es ist... *keine bloße Geldfrage*, sondern *ein realer Kampf um die Gefühle* des zur aktiven Mitarbeit Aufgerufenen" (A. W. Schmidt, *304*, S. 623). Sicherlich ist es notwendig, auch das Nützlichkeitsdenken des Mitarbeiters zu beachten, daß aber die Geldprämie *allein* oder eine hohe Prämiierung als die „beste Werbung" (vgl. *389*, S. 8) oder als am stärksten wirkendes „psychologisches Anreizmittel" (Miessner, *218*, S. 458) angesehen wird, kann nicht vorbehaltlos anerkannt werden[11]. Zwar wird die Geldprämie „als Lockmittel für Verbesserungsvorschläge, ... bei reinen Materialisten und egoistischen Karrieremachern auf Widerhall stoßen" (A. W. Schmidt, *304*, S. 624), aber das ist gerade die menschliche Typengruppe, gegen

[11] Diese Auffassung setzt sich immer mehr durch; vgl. H. *Popitz* u. a. (*249*, S. 48 ff.), W. *Kellner* (*136*, S. 124 ff.) und G. *Höckel* (*122*, S. 212 ff.).

deren Arbeitsethos an sich Bedenken angebracht sind und die nur eine mindere Anlage für neue Einfälle besitzt. „Der *fruchtbare Nährboden für Neukombinationen ist bei der arbeitsethisch wertvollen Persönlichkeit zu finden* ... Für sie spielt nicht nur das Geld, sondern auch *die sonstige Würdigkeit des Betriebes* eine Rolle" (A. W. Schmidt, *304*, S. 624). Neben dem rein materiellen Anreiz durch eine Geld- oder Sachprämie, muß eine nach sozialpsychologischen Erkenntnissen ausgerichtete Werbung gleichzeitig die menschlichen Antriebskräfte ansprechen, die in der sozial-individualen Polarität der Person angelegt sind. Diese personalen und sozialen Wünsche (vgl. S. 98 ff. und passim), das Streben nach Sicherheit, Anerkennung und Selbstentfaltung, können bei richtiger Handhabung des betrieblichen Vorschlagswesens eine ausreichende Befriedigung erfahren und es wäre falsch, die Werbung nicht auf diese Bedürfnisse des Menschen auszurichten. Dabei ist allerdings zu beachten, daß nicht nur der Einzelne, sondern im Rahmen unserer Themenstellung auch Betriebsgruppen angesprochen werden, die, wenn sie einmal für den „Ideenwettbewerb" gewonnen und im Sinne dieser Gemeinschaftsaufgabe integriert sind, von sich aus ebenfalls im Betrieb werbewirksam werden können. Hierbei kann insbesondere der Wettbewerbsgeist zwischen einzelnen Gruppen geweckt werden, mit dem ein echtes sozialpsychologisch relevantes Motiv — das der Konkurrenz — zur Wirkung kommt. Beck (*13*, S. 129/130) meint zwar, daß „die competition weitgehend als pädagogisches Prinzip aufgegeben wird" und zwar „zugunsten des Prinzips der Zusammenarbeit, der cooperation, in der man nun bessere Möglichkeiten der Förderung, der Entfaltung und Gestaltung von Persönlichkeiten und Gemeinschaften erkennt"; wir sind aber der Ansicht, daß Wettbewerb und Zusammenarbeit auch zwei Pole eines Spannungsfeldes sind und sich die Integration im Betrieb im Rahmen zwischenmenschlicher Kooperation und Diversion vollzieht (so auch Scharmann, *278*, S. 93). Brown (*34*, S. 35) bemerkt hierzu mit Recht, daß „Wettbewerb einen Zustand friedlichen Zusammenwirkens voraussetzt", daß sich also sozialabweichendes und sozialanpassendes Handeln und Verhalten zu sozialschöpferischer Aktivität integrieren müssen. Darüber wird noch an geeigneter Stelle einiges auszuführen sein; hier ging es lediglich um die Feststellung, daß es nicht genügt, allein mit der Geld- oder Sachprämie für das Mitdenken zu werben und sonst alles beim alten zu belassen, sondern daß die Werbung sowohl auf die Befriedigung ökonomischer als auch persönlichkeitsgemäßer Bedürfnisse ausgerichtet sein muß[12]. Man kann dabei

---

[12] Es sei angemerkt, daß eine *objektive* Beurteilung und entsprechende Prämiierung zweifellos ebenfalls eine große Werbewirkung besitzt. Dazu heißt es in den *Krupp*-Mitteilungen" (Heft 4 / Juni 1963, S. 123): „Unsere Werbung ist vor allem die gerechte Beurteilung der Vorschläge, die das Vertrauen der Belegschaft zu dieser Einrichtung stärkt."

Schirm (*303*, S. 84) folgen, wenn er schreibt, daß „die beste Werbung in einer Handhabung des Vorschlagswesens liegt, die dem Mitarbeiter täglich beweist, daß es in jeder Hinsicht günstig ist mitzudenken und mitzuarbeiten", wobei nochmals auf die Wichtigkeit der *inneren* Beteiligung und Verbundenheit mit der Arbeit, den Mitarbeitern und dem Betrieb hingewiesen sei. Wir erkennen schon hier, daß alle werbenden Bemühungen niemals leer, alltäglich oder abgenutzt erscheinen dürfen, sondern immer wieder das produktive Denken zur *Mit*arbeit anregen sollten. „Werbung muß *geben*, immer wieder geben. Darin darf sie nicht ermüden; sie muß unablässig sein — denn Werbung ist ein *ständiges* Sich-Bemühen" (Michligk, *215*, S. 136/137).

Bei allen diesen Aufgaben muß die innerbetriebliche Werbung für das betriebliche Vorschlagswesen die ihr eigenen „Gesetze" beachten[13], denn sie soll ja die Bemühungen des Einzelnen und betrieblicher Gruppen unterstützen und sich bewußt in den Dienst der betrieblichen Arbeitsgemeinschaft stellen. Sie kann sich deshalb auch nicht nur auf das Aushängen von Vorschlagskästen, Plakatanschlägen oder die Verteilung von Handzetteln — um nur einige Möglichkeiten zu nennen — beschränken. Die Mittel und Wege der Werbung sind so vielseitig, daß sie der Werbewirkung und dem Grundsatz ständig neuer Formen und inhaltlicher Gestaltung fortwährend angepaßt werden können. Außerdem hängt die Wahl des geeigneten oder mehrerer geeigneter Werbemittel von dem Stand des betrieblichen Vorschlagswesens zum Zeitpunkt ihres Einsatzes ab, d. h. ob es sich dabei um die *Einführungs*werbung, die *laufende* Werbung oder um *Einzelaktionen* im Rahmen des betrieblichen Vorschlagswesens handelt — ihre Wahl wird also vom Zweckgesichtspunkt der Werbung bestimmt. Bevor aber auf die dafür geeigneten Werbemaßnahmen eingegangen wird, soll einiges über diejenigen Werbemittel und ihre werbepsychologische Wirkung ausgeführt werden, die im Schrifttum und in der Praxis des betrieblichen Vorschlagswesens weitgehend Eingang gefunden haben und die bei richtiger werbepsychologischer Anwendung die Bemühungen um eine erfolgreiche Beteiligung wirksam unterstützen können.

Die Werbung für das betriebliche Vorschlagswesen bedient sich einer Vielzahl von *Werbemitteln* und *Werbemethoden*, die „weitgehend mit den Instrumenten des betrieblichen Nachrichtenwesens identisch sind" (Lill, *184*, S. 64). Ihre Wahl wird durch die schon angedeutete Eigengesetzlichkeit der innerbetrieblichen Werbung bestimmt, durch das „scharf umrissene Ziel der Werbeaktion, die bekannte Wesensart der Belegschaft und die räumlichen Verhältnisse des Betriebes ..." (Kropff,

---

[13] Der interessierte Leser sei auf die „Richtlinien für die Werbung" innerhalb des Vorschlagswesens von Paul *Michligk* (*215*, S. 136/137) hingewiesen.

161, S. 205/206), aber auch vom „Betriebsklima“ oder der Einstellung der Betriebsangehörigen zum Betrieb — der „Betriebszufriedenheit“ im weitesten Sinn des Wortes (Lepsius, *171*, S. 40 ff. und 51 ff.). Alles das sind zu beachtende Faktoren, die aber in der innerbetrieblichen Werbung bekannt sind oder zumindest bekannt sein sollten. Denn „jedes Werbemittel hat — psychologisch, künstlerisch und technisch richtig entworfen und ausgeführt, soziologisch und organisatorisch richtig gestreut — seinen mehr oder weniger scharf begrenzten Wirkungskreis“ (Kropff, *163*, S. 21). Es wird also vorkommen, daß das eine oder andere Werbemittel keinen maßgeblichen Einfluß auf die Angesprochenen ausübt, obwohl „eine ständige und abwechslungsreiche Werbung... durchaus geeignet ist, die Mitarbeiter für alle gemeinsam angehenden Fragen aufgeschlossen zu machen“ (Michligk, *216*, S. 67). Wesentlich ist daher auch hier die Erkenntnis der Kurzlebigkeit vieler Werbemittel im Betrieb, die zu einer lebhaften und vielseitigen Entwurfstätigkeit drängt, damit einmal das den Einzelnen ansprechende Werbemittel zur Wirkung kommt, zum anderen auch dem Streben nach Abwechslung in der Werbung Rechnung getragen wird. K. Ch. Behrens *(16)* sagt dazu: „Unter Zugrundelegung der modernen gestaltpsychologischen Betrachtungsweise muß ein erfolgversprechendes Werbemittel sowohl eine äußere als auch eine innere Einheit darstellen. Auf das Äußere bezogen hängt der Werbeerfolg davon ab, ob das Werbemittel als geschlossene äußere Einheit wirkt (Gestaltfestigkeit). Je fester seine Gestalt ist, um so mehr Beachtung schenken die zu Umwerbenden dem Werbemittel, und um so größer ist sein Aufmerksamkeitswert (Wahrnehmungswert) und sein Gedächtniswert. Hinsichtlich der *inneren* Einheit hängt die Werbewirksamkeit im wesentlichen vom Aufforderungscharakter und von den Anmutsqualitäten (gemeint: Anmutungsqualitäten [der Verfasser]) des Werbemittels ab“ (S. 267). Allerdings gehört im Sinne der Ganzheit der Werbung, dazu auch die äußere Abstimmung der Werbemittel aufeinander, d. h. „jedes einzelne Werbemittel und jede einzelne Werbemaßnahme muß als Glied einer Einheit empfunden werden, an die vorausgeschickten Werbemittel erinnern und dadurch ihre Wirkung zusätzlich in sich aufnehmen“ (Knoop, *145*, S. 86). Ob dabei mit textlichen Werbemitteln (Werbespruch, Werbereim, Werbegedicht, Werbezitat, etc.) oder mit grafischen bzw. fotografischen Werbemitteln (Werbemarke, Plakat, Schautafel, u. ä.) gearbeitet wird oder Kombinationen von Text, Grafik und/oder Fotografie angewandt werden (Werbebroschüre, Lohntütenbeilage, Werkszeitung, u. ä.) ist nicht entscheidend, wenn nur bei der Gestaltung die dem einzelnen Werbemittel speziellen Eigenarten berücksichtigt werden[14].

---

[14] Es sei hier auf einen weiteren Aufsatz von E. *Knoop*: Graphische Werbemittel für das Vorschlagswesen *(146)* hingewiesen.

In den Darstellungen über die Werbemittel der innerbetrieblichen Werbung (und dabei auch der speziellen Werbemittel für das Vorschlagswesen) wird zwischen Werbeträgern und Werbemitteln (so Kropff, *163*, S. 13 ff.; Hohmann, *127*, S. 58; u. a.), zwischen direkten und indirekten Werbemitteln (so Görsdorf, *85*, S. 174), u. a. m. unterschieden. Auf diese mehr terminologischen Unterscheidungen und Meinungsverschiedenheiten kann hier nicht näher eingegangen werden, es scheint uns aber von Bedeutung zu sein, mit Krauss (*156*, S. 119) die Werbemittel im Rahmen des betrieblichen Vorschlagswesens in solche zu trennen, die mit dem „gesprochenen Wort" arbeiten und in solche, denen das „geschriebene Wort" zugrunde liegt. Wir übernehmen diese Unterscheidung, obwohl Krauss dafür keine nähere Begründung gibt, schon deshalb, weil sich beide Ausdrucksformen — das gesprochene und das geschriebene Wort — mit grafischen und/oder foto„mechanischen" Effektmitteln kombinieren lassen, so daß sie als Grundlage jeder Werbung angesehen werden können. Freilich wird hierbei die Wirkung des gesprochenen Wortes überwiegen, da die Sprache — sozialpsychologisch gesehen — die wichtigste Mitteilungsform mitmenschlicher Beziehungen darstellt und ihr als „Wirkungsweg von Menschenseele zu Menschenseele" (Hellpach, *105*, S. 13), eine besondere soziale Funktion zukommt. Auf diese so wichtige gesellschaftliche Funktion der Sprache und die damit verbundene „Macht des Wortes" hat Segerstedt in seinem gleichnamigen Buch hingewiesen (*268*) und die Sprache als das Zentrale an dem Begriff mitmenschlichen Verkehrs (Kommunikation) bezeichnet, als soziale Erscheinung, ohne die menschliches Zusammenleben und gemeinsames Handeln nicht möglich wären[15]. Die Sprache ist aber nicht nur ein Verständigungsmittel, sondern auch ein Mittel zur Überzeugung, Überredung und Beeinflussung; sie besitzt eine gewisse Suggestivitätswirkung zu einem Handeln. Diese handlungsauslösende Funktion der Worte ist zwar soziokulturell geprägt, sie kann aber durch Suggestion[16] in eine bestimmte Richtung gelenkt werden. Hellpach (*105*, S. 62) hat für diese *sprachliche* Eingebung den Ausdruck „*Verbalsuggestion*" geprägt, die vom „Ideo-

---

15 Auch Walter *Beck* (*13*, S. 21 ff.) bezeichnet die Sprache als eine der sozialpsychologischen Grundsituationen menschlichen Lebens und Zusammenlebens, die aber den Menschen, indem sie ihm dient, gleichzeitig bindet und gefährdet.

16 Auf diese Suggestivitätswirkung des gesprochenen Wortes als Handlungsauslöser weist auch *Segerstedt* (*268*, S. 144 ff.) hin, wobei er die Begriffsbestimmungen der „Suggestion" von K. *Young* und Fl. *Allport* zugrunde legt, die einmal dem Aufbau eines bestimmten Verhaltens (einer Antwort), zum anderen der Auslösung von Handlungen dient, wobei es von Bedeutung ist, daß der auslösende Faktor einen starken emotionalen Unterton hat.

motorischen Gesetz" oder „*Carpenter-Effekt*" ausgeht[17] und in der die wesentliche Wirkung der Sprache und damit letztlich auch ihrer Werbewirksamkeit begründet ist. Durch diese Verbalsuggestion der Sprache kann also ein Mensch zu Handlungen und Leistungen überredet werden, die er sonst nie getan hätte. Dieses Überreden und Überzeugen bleibt aber keineswegs auf das gesprochene Wort beschränkt (wenn diesem auch der stärkere Wirkungseffekt zukommt), auch durch das geschriebene Wort kann eine solche verbalsuggestive Wirkung erreicht werden. Damit werden beide Formen des verbalen Mitteilungsweges zu Mitteln der Menschenbeeinflussung, sie lassen sich in ihrer Suggestionswirkung sogar noch steigern und zwar durch „phonetisch-melodische", „grammatisch-syntaktische" und „vokabulär-phrasische" Mittel (nach Hellpach, *105*, S. 71—74), die vor allem in den sprachlichen Besonderheiten liegen. Während das gesprochene Wort alle drei Steigerungseffekte anwenden kann, muß das geschriebene Wort auf das phonetisch-melodische Mittel verzichten, was sich auf den Gesamteffekt nachteilig auswirkt. Denn gerade die „Sprechmelodie", aber besonders die Artikulation (als die deutliche Herausarbeitung aller Wortgruppen und ihre Abgrenzung) stehen für die Steigerung der suggestiven Wirkung obenan. Da wir auf die einzelnen Steigerungsmittel verbalsuggestiven Charakters hier nicht näher eingehen können, sei auf die Ausführungen bei Hellpach (*105*, S. 71 ff.) verwiesen.

Die Werbung benutzt beide Arten verbaler Mitteilung und ergänzt sie weitgehend durch Bilder oder Symbole — „sinnliche Mitteilungsmittel", die ein Abbild oder irgendeine Verwandtschaft mit dem aufweisen, was mitgeteilt wird (Hellpach, *105*, S. 50/51). Das Bild in der Werbung (gleichgültig ob es auf grafischem oder fotografischem Wege entstanden ist), steht in einer ursprünglichen Verwandtschaft mit dem zu Bezeichnenden, es „geht unmittelbar in unser Verständnis ein, ohne daß wir denken müssen" (Michligk, *216*, S. 78). Die Bildwerbung im Betrieb ist lange Zeit vernachlässigt worden; sie ist aber in den letzten Jahren — und insbesondere bei der Werbung für das betriebliche Vorschlagswesen — wieder mehr in den Vordergrund getreten, meist in einer Kombination mit textlichen Werbemitteln[18]. Diese Entwicklung ist allerdings weniger auf die Fortschritte in der Fotografie, der Reproduktionstechnik und der Druckverfahren zurückzuführen, sondern nach

17 Das daraus erweiterte „Ideoralgesetz" von *Hellpach* lautet: „Jeder subjektive Erlebnisinhalt schließt einen Antrieb zu seiner objektiven Verwirklichung ein" (*105*, S. 62).
Es wäre allerdings besser, hier von einer „*Tendenz* der Ideoralisierung" zu sprechen (so *Scharmann*).

18 Vgl. dazu den Aufsatz „Optische Erziehungsmittel im Betrieb" in den Mitteilungsblättern der „Gesellschaft für Soziale Betriebspraxis", Januar 1956 (mit Literaturverzeichnis).

Kropff (*163,* S. 68) in der Erkenntnis begründet, daß „Bilder einen hohen Aufmerksamkeits- und Erinnerungswert besitzen und direkt an Triebwünsche und Interessen appellieren"[19]. Bei einer Kombination von Text und Bild ist allerdings darauf zu achten, daß beide Werbeträger in einem inneren Zusammenhang stehen, wobei das Bild lediglich das zum Ausdruck bringen sollte, was der Text sagen möchte. Es darf nicht zu einem „Assoziationsköder" werden, sondern sollte ausschließlich der Veranschaulichung dienen. Das gilt auch von der humorvollen Gestaltung einzelner Werbemittel, denn selbst wenn der „Humor eines der wichtigsten Mittel ist, dessen sich die propagandistische Technik zu bedienen vermag", muß es, wie Klöckner (*144,* S. 53) weiter ausführt, „im Betriebe bei einem echten Arbeitshumor verbleiben, der aus dem Arbeitserlebnis herauswächst". Schließlich ist es eine bekannte Tatsache, daß jeder Mensch — auch der Betriebsangehörige — zwar gern über andere lacht, niemand aber gern über sich selbst. Humor sollte also niemals die Stellung und das damit verbundene Sozialprestige eines Einzelnen oder einer Gruppe verletzen. Von jedem Werbemittel sollte also sozialpsychologisch gesehen eine *ganzheitliche* Wirkung ausgehen, d. h., daß jede „Werbesache" einen Wahrnehmungs-, Gefühls- und Gedächtniswert besitzen muß (Moede, *224,* S. 155 ff.). Im Betrieb benötigt es zudem in seiner Aussageform einer gewissen „Lebens- und Werksnähe" (so Fürstenberg, *70,* S. 131); hinter ihm muß der Wille der Unternehmensleitung erkennbar sein, ganz gleich welchen Zwecken es dient. Denn gerade der Mitarbeiter „spürt die wahre Kraft (und Absicht [Zusatz des Verfassers]), die hinter dem Werbemittel steht; ihm geht auf, ob zwischen wort-, form- und farbenreicher Dekoration und dem Tun ein ungelöster Widerspruch liegt" (Michligk, *215,* S. 133/134). Neben der Unternehmensleitung müssen also alle Führungskräfte, bis zum unmittelbaren Vorgesetzten mithelfen (mitwerben), um das Mitwirken aller zu gewinnen. Damit tritt neben das gesprochene und geschriebene Wort die *unmittelbare Fühlungnahme von Mensch zu Mensch* — ein festes positives Vertrauensverhältnis zwischen Vorgesetzten und Mitarbeitern. Daß dieser *persönliche* Kontakt ein besonderes werbepsychologisches Gewicht hat, ist ohne weiteres verständlich, wenn man sich daran erinnert, daß es beim Ideenwettbewerb um die Gewinnung der Mitarbeiter selbst geht — also um ein rein menschliches Anliegen. „Gedruckte Aufklärungen *allein* vermögen schwerlich diese Gedanken allen Mitarbeitern einzuprägen. Dazu bedarf es eines *persönlichen* Wortes zur rechten Zeit"

---

[19] Vgl. auch Helmut *Jacobi* (*131,* S. 62—125), der sich in seinem Buch insbesondere mit der Wahrnehmung und der Gedächtniswirkung *visueller* Werbemittel in gestaltpsychologischer Sicht auseinandersetzt und daraus wichtige Grundsätze für den Entwurf, die Prüfung und den Einsatz solcher Werbemittel ableitet.

(Mörtsch, 225, S. 119). Es wird also notwendig sein, die Vorgesetzten dahingehend zu unterweisen, in welcher Form sie am besten die in ihrem Verantwortungsbereich Beschäftigten zum *produktiven Mitdenken* anhalten können, denn gerade ihr *persönlicher* Einfluß wird stärker als alle anderen Werbemittel und Werbemaßnahmen wirken.

Obwohl es zwar interessant wäre, die einzelnen Werbemittel, die bei der Werbung für das betriebliche Vorschlagswesen angewandt werden, auf ihre werbepsychologische (und damit auch sozialpsychologische) Wirksamkeit zu untersuchen, muß sich dies der Verfasser versagen, weil eine derartige Betrachtung zu umfangreich wäre. Es soll aber zumindest eine Zusammenstellung der gebräuchlichsten Werbemittel gegeben werden, die trotz ihrer Vielfalt keinen Anspruch auf Vollständigkeit erhebt, obwohl die Auswahl aus einer Fülle praxisnahen Materials erfolgte[20]:

Werbemittel zur Werbung für das betriebliche Vorschlagswesen

1. *Werbemittel, die mit dem gesprochenen Wort arbeiten:*
   a) Das gesprochene Wort
      aa) in Betriebsversammlungen
      bb) am Arbeitsplatz
      cc) in Aussprachegruppen oder -kreisen
   b) Der Werkfunk
2. *Werbemittel, die mit dem gesprochenen Wort und Bildern arbeiten:*
   a) Lehr- und Aufklärungsfilme
   b) Lichtbildervorträge
3. *Werbemittel, die mit dem geschriebenen Wort arbeiten:*
   a) Der Werbespruch ("Slogan").
   b) Werbereime und Werbegedichte
   c) Persönliche Schreiben
   d) Rundschreiben
   e) Transparente oder Schriftbänder
4. *Werbemittel, die mit Bildern und Symbolen arbeiten:*
   a) Wort- und Bildmarken
   b) Vorschlagsembleme
5. *Werbemittel, die mit dem geschriebenen Wort und Bildern bzw. Symbolen arbeiten:*
   a) Vorschlagsfibeln oder Leitfaden
   b) Arbeits- oder Betriebsordnungen
   c) Werkszeitungen

---

[20] Vgl. dazu insbesondere die Ausführungen im „Handbuch für Soziale Betriebspraxis“, sowie bei *Höckel, Klöckner, Knoop, Krauss, Lill, Michligk* und *Schirm*, die teilweise auch Untersuchungsergebnisse über die Wirkungsfolge einzelner Werbemittel veröffentlicht haben. Auch in den Berichten vieler Firmen finden sich Aussagen über die Art und Wirkungsweise der dort eingesetzten Werbemittel.

d) Aushänge am „Schwarzen Brett"
e) Schautafeln, Schauständer und Schaukästen
f) Vorschlagskästen
g) Lohntütenbeilagen, Handzettel, Merkblätter und sonstige Werbedrucksachen
h) Aufdrucke auf Lohn- und Gehaltstüten, Arbeitszeitkontrollkarten, Formularen und ähnlichem Drucksachenmaterial
i) Plakate
k) Werbegeschenke

Zusammenfassend kann wohl behauptet werden, daß die Skala der Werbemittel umfangreich genug ist, um die innerbetriebliche Werbung für das betriebliche Vorschlagswesen abwechslungsreich, interessant und ideenreich zu gestalten. Das ist im übrigen eine durchaus berechtigte Forderung, denn wenn man von den Betriebsangehörigen Ideen haben will, muß man bei den Werbemaßnahmen selbst gute Ideen zeigen, um damit die Umworbenen zu beeindrucken. Trotzdem sollten die zur Verfügung stehenden Werbemittel nicht einzeln angewendet, sondern sinnvoll zu einer *Wirkungsreihe* zusammengeschlossen werden. Man muß sie äußerlich aufeinander abstimmen, „sie in die günstigste Wirkungsreihenfolge bringen und dann zu einer geschlossenen Form zusammenstellen. Sodann sind die jeweiligen Zeitpunkte, zu denen die einzelnen Werbemittel nacheinander eingesetzt werden sollen, festzulegen und damit auch als deren Summe die *Gesamtzeitspanne* des ganzen *Werbefeldzuges* ... Die richtige *Wirkungsreihenfolge* ergibt sich aus dem zu berücksichtigenden Gesetz der allmählichen Werbewirkungssteigerung und muß danach stufenmäßig festgelegt werden" (Knoop, *145*, S. 86). Diese Erkenntnis führt zwangsläufig zur Aufstellung eines *Werbeplanes*, „der den termingerechten Einzeleinsatz und das fristgerechte psychologisch abgestimmte Zusammenwirken der ausgewählten und vorbereiteten Werbe-Akkorde gewährleistet"[21]. Das bedeutet aber letztlich auch eine Abstimmung auf den *eigentlichen Zweck der Werbemaßnahme* für das betriebliche Vorschlagswesen und der Einsatz dieses oder jenes Werbemittels wird — auf Grund der jedem Werbemittel eigenen werbepsychologischen Effektwirkung — davon abhängen, ob es sich um Werbeaktionen zur Einführung, bei permanenter Durchführung oder bei Einzelaktionen des betrieblichen Vorschlagswesens handelt.

Die *Einführungswerbung* für das betriebliche Vorschlagswesen hat die Aufgabe, neben allen anderen Organisationsmaßnahmen, den Gedanken des betrieblichen Vorschlagswesens an die Belegschaftsmitglieder heranzutragen und dabei der „zündende Funke" zu sein, der „schlagartig" die Aufmerksamkeit möglichst *aller* Betriebsangehörigen auf den Ideenwettbewerb lenkt. Sie bedarf also als Grundlage einer

---

[21] *Michligk (215,* S. 138) — Vgl. dort auch die skizzierten Werbepläne der „Aufklärungsmittel" für das betriebliche Vorschlagswesen.

entsprechenden Werbe-Idee, die den Gedanken des Mitdenkens und Mitwirkens beinhaltet, wobei Hinweise auf den damit verbundenen ideellen oder materiellen Erfolg nicht vergessen werden sollten. Um das Interesse aller Betriebsangehörigen zu wecken, die Gesamtbelegschaft „aufzurütteln", kann bei der „Einführungswerbung" für das betriebliche Vorschlagswesen auch mit schon mehr propagandistischen Werbemethoden gearbeitet werden. Eine solche propagandistische Werbeaktion setzt, wie Kern (*141*, S. 111) ausführt, „meist mit einem Paukenschlag ein, mit einem Fanfarenstoß, brennt als erstes ein imponierendes Brillantfeuerwerk ab — um so schlagartig die Aufmerksamkeit aller zu erregen, dabei ganz bewußt auf das Sensationsbedürfnis der Massen spekulierend". Dabei verstößt diese Werbemethode keineswegs gegen werbepsychologische (und damit auch sozialpsychologische) Grundsätze, denn auch Knoop (*145*, S. 85) meint, daß „jede Werbung zu Beginn mit *Effekten* arbeiten müssen wird, um erst einmal Aufsehen in der Masse der zu gewinnenden Mitmenschen zu erwecken, sie durch ständige werbliche Ansprache zu der gewünschten *Interessentengruppe* zu sammeln und sich erst vom Zeitpunkt fortgeschrittener Sammlungsbewegung an *psychologisch* mit dieser Gruppe befassen" (Hervorhebungen vom Verfasser). Bereits der erste Werbestoß muß also möglichst viele Betriebsangehörige aufrüttelnd treffen, ihre Neugier, das Streben nach Abwechslung wecken — freilich in einer Weise, die nicht abstößt, sondern anspricht und hinter der das ehrliche Bemühen um das gemeinsame Mitdenken und Mithandeln erkennbar ist.

Schlag- oder Leitworte, Werbesprüche und Werbereime sind zu einer solchen Anstoßwirkung geeignet (obwohl diese auch bei allen anderen Werbemaßnahmen angewandt werden können), aber „ein beinahe unfehlbarer Auftakt ist das Preisausschreiben" (Kern, *141*, S. 111) — der „Vorschlagswettbewerb" — der durch das ihm zugrunde liegende sozialpsychologische Motiv der Konkurrenz eine besondere Anreizwirkung auf die Betriebsangehörigen ausübt und sie zum intiuitiven Mitdenken anregt. Man sollte aber zu Beginn vermeiden, schon auf einzelne Vorbilder hinzuweisen, da es psychologisch richtiger ist, als Auftakt des Vorschlagswesens ein Preisausschreiben mit lockenden Preisen zu wählen, damit statt einiger ‚Freiwilliger' die ‚halbe Kompanie' vor die Front tritt" (Kern, *140*, S. 70). Die Erfolge beweisen den Werbeeffekt derartiger Preisausschreiben bei der Einführung und auch Schirm (*303*, S. 39) meint, daß es leichter ist, „mit einem Preisausschreiben sofort eine gute Beteiligung zu erreichen und damit das Eis zu brechen, als wenn man mit den üblichen allgemeinen Mitteln der Werbung zur Mitarbeit am Vorschlagswesen auffordert". Diese Einführungswerbung durch ein Preisausschreiben — und seine starke

Effektwirkung wird gar nicht bestritten — schließt aber keineswegs andere Werbemöglichkeiten und Werbemittel aus und gerade hier dürften sich Plakataushänge, Anschläge an den „Schwarzen Brettern", Aufrufe in der Werkszeitschrift, aber auch Lohntütenbeilagen u. ä. Werbemittel bewähren, wenn sie entsprechend werbewirksam gestaltet sind. Man kann dabei sofort den Gedanken des betrieblichen Vorschlagswesens propagieren, man kann aber auch mit einem zunächst nicht näher erläutertem Bild oder Emblem zur unwillkürlichen Auslösung erhöhter Aufmerksamkeit beitragen und damit die menschliche Neugier ansprechen; den Wunsch hinter dieses „Geheimnis" zu kommen.

Alle diese Werbemaßnahmen sind zunächst geeignet, die *Aufmerksamkeit* zu wecken; es muß aber dabei gleichzeitig eine Werbewirkung erreicht werden, die zur Überwindung der *Betriebsblindheit* führt. Die Mitarbeiter müssen aus der Bequemlichkeit des „Das machen wir immer so", aus Einfallslosigkeit und Gleichgültigkeit aufgerüttelt und in ihnen eine gesunde Kritiklust am gegenwärtigen Zustand geweckt werden. Wir haben auf dieses Beharrungsvermögen als eine typisch menschliche Tendenz schon mehrmals hingewiesen, und schon Poppelreuter *(251)* hat festgestellt, daß die Natur des Menschen der Rationalisierung widerstrebt. Diese menschliche Beharrungstendenz muß besonders die Einführungswerbung berücksichtigen und Schirm (*303*, S. 77) meint folgerichtig, daß „eine Werbung, die dieses Trägheitsmoment anerkennt und sich mit ihm auseinandersetzt, wirksamer ist, als eine Werbung, die so tut, als wäre jeder Mensch von Natur fortschrittsfreudig". Aber damit allein ist es noch nicht getan; es genügt nicht nur das Interesse wachzurufen, sondern es gilt auch die freiwillige Mitarbeit, die *Beteiligung* am betrieblichen Vorschlagswesen zu erreichen. Mit welchen Mitteln auch immer die Anstoßwirkung erzielt wird, „der erste Werbestoß ... muß stets gefolgt sein von der nötigen *Aufklärung* (Information [Zusatz der Verfasser]) über Sinn und Ziele des Vorschlagswesens. Nur so wird den Betriebsangehörigen auch eine Handhabe gegeben, dem Werbeaufruf richtig Folge zu leisten" (Knoop, *145*, S. 87). Persönliche Schreiben der Unternehmensleitung oder des Betriebsinhabers an die Belegschaft, Aufrufe in der Werkszeitung, die Herausgabe von Merkblättern über das betriebliche Vorschlagswesen oder einer Vorschlagsfibel — alle diese Werbemittel sind geeignet, die Gedanken des betrieblichen Vorschlagswesens an die Belegschaft heranzutragen und sie mit den Grundsätzen seiner Abwicklung (Organisation) vertraut zu machen. Dabei sollte auch auf die Mitwirkung des Betriebsrates nicht verzichtet werden (s. o. S. 54 ff.). Die Aufklärung muß also in der Weise erfolgen, daß es auch dem letzten Mitarbeiter klar wird: „Von hier an beginnt eine neue Form der Zusammenarbeit im Betrieb" (*390*, S. 25). Schließlich hat die Einführungswerbung den so wichtigen Gesichtspunkt der *Lenkung der Mitarbeit* auf Vorschlagsmöglichkeiten im Betrieb zu beachten, die sozialpsychologisch so bedeutsame Vermittlung eines „Auftragserlebnisses" (W. Beck), durch welches eine Tendenz zum Handeln ausgelöst wird. Es ist also werbepsychologisch richtiger, zu Beginn begrenzte Themen zu stellen, die Vielzahl der Verbesserungsmöglichkeiten in Abschnitte und Teilbereiche aufzugliedern. Den Betriebsangehörigen sollten Wege zu Verbesserungsmöglichkeiten aufgezeigt werden; der Weckung des Willens zur Mitarbeit muß die „Lenkung des Mitdenkens auf lohnende Ziele" (Schirm, *303*, S. 80) folgen. Dafür gibt es im einschlägigen Schrifttum eine Anzahl von Beispielen (eine sehr vielseitige und differenzierte Aufgabenstellung ist bei Michligk [*215*, S. 142 ff.] und Schirm [*303*, S. 80 ff.] zu finden), aus denen man zunächst nur eine oder einzelne Aufgabenstellungen bringen sollte. Man darf also nicht gleich einen Katalog möglicher Verbesserungen aufzeigen, sondern sollte zunächst nur bestimmte Ansatzpunkte aus der Fülle der Vorschlagsmöglichkeiten auswählen; denn wie jede Werbung wird auch die Werbung für das Vorschlagswesen besonders wirksam sein, wenn sie im Rahmen ihres Gesamterfolges zunächst jeweils nur einen Teilerfolg anstrebt. Zur Unterstützung einer solchen Werbemaßnahme eignen sich vor allem praktische Beispiele, etwa in einer Gegenüberstellung von „richtig" und „falsch", die immer wieder besonders wirkungsvoll sind. Durch eine derart begrenzte Aufgabenstellung wird gleichsam eine Art psychologischer Druck auf den Angesprochenen ausgeübt; der Hinweis auf eine *bestimmte* Aufgabe, die zu lösen ist, fordert den Mitarbeiter *unwillkürlich* zum Mitdenken auf[22]. Derartige Hinweise auf Verbesserungsmöglichkeiten sollten jedoch vorzugsweise bei den Werbemaßnahmen zur Einführung des betrieblichen Vorschlagswesens und bei Einzelaktionen (s. u. S. 190 ff.) angewandt werden, weil damit nur Probleme angegangen werden, die im Augenblick aus der Sicht der Unternehmensleitung von Bedeutung zu sein scheinen. Auf die Dauer gesehen widersprechen aber solche Hinweise dem eigentlichen Sinn des betrieblichen Vorschlagswesens, insbesondere Vorschläge aus solchen Gebieten und „neuralgischen" Punkten des Betriebsablaufes zu erhalten, die von „oben" nicht mehr eingesehen werden können.

Die Aufgaben der „Einführungswerbung" für das betriebliche Vorschlagswesen sind also umfangreich genug und gerade bei ihrer Planung und Durchführung wird es notwendig, die ihnen zugrunde liegenden sozialpsychologischen Erkenntnisse und Auswirkungen auf den Menschen zu beachten, da hier prinzipiell um etwas grundsätzlich

---

[22] Die Gegenüberstellung solcher Beispiele in Schaukästen bezeichnet *Höckel* (*122*, S. 228) als den Ei-des-Columbus"-Effekt der Werbung, weil viele Betriebsangehörige sagen werden: „Mensch, das hätte ich auch gekonnt!"

„Neues“ geworben wird. Jeder Fehleinsatz der dabei verwendeten Werbemittel und Werbemethoden, würde den Ideenwettbewerb von vornherein mit menschlichen Widerständen und Hemmungen belasten. Die „Einführungswerbung“ muß daher ganz besonders dem „psychisch zusammengewürfelten Menschenmaterial eines Betriebes“ (so Baumgarten) und dem jeweiligen „Betriebsklima“ angepaßt sein, die Motive menschlichen Handelns ansprechen, die sozialschöpferische Kraft wekken, um letztlich die *Mit*arbeit möglichst aller Betriebsangehörigen zu erreichen.

Wenn das betriebliche Vorschlagswesen dynamisch bleiben soll, ist es notwendig, „nach dem Start..., dem Programm zunehmend zu lebendigem Atem im Betrieb zu verhelfen, seine Ideen durch das ganze Unternehmen zu tragen und am Leben zu erhalten“ (Heyer, *114*, S. 32). Mit diesem Satz ist die Aufgabe der *laufenden Werbung* für einen *ständig andauernden* Ideenwettbewerb klar umschrieben, denn allein mit der Einführung des Vorschlagsprogrammes ist es nicht getan — geht es doch letztlich darum, das Vorschlagswesen im Betrieb ständig aufrechtzuerhalten. Das bedeutet aber, wie es im „Handbuch für Soziale Betriebspraxis“ (*390*, S. 25) heißt, daß „nicht nur gelegentlich gute Gedanken zu bestimmten Zwecken für den Betrieb ausgewertet werden, sondern daß ein ständiger Fluß von verwertbaren Ideen aus der reichen Quelle der Erfahrungen und Begabungen der Mitarbeiter fließt“[23]. Oft ist es nicht einmal schwer, erste Begeisterung zu wecken; es bedeutet aber ein immerwährendes Bemühen, diese Begeisterung dauernd zu erhalten und für alle Beteiligten nutzbar zu machen. Sicherlich wird das „Neue“ — nach Überwindung der Trägheit — zunächst eine starke Reizwirkung vermitteln, das Interesse wecken und eine gewisse Anziehungskraft ausüben, es ist aber eine ebenso bekannte psychologische Tatsache, daß dieser Reizwert nach gewisser Zeit nachläßt und ohne neuen Auftrieb in der Regel völlig verloren geht. Auch die Anziehungskraft des betrieblichen Vorschlagswesens verläuft wellenartig, d. h. sie läßt in bestimmten Zeiträumen nach und es wird notwendig, sie immer wieder neu „anzukurbeln“. Es gilt also auch hier „eine *unaufdringliche laufende* Werbung durchzuführen, die immer wieder neue Impulse vermittelt“ (Grimm, *91*, S. 28 [Hervorhebung vom Verfasser]). Die Mitarbeiter müssen fortwährend in ihrer Auffassung bestärkt werden, daß gerade sie befähigt sind, Verbesserungsvorschläge zu machen. Darin liegt der eigentliche

---

[23] Walter *Beck* (*13*, S. 148/149) spricht in diesem Zusammenhang von dem „ungehobenen Schatz der Erfahrungen“, der in den Köpfen und Herzen der Menschen verborgen liegt. Diese unmittelbaren Erfahrungen „zu heben, zu läutern und zu formulieren, ist eine große Aufgabe aller Psychologie, die uns zum Ausgangspunkt unserer Betrachtungen zurückweist, wo wir von dem Nutzen der *Sozialpsychologie* im Dienste am Menschen sprechen“.

Sinn einer *Dauerwerbung* für das betriebliche Vorschlagswesen, die niemals Propaganda der Vorschlagseinreichung um jeden Preis, sondern *ehrliches Bemühen um Mitarbeit* sein sollte; die Chance für die Entfaltung der persönlichen Begabungen eines jeden Betriebsangehörigen (Moore, *227;* Stehle, *319;* Theiss, *329).* Bei dieser Dauerwerbung ist es daher besonders wichtig, die Werbemittel und Werbemaßnahmen sowohl zeitlich als auch wirkungsmäßig aufeinander abzustimmen und in ihrer Gestaltung immer wieder neue Variationen zu bringen. Das Haupterfordernis der laufenden Werbung liegt in der schöpferischen Phantasie und dem wohlüberlegten Wechsel, in der Art und dem Inhalt ihrer Werbemaßnahmen. Wenn der Ideenwettbewerb, wie wir bereits ausgeführt haben, in einer seiner Zwecksetzungen ganz besonders der Überwindung der Monotonie im Betriebsleben dienen soll, dann darf er bei seinen eigenen Werbemaßnahmen nicht selbst in deren „Fußstapfen" treten. Es ist also einmal notwendig, den Vorschlagsgedanken immer wieder an die Betriebsangehörigen heranzutragen, „denn erst die Unablässigkeit des Bemühens gewährleistet eine nachhaltige Wirkung" (*390,* S. 28), dabei aber außerdem zu beachten, daß ständig neue Formen und inhaltliche Gestaltungen gefunden werden.

Die Vielzahl der zur Verfügung stehenden Werbemittel und Werbemethoden mag diese Aufgabe erleichtern, aber es gibt einige Werbemaßnahmen, die für die ständige Werbung — auch „Erinnerungswerbung" genannt — besonders geeignet sind. An erster Stelle steht auch hier die *persönliche* Werbung, der unermüdliche Einsatz aller betrieblichen Führungskräfte immer wieder auf den Ideenwettbewerb hinzuweisen. Ob dabei der einzelne Mitarbeiter an seinem Arbeitsplatz oder eine Gruppe von Betriebsangehörigen angesprochen wird, ist nicht entscheidend; wichtiger ist der persönliche Einfluß, die *gegenseitige Kontaktnahme.* Erst dieser ständige menschliche Kontakt, gleichgültig ob er spontan oder organisiert zustande kommt, kann dem betrieblichen Vorschlagswesen den Charakter einer Dauerinstitution verleihen. Institutionen sind zwar, wie Beck (*13,* S. 112) ausführt, nur „Apparate" der organisierten Gesellschaft, also keine „Menschen"; sie repräsentieren sich aber zunächst in Personen, im zwischenmenschlichen Erleben, was ihnen gleichzeitig und gerade deswegen ermöglicht, im Sozialpsychischen heimisch und wirksam zu werden[24]. Wie jede Institution wird demnach auch die des betrieblichen Vorschlagswesens von Menschen getragen, womit gleichzeitig eine affektive und emotionale Belastung verbunden ist, die zu den charakteristischen „sozialpsychischen

---

[24] Hier wird noch einmal deutlich, daß auch soziologische Erscheinungen letztlich doch psychologisch bedingt sind und als „Ergebnisse des Zwischenmenschlichen" nicht aus der sozialpsychologischen Betrachtungsweise ausgeklammert werden können (Vgl. S. 90 ff.).

Friktionen" (W. Beck) führt, aus denen sich die positiven und negativen Einstellungen, sowohl der Führungskräfte als auch der Mitarbeiter bilden. Schon deswegen ist ein dauernder persönlicher Kontakt von entscheidender werbepsychologischer Bedeutung, der insbesondere durch *Bildung von Vorschlagsgruppen* gefördert werden kann. Wenn nämlich eine solche Gruppe — die soziologisch gesehen gleichsam einen Schnitt durch die Formalorganisation des Betriebes darstellen sollte — nach gruppenpsychologischen Erkenntnissen aufgebaut ist, kann sie den Gedanken des betrieblichen Vorschlagswesens werbewirksam an alle Betriebsangehörigen in allen Schichten der betrieblichen Sozialstruktur weitergeben, in persönlichen Gesprächen manches Vorurteil ausräumen helfen und so zum dauernden Erfolg dieser Einrichtung beitragen. Daß man einer Werbung, die nicht von „oben" diktiert oder weitergegeben, sondern auf horizontaler Ebene durch einen Arbeitskollegen erfolgt, mehr Vertrauen schenkt, bedarf wohl kaum einer näheren Begründung. Neben diesen so wichtigen menschlichen Kontakten, eignen sich für die Dauerwerbung auch persönliche Briefe oder Rundschreiben an alle Betriebsangehörigen, aber auch „Erinnerungsschreiben" an die Mitarbeiter, die sich bereits aktiv am betrieblichen Vorschlagswesen beteiligt, aber seit längerer Zeit keine Vorschläge mehr eingereicht haben. Daß schließlich die Werkszeitung „der gegebene Ort für eine laufende Werbung ist, dürfte nicht zu bezweifeln sein" (*379*, S. 5), denn ihre Werbemöglichkeiten reichen über alle Phasen des betrieblichen Vorschlagswesens (*390*, S. 23/24). Jede Ausgabe der Werkszeitung sollte daher einen Beitrag über den Ideenwettbewerb enthalten (Lill, *184*, S. 79, spricht sogar „von einer Faustregel für alle Werksjournalisten") und wenn man die Werkszeitschriften der Unternehmungen durchsieht, kann man in vielen Fällen diese Regelmäßigkeit auch bestätigt finden. Nur sollte diese Forderung durch das Wörtchen „*werbewirksam*" ergänzt werden, denn nicht jeder Beitrag leistet dem betrieblichen Vorschlagswesen gute Dienste. Das letztere gilt im besonderen Maße von der Veröffentlichung erfolgreicher Einreicher in Wort und Bild, nebst der Höhe der ausgezahlten Prämie und vor allem dann, wenn eine „übertriebene Herausstellung" erfolgt[25]. Ob eine derartige Veröffentlichung für das betriebliche Vorschlagswesen von Vorteil ist, darüber ist man mit Recht geteilter Meinung und zwar vorwiegend auf Grund sozialpsychologischer Erkenntnisse. Denn hierbei kommen die Seelenkräfte zur Auswirkung, die gemeinschaftsstörend, wenn nicht sogar gemeinschaftsauflösend wirken und damit die mitmenschlichen Beziehungen beeinträchtigen[26]. Auch Schirm nimmt zu

---

[25] Das gilt auch für Veröffentlichungen am „Schwarzen Brett", in Sondermitteilungen, etc.

[26] In Anlehnung an Willy *Hellpach*, der schon in seinem Buch „*Sozial-*

diesem Problem der nachteiligen Auswirkung auf die mitmenschlichen Beziehungen (besonders der eigenen Kollegen in der Arbeitsgruppe) mit folgenden Worten Stellung: „Diese Wirkung wird durch die etwas übertriebene ‚Ehrung' der Einreicher von Verbesserungsvorschlägen durch Anschlag ihrer Bilder am Schwarzen Brett oder mit Lorbeerkranz geschmückt in der Werkszeitung erheblich verstärkt. Eine solche Herausstellung wird häufig als werblicher Anreiz für die Beteiligung empfohlen. Man übersieht dabei, daß diese Art Anreiz nur auf einen bestimmten Kreis von Mitarbeitern wirkt, die sich gern im Mittelpunkt der Aufmerksamkeit sehen möchten und dafür bereit ist, menschlichen Kontakt zu opfern. Der tüchtige, bescheidene Mitarbeiter, dessen Ideen meist wertvoller sind, wird diese Form der Anerkennung eher als peinlich empfinden und sich zurückhalten. Man sollte sich nicht von Propaganda-Fachleuten überreden lassen, die leisen Mittel der Anerkennung, wie ein anerkennendes Wort des Betriebsleiters, zu unterschätzen. Wenn ein guter Vorschlag wie eine andere ordentliche fachliche Leistung seine angemessene Anerkennung findet, wird auch die Arbeitsgruppe ihn akzeptieren. Wenn er mit Fanfarenstößen kundgetan wird, ist jeder Einreicher eines Vorschlages dem Neid und der Lächerlichkeit ausgesetzt" (*303,* S. 30/31). Sein Vorwurf gegen die „Propaganda-Leute" mag zwar grundsätzlich berechtigt sein, es gibt aber auch unter diesen solche, die auf Grund sozialpsychologischer Erkenntnisse, ebenfalls eine übertriebene Ehrung ablehnen. So schreibt z. B. Kern (*142,* S. 141) zur Veröffentlichung der Preisträger: „So sehr ich im Grunde meines Herzens Propagandist bin, ich kann als Psychologe nicht übersehen, daß wir in Deutschland in der Tat in gewisser Hinsicht immun geworden zu sein scheinen gegen klingende Orden und papierne Auszeichnungen. Wir haben wohl alle zu schmerzliche Erfahrungen gemacht und ziehen es vor, in keiner Weise mehr aufzufallen. Insofern mag es wohl in der Tat richtiger sein, hier der diskreteren Methode den Vorzug zu geben, und es kann interessanterweise auch festgestellt werden, daß mehr und mehr Betriebe dazu übergehen, die prämiierten Vorschläge ohne Namensnennung, ja mitunter ohne Bekanntgabe der Prämienhöhe zu veröffentlichen[27]." Auf diese negativen sozialen Aus-

---

psychologie" (*105,* 1. Aufl. 1933), im Abschnitt „Wirkende Kräfte und gewirkte Gebilde der mitmenschlichen Beziehung" auf diese Auswirkungen eingeht.

Vgl. auch A. *Mayer* (*201,* S. 39), der dort von „mitseelisch-trennenden Wirkkräften" spricht, von denen eine negative oder gemeinschaftsstörende Wirkung ausgeht.

[27] Der Verfasser kann es sich nicht versagen darauf hinzuweisen, daß sich heute leider schon wieder eine gegenteilige Tendenz bemerkbar macht, daß äußere Symbole einer bestimmten Stellung, eines Ranges oder einer Auszeichnung in vielen Bereichen des wirtschaftlichen, gesellschaftlichen und kulturellen Lebens wieder sehr gefragt sind. Sicherlich vermögen solche äußeren „Gradabzeichen" das persönliche Geltungsbedürfnis zu befriedigen

wirkungen „öffentlicher Auszeichnungen“ hat schon Roethlisberger in seinem Buch ”Management and Morale“ *(262)* in einem Beispiel über das betriebliche Vorschlagswesen, das er dort als „moderne Industrieorganisation“ bezeichnet, hingewiesen (S. 49). Derartige übertriebene Auszeichnungen erfolgreicher Vorschlagseinreicher — wir werden an anderer Stelle dazu noch einiges zu sagen haben — werden außerdem in der Regel keineswegs dem persönlichen Streben nach Anerkennung gerecht, weil die gutgemeinte, aber eben übertriebene Beachtung durch die Unternehmensleitung, von einer sozialpsychologisch viel stärker wirkenden Verachtung durch die Vorgesetzten und Arbeitskollegen mehr als aufgehoben wird. Es kommt also auch hier auf den Grad der Belobigung an — auf die Beachtung von Wirkung und Gegenwirkung bei der Herausstellung des erfolgreichen Einreichers, damit sich die damit erhoffte Werbewirkung nicht in ihr Gegenteil verkehrt. Aber auch ohne derartige übertriebene Belobigungen bleiben der Werkszeitschrift noch viele Möglichkeiten einer ständigen Werbung für den Ideenwettbewerb. Darstellungen von Bearbeitungsabläufen, Bewertungsplänen und der laufenden Entwicklung des Vorschlagswesens, Reportagen aller Art, Wiedergaben beispielhafter Vorschläge, Hinweise auf Verbesserungsmöglichkeiten, u. a. m. sind nur einige Ansatzpunkte einer fortwährenden Information über das betriebliche Vorschlagswesen (vgl. Höckel, *122*, S. 225/226). Die Werkszeitung ist also ganz besonders in der Lage, durch *werbewirksame* Beiträge *laufend* für das betriebliche Vorschlagswesen zu werben, nicht zuletzt deswegen, „weil sie alle anspricht, weil sie geschrieben ist, und weil sie infolgedessen anders als das gesprochene Wort eine längere Wirkung hat“ (Greiss, *90*, S. 4). Und auch Krauss (*156*, S. 112) schreibt: „Da sie mit ihrem *periodischen* Erscheinen den ganzen Ablauf des betrieblichen Vorschlagswesens schildern, verfolgen, kommentieren kann und ihn *werblich* auszuwerten in der Lage ist, darüber hinaus im Idealfall *alle* Werksangehörigen erfaßt und anspricht, ist sie mit am besten geeignet, das Gedankengut des betrieblichen Vorschlagswesens jedem Einzelnen nahe zu bringen, zum anderen aber auch *das Interesse wachzuhalten*“ (Hervorhebungen vom Verfasser). Schließlich können noch Lohntütenaufdrucke oder -beilagen als wirksame Mittel der „Erinnerungswerbung“ angesehen werden, desgleichen Hinweise auf den Arbeitszeitkontrollkarten, da diese *täglich* benutzt werden. Als weitere Werbemaßnahmen seien genannt: Werksbesichtigungen, Berufungen in den Prüfungsausschuß, aber auch Plakat-Aktionen, wenn die Plakate in ihrer Bild-Wort-Wirkung entsprechend gestaltet, an den augenfälligsten Orten angebracht und laufend ausge-

---

und dem Einzelnen ein sichtbares Zeichen sozialer Anerkennung sein, doch entsprechen derartige Symbole keineswegs immer der sozialen Wertung, oder wie wir es ausdrücken wollen, der inneren Anerkennung der Person durch die Mitmenschen.

wechselt werden. Bei den letztgenannten Werbemaßnahmen ist gerade die Werksbesichtigung ein besonders geeignetes Mittel, um die Betriebsangehörigen aus der Enge ihres Arbeitsbereiches herauszuführen und sie „sehend“ zu machen und wer die Geschichte von dem Jubilar kennt, der zu seinem 25jährigen Betriebsjubiläum den einzigen Wunsch äußerte, einmal den ganzen Betrieb sehen zu dürfen, wird ihre Bedeutung nicht anzweifeln[28].

Soweit die Skala der Werbemöglichkeiten zur dauernden Belebung des betrieblichen Vorschlagswesens, die aber keineswegs den Anspruch auf Vollständigkeit erhebt[29]. Es sei lediglich noch darauf hingewiesen, daß neben der Auswahl der werbewirksamsten Mittel auch der *Zeitpunkt* ihres Einsatzes von besonderer Bedeutung ist, eine für den Werbeerfolg wichtige Erkenntnis, die im Werbeplan entsprechend berücksichtigt werden sollte. Man spricht beim betrieblichen Vorschlagswesen oft von einem zeitbedingten Zyklus, der sich in einer „Sommerflaute“ und einer „Winterspitze“ äußert, wobei letztere darauf zurückgeführt wird, daß die langen Winterabende und die Ausgaben zum bevorstehenden Weihnachtsfest stärker zum „Mitdenken“ anregen. Das ist gewiß eine sehr einfache psychologische Begründung; es hat sich aber gezeigt, daß auch die sogenannte „Sommerflaute“ mit entsprechend *sozialpsychologisch* wirksamen Werbemitteln „aufzubrisen“ ist, so z. B. wenn die Werbung auf den bevorstehenden Urlaub ausgerichtet ist. Sie muß dann allerdings schon in den ersten Monaten des Jahres erfolgen. Durch eine derartig „dosierte“ Werbung, die auch auf der materiellen Seite den Wünschen der Einreicher entgegenkommt, läßt sich eine gleichmäßige Beteiligung über das ganze Jahr erreichen.

An dieser Stelle noch ein Wort zur Werbung von *neuen* Betriebsangehörigen für das betriebliche Vorschlagswesen, die man nicht unterschätzen sollte. Gerade hier liegen oft große Wirkungsmöglichkeiten für den Ideenwettbewerb, da der neue Mitarbeiter noch nicht in den alten Arbeitsgewohnheiten festgefahren, von der „Betriebsblindheit“ gefangen ist. Er wird also viel leichter irgendwelche Fehlerquellen aufspüren und aus seinen Erfahrungen in anderen Unternehmungen Verbesserungen vorschlagen können. So kann ein an ihn gerichtetes Rundschreiben nach Ablauf der Probezeit sein Mitdenken anregen und gleichzeitig einen doppelten sozialpsychologischen Effekt erzielen —

---

[28] Die Phönix-Gummiwerke A.G., Hamburg-Harburg, schreiben dazu in ihrem „Erfahrungsbericht“ über das Vorschlagswesen 1950—1954 (S. 8): „Die Werkführungen sind als Kernstück unserer augenblicklichen Werbung für das betriebliche Vorschlagswesen anzusehen. Der Erfolg, den wir damit haben, stellt die bekannte Tatsache heraus, daß die persönlichen Beziehungen jedes Werbemittel übertreffen und deshalb durch nichts zu ersetzen sind.“

[29] Vgl. dazu insbesondere „Ratschläge zur dauernden Belebung des betrieblichen Vorschlagswesens“ von Paul *Kura* (*168*, S. 253 ff.).

einmal durch das Gefühl, daß man sich seiner erinnert, zum anderen, daß man auch seiner *Mitarbeit* entsprechende Bedeutung beimißt.

Zusammenfassend ist festzustellen, daß ein dauerndes Bemühen notwendig wird, um die „positive Kritik" (Geldmacher, *81*) im Betrieb immer wieder neu zu beleben und den Gedanken des betrieblichen Vorschlagswesens zu fördern. Dabei gilt es aber „nicht nur Interesse, Mitdenken und aktive Mitgestaltung der Belegschaft zu wecken, sondern auch zu erhalten ... Der tote Punkt des Betriebslebens ist kein plötzlich eintretender Betriebszustand, sondern er entsteht — meist langsam — bei den einzelnen Mitarbeitern" (Mand, *198*, S. 97). Diesen „toten Punkt" durch geeignete werbepsychologische Maßnahmen von vornherein unwirksam zu machen, ist die Aufgabe einer wirkungsvollen Dauerwerbung für das betriebliche Vorschlagswesen.

Schließlich kann auch durch *Einzelaktionen* für das betriebliche Vorschlagswesen geworben werden. Hierunter fallen Preisausschreiben, Wettbewerbe, Arbeitsersparnis- oder Rationalisierungswochen und sonstige Maßnahmen, denen *sachlich begrenzte* und *zeitlich befristete* Aufgabenstellungen zugrunde liegen. Die Eigenart solcher „Einzelaktionen" besteht darin, daß „ein *Grundgedanke* aus der Welt der täglichen Arbeit herausgestellt und gewissermaßen als Arbeitsziel der gesamten Gefolgschaft vor Augen geführt wird" (Klöckner, *144*, S. 33 [Hervorhebung vom Verfasser]). Dabei ist es keineswegs so, daß solche Einzelaktionen etwa nur für sich allein ein oder mehrere Male im Jahr zur Durchführung kommen, sie können vielmehr auch neben einer ständigen Einrichtung des betrieblichen Vorschlagswesens ihren Platz haben. Und doch kommt ihnen insbesondere bei der *Einführung* des betrieblichen Vorschlagswesens eine wichtige Rolle zu, weil sie dabei eine sozialpädagogische Aufgabe zu erfüllen haben: das Hinführen der Belegschaft zu einer größeren Anteilnahme am Betriebsgeschehen und damit zu einer gewissen Einzelverantwortlichkeit. Ihre Erfolge liegen einmal in ihrer mehr oder weniger konkreten Aufgabenstellung, zum anderen in der ihnen eigenen sportlichen Note eines „Wettkampfes" und nicht zuletzt in den festgesetzten Preisen, die allerdings entsprechend dotiert sein müssen (s. o. S. 73).

Die Werbung für solche „Einzelaktionen" des betrieblichen Vorschlagswesens bedarf ebenfalls einer Vorbereitung unter Beachtung sozialpsychologischer Grundsätze. Gerade hier ist es notwendig, daß es sich um ein aktuelles und leicht lösbares Thema handelt, um eine Werbung für Verbesserungen, Vereinfachungen oder Verhinderungen, wie sie sich aus den Notwendigkeiten und Erfahrungen des einzelnen Betriebes ergeben. Wichtig ist außerdem, daß die Werbemaßnahmen so durchgeführt werden, daß *alle* Betriebsangehörigen davon Kenntnis erhalten — ein Grundsatz, der zwar innerhalb der gesamten Werbung für das betriebliche Vorschlagswesen verwirklicht sein sollte —, dem aber bei einer solchen Einzelaktion besondere Bedeutung zukommt. Als Werbemittel werden sich daher insbesondere die Werkszeitschrift, Mitarbeiterbriefe und Plakataushänge eignen, wobei alle Voraussetzungen für den sozialpsychologischen Gesamteffekt dieser Werbemittel zu beachten sind. Gerade hier kann die Werbung auf das Wirtschaftlichkeits- oder Kostendenken der Belegschaft zielen, wofür sich viele Möglichkeiten finden lassen und eine sinnvolle Verknüpfung mit staats-, wirtschafts- oder kulturpolitischen Forderungen denkbar ist. So bietet z. B. eine Unfallverhütungswoche im Betrieb, die gleichzeitig mit der alljährlich im gesamten Bundesgebiet stattfindenden Verkehrssicherheitswoche durchgeführt wird, eine gute werbepsychologische Gelegenheit eines gemeinsamen Aufrufes zur Vermeidung von Unfällen innerhalb und außerhalb des Betriebes, der mit einem Preisausschreiben für Unfallverhütungsmaßnahmen verbunden werden kann. Bei allen diesen Werbemaßnahmen ist es ganz besonders notwendig, den Gedanken der Arbeits- und Betriebsgestaltung in den Mittelpunkt der Werbung zu stellen, und zwar möglichst so konkret, daß er in das eigentliche Arbeitserlebnis der Belegschaftsangehörigen eingreift; die Werbung im Rahmen solcher Einzelaktionen sollte also „bewußt so aufgezogen sein, daß jeder Mann im Betrieb in der Lage ist, von seinem Arbeitsplatz aus sich ein Bild von der organischen Betriebsgestaltung zu machen" (Klöckner, *144*, S. 38).

Zum Schluß noch ein Wort zu den Werbemaßnahmen für die *weiblichen* Mitarbeiter. „Die Zurückhaltung der Frauen in Fragen des betrieblichen Vorschlagswesens berührt", wie Lill (*184*, S. 24) meint, „die Problematik der weiblichen Industriearbeit, und wir betreten damit soziologisches und psychologisches Neuland." Inzwischen haben sich viele Autoren mit den Problemen und Aufgaben, die die zunehmende Erwerbs- und Berufsarbeit der Frauen den Betrieben aus der dem weiblichen Geschlecht wesensmäßigen Eigenart stellt, befaßt (so Ackermann, Jaide, Kroeber-Keneth, Moers, D. L. Scharmann, Wurzbacher u. a.), auf deren vorwiegend betriebspsychologisch und betriebssoziologisch ausgerichtete Untersuchungen verwiesen sei. Um so erstaunlicher ist es, daß sich im Schrifttum über das betriebliche Vorschlagswesen nur sehr allgemein gehaltene Aussagen über die Einstellung der arbeitenden Frau zum betrieblichen Vorschlagswesen finden. Andererseits kann im Zeichen der Vollbeschäftigung, die zu einem weiteren Anstieg der betrieblichen Frauenarbeit geführt hat, auf die Beteiligung der weiblichen Werksangehörigen am betrieblichen Vorschlagswesen nicht verzichtet werden, obwohl vermutet werden kann, daß ihre Bereitschaft aus der anders gearteten Arbeits- und Berufsmotivation weitaus schwieriger zu gewinnen ist. Das bedeutet, daß auch die Werbung zur

Teilnahme am betrieblichen Vorschlagswesen auf die *weibliche Mentalität* eingehen und ihre Mittel und Methoden auf die frauliche Eigenart und Individualität abstimmen muß. Allerdings liegen auch hierzu zu wenig und zu oberflächliche Äußerungen vor, um objektive sachliche Angaben machen zu können.

Abschließend sei mit Bezug auf die allgemeinen Gesichtspunkte zur Gestaltung des Vorschlagswesens nochmals festgestellt: „Nur wenn die Werbung für das betriebliche Vorschlagswesen harmonisch und als etwas Ganzes betrieben wird, kann sie den an sie gestellten Aufgaben gerecht werden. Ihr Primärziel ist die Gewinnung der Schaffenden als Mitarbeiter, ihre sekundäre Aufgabe jene, den Stolz der gewonnenen Mitarbeiter auf ihre eigene Leistung und daraus erwachsend den Stolz auf den eigenen Arbeitsplatz und das Werk zu pflegen. Dies führt folgerichtig auch zu erhöhtem Selbstverantwortungsgefühl und steigendem Selbstbewußtsein, den motorischen Antrieben zu strebsamen, hemmungsfreiem Schaffen. Auf diese Weise wächst die Liebe zur Arbeit und das Vertrauen darauf, daß die eigene Leistung von der Betriebsspitze anerkannt wird. So entsteht bald eine *Mitarbeitergruppe*, die durch psychologischen Sog dann auch jene Betriebsangehörigen mitzureißen vermag, die aus bewußtem Unwillen, Gleichgültigkeit oder anderen Gründen bisher beiseite gestanden haben" (Knoop, *145*, S. 86 [Hervorhebung vom Verfasser]). Alle Werbebemühungen sind also weder auf die „stumpfe, farblose Masse", noch auf die „Primitivperson", sondern auf die Persönlichkeit auszurichten, wobei „Lebenswärme und Natürlichkeit, saubere Menschlichkeit, Begeisterung und Überzeugungskraft" wichtiger sind und eine größere Wirkung erzielen werden, als alle noch so gut gestalteten und gemeinten technischen Werbemaßnahmen zusammen (Michligk, *217*, S. 210/211). Sind alle sonstigen betrieblichen und organisatorischen, aber besonders die *sozialpsychologischen* Voraussetzungen für ein betriebliches Vorschlagswesen erfüllt, so kann zwar eine gute Werbung dem Ideenwettbewerb wesentliche Impulse vermitteln, sie kann aber nicht diese Voraussetzungen, die aktive und vom gegenseitigen Vertrauen getragene Zusammenarbeit ersetzen — das durch ein sachgemäß und planmäßig gestaltetes Vorschlagswesen produktive Mitwissen, Mitdenken und Mithandeln der gesamten Belegschaft eines Betriebes.

2. Das Gruppen-Vorschlagssystem als neue Form des betrieblichen Vorschlagswesens und sein sozialpsychologischer Effekt

Als Ausgangspunkt der vorliegenden Arbeit haben wir die These vertreten, daß das *Gruppen-Vorschlagssystem als* betriebsimmanente sozioökonomische Institution dank seiner zahlreichen und differenzierten sozialen Interaktionsmöglichkeiten ganz besonders geeignet sei, bei den Beteiligten ein „Wir-Bewußtsein“ zu erzeugen, das es auf Grund gemeinsamer Normen, Wertungsskalen und Ziele möglich mache, ein Bestverhältnis zwischen Kooperationswillen und Leistungsbereitschaft im Betrieb zu bewirken. Dabei sind wir einmal davon ausgegangen, daß der Mensch ein gleichzeitig personal und sozial strukturiertes Wesen sei, dessen Handeln von Antrieben und Strebungen bestimmt werde, denen die allgemeinen menschlichen Bedürfnisse nach Sicherheit, Selbstentfaltung und Anerkennung zugrunde liegen — nicht nur außerhalb, sondern auch innerhalb des Betriebes (s. o. S. 90 ff.). Dazu trat die Erkenntnis, daß auch der Betrieb keineswegs nur ein ökonomischer Zweckverband sei, sondern ebenso ein soziales Gebilde; ein „Netzwerk“ sozialer Gruppenprozesse mit den diesen Vorgängen innewohnenden Konflikt- und Kooperationssituationen. Die Auffassung des Betriebes als eines sozialen Spannungsfeldes führte dazu, den in diesem Sozialsystem vorhandenen zwischenmenschlichen Beziehungen größere Beachtung zu schenken und der weitgehend vollzogenen „technisch-wirtschaftlichen Integration“, wie Fürstenberg (*72*, S. 435; *74*, S. 22 ff.) sagt, eine diese ergänzende (menschlich-) „soziale Integration“ gegenüberzustellen. Die „Sozialstruktur des Betriebes“ (Dahrendorf), die sich aus den gruppenspezifischen Prozessen innerhalb eines institutionellen Bezugsrahmens bildet, läßt sich somit *sozialpsychologisch* als „Interaktionsgefüge“ (Fürstenberg), als mitmenschliches Kontaktgebilde erklären, in dem das Sozialverhalten der Betriebsangehörigen integrierend oder desintegrierend geprägt wird. Die daraus gewonnenen Erkenntnisse für die Arbeit und das Leben im Betrieb hat auch das betriebliche Vorschlagswesen zu beachten. Auch es kann als eines der vielen möglichen Mittel dazu beitragen, der begründeten Forderung einer ergänzenden menschlich-sozialen Integration näher zu kommen; der „sozialen Rationalisierung“ (A. Mayer), als der Bestgestaltung der Beziehungen zwischen Mensch und Mitmensch im Arbeitsbereich. Das bedeutet aber, daß Aufbau und Gestaltung dieser Einrichtung einer Struktur zu entsprechen haben, die sich grundlegend auf sozial- und gruppenpsychologische Wirkzusammenhänge stützt. Das Vorschlagswesen, mit dessen Hilfe eine Annäherung von technisch-ökonomischer und menschlich-sozialer Rationalisierung im Betrieb angestrebt werden soll, hätte in seiner Organisationsform, seinem äußeren Gerüst und den darin ablaufenden menschlichen Prozessen, also seiner „inneren Gefügesituation“, nach Möglichkeit dem System zu entsprechen, dem es dienen soll.

Diese Überlegungen führen fast zwangsläufig zu der eigentlichen Themenstellung unserer Arbeit zurück, mit der wir uns die Aufgabe gestellt haben, das betriebliche Vorschlagswesen als Gruppenaufgabe zu beschreiben. Bis in unsere Gegenwart werden fast alle Vorschlagssysteme weitgehend unter Aspekten der vom isolierten Einzelnen erbrachten Denkleistung gesehen und die Auswirkungen auf die „soziale Umwelt", in welche dieser Einzelne gestellt ist, kaum beachtet[30]. Die dadurch auftretenden Widerstände gegen das betriebliche Vorschlagswesen, die sowohl von den Vorgesetzten als auch von den Arbeitskräften ausgehen und die schon zu manchem Mißerfolg dieser Einrichtung geführt haben, sind zwar bekannt und in dem reichen Schrifttum sorgfältig analysiert worden, ohne daß man daraus aber immer die notwendigen Konsequenzen gezogen hat. Ob diese negative Einstellung zum Ideenwettbewerb auf einer gewissen „Platzangst" (Rang- und Prestigeverlust) der Vorgesetzten, der menschlich verständlichen Kritikempfindlichkeit und Konkurrenzangst beruht oder bei den Arbeitern und Angestellten neben der Befürchtung, eine Verdienstminderung hinnehmen zu müssen und den Arbeitsplatz zu verlieren, auch in der Angst begründet ist, sich dadurch möglicherweise die Feindschaft der Vorgesetzten und Arbeitskameraden (Verlust der Gruppenzugehörigkeit) zuzuziehen — immer sind es vorwiegend menschlich-soziale Kräfte („sozialpsychologische Verteidigungsmechanismen", so Grössle), die einer solchen negativen Haltung zugrunde liegen. Für den Einreicher selbst kann eine solche Einstellung ein Gefühl der Angst vor den Vorgesetzten und Arbeitskollegen mit sich bringen, wodurch sein Streben nach Selbstentfaltung und Anerkennung in ein Negativum umgekehrt werden und seine weitere Mitarbeit für immer verloren gehen kann. Die bekannten negativen Reaktionen der Belegschaft auf die vorherrschenden „Einzelvorschlagssysteme" und die damit verbundenen innerbetrieblichen Reibungsverluste, sollten endlich dazu führen, diese Systeme zu revidieren und die Möglichkeit *gemeinsamer* Vorschläge im Rahmen des betrieblichen Vorschlagswesens zu schaffen. Schirm (*303*, S. 31) meint dazu mit Recht: „Wenn die schönen Worte von ‚echter Mitarbeit' und ‚Gemeinschaftssinn' nicht leere Phrasen sein sollen, dann darf das betriebliche Vorschlagswesen nicht die Mitarbeiter gegeneinander ausspielen und Einzelgängerei und unkameradschaftliches Strebertum prämiieren!"

Wir haben schon an anderer Stelle ausgeführt (s. o. S. 148), daß die Einrichtung des Vorschlagswesens als *eine* der „demokratisch-institutionellen Gruppen" des Betriebes angesehen werden kann (so Schar-

---

[30] *Wurzbacher* hat in seinem Beitrag „Sozialisation-Enkulturation - Personalisation" (*361*, S. 14) auf den sozio-kulturellen Pluralismus dieses Neben-, Mit- und Gegeneinander hingewiesen; auf die Wechselbeziehungen und -wirkungen naturaler, sozialer und kultureller Objekte, denen der Mensch als handelndes Wesen gegenübertritt und zu denen er Stellung zu nehmen hat.

mann) und zwar als eine von deren *fakultativer* Sonderformen, womit zum Ausdruck gebracht wird, daß es *jedem* Betriebsangehörigen freisteht, ob er am Ideenwettbewerb teilnehmen will oder nicht. Von der Bedeutung, die der einzelnen Gruppe und den Gruppen im Betrieb für den Integrationsprozeß und den Leistungseffekt zukommt, bieten sich zwangsläufig die gruppenpsychologischen und -soziologischen Erkenntnisse für die Gestaltung des betrieblichen Vorschlagswesens an, wobei eine weitgehende institutionell-demokratische Organisationsform (s. u. S. 222 ff.) und das Zurücktreten streng hierarchisch-formaler Gesichtspunkte, die Zusammenarbeit und Leistung durch das damit erreichte "Teamwork" noch fördern werden. Denn wie jede wohlintegrierte und betriebsangepaßte Gruppe „ein besonders wirksames sozialpsychologisches Instrument zur Wiederherstellung einer gesunden seelischen und sozialen Beziehung zwischen Mensch, Arbeit und Betrieb" darstellt und dem Einzelnen ermöglicht, „als verantwortliches Mitglied seiner Gruppe in menschliche Beziehungen zu seinen Kameraden zu treten" (Scherke, *296*, S. 80), so stellen auch die Gruppen, die sich zur Wahrnehmung bestimmter allgemeiner Aufgaben des Betriebes bilden (und hierzu ist auch das *Vorschlagswesen* zu rechnen), solche wirksamen Mittel der menschlichen Kontaktnahme und Kontakthabe dar. Auch von ihnen „geht ebenfalls ein starker Einfluß auf die menschliche Seite des Betriebsgeschehens aus, wenn sie auch einer gesonderten Behandlung bedürfen, da sowohl die Bedingungen ihrer Wirksamkeit als auch die Formen ihrer Pflege anderer Natur sind, als es der Art der hierarchisch-institutionellen Gruppen entspricht" (Scharmann, *276*, S. 134). Was liegt also näher, als sich diese Erkenntnisse auch im Rahmen des betrieblichen Vorschlagswesens nutzbar zu machen und von dem „Einzelvorschlagssystem" abzugehen; an die Stelle des einzelnen „Erfinders" die *Gruppe* treten zu lassen, anstelle des einzelnen „Ich", das gemeinsame „Wir"? Mit der Betrachtung und Gestaltung des betrieblichen Vorschlagswesens im Sinne einer „Gruppenarbeit" und eines "Teamwork" (s. o. S. 151 ff.), wird das Mitwissen, Mitdenken und Mithandeln zu einer *gemeinsamen* Aufgabe und Leistung — es befriedigt damit sowohl personal als auch sozial motivierte Bedürfnisse und wird dem arbeitenden Menschen nicht nur als Einzelwesen, sondern auch als Sozialperson gerecht.

In dieser ganz allgemein gehaltenen Aussage, zeigt sich bereits der *sozialpsychologische* Effekt dieser neuen Form des betrieblichen Vorschlagswesens: dem *Gruppen-Vorschlagssystem*. In welcher Weise sich derartige „Vorschlagsgruppen" (man spricht auch von „Kontaktgruppen" [Mechler, *211*, S. 188/189]; „Suchgruppen"[31] [Hofstätter, *124*, S. 28 ff. und

[31] Der hier genannten „Suchgruppe" ist die „Handlungsgruppe" gegenüberzustellen.

H. Fischer, *61,* S. 15] und „Denkgruppen“ [Kollmannsperger, *151,* S. 15 ff.[32]]) bilden, ob auf Grund betriebsorganisatorischer Maßnahmen oder durch eigene Spontaneität einzelner Mitarbeiter, ist nicht von ausschlaggebender Bedeutung; wichtig bleibt, daß die in diesen äußerlich formalen sozialen Gebilden ablaufenden Gruppenprozesse, sich zu einem kooperativen Gefüge strukturieren. Diese gruppenbildenden Merkmale, die von zahlreichen positiven oder zumindest entschärften persönlichen Beziehungen getragen werden und die an dem gemeinsamen Bedürfnis des Zusammenwirkens orientiert sind, lassen sich durch eine bewußte und systematisch betriebene „Gruppenpflege“ (Scharmann) weitgehend fördern; sie manifestieren sich letztlich in dem „Teamgeist“, als der inneren und spontanen Verbundenheit der Gruppe (vgl. S. 123 ff. dieser Arbeit). Auf diese „mitseelische Verbundenheit“ in der Gruppe hat schon Hendrik de Man *(197)* in den zwanziger Jahren hingewiesen, als er durch eine Rundfrage feststellte, daß „eine der wesentlichen Momente der Arbeitsfreude der modernen Industriearbeit in der guten mitmenschlichen Harmonie der Arbeitsgruppe und der sozialen Anerkennung liegt und daß die bedeutendsten Momente der Hemmung der Arbeitsfreude in dem Druck durch die Betriebshierarchie bestehen“ (S. 112). In diesen sozial determinierten Motivationen sieht de Man die Gründe zur Arbeitslust oder Arbeitsunlust und zieht die Schlußfolgerung: „Neuer Gemeinschaftsinn erfordert neue Gemeinschaft. Kein Werksinn ohne Werkgemeinschaft, keine Werkgemeinschaft ohne Willens- und Interessengemeinschaft...“ (197, S. 188; vgl. auch Pietsch, *245,* S. 127 ff.). Inzwischen haben die Ergebnisse der praktischen und experimentellen Gruppenforschung den Beweis erbracht, daß die Gruppen- und Teamarbeit bei sachgemäßer Entwicklung und planmäßiger Pflege allen anderen Arbeitsformen überlegen ist, insbesondere dann, wenn es gelingt, die Interaktionsprozesse im Sinne eines „Wir-Bewußt-

---

[32] *Kollmannsperger* hat die Unterscheidung zwischen „Arbeitsgruppe“ und „Denkgruppe“ nach der Art der Leistung vorgenommen. Er schreibt dazu: „Die ‚*Denkgruppe*‘ im Betrieb wurde so genannt, weil sie *vorwiegend geistige* Arbeit verrichtet. In der Denkgruppe wird etwas überlegt, besprochen, untersucht, geplant, beschlossen. Dies kann entweder auf *Veranlassung* durch den *Betrieb* erfolgen — dann hat man es mit einer organisierten Denkgruppe zu tun — *oder* es könnte *ohne betriebliche Lenkung* eine spontane Denkgruppe zusammentreten, wenn z. B. einige Betriebsangehörige ein sie beschäftigendes Problem aufgreifen. Das *Zusammenwirken im Denken* ist im Betrieb immer von relativ *kurzer* Zeitdauer, weil ja die anliegende Arbeit vorwiegend eine andere Art von Leistung erfordert“, die von der *Arbeitsgruppe* erbracht wird *(151,* S. 15/16).

Dem Verfasser kann grundsätzlich zugestimmt werden, wobei Denk- und Suchgruppe zwei gleichartige Begriffe für ein und dieselbe Aufgabe sind; es muß aber darauf hingewiesen werden, daß die Denkgruppe keineswegs nur ein vorübergehender Zustand zu sein braucht, sondern lediglich die ihr zugrunde liegende *Denk*aufgabe selbst, die ja immer nur auf ein bestimmtes Problem ausgerichtet ist.

seins" zu integrieren. Wir haben schon des öfteren darauf hingewiesen, daß mit dieser fortschreitenden Verbundenheit der Gruppenmitglieder an der „gemeinsamen Sache", auch die „Verbundenheitsleistung (W. Kellner) der Gruppe wächst (vgl. dazu auch Benad, *18*), das heißt, je optimaler die Integration der Gruppe ist, desto höher ist auch der Effekt ihrer Kooperation. Diesen „Leistungsvorteil der Gruppe" sollte sich auch das betriebliche Vorschlagswesen zunutze machen, zumal die schon von K. Lewin und besonders von N. R. F. Maier *(196)* durchgeführten Experimente zu dem Ergebnis geführt haben, daß insbesondere bei *geistiger* Arbeit, das Gruppendenken dem Einzeldenken überlegen ist[33]. Die Untersuchungen von Norman R. F. Maier über das intellektuelle Verhalten von Gruppenmitgliedern, seine Vergleiche zwischen Einzel- und Gruppenleistungen auf dem Gebiet des produktiven Denkens (des "creative thinking" und "brain-storming"), haben ergeben, daß diese „Denk- oder Suchgruppen" — abgesehen von genialen Einzellösungen, die es immer geben wird — „bei der Lösung bestimmter Aufgaben als Ganzes erfinderischer, schneller und umsichtiger als ihre einzelnen Mitglieder waren" (nach Scharmann, *287* S. 34), und daß die von der Gruppe erarbeiteten Lösungen und die aus ihnen resultierenden Maßnahmen leichtere Anerkennung fanden, als solche, die von „oben" her bestimmt wurden (vgl. auch Bornemann, *27*, S. 121). Scharmann, der mit seinem aus den sog. „Schwalbacher Experimenten" entwickelten Verfahren der „Gruppenfertigung als Gruppenprozeß"[34], die Vorteile zweier For-

---

[33] Auch John *Cohen*, der in der Zeitschrift "Acta Psychology", Heft 9/1953 einen Aufsatz über "Social Thinking", veröffentlicht hat (S. 146—158), schreibt in seinem Buch „Psychologie psychologisch betrachtet" (*39*, S. 141): „Gruppen gelangen im allgemeinen zu einem durchdachteren Urteil, weil in der Gruppe ein Problem von mehreren Seiten beleuchtet wird, mehr Lösungsmöglichkeiten angeboten werden und jedes Gruppenmitglied mehr Kritik erfährt als der abgesonderte Einzelne."

Nach *Hofstätter* (*124*, S. 21 ff.) handelt es sich dabei um psychologische Leistungen vom Typus des *Suchens* (und Beurteilens), denen das statistische Prinzip des Fehlerausgleichs zugrunde liegt.

[34] Die erste Berichterstattung über dieses Verfahren erfolgte durch *Scharmann* bereits auf dem 18. Kongreß der Deutschen Gesellschaft für Psychologie in Marburg im Jahre 1951 („Die Gruppe als soziologisches und psychologisches Phänomen". In: Bericht über den 18. Kongreß der Deutschen Gesellschaft für Psychologie in Marburg 1951, Göttingen 1953).
Über weitere Formen und Ergebnisse des Verfahrens siehe *Scharmann*: Zur Methodik der experimentellen Gruppenforschung. In: „Bericht über den 22. Kongreß der Deutschen Gesellschaft für Psychologie in Heidelberg 1959", Göttingen 1959, S. 259—262, sowie „Gruppenfertigung als Methode der experimentellen Gruppenforschung". In: „Schwalbacher Blätter", Heft 45 (März 1960, S. 377—384).

Diese Gruppenexperimente, die als eine Transponierung der von den Arbeitsstudienleuten (REFA) verwendeten „Übungsfertigung" in den Bereich der Gruppenforschung anzusehen sind, werden von *Scharmann* mit Studenten an der Universität Erlangen—Nürnberg fortgeführt. Der Verfasser dieser Arbeit

schungsrichtungen, der "interaction process analysis"[35] und der "output groups"[36] vereinigt hat, konnte in den letzten Jahren in vielen Versuchen ebenfalls nachweisen, daß am relativen „Leistungsvorteil der Gruppe" kaum mehr zu zweifeln sei, wobei die gruppenpädagogisch geschulten Gruppen, soweit sie optimal koordinierte Interaktionsstrukturen entwickelten, auch die in qualitativer und quantitativer Hinsicht leistungsfähigeren waren, als weniger kooperative und strukturierte Gebilde (vgl. auch H. A. Müller, *231* und Hanhart, *94*). Die Vorteile des Gruppen*denkens* hat Scharmann dabei wie folgt herausgestellt: „Bei annähernd gleichem intellektuellem Niveau, gleicher Vorbildung und Erfahrung erweist sich das *Gruppendenken* dem individuellen Denken überlegen. Bei fortgeschrittener Übung und unvorhereingenommener Einstellung gegenüber dem Problem besteht dann auch nicht mehr die Gefahr der Majorisierung besonders eleganter, origineller und sachlich bester Lösungen eines Einzelnen" *(275)*.

Wenn wir diese „sozialschöpferischen Prozesse" (Beck) auf die Praxis des betrieblichen Vorschlagswesens übertragen, so wird der „Leistungsvorteil" des Gruppen-Vorschlagssystems nicht nur in zahlreichen und qualifizierteren Verbesserungsvorschlägen sichtbar[37], also am sog. "output", sondern auch innerhalb der sozialpsychischen Situation, dem „Interaktionsgefüge" zwischen den Beteiligten selbst. Beide Wirkungsweisen bedingen sich gegenseitig, das gemeinsame Handeln führt zu

---

hatte selbst Gelegenheit, dabei sowohl als Teilnehmer, als auch Beobachter mitzuwirken.

Über die letzten Ergebnisse berichteten H. A. *Müller (231)* und D. *Hanhart* (94).

[35] Hierbei werden laborationsmäßig, also unter Ausschaltung der Ernstmotivation, insbesondere die Variablen und Verlaufsformen der Gruppenprozesse analysiert und beschrieben, ohne daß dabei der Leistungseffekt dieser Gruppen als Indikator ihrer Strukturierung und ihres Strukturtyps besonders beachtet wird (z. B. *Bales, Gottschaldt, Sherif)*.

[36] Diese Forschungsrichtung legt besonderen Wert auf die Feststellung des meß- und vergleichbaren Leistungseffektes, auf den "out put", sowie auf den Ernstcharakter der Situation und die Homogenität der zu vergleichenden Gruppen; dagegen wird der Dynamik der Strukturierungs- oder der Desorganisationsprozesse keine sonderliche Beachtung geschenkt (*Roethlisberger, Likert, Cronbach* u. a.).
Nähere Ausführungen und Literaturangaben zu den Anmerkungen [35] und [36] sind in den in der Anmerkung [34] genannten Berichten zu finden.

[37] *Scharmann (277,* S. 60) berichtet über eine Gruppendiskussion in der betrieblichen Praxis des Vorschlagswesens und schreibt: „Der Erfolg war nicht nur eine lebhaftere Beteiligung am Vorschlagswesen, sondern die einzelnen Mitglieder dieser Gruppe regten sich gegenseitig an. Die gemeinsam erarbeiteten Vorschläge übertrafen außerdem in formaler und inhaltlicher Hinsicht vielfach die Lösung der Einzelnen" und *Bornemann (27,* S. 123) meint, daß bei den vorgebrachten Vorschlägen „rechtzeitig die mannigfachen Schwierigkeiten der praktischen Verwirklichung erkannt, logische Fehler bemerkt und Irrwege rechtzeitig vermieden werden".

einer gesteigerten „äußeren Leistung“ der Gruppe und das dieser Gesamtleistung zugrunde liegende gemeinsame Ziel formt die „innere Leistung“ der Gruppe und bildet ihren sozialen Charakter[38]. Durch die damit geschaffene „Gruppensituation“ werden die menschlich-sozialen Widerstände, wie sie beim Einzelvorschlagssystem sowohl bei den Vorgesetzten als auch den Mitarbeitern immer wieder zu finden sind, weitgehend im Sinne des gemeinsamen „Wir“ ausgeschaltet und gerade hierin liegt der besondere sozialpsychologische Effekt des Gruppen-Vorschlagssystems. Wir haben oben bereits darauf hingewiesen, daß die von einer Gruppe aus eigener Initiative und mit eigener Verantwortung erbrachten Lösungen und die daraus abgeleiteten Maßnahmen leichtere Anerkennung finden, als solche, die im Instanzenzug angeordnet werden. Verständlich wird dieses Verhalten aus gruppenpsychologischer Sicht, da diese sozialpsychologische Betrachtungsweise ganz deutlich zeigt, daß technische und organisatorische Umstellungen im Betrieb auch in die „Gleichgewichtstendenz der sozialen Struktur“ (Grössle) eingreifen und die Integration der Gruppe durch Antasten der von ihr gesetzten Normen und Wertvorstellungen stören können. Die Gruppenmitglieder werden dann mit sozialpsychischen Verteidigungsmechanismen antworten und das um so mehr, je unerwarteter sie eine derartige Anordnung trifft. Grössle (*92*, S. 111) meint also zu Recht, daß eine Schädigung dieser sozial-psychologischen Struktur, wenn nicht gleichzeitig die Möglichkeit zu einer neuen sozialen Integration geschaffen wird, „sowohl sinkende Arbeitsmoral, als auch technische und organisatorische Fehlleistungen zur Folge hat“, wodurch sowohl die gute Zusammenarbeit, als auch die Erreichung der optimalen Wirtschaftlichkeit verhindert werden. Das Gegenteil, nämlich ein „positives Gruppenrichtmaß“ (von Wiese), zeigt sich dann in den Gruppen, die über einen mehr oder weniger bedeutenden Teil ihrer Arbeitsbedingungen selbst entscheiden dürfen und dafür auch die Verantwortung tragen — die an den technisch-organisatorischen Änderungen mitbeteiligt werden[39]. Auf diese „Gruppenselbstverantwortung als Ursache eines positiven Richtmaßes“ hat erst in jüngster Zeit wieder W. Kellner (*136*, S. 230 ff.) hingewiesen, der dazu neben einem eigenen Untersuchungsbericht, auch einen von W. F. Whyte (*351*, S. 96 ff.) geschilderten Fall aus einem amerikanischen Betrieb bringt[40].

---

[38] Zur „äußeren“ und „inneren“ „Leistung“ der Gruppe vgl. die Ausführungen von F. *Scherke* (*301*, S. 38 ff.).

[39] Hier wird der Einfluß der Gruppenführung, die Zweckmäßigkeit des Führungsstiles angesprochen, der für eine erfolgreiche Gruppenarbeit von entscheidender Bedeutung ist (vgl. S. 138 ff.).

[40] Der Mitbeteiligung von Gruppen am betrieblichen Geschehen und der damit verbundenen Hebung des Verantwortungsbewußtseins der einzelnen Mitglieder wird in der Gruppenforschung große Bedeutung beigemessen;

Wenn wir diese von Mayo wiederentdeckten sozialpsychischen Einflüsse technisch-organisatorischer Maßnahmen im Betrieb auf dessen Gruppenstruktur[41], auf das betriebliche Vorschlagswesen übertragen, dann lassen sich aus der Sicht des „Einzelvorschlagssystems" schon wesentliche Widerstände von Vorgesetzten und Arbeitskollegen gegen diese Institution begreifen. Denn auch bei der Einführung eines Verbesserungsvorschlages geschieht nichts anderes: ohne daß die Gruppenmitglieder etwas erfahren, wird eine technische, organisatorische oder sonstige betriebliche Änderung vorgenommen, die den bisherigen Gruppeninteressen und Gruppennormen nicht angemessen ist oder gar zuwiderläuft und das seit langer Zeit eingependelte „Gruppenrichtmaß" stört. Ist es dann menschlich nicht verständlich, daß man in dem für den wirtschaftlichen Effekt zweifelsohne produktiven Einzelgänger, den „Sündenbock" oder das „schwarze Schaf" sieht — einen „Außenseiter", der mit seiner unpopulären Einzelmeinung die Überzeugtheit der Gruppenmitglieder in Frage stellt und damit zum „Ärgernis" wird? Einem solchen „Fremdkörper" begegnet man fortan nur mit Mißgunst, Neid und Spott, er wird unbeschadet seiner menschlichen Qualitäten als unsympathischer Extremist abgelehnt. Die Gruppe läßt ihn fühlen, daß er gegen die Solidarität, gegen die gemeinsamen Interessen und Pflichten verstoßen hat und die Angst dadurch zum „Musterschüler" oder „Radfahrer" gestempelt zu werden und vielleicht eines Tages symbolisch die „goldene Pedale" oder den „goldenen Lenker" überreicht zu erhalten, läßt manchen erfolgreichen Mitarbeiter resignieren (Höckel, *122*, S. 39). Diese persönlichen Anfeindungen können schließlich bis zum Ausschluß aus dem Gruppenverband führen,

---

sie können als die grundlegenden Kräfte des Kooperations- und Leistungsverhaltens angesehen werden. Diese „Delegation von Aufgaben, Befugnissen und Verantwortung" fördert nicht nur die Verbundenheit des Einzelnen mit seiner Aufgabe, den Gruppeninteressen und der gesamten betrieblichen Zielsetzung, sondern beeinflußt auch die Form des Zusammenlebens im Betrieb (vgl. den gleichnamigen Arbeitsbericht Nr. 22 des Ausschusses für Soziale Betriebsgestaltung bei der Bundesvereinigung der Deutschen Arbeitgeberverbände, Juni 1964, mit Literaturangaben).

[41] Vgl. dazu den Aufsatz von Elton *Mayo* „Hawthorne und die Western Electric Company" *(209)*, in dem er zum Verlust der Gruppenzugehörigkeit schreibt: „Für uns alle stammt das Gefühl der Sicherheit und Gewißheit immer aus der gesicherten Zugehörigkeit zu einer Gruppe. Ist diese Gruppenbedingung erst einmal verloren, so kann kein finanzieller Gewinn, keine Sicherstellung des Arbeitsplatzes einen ausreichenden Ersatz dafür bieten. Dort, wo sich die Gruppen mit den Tätigkeiten und den technischen (und organisatorischen [Zusatz durch den Verfasser]) Verfahren unaufhörlich verändern, bemächtigte sich des Einzelnen unvermeidlich ein Gefühl der Vergeblichkeit und Leere; dieses Gefühl tritt an die Stelle dessen, was unsere Väter als das erhebende Gefühl der Kameradschaft und Sicherheit kannten. Und ist er einmal in eine solche Lage hineingedrängt, so nimmt das Gefühl der Angst zu ... und er wird immer schwieriger zu behandeln sein, von Arbeitskameraden und Vorgesetzten" (S. 292).

zum „Verstoßenwerden", das Beck (*13*, S. 52) als die „schärfste Waffe der Gruppe" bezeichnet.

Dieses Verstoßenwerden führt aber zu zwei weiteren, sozialpsychologisch erheblichen Zuständen: zur Verbitterung und zur Angst[42], also zu jenen Motiven, die schließlich auch den Einreicher aus Furcht vor den obengenannten Sanktionen der Arbeitskameraden eine negative Haltung zum Ideenwettbewerb einnehmen lassen. Vielleicht wäre ein solcher Ausschluß noch zu überwinden, wenn der Anschluß an eine andere Gruppe gelänge — eventuell an die Vorgesetzten — aber auch diese trifft die Einführung eines Verbesserungsvorschlages oftmals ebenso unerwartet wie die Arbeitskollegen, insbesondere dann, wenn beim organisatorischen Aufbau dieser Einrichtung eine — und man kann sagen, kaum verständliche Beharrungstendenz zur Umgehung des Dienstweges eingenommen wird (vgl. S. 268 ff. dieser Arbeit). Wenn auch der Vorgesetzte in der Regel eher als die Arbeitskollegen von einer solchen betrieblichen Veränderung erfährt, so wird von ihm eine — menschlich verständliche — ablehnende Haltung ausgehen, die sich von der Überheblichkeit alles besser zu können bis zur Angst vor dem Rangverlust, der reichen Skala des Emotionalen bedient. Obwohl wir noch an anderer Stelle auf die wichtige Funktion der Führungskräfte und insbesondere der direkten Vorgesetzten als Träger des betrieblichen Vorschlagswesens aus sozialpsychologischer Sicht eingehen werden, sei hier schon die negative Tatsache angemerkt, daß „bei vielen unmittelbaren Vorgesetzten ein eklatantes Mißverständnis über die Funktion und den Sinn des Vorschlagswesens vorliegt" (Irle, *130*, S. 233) und daß gerade im Vorgesetztenproblem viele der menschlich-sozialen Schwächen des Ideenwettbewerbs zu suchen sind[43]. Diese betriebspsychologisch relevanten Motive der Vorgesetzten können durch die Unternehmensleitung sogar gefördert werden, nämlich dann, wenn

---

[42] Näheres darüber bei W. *Beck* (*13*, S. 52 ff.), sowie für den Bereich des betrieblichen Vorschlagswesens in den Aufsätzen: „Angst — ein Hindernis im Vorschlagswesen", in: Deutsche Zeitung und Wirtschaftszeitung vom 17. 12. 1955 und „Angst vor Verbesserungsvorschlägen", in: Wirtschaftsmagazin, Wiesbaden, Nr. 9/1958, S. 411/412 (ohne Verfasser).

[43] In seinem Aufsatz „Das innerbetriebliche Vorschlagswesen ein Mißerfolg?" (*130*), weist *Irle* auf die bisher unveröffentlichte Dissertation seines Schülers Dieter *Ganz*: Verbesserungsvorschläge im Betrieb (Eine soziologische Untersuchung über das betriebliche Vorschlagswesen in zwei Industriebetrieben), Mannheim 1962, hin, der darin unter anderem auch das Verhalten der unmittelbaren Arbeitsvorgesetzten zum Vorschlagswesen untersucht hat (S. 118 ff.). Auf diese „sozialpsychologischen Verteidigungsmechanismen" (*Grössle*), die ihre Motivierung in Kritikempfindlichkeit, Konkurrenzangst, Ärger über Einmischung in das eigene Aufgabengebiet, Geltungssucht, u. a. m. haben, hat bereits der Verfasser in seiner Diplom-Arbeit: „Der organisatorische Aufbau des betrieblichen Vorschlagswesens unter besonderer Berücksichtigung sozial- und betriebspsychologischer Gesichtspunkte", Nürnberg 1959, S. 47 ff. (Unveröffentlicht), hingewiesen.

diese das Vorschlagswesen als „Mittel zur Vorgesetztenkontrolle“ (Goossens) benutzt und mit der Umgehung der eigentlichen Führungshierarchie die Betriebsangehörigen geradezu zur indirekten Kritik an den Arbeitsmethoden der Vorgesetzten veranlaßt.

Schon diese wenigen Bemerkungen lassen erkennen, daß der negativen Wirkungsweise der Einzelvorschlagssysteme Motivierungen zugrunde liegen, die in der sozial-individualen Polarität der menschlichen Seele — im Sozialpsychischen — zu suchen sind. Der Erfolg oder Mißerfolg dieser betrieblichen Einrichtung hängt also nicht nur von den technischen und organisatorischen, sondern auch von den psychologischen und soziologischen Bedingungen ab und obwohl dies heute schon weitgehend bekannt ist, hat man den Einfluß sozialpsychologischer Faktoren bisher viel zu wenig beachtet und ausgewertet. Das ist um so erstaunlicher, als es in der Literatur viele theoretische und praktische Hinweise zur Anwendung des Gruppengedankens beim betrieblichen Vorschlagswesen gibt. Wir haben bereits auf Scharmann hingewiesen, der in seinem Beitrag „Betriebsorganisation und Gruppenpflege“ *(276)* das Vorschlagswesen als *eine* der „demokratisch-institutionellen Gruppen“ des Betriebes bezeichnet, „welche besondere Aufgaben des Betriebes *aus eigener Verantwortung, aber mit offizieller Anerkennung* der Betriebsleitung übernehmen“ (S. 132/133). Hier werden zum ersten Mal sozialpsychologische Wirkungstendenzen angedeutet, zumal Scharmann fortfährt, daß es sich dabei um „Gruppen“ handele, „deren Aufgaben es erfordern oder zulassen, daß die sonst nach streng hierarchisch-formalen Gesichtspunkten geordnete Geschäfts- und Auftragsverteilung zugunsten einer *demokratischen Kooperation* zurücktreten kann, die über die einzelnen Abteilungen und Unterabteilungen hinwegreicht“ (*276*, S. 133). Daß sich eine solche demokratisch geführte Vorschlagsgruppe lebhafter und intensiver am Ideenwettbewerb beteiligt, und zwar schon deswegen, weil sich die Mitglieder gegenseitig anregen und ihre Ideen integrieren, belegt Scharmann auf Grund konkreter Beobachtungen an anderer Stelle (*277*, S. 60) mit einem Beispiel aus der Praxis, in dem ein „Aussprachekreis“ aller für das Problem der Arbeitsbestgestaltung interessierten Mitarbeiter gebildet wurde. Auch Gasser (*76*, S. 42) weist u. a. auf die Notwendigkeit hin, daß „wir das Vorschlagswesen richtig ausbauen, daß wir besondere *Arbeitsgruppen* zum Lösen von Betriebsproblemen bilden“ (Hervorhebung vom Verfasser). Pechold meint in seinem Aufsatz „Arbeitsgestaltung durch Gruppenarbeit“ (*239*, S. 101) ebenfalls, daß sich „eine erfolgversprechende, bisher in Deutschland noch selten verwirklichte Möglichkeit durch die Einschaltung von *Gruppen* eröffnet, die sich mit Verbesserungsvorschlägen beschäftigen“, wobei neben besseren Ergebnissen auch psychologische Schwierigkeiten des Einzelvorschlagswesens vermieden werden. Diese Meinung vertritt auch Schirm am Schluß seiner „Zwischenbilanz des Vorschlagswesens" (*303*, S. 87 ff.), wenn er sagt: „An die Stelle des einzelnen ‚Erfinders' muß die *Gruppenleistung* treten, an die Stelle der Heimlichtuerei, der Angst vor dem Nächsten und des Neides, die bereitwillige Zusammenarbeit" (S. 87 [Hervorhebung vom Verfasser]). Und auch Mechler schreibt in seinem Buch „1000 Arbeiter — 1000 Unternehmer" (*211*, S. 188/189): „Die bisher durchgeführten Verbesserungsvorschläge, die vom *einzelnen* Mitarbeiter ausgehen und vorwiegend seiner eigenen Arbeit an seinem Arbeitsplatz gelten, genügen nicht mehr. Es setzt sich immer mehr die Erkenntnis durch, daß die isolierte Organisation einer Arbeit im Betrieb wenig bedeutet; erst die Funktion innerhalb des geeigneten Arbeitszusammenhanges ist letzten Endes ausschlaggebend. Wenn wir in dieser Richtung weiterkommen wollen, brauchen wir Mitarbeiter, die sich von Kompetenzfragen nicht beeindrucken lassen, die vielmehr den produktivsten Arbeitszusammenhang anstreben und deshalb Kontakte auf *jeder* Ebene, an *jedem* Arbeitsplatz aufnehmen dürfen und die sogar durch geeignete Vorschläge ermuntert werden, dies zu tun... Wir kommen zu wenig dazu, darüber nachzudenken, daß jede Arbeitsstätte nicht nur Ergebnisse zu liefern hat, daß sie vielmehr unausgesetzt um verbesserte Ergebnisse ringen muß, also eigentlich zugleich Forschungslabor ist. In den meisten Betrieben haben wir weder die Leute, noch die Mittel, diese Forschung ausschließlich ‚von oben her' zu betreiben. Es wäre also gut, wenn die Unternehmensführung von sich aus *Kontaktgruppen* ins Leben rufen und ihnen ganz konkrete Aufgaben stellen würde... Es gibt also keinen Grund für unser Zögern, die Mitarbeiterschaft auf breitester Grundlage zum Mitunternehmertum anzuregen, von dem schließlich nicht nur der Betrieb, sondern gerade der einzelne Mitarbeiter einen entsprechenden Nutzen haben soll." In welcher Weise sich solche „Kontakt-" oder „Vorschlagsgruppen" bilden, ob auf Grund eigener Spontaneität der Einzelmitglieder oder durch betriebsorganisatorische Maßnahmen, ist zunächst ohne Bedeutung; wichtig bleibt, daß es überhaupt zu einer gegenseitigen Kontaktnahme und Kontakthabe kommt, wobei dieser Interaktionsprozeß als gruppenbildendes Element natürlich durch eine systematische Gruppenpflege gefördert werden kann (s. o. S. 154 ff.). Auch Hohmann (*127*, S. 59) spricht von einzelnen Arbeits*gruppen*, die *gemeinsam* Verbesserungsvorschläge ausarbeiten — von „Gruppenvorschlägen", die in „kameradschaftlicher Zusammenarbeit" erstellt werden. „Diese Vorschläge verdienen, wie er weiter ausführt, „besondere Beachtung, denn wenn sich viele Menschen mit demselben Problem beschäftigen, dann zwingen Kritik und Gegenkritik zur konstruktiven *Gruppenarbeit*. Die Erfahrung hat gezeigt, daß diese Gruppenvorschläge fast alle brauchbar waren und meist eine Vielzahl von Verbesserungsvorschlägen in sich einschlossen." Ebenso wird im „Informationsbrief 2 des RKW" (*379*, S. 25/26) auf eine „ganz neue Lösung des betrieblichen Vorschlagswesens" hingewiesen; auf sog. „Arbeiter-" oder „Kollegenausschüsse", in denen Mitarbeiter aus einer bestimmten Abteilung die Vorschläge ihrer Kollegen *gemeinsam* mit diesen diskutieren und auf deren Durchführbarkeit prüfen (vgl. auch Moore, *227*).

In allen genannten Beiträgen wird die Forderung nach *Gruppenvorschlägen* erhoben, nach dem „Einbau des team-work-Prinzips in das betriebliche Vorschlagswesen" (so H. H. Meyer, *214*, S. 34), mit dem auch jene „gedachten" Vorschläge mobilisiert werden, die bisher von einem einzelnen Betriebsangehörigen aus Furcht vor Sanktionen der Gruppe nicht eingereicht wurden. Desgleichen vertreten die Befürworter von „Gruppenvorschlägen" die Meinung, daß durch das Zusammenspiel von Überlegungen und wechselseitigen Anregungen die Wahrscheinlichkeit für das Finden besserer Lösungen erhöht wird, worauf auch wir schon mehrmals hingewiesen haben. Zahn (*362*, S. 57) schreibt dazu: „Das Ausarbeiten und Einreichen eines Vorschlages durch mehrere Einsender, von denen der eine zum Beispiel die Idee zu einer Vorrichtung an seiner Maschine hat, die ein zweiter als Maschinenschlosser zur Ausführungsreife entwickelt, sollte als Ausdruck der *angestrebten Zusammenarbeit* gewertet und nicht als „Kompaniegeschäft" abgetan werden. Wir haben mit dieser Einstellung gute Erfahrungen gemacht und festgestellt, daß eine derartige Arbeits*gruppe* utopische Vorschläge bereits von sich aus ausmerzt" (Hervorhebungen vom Verfasser). Schließlich wäre noch Höckel zu nennen, der in seinem kürzlich erschienenen Buch „Keiner ist so klug wie alle" (*122*, S. 206) den allerdings etwas eigenartigen Standpunkt vertritt, daß Gruppenvorschläge schon deswegen akzeptiert werden *müssen*, „wenn wir verhindern wollen, daß gute Arbeitsgemeinschaften, daß 'teams' sich zerstreiten und zerstören, indem jedes Mitglied mit der Zeit der Konkurrent und Feind des anderen wird". Diese Meinung, Gruppenvorschläge nur unter dem Aspekt einer Zwangssituation anzunehmen, können wir nicht teilen, da diese Auffassung mit der von uns vertretenen Gruppenarbeit und Gruppenpflege beim betrieblichen Vorschlagswesen nichts mehr gemein hat[44].

Damit haben die Erkenntnisse der Gruppenpsychologie und Gruppensoziologie zumindest im neueren Schrifttum über das betriebliche Vorschlagswesen Eingang gefunden und mit Einbeziehung dieser Erkenntnisse beginnt sich auch in der betrieblichen Praxis eine neue Struktur-

---

[44] Wir haben gerade auf das bei der Gruppenarbeit so wichtige sozialpsychologisch relevante Prinzip der Konkurrenzsituation, mit der im positiven Fall ein „quasi-sportlicher Ehrgeiz" (H. A. *Müller*, *231*, S. 27) entsteht, hingewiesen.

form des Vorschlagswesens zu entwickeln; ein Vorschlagssystem, das die Zusammenarbeit einer Anzahl von Mitarbeitern fördert und das Prinzip der Gruppenarbeit in seine Organisationsstruktur einschließt: das von uns hier vertretene *Gruppenvorschlagssystem*. Als eine solche Art „Gruppenvorschlagssystem" kann man in etwa auch die sogenannten "Joint Production Councils" anglo-amerikanischer Unternehmen ansehen, in denen unter anderem auch über Verbesserungsvorschläge diskutiert wird[45]. Diese Ausschüsse mögen weitgehend mit den in der Arbeit von Lever und Goodell (*174*, S. 22 ff.) geschilderten „Gemeinsamen Produktionskomitees"[46] identisch sein, in denen ebenfalls die Fähigkeiten jedes einzelnen Mitarbeiters aktiviert und seine Ideen — die er dem Forum aus Führungsschicht und Belegschaft vorträgt — gemeinsam mit ihm durchgesprochen und gegebenenfalls anerkannt werden[47]. Auch in westdeutschen und einigen europäischen Betrieben haben derartige „Organisationsformen des Vorschlagswesens" bereits ihren Eingang gefunden. So ist z. B. in den Cassella Farbwerken Mainkur AG, Frankfurt, das Vorschlagswesen in der Weise aufgebaut, daß „entsprechende Vorschläge aus dem Kreis der Belegschaft an die Meister, Vorarbeiter oder auch Betriebsführer herangetragen und zwanglos in kleinem Kreis diskutiert werden. Aus dem Arbeitskreis heraus wird dann eine bestimmte Formulierung getroffen und der Vorschlag in dieser Form der Werksleitung zur Kenntnis gebracht, die dann von Fall zu Fall über die Brauchbarkeit und die zu zahlende Prämie entscheidet"[48]. Ähnlich sind die Ausführungen zum Vorschlags-

---

[45] Vgl. *Schirm*, Rolf W.: Erfahrungen mit "Joint Consultation" in den angloamerikanischen Arbeitswissenschaften. In Zeitschrift: „Arbeitswissenschaftlicher Auslandsdienst", Darmstadt, 2. Jahrgang, Heft 3/1953, S. 76 ff. und *Fürstenberg*, Friedrich: "The Dynamics of Joint Consultation" in: The British Journal of Sociology, Jahrgang 10/1959, S. 204—212, jetzt abgedruckt in: Grundfragen der Betriebssoziologie, Köln und Opladen 1964, S. 159—169.

[46] Der Grundgedanke dieser Einrichtung ist es, das gesamte Kräftepotenzial der Mitarbeiter für die Zwecke des Unternehmens zu aktivieren, in dem man die Arbeitnehmer selbst und ihre Vertreter für eine ständige Verbesserung der Produktionsprozesse interessiert (Vgl. auch Ernst *Gerwig*, *82*, S. 129 ff.).

[47] Die Verfasser schreiben dazu: „Das GPK („Gemeinsame Produktionskomitee") hat auch mit der Einrichtung der sogenannten ‚Vorschlagskästen' nichts mehr gemein ... Anders als die ‚Vorschlagssysteme' bei denen die Arbeiter (und Angestellten [Zusatz durch den Verfasser]) in der Regel wie Kinder behandelt werden, von denen man erwartet, daß sie irgendwie gute Ideen vorbringen, bildet das GPK die Grundlage für ein gesünderes Verhältnis, das es ermöglicht, gleichgerichtete Ansichten über den Betrieb der Fabrik in die tägliche Routinearbeit einzubauen ... Im Rahmen des GPK wird das Denken und Fühlen nicht nur appelliert ..., sondern es wird organisch gefördert und vervollkommnet ... Es hat auch gegen Widerstände der Werkmeister zu kämpfen, ... fördert aber die Bestrebungen, sich mit dem Arbeiter auszusprechen" (*174*, S. 24).

[48] Aus einem Schreiben der Geschäftsleitung der obengenannten Firma an den Verfasser vom 10. Dezember 1958.

wesen eines Betriebsleiters der Röchling'schen Eisen- und Stahlwerke GmbH., Völklingen / Saar, der dazu schreibt: „Ich machte mir zuerst Sorgen, wie ich nun aus einem Betrieb von 295 Menschen jeden Einzelnen ansprechen und dafür gewinnen sollte, intensiv mitzuarbeiten. Eine kleine Vorbesprechung mit meinen Mitarbeitern führte zu folgendem Ergebnis: Für den ganzen Betrieb wurden sämtliche Meister und Obermeister zu Gruppenführern ernannt. Diese Gruppenführer kommen regelmäßig zu mir auf das Büro mit vier bis fünf Mann ihrer Gruppe, die eben gerade entbehrlich sind. Hier herrscht wirklich lebendige und fortschrittliche Zusammenarbeit und Mitarbeit der Leute. Gerade unsere Jüngsten kommen mit Ideen und Gedanken, über die ich geradezu erstaunt bin. Insgesamt habe ich etwa 10 Gespräche mit Gruppen geführt und kam dabei auf weit über 100 Verbesserungsvorschläge. — Ich möchte betonen, daß diese Methode geeignet ist, unsere gesamte Belegschaft anzusprechen und sie zur gemeinsamen Mitarbeit heranziehen zu können zur Steigerung unserer Produktivität. Es ist auch nicht zu verkennen, daß durch diese Fühlungnahme mit den Mitarbeitern sich die menschlichen Beziehungen verbessern und vertiefen[49]."

Ein ganz neues System des "team-work" auf dem Gebiet des Vorschlagswesens ist seit einigen Jahren in Amerika populär — das sog. *"Brainstorming"*[50]. Der Begriff "Brainstorming" läßt sich in etwa mit „Gehirnsturm", „Ideenwirbel" oder „Geistesblitz" übersetzen und die Amerikaner sprechen geradezu von einer „Treibjagd auf Ideen". Daß es sich bei dieser Form der „Ideenfindung" nicht um etwas grundsätzlich Neues handelt, sondern nur um die Verwirklichung gruppenpsychologischer Erkenntnisse — und diese gehen in ihrem Ursprung bis auf Moede, Hellpach, Lang, Lorenz, Carrard, Moreno, Lewin u. a. zurück — zeigt eine Definition aus dem Aufsatz mit dem Titel „Methodische Jagd nach dem Gedankenblitz" *(253)*. Hier heißt es: „Brainstorming, ist das *gemeinsame*, auf die Lösung eines bestimmten Problems gerichtete Denken einer *Gruppe*, wobei gewisse Methoden zur Anregung der Phantasie und zur Erleichterung der Darstellung von Ideen angewandt werden" (S. 6 [Hervorhebung vom Verfasser[51]]). "Brainstorming" entspricht damit einer *Teamarbeit im Bereich des schöpferischen Denkens*, es ist eine Methode zur Anregung von Ideen innerhalb einer

---

[49] Aus der Werkszeitschrift „Du und Dein Werk" der Röchling'schen Eisen- und Stahlwerke G.m.b.H., Völklingen/Saar, Heft 5/1954, S. 107 (Zitiert nach *Schirm*, *303*, S. 90).

[50] Als ‚Erfinder' des "Brainstorming" wird Alex F. *Osborn* genannt. Vgl. dazu die Aufsätze von O. *Than (328)*, C. *Posz (253)*, K. H. *Naase (234)* und den Artikel „Was ist Brainstorming?" *(373)*.

[51] Im gleichen Sinne hat auch *Scharmann* bereits den Gruppengedanken im Vorschlagswesen vertreten (vgl. S. 197/198 dieser Arbeit).

Gemeinschaft. Immerhin sind hier die Erkenntnisse der älteren und neueren Gruppenforschung weitgehend praktisch verwirklicht worden, wie der Ablauf einer solchen „Brainstorming-Sitzung"[52] zeigt. Die Anzahl der Teilnehmer liegt zwischen fünf und fünfzehn Personen. Das Problem wird vor einer solchen Sitzung bekanntgegeben und dann kann sich jeder dazu völlig frei und unbefangen äußern. Oberstes Gesetz ist es dabei, niemanden zu kritisieren oder mit negativen Bemerkungen zurückzuweisen, denn es ist eine möglichst große Anzahl von Vorschlägen erwünscht. Die geäußerten Ideen werden dann soweit als möglich miteinander kombiniert, gemeinsam verbessert und weiterentwickelt[53]. Wichtig ist es außerdem, wie die Befürworter dieser Methode erklären — und das kann auf *alle* Gruppenvorschlagssysteme erweitert werden — die Teilnehmer in eine echte „Spielstimmung" zu versetzen[54], um durch das *Gemeinschaftserlebnis* zu einer erfolgreichen *Gemeinschafts*leistung zu kommen[55].

Alle genannten Hinweise zur Einbeziehung des Gruppengedankens beim betrieblichen Vorschlagswesen, knüpfen an sozial- und gruppenpsychologische Erkenntnisse an und weisen auf die technisch-wirtschaftlichen und menschlich-sozialen Auswirkungen eines Gruppen-Vorschlagssystems hin. Das bedeutet gleichzeitig, daß diese neue Form *gemeinsamen* Denkens, die Beachtung der Voraussetzungen der „inner-

---

[52] Dieser Begriff läßt sich am besten mit „Ideenkonferenz" übersetzen.

[53] Nähere Ausführungen in den ebengenannten Aufsätzen.

[54] Zur sozialpsychologischen Ausgleichsfunktion des Spieltriebes, vgl. A. *Mayer, 201,* S. 216 ff.

[55] Eine Abwandlung des "Brainstorming" stellt das von Hans *Kern* unter dem Titel "Idea engineering — nur eine ‚Kärtchenbefragung' oder ein Führungs-Instrument?" beschriebene System dar („Mensch und Arbeit", München, Heft 7/1964, S. 205—207). Bei dieser Methode werden verschiedenfarbige Karten mit der Fragestellung „Was? — Warum? — Wie?" zu einem *bestimmten Problem* ausgegeben. Das Besondere daran ist, daß diese „Kärtchenbefragung" (eine, wie auch *Kern* meint, unglückliche Übersetzung) *anonym* durchgeführt wird, sich an *alle* richtet und jeder Teilnehmer für *voll* genommen wird. Während also "Brainstorming" etwas ähnliches wie „lebendige und ungehemmte Diskussion" ist, gibt "Idea engineering" auch dem „gehemmten und seiner selbst nicht sicheren Mitarbeiter, den vielen kleinen Leuten, die sich sonst nie zu Worte melden, die Chance, mitzudenken, mitzuarbeiten und letztlich sich mitverantwortlich zu fühlen!" (S. 207).

Wir haben diese Methode der „Ideenjagd" mit voller Absicht nur als Fußnote gebracht, da sie u. M. nicht geeignet ist, den Gedanken der Gruppenarbeit beim betrieblichen Vorschlagswesen zu fördern, insbesondere deshalb, weil auch hier aus menschlicher Schwäche der *Anonymität* das Wort geredet wird. Sie mag zwar aus Gründen des Schutzbedürfnisses des Befragten, „der alles ungehemmt niederschreiben kann" entstanden sein, beachtet aber nicht die Folgeerscheinungen einer solchen Maßnahme auf die Vorgesetzten und Arbeitskollegen (vgl. S. 269 ff. dieser Arbeit). Sie widerspricht damit der Pflege des Gemeinschaftsgeistes und der schöpferischen Zusammenarbeit, die sich nur in Gruppen zusammengehörender Menschen durch gemeinsame Erlebnisse und Ziele zu einem positiven Richtmaß entwickeln können.

betrieblichen Gruppenpflege“ (s. o. S. 154 ff.) erfordert, die sowohl sozialpädagogische, als auch sozialtherapeutische Maßnahmen umfaßt, zumal die Probleme, welche vom organisatorischen Standpunkt bei der Durchführung gruppenpädagogischer Maßnahmen[56] im Betrieb gelöst werden müssen, sehr umfangreich sind. Sie umfassen neben Problemen der optimalen Größe einer Gruppe, ihrer personellen Zusammensetzung und ihres hierarchischen Aufbaues, auch Fragen ihrer Zielsetzung, der Führungsmethode und der Mitbeteiligung — aber auch der angemessenen Belohnung für die gemeinsam erbrachte Leistung. Scharmann, der sich neben anderen ganz besonders mit Fragen gruppenpflegerischer Bemühungen im Betrieb beschäftigt, hat erst kürzlich die geeigneten Maßnahmen unter den sogenannten „Zehn Geboten der Gruppenpflege im Betrieb“ *(291)* zusammengefaßt, in allen Beiträgen aber immer wieder darauf hingewiesen, daß die Einführung der Gruppenarbeit und der Gruppenpflege im Betrieb, der Kenntnis grundlegender gruppenpsychologischer und -soziologischer Regeln bedarf. Das bedeutet allerdings auch den Verzicht auf manche bisher geübte Organisationsformen und Führungsgrundsätze, d. h. die Bereitschaft zur Anpassung der Formen zwischenmenschlichen Verkehrs und der Zuständigkeitsverteilung an die Erfordernisse der Gruppenpflege (Scharmann, *276*, S. 140 ff.) — auch bei der Gestaltung des betrieblichen Vorschlagswesens. Denn es hat sich bei der Bildung von „Vorschlagsgruppen“ gezeigt, daß keineswegs die Gruppe mit den besten technischen Kenntnissen am erfolgreichsten abgeschnitten hat, sondern diejenige, welche die stärkste *gruppenpädagogische* Übung besaß. Die zuerst genannte Gruppe „zerfiel sogleich in einzelne Individuen“, von denen jeder selbst versuchte, zu einer möglichst rationellen Arbeitsweise zu kommen. Bei der gruppenpädagogisch geübten Gruppe begann man dagegen mit einer Diskussion über die gestellte Aufgabe und machte Vorschläge zu ihrer Durchführung, die man auch praktisch erprobte. Erst als man glaubte, die einfachste und originellste Lösung gefunden zu haben, ging man zur eigentlichen „Fertigung“ über, wobei jeder Teilnehmer entsprechend seiner „Geschicklichkeit und Verträglichkeit“ einen bestimmten Teilauftrag erhielt (Scharmann, *275*). Die Ergebnisse des dieser Zusammenarbeit vorausgehenden gemeinsamen Planes bestätigen die These, daß das *Gruppendenken* dem individuellen Denken meist überlegen ist und die vielen Ergebnisse der neueren theoretischen und praktischen Gruppenforschung zeigen immer wieder, daß „Erwachsene in hohem Maße

---

[56] Es handelt sich dabei um die sog. „begleitende Gruppenpflege“ (so *Scharmann)* um die „Gruppenpflege im engeren Sinne“, die *Scherke (301,* S. 58) als „fortgesetztes, sachkundiges, planmäßiges Bemühen um die Betreuung, die zeichnet.

Vgl. dazu insbesondere die Ausführungen bei E. *Bornemann (27,* S. 109—124), sowie A. *Dörschel (54,* S. 77—79).

besser frei assoziieren, wenn sie in Gruppen zusammen sind ... Gruppen haben mehr Phantasie als der Einzelne ... Starke Kräfte werden unter anderem freigesetzt durch den Wettbewerb und die Rivalität. Richtig organisiert und geleitet ist eine Gruppe in einem außerordentlichem Grade *schöpferisch*" (Than, *328*, S. 239) — eine Feststellung, die für den „Ideenwettbewerb" besondere Bedeutung hat. Hier bietet sich als wichtiges methodisches Hilfsmittel die Gruppenbesprechung an, d. h. Gruppenzusammenkünfte, bei denen die Mitglieder durch die gemeinsame Mitwirkung und Mitverantwortung zu einer innerlich festgefügten Arbeitsgemeinschaft integrieren[57]. Solche Gruppenbesprechungen fördern „den Zusammenschluß der an dem Gebiet des Vorschlagswesens Interessierten mit dem Ziel, den Teilnehmern die geordnete Form des Erfahrungsaustausches zu verwirklichen" und basieren formal auf der sog. „Konferenzmethode", d. h. „der gemeinsamen, gleichberechtigten und spontanen Aussprache über ein Problem und der gemeinsamen Erarbeitung seiner Lösung" (Scharmann, *277*, S. 60). Auch bei diesen Gruppendiskussionen müssen gewisse „Faustregeln" der Gruppenarbeit im Betrieb beachtet werden. Dazu gehört, daß solche Zusammenkünfte mit gewisser Regelmäßigkeit, aus konkretem Anlaß, mit der nötigen Vorbereitung und nach demokratischen Regeln durchgeführt werden, also in der Form eines Rundgespräches, bei „dem jedes Gruppenmitglied entsprechend seinem Wesen zur Geltung kommt und in seiner Eigenart von den übrigen Gruppenangehörigen anerkannt wird" (Scharmann, *276*, S. 139). Es sind „Konferenzen am runden Tisch", bei denen keiner „oben" und keiner „unten" sitzt, jeder offen seine Meinung sagen darf und bei denen die Gemeinschaftsleistung in besonderer Weise gefördert wird. Bei Beachtung gruppenpädagogischer Prinzipien, wird es durch die geschaffene Gruppensituation möglich sein, selbst „den notorischen Schweiger zum Sprechen, den Neuling zum Fragen, den Außenseiter zur Kontaktaufnahme, den Störer zur Räson und den Geltungssüchtigen zum Schweigen zu bringen" (Scharmann, *276*, S. 139). In diesem Prozeß der sozialen und zugleich personalen Integration der Gruppenmitglieder vollziehen sich die Vorgänge der „Sozialen Prägung", der „Selbstentfaltung" und der „Persönlichkeitsdynamik" — das sozialgerichtete Verhalten und die sozialschöpferische Aktivität des einzelnen Gruppenmitgliedes. Diese sozialpsychischen Grundverhältnisse[58], die dem Einbezogenen-Sein des Ein-

---

[57] A. *Dörschel* (*54*, S. 79) sieht in der Arbeitsgemeinschaft oder dem Arbeitskreis „die wohl typisch deutsche Form" der pädagogischen Gruppe, „in der aus gemeinsamer Gesinnung der Beteiligten heraus eine sachliche Zusammenarbeit von relativem Dauercharakter stattfindet".

[58] *Beck* (*13*, S. 119 ff.) hat die Grundlagen des speziellen Verhältnisses zwischen Mensch und Menschenwelt, die sich nach Art und Inhalt unterscheiden, ausführlich beschrieben. Er nennt folgende „Dauergeformtheiten"

zelwesens in die Sozietät entsprechen, gilt es durch wirksame Gruppenarbeit zu integrieren, damit sich aus dem „Nebeneinander“ ein „Miteinander“ bildet — ein "team“, in dem der Einzelne neben der Geborgenheit auch noch Möglichkeiten zur Entfaltung seiner Person findet.

Damit vermag aber das *Gruppen-Vorschlagssystem* bei sachgemäßer Entwicklung und planmäßiger Pflege viele personale und soziale Bedürfnisse des Menschen im Betrieb weitgehend zu befriedigen und damit auch sein Verhalten und seine Leistungsbereitschaft im positiven Sinne zu fördern. Dem Wunsch nach Sicherheit, Selbstentfaltung und Anerkennung liegen geistig-seelische und soziale Tätigkeitsmotive zugrunde, die ein außerordentlich kompliziertes und interdependentes System darstellen, so daß aus ganzheitlicher Sicht „die Verwirklichung oder Nicht-Verwirklichung eines einzelnen Bedürfnisses sich immer in vielfältiger und nicht leicht vorauszusehender Weise auf die anderen Bedürfnisse auswirkt“ (Staerkle, *316*, S. 17). Diesem „Kampf der Motive“ (Allport) gilt es durch Beachtung und Koordination aller menschlichen Strebungen entgegenzutreten und hierbei kann gerade die Gruppe eine ausgleichende Funktion ausüben, da sie die Menschen miteinander ins Gespräch bringt und zu einem freien Meinungsaustausch führt. Auf dieser gemeinsamen Ebene „lösen sich die Spannungen und Stauungen des Einzelnen, es bahnen sich Klärungen an, bilden sich neue positive Einstellungen, man lernt vom anderen, gewinnt an Einsicht, sieht sich gehört, ernst genommen und mehr oder weniger anerkannt, aber immer geachtet und beachtet“ (Dörschel, *54*, S. 79). In dieser lebensvollen Begegnungsform von Mensch zu Mensch werden Hemmungen und Mißtrauen leichter überwunden; negative Einflüsse, die auch schon vor der Einführung des betrieblichen Vorschlagswesens bestehen. Die Bildung von Aussprachegruppen („Arbeitsausschüssen“, „Arbeitskommissionen“, „Arbeitsgemeinschaften“, „Arbeitskreisen“ oder wie man solche Gruppierungen auch sonst noch nennen mag) im Rahmen des betrieblichen Vorschlagswesens, „die beratend und überwachend an allen Maßnahmen zur Förderung und Verwirklichung des betrieblichen Vorschlagswesens mitwirken“ (*390*, S. 18), sollte daher schon vor der Einführung des Ideenwettbewerbs erfolgen, weil damit bereits eine positive Einstellung beim organisatorischen Aufbau des betrieblichen Vorschlagswesens erreicht wird. Ob in diesen „Ausschüssen“ auch Verbesserungsvorschläge gesucht und diskutiert werden oder mit Hilfe dieser „Kommissionen“ eigene „Vorschlags- oder Denkgruppen“ entstehen, ist nicht von ausschlaggebender Bedeutung, da es hierbei zunächst auf die bewußt herbeigeführte Gruppensituation ankommt. In diesen Gruppen

---

der seelischen Auswirkung sozialpsychischen Geschehens: Gegensatz, Indifferenz, Angepaßtheit, Instrumentalismus, Geborgenheit und Zugehörigkeit.

wird bei Beachtung gruppenpflegerischer Maßnahmen, sowohl der Einzelne, als auch die Gemeinschaft, der Führer und der Geführte seine menschlich-soziale Befriedigung finden — insbesondere dann, wenn der strukturelle Aufbau einer solchen Einrichtung weitgehend das „demokratische Prinzip“[59] berücksichtigt. Die direkte, aktive und gemeinsame Beteiligung aller Gruppenmitglieder, das gemeinsame Beitragen zur Erreichung der Gruppenziele unter weitgehender Selbstbeteiligung und Selbstverantwortung, entspricht einer „demokratischen Führungsmethode“, die auch für den Erfolg des betrieblichen Vorschlagswesens besonders wirkungsvoll ist. Die planmäßige Pflege des Gruppenprinzips beim Ideenwettbewerb vermittelt dem Einzelnen neben dem so wichtigen Gefühl der Geborgenheit[60] — der Sicherheit nicht nur des Arbeitsplatzes, sondern auch gegenüber der Isoliertheit und des Verlorenseins in der anonymen Organisation — die Möglichkeit zur Selbstentfaltung[61], sowie der Achtung und Anerkennung seiner Person und damit sozialpsychologisch relevante Befriedigung, auf die der arbeitende Mensch ebensoviel Wert zu legen scheint, wie auf eine leistungsgerechte Entlohnung (vgl. N. R. F. Maier, *195* und Anm. [62]). Dieser sozialpsychologische Effekt des Gruppenvorschlagssystems zeigt sich auf allen Stufen der betrieblichen Hierarchie und wer die Widerstände insbesondere der Führungskräfte gegen diese Einrichtung kennt oder erfahren hat, wird der Verwirklichung des Gruppenprinzips beim betrieblichen Vorschlagswesen kaum die positive Wirkungsweise absprechen können. Durch die paritätische Zusammensetzung von Aussprache-, Vorschlags- oder Denkgruppen lassen sich manche Vorurteile ausräumen, insbesondere die bei den Vorgesetzten so oft auftretende Angst vor dem Prestigeverlust nach „oben“ und des verletzten Autoritätsgefühls nach „unten“, die weitgehend zugunsten eines echten „Gruppengeistes“ überwunden werden können. Umgekehrt ist der von den Einreichern immer wieder gebrachte Einwand, daß sich die Vorgesetzten jede gute Idee und jeden Verbesserungsvorschlag aneignen

---

[59] „Demokratisch bedeutet hier, daß die Autorität in den Grundsätzen, Anschauungen und Standards der Gruppe liegt“ (W. *Rohn, 264,* S. 77).

[60] *Beck (13,* S. 121/122) schreibt dazu: „Hier in der Gruppe ist der Mensch Mensch und ‚darf es sein‘ . . ., nicht als Mittel zum Zweck, sondern um seiner selbst willen, und *nicht* im Sinne eines *anonymen* Gegenstandes, einer entpersönlichten Sache, Zahl oder Nummer, sondern als Individualität, in seinem persönlichen So-Sein . . . Denn Geborgenheit besteht wesentlich darin, daß der Mensch von der Gruppe geliebt, geehrt, geachtet, gepflegt, umhüllt, umsorgt und getragen wird als das, was er ist, und weil er so ist, wie er ist.“

[61] Zum Begriff der Selbstentfaltung vgl. S. 107 ff. dieser Arbeit.

[62] Auch Ludwig v. *Friedeburg,* der in seiner Untersuchung über die Soziologie des Betriebsklimas *(66)* versucht, die Faktoren und Funktionen der Einstellung zu Arbeit und Betrieb aufzuzeigen, weist neben der Lohnzufriedenheit besonders auf die Wichtigkeit der immateriellen Wünsche, Erwartungen und Forderungen hin.

und als eigene Denkleistung weitergeben[63], dann nur die Auswirkung eines Vertrauensmißverhältnisses, dessen weitergreifende Einflüsse auf die Arbeitszufriedenheit, die Einstellung zum Betrieb und das Leistungsverhalten gar nicht zu übersehen sind. Die daraus enstehende Verstimmung und Verbitterung, die Uninteressiertheit und Gleichgültigkeit der Mitarbeiter führt zu den typischen Konfliktsituationen im Betrieb, deren Gründe oftmals nur sehr schwer erkennbar sind, da die Betroffenen aus Angst vor Schikanen und Repressalien durch die Vorgesetzten schweigen. Wenn zu diesem Verhalten der Führungskräfte auch noch negative Reaktionen der eigenen Arbeitskollegen hinzukommen, dann dürfte es mit der Mitwirkung des Einzelnen am Betriebsgeschehen, seiner Arbeitsfreude und seiner Leistungsbereitschaft endgültig vorbei sein, auch wenn die Prämie, für den von ihm oft in mühevoller Arbeit erdachten und ausgearbeiteten Verbesserungsvorschlag noch so hoch sein sollte (Kellner, *136*, S. 124 ff.). Die Meinung vieler Vorgesetzten — und man muß sagen, die eigentlich immer noch allgemein verbreitete Ansicht — daß die Beteiligung am betrieblichen Vorschlagswesen lediglich aus „Geldgier" erfolge, kann nur als Beweis der eigenen Schwäche angesehen werden, hinter der insbesondere Kritikempfindlichkeit bzw. Konkurrenzangst stehen, sowie der Ärger im Rahmen des Vorschlagssystems übergangen zu werden (Ganz, *75*, S. 123). Sicherlich wird niemand verlangen, daß Vorschläge nur aus Idealismus gemacht werden, denn jede Leistung erfordert eine gerechte Gegenleistung; nur darf man nicht erwarten, daß man mit der rein materiellen Belohnung auch die Spontaneität des lebendigen Menschen „kaufen" kann, sein Selbstbewußtsein und seine Selbstverantwortung, das Gefühl ein lebendiges und anerkanntes Mitglied der Betriebsgemeinschaft zu sein. Auch die immer noch nicht überwundene Einstellung von der „Unterpriviligierung" der ausführenden Arbeitskräfte, die überhaupt nicht in der Lage seien, Verbesserungsvorschläge einzureichen[64], verletzt das Gefühl als *Mit*arbeiter zu gelten und wird keineswegs der menschlich-sozialen Aufgabe des Vorschlagswesens gerecht. Alle diese negativen Auswirkungen zeigen, daß sich der Einzelne sowohl gegenüber seinen Vorgesetzten als auch seinen Arbeitskollegen als zu schwach fühlt und es schon einer durchsetzungsfähigen und mit Zivilcourage bedachten Persönlichkeit bedarf, um solche, durch einen Verbesserungsvorschlag ausgelöste menschlich-sozialen Konflikte ohne Schaden für alle Beteiligten zu überwinden. „In der Gruppe dagegen findet der Einzelne seinen *Schutz*, seine geistige Rückendeckung. Bringt

[63] Vgl. dazu die Ausführungen bei H. *Popitz* u. a. (*249*, S. 50 ff.), R. *Staerkle* (*316*, S. 21/22), A. *Steiner* (*320*, S. 96), A. W. *Schmidt* (*305*, S. 221/222) und o. V. (*367*).

[64] Dieser Motivierung liegt das Empfinden der Führungskräfte nach einer Einmischung in das eigene Aufgabengebiet zugrunde.

ein Verbesserungsvorschlag der ganzen Gruppe Vorteile, so wird sie sich mit aller ihrer Kraft für dessen Verwirklichung einsetzen. Die Bedeutung der Gruppe erkennen wir somit auch in ihrer Kraft, die von ihr gebilligten Gedanken der Einzelnen durchzusetzen" (*369*, S. 282).

An dieser Stelle mag allerdings der Einwand kommen, daß die Gruppe den Einzelnen zwinge, seine Ideen den Wünschen der Gruppe anzupassen, um nicht gegen die Gruppennorm zu verstoßen. Dieser Einwand mag zwar grundsätzlich berechtigt sein, da der Vorschlag durch die Gruppendiskussion eine gewisse Nivellierung erfahren kann; wenn wir aber von der Überlegenheit des Gruppendenkens ausgehen, dürften sich solche Auswirkungen nur vereinzelt zeigen. Das gilt in gleicher Weise für das sogenannte „Bremsen der Akkordarbeiter" (vgl. Michligk, *215*, S. 115/116 und neuerdings Kellner, *136*, S. 142 ff.) und die damit verbundene Schwierigkeit, gerade aus diesem Personenkreis Verbesserungsvorschläge zu erhalten. Denn wenn schon jemand nicht gern bereit ist, seine Erfahrungen und besonderen „Kniffe" weiterzugeben, die ihm neben einer gewissen Arbeitserleichterung auch einen Leistungsvorteil bringen, dann wird er es um so weniger tun, wenn er erfährt, daß in einem ähnlichen Falle sofort die Akkordzeiten verringert wurden. Aus dem Umstand, daß hierbei der zeitsparende Verbesserungsvorschlag eines Einzelnen und die damit verbundene Minderung der Akkordzeiten oftmals eine Vielzahl von Arbeitskollegen trifft[65], lassen sich Diffamierungen bis zum „Arbeitsverräter" (Kellner) menschlich begreifen. Die Gründe für diesen Widerstand scheinen aber sowohl beim Einzelakkord, als auch beim Einzelvorschlagssystem zu liegen (W. F. Whyte, *351*, S. 174—186), so daß die von Ganz *(75)* aufgestellte Hypothese, daß „erst mit abnehmender Koppelung der Entlohnung an die individuelle Arbeitsleistung die Bereitschaft zunimmt, zeitsparende Vorschläge einzureichen" zweifelsohne eine gewisse Berechtigung hat[66]. Trotzdem sind wir der Meinung, daß auch beim Einzelakkord zeitsparende Vorschläge eingereicht werden, nämlich dann, wenn die Mitglieder einer solchen Akkordgruppe weitgehend selbständig und mit eigener Verantwortung bei der Arbeitsgestaltung mitwirken dürfen. Hier herrscht dann als Folge eines solchen demokratischen Führungsstiles ein Vertrauensverhältnis zwischen Betriebsleitung und Mitarbei-

---

[65] Das wird insbesondere bei Serien- und Massenfertigung vorkommen.

[66] Die eben zitierte Hypothese stammt von *Irle (130)*. Wenn *Irle* in diesem Zusammenhang in seinem Beitrag über die Untersuchung seines Schülers *Ganz (75)*, deren Aussagewert wir gar nicht anzweifeln, allerdings von einer „ganz aufregenden Entdeckung bei der Analyse der Hemmnisse des Vorschlagswesens" spricht, dann erscheint uns das ein wenig übertrieben, da Hinweise auf die geringe Beteiligung der Akkordarbeiter gegenüber der der Zeitlöhner, schon bei *Michligk, Schirm, Kellner* u. a., als Ausfluß der Befürchtungen durch diese Preisgabe von „Tricks" und „Kniffen" eine Akkordminderung zu erfahren, zu finden sind.

tern, eine positive Einstellung zur Arbeit und zum Betrieb, die niemanden mit seiner Leistung zurückhalten und seine Erfahrungen und damit manche Arbeitserleichterung an die Gruppenmitglieder weitergeben läßt. Wird dazu der durch diese Leistungsbereitschaft meßbare Arbeitserfolg gerecht entlohnt — und auch dabei kann eine Mitbeteiligung, zumindest des Gruppenführers, erfolgen —, dann werden die Beteiligten diese Form der Akkordfestsetzung anerkennen und möglicherweise sogar von „ihrem Akkord" sprechen[67]. Das gilt in gleicher Weise für die Information und Mitwirkung bei technisch-organisatorischen Neuerungen, die aus der Dynamik des Wirtschaftslebens dauernd zu Veränderungen der Leistungsnormen führen und sich damit auch auf die vorhandene Gruppennorm auswirken. Erst wenn durch die aktive Mitbeteiligung und Übertragung von Verantwortung, das notwendige Vertrauensverhältnis geschaffen ist, werden auch aus den Reihen der Einzelakkordarbeiter Verbesserungsvorschläge kommen und zwar Gruppenvorschläge, die aus dem Zusammengehörigkeitsgefühl von persönlichem Egoismus befreit sind und bereits eine Ausrichtung auf eine bestimmte Handlungsweise und ein gemeinsames „Gruppenrichtmaß" beinhalten.

Obwohl schon aus den bisherigen Ausführungen der sozialpsychologische Effekt des Gruppen-Vorschlagssystems begreiflich wird — wir werden seine Bedeutung am Schluß dieses Abschnittes noch zusammenfassen — dürfen wir nicht die mit der Verwirklichung des Gruppenprinzips verbundene Problematik übersehen. Schon in der Einführung zu dieser Arbeit (S. 23 ff.) und im Abschnitt über die „Sozialpsychologie der Gruppe im Betrieb" (S. 156 ff.) haben wir auf die Grenzen gruppenpflegerischer Bemühungen hingewiesen, auf Spannungen, die sich zwischen dem Einzelnen und den Gruppenmitgliedern, aber auch zwischen den Gruppen selbst ergeben können. Diese Gruppenprobleme werden wir auch bei der Anwendung des Gruppengedankens innerhalb

---

[67] Vgl. dazu die Untersuchungen von K. *Lewin* und R. *Lippit* und insbesondere die Betriebsexperimente von Lester *Coch* und John R. P. *French:* Overcoming Resistance to Chance. In: Human Relations, Vol. 1, 1948, S. 512—533 (nach *Bornemann, 27,* S. 115/116 und *Grössle, 92,* S. 118—124).

Es ist uns leider nicht möglich, im Rahmen dieser Arbeit auf die Problematik der Akkordentlohnung und ihre größte Schwäche das „subjektive Moment des Leistungsgradschätzens" einzugehen, sowie auf die traditionale Einstellung der Arbeiter gegen „die tatsächliche oder vermeintliche Akkordschere" (vgl. W. *Kellner, 136,* S. 142—174). Es erscheint uns aber erforderlich, darauf hinzuweisen, daß man die Widerstände der Akkordarbeiter gegen das betriebliche Vorschlagswesen nicht mit der Ausrede abtun sollte, daß sie sich vor der nachfolgenden Akkordkürzung fürchten. Hier werden Ursache und Wirkung verkannt, da das Vertrauen in die Methoden der Akkordentlohnung schon vor der Einführung des Ideenwettbewerbs vorhanden sein sollte. Im Zusammenhang damit wäre allerdings dem Gruppenakkord oder einem Gruppen-Prämienlohnsystem (etwa dem von W. F. *Whyte* geschilderten "Scanlon-Plan" *351,* S. 169 ff.) der Vorzug zu geben, weil damit eine Einheit in der Verwirklichung des Gruppenprinzips hergestellt würde.

des betrieblichen Vorschlagswesens zu beachten haben und zwar weniger aus organisatorischen, als aus menschlichen Gründen. Die Gruppe wird nun einmal erst mit den einzelnen Mitgliedern lebendig, was bedeutet, daß der Einzelne zur Not auch ohne die Gruppe, die Gruppe aber niemals ohne den Einzelnen auskommen kann. Da aber das Vorschlagswesen an den Geist und die schöpferische Kraft im Menschen appelliert und schöpferische Menschen nach dem volkstümlichen Bild unsoziale, temperamentgeladene Egoisten sind, die den Drang verspüren, „den anderen zu beweisen, daß sie anders als die Masse seien" (Peck, *240)*, werden sich gerade diese Menschen nicht besonders gern in eine Gruppe eingliedern lassen, von der William H. Whyte *(352)* behauptet, daß sie den Menschen dazu brächte, „sich als eine Geißel der herrschenden Meinung anzusehen" und eine „Tyrannei der Mehrheit" schüfe. Hierzu muß zunächst nochmals mit allem Nachdruck gesagt werden, daß Gruppe und Masse als soziale Gebilde keineswegs identisch sind (s. o. S. 123 f.) und daß es weder eine „Gruppen"- noch „Massenseele" gibt, die die Individualseelen zeitweilig aufhebt. Beck (*13*, S. 102) hat dazu ausgeführt, daß erfahrungsgemäß Grund und Ort alles Seelischen die Individualseele ist und nur „aus Struktur und Interfunktion der Individualseelen sich das Sozialpsychische wesentlich ableiten, verstehen und deuten läßt". Das gemeinsame „Wir" einer Gruppe entspricht somit einem Prozeß gegenseitiger Übereinstimmung, der nur aus der sozial-individualen Polarität der menschlichen Seele zu begreifen ist. „Individualsein" und „Sozialsein" können sich deshalb nur zusammen entfalten und gestalten und zwar entsprechend mehr oder weniger nach dem einen oder anderen Punkt im polaren Spannungsfeld. Daraus ergibt sich freilich, daß bei allen gruppenpädagogischen Maßnahmen die Einstellung und das Verhalten des Einzelnen zur Gruppe in Betracht gezogen werden muß; die Grenzen einer Gruppenarbeit und Gruppenpflege im Betrieb, auf die wir schon an anderer Stelle hingewiesen haben (s. o. S. 156 ff.). Wenn Likert *(182)* dabei betont, daß gerade unter den tüchtigsten und ehrgeizigsten Arbeitern und Angestellten jene egoistischen Einzelgänger zu finden sind, dann bedeutet das, daß insbesondere beim betrieblichen Vorschlagswesen mit diesen intelligenten, strebsamen, energischen und überdurchschnittlich begabten Mitarbeitern zu rechnen ist, da gerade dieser Menschentyp eine besondere Veranlagung zum schöpferischen Denken besitzt. Dieses Eingeständnis ist aber kein Grund zur Resignation, weil dieser Personenkreis verhältnismäßig klein ist, während die Mehrzahl der Betriebsangehörigen durch Gruppenzugehörigkeit eine Förderung der Zusammenarbeit und Leistungsbereitschaft erfährt (Scharmann, *277*, S. 73/74; Kellner, *136*, S. 215 ff.). Die von Peck (*240*, S. 9) vertretene Meinung, daß der schöpferische Mensch „mit aller Kraft kämpfen müsse, um ‚er selber zu sein', um nicht der Gefahr zu erliegen, sein wahres Ich aufzugeben", betrifft eben auch nur eine Seite im sozialpsychologischen Spannungsfeld, denn gerade in der Gruppensituation findet der Einzelne weitaus mehr Möglichkeiten zur Befriedigung seiner personalen und sozialen Wünsche, und selbst dann, wenn er nicht mehr völlig frei im Handeln ist, fordert die Gruppe als *Gruppe* keinswegs ein restloses Aufgehen oder gar Aufgeben seiner Persönlichkeit im Gruppeninteresse. Im Gegenteil, in der Gruppe tritt der Einzelne aus seiner Anonymität, er wird herausgehoben aus dem unpersönlichen Organisationsreglement, womit Gruppenarbeit und Teamwork wirksame Mittel sind, um Vermassungserscheinungen und dem Persönlichkeitsverlust des Einzelnen entgegenzuwirken. Stirn (*324*, S. 82/83), der einige kritische Anmerkungen zum Problem des „Gruppenzwanges" — der Anpassung an das Gruppenverhalten bringt — meint ebenfalls, „daß zwar die Tendenz zu einer Angleichung an eine bestimmte Zahl von Einstellungen besteht und daß eine bestimmte Reihe von individuellen Verhaltensweisen von der Gruppe erzwungen wird", darüber hinaus aber „wohl alle Gruppen ihren Mitgliedern einen mehr oder weniger großen Spielraum für freies individuelles Handeln" lassen. So gesehen bleibt bei aller Tendenz zur „Uniformität in Tun und Meinen" (Hofstätter) dem Einzelnen in der wohlintegrierten Gruppe die Möglichkeit zu „sozial-schöpferischer Aktivität", die als Prozeß der Personalisation dem Vorgang der sozial-individualen Verschränkung innewohnt (s. o. S. 107 ff.). Die Tatsache, daß es trotzdem immer noch Menschen geben wird, die es vorziehen, allein zu arbeiten und die als Gruppenmitglieder auch weniger leisten (Dale, *49*), zeigt zwar die Grenzen gruppenpflegerischer Bemühungen auf, ohne aber damit den Gruppengedanken selbst ad absurdum zu führen.

Die Einwände gegen die Verwirklichung des Gruppenprinzips richten sich aber auch gegen die Struktur der Gruppe selbst, d. h. gegen die Prozesse die zur „Institutionalisierung" oder zum „Zerfall der Gruppe" führen (vgl. dazu Scharmann, *277*, S. 70). Im ersten Fall strebt die Gruppe nach Ordnungsformen, nach festgelegten Satzungen und Reglements, sie wird zu einem organisierten Gebilde, das nicht mehr aus der spontanen Bereitschaft seiner Glieder lebt, sondern als „Apparat" seine Zwecke gegenüber den sich den Vorschriften unterordnenden Mitgliedern durchsetzt. Je stärker dieser Zwang von oben wird, desto weniger kommt es in einem derart verfestigten Gebilde zu einem spontanen und eigenverantwortlichen Handeln; an ihre Stelle treten Befehl, Gleichschaltung, Registrierung und Abstempelung. Diese Unterordnung kann so stark sein, daß sich daraus ein „Gruppenegoismus" entwickelt, der die Gruppe zur Clique entarten läßt (vgl. S. 142 und 159 dieser Arbeit). Da die Clique in der Regel ein Sonderdasein führt, sich nach außen abschließt und bewußt in Opposition oder Gegensatz zum Ganzen steht, gehen von ihr Reibungen und Spannungen aus, die zu Gruppenkämpfen auch innerhalb des Betriebes führen und die sich auf den Kooperationswillen und die Leistungsbereitschaft sehr nachteilig auswirken können. So ist es zum Beispiel denkbar, daß der Ausschluß der Vorgesetzten vom betrieblichen Vorschlagswesen zu einer Cliquenbildung führt, von der aus mit allen Mitteln gegen den Ideenwettbewerb konspiriert wird und zwar aus den Gründen, die wir schon des öfteren genannt haben, aber mit einem durch die gemeinsamen gruppenegoistischen Motive entsprechend stärkeren *Effekt*. Schließlich kann es auch innerhalb einer Gruppe zu Führungs- und Cliquenkämpfen kommen, zu einer Lockerung der interpersonalen Beziehungen („soziale Distanz"), die zu einer Auflösung des Miteinander führt und damit zum Zerfall der Gruppe (vgl. dazu Benad, *19* und Traphagen, *337*).

Die von uns gebrachten Hinweise auf die grundlegenden Gruppenprobleme, die auch bei dem von uns vertretenen Gruppen-Vorschlagssystem auftreten werden, müssen richtig verstanden werden — sie sind Warnung und Aufforderung zugleich. Schon deshalb sollte man die Problematik der Gruppenarbeit keineswegs unterschätzen oder gar totschweigen, denn „überall wo Menschen miteinander im Betrieb arbeiten, entstehen Gruppenbildungen, Cliquen, Konflikte, Spannungen ...", so daß es falsch wäre, anzunehmen, „daß mit den Methoden der Gruppenarbeit vollkommene Harmonie in einem Betrieb erreicht würde" (Bornemann, *28*, S. 99). Eine derart weitgehende Harmonisierung der betrieblichen Sozialbeziehungen würde gleichzeitig der menschlichen Natur, der Dynamik des menschlichen Lebens widersprechen und gerade jene seelisch-geistige Gleichschaltung mit sich bringen, die die Menschen uniformiert und sie als Objekte und Funktionäre zu starren Kollektiven zusammenschmiedet. Wir müssen hier nochmals betonen, daß sich der Vorgang der sozial-individualen Integration nicht in einseitigen Prozessen der Anziehung, der Abstoßung oder der Indifferenz abspielt, sondern in einem Neben-, Mit- und Gegeneinander veränderlicher Faktoren, die den Menschen als Person fordern und formen (Wurzbacher, *361*, S. 14). Zusammenarbeit setzt also den Zustand geregelten Wettbewerbs voraus — nicht den uneingeschränkten Konkurrenzkampf zwischen den Einzelnen auf Kosten des Zusammenwirkens der Gruppe, sondern einen auf ein gemeinsames Ziel gerichteten gegenseitigen Wetteifer, der alle anspornt. Zusammenarbeit und Wettbewerb sind eben auch nur zwei Pole einer Spannungsreihe, die keineswegs einseitig gesehen und gefördert werden dürfen und deren sozialwirtschaftlicher Effekt[68] im Betriebsleben nur aus der Synthese beider

[68] Hardi *Fischer* (*61*, S. 8) hat das sozialwirtschaftliche Prinzip mit wenigen Worten eindrucksvoll, wenn auch etwas extrem, wie folgt formuliert: „Maximalisierung der Arbeitsfreude bei gleichzeitiger Maximalisierung der Leistung."

Prinzipien zu erklären ist[69]. Auf einer solchen einseitigen Betrachtungsweise — dem reinen leistungsegoistischen Konkurrenzprinzip — beruht die Kritik von Höckel (*122*, S. 206 ff.) gegen Gruppenvorschläge im Rahmen des betrieblichen Vorschlagswesens. Obwohl er diese keineswegs grundsätzlich ablehnt (vgl. S. 204), schreibt er anschließend (*122*, S. 206): „Wir sollten sie (die Gruppenvorschläge) aber nicht unnötig stark in den Vordergrund stellen. Wir dürfen vor allem nicht Gruppen im Rahmen des BVW (Betriebliches Vorschlagswesen) beauftragen, etwas zu tun, was andere Abteilungen oder Spezialisten von Amts wegen bereits zu tun haben. Eine derartige *Konkurrenz* würde das BVW nicht fördern, sondern gefährden. Das BVW leidet sowieso immer unter einer gewissen Konkurrenzsituation zwischen den Fachleuten und den Amateuren, aber es ist wenigstens keine *organisierte Konkurrenz*" (Hervorhebung vom Verfasser). Abgesehen davon, daß Höckel, wie schon angedeutet, Gruppenvorschläge zu einseitig aus einer daraus möglicherweise entstehenden Konkurrenzsituation sieht, widerspricht er sich selbst, da auch im Rahmen des Einzelvorschlagssystems begrenzte Aufgabenstellungen gegeben werden und schließlich, wie er selbst sagt, auch „Organisatoren (und sonstige Fachleute [Zusatz des Verfassers]) nicht alles sehen können" (*122*, S. 25/26). Wir bagatellisieren keineswegs die typischen Konfliktsituationen, die sich in der betrieblichen Praxis des Vorschlagswesens immer wieder zeigen, aber gerade die Verwirklichung des Gruppenprinzips scheint uns besonders geeignet, die Spannungen und das Mißtrauen der sich bedroht fühlenden Fach- und Führungskräfte zu mildern oder soweit wie möglich abzubauen. Das bedeutet freilich eine sachgemäße Entwicklung und planmäßige Pflege des Gruppen-Vorschlagssystems — seine Organisation unter Beachtung sozial- und gruppenpsychologischer Erkenntnisse[70], welche die Dynamik der betrieblichen Sozialvorgänge sowohl in ihren integrierenden als auch desintegrierenden Abläufen berücksichtigt (Atteslander, *4*) und die versucht, diese sozial-individualen Prozesse im "team-play", dem Geist der Gemeinschaft („ésprit de corps") miteinander zu verschränken[71].

---

[69] Wenn *Beck* (*13*, S. 129/130) in diesem Zusammenhang vom Aufgeben der "competition" als pädagogisches Prinzip zugunsten der "cooperation" spricht, in der „man nun bessere Möglichkeiten der Förderung der Entfaltung und Gestaltung von Persönlichkeiten und Gemeinschaften" sieht, so schließt er damit keineswegs den Wettbewerb aus, da er die Zusammenarbeit zum Grundverhältnis der sozial- und individualen Integriertheit rechnet, in dem die jeweils entsprechenden Abwandlungen anwesend sein können.

[70] Näheres dazu im folgenden Abschnitt (S. 222 ff.).

[71] Auf dieses „Zusammenspiel des Teams" hat schon Russel *Robb* in Vorlesungen über industrielle Organisationslehre an der Harvard Business School vor dem 1. Weltkrieg hingewiesen (Vgl. *Robb*, Russel: Organisation unter der Einwirkung von Zweck und Umständen. In: *Pentzlin*, Meister der Rationalisierung, *243*, S. 180/181).

Behrendt, Richard, F. spricht in seinem Beitrag „Teamarbeit als gesamt-

Das gilt in gleicher Weise von den Spannungs- und Konfliktsituationen, die zwischen mehreren Gruppen auftreten. Auch hier wird es zur Rivalität und zum Wettbewerb kommen, wobei die einzelne Gruppe (die „Binnengruppe") von ihren Werten immer überzeugt sein wird, während sie sich der „Außen-Gruppe"[72] gegenüber vorwiegend negativ äußern wird. Solche Animositäten werden jedoch schnellstens unterdrückt, wenn es notwendig wird, gemeinsam gegen eine größere Konkurrenzgruppe aufzutreten. Dann erfolgt eine Rückgliederung der Kleingruppen in eine gemeinsame Großgruppe — zum Beispiel in den Betrieb. Im übertragenen Sinne kann also jeder Betrieb, der innerhalb unserer freiheitlichen Wirtschaftsordnung in ständigem Wettbewerb steht, seine Gruppenstruktur auf Grund gemeinsamer Normen[73] zu einem ganzheitlichen Gruppengefüge integrieren. Diesen Ausgleich der Gruppenkonflikte im Betrieb, mit dem Ziel einer lebendigen Betriebsgemeinschaft, sieht Weddigen (*348*, S. 48 ff. und 124 ff.) als wichtigste Aufgabe der betrieblichen Sozialpolitik an. Für die Maßnahmen einer solchen sozialpolitischen Betätigung führt er den Begriff der „bilateral vergemeinschafteten Sozialpolitik" ein, der die verständnisvolle Mitarbeit *aller* Gruppen an einem gemeinsamen Ziel, die Zusammengehörigkeit der aufeinander angewiesenen Kräfte und Partner bedeutet. Bei dieser Form herrscht kein offener Kampf, sondern die harmonische Zusammenarbeit der Gruppen, die auf Grund einer dezentralisierten Organisation in eigener Zuständigkeit und mit gewisser Selbstverantwortung arbeiten. Das durch diese verbesserte innerbetriebliche Zusammenarbeit geschaffene „vertikale Gleichgewicht" bewirkt zugleich eine Steigerung der Produktivität, Rentabilität und Konkurrenzfähigkeit. So gesehen kann auch das betriebliche Vorschlagswesen auf Grund gemeinsamer Wertvorstellungen zu einer „Gemeinschaftsidee" aller Betriebsangehörigen werden, zu einer neuen Form der Zusammenarbeit und des Zusammenlebens im Betrieb. Leider liegen aus der Praxis bis auf einige Beispiele bei Schirm (*303*, S. 31) keine negativen Aussagen über Gruppenvorschläge vor, da man bisher dem Gruppendenken im Rahmen des betrieblichen Vorschlagswesens noch viel zu wenig Auf-

---

wirtschaftliche Aufgabe" (*15*, S. 10) von der „Strategie der Zusammenarbeit" zwecks Ermöglichung von Harmonie auf und zwischen allen Ebenen der Betriebshierarchie. Er weist aber gleichfalls darauf hin, daß „mit Harmonie nicht etwa ein Zustand von Konfliktlosigkeit gemeint ist", da es immer Konflikte gibt, die es zu integrierenden Kompromissen zu führen gilt.

[72] Die Begriffe stammen aus den „Ferienlager-Experimenten" des aus der Türkei stammenden Sozialpsychologen M. *Sherif*, der damit den Zusammenschluß von Gruppen nachgewiesen hat (Näheres bei P. R. *Hofstätter*: Gruppendynamik, *124*, S. 96 ff., der die Binnengruppe als „Wir-Gruppe", die Außengruppe als „Die-Gruppe" bezeichnet).

[73] Als besonders wirksam haben sich die Situationen des „gemeinsamen Gegners", der „gemeinsamen Not", des „gemeinsamen Vorteils" und der „gemeinsamen Freude", erwiesen (*Hofstätter*, *124*, S. 97 — nach *Sherif*).

merksamkeit geschenkt hat[74]. Trotzdem weiß jeder, der das sozialpsychische Geschehen im Betrieb kennt, daß sich die Verschiedenheit der Standpunkte, Gegensätze der Interessen, Unterschiede in der Mentalität der Menschen niemals hinwegdiskutieren lassen. Man kann den „menschlichen Faktor" nicht einfach aus dem Betriebsleben herausnehmen und ihn als betriebsfremd ignorieren, selbst wenn sein Einfluß auf die technisch-organisatorische Zweckrationalität als störend empfunden wird. Es gilt eben nur neue Formen der harmonischen und produktiven Zusammenarbeit zu finden — auch bei den Maßnahmen des betrieblichen Vorschlagswesens — ein neues kooperatives System, das vielleicht eine Abkehr, aber zumindest eine Umstellung im bisherigen organisatorischen Denken erfordert, eine Anpassung der Ordnungs- und Führungsformen an die menschlichen Strebungen und Reaktionsweisen bei der Arbeit im Betrieb. „Ein Vorschlag zum Vorschlagswesen" (H. Meyer, *214*) müßte die Forderung heißen, um die gegenwärtigen Vorschlagssysteme mit ihrer Einzelgängerei und ihrem unkameradschaftlichen Strebertum zu revidieren und um zu verhindern, daß der Ideenwettbewerb „ein Instrument des Ehrgeizes, des Geltungsbedürfnisses Einzelner und damit eher ein Stein des Anstoßes, denn ein Mittel zur Förderung des Betriebes wird" (Hartmuth, *96*, S. 27). An die Stelle solcher egoistischen Verhaltensweisen müssen also die *Grundbedingungen menschlicher Zusammenarbeit* treten; das auf ein gleiches Ziel ausgerichtete gemeinsame Handeln, das dem Einzelnen auch im Rahmen der „Gruppenorganisation", noch genügend Freiheit zur Selbstentfaltung und damit die Befriedigung seiner personalen und sozialen Bedürfnisse ermöglicht.

In dieser sozial-individualen Verschränkung — in der Synthese von Freiheit und Bindung des Einzelnen[75] — liegt der *sozialpsychologische Effekt* des Gruppen-Vorschlagssystems im Betrieb, seine *sozialwirt-*

---

[74] Die bei *Schirm* angeführten Beispiele kritisieren gemeinsam eingereichte Verbesserungsvorschläge als „Kompaniegeschäfte", vertreten die Auffassung, daß der Wert eines Verbesserungsvorschlages „in erster Linie im Nachdenken des *einzelnen* Mitarbeiters" liegt und meinen, daß es unnötiger Zeitverlust sei, wenn sich mehrere Mitarbeiter zusammentun.

[75] Hier kommt nochmals zum Ausdruck, daß die Anpassung des Einzelnen an die Gruppe motiviert durch das Streben nach Sicherheit und Selbstvertrauen, nur einen Aspekt darstellt und deshalb nicht einseitig gesehen werden darf, sondern daß daneben auch noch Raum für die Entfaltung persönlicher Initiative und Willenskraft vorhanden sein muß. Nur von solchen sozialen Interaktionsgebilden, die neben der Strukturierung und dem Richtmaß, die nivellierend wirken, dem Einzelnen auch noch Spielraum für die individuelle Modifikation reiner Rollen und Funktionen lassen, können wir sagen, daß es *Gruppen* sind. Erst in dieser bilateralen Vergemeinschaftung wird der Einzelne in eine echte Lebens- und Leistungsgemeinschaft — wie sie auch der Betrieb darstellen sollte — verankert, hier vollzieht sich der Prozeß der Strukturierung der Persönlichkeit und des menschlichen Zusammenlebens (*Beck*).

schaftliche Bedeutung im Sinne der „ganzheitlichen Rationalisierung" (Poeverlein). Wenn wir die positiven Wirkungen eines nach gruppenpsychologischen Grundsätzen aufgebauten und gehandhabten Vorschlagssystems noch einmal zusammenfassen, so lassen sich nach Schirm (*303*, S. 88/89) gegenüber den bisher üblichen Einzelvorschlagssystemen folgende Vorteile aufzählen:

1. „Das größte Hindernis für die Beteiligung, die Angst vor der Reaktion der Vorgesetzten und der Kollegen, wird beseitigt, da die betrieblichen Probleme in freiem Gedankenaustausch behandelt werden und der Urheber eines Vorschlages nicht mehr in die Rolle des ehrgeizigen Einzelgängers gedrängt wird.
2. Es wird ein Ausmaß der Beteiligung erzielt, das mit den bisherigen Mitteln nie erreicht werden konnte, da viele einen Gedanken zur Diskussion beitragen, die niemals formell einen Vorschlag eingereicht hätten. Damit wird das Vorschlagswesen tatsächlich zur Sache der gesamten Belegschaft.
3. Auch die Qualität der Vorschläge wird erheblich verbessert, da abwegige Ideen von der Gruppe sofort korrigiert werden und jeder gemeinsam entwickelte Vorschlag die gesammelten Erfahrungen der ganzen Gruppe in sich trägt. Hierdurch werden auch viele Enttäuschungen über abgelehnte Vorschläge vermieden.
4. Durch die Gruppenprämie werden viele Neidgefühle und — vermeidliche oder tatsächliche — Ungerechtigkeiten bei der Prämienfestsetzung ausgeschaltet. Dennoch ist die Möglichkeit gegeben, auch die Einzelleistung in einer Form auszuzeichnen, die einen starken Anreiz bietet, ohne die menschlichen Beziehungen innerhalb der Belegschaft zu gefährden."
5. Die Gruppe wird sich mit ihrer ganzen Kraft für die Verwirklichung eines von ihr gemeinsam gebilligten Vorschlages einsetzen und das um so mehr, als dieser allen Gruppenmitgliedern Vorteile bringt. Eine Nichteinführung prämiierter Verbesserungsvorschläge dürfte damit weitgehend ausgeschaltet sein (Ergänzung durch den Verfasser).

Die Verwirklichung des Gruppengedankens im Rahmen des betrieblichen Vorschlagswesens führt zur Gemeinschaftsarbeit, die seit eh und je als ein wirkungsvoller Weg zur Arbeitserleichterung und Leistungssteigerung angesehen wurde. Die Rationalisierungsmaßnahmen im Betrieb, zu denen auch die Verbesserungsvorschläge aus dem Kreis der Betriebsangehörigen zählen, waren bisher aus rein ökonomischer Sicht einseitig technisch und organisatorisch ausgerichtet. Erst die Ergebnisse der menschenkundlichen und arbeitswissenschaftlichen Forschung und die Verhaltensweisen des praktischen Lebens haben gezeigt, daß die Nichtbeachtung des Menschlich-Sozialen im Betrieb viele Rationalisierungsbemühungen nicht zu dem gewünschten Erfolg führte. Das Gruppen-Vorschlagssystem kann hier als *eines* der Mittel zur Pflege der Team- und Gruppenarbeit im modernen bürokratisch organisierten Betrieb angesehen werden, als *eine* der bedeutenden und vielfach notwendigen *sozial-psychologischen* Maßnahmen zur Ergänzung der technologischen und organisatorischen Rationalisierung. Diese bewußte und planmäßige Pflege und Anwendung der Grundsätze der Team- und Gruppenarbeit, bedeutet daher im Grunde nicht mehr, aber auch nicht weniger als die Anpassung der traditionellen Gemeinschaftsarbeit an die rationalisierte, arbeitsteilige und vielfach repetitiv-einförmige Arbeitsorganisation des modernen Betriebes (Scharmann, *287*, S. 36).

3. Die sozial- und gruppenpsychologisch fundierte Organisation des betrieblichen Vorschlagswesens

Die vorangegangenen Ausführungen, mit denen wir versucht haben, den sozial-psychologischen Effekt des Gruppen-Vorschlagssystems aufzuzeigen, lassen erkennen, daß die Verwirklichung des Gruppenprinzips nicht nur ein menschlich-soziales, sondern auch ein organisatorisches Problem darstellt. Dieses gegenseitige Abhängigkeitsverhältnis macht es erforderlich, daß auch beim organisatorischen Aufbau des betrieblichen Vorschlagswesens sozial- und gruppenpsychologische Erkenntnisse beachtet werden müssen. Wie alle technisch-organisatorischen Vorhaben im Betrieb, stößt auch das betriebliche Vorschlagswesen mit seinen organisatorischen Maßnahmen in das Kraftfeld menschlicher Beziehungen — in die gegebene „sozial-psychologische Struktur" des Betriebes (A. Mayer, *201*, S. 81), die dadurch in ihrem sozialen Gleichgewicht wesentlich gestört werden kann. Organisation ist also keineswegs nur ein sachlich-technisches Hilfsmittel, sondern gleichzeitig ein Instrument zur Führung einer größeren oder kleineren Gruppe von Menschen; sie ist wie Staerkle (*316*, S. 8) sagt, „ein System von Regelungen, das geschaffen und eingesetzt wird, um die Tätigkeit *mehrerer* Menschen auf ein *gemeinsames* Ziel auszurichten" (Hervorhebung vom Verfasser). Der Mensch sollte also die „harmonische Mitte des gesamten Organisationsgeschehens" sein (Bechert, *12*), denn jede Organisation wird eine starre, tote Sache bleiben, wenn sie nicht vom Menschlichen getragen wird; andererseits muß ihr ein Verhalten entsprechen[76], das ihren Erfordernissen nicht zuwider läuft (Binder, *23*). Organisation bedeutet also die Regelung

[76] *Staerkle* (*316*, S. 7) spricht in diesem Zusammenhang von einem „organisationsgerechten Verhalten", d. h. einer Anpassung des Menschen an die Organisation als Korrelat der Anpassung der Organisation an den Menschen.

menschlicher und *sachlicher* Zusammenarbeit im Sinne einer *gemeinsamen* Aufgabe — die Lösung des Problems des produktiven *und* harmonischen Zusammenwirkens von Organisation und Mensch[77].

Wir haben bereits an anderer Stelle (s. o. S. 49 ff.) darauf hingewiesen, daß der Betrieb seiner eigentlichen Zwecksetzung entsprechend als Organisation erklärt werden kann, die auf technisch und wirtschaftlich optimale Weise Güter herstellt und/oder verteilt. Diese Organisation kann von ihrer rein technisch-ökonomischen Zweckbestimmung — also ohne den Menschen in ihren Aufbauplan einzubeziehen — zweckmäßig sein und die Bedingungen zu rationeller Arbeit, Ordnung, Regelmäßigkeit, Stabilität und Übersichtlichkeit schaffen. Sie wird es sogar sein müssen, um die Herstellung und den Verkauf der Produkte so rationell durchführen zu können, damit dadurch die Existenz und die Konkurrenzfähigkeit der Unternehmung gesichert sind und zwar nicht nur in der Gegenwart, sondern auch in der Zukunft. Wirtschaften ist aber gleichzeitig zielgerichtetes *menschliches* Handeln, was bedeutet, daß der Prozeß des Wirtschaftens von Menschen bewirkt und getragen wird, so daß der Ordnungsmodus allen Wirtschaftens organisatorischer *und* gemeinschaftlicher Art ist, „insgesamt also Ausdruck der Prädominanz des ‚Mittels Arbeitskraft' in ihrer personalitätsgebundenen Integriertheit" (Kolbinger, *149*, S. 45). Das rein sachliche Organisationsgerüst wird sozialpsychologisch aber erst dann sinnvoll, wenn sich die darin eingeordneten und kooperierenden Leistungsträger *mitbeteiligt* und *mitverantwortlich* fühlen; wenn sie nicht nur wie in der alten Organisationslehre, als im Rahmen des technisch-organisatorischen Stellenplanes „funktionierende" Individuen, sondern auch als im sozialen System des Betriebes handelnde Personen gesehen werden. Dieses zwischen den Menschen und der betrieblichen Sachwelt bestehende Spannungsverhältnis[78] wird vergrößert durch die sozialpsychologisch bedingten Gegensätze im Verhältnis von Mensch zu Mensch, durch die „mitseelischen Wirkkräfte" (A. Mayer, *201*, S. 39) in der sozialen Betriebsstruktur. Hierin kommt bereits zum Ausdruck, daß der Betrieb „nicht nur unter dem Gesichtspunkt seiner *ökonomischen* Wirksamkeit betrachtet werden darf; als Leistungsgefüge ist er auch *gesell-*

---

[77] *Staerkle* (*316*, S. 7) sieht hierin das Zentralproblem der Organisationstheorie und *Mayntz* meint in ihrem Beitrag zu einer interdisziplinären Organisationstheorie (*206*, S. 5) sinngemäß, daß die betriebswirtschaftliche Organisationslehre, obwohl sie sich um ein systematisches Durchdenken und Überprüfen ihrer bisherigen Organisationsregeln bemüht, dabei Faktoren vernachlässigt, die nach ihrer Ansicht in das Gebiet anderer Disziplinen fallen, wie vor allem in das der Soziologie und Psychologie.

[78] Es handelt sich hierbei um den „Personen- und Sachproblemkreis der Organisation" (v. *Wiese*), die „innere bzw. äußere Organisation" (*Brown*), um die von der Betriebssoziologie gebildeten Begriffe der „informalen bzw. formalen Organisation" (Vgl. S. 49 ff. dieser Arbeit).

schaftlicher Verband" (F. H. Müller, 229, S. 16). Er stellt also kein Kollektiv beziehungsloser Individuen dar, sondern eine „soziologische Einheit" (Ilg); sein „soziales Gesicht" ergibt sich aus den vorhandenen menschlichen Komponenten und ihren wechselseitigen Beziehungen. Seit Plenge *(247)*, dem „Begründer der Organisationslehre als gestaltender Beziehungslehre" (so Linhardt), wird auch den menschlichen Beziehungen in der Organisationslehre immer größere Aufmerksamkeit geschenkt und erst in jüngster Zeit hat Kosiol *(152)* mit der Bestimmung der „Organisation als integrative Strukturierung von Ganzheiten" versucht, die Probleme der Organisation in ihrer Gesamtheit zu erfassen[79]. Die *soziale Organisation* des Betriebes ist demnach ein „System kooperativer Beziehungen" (Barnard), das sich aus einer Anzahl von Menschen zusammensetzt, deren Merkmale und Beziehungen von Person zu Person verschieden sind. Diese Unterscheidung zwischen den sachlichen Einrichtungen einerseits und dem Tätigwerden der in der Betriebsgemeinschaft vereinigten Personen andererseits — Jost (*133,* S. 3) unterscheidet hier zwischen „technisch-kooperativen" und „menschlich-sozialen" Vollzügen oder Prozessen im Betrieb — ist von besonderer Bedeutung, da hier „ein ständiger Prozeß der Koordination vor sich gehen muß" (Grössle, *92,* S. 128), um zu einer sinnvollen Organisation zu kommen — zu einer Integration von Sachlichkeit und Menschlichkeit.

Jede soziale Organisation hat aber auch einen Zweck, ein Endziel, das notwendigerweise unpersönlich ist. Dieses Endziel kann aber nur erreicht werden, wenn die Bemühungen aller Mitglieder der Organisation auf dieses Ziel gerichtet sind und eine Synthese des unpersönlichen oder überpersönlichen Zweckes der Organisation mit den berechtigten persönlichen Wünschen aller ihrer Mitglieder gelingt. Die Zweckgerichtetheit des Organisationsvorhabens und die Wünsche des vom Organisationsgeschehen betroffenen Menschen, decken sich aber keineswegs immer — im Gegenteil, sie streben des öfteren weit auseinander. Das Kernproblem liegt also in der Identifikation aller „Beitragenden" (Barnard) mit der Organisation, in der völligen Übereinstimmung des Handelns und Verhaltens der Organisationsgemeinschaft. Hax (*99,* S. 726) schreibt dazu: „Organisationen jeglicher Art sind

---

[79] Vgl. Ulrich *Pleiss:* Die Forschungsrichtungen der Organisationstheorie. In: „Zeitschrift für Betriebswirtschaft", Wiesbaden, 33. Jahrgang, Heft 12/1963, S. 665—675.

Pleiss bringt in diesem Beitrag ein Zitat von *Kosiol,* der zu diesem Thema schreibt: „In dem Maße nun wie die Betriebswirtschaftslehre heute dazu übergeht, die wirtschaftlichen Phänomene der Unternehmung aus dem ökonomischen Handeln des Menschen zu deuten, begegnet sie einem gleichartigen Wesenszug der Organisationstheorie insofern, als in dieser ebenfalls der handelnde Mensch — als Aufgabenträger, als Erfüllungs*subjekt,* und nicht als *Mittel* begriffen — eine Hauptfigur darstellt" (*152,* S. 21 und S. 44).

gekennzeichnet durch ihre Aufgabenstellung. Die Realisierung des der Organisation gesetzten Zieles wird durch das Zusammenwirken der in dieser Organisation zusammengefaßten Menschen unter Zuhilfenahme der zur Verfügung stehenden Sachmittel angestrebt. Ein Erfolg ist nur zu erwarten, wenn alle Glieder der Organisation im Sinne der *gemeinsamen* Aufgabe tätig werden. Sie müssen also ihre persönlichen Arbeitsziele[80] mit den Zielen der Organisation abstimmen, wobei das anzustrebende Ideal in einer völligen Übereinstimmung besteht[81]. Nur dann wird die Organisation mit einem Höchstmaß von Wirtschaftlichkeit arbeiten. Eine Divergenz der Ziele muß zwangsläufig den erreichbaren Wirtschaftlichkeitsgrad vermindern. Unter Umständen wird dadurch der Erfolg überhaupt in Frage gestellt." Sicherlich wird dieses Ziel nie vollkommen, sondern immer nur annähernd erreicht werden, stets aber bleibt es die wichtigste und schwierigste Aufgabe der Betriebsführung, bei der Erfüllung des „ökonomischen Prinzips", die technische Organisation mit der menschlichen, der sozialpsychologischen ins innere Gleichgewicht zu bringen (A. Mayer und Laur, *200*). Bei allen Organisationsvorhaben ist es also notwendig, neben den objektiven Gegebenheiten auch das *subjektive* Verhalten der arbeitenden Menschen, das sich in allen Teilen der betrieblichen Ordnung zeigt, zu beachten, zumal die persönlichen Grundeinstellungen und Erlebnisreaktionen, aus sozial-psychologischer Sicht bei allen Organisations- und Rationalisierungsmaßnahmen eine viel größere Rolle spielen, als man allgemein annimmt[82].

Bei einer Organisation, die den Einzelnen zum Mitträger des betrieblichen Geschehens macht, kann auch der Gruppengedanke fördernd

---

[80] *Hax* geht in seinem Aufsatz auf diese Ziele des einzelnen Betriebsangehörigen ein, die weitgehend mit den von uns genannten Wünschen (vgl. S. 102 ff. u. passim) zur Befriedigung personaler und sozial determinierter Bedürfnisse übereinstimmen.

[81] *Barnard (8)* stellt zu Recht fest, daß jeder Mensch der am Leben einer Organisation teilnimmt, eine doppelte (oder auch mehrfache) „Persönlichkeit" entwickelt — eine „Einzelpersönlichkeit" und eine „Organisationspersönlichkeit". Auch dadurch kommt zum Ausdruck, daß das Individual- und Sozialsein in ständigem Konflikt zwischen Entfaltung und Anpassung steht und daß erst deren Integration zu sozialschöpferischer Aktivität und damit zum sozialwirtschaftlichen Effekt führen kann.

[82] Vgl. I. *Franke:* Erfassung des Subjektiven als Zugangsweg der Rationalisierung. In: Zeitschrift für Rationalisierung, München, 15. Jahrgang, Heft 2/1964, S. 34—38.

Josef *Kolbinger (149,* S. 45/46) meint hierzu, daß aus der Prädominanz des Menschen im Betrieb, alle Organisation in letzter Konsequenz „Menschen-Organisation" ist, „die Sachmittel als Sekundärbestand miteinschließend, sie im eigentlichen Sinne nicht organisierend, sondern Organisationen, Gebilden zuordnend", womit es bei allen Organisationsmaßnahmen selbst bei unterschiedlicher Betrachtungsweise, um die sich gegenseitig ergänzende ökonomische und meta-ökonomische Eingliederungsproblematik des Menschen in das Sozialgebilde Betrieb geht.

wirken. Mit der Auffassung der organisatorischen Struktur des Betriebes als einem System zusammenhängender, sich überlappender Gruppen[83], in dem nicht nur die Mitarbeiter einer Gruppe, sondern darüber hinaus die einzelnen Gruppen *miteinander* ein Arbeitsteam bilden, stellt sich die organisatorische Einheit „Betrieb" letztlich auch als Gruppe dar —als eine strukturierte Ganzheit, mit allen darin sich abspielenden Wechselbeziehungen und Wechselwirkungen zwischen Mensch, Mitmensch und Gruppe. Eine sinnvolle Organisation bedarf demnach neben der gemeinsamen Zwecksetzung und dem Willen zur Zusammenarbeit, eines „Kommunikationssystems", das den Individuen ermöglicht, als Gruppenmitglieder in ständigem Kontakt zu bleiben und ihre Meinungen und Tätigkeiten zu koordinieren (Stratoudakis, *318)*. Nur dann, wenn die drei Prinzipien menschlichen Zusammenlebens und menschlicher Zusammenarbeit: spontane Kooperation, partnerschaftliche Koordination und ständige Kommunikation im Betrieb beachtet und von „oben" und „unten" anerkannt werden, wird es aus dieser gemeinsamen Haltung („Teamgeist") zu einem "participative management" (Bornemann, u. a.) kommen — zu einer aktiven Beteiligung an der gemeinsam zu lösenden Aufgabe. Als Funktions- und Rollenträger ist der Mensch innerhalb der formalen Organisation des Betriebes — im funktionalen und skalaren Organisationssystem — nur Objekt streng rational vorausgeplanter Teilaufgaben und -funktionen mit einer dazugehörenden Rangstellung (Status); als *Mitarbeiter* dagegen, steht er als Subjekt im sozialpsychischen Beziehungsfeld, in dem er sich im Geiste der Gleichheit mit allen anderen Mitarbeitern fühlt und danach handelt. Der Mensch als Funktions- und Rollenträger und der Mensch als Mitmensch, als Person, sind die Pole im Spannungsfeld der sozialen Gesamtstruktur der Betriebsorganisation, um dessen Integration es bei der Gruppenarbeit ("team-work") geht, so daß die Respektierung des arbeitenden Menschen als *Mit*mensch und damit als *menschlich* Gleichgestellter, letztlich das Geheimnis ist, wie man der notwendigen Strenge des hierarchischen Funktionsaufbaues, die notwendige menschliche Geschmeidigkeit geben kann (Rohn, *264*, S. 63). Die Beachtung sachgemäßer gruppenpflegerischer Maßnahmen beim Aufbau und Ablauf der Betriebsorganisation (vgl. dazu Scharmann, *276)*, kann also weitgehend dazu beitragen, die technisch-wirtschaftliche Integration durch eine menschlich-soziale Integration zu ergänzen und den „Freiheitsradius"

---

[83] Wir verweisen hierzu auf den bereits erwähnten Aufsatz von R. *Likert* (s. o. S. 143, Anm. [120]), der bei diesem System der Gruppenorganisation des Betriebes, insbesondere auf die *Doppel*funktion der leitenden Mitarbeiter als „Verbindungsglieder" dieser Organisationsform hinweist; auf die direkte oder indirekte Verbindung der einzelnen Gruppen über die Gruppe der Führungskräfte innerhalb einer bestimmten Rangstufe (Vgl. dazu: *Staerkle, 316*, S. 34 ff., und das dort wiedergegebene Organisationsschema *Likert's*, S. 37).

des Einzelnen im Betrieb zu erweitern. Das in diesem Zusammenhang so oft geforderte Mitwissen, Mitdenken und Mithandeln — die aktive Mitbeteiligung am betrieblichen Geschehen durch „Delegation von Aufgaben, Befugnissen und Verantwortung“[84] — kann insbesondere durch das betriebliche Vorschlagswesen erreicht werden, das zwar nur eines der vielen möglichen Maßnahmen, aber ein wesentliches Mittel *sozialwirtschaftlicher* Zusammenarbeit im Betrieb darstellt.

So gesehen hat auch das betriebliche Vorschlagswesen die vorhandenen Spannungen und Konfliktsituationen zwischen Menschen und betrieblicher Sachwelt und zwischen Menschen und Mitmenschen zu beachten und zwar sowohl innerhalb des eigenen Organisationssystems, als auch hinsichtlich ihrer Einwirkung auf die Gesamtheit der Betriebsorganisation. Denn mit der Einführung des betrieblichen Vorschlagswesens kommt es zweifellos ebenfalls zu strukturellen Verschiebungen innerhalb der bestehenden Betriebsorganisation, die weniger im technisch-organisatorischen Betriebsbereich, als in der menschlich-sozialen Betriebssphäre — dem „Interaktionsgefüge“ (Fürstenberg) — zur Auswirkung gelangen. Damit wird das betriebliche Vorschlagswesen vorwiegend zu einem psychologischen Hilfsmittel — (Kropff [*161*, S. 197] bezeichnet es sogar als „Exekutive der angewandten Psychologie“) — zu einem der von Linhardt genannten „psychologischen Führungsmittel“[85], die ausgleichen, „was die objektive Betriebsordnung schroff auseinandersetzt“ und welche „die einzelnen Arbeitsanweisungen menschlich und ihre Durchführung menschlich vertretbar machen ... Sie stützen sich auf den Gemeinschaftsgeist der Belegschaft und das zwischen Belegschaft und Betriebsführung bestehende gegenseitige Vertrauen. Wo dies nicht vorhanden ist, fallen die Versuche psychologische Führungsmittel anzuwenden, ins Leere“ (Linhardt, *185*, S. 173). Dazu kommt, daß jede Organisation nicht mit der Festlegung ihres Ablaufes, sondern mit der Idee ihres Zweckes beginnt; selbst wenn dieser nur gedacht ist, vollzieht sich zunächst eine Konkretisierung im Geistigen. Damit wird alle Organisation, wie Linhardt (*185*, S. 104) zunächst folgert, „eine Frage des *Wie* und nicht des *Was*“ (Hervorhebung vom Verfasser). Auch das betriebliche Vorschlagswesens kann nicht einfach mit der Festsetzung seines organi-

---

[84] In dem gleichnamigen und bereits erwähnten Arbeitsbericht Nr. 22/1964 des Ausschusses für Soziale Betriebsgestaltung bei der Bundesvereinigung der Deutschen Arbeitgeberverbände, sind wichtige Grundsätze dieser Delegation aufgestellt, die als wesentlicher Bestandteil aller Organisations- und Führungsgrundsätze auf Grund der gesellschaftlichen und wirtschaftlichen Entwicklung, dem technisch-organisatorischen Fortschritt und dem Zwang zur Wirtschaftlichkeit gefordert wird. (Vgl. auch das dort zu diesem Thema angeführte Literaturverzeichnis).

[85] Hanns *Linhardt* (*185*, S. 173) nennt hier neben anderen Mitteln auch den innerbetrieblichen Erfahrungsaustausch und das *betriebliche Vorschlagswesen*.

satorischen Ablaufes (der rein organisations*technischen* Konkretisierung) beginnen, wenn es seiner eigentlichen Aufgabe gerecht werden will. Denn selbst innerhalb eines zweckmäßig aufgebauten und unbürokratisch arbeitenden Organisationsgerüstes kommt es noch zu gefügerelevanten, also sozialpsychischen Reaktionen. Diese Gefügesituation ist, um mit Linhardt (*185*, S. 12) zu sprechen, mit einem „Sozialkörper" vergleichbar, in dessen Gliedern es ständig denkt und zuckt und der nicht ein einziges und ausschließliches Denkorgan und davon allein abhängige Vollzugsorgane hat, sondern in dem sich das gemeinsame Denken und Handeln in Prozessen sozial-individualer Interaktionen vollzieht. Wie jede organisatorische Änderung, stößt damit auch die Einführung des Ideenwettbewerbs in das soziale Gefüge des Betriebes (also in einen weiteren „Sozialkörper"), wodurch es zunächst zu Meinungsverschiedenheiten und Interessenkonflikten kommt, zu einem Spannungsverhältnis, welches das bisherige relative und labile Gleichgewicht des Organisations*gefüges* stört und zwar um so mehr, als der Einzelne von einer solchen Änderung in seinem persönlichen Arbeitsbereich überrascht und betroffen wird. Schon hier — beim *organisatorischen* Aufbau des betrieblichen Vorschlagswesens — finden sich daher die Wurzeln fast aller Hemmnisse und Widerstände gegen diese betriebliche Einrichtung und zwar auf allen Ebenen der Betriebshierarchie. „Als veraltet darf man wohl jetzt schon das Verfahren bezeichnen, ... daß man einen Briefkasten für Vorschläge aufhängt und dann ungeduldig wird, wenn greifbare Ergebnisse ausbleiben" (Witte, *359*, S. 234). Diese Methode — die Amerikaner sagen dazu: „Mit dem Vorschlag-Briefkasten allein und den Beinen auf dem Tisch erreicht man nichts" — ist in keiner Weise geeignet, die Betriebsangehörigen zum Mitdenken anzuregen und ihr Streben nach Selbstentfaltung zu fördern, schon deshalb, weil solche Verbesserungsvorschlagskästen in den meisten Firmen einen „Dornröschenschlaf" halten und 365 Tage im Jahr gleichmäßig und stumm an der Wand hängen (Heydemann, *113*, S. 247). Andererseits hat es sich aber gezeigt, „daß diejenigen Unternehmen, die planmäßig vorgegangen sind und alle für eine Vorschlagstätigkeit unabweislich notwendigen Grundbedingungen untersucht haben, die besten Erfolge aufweisen konnten" (Witte, *359*, S. 234). Aber selbst die systematische und sinnvolle Berücksichtigung und Anwendung der organisations-*technischen* Methoden wird erfolglos bleiben, wenn es nicht gelingt, die einzelnen *Mitarbeiter* im Betrieb für den Gedanken des Vorschlagswesens zu gewinnen. Eine Ausrichtung auf dieses gemeinsame Ziel ist demnach nur möglich, wenn alle Mitglieder einer Organisation dieses gemeinsame Ziel und damit die Zweckgerichtetheit der Bemühungen erkennen und verstehen und dabei auch ihre menschlich-sozialen Bedürfnisse befriedigt werden. Ausreichende Information und Mitwirkung sind hier mögliche Wege, um von vornherein jedes Mißtrauen der Mitarbeiter und Führungskräfte zu zerstreuen und deren Hilflosigkeit gegenüber dieser neuen, von ihnen nicht bewußt empfundenen betrieblichen Einrichtung auszuschalten. Das betriebliche Vorschlagswesen wird dann in den Augen der Betriebsangehörigen nicht mehr nur eine „Maßnahme" sein, mit der man *ihr* „Ideenreservoir" für reine Betriebszwecke ausnutzen will, sondern sie werden darin eine Möglichkeit auf dem Wege zur Verwirklichung einer umfassenden betrieblichen *Mitgestaltung* sehen, mit der jeder verantwortungsbewußte Mitarbeiter mit seiner Stimme und seiner Erfahrung am jeweiligen Arbeitsplatz, seinen Beitrag zur aktiven *Mitbeteiligung* und *Mitverantwortung* am Betriebsgeschehen leisten kann.

Die Gewinnung des Verständnisses und des Vertrauens aller Betriebsangehörigen für den „Ideenwettbewerb" ist also, wie es im Handbuch für „Soziale Betriebspraxis" (*390*, S. 16) heißt, „weniger eine Frage der Technik, als vielmehr der Führungsbegabung und des aufrichtigen Wollens der Leitung zur Zusammenarbeit". Bevor man also überhaupt daran denkt, das betriebliche Vorschlagswesen im Betrieb einzuführen, müssen zunächst *alle* Führungskräfte im Betrieb — und zwar der oberen, mittleren und unteren Führungsschicht[86] — dessen Aufgaben- und Zielsetzung bejahen; allein mit ihrer Einstellung zum betrieblichen Vorschlagswesen, steht oder fällt bereits diese Einrichtung betrieblicher Zusammenarbeit. Als die eigentlichen *Träger* der Maßnahmen des betrieblichen Vorschlagswesens, fällt ihnen damit eine wichtige Funktion zu, und sie sollten vor einer Entscheidung, ob das Vorschlagswesen eingeführt werden soll oder nicht, gehört werden, wobei man „durchaus zur Erkenntnis kommen kann, daß die gegenwärtige betriebliche Situation für das Vorschlagswesen noch nicht reif ist und erst bestimmte Voraussetzungen geschaffen werden müssen" (*390*, S. 16). Aber nicht nur die Einstellung der Führungskräfte zum betrieblichen Vorschlagswesen bildet eine wichtige Voraussetzung für dessen Erfolg — auch die Haltung des Betriebsrates und des Sachbearbeiters für das Vorschlagswesen sind von ausschlaggebender Bedeutung. Das gilt in gleicher Weise für die zur Durchführung dieser betrieblichen Einrichtung zu bildenden *Organe*, wie die Prüfungs- oder Bewertungskommission, Arbeitsausschüsse u. ä.; Institutionen, in denen dann auch die Mitarbeiter selbst zur Gestaltung des betrieblichen Vorschlagswesens beitragen können. Erst durch die Beachtung der sozialpsychologischen Wirkkräfte im Rahmen der Organisation des betrieblichen Vorschlagswesens, wird es gelingen, für diese betriebliche Einrichtung eine möglichst positive Einstellung *aller* Betriebsangehörigen zu er-

---

86 Zur Begriffsklärung und Aufgabenabgrenzung vgl. Guido *Fischer*: Die Betriebsführung und ihre Aufgaben (Teil I). In: „Zeitschrift für Betriebswirtschaft", Wiesbaden, 28. Jahrgang, Nr. 1/1958, S. 9—17.

reichen, das betriebliche Vorschlagswesen reibungslos in die Gesamtorganisation des Betriebes einzugliedern und dabei gleichzeitig durch Verwirklichung des Gruppenprinzips auch bei weiteren Spannungs- und Konfliktsituationen, wie z. B. der Teilnahmeberechtigung oder der Vorschlagsabgabe, neue Wege für eine bessere und von allen anerkannte Lösung zu finden. Damit steht das betriebliche Vorschlagswesen, wie Kolbinger (*150*, S. 65/66) mit Recht folgert, „eng mit dem Organisations- und Führungsmodus des Betriebes in Verbindung" und muß, da es als ein Mittel für eine neue Form der Mitwirkung der Belegschaft angesehen wird, offenbar mit der Absicht in Verbindung gebracht werden, „neue Wege der Arbeitsorganisation wie überhaupt der Umgestaltung des Betriebsgeschehens von der reinen ‚Befehlsorganisation' zu einer ‚Initiativorganisation' zu begehen". Dieser Auffassung entspricht aber nur ein Vorschlagssystem, dessen Organisationsstruktur auf das *gemeinschafts*bezogene Denken und Handeln aller Betriebsangehörigen ausgerichtet ist und aus dieser Haltung auch als *Gemeinschaftsaufgabe* aller Mitarbeiter verstanden wird. Das erfordert allerdings eine auf sozial- und gruppenpsychologischen Erkenntnissen fundierte Organisation des betrieblichenVorschlagswesens, die neben ihrer rein wirtschaftlichen Zweckgerichtetheit ganz besonders in der Lage ist, auch die personalen und sozialen Bedürfnisse ihrer Mitglieder zu befriedigen, womit sie jenen menschlichen Motiven gerecht wird, die für den Kooperationswillen und die Leistungsbereitschaft und damit für den Leistungserfolg der Betriebsgemeinschaft von ausschlaggebender Bedeutung sind.

Wir haben in dieser Arbeit bereits an anderer Stelle (s. o. S. 52 ff.) auf die bedeutsame Trägerrolle der *Unternehmensleitung* bei der Einführung und Durchführung des betrieblichen Vorschlagswesens hingewiesen. Als oberste Instanz ist ihre Einstellung zu dieser Maßnahme eine der wichtigsten Voraussetzungen für den Erfolg, da sich die daraus bildende Haltung über alle Stufen der Betriebshierarchie fortpflanzen wird. Um dieser Aufgabe gerecht zu werden, genügen aber keine Anordnungen auf dem Instanzenweg — die Durchsetzung der Befehlsautorität —, sondern die Erkenntnis, daß auch der letzte Mitarbeiter aktiv am Betriebsgeschehen beteiligt werden kann. Gerade von „oben" müssen die stärksten Impulse ausgehen, um möglichst *alle* Betriebsangehörigen zu einer über ihren Pflichtenkreis hinausgehenden Mitarbeit aufzurufen und zu Verbesserungsvorschlägen anzuregen. Leider spielen auch in der Unternehmensleitung oftmals menschliche Trägheit und Bequemlichkeit, die wir schon als sozialpsychologische Beharrungstendenzen kennengelernt haben, eine nicht zu unterschätzende Rolle, weil man sich überwiegend aus traditionsgemäßen Gründen einer Mitwirkung der Betriebsangehörigen verschließt und in der Vorstellung vom „organisationsgerechten Mitarbeiter“ (Staerkle) weiterlebt, der sich der vorgegebenen Organisation bereitwillig zu fügen hat. Wo man allerdings die hemmende und lähmende Wirkung allzu straffer und uniformer Regelungen auf die schöpferischen Kräfte erkannt hat, sollte man nicht nur mit einem „Lippenbekenntnis“ auf die Notwendigkeit des Ideenwettbewerbs hinweisen. Vielmehr muß die Unternehmensleitung dann das Vorschlagswesen aktiv unterstützen und *jedem* Mitarbeiter durch die Einräumung der *gleichen* Chance zur Entfaltung seiner schöpferischen Kräfte „in der täglichen betrieblichen Praxis ständig beweisen, daß *Mitdenken* tatsächlich erwünscht ist und geschätzt und anerkannt wird“ (Schirm, *303*, S. 33). Gerade der einzelne Mitarbeiter, ob in leitender, dispositiver oder ausführender Funktion tätig, besitzt oft einen sicheren Instinkt, ob es die Unternehmensleitung ehrlich meint und vorzugsweise im Erwerb und in der Rechtfertigung des gegenseitigen Vertrauens, liegt letztlich der Beginn aller menschlichen Bemühungen — auch beim betrieblichen Vorschlagswesen. Michligk (*215*, S. 129) sagt dazu: „Pflegt die Geschäftsleitung das Vorschlagswesen, geht sie mit gutem Beispiel voran. Fordert sie sogar für ihren eigenen Bereich die (positive) Kritik aller Mitarbeiter durch Verbesserungsvorschläge heraus, wird deutlich, daß Voreingenommenheit nicht am Platze ist und Verbesserungsvorschläge der Mitarbeiter ein positiver Maßstab zur Beurteilung der Führungsleistung sind.“ Damit wird die Interessennahme des Management zu einer wichtigen betriebspsychologischen Voraussetzung für die Beteiligung möglichst aller betrieblichen Kräfte und „die Unternehmensleitung wird sich deshalb von Anfang an mit den Grundsätzen des betrieblichen Vorschlagswesens identifizieren müssen“ (Lill, *184*, S. 11).

Mit der Erkenntnis, daß das betriebliche Vorschlagswesen als psychologisches Führungsmittel eine wichtige Aufgabe zu erfüllen hat, wird außerdem seine Zuordnung und Bedeutung innerhalb der betrieblichen Personal- und Sozialpolitik begreifbar[87]. Dazu äußert sich Goossens (*88*, S. 425) wie folgt: „Wir sind der Meinung, daß das Vorschlagswesen eines der heißesten Eisen der Personalführung überhaupt ist. Hat man eine gute Personalorganisation und eine wirklich gute Personalführung, als Folge davon gute Mitarbeiterbeziehungen — dann fallen Verbesserungsvorschläge im Sinne einer Rationalisierung des Betriebes von selbst an. Fehlt es aber an den Grundlagen einer guten Personalorganisation, hat man daher kein gutes Betriebsklima und auch keine fortschrittsfreudigen Vorgesetzten und Mitarbeiter, dann ist es besser,

---

[87] Josef *Kolbinger* (*150*, S. 65) ordnet das betriebliche Vorschlagswesen als spezifischen Bereich dem Personalwesen zu, weil „damit nicht so sehr die sachliche ‚Erfindungsgabe‘, als vielmehr die *Person* des Arbeitnehmers gefördert werden soll.“

die Finger vom Vorschlagswesen zu lassen. Dann gibt es sicher weit wichtigere Aufgaben innerhalb der Personalorganisation und Personalführung." Mit dieser Aussage wird noch einmal klar herausgestellt, daß für den Erfolg des betrieblichen Vorschlagswesens keineswegs Bedingungen, Satzungen und Richtlinien entscheidend sind, sondern der Geist der dahinter steht, angefangen von der Unternehmensleitung bis zum letzten Mitarbeiter. Nur wenn es von diesem gemeinsamen Geist getragen wird, kann das betriebliche Vorschlagswesen nicht nur als Rationalisierungsinstrument, sondern auch als psychologisches Führungsmittel die ihm zugedachte Aufgabe erfüllen. Kern (*139*) meint dazu: „Das Vorschlagswesen ist ein ungemein wirksames Instrument der Menschenführung. Der vielfach verloren gegangene Kontakt zu den einzelnen Mitarbeitern, ... kann ... auf geradezu ideale Weise wieder hergestellt werden. Sein besonderer Vorzug besteht darin, daß es diesen Kontakt zunächst und zwar vor allem mit den Gutwilligen, den Vorurteilslosen, den Aktiven fördert ... Diese *psychologischen Vorteile sind bei weitem wichtiger* als ein paar technische und organisatorische Verbesserungen" — eine Auffassung, die heute bereits von vielen Unternehmern vertreten wird. Denn erst dann, wenn die immer noch vorhandenen gegenseitigen Vorurteile zwischen Betriebsführung und Belegschaft — also Hemmungen und Widerstände in der „sozialpsychologischen Organisation" (Mayer) — überwunden sind[88], wird das betriebliche Vorschlagswesen zu einem erfolgreichen Instrument der Unternehmenspolitik werden.

Wenn auch die Einstellung der Unternehmensleitung, als erster Träger des Ideenwettbewerbs, für den Erfolg oder Mißerfolg dieser betrieblichen Einrichtung von ausschlaggebender Bedeutung ist; dem Verhalten der betrieblichen *Führungskräfte*[89], die entlang der vertikalen Betriebsstruktur zwischen der Geschäftsleitung und den die Arbeit unmittelbar ausführenden Betriebsangehörigen stehen, kommt die gleiche, wenn nicht sogar noch eine wichtigere Bedeutung zu. Denn gerade sie, und besonders dann, wenn sie sich innerhalb der Rangordnung dem Fuße der Autoritätspyramide nähern, stellen in der *sichtbaren* sozialen Autoritäten-Organisation, die erste Stelle dar, mit der der einzelne Mitarbeiter *persönlichen Kontakt* pflegen kann (vgl. Krauss,

---

[88] Hierfür sind, um mit *Herwig* (*110*, S. 64/65) zu sprechen, sowohl „epochale psychologische Gründe", die aus der politisch-soziologischen Seite der deutschen industriellen Entwicklung herrühren, als auch „sozialpsychologische Gründe", die durch aktuelle Affekte und Gefühlslagen hervorgerufen werden, bestimmend.

[89] Unter dem Begriff „betriebliche Führungskräfte" verstehen wir alle Vorgesetzten in der oberen, mittleren und unteren Führungsschicht eines Unternehmens. Dabei werden wir der Führungsgruppe der *Meister* auf Grund ihrer besonderen Funktion und Stellung in der Betriebshierachie gesonderte Aufmerksamkeit schenken (vgl. S. 236 ff.).

156, S. 63 ff.). Schon deshalb dürfte es weitgehend von ihnen abhängen, ob die gewollte Absicht der Geschäftsleitung „ungefiltert", d. h. unter Ausschaltung aller persönlichen Ansichten bis nach „unten" gelangt. Die Vorgesetzten können somit zwar die Bemühungen der Unternehmensleitung wirkungsvoll unterstützen, aber ebenso erheblich stören und gerade innerhalb der Führungsschicht liegen die schwierigsten Klippen des betrieblichen Vorschlagswesens (vgl. insbesondere Ganz, *75*, S. 118—153). Wenn Höckel, (*122*, S. 204) die Vorgesetzten als das „Rückgrat", aber auch das „Kreuz" des betrieblichen Vorschlagswesens bezeichnet, so spiegeln sich in dieser Aussage alle Meinungen über das Vorgesetztenproblem beim Ideenwettbewerb wider[90]. Wir haben bereits auf diese menschlich verständlichen Reaktionen der Führungskräfte hingewiesen (s. o. S. 53 u. passim), auf die „sozialpsychologischen Verteidigungsmechanismen" (Grössle), die sowohl von dem einzelnen Vorgesetzten als auch von der Gruppe der Führungskräfte gegen irgendwelche Maßnahmen ausgehen, durch die sie sich in ihrer sozialen Stellung in irgendeiner Form bedroht fühlen. Oft sind diese Verhaltensweisen negativer Vorgesetzteneinstellungen nur pseudo-logische Abwehrreaktionen, deren Zustandekommen auf ungenügende Information, Ausschaltung bei der Organisation, Nichtbeteiligung am Ideenwettbewerb oder den Verlust sozialer Anerkennung zurückzuführen ist. Eine solche Handhabe ist allerdings zweifelsohne eine falsche Einstellung, weil die Vorgesetzten ihren Beitrag zum betrieblichen Vorschlagswesen nur leisten können, wenn sie selbst um die Bedeutung dieser Gemeinschaftsaufgabe wissen; wenn sie überzeugt sind, daß es sich um ein echtes Anliegen der Betriebsführung zur produktiven Mitarbeit und Förderung der mitmenschlichen Beziehungen handelt — um eine neue Form der Zusammenarbeit und des Zusammenlebens im Betrieb.

Leider herrscht in der betrieblichen Praxis nicht immer die Einsicht vor, daß es eigentlich mit zu den Aufgaben der Vorgesetzten gehört, „das betriebliche Vorschlagswesen in *allen* Abteilungen durchzusetzen und diejenigen Werksangehörigen, die am betrieblichen Vorschlagswesen mitarbeiten wollen, mit allen Mitteln fachlich *und* menschlich zu beraten"[91]. Man versäumt auch heute noch allzu oft, die Vorgesetzten für das betriebliche Vorschlagswesen zu gewinnen, weil man der Meinung ist, daß auf der Führungsebene keine Aufklärung mehr nötig sei. Aus solchen Fehlern entstehen dann aber die Einstellungen der Vor-

---

[90] Sowohl im reichen Schrifttum über das Vorschlagswesen, als auch in fast allen betriebspsychologischen und -soziologischen Werken, wird die außerordentliche Bedeutung des Vorgesetzten in der betrieblichen Sozialstruktur unterstrichen.

[91] Alfred *Flender*, Inhaber der Firma A. Friedrich Flender & Co., Bocholt, anläßlich einer Prämienverteilung (nach *Lill*, 184, S. 14).

gesetzten, daß sich das betriebliche Vorschlagswesen letztlich gegen sie richte, daß es im Grunde eine Kritik an ihren Aufgaben und sanktionierten Arbeitsgepflogenheiten sei; eine Art „Nachrichtendienst" der Geschäftsleitung, der nur deswegen eingerichtet worden ist, „um auf diesem Wege zu erfahren, was ‚unten los ist'; um so eine zusätzliche Kontrolle über sie ausüben zu können" (Kern, *139*, S. 41). Diese Auffassung verstärkt sich, wenn dem Vorgesetzten der Vorschlag eines Mitarbeiters (und auch das geschieht in der betrieblichen Praxis selbst heute noch) außerdem noch einen Tadel der Unternehmensleitung einbringt. Dann sehen sie erst recht im betrieblichen Vorschlagswesen ein „Kontrollinstrument" (Goossens) und damit eine „ungebührliche Einmischung in ihren Pflichtenkreis" (Peter); sie fühlen sich übergangen, nach „oben" bloßgestellt, in ihrer Autorität eingeengt und in ihrem „Prestigebedürfnis" verletzt. Wenn man dazu dann noch die Führungskräfte vom Vorschlagswesen ausschließt (s. o. S. 66 f.) und ihnen die Rolle von „Zaungästen" (Kroeber-Keneth) zumutet, dann darf man sich nicht mehr über die negativen Verhaltensweisen wundern, hinter denen sich letztlich die „Platzangst" verbirgt, das unsichere Gefühl, dadurch die Stellung zu verlieren. Ein solcher Rangverlust — selbst wenn er auch nur gedacht ist — bedeutet aber sozialpsychologisch gesehen, eine ernste Verletzung des Selbstgefühls, also etwas, wogegen sich der Einzelne oder eine Gruppe, die einen gewissen sozialen Status (hier die betrieblichen Führungskräfte) einnimmt, immer wieder sträuben werden. Der Vorgesetzte, der eigentlich seine Mitarbeiter laufend zu Verbesserungsvorschlägen anregen und ermuntern sollte, wird dann auch nach „unten" auf das Vorschlagsprogramm negativ reagieren, die Weitergabe von Vorschlägen verhindern, den ihm möglichen „psychologischen Druck" auf seine „Untergebenen" ausüben (Ganz, *75*, S. 150 bis 151, spricht von „Vergeltungsmaßnahmen"), so daß diese für ihre Initiative auch noch büßen müssen. Zu diesen „sozial-psychologischen Verteidigungsmechanismen" gehören dann leider auch jene „selbstherrlichen", oftmals sogar „hämischen", nach unserer Meinung völlig unangebrachten Bemerkungen der Führungskräfte gegenüber dem Vorschlagseinreicher, wie: „Davon verstehen Sie doch nichts" oder „Das lassen Sie unsere Sorge sein" oder „Auf Sie haben wir gerade noch gewartet" oder „Das ist jahrelang gutgegangen, ausgerechnet Sie ..." und so fort. Hier wird gleichzeitig wieder einmal das menschliche Beharrungsvermögen sichtbar — auch bei den betrieblichen Führungskräften — und „in der weitaus größeren Zahl der Fälle ist es die breite Schicht der Zwischeninstanzen, die diese Beharrungstendenz vertritt und verkörpert" (A. W. Schmidt, *304*, S. 625).

Diese negative Einstellung der Vorgesetzten nimmt schließlich auch den Mitarbeitern, und zwar auf jeder untergeordneten Stufe der Betriebshierarchie, jegliche Initiative zum Mitdenken und Mithandeln. Es fehlt dann nicht nur das Vertrauen zum Vorgesetzten — das im übrigen auch das Vorschlagswesen allein nicht ersetzen kann (Beller, *17*) — sondern es kommt aus Angst vor möglichen Schikanen und Repressalien zu einer völligen Fehleinstellung, die schließlich die gesamte Belegschaft erfaßt. Von der gemeinsamen Aufgabe, der schöpferischen Kraft, bleibt nur noch Stückwerk, es triumphiert wieder die „dumpfe Masse". Der arbeitende Mensch aber bleibt weiterhin in ein starres Netz von Anweisungen und Direktiven eingespannt; in eine Sachordnung, in der die menschliche Begegnung weitgehend anonymisiert und zugunsten des Rationalprinzips aufgehoben ist.

Die aufgezeigte Problematik zeigt noch einmal recht deutlich, welche wichtige Rolle den betrieblichen Führungskräften bei der Förderung des betrieblichen Vorschlagswesens und der menschlichen Zusammenarbeit an sich — der Integration zwischen formaler Betriebsordnung und informaler Sozialordnung im Betrieb — zukommt. Sie weist aber auch auf die fundamentale Bedeutung jener Personen hin, die diesen Prozeß betrieblicher Kommunikation, Koordination und Kooperation direkt beeinflussen können: die *unteren* Führungskräfte, so daß auch beim Ideenwettbewerb das Verhältnis zwischen dem Vorschlagenden und seinem *unmittelbaren* Vorgesetzten ganz besondere Beachtung verdient. Schon Klöckner (*144*, S. 30) bezeichnete dieses enge, persönliche Verhältnis, „als eines der schwierigsten Kapitel beim betrieblichen Vorschlagswesen", was begreifbar wird, wenn man die sozial- und gruppenpsychologischen Auswirkungen kennt, die sich durch den unmittelbaren Kontakt mit der Belegschaft und dem nächsthöheren Vorgesetzten ergeben. Hier kommen die schon genannten "creeds", "feelings" und "sentiments" der sozialpsychischen Organisation besonders zum Ausdruck; die gefühls- und gesinnungsmäßige Einstellung der Betriebsangehörigen zum Vorgesetzten und gewendet das Verhalten der Vorgesetzten zu ihren „Untergebenen" (Crozier, *43*). Auf dieser Ebene liegt der Kern der Menschenführung im Betrieb und die psychologische und pädagogische Aufgabe und Eignung des Betriebsvorgesetzten, „kraft seiner menschlichen und fachlichen Überlegenheit in den ihm ‚Untergebenen', zu deren eigenem Wohl und im Dienste des Betriebsganzen, sein Wollen zu ihren Interessen zu machen" (A. Mayer, *201*, S. 123). Auf diese besondere Vorgesetztensituation weist auch Specht (*314*, S. 197) hin, wenn er feststellt, daß „hier der Vorgesetzte in einer idealen Form gefordert wird, und zwar nicht nur nach fachlichem Können, sondern auch nach menschlichem Vermögen, weil er es im wesentlichen nicht nur mit einer Seite, sondern mit zweien zu tun hat, zwischen denen er agiert". Gerade deshalb sind an dieser Stelle einige Worte zum *Meisterproblem* angebracht, der als Vorgesetzter eine besondere Zwischenstellung innerhalb der betrieblichen Sozialstruktur einnimmt[92].

In der gesamten Literatur, die sich mit menschlichen und sozialen Fragen im Betrieb befaßt, in fast allen betriebspsychologischen und -soziologischen Untersuchungen wird auf die wichtige Vorgesetztenfunktion des *Meisters* hingewiesen[93], der heute mehr denn je für den Arbeiter die Firma verkörpert (Popitz u. a. *249,* S. 30 ff.). Die besondere Problematik, die sich aus seiner Position ergibt, ist in seiner „Zwischen-" oder „Pufferstellung" (Croner, Friedmann, u. a.) begründet; seine Arbeitsstellung „ist die einzige in der gesamten Organisation, die täglich sowohl mit der Betriebsführung als auch mit der Arbeiterschaft zu tun hat" (Miller und Form, *220,* S. 83). Diese Rangsituation zwingt den Meister, sich dauernd mit den Meinungen beider Seiten zu identifizieren, so daß sein Handeln und Verhalten immer in einem Zwiespalt zwischen „oben" und „unten" steht. Dazu kommt der durch die wirtschaftliche und soziale Entwicklung eingetretene Funktionswandel des Industriemeisters (vgl. Der Neue Betrieb, *385* und Mohr, *226),* der innerhalb der vorherrschenden Organisationsform des „Linie-Stabssystems" im modernen Großbetrieb, nur noch Teilfunktionen im Rahmen vertikaler und horizontaler Interrelationen ausübt (Croner, *41,* S. 57 ff. und 73 ff.). Aus dieser Zwiespältigkeit seiner Stellung wird der Meister zum „Diener zweier Herren" — einer besonderen Spielart des sozialfiguralen Typs des beklagenswerten Dritten[94] — er wird, wie Scharmann (*284,* S. 35) ausführt, „sowohl als Stand als auch Individualität im allgemeinen von beiden Seiten ebenso umworben wie umstritten und nähert sich damit sozialpsychologisch unter bestimmten Erscheinungen der Situation des ‚Zankapfels', wenn er nicht (sogar) zum ‚Prügelknaben' wird"[95]. Schon Roethlisberger *(263)* spricht vom Meister (und Vorarbeiter) als

---

[92] Vgl dazu insbesondere die ausführliche Studie von Fritz J. *Roethlisberger:* The Foreman, Master and Victim of Double Talk, Haroard Business Review, Vol. 23, Nr. 3/1945, S. 283—293, in der eine ausführliche Analyse der Stellung des Meisters zu finden ist.

[93] Wir können hier nur auf die Aussagen einiger Autoren hinweisen, wie *Atteslander (4,* S. 149 ff.); *Friedmann (67,* S. 300 ff.); *Gardener* und *Moore:* Human Relations in Industry, Homewood (III), 1952, S. 49 ff.; *Grössle (92,* S. 60 ff.); *Herwig (111,* S. 157—165 mit weiteren interessanten Diskussionsbeiträgen zum Meisterproblem, S. 166 ff.); *Kellner (136,* S. 175 ff.); *Lepsius (171,* S. 34 ff.); *Lütge* und *Lepsius (191); Maier* N. R. F.: Principles of Human Relations, New York 1953, S. 381 ff.; *Miller* und *Form (220,* S. 78 ff.); *Rüssel (259,* S. 328 ff.); *Scherke (298); Wiedemann (354,* S. 80 ff.); *Withehead* T. N.: Leadership in a Free Society, Cambridge (Mass.) 1950, S. 104.
Withehead behauptet, daß der wichtigste Einzelfaktor unter allen Determinanten der Zufriedenheit des Arbeiters an seinem Arbeitsplatz, sein Verhältnis zum *direkten* Vorgesetzten sei.

[94] Vgl. die Studie von Theodor *Scharmann* über den „Tertius miserabilis" *(284),* insbesondere S. 32 ff.

[95] *Moede (224,* S. 58) nennt ihn den „untersten Prellbock" im Betrieb.

dem „idealen Sündenbock für jedwede Störungen im sozialen Gleichgewicht"; er sieht ihn als „Mann zwischen zwei Fronten", mit „zwei Seelen in der Brust".

Der Meister steht also an der Nahtstelle zwischen Betriebsleitung und Belegschaft; „als ‚Fingerspitze des verlängerten Arms' der Unternehmensführung muß er die Interessen der Firma vertreten, zugleich aber auch auf das Wohl seiner Mitarbeiter bedacht sein" (Wistinghausen, *357*, S. 70). Seine Schlüsselstellung innerhalb der betrieblichen Sozialstruktur ergibt sich aus seiner Vermittlerfunktion zwischen anordnenden und ausführenden Betriebsorganen und von ihm wird es abhängen, ob der Zwang der Betriebsorganisation so umgeformt wird, daß die Mitarbeiter sowohl diese als auch ihn im großen und ganzen freiwillig anerkennen. Damit wird der Meister zu *dem* Vorgesetzten, der die aktive Mitarbeit im Betrieb am besten mobilisieren kann, da er durch den direkten Kontakt mit der Belegschaft, die Interessen und Begabungen seiner Mitarbeiter am besten kennt und diese durch das *persönliche* Gespräch besonders wirksam zum Mitdenken und Mithandeln anregen kann. Von ihm sollte dann auch die eigentliche Initiative zum Ideenwettbewerb ausgehen, er sollte seine Mitarbeiter zur positiven Kritik an ihren Arbeitsaufgaben aufrufen, mit ihnen über Verbesserungsmöglichkeiten sprechen, ihnen bei der Ausarbeitung von Vorschlägen helfen und die Durchführung eingereichter Verbesserungsvorschläge überwachen. In dem Ausspruch eines Unternehmers: „Der ist mir der beste Meister, aus dessen Bereich die meisten Verbesserungsvorschläge kommen", wird seine entscheidende Rolle für das betriebliche Vorschlagswesen deutlich.

Leider sieht es auch hier in der Praxis meist anders aus, denn wie jeder andere Vorgesetzte fürchtet insbesondere der Meister die Kritik seiner Mitarbeiter; Anregungen zu Änderungen, die er eigentlich selbst hätte finden müssen. „Der Meister fühlt sich also in jedem Falle beunruhigt, ausgeschaltet und bedroht", er muß fürchten, „daß seine Stellung langsam aber sicher untergraben wird" (Sogorsky, *271*, S. 114), besonders dann, wenn ihn wiederum der Tadel seines Vorgesetzten trifft. Auch das geschieht, trotz „positiver" Einstellung zum betrieblichen Vorschlagswesen, heute immer noch sehr häufig (vgl. Ganz, *75*, S. 130 bis 131), womit der Meister in den, seine Stellung immer wieder kennzeichnenden Konflikt zwischen „oben" und „unten" gerät. Gegen den Meister richten sich daher ganz besonders die offenen und versteckten Vorwürfe der Arbeitskräfte, wobei neben den vielen negativen Äußerungen, die im Schrifttum, in Werkszeitschriften und sonstigen Publikationen zu finden sind, auch immer wieder das Argument des „geistigen Diebstahls" durch den Meister vorgebracht wird (Popitz u. a., *249*, S. 50 ff.). Diese Aussagen gelten in Erweiterung für *jeden* unmittelbaren

Vorgesetzten im Betrieb, denn gerade bei ihnen liegt oft das schon erwähnte eklatante Mißverständnis über die Funktion und den Sinn des Vorschlagswesens vor.

Diese sozialpsychologisch relevanten Widerstände lassen sich nur beseitigen, wenn es schon *vor* der Einführung des Ideenwettbewerbs gelingt, die betrieblichen Führungskräfte — und zwar bis zum unmittelbaren Vorgesetzten — für diese Maßnahme zu gewinnen. Hierin liegt eine wichtige Aufgabe der Unternehmensleitung, die ihre positive Einstellung eben nicht nur bekunden, sondern auch auf allen Stufen der Betriebshierarchie durchsetzen sollte. Sie muß die retardierende Einstellung dieses Personenkreises, der Vorschläge aus den Reihen seiner „Untergebenen" immer noch als eine Kränkung der Berufsehre empfindet, allmählich beseitigen, indem sie die betrieblichen Führungskräfte einmal über die Ziele des Vorschlagswesens aufklärt und laufend über die weitere Entwicklung unterrichtet, zum anderen die Vorgesetzten maßgeblich bei der Gestaltung und Durchführung des Ideenwettbewerbes einschaltet. Einberufungen in Arbeits- und Prüfungsausschüsse sind hierfür geeignete Ansatzpunkte, ob aber auch eine Art „Ergebnisbeteiligung" an den Vorschlägen der unterstellten Mitarbeiter die Führungskräfte zu einer spontanen Mitarbeit anreizen kann, darüber kann man mit Recht geteilter Meinung sein. Diese Regelung — zuerst in den USA eingeführt — hat auch bei uns zu teilweise sehr heftigen Diskussionen geführt, wobei im Schrifttum eine solche Prämienbeteiligung in der Regel positiv beurteilt wird. Lill (*184,* S. 18) schreibt dazu: „Wenn ein Arbeiter für einen guten Vorschlag belohnt wird, so kann der Meister auch Lob und Anerkennung erhalten. Zwischen den einzelnen Abteilungen entsteht dann ein gewisser Wettbewerb; der Meister hat plötzlich größtes Interesse daran, daß seine Gruppe in dem Ideenwettbewerb möglichst gut abschneidet, und er selbst wird zur treibenden Kraft. So einfach dieser Weg ist, so groß kann sein Erfolg sein." Auch A. W. Schmidt (*305*) meint, daß er beim betrieblichen Vorschlagswesen einige „Perlen" gefunden hätte, nämlich die Beteiligung der Meister mit einer Prämie nach der Höhe der Vorschläge, die im Laufe eines Jahres aus ihren Abteilungen kommen. Er schreibt: „Sie werden dann nicht mehr der Versuchung unterliegen, Verbesserungsvorschläge ihrer Leute unter den Tisch zu reden, sondern werden diese zum Mitdenken anregen" (*305,* S. 222). Aus der gleichen Einstellung heraus gewährt die Württembergische Metallwarenfabrik sämtlichen Meistern, Betriebs- und Abteilungsleitern eine *Sonderprämie,* wenn ein Mitarbeiter ihrer Gruppe eine Vorschlagsprämie erhält, und die Firma Robert Bosch G. m. b. H., Stuttgart, vermerkt in ihren Richtlinien zum „Betriebsvorschlagswesen" vom 9. November 1953, Abschnitt: Beteiligung der Werkmeister am Vorschlagswesen

(S. 5): „Um das Interesse der Meister am Betriebsvorschlagswesen wach zu halten, beteiligen wir sie finanziell an den Vorschlägen, die von Betriebsangehörigen ihrer Abteilungen gebracht wurden und die prämiiert worden sind. Die Meister erhalten alljährlich vor Weihnachten eine diesbezügliche Vergütung. Es ist ein bestimmter, von der Geschäftsleitung festgesetzter Hundertsatz, etwa 5—10 % der Summe aller derjenigen Prämienbeträge, die im zurückliegenden Jahr an die ihnen unterstellten Arbeiter ausbezahlt wurden. Dieser Betrag soll auch eine Anerkennung der allgemeinen Mitwirkung sein." Schließlich hat auch neuerdings Höckel (*122*, S. 73 ff.) wieder die Auffassung vertreten, die Meister in „Form eines prozentualen Prämienanteils" am Ideenwettbewerb teilhaben zu lassen, sozusagen als „Kompromiß" für die „Wehmutsgefühle", die sie haben, „wenn sie sich sagen müssen, ich gebe meinen guten Rat immer gratis und franco, und die anderen kassieren die Prämien; ich könnte auch einmal einen Hundertmarkschein gebrauchen". Wenn wir auch seine Begründung, daß sich der Meister finanziell oft nicht besser stehe als seine Arbeiter, mit Einschränkungen teilen, sind wir doch der Ansicht, daß der rein „finanzielle Aspekt" einer solchen Mitbeteiligung (die dann allerdings auf alle Vorgesetzten ausgedehnt werden müßte), dem betrieblichen Vorschlagswesen nicht unbedingt nützlich ist und man mit einer solchen Art „Jahresbonus" (Krauss, *156*, S. 211) die Einstellung der Vorgesetzten zum Ideenwettbewerb kaum ändern kann[96]. Man muß dabei zu der Ansicht gelangen, daß eine solche Ergebnisbeteiligung lediglich als materieller Anreiz gedacht ist, um den Vorgesetzten dafür zu gewinnen, seine Leute zu Verbesserungsvorschlägen anzuhalten und sie gegebenenfalls bei der Ausarbeitung zu beraten. Der Prämienanteil wird dann aber schon zu einer Art „Provision" (Höckel), mit der die Führungskräfte dem betrieblichen Vorschlagswesen verpflichtet werden sollen; er bekommt wie Höckel (*122*, S. 205) allerdings etwas übertreibend und im Gegensatz zu der von ihm oben vertretenen Ansicht meint, den Anstrich eines „Tributs" oder einer „Bestechung", den die Untergebenen als ihnen vorenthaltenen Anteil ansehen und deshalb in diesem System nur eine Bestätigung ihres Mißtrauens gegenüber der Unternehmensleitung und allen Vorgesetzten finden. Höckel (*122*, S. 205) schreibt dann wörtlich: „Mit Umgehungsmaßnahmen dieser Art können wir nicht den direkten und schwierigen Weg der geistigen Aufschließung der Vorgesetzten

---

[96] Vgl. auch *Peddinghaus* (*241*, S. 236), der dazu schreibt: „Es ist allerdings festzustellen, daß diese Prämie *dann* keine grundlegende Änderung in der Einstellung der Meister zur Folge gehabt hat, wenn sie *an sich* dem betrieblichen Vorschlagswesen *abgeneigt* waren" (Hervorhebungen durch den Verfasser).

Auch *Ganz* hat in seiner Untersuchung (*75*, 199—202) festgestellt, daß die meisten Vorgesetzten eine solche Prämiierung ablehnen und ihr auch keinen Einfluß auf die Förderung des Vorschlagswesens zuschreiben.

vermeiden. Natürlich kann man mit einer finanziellen Beteiligung der Meister oder der Vorgesetzten manches mildern, was auf der Vorgesetztenebene an Widerständen vorhanden ist, aber das *psychologische* Problem ist damit nicht aus der Welt geschafft; es wird höchstens verlagert und taucht dann früher oder später an einem anderen Ende wieder auf."

Die Beteiligung der betrieblichen Führungskräfte am Ideenwettbewerb ist also keinswegs ein finanzielles, sondern ein *psychologisches* Problem. Dabei muß man allerdings klar unterscheiden, daß es hier nicht um die Einbeziehung der Vorgesetzten in den Kreis der Vorschlagsberechtigten und den damit verbundenen Fragen ihrer Teilnahme- und Prämienberechtigung geht[97], sondern daß sich das Vorgesetztenproblem hier als *Führungsaufgabe* darstellt und zwar entlang des vertikalen Organisationsgerüstes der Betriebshierarchie. Von der Unternehmensspitze aus muß sich die Einstellung fortpflanzen, daß es sich bei dieser Einrichtung keineswegs um einen „Nachrichtendienst" oder ein „Kontrollinstrument" der Geschäftsleitung handelt und daß sich daraus in keinem Fall Nachteile für den einzelnen Vorgesetzten ergeben. Wenn der Vorgesetzte nicht bedingungslos an das betriebliche Vorschlagswesen glaubt, „verliert er die wichtigste Voraussetzung für dessen Erfolg: die Begeisterung der Mitarbeiter und ihre Bereitwilligkeit, an Verbesserungen mitzuarbeiten" (Moore, *227*, S. 84). Läßt er dagegen seine Mitarbeiter fühlen, daß er ihre Anregungen wirklich wünscht, so wird fast jeder mit der Zeit einmal einen Verbesserungsvorschlag einreichen. Nicht Überheblichkeit, Unbeherrschtheit und Voreingenommenheit der Vorgesetzten fördern das betriebliche Vorschlagswesen, sondern ihre positive Einstellung, ihr Interesse und ihre aktive Mitarbeit. Gerade ihr Verhalten muß den Mitarbeitern jede Scheu nehmen Verbesserungsvorschläge einzureichen, und wenn sie jede Idee ernst nehmen und als konstruktiven Beitrag zur Mitarbeit ansehen, wird sich ihre persönliche Haltung auch auf die Haltung ihrer Arbeitsgruppe auswirken.

Damit wird der aktive Einsatz aller Vorgesetzten für das betriebliche Vorschlagswesen zu einer echten Führungsaufgabe, die gleichermaßen fachlich und menschlich den Kreis der Mitarbeiter zu erfassen hat. Wir haben bereits in unseren gruppenpsychologischen und -pädagogischen Ausführungen darauf hingewiesen, daß das in der Gruppenarbeit verwirklichte Zusammenwirken-Wollen, einen Führungsstil voraussetzt,

---

[97] Diese Unterscheidung wird bei der Behandlung des Vorgesetztenproblems nicht immer deutlich genug vorgenommen. Die Mitarbeit der Vorgesetzten in der Organisation des betrieblichen Vorschlagswesens ist ein *Führungsproblem* — ihre Teilnahme- und Prämienberechtigung beinhaltet die Frage, ob auch sie Verbesserungsvorschläge einreichen können und wie solche Vorschläge prämiiert werden (vgl. S. 255 ff.).

der alle Gruppenmitglieder gemeinsam an den Aufgaben der Gruppe teilhaben läßt und ihnen die Gewißheit gibt, ein wichtiges Mitglied des Arbeitsteams zu sein (s. o. S. 138 ff.). Dabei kam zum Ausdruck, daß eine kooperative Führung auf einem Vorgesetzten (Gruppenführer) basiert, der nicht nur beruflich, sondern auch menschlich von seinen Mitarbeitern akzeptiert wird, gleichgültig, ob er der offizielle Vorgesetzte und/oder der informale Führer der Gruppe ist. Das daraus sich bildende „demokratische" Führungsverhalten ist gekennzeichnet von einem gegenseitigen Vertrauensverhältnis, von der Respektierung der Meinung jedes einzelnen Gruppenmitgliedes, ohne daß dabei die formale Organisation ihren Sinn verliert. Diese „kooperative Führerschaft" (Rohn) bildet auch für das betriebliche Vorschlagswesen eine wichtige Voraussetzung, weil damit eine gleichgerichtete Einstellung erreicht wird, die Zusammenarbeit aller Gruppenmitglieder auf ein gemeinsames Ziel. Erst dann wird diese betriebliche Institution zu einer „Gemeinschaftsidee" werden, die über die einzelnen Betriebsgruppen hinweg, letztlich den ganzen Betrieb erfaßt.

Es erscheint uns deshalb auch zu einfach, aus den vorerwähnten negativen Verhaltensweisen der Vorgesetzten — und insbesondere der unteren Führungskräfte — den Schluß zu ziehen, daß diese aus dem institutionellen Gang des Vorschlagswesens auszuklammern sind und ihnen jede Chance genommen werden muß, sich direkt oder indirekt einzumischen (Popitz u. a., *249*, S. 51/52). Wer dem Vorgesetzten weiterhin die Rolle eines „Zaungastes" (Kroeber-Keneth) zumutet, wird damit weder die effektiven Ungerechtigkeiten, noch das potentielle Mißtrauen beseitigen — im Gegenteil, es würden dadurch seitens der Führungskräfte wieder die bekannten Reaktionen gegen das betriebliche Vorschlagswesen auftreten. Jeder Mitarbeiter im Betrieb (also auch der Vorgesetzte), hat das Bedürfnis nach Sicherheit, Anerkennung und Selbstentfaltung, so daß es menschlich verständlich ist, daß das Selbstentfaltungsstreben der „Untergebenen" dem Bedürfnis der Vorgesetzten nach Sicherheit und Anerkennung zuwiderläuft. Die Befriedigung dieser personalen und sozialen Bedürfnisse läßt sich aber nicht durch eine Spaltung in eine Gruppe der Vorgesetzten und eine der übrigen Mitarbeiter erreichen[98] — etwas anderes würde die Ausschaltung der Vorgesetzten nicht bedeuten — sondern nur durch das Hinführen zur Gruppen- und Teamarbeit, bei der jeder die Meinungen und die Ideen des anderen achtet und anerkennt, womit dem Einzelnen genügend Freiheit zur Entfaltung seiner personhaften Strebungen bleibt.

---

[98] *Kroeber-Keneth* (*158*, S. 698/699) spricht in diesem Zusammenhang von einer „betrieblichen Klassenscheidung", der man die etwas antiquierte Auffassung von der Verteilung der geistigen Güter im Betrieb gleichsetzen könnte.

Einer solchen Forderung kommt das von uns vertretene *Gruppen-Vorschlagssystem* entgegen, etwa in der Vorstellung, daß die Anregung eines einzelnen Gruppenmitgliedes (Mitarbeiters) unter Mitwirkung des Gruppenführers (Vorgesetzten) von allen anderen Gruppenmitgliedern diskutiert und als *gemeinschaftliches* Produkt, als *Gruppenvorschlag,* eingereicht wird. Gerade bei dieser Form des Ideenwettbewerbs kann sich der Vorgesetzte sachlich und menschlich bewähren, weil er schon durch sein besonderes Interesse an den Vorschlägen seiner Mitarbeiter ein Vertrauensverhältnis schafft, das durch die gemeinsame Diskussion (Gruppenbesprechung), bei allen Beteiligten einen „Gruppengeist" bildet, der dem Sinn des betrieblichen Vorschlagswesens, einem „teamwork" des Mitwissens, Mitdenkens und Mithandelns entspricht. Wenn der Vorgesetzte erkannt hat, daß die aktive Teilhabe seiner Mitarbeiter nicht mit „negativer Kritik" — dem „Nörgeln" um jeden Preis — gleichzusetzen ist, sondern daß diesem Verhalten rein menschlich-soziale Bedürfnisse zugrunde liegen, dann wird er die bekannten Bedenken und Einwände überprüfen müssen, insbesondere dann, wenn dadurch Arbeitsfreude, Leistungsbereitschaft und Zusammenarbeit einen positiven Anreiz erfahren. Seine eigene positive Einstellung wird dann aber auch bei den Mitarbeitern die gleiche Wandlung von Widerstand und Skepsis über Aufgeschlossenheit zu aktiver Mitarbeit bewirken und eine Arbeits- und Betriebszufriedenheit statuieren, die nicht nur für den Erfolg des betrieblichen Vorschlagswesens, sondern auch zur Erreichung des Betriebszweckes notwendig erscheint. Dieses Ziel erreichen wir aber erst mit der Aufgeschlossenheit der Führungskräfte für den Ideenwettbewerb und dem daraus wachsenden gegenseitigen Vertrauensverhältnis zwischen dem Arbeitsvorgesetzten und seinen Mitarbeitern, dessen aktive Mitwirkung damit zu einer entscheidenden Voraussetzung für ein funktionierendes Vorschlagswesen wird[99].

Über die entscheidende Mitträgerfunktion des *Betriebsrates* innerhalb des betrieblichen Vorschlagswesens (s. o. S. 54 ff.), sollte eigentlich genügend Klarheit bestehen, schon deshalb, weil heute wohl keine Betriebsführung auf seine aktive Mitwirkung verzichten kann. Man kann nicht auf der einen Seite der betrieblichen Zusammenarbeit oder der Partnerschaft im Betrieb das Wort reden und auf der anderen Seite den Betriebsrat — die von der Belegschaft gewählten Vertreter — ausklammern, gleichgültig aus welchen Motiven man dies auch immer

[99] Das in diesem Abschnitt immer wieder anklingende Vertrauensverhältnis zwischen Vorgesetzten und den ihnen unterstellten Arbeitskräften, kann als Grundübel aller menschlichen Schwierigkeiten und als Grundlage für deren Überwindung gelten. Es wird insbesondere im Zusammenhang mit den Möglichkeiten der Vorschlagseinreichung (s. u. S. 259 ff.) noch des öfteren genannt werden müssen.

tun möchte. Im Gegenteil, gerade der Betriebsrat „muß als gleichberechtigter Partner an der Gestaltung des betrieblichen Vorschlagswesens beteiligt sein“ (Kura, *167*), da er als Interessenvertretung der Arbeitnehmer — und man sollte vielleicht einschränkend sagen, in der Regel der gewerkschaftlich Organisierten — ein nicht zu unterschätzendes Mitspracherecht in vielen betrieblichen Angelegenheiten besitzt[100].

Allerdings wissen wir aus der Praxis, daß die Formen der Zusammenarbeit mit dem Betriebsrat erhebliche Unterschiede aufweisen und zwar nicht nur im Rahmen der Sonderstellung, die dieser innerhalb der skalaren Betriebsorganisation einnimmt, sondern auch in der rein menschlichen Begegnung zwischen „oben“ und „unten“. Denn auch der Betriebsrat nimmt eine doppelte Aufgabenstellung ein, womit er „die Problematik der ‚Männer in der Mitte‘ reproduziert“ (Dahrendorf, *45*, S. 35). Diese Doppelfunktion ist sogar gesetzlich statuiert, da die im Betriebsverfassungsgesetz enthaltene Mitwirkung und Mitbestimmung eine vertrauensvolle Zusammenarbeit zwischen Arbeitgeber und Betriebsrat zum Wohl des Betriebes *und* seiner Arbeitnehmer vorschreibt und ihn damit in eine „Pufferstellung“ zwingt, die ihm seine Aufgaben außerordentlich erschwert. Die Schwierigkeit ihrer Erfüllung wird außerdem noch dadurch erhöht, daß der Betriebsrat neben seinem Verhältnis zur Belegschaft und Unternehmensleitung auch noch das zu den Gewerkschaften beachten muß, so daß sein Verhaltensspielraum von einem institutionalisierten dreifachen Spannungsverhältnis bestimmt wird, womit er „im Schnittpunkt dreier Interessengruppen, der Belegschaft, der Betriebsführung und der Gewerkschaft, eine deutliche Grenzstellung einnimmt“ (Fürstenberg, *71*, S. 426). Diese ausgesprochene „Grenzsituation“ (Fürstenberg) bringt den Betriebsrat zwangsläufig in immer neue Konflikte mit diesen Interessengruppen, obwohl man ohne Übertreibung wohl behaupten kann, daß er als Belegschaftsvertretung eher für deren Belange (und damit auch für die der Gewerkschaften), als für die der Unternehmensleitung eintritt[101]. Aus diesem

---

100 Die Betriebsräte werden damit zu den tragenden Pfeilern der gewerkschaftlichen Organisation und eine Lockerung des Zusammenhanges zwischen Betriebsräten und Gewerkschaften käme einer empfindlichen Beeinträchtigung gleich (*Furtwängler*, Franz I.: Die Gewerkschaften, ro-ro-ro, Bd. 34, Hamburg 1956, S. 104).

Das Ergebnis der Betriebsratswahl 1965 in Metallbetrieben mit 54 504 neu- bzw. wiedergewählten Betriebsratsmitgliedern unterstreicht die Bedeutung der obigen Aussage (Siehe Presseerklärung der IG Metall, in: „Frankfurter Allgemeine Zeitung“ vom 24. 8. 1965).

101 Schon Kurt *Brigl-Matthiass* hat das „belegschaftsorientierte Handeln“ des Betriebsrates in seiner scharfsinnigen industrie-soziologischen Analyse „Die Politik des Betriebsrates“ (Sozialwissenschaftliche Forschungen, Abt. III, Heft 6, Berlin und Leipzig 1926, S. 87—106, 107—109; abgedruckt im Bd. 1

Grund identifizieren sich heute bereits viele Betriebsangehörige mit dem Verhalten des Betriebsrates, sie schließen sich seiner Meinung an und passen nur allzuoft auch ihre Stellungnahme zu einer betrieblichen Maßnahme, an die ihrer gewählten Vertreter an[102]. Schon deshalb sollte man sich der Mitwirkung des Betriebsrates beim Ideenwettbewerb versichern, zumal er, wenn es sich dabei um ein echtes Anliegen der Geschäftsleitung zum selbständigen Mitdenken und verantwortungsvollen Mitarbeiten handelt — das noch zusätzlich belohnt wird —, dem betrieblichen Vorschlagswesen keineswegs ablehnend gegenübersteht[103]. Die Einbeziehung der Belegschaftsvertretung in die formale Organisation des betrieblichen Vorschlagswesens ist also schon deshalb notwendig, weil diese, abgesehen von der betriebsverfassungsgesetzlichen Situation, im sozialpsychischen Organisationsgefüge des Betriebes bereits eine entscheidende Rolle einnimmt und damit einen wichtigen Beitrag zur betrieblichen Integration leisten kann. Die Stellung des Betriebsrates wird nach unserer Meinung in der Organisationslehre des Betriebes noch viel zu wenig beachtet, obwohl sich damit, wie Dahrendorf (45, S. 33) richtig bemerkt, „de facto in den betrieblichen Belegschaftsvertretungen schon heute neben Stab und Linie allerorten ein *drittes Element der formellen Organisation* herausgebildet hat". Diese Sonderstellung in der Betriebshierarchie — und das möchten wir

---

der „Soziologischen Texte": Industriesoziologie [Hrsg. H. *Maus* und F. *Fürstenberg*], Neuwied 1959, S. 169—186), „als das Rückgrat seiner Politik" bezeichnet. Dieser Wunsch, sichtbare Vorteile für die Belegschaft durchzusetzen, kann dann allerdings bis zu jenem „Betriebsegoismus" führen, den gerade die Gewerkschaften so heftig kritisieren (*Fürstenberg*, 74, S. 154).

102 Diese Anpassung erfolgt allerdings auch in umgekehrter Richtung, durch eine Identifikation des Betriebsrates mit den Ansichten der Belegschaft, die in ihrer ausgeprägten Form dazu führen kann, daß der Betriebsrat nur noch zum ausführenden Organ des „Belegschaftswillens" wird.

103 Damit schließt sich der Betriebsrat weitgehend der Meinung der Gewerkschaften an, die zwar „ein starkes Interesse haben, das betriebliche Vorschlagswesen in allen Einzelheiten gesetzlich oder tariflich festzulegen", sich aber keineswegs den betrieblichen Maßnahmen verschließen. Sie verlangen lediglich vom Arbeitgeber, „daß ein Belegschaftsmitglied, das Verbesserungen an seinem Arbeitsplatz oder Verbesserungsvorschläge an den Produktionsmitteln des Betriebes macht, entsprechend an den dadurch erzielten Gewinnen oder Ersparnissen beteiligt wird". Diese angemessene Vergütung wird, so meint der Deutsche Gewerkschaftsbund, in größeren Betrieben mit paritätisch besetzten Kommissionen und in den Unternehmen mit gesetzlich statuiertem Mitbestimmungsrecht (Montan-Industrie) erreicht, ohne daß dabei die Belange des Unternehmens, die auf Grund des gewerkschaftlichen Verantwortungsbewußtsein ebenfalls zu berücksichtigen sind, außer acht gelassen werden. „In kleineren und mittleren Betrieben", so meint der Deutsche Gewerkschaftsbund wörtlich, „speisen die Arbeitgeber die Belegschaftsmitglieder — also ihre Mitarbeiter — mit einer kleinen, völlig unzureichenden Prämie ab, wodurch sie jegliches Interesse, irgendwelche betrieblichen Vorgänge zu verbessern, ersticken." (Aus dem Schreiben des Bundesvorstandes des DGB / HA Sozialpolitik-Erfinderberatung vom 30. 4. 1959 an den Verfasser.)

hier betonen — ist aber lediglich eine Folge der gesetzlich umschriebenen Funktionen des Betriebsrates — auch beim betrieblichen Vorschlagswesen, bei dem die Mitbestimmung des Betriebsrates bei der Prämienfestsetzung in der „Verordnung über die steuerliche Behandlung von Prämien für Verbesserungsvorschläge“ vom 18. 2. 1957 vorgeschrieben ist. Trotzdem wäre es aus sozial- und gruppenpsychologischer Sicht völlig falsch, wenn sich die Mitwirkung der Belegschaftsvertretung nur auf der Basis dieser vorgeschriebenen Regeln bewegen würde, da innerhalb der informalen Organisation weitaus stärkere Kräfte dieser gesetzlich sanktionierten Institution wirken. Auf informaler Kommunikationsebene sind dadurch Wechselbeziehungen entstanden, die in ihren rein menschlichen Wechselwirkungen den Integrationsvorgang des menschlichen Verhaltens im Betrieb empfindlich stören, aber auch günstig beeinflussen können. Nicht umsonst spricht man vom Betriebsrat als dem „Sprachrohr der Belegschaft“ und wer, wie der Verfasser, in der Praxis fast täglich mit Vertretern des Betriebsrates in Kontakt steht, weiß um die Bedeutung dieser volkstümlichen Redewendung. Die Belegschaftsvertretung stellt also eine wichtige Informationsquelle innerhalb der Sozialstruktur des Betriebes dar, über die weitaus mehr inoffizielle Nachrichten von „unten“ nach „oben“ und umgekehrt laufen, als man im allgemeinen annimmt. Zur Aufrechterhaltung einer guten Kommunikation ist es daher notwendig, alle Informationsmöglichkeiten auszuschöpfen und den Betriebsrat über den Rahmen des betriebsverfassungsrechtlichen Informationszwanges hinaus, über alle wichtigen Ereignisse zu unterrichten, zumal diese Orientierung eine wichtige Vorbedingung für das Mitwirken *und* Mitverantworten ist. Die Zusammenarbeit zwischen Unternehmensleitung und Belegschaftsvertretung im Betrieb (Bohmann u. a., *26)*, die sich an Begriffen wie Mitwirkung, Mitbestimmung und Mitverantwortung orientiert, wird nur dann vom gegenseitigen Vertrauen getragen sein, wenn sich beide Seiten nicht mehr als Gegner, sondern als Partner sehen. Diese gegenseitige Einstellung ist eine wichtige Voraussetzung für den Erfolg betriebspsychologischer Bemühungen und damit auch für die Integration der Belegschaft zu einer echten Arbeits-, Lebens- und Leistungsgemeinschaft (Scherke). Schließlich stellt auch der Betriebsrat eine Gruppe innerhalb der betrieblichen Sozialstruktur dar, die auf Grund der ihr von der Gewerkschaft gesetzten Ziele, bestimmte Verhaltensweisen entwickelt und in der Regel sehr homogen ist[104]. Die Gruppenkohäsion (Hofstätter) ist hier teilweise so stark ausge-

[104] Die Homogenität läßt sich, wie der Verfasser in der betrieblichen Praxis festgestellt hat, auch beim betrieblichen Vorschlagswesen, z. B. im Prüfungs- oder Bewertungsausschuß, verfolgen. Hier hat sich in auftretenden Zweifelsfällen die Gruppe der Betriebsratsmitglieder fast immer geschlossen gegen die Meinungen der Vertreter der Unternehmensleitung gestellt.

prägt, daß sich eine Tendenz zur Uniformität in Tun und Meinen bemerkbar macht, eine solidarische Einstellung, die bis zur „Unifikation" der einzelnen Mitglieder mit den Gruppenzielen führt (vgl. Hofstätter, *124,* S. 88 ff.). Ist diese wohlintegrierte Gruppe zur aktiven Mitarbeit gewonnen, dann lassen sich viele Konfliktsituationen vermeiden, während im anderen Fall die Gefahr der Cliquenbildung entsteht, mit allen sie kennzeichnenden Nachteilen für die Zusammenarbeit und das Zusammenleben im Betrieb.

Die *Mitträgerfunktion* des Betriebsrates beim Ideenwettbewerb ist deshalb aus sozial- und gruppenpsychologischen Erkenntnissen von besonderer Bedeutung, und er sollte im Interesse der Anerkennung dieser betrieblichen Maßnahme durch die Belegschaft in die gesamte Organisation des Vorschlagswesens eingeschaltet werden. Dabei kann er als Informationsquelle die wichtige Aufgabe übernehmen, neben der Unternehmensleitung und den betrieblichen Führungskräften die Betriebsangehörigen über die Ziele des betrieblichen Vorschlagswesens zu unterrichten (z. B. in den Betriebsversammlungen), sie zur aktiven Mitbeteiligung aufzufordern und in allen auftretenden Fragen zu beraten. Außerdem wird seine Mitwirkung und seine gleichberechtigte Stellung in der Prüfungs- oder Bewertungskommission, das noch immer vorherrschende habituelle Mißtrauen der Belegschaft zerstreuen, die im Ideenwettbewerb teilweise auch heute noch nur ein Mittel der Geschäftsleitung sieht, auf ihre Kosten noch größere wirtschaftliche Erfolge zu erzielen und schon deshalb diese Einrichtung boykottiert. Hier liegen wichtige Ansatzpunkte einer aktiven Mitarbeit der Belegschaftsvertretung, die dann nicht nur organisatorischer, sondern auch sozialpsychologischer Natur sind und die eine Verhaltensweise erfordern, die diesen menschlich-sozialen Gegebenheiten entspricht.

„Das, was über die Mitarbeit der Vorgesetzten ... gesagt wurde, gilt noch in stärkerem Maße für den Betriebsrat", erklärt der „Ausschuß für Arbeitsbeziehungen" der Phoenix-Gummiwerke A.G., Hamburg-Harburg, in seinen Grundsätzen zum betrieblichen Vorschlagswesen. „Er muß von Anfang an, an der Gestaltung und an den laufenden Arbeiten des Vorschlagswesens beteiligt sein. Die Nichtbeteiligung oder Ausschaltung des Betriebsrates wäre in unserer Zeit, in der wir uns um eine umfassende betriebliche Zusammenarbeit bemühen, nicht nur eine sehr unrealistische Verhaltensweise, sondern auch eine klare Diffamierung der gewählten Interessenvertretung unserer Arbeiter und Angestellten. Wird dieser Fehler bei der Einführung gemacht, braucht man sich nicht zu wundern, wenn der erwartete Erfolg ausbleibt. Wenn dagegen ‚mit offenen Karten gespielt' und der Betriebsrat zur Mitarbeit herangezogen wird, erweist er sich in der Regel als ein fördernder Faktor, der dazu beiträgt, das Vertrauen zu schaffen, aus dem sich gute Zusammenarbeit entwickeln kann[105]." Wir haben dieser Auffassung von einer offenen, vertrauensvollen Zusammenarbeit nichts mehr hinzuzufügen.

Auch an den für das betriebliche Vorschlagswesen eingesetzten *Sachbearbeiter* (s. o. S. 55 ff.) sind ebenfalls keineswegs nur Anforderungen der fachlichen Eignung zu stellen. Da auch er es mit Menschen zu tun hat, braucht er daneben ein ausgeprägtes menschlich-soziales Verhalten, das ihn in den Augen *aller* Belegschaftsmitglieder, also einschließlich der Führungskräfte, zur Vertrauensperson des Ideenwettbewerbs werden läßt. Jede Organisation ist immer nur so gut, wie die Menschen, die sie tragen, so daß der „Beauftragte"[106] für das Vorschlagswesen im Betrieb, der in unmittelbarem Verhältnis zu dessen Organisation steht, zu einem wichtigen Mitglied innerhalb der Organisationsstruktur dieser betrieblichen Einrichtung wird. Die Anforderungen, die im Zusammenhang mit den sozial-pädagogischen Aufgaben an seine Person zu stellen sind, sind sehr hoch und setzen — da er Initiator und Koordinator zugleich sein sollte — Kontaktfreudigkeit, menschliches Verstehen, Einfühlungsvermögen, Wendigkeit, Taktgefühl und Gerechtigkeitssinn voraus. Der Beauftragte für das betriebliche Vorschlagswesen muß also seinem ganzen Wesen nach ein Mensch sein, bei dem sich möglichst viele Mitarbeiter wohlfühlen, so daß es keinesfalls ausschlaggebend sein kann, ob ein Techniker oder Kaufmann für die Aufgabe eingesetzt wird. Weitaus wichtiger für die Wahl des Beauftragten ist die Frage nach seiner *Persönlichkeit*, von der es abhängen wird, in welchem Maße sich seine Rolle zum Vorteil oder Nachteil des betrieblichen Vorschlagswesens auswirken wird (Höckel, *122*, S. 86). Zudem ist seine Mittlerrolle zwischen Unternehmensleitung, Führungskräften und Belegschaft von sozialpsychologischer Bedeutung, da es zu seinen wichtigsten Aufgaben zählt, die zwischen diesen Gruppen auftretenden Spannungen möglichst zu mindern und das gegenseitige Vertrauensverhältnis zu fördern und zu vertiefen. So kann der Sachbearbeiter insbesondere bei der von uns vertretenen Form des Gruppen-Vorschlagssystems vorübergehend die Rolle des "second man" übernehmen und von dieser Schlüsselposition aus, auf ein erfolgreiches Zusammenarbeiten einwirken. Er kann überhaupt auf die Gruppenbildung und die sich daraus ergebende Gruppenarbeit entscheidenden Einfluß ausüben, da er durch die Einzelvorschläge auf schöpferisch denkende Mitarbeiter aufmerksam wird. „Er sollte sich bemühen, aus ihnen kleine *Gruppen* zu bilden, die sich, weil es ihnen liegt und Spaß

---

[105] Aus dem „Erfahrungsbericht über unser Vorschlagswesen 1950—1954" (Hrsg.: Phönix-Gummiwerke A.G., Hamburg-Harburg, S. 4).

[106] Dieser Begriff hat sich nach G. *Höckel* (*122*, S. 83) weitgehend eingebürgert.

macht, gemeinsam mit Verbesserungsfragen beschäftigen. Meister, Betriebsingenieure und natürlich auch der hauptberufliche Arbeitsgestalter sollten gleichfalls zur Gruppe gehören. Ihre Arbeitsweise unterscheidet sich von dem Einzelvorschlagswesen, das daneben weitergeführt werden kann. An Stelle von fallweisen Vorschlägen werden von der Gruppe Aufgaben gelöst, die als Anregungen aus dem eigenen Kreis oder von außen kommen. Die erzielte Prämie kommt der ganzen Gruppe zugute" (Pechold, *239*, S. 101). Durch das Zusammenführen der erfolgreichen Einreicher zu einer „Denkgruppe" werden durch den Kooperationswillen und das Zusammenspiel von Überlegungen und wechselseitigen Anregungen, nicht nur die schöpferischen Kräfte immer wieder neu angeregt und das Finden besserer Lösungen gewährleistet, sondern es bleibt daneben auch für den Einzelnen noch genügend Lebensraum zur Befriedigung seiner personhaften Bedürfnisse. Im Rahmen einer dann erweiterten Gruppenpflege wird sich die positive Einstellung der Mitglieder dieser Denkgruppe, die aus allen Stufen der Betriebshierarchie kommen, innerhalb der betrieblichen Gruppenstruktur fortpflanzen, neue „Denkgruppen" integrieren, bis schließlich die Mehrzahl der Betriebsangehörigen das Vorschlagswesen unter gleichen Aspekten betrachtet und diese betriebliche Einrichtung als das anerkennt, was sie eigentlich sein sollte: eine *Gemeinschaftsaufgabe* des ganzen Betriebes, bei der jeder jedem genügend Freiheit zum Mitdenken, Mithandeln und Mitverantworten läßt, mit dem Ziel einer durch diese Zusammenarbeit gleichzeitigen Befriedigung sozioökonomischer und personaler Wünsche.

Es wird sicherlich nicht leicht sein, für diese schwere und verantwortungsvolle Aufgabe den „richtigen" Mann zu finden. Nach der Typologie und Charakterkunde von C. G. Jung wird man dazu einen mehr „extravertierten", einen nach „außen gewendeten" Menschen suchen müssen und dabei sogar dessen „progressive Abart", denn, dieser Typus ist ein ausgesprochener Tatmensch mit enormer Aktivität, immer rührig und stets in Bewegung. Er hat Dinge, Menschen, Beziehungen und äußere Aufgaben notwendig, um seine Kräfte, ja sich selbst, in ihnen zu investieren" (Carrard, *36*, S. 266). Dieser geistig-seelische Grundtypus, der stärker auf die Außenwelt gerichtet ist, die Wirklichkeit mit ihren praktischen und sozialen Belangen und Forderungen anspricht, wird durch seine Kontaktfähigkeit, die ein hohes Maß an Integrität, Takt und Geschick einschließen sollte, das Vertrauensverhältnis zwischen Unternehmensleitung, Führungskräften und Belegschaftsmitgliedern fördern und damit einen sinnvollen Beitrag zur betrieblichen Integration leisten können. Kern (*139*, S. 40), der in vielen Beiträgen zu den Problemen des betrieblichen Vorschlagswesens Stellung genommen hat, beschreibt den „idealen" Beauftragten wie folgt:

„Als Sachbearbeiter für das Verbesserungsvorschlagswesen kann nur ein Mitarbeiter in Frage kommen, der sich aus *innerer Berufung* zu dieser überaus reizvollen Aufgabe drängt ... Wenn man sehr anspruchsvoll ist, dann könnte man es etwa so formulieren: Er müßte eine Synthese zwischen Propagandist, Journalist, Psychologe und Pädagoge sein. Dabei hätte man vergessen zu erwähnen, daß er außerdem mit den betrieblichen Bedingtheiten, d. h. mit den Eigenarten der Fertigung, der besonderen Mentalität der in diesem Betrieb schaffenden Menschen und der ganzen betrieblichen Stimmung völlig vertraut sein muß." Das ist sicherlich eine mit Absicht übertriebene Forderung, aber sie kennzeichnet die Schwierigkeiten für diese Aufgabe die geeignete „Persönlichkeit" zu finden; *den* Beauftragten für das betriebliche Vorschlagswesen, der neben fachlichen und menschlichen Eigenschaften viel Lust und Liebe zur Sache, aber auch viel Geduld mitbringt. Sicherlich spielt auch bei der Auswahl des Sachbearbeiters der Zeitfaktor eine nicht zu unterschätzende Rolle und damit die Frage, ob der Ideenwettbewerb von ihm haupt- oder nur nebenamtlich betreut wird; trotzdem ist es auch nach unserer Meinung „nicht so schlimm, wenn der Beauftragte für das BVW nur mit der Hälfte seiner Zeit zur Verfügung steht; schlimm ist es nur, wenn er mit dem halben Herzen dabei ist" (Höckel, *122*, S. 87).

Die Auswahl einer geeigneten Person, die neben der Unternehmensleitung, den betrieblichen Führungskräften und dem Betriebsrat, diese Instution mitträgt und betreut, ist also ebenfalls für den Erfolg des betrieblichen Vorschlagswesens von größter Bedeutung, denn neben oft erheblichen Geldbeträgen „verwaltet" dieser verantwortliche Beauftragte vor allem das wertvollste Kapital, das es in einem Betrieb überhaupt gibt: das Vertrauen der Belegschaft.

Die Bildung eines *Prüfungs-* oder *Bewertungsausschusses* im Rahmen des betrieblichen Vorschlagswesens ist ebenfalls und trotz der gesetzlichen Vorschrift, keine rein technisch- organisatorische Aufgabe, weil dieser Ausschuß nicht nur als eigentliches Organ zur Prüfung und Bewertung der Verbesserungsvorschläge fungieren, sondern auch mittelbar zum *Träger* des Ideenwettbewerbs werden sollte (vgl. dazu o. S. 57 ff.). Seine Mitglieder müssen also dieser Form aktiver Mitarbeit im Betrieb besonders aufgeschlossen und verantwortungsbewußt gegenüber stehen und neben den Vorgesetzten und dem Beauftragten, die eigentlichen „Treuhänder" des betrieblichen Vorschlagswesens sein. Jede Voreingenommenheit der Mitglieder des Bewertungsausschusses gegen das betriebliche Vorschlagswesen, wäre für den Ideenwettbewerb ebenso hemmend, wie eine solche der Unternehmensleitung oder der betrieblichen Führungskräfte. Oft sind gerade die leitenden Führungskräfte des Betriebes, die im Prüfungsausschuß amtieren, auf jahrzehntelange

Praktiken versessen, was sie veranlaßt, an Arbeitsverfahren und Organisationsregeln festzuhalten; und dies nur, weil man es so schon 10 oder 20 Jahre halte und es dabei belassen möchte. Solche Leute — gleichgültig auf welcher Rangstufe sie stehen — gehören nicht in einen Ausschuß, der als dynamischer Mitträger das betriebliche Vorschlagswesen lebendig erhalten soll und von dem immer wieder neue Impulse zum Mitdenken ausgehen sollten. Dazu bedarf es Personen mit innerer Aufgeschlossenheit und gesundem Menschenverstand, die das Schöpferische im Menschen achten und anerkennen und damit seinen Ideen zur Verwirklichung verhelfen. „Es ist selbstverständlich", schreibt Hohmann (*127*, S. 73), „daß die in den Prüfungsausschuß berufenen Mitarbeiter von einwandfreiem Charakter sind und das Vertrauen der Belegschaft besitzen. Sie müssen objektiv und klar in ihren Entscheidungen sein, denn von ihrer Wirksamkeit hängt der Erfolg des Verbesserungsvorschlagswesens (ebenfalls) weitgehend ab."

Diese Sachlichkeit bei der Prüfung und Bewertung von Verbesserungsvorschlägen — Carrard (*36*, S. 205) spricht von einer „objektiven, dienenden Einstellung" — ist neben der sozialpsychischen Kontaktfähigkeit mit der Belegschaft und den Führungskräften ein entscheidender Faktor. Der Ausschuß sollte daher *jeden* Verbesserungsvorschlag mit einer Unvoreingenommenheit prüfen, als handle es sich dabei um die beste Idee des Jahres. Wer die Autoreneitelkeit der Erfinder, die in allen Volksschichten gleich stark entwickelt ist, kennt, weiß, wie schnell deren Selbstbewußtsein gekränkt ist, wenn eine ihrer Ideen nicht beachtet wird. Das trifft auch für den Mitarbeiter zu, dessen Vorschlag aus irgendeinem Grunde abgelehnt werden mußte, weil aus dieser gekränkten Eitelkeit heraus, sein Urteil über die Objektivität des Bewertungsausschusses fast immer negativ ausfallen wird (Seidemann, *269*, S. 417). Auch liegen diesem Verhalten Motive zugrunde, die von einem traditionalen Mißtrauen getragen werden, das durch geeignete Maßnahmen, etwa eine offene, aufklärende Aussprache ausgeschaltet werden kann. Daneben ist es notwendig, die Unabhängigkeit des Prüfungsausschusses und seiner Mitglieder zu sichern, „denn gelegentlich werden sie auch Vorschläge annehmen, die manchem leitenden Angestellten unangenehm sind. Aus Angst vor der Obrigkeit dürfen aber keine Vorschläge unter den Tisch fallen, vorausgesetzt natürlich, daß sie brauchbar sind" (Lill, *184*, S. 28). Die Entscheidung der Bewertungskommission sollte deshalb von keiner Stelle mehr beeinflußbar sein, d. h. die Unternehmensleitung muß mit der Auswahl der Ausschußmitglieder zu erkennen geben, daß sie den Berufenen ihr volles Vertrauen entgegenbringt. Nur so wird sich, gleichsam als sozialpsychologischer Effekt, auch das Vertrauen und die Anerkennung der übrigen Belegschaftsmitglieder zu den Ausschußmitgliedern entwickeln und das Gefühl entstehen, daß in diesem Gremium jede Anregung unvoreingenommen und mit großer Sachlichkeit geprüft und bewertet wird.

In seiner Arbeitsweise kommt der Prüfungs- oder Bewertungsausschuß der „Gruppensituation" am nächsten, so daß seine Größe und Zusammensetzung, die organisationstechnisch den betriebsindividuellen Gegebenheiten und der Organisationsform des betrieblichen Vorschlagswesens angepaßt sein wird, auch einer sozialpsychologischen Betrachtungsweise bedarf. Als demokratisch-institutionelle Gruppe — und nach Scharmann (*276*, S. 133) stellt er deren „repräsentative Abart" dar — unterliegt der Prüfungsausschuß gruppenpsychologischen Bedingungen, die für das Zusammenwirken seiner Mitglieder von großem Erkenntniswert sind. Er darf, um die Gefahr einer Einseitigkeit der Beurteilung auszuschließen, nicht zu klein sein, sollte aber im Sinne des Gruppenprinzips wiederum nicht mehr Mitglieder umfassen, „als ihrer (der Gruppe) Überschaubarkeit und ihrer inneren Lebendigkeit dienlich sind" (Scharmann, *276*, S. 137). Die Anzahl seiner Mitglieder muß also noch den unmittelbaren persönlichen Kontakt zulassen, der für den Integrationsvorgang von Bedeutung ist. Da wir an anderer Stelle bereits die Meinung vertreten haben, daß die Ausschußmitglieder gleichsam einen „sozialen Berufsquerschnitt" verkörpern sollten, ist dieser direkte Kontakt besonders wichtig, um das Nebeneinander verschiedener Funktions- und Rollenträger zu einem gleichgerichteten und gleichberechtigten Arbeitsteam zu verschmelzen. Dazu kommt, daß durch die fachliche und soziale Streuung der Ausschußmitglieder, jeder Verbesserungsvorschlag „von *mehreren Seiten sachverständig* (und mit einer sozialpsychischen Gleichgewichtigkeit [Zusatz des Verfassers]) beurteilt werden kann" (Lill, *184*, S. 33). An der Spitze des Ausschusses sollte, wenn schon nicht der Inhaber oder Vorstandsvorsitzende, zumindest ein Direktionsmitglied stehen; allein auf Grund der Voraussetzung, daß das betriebliche Vorschlagswesen nur funktionieren wird, wenn sich die Betriebsführung (das Management) dafür interessiert. Man hört zwar des öfteren den Einwand, daß dann die Ausschußmitglieder, die in der sozialen Struktur des Betriebes weiter „unten" stehen, in ihrer Stellungnahme gehemmt werden, aber es sollte doch gerade in diesem Gremium nach demokratischen Gepflogenheiten zugehen, d. h., es muß die unbedingte Gewähr geboten sein, daß jedes Ausschußmitglied, ohne Rücksicht auf seine Rangstellung und Statuszugehörigkeit im Betrieb, zu Wort kommt. Selbstverständlich gehört auch der Sachbearbeiter für das betriebliche Vorschlagswesen in den Prüfungsausschuß (wenn auch ohne Stimmrecht) und gerade er kann als „neutrale" Person die Ausschußmitglieder zu einer fruchtbaren Zusammenarbeit führen. Es mag sogar vorteilhaft sein, ihm den Vorsitz zu übertragen, weil damit eine gleichgewichtige Mitwirkung der stimmberechtigten Parteien erreicht werden kann. Desgleichen sollte die Delegierung der Arbeitnehmervertreter nicht nur auf Grund der gesetzlichen und steuerrechtlichen Vorschriften erfolgen, sondern aus Gründen einer guten Zusammenarbeit zwischen Geschäftsleitung und Belegschaftsvertretung eine wesentliche Voraussetzung sein (s. o. S. 242 ff.).

Die Häufigkeit und Regelmäßigkeit der Ausschußsitzungen verdient wegen der Problematik der *zeitlichen* Organisation beim betrieblichen Vorschlagswesen besondere Beachtung. Sowohl eine Übertreibung durch vorher festgesetzte Termine, also Zusammenkünfte aus einer routinemäßigen Gewohnheit und ohne konkreten Anlaß, als auch zu langes Warten auf eine bestimmte Anzahl von Verbesserungsvorschlägen, sind hierbei keineswegs nützlich. Leider werden in der betrieblichen Praxis, wie der Verfasser als Mitglied eines Prüfungsausschusses immer wieder feststellen mußte, notwendige Zusammenkünfte oft wochenlang hinausgeschoben, nur weil einige Prüfungsmitglieder für „derartige Nebensächlichkeiten" keine Zeit haben. Die sozialpsychologischen Auswirkungen einer solchen Interessenlosigkeit auf die Einreicher, den Sachbearbeiter und alle übrigen Ausschußmitglieder bedürfen keiner weiteren Erklärung, bis auf die, daß mit einer solchen Einstellung jedem unmittelbar und mittelbar am Ideenwettbewerb Beteiligten, die Lust an einer weiteren aktiven und spontanen Mitarbeit genommen wird.

Nur wenn die Forderungen nach paritätischer, organisationsgemäßer, fachlicher und sozialer Zusammensetzung des Prüfungs- oder Bewertungsausschusses gewährleistet sind, wird dieser als Organ und Mitträger des betrieblichen Vorschlagswesens positiv wirken können, dem Ideenwettbewerb neue Impulse vermitteln und dazu beitragen, es ständig am Leben zu erhalten[107].

Auf die Bedeutung einer zentralen *Bearbeitungsstelle* für das betriebliche Vorschlagswesen haben wir bei unserer gerüstsoziologischen Betrachtungsweise ebenfalls bereits hingewiesen und gleichzeitig zwei typische Möglichkeiten ihrer organisatorischen Gestaltung und Eingliederung in der Gesamtorganisation des Betriebes dargestellt (s. o. S. 59 ff.). Dabei ergab sich im Falle einer organisatorischen Angliederung der „Zentralstelle" an eine bestehende Abteilung die Frage, ob diese Bearbeitungsstelle und damit die Institution des betrieblichen Vorschlagswesens an sich, dem technischen oder kaufmännischen Betriebsbereich zuzuordnen sei. Die darüber bestehenden Meinungs-

---

[107] *Lill* bringt in seinem Buch über das betriebliche Vorschlagswesen (*184*, S. 32 ff.), die Zusammensetzung einiger Prüfungsausschüsse, bei denen die ebengenannten Forderungen zum größten Teil erfüllt sind.

verschiedenheiten — in der Regel faßt der technische Bereich wegen der Vielzahl technisch-organisatorischer Verbesserungsvorschläge den Ideenwettbewerb als seine „Domäne“ auf — führen heute immer noch zu Spannungen zwischen diesen Bereichen, die sich innerhalb der Organisation des betrieblichen Vorschlagswesens bis in den Prüfungsausschuß fortsetzen und auch bei der Frage, ob der Sachbearbeiter ein Techniker oder Kaufmann sein sollte, immer wieder auftreten. Solche Meinungsverschiedenheiten sind weder fruchtbar noch geeignet, den Gedanken aktiver Beteiligung am Betriebsgeschehen und damit einer neuen Einstellung zur Arbeit und zum Betrieb weiterzugeben. Die Zusammenarbeit im Betrieb wächst mit dem gegenseitigen Verständnis *in* allen und *zwischen* allen Gruppenstrukturen, so daß nicht nur kooperative Einstellungen, sondern auch Konflikte von „oben“ nach „unten“ kommuniziert werden. Die Zuordnung der zentralen Bearbeitungsstelle ist daher nicht nur ein organisatorisches, sondern auch ein sozialpsychologisches Problem, womit wir keineswegs die Angliederung an eine technische Abteilung verneinen, wenn betriebsindividuelle Gründe dafür maßgebend sind und dabei neben dem wirtschaftlichen Zweckgesichtspunkt auch die menschlichen Aspekte beachtet werden.

Neuerdings geht die Tendenz allerdings dahin, das Vorschlagswesen dem betrieblichen Personalwesen zuzuordnen und die zentrale Bearbeitungsstelle in den Organisationsaufbau einer bestehenden Personal- und Sozialabteilung einzufügen. „Diese organisatorische Veränderung hat“, wie Kura (*167*, S. 248) meint, „seine guten Gründe. Sie liegen einmal in der veränderten Aufgabenstellung des Vorschlagswesens, zum anderen in der ... Erkenntnis begründet, daß die übermäßige Betonung der Rationalisierung auf die Arbeiter (und Angestellten [Zusatz des Verfassers]) leicht wie ein rotes Tuch wirkt und ihre Gefühle verletzt, während der umgekehrte Weg über die Werbung um Mitarbeit zu einem guten Betriebsklima führt.“ Hier hat die moderne Betriebspsychologie mit ihren sozialpsychologischen Erkenntnissen vom Wert und der Würde des Menschen im Betrieb zweifelsohne auf die Organisationsveränderung eingewirkt. Es erscheint uns aber notwendig, der Aussage von Kura noch einiges hinzuzufügen, denn die Gründe für diese Entwicklung sind auch auf den Bedeutungswandel des ”Personnel Management“ im Rahmen des Gesamtbetriebes zurückzuführen[108]. Der Personal- und Sozialabteilung wird heute weitgehend die gleiche Stellung wie den anderen Hauptabteilungen des Betriebes eingeräumt; sie ist in der Regel direkt der Geschäftsleitung unterstellt und ihr Leiter gehört zur oberen Betriebsführung. Wo das der Fall ist, „werden durch die Spitze der Personalabteilung auch betriebspolitische und personalpolitische

---

[108] Vgl. dazu insbesondere *Goossens (88* und *89)*, *Poeverlein (248)*, *Kolbinger (159* und *150)*, *Jacobi (132)* u. a. m.

Aufgaben miterledigt" (Mellerowicz, *212*, S. 7), wodurch „Personalpolitik und Personalführung wachsende unternehmenspolitische Bedeutung erlangen und zwar sowohl aus realen geschäftlichen Überlegungen als auch im Hinblick auf die Wünsche und Bedürfnisse der Mitarbeiter" *(386)*. Dieser „Stellungs"- und Aufgabenwechsel im betrieblichen Personalwesen wurde schon auf einer im Frühjahr 1956 in Rom abgehaltenen Konferenz über "Human Relations in Industry" deklariert. „Es wurde grundsätzlich festgestellt" — wie es in einem Bericht von Scharmann (*279*, S. 426) heißt — „daß die Personalabteilung nicht nur als Verwaltungsstelle zu funktionieren habe, sondern daß sie ihre Tätigkeit auch unter einem ‚dynamischen und schöpferischen Aspekt' sehen müsse, denn es sei ihre Aufgabe, die menschliche Situation des Betriebes zu analysieren, vorhandene Schwierigkeiten festzustellen und für deren Abstellung zu sorgen." Für die Zuordnung der „Zentralstelle" in den personellen Bereich spricht auch die „Neutralitätsstellung", die der Personalabteilung im Betriebsgeschehen eingeräumt wird und die gewisse Vermittlungsfunktionen einschließt, die bei der menschlichen Problematik des betrieblichen Vorschlagswesens nicht ohne Bedeutung sind. Und schließlich sind einer modernen betrieblichen Personalpolitik und Personalführung Aufgaben gestellt, die teilweise mit denen des betrieblichen Vorschlagswesens übereinstimmen, womit es diese Bemühungen besonders zu unterstützen vermag[109]. Freilich braucht man nicht gleich so weit zu gehen und „die Organisation eines ständig funktionierenden Vorschlagswesens", als die „Krönung aller anderen Maßnahmen im Rahmen der Personalorganisation und Personalführung" zu bezeichnen, wie es Goossens (*88*, S. 426) tut, obwohl ein „Körnchen Wahrheit" darin enthalten ist und die Ziele gleich sind: Gute Mitarbeiterbeziehungen *und* wirtschaftliche Erfolge.

Die Vorbehalte, die gegen eine Eingliederung des betrieblichen Vorschlagswesens in den Personalsektor gemacht werden, stellen in der Regel die Sachkenntnis dieser Abteilung an den Verbesserungsvorschlägen in Frage. Hier liegt dann allerdings ein eklatantes Mißverständnis vor, da es bei der Eingliederung in den personalen Bereich um die organisatorische Gestaltung und die mit der Einführung und Durchführung verbundenen organisationstechnischen und menschlich-sozialen

---

[109] In den „Leitgedanken" zur betrieblichen Personalpolitik und Personalführung im ebengenannten Arbeitsbericht *(386)* heißt es unter anderem: „Es liegt im gemeinsamen Interesse aller Beteiligten, wenn möglichst viele Mitarbeiter im Betrieb nicht nur ausschließlich des Lohnes wegen tätig sind, sondern auch ihre *Befriedigung in der Arbeit* finden. Die Unternehmensleitung kann dazu beitragen, indem sie allen geeignete Möglichkeiten der *Persönlichkeitsentfaltung*, der *Mitwirkung* und der *Zusammenarbeit* bietet. *Ausbildung* für die Aufstiegswilligen und möglichst viel *Spielraum* für die Verantwortungswilligen sind wesentliche Bestandteile einer zeitgemäßen betrieblichen (Personal- und) Sozialpolitik."

Fragen geht und nicht um die technisch-wirtschaftliche Begutachtung und die in der Regel davon abhängige Bewertung der Verbesserungsvorschläge. Diese Aufgaben können und sollten von fachlich versierten Gutachtern und den Mitgliedern des Bewertungsausschusses übernommen werden.

Wir wissen nicht, ob mit der wachsenden Bedeutung, die den personal- und sozialpolitischen Aufgaben im Betrieb auch weiterhin beigemessen wird — wobei wir unterstellen, daß dies unabhängig von Zeiten des Arbeitskräftemangels geschieht — auch das betriebliche Vorschlagswesen verstärkt dem personellen Sektor zugeordnet wird, wie es schon heute in vielen Unternehmen der Fall ist[110]. Wir sind aber der Meinung, daß sowohl auf Grund der besonderen Auffassung vom betrieblichen Vorschlagswesen „den Einzelnen an seiner Arbeit innerlich zu beteiligen, ihm eine Chance zu geben, seine Fähigkeiten unter Beweis zu stellen und mit der Freude über die individuelle Leistung ihm die Freude an der Arbeit wiederzugeben"[111], als auch der erweiterten Aufgabenstellung der Personal- und Sozialabteilung — sie ist, nach Scharmann (*279*, S. 426) in erster Linie „für die systematische und objektive Pflege und Regelung der zwischenmenschlichen Beziehungen im Betrieb verantwortlich" — die organisatorische Eingliederung in den personellen Bereich dem betrieblichen Vorschlagswesen nur dienlich sein kann, ohne dabei den Blick auf das wirtschaftliche Prinzip, das auch der betrieblichen Personal- und Sozialpolitik zugrunde liegt, zu verlieren[112].

Die Erörterung über den *Kreis* der *Vorschlagsberechtigten* (s. o. S. 66 ff.) und die in diesem Zusammenhang immer wieder auftretende Frage: „Wer darf sich am betrieblichen Vorschlagswesen beteiligen?", sowie das damit verbundene schwierige und leidige Abgrenzungsproblem, versuchten wir rein sachlich dadurch zu lösen, daß wir grund-

---

110 Vgl. die auf S. 62 genannten Unternehmen.
Die Firma Friedrich Krupp, Essen, hat in einer Beilage zu einer ihrer Werkzeitschriften die Zuordnung ihres Vorschlagswesens wie folgt kommentiert: „Bei *Krupp* wurde das betriebliche Vorschlagswesen in der Spitze dem Personalsektor und speziell dem Sozialwesen zugeordnet. Das heißt freilich keineswegs, daß die Prämien für Verbesserungsvorschläge den Charakter von Sozialleistungen annähmen; auf den *sachlichen* Nutzen des Vorschlagswesens legen wir ebenso großen Wert, wie auf den *menschlichen.*"

111 Albrecht *Weiss* in seinem Vortrag zur Einleitung der 2. Fachtagung für betriebliches Vorschlags- und Informationswesen am 13./14. 10. 1953 in Heidelberg (Berichtsmanuskript).

112 Der gleichen Meinung sind *Goossens*, der das Vorschlagswesen als „eines der heißesten Eisen der *Personalführung*" bezeichnet (*88*, S. 425); *Kroeber-Keneth*, der das Vorschlagswesen als „ein überaus wertvolles, aber auch empfindliches Instrument der *Personalpraxis*" betrachtet (*158*, S. 698) und *Kolbinger*, der im „Verbesserungs- und Vorschlagswesen" sogar einen *speziellen Bereich des Personalwesens* sieht (*150*, S. 64/65).

sätzlich zwischen *Teilnahme-* und *Prämien*berechtigung unterschieden. Dabei sind wir zu der Schlußfolgerung gekommen, daß das betriebliche Vorschlagswesen als echte *Gemeinschaftsaufgabe* des ganzen Betriebes, die Teilnahme *aller* Betriebsangehörigen gestatten muß und alle Einschränkungen, aus welchen Gründen sie auch immer notwendig werden, erst bei der Frage nach der Prämienberechtigung vorzunehmen sind. Trotzdem werden in der betrieblichen Praxis immer noch in vielen Fällen die Vorgesetzten und andere spezielle Fachkräfte (z. B. Konstrukteure) generell von einer Teilnahme am betrieblichen Vorschlagswesen ausgeschlossen. Eine solche Maßnahme widerspricht aber dem Sinn des Ideenwettbewerbs und kommt der wohl etwas antiquierten Auffassung gleich, die im Betrieb „einer gewissermaßen dumpfen Masse, die mit materiellen Anreizen zum Leistungsdenken angeregt werden muß, eine schöpferische Oberschicht gegenübergestellt, bei der der Verbesserungsvorschlag mit zum Arbeitsvertrag gehört" (Kroeber-Keneth, *158*, S. 699). Eine solche „Klassenscheidung" kann mit als größter Hemmschuh dieser Einrichtung bezeichnet werden, weil sie nicht nur — wie wir bereits ausgeführt haben — die Bereitwilligkeit der Vorgesetzten als wichtigste Träger des Ideenwettbewerbs untergräbt, sondern gleichzeitig auch die Führungskräfte selbst vom schöpferischen Denken abhält, die sich dadurch trotz ihrer besonderen Stellung übergangen und benachteiligt fühlen.

Wenn man die Frage der *Teilnahmeberechtigung* am Ideenwettbewerb mehr unter sozialpsychologischen Aspekten angeht, wird man feststellen, daß es dabei doch letztlich um das Streben nach Anerkennung, um die Befriedigung des Geltungsbedürfnisses und damit auch des Ansehens im Betrieb geht. Dabei zeigt sich insbesondere das sozialpsychologisch so ungemein wirkungsvolle Motiv des Geltungstrebens, aus dem der Wunsch nach Mitwissen, Mitdenken und Mithandeln begreifbar wird, als eine wichtige und zu beachtende „mitseelische Wirkkraft" (Mayer) im sozialen Betriebsgeschehen und gerade das betriebliche Vorschlagswesen bietet eine Möglichkeit, dieses menschliche Bedürfnis zu befriedigen. Das Geltungsstreben ist aber keineswegs auf eine bestimmte soziale Gruppe im Betrieb beschränkt, sondern ein Motiv, das *allen* Betriebsangehörigen innewohnt — auch den Führungskräften, die darüber keineswegs erhaben sind. Aus dieser Erkenntnis bekommt dann die Teilnahmeberechtigung der betrieblichen Führungskräfte ein ganz anderes Gewicht, weil eben „entgegen der landläufigen Meinung die leitenden Angestellten auch *Menschen* sind und daher ebenfalls nicht unempfindlich für eine Anerkennung ihrer Ideen" (*366*, S. 192). Schon Klöckner (*144*, S. 109/110) spricht in diesem Zusammenhang von einer „Veredelung des Vorschlagswesens" — von einem System, das auch die „Köpfe" des Betriebes erfassen sollte und meint, daß es unklug sei, „den geistigen Einsatz der gehobenen Angestellten als eine Selbstverständlichkeit anzusehen, während man den übrigen Gruppen eine Aktivierung durch Anreize zubilligt... Die Folge wäre eine beispiellose Verflachung und Veroberflächlichung der Arbeit derjenigen Kräfte, deren Wirken im Betrieb entscheidend ist". Das ist zweifellos richtig, denn es geht doch gerade bei der Einbeziehung dieser Kräfte in das Vorschlagssystem, um den Ideenreichtum von Personen mit Fachkenntnissen und Erfahrungen, Gewandtheit und Reichtum an Einfällen. In Amerika hat man zu diesem Zweck besondere „Vorschlagssysteme für leitende Angestellte" eingeführt. Da eine finanzielle Belohnung nicht vorgesehen war, bezweifelte man schon bei der Vorbereitung den Erfolg, denn was sollte an Stelle des Geldes als Anreiz dienen? Die Antwort — und sie ist es wert, hier zitiert zu werden — findet sich in der Niederschrift von J. Haynes, Central Industrial Relations, Staff Ford Motor Company: „Als wir trotzdem den Plan durchführten, sahen wir, daß wir uns ganz unnötige Besorgnisse gemacht hatten. Wir hatten — wozu viele von uns in dieser so materialistisch eingestellten Welt geneigt sind — das *grundlegende Bedürfnis der persönlichen Anerkennung* unterschätzt, des einfachen ‚Dankeschön' für eine gut ausgeführte Arbeit, das so häufig vergessen wird" und der Erfolg unseres "Management Proposal Plan" hat gezeigt, „daß wir in wirksamer Weise einen *Persönlichkeitsfaktor* erkannt und angesprochen haben, der so oft von Soziologen und Psychologen erörtert worden ist"[113] (Hervorhebung vom Verfasser). Die Feststellung, daß Menschen nicht *nur* um des Geldes willen arbeiten, hat auch schon Roethlisberger in seinem Buch "Management and Morale" (*262*, S. 24) getroffen, wenn er schreibt: "Most of us want the satisfaction that comes from being accepted and recognized as people of worth by our friends and work associates. Money is only a small part of this social recognition... We all want tangible evidence of our social importance" (Die meisten von uns wollen die Befriedigung, die aus der *Anerkennung als Person* von besonderem Wert durch unsere Bekannten und Mitarbeiter stammt. Geld ist nur ein kleiner Teil dieser gesellschaftlichen Anerkennung... Wir alle streben nach greifbaren Beweisen unserer gesellschaftlichen Bedeutung). Das ist allerdings schon eine generelle Aussage, die nicht nur die Führungskräfte betrifft, deren Erwähnung an dieser Stelle aber keineswegs schadet, da sie nochmals auf die Unzulänglichkeit aufmerksam macht, menschliches Verhalten bei der Arbeit und im Betrieb nur unter dem Gesichtspunkt der Lohnzufriedenheit zu sehen (vgl. die Ausführungen auf S. 121 ff. dieser Arbeit).

---

[113] So in einer Niederschrift für eine Rundtisch-Diskussion der „National Industrial Board" im Jahre 1952 (nach *Michligk, 215, S. 46*).

Nun muß hier allerdings darauf hingewiesen werden, daß auch in den meisten Großbetrieben der Bundesrepublik die Führungskräfte — etwa vom Meister aufwärts — und auch sonstige mit schöpferischen oder konstruktiven Aufgaben betraute Mitarbeiter, grundsätzlich am betrieblichen Vorschlagswesen teilnehmen können und daß Vorschläge dieses Personenkreises, die *außerhalb* des eigentlichen Aufgabengebietes liegen, in den meisten Fällen auch prämiiert werden und zwar mit „klingender Münze". Fast alle Prämiensysteme enthalten derartige Regelungen, nur wird auf Grund der Stellung des Einreichers ein prozentualer Abschlag bei der Vorschlagsbewertung vorgenommen. Gegen eine derartige Beteiligung der Führungskräfte am betrieblichen Vorschlagswesen — die die uneingeschränkte *Teilnahme*berechtigung und eine abgestufte *Prämien*berechtigung einschließt — ist nichts einzuwenden, da sie weder der Auffassung des Vorschlagswesens als „Gemeinschaftsaufgabe", noch einer objektiven Bewertung und Prämiierung der Verbesserungsvorschläge entgegensteht.

Das leidige Abgrenzungsproblem, das auch bei einer grundsätzlichen Teilnahmeberechtigung der Führungskräfte immer wieder zu Schwierigkeiten führt, findet allerdings bei Anwendung des von uns vertretenen Gruppen-Vorschlagssystems eine mögliche Auflösung, da es ohne weiteres denkbar ist, eine Gruppenbildung unter Einschluß der oder des Vorgesetzten vorzunehmen. Eine organisierte „Denkgruppe" sollte sogar aus Betriebsangehörigen verschiedener Fachgebiete *und* Rangordnungen gebildet werden, damit die Mitglieder in der Lage sind, „das fragliche Problem von seinen verschiedensten Seiten zu beleuchten und seine besonderen Schwierigkeiten vom Standpunkt ihrer jeweiligen Disziplin zu kennzeichnen" (Scharmann, *287*, S. 34). Wenn sich eine solche „Denkgruppe" zu echtem Teamwork integriert, dann ergibt sich auf Grund des „Wir-Bewußtseins" weder eine Klassenscheidung — in der damit entstandenen spezifischen Gruppensituation sind alle gleich — noch die Frage, ob aus diesen oder jenen Gründen ein Gruppenmitglied von der Teilnahme auszuschließen sei. Das immer wieder vorgebrachte Argument, man müsse doch zumindest die Führungskräfte ausschließen, da sie für ihr Denken bereits bezahlt werden, schwächt sich insoweit ab, als sie nicht an einem von ihnen selbst aufgeworfenen Problem mitdenken, sondern nur indirekt am Ideenwettbewerb teilnehmen und an der Prämie für den Gruppenvorschlag mit allen anderen Gruppenmitgliedern beteiligt sind. Bei dieser Mitwirkung — die selbstverständlich die Bereitschaft zum Teamwork voraussetzt — hat die sog. „Prämienteilung", die sich aus der Gemeinschaftsleistung ergibt, ihre Berechtigung und niemand wird auf den Gedanken kommen, hier den Vorwurf einer unverdienten Einkommensverteilung zu erheben.

Die Beachtung sozial- und gruppenpsychologischer Erkenntnisse, erfordert also geradezu, daß *alle* Betriebsangehörigen in den Kreis der Vorschlagsberechtigten einbezogen werden und am betrieblichen Vorschlagswesen *teilnahmeberechtigt* sind. Wenn man das Prinzip der Gruppenarbeit und der Gruppenpflege auch im Arbeits- und Betriebsleben anwenden will, dann dürfen nicht die elementarsten Grundsätze gruppenpädagogischer Maßnahmen übersehen werden — auch nicht beim betrieblichen Vorschlagswesen, weil es ganz besonders in der Lage ist, neben seinem wirtschaftlichen Nutzen auch den menschlichen Bedürfnissen im Betrieb gerecht zu werden. Gerade seine menschlich-soziale Aufgabe, die Würdigung der Arbeitskraft als Mensch und Mitmensch, verbietet die Beschränkung auf bestimmte Betriebsgruppen oder den Ausschluß solcher, weil dies zu Störungen im Gruppengefüge des betrieblichen Lebens und damit des sozialen Gleichgewichtes führen muß. Dazu kommt, daß *jeder* Mensch und damit *alle* Betriebsangehörigen bestrebt sind, ihr *Geltungsbedürfnis* zu befriedigen; jeder Einzelne „braucht Prestige, die Möglichkeit, sich auszuzeichnen, die Anerkennung aus dem Kreis seiner Vorgesetzten und Kollegen und all die kleinen und größeren Symbole, die ihn im Vertrauen auf sich selbst, auf den Wert seiner Person und seiner Tätigkeit bestärken" (Grössle, *92*, S. 133). Dieses „Selbstwertgefühl" (Lersch), nämlich der Wunsch, eine „Persönlichkeit" zu sein, kann sich gerade „in dem Bewußtsein der *Geltung* erschöpfen, die der Mensch als Anerkennung, Achtung, Liebe, Lob, Verehrung, Ruhm, Bewunderung, Beifall oder sogar Neid erfährt" (Lersch, *173*, S. 1197); so daß das sozialpsychologisch so ungemein wirkungsvolle Motiv des Geltungsstrebens, auch im Betrieb, „wie ein Zentralmotiv durch die Urteile, Einstellungen, Äußerungen und Verhaltensweisen der Mitarbeiter *und* Vorgesetzten klingt" (A. Mayer, *201*, S. 188).

Wenn wir abschließend nochmals unterstellen, daß sich das betriebliche Vorschlagswesen als eine von *allen* Betriebsangehörigen *gemeinsam getragene Idee* darstellen sollte, dann darf es den Kreis der Vorschlagsberechtigten weder bewußt noch willkürlich einschränken, sondern *alle* Belegschaftsmitglieder daran teilnehmen lassen — selbst wenn die Art und Weise dieser Teilnahme auch verschieden sein mag.

Im Rahmen unserer Überlegungen zur Organisation des betrieblichen Vorschlagswesens unter Beachtung und Anwendung sozial- und gruppenpsychologischer Erkenntnisse, haben wir uns nun mit den Möglichkeiten der *Vorschlagsabgabe* zu befassen und damit mit der außerordentlich bedeutsamen Frage, auf welcher „Kommunikationsebene" (Erdély) oder auf welchen „Kommunikationswegen" (Fürstenberg) neben Mitteilungen, Weisungen, Beschwerden, usw., auch *Vorschläge* weitergegeben werden. Nicht ohne Grund haben die Vorgänge der Kommunikation, „als der eigentliche Träger des sozialen Geschehens“ (Hartley, *95*, S. 11), in der betriebspsychologischen und -soziologischen Literatur immer stärkere Beachtung gefunden, denn ein Großteil aller innerbetrieblichen Schwierigkeiten hat ihre Ursache in gestörter oder unzureichender Kommunikation, sei es ganz allgemein zwischen Unternehmensleitung und Belegschaft oder zwischen den verschiedenen Funktions- und Rollenträgern im Betrieb. Erst die „Kommunikation“, der gegenseitige Austausch von Informationen, Anordnungen, Richtlinien, Anfragen und Antworten, ermöglicht in gemeinsamen Bezugssystemen, die zweck- oder zielgerichtet sind, den Zusammenhang und die Durchsetzung der sie tragenden Normen. Die tiefere Problematik der Frage nach den Möglichkeiten der Vorschlagsabgabe liegt also in der *sozialen* Organisation des Betriebes als „einem System kooperativer Beziehungen“ (T. Parsons); sie ist begründet durch das der formalen oder informalen Organisation zugrunde liegende „Kommunikationssystem“ (Mayntz, *205*, S. 22 ff. und 44 ff.; Stratoudakis, *318*), mit allen seinen fördernden oder hemmenden Einflüssen auf die Zusammenarbeit und das Zusammenleben im Betrieb. So gesehen ist unsere Betrachtungsweise weniger organisations*technischer* Art — etwa, ob der Verbesserungsvorschlag in einen Briefkasten gesteckt oder an eine bestimmte Dienststelle weitergegeben werden soll (obwohl auch diese Fragen mit den hier zu behandelnden Problemen zusammenhängen), sondern mehr *sozialpsychologischer* Natur und damit ausgerichtet auf die Einstellung und das Verhalten der einzelnen Kommunikationsträger.

Eine sinnvolle Organisation — als ein um den Betriebszweck zentriertes System sozialer Rollen — ist neben der Koordination der durch die Arbeitsteilung entstandenen betriebsnotwendigen Funktionen und die sie in einem kooperativen System tragenden Betriebsangehörigen („Arbeitskooperation“), durch das hierarchische System der Vollmachtenteilung gekennzeichnet, in dem den einzelnen Funktionsträgern „bestimmte Befugnisse über Sachen und/oder über Menschen zugeordnet sind“ (Fürstenberg, *74*, S. 27). In diesen Verantwortungs- oder Kompetenzbereichen (die betriebswirtschaftliche Organisationslehre spricht vom „Instanzenbau“ [Mellerowicz, *212*, S. 132/133]), stehen sich Vorgesetzte und Untergebene in einer formal gegebenen Rangordnung gegenüber; in einer „Autoritätshierarchie“ (Dahrendorf), die durch die „Beziehung der Über- und Unterordnung in einer Kette der Befehlsbefugnis oder formellen Autorität“ entsteht (Barnard). An der Spitze dieser Autoritätspyramide befindet sich als höchste Instanz die Unternehmensleitung; von ihr gehen die betriebsimmanenten Normen aus, die in der Regel Ausdruck arbeitstechnischer oder sozialökonomischer Zielvorstellungen sind, aber auch durch Erfahrung auf dem Wege gefühlsmäßiger Identifikation mit bestimmten Leitbildern wirksam werden können. Zur Durchsetzung dieser Normen bedient sich die Betriebsführung der durch die formale Organisation geschaffenen „Kommunikationswege“ (Verkehrswege), die eine „authentische“, „autoritative“ und „verständliche“ Weitergabe von Weisungen und Informationen im weitesten Sinne gewährleisten (Barnard). Die Festlegung solcher überschaubarer Verbindungswege zwischen den verschiedenen Funktions- und Vollmachtenträgern ist daher besonders wichtig und zwar sowohl von „oben“ nach „unten“ (down the line), als auch von „unten“ nach „oben“ (up the line), wobei hier schon angemerkt sei, daß die Formalorganisation den Kommunikationsfluß entlang der Befehlskette zwar ermöglicht, der Notwendigkeit einer Kommunikation von „unten“ nach „oben“ aber nur ungenügend Rechnung trägt (Dahrendorf[114]).

Organisatorisch können diese aus dem formalen Rollensystem abgeleiteten sozialen Beziehungen auf zweifache Weise geregelt sein. Durchläuft der Kommunikationsprozeß auf seinem Weg von „oben“ nach „unten“ und umgekehrt *alle* Stufen der betrieblichen Rangordnung, so spricht man vom „Instanzenweg“ (Fayol), „Instanzenzug“ (Linhardt) oder „Dienstweg“. Linhardt (*185*, S. 121) sagt dazu: „Es liegt im Wesen der Organisation, daß der Handlungsbefugte sich der nachgeordneten Instanzen bedient und keine von sämtlichen nachgeordneten Instanzen übergeht, wenn er Anordnungen trifft. Er verzichtet wohlweislich auf das volle Maß seiner Anordnungsbefugnisse oder wendet diese nur im Ausnahmefall an. Dadurch wird der Instanzenzug auch von oben nach unten eingehalten. Strenger ist die Beachtung des Instanzenzuges von *unten* nach *oben*. Hier gilt die Verweisung an den unmittelbaren Vorgesetzten, analog der behördlichen Einhaltung des Dienstweges.“ Die zweite Möglichkeit, bei der der vollkommene Instanzenzug nicht eingehalten wird, bezeichnet man als „Prinzip des Direktverkehrs“ (Mellerowicz, *212*, S. 132) oder als „kurzgeschlossene Kommunikation“ (Atteslander). Durch die damit bedingte Umgehung des Dienstweges ist ein Kommunikationsfluß unter Ausschluß einzelner Zwischeninstanzen *direkt* an untere oder höhere Stufen der Betriebshierarchie — ja, sogar unmittelbar an die Unternehmensleitung möglich. Beide Mitteilungswege sind also grundsätzlich an den institutionellen Bezugsrahmen, als eines der Merkmale der Sozialstruktur des Betriebes, angelehnt; die ihnen zugrunde liegenden Vorgänge der Information[115] spielen

---

114 Damit kommt zum Ausdruck, daß Kommunikation grundsätzlich immer ein „zweiseitiger Vorgang“ ist (*Newcomb*), sich immer nur „zweigleisig“ vollziehen kann und auf jede Mitteilung oder Unterrichtung von oben eine Rückantwort (feedback) von unten kommen muß und umgekehrt.

115 Wir fassen hier den Begriff „Information“ weit und übernehmen die Definition von G. *Bräutigam* (*33*, S. 534): „Informationen sind wohl Sachmitteilungen, Erklärungen, Berichte, Anordnungen und Befehle, sie sind

sich auf der „formellen Kommunikationsebene“ (Erdély) ab, wobei lediglich eine Differenzierung durch die mögliche Umgehung der Führungshierarchie gegeben ist. Trotzdem wird es auch in einem zweckmäßig vorgeplanten Kommunikationssystem zu einer Abwandlung der vorgeschriebenen Beziehungswege kommen, d. h., „die für die Koordination sozialer Verhaltensweisen der Werksangehörigen notwendigen Kommunikationswege folgen nicht immer den durch die formale Betriebsstruktur vorgezeichneten Wegen“ (Fürstenberg, *74*, S. 28). Diese sogenannten „informalen Beziehungen“ sind sozialpsychologisch bedingt, ihnen liegen diejenigen Motive menschlichen Handelns und Verhaltens zugrunde, die durch den formalen Organisationsprozeß nicht oder nur unzureichend befriedigt werden. Es kommt also zu einem sozialabweichenden Verhalten des Organisationsträgers Mensch, dessen Handlungen, wie Grössle in Anlehnung an Whitehead schreibt, „anstatt von äußeren Regeln, von dem Gefühl dafür bestimmt werden, was angebracht ist“ (*92*, S. 139), wobei es sowohl zu informalen Abänderungseinflüssen der „formellen Kommunikations*inhalte*“, als auch zu einer möglichen Abänderung der „formellen Kommunikations*bahnen*“ (Mayntz) kommen kann. Im ersten Fall tritt auf jeder Vermittlungsstufe eine „Informationsfiltrierung“ (Gasser) ein, die beim Kommunikationsfluß von „unten“ nach „oben“ stärker ausgeprägt ist; im zweiten Fall geschieht das, wie Mayntz (*205*, S. 46) schreibt, „in Form von *fallweise* auftretenden Kurzschlußkommunikationen oder Instanzenübergehungen, die die formellen Linien an sich unversehrt lassen, oder in Form von zunächst nicht vorhergesehenen durch Gewohnheit sich einbürgernden informellen Kommunikationslinien für formale Inhalte“ (Hervorhebung vom Verfasser, der damit zum Ausdruck bringen möchte, daß nur die *fallweise* auftretende Instanzenumgehung einem *informalen* Kommunikationsverhalten entspricht, da solche Beziehungen, wie eingangs ausgeführt, ohne weiteres auch angeordnet sein können). Alle diese auf der „informellen Kommunikationsebene“ (Erdély) sich abspielenden Beziehungen, sind insofern von der Formalorganisation abhängig, als diese erst die Betriebsangehörigen miteinander in Verbindung bringt; es kann aber daneben auch zur Weitergabe von spontan entstandenen Informationen kommen, die Mitteilungen enthalten, die nicht mehr allein mit der betrieblichen Arbeit zusammenhängen. Hier liegen dann die Ansätze zur informalen Gruppenbildung mit allen positiven und negativen Auswirkungen für den betrieblichen Integrationsvorgang.

---

aber zugleich auch Akte mitmenschlicher Begegnung mit und durch das Wort und ermöglichen den Kontakt mit fremdem Erleben“. Die in dem Wort „Information“ enthaltenen sinnverwandten Bedeutungsinhalte hat W. *Feurer* (*60*, S. 13) zusammengestellt.

Die Frage, auf welchen Wegen die Weitergabe von *Vorschlägen* erfolgen soll, schließt allerdings nur die „Verkehrswege" auf der formalen Kommunikationsebene ein: den *Dienstweg* und den sogenannten *„Direktverkehr"*. Diese Mitteilungswege sind in allen Organisationssystemen des betrieblichen Vorschlagswesens vorgeschrieben, wobei entweder nur der Dienstweg oder ausschließlich die Umgehung desselben, oder aber beide Möglichkeiten der Vorschlagsabgabe zugelassen werden. Für jede dieser Formen der Weitergabe gibt es eine Reihe organisationstechnischer und insbesondere sozialpsychologischer Begründungen, die so vielfältig sind, daß dabei wieder einmal alle Schwächen dieser betrieblichen Einrichtung deutlich werden und den Eindruck eines sehr labilen Gebildes hinterlassen. Unsere Betrachtungsweise wird also mehr sozial- und gruppenpsychologischer Art sein, wobei noch anzumerken wäre, daß die Tatsache, daß Vorschläge im Rahmen des Ideenwettbewerbs ausschließlich von *„unten"* nach *„oben"* gegeben werden, besondere betriebspsychologische Probleme beinhaltet, da diese „Aufwärtsinformation" stets „in der Gegenrichtung des Autoritätsgefälles fließt und sich sozusagen gegen dieses durchsetzen muß" (Feurer, *60*, S. 31).

Wenn wir bei unseren Ausführungen zur Problematik der Weitergabe von Verbesserungsvorschlägen mit der Vorschlagsabgabe unter *Einhaltung* des *Dienstweges* beginnen, dann geschieht das keineswegs deshalb, weil dieser Weitergabemöglichkeit innerhalb der bestehenden Organisationssysteme des betrieblichen Vorschlagswesens der Vorrang eingeräumt wird. Im Gegenteil, gerade dem „Direktverkehr", als Prinzip des Übergehens von Führungsstellen wird dabei das Wort geredet und „nur ganz vereinzelt wird noch daran festgehalten, Verbesserungsvorschläge auf dem ‚Instanzenweg' laufen zu lassen" (Michligk, *215*, S. 76). Selbst Höckel vertritt in seinem erst kürzlich erschienenen Buch über die Chancen des betrieblichen Vorschlagswesens (*122*, S. 141) noch die Meinung, daß sich der Vorschlagende „frei und ohne Autoritätsangst mit den Problemen des Unternehmens auseinandersetzen und seine Ideen, seine Ansichten und seine Vorschläge *unmittelbar* an die Geschäftsleitung herantragen soll". Trotzdem sind bei vielen anderen Autoren Ansatzpunkte einer Auffassung zu bemerken, die der Einhaltung des Dienstweges den Vorzug gibt und zwar aus Gründen, mit denen wir uns in den nachstehenden Ausführungen ausgiebig auseinandersetzen werden.

Gegen die Übermittlung von Vorschlägen auf dem *Dienstweg* spricht zunächst der dadurch bedingte Zeitaufwand und die Schwerfälligkeit dieser Kommunikationsform; organisatorische Aspekte, die besonders bei zunehmender Größe des Betriebes zu beachten sind und die zur Bürokratisierung des gesamten Organisationssystems führen können. Der Dienstweg mag zwar hier noch geeignet sein, um Anordnungen von der Spitze der Autoritätshierarchie nach unten weiterzugeben, womit er dann mehr einem „Befehlsweg" zur Durchsetzung der Organisationsziele entspricht; zur Weitergabe von Mitteilungen von „unten" nach „oben" (sog. „Berichtsweg") ist er allerdings denkbar ungeeignet. Das gilt dann insbesondere für Verbesserungsvorschläge und zwar weniger aus Gründen der Länge, Schwerfälligkeit und Kompliziertheit des Dienstweges, sondern vor allem wegen der damit verbundenen Widerstände der direkten und indirekten Vorgesetzten. Wir haben schon des öfteren erwähnt, daß die Führungskräfte den Anregungen, Empfehlungen und Vorschlägen der ihnen unterstellten Personen mit einer gewissen Ablehnungstendenz entgegentreten, die sozialpsychologisch motiviert ist und daher auch nur aus den dem Menschen zugrunde liegenden Verhaltensweisen verstanden werden kann. Sie sehen einmal in dem Verbesserungsvorschlag eine Kritik an teilweise von ihnen entwickelten und sanktionierten Arbeitsverfahren, zum anderen widerstrebt es ihnen, daß sich die Mitarbeiter mehr Gedanken bei der Arbeit machen, als sie selbst. Dazu kommt, daß sie sich durch die Vorschläge in ihrer Stellung und dadurch auch in ihrem sozialen Ansehen bedroht fühlen (s. o. S. 233 ff.). Die damit verbundene Versuchung der Führungskräfte — vorwiegend der direkten Vorgesetzten — die Vorschläge der Mitarbeiter abzuändern, zu unterschlagen oder gar als eigenes „Elaborat" weiterzuleiten, ist eine nur allzu häufig vorkommende Folgehandlung dieser Einstellung. Die zwischengeschalteten Vorgesetzten versuchen also ungünstige und kritische Mitteilungen zu korrigieren, wenn nicht gar zu vertuschen, um sich damit selbst gegen eine Kritik von „oben" abzuschirmen. Das Motiv dieser „Verteidigungshaltung" ist mit dem Wunsch nach der Befriedigung persönlicher Ziele (Aufstieg in eine höhere Rangordnung mit allen daraus sich ergebenden Privilegien, u. a. m.) nur angedeutet und es ist menschlich nur verständlich, daß in einer solchen Situation eine Sicherung nach außen erfolgt. Aus diesen Gründen ist zwischen den einzelnen Stufen der Aufwärtsinformation ein sehr zuverlässig arbeitender „Filter" (Gasser) eingeschaltet, so daß alles „was nach oben geht, gefilterte Wahrheit ist, gefilterte Wirklichkeit" (Gasser, *76*, S. 33). Im ungünstigsten Falle würde also von dem früheren Inhalt eines Verbesserungsvorschlages, der im Wege des Instanzenzuges mehrere solcher „Umformstationen" (Fürstenberg) passiert, nicht mehr viel übrigbleiben, was einer Kommunikationsselektion gleich käme. Miller und Form (*220*, S. 46) bezeichnen diese Verzerrung, Filtrierung, Selektion oder Unterschlagung von formalen Mitteilungen als „Differenzierungsprozesse der Organisation", welche die Genauigkeit, Geschwindigkeit und den Inhalt der Mitteilungen beeinflussen und „es ist offenbar so, daß eine Mitteilung (hier der Verbesserungsvorschlag [Zusatz des Verfassers]) um so weniger vollständig und genau sein wird, je mehr Stufen sie durchlaufen muß". Auch Grössle (*92*, S. 73) meint, daß der primäre Grund dieser Filterung darin zu sehen sei, „daß dieser Vorgang als Verteidigungsmechanismus wirkt, mittels dessen sich der Einzelne der Kritik durch seinen Vorgesetzten entzieht". Das sind alles menschliche Gründe, die zunächst dafür sprechen, die Vorschläge unter Umgehung aller Zwischeninstanzen *direkt* an die Unternehmensleitung oder an einen für das betriebliche Vorschlagswesen eingesetzten Beauftragten gehen zu lassen und diese Gründe bilden auch vorwiegend die Argumentation der Verfechter des „direkten Weges" bei der Vorschlagsabgabe.

Trotzdem muß die völlige Umgehung des Dienstweges bei der Vorschlagsabgabe berechtigte Kritik hervorrufen, da zumindest gleich wichtige und bedeutsame Gründe, die ebenfalls vorwiegend sozial- und gruppenpsychologische Aspekte beinhalten, für die Einhaltung des Instanzenweges sprechen. Geht man von dem Gedanken einer wirksamen betrieblichen Zusammenarbeit aus — und sie sollte ja auch durch das betriebliche Vorschlagswesen gefördert werden — dann wird man Krauss (*156*, S. 63 ff.) zustimmen müssen, der dazu schreibt: „Die guten Beziehungen, die ja das Vorschlagswesen zwischen *allen* Betriebsangehörigen schaffen sollte — vordringlich zwischen Arbeiter und Meister, Angestellten und Abteilungsleiter — würden bei der Ausschaltung des Dienstweges wieder verloren gehen"; die Vorgesetzten würden sich in diesem Falle übergangen fühlen und dann im Vorschlagswesen jenes Verfahren sehen, „durch das die Mitarbeiter mit Hilfe von Prämien verlockt werden sollen, Mängel in Form eines Verbesserungsvorschlages höheren Stellen zur Kenntnis zu bringen". Damit würde diese Einrichtung in den Augen der Führungskräfte tatsächlich zu einem „Kontrollinstrument" der Geschäftsleitung, was ihr Verhalten nicht gerade positiv beeinflussen dürfte. Wenn auch hier Aufklärung über die Ziele des betrieblichen Vorschlagswesens und die Mitarbeit bei der Gestaltung ausgleichend wirken können — Forderungen, die wir schon des öfteren genannt haben — so ist es damit allein keineswegs getan. Man kann nicht die Vorgesetzten auf der einen Seite, gleichgültig ob nur informatorisch oder mitgestaltend, in das Vorschlagsprogramm einbeziehen, und sie auf der anderen Seite durch Umgehung des Dienstweges gleichsam wieder ausschalten. Damit würde die immer wieder zu beobachtende Kritikempfindlichkeit und Konkurrenzangst der Vorgesetzten nur neue Nahrung erhalten und erst Ganz (*75*, S. 123—127) hat in seiner Untersuchung wieder nachgewiesen, daß der „Ärger wegen Übergehung" als Motiv für die negative Vorgesetzteneinstellung, hinter der Kritikempfindlichkeit und Konkurrenzangst an zweiter Stelle steht. Schon aus diesem Grunde sollte zumindest der direkte Vorgesetzte von dem Einreicher eines Vorschlages unterrichtet werden[116], denn gerade seine positive Einstellung ist eine der wichtigsten Voraussetzungen für den Erfolg des betrieblichen Vorschlagswesens. Dabei wäre es wünschenswert, wenn die innere Einstellung des Vorgesetzten soweit geht, daß er „dem Einsender noch mit Ratschlägen, sei es in technischen Ausdrücken oder der Skizzierung zur Hand geht ..." (Krauss, *156*, S. 63), für die Weitergabe des Vorschlages sorgt und bei seiner Verwertbarkeit für dessen Durchführung eintritt. Das setzt natürlich schon ein besonderes Vertrauensverhältnis zwischen Vorgesetzten und Mitarbeiter voraus, einen Idealzustand an Kooperation, der — und das muß eingestanden werden — in den seltensten Fällen in der Praxis vorhanden ist. Dieser Mangel an Kooperation ist vorwiegend emotional motiviert, wird aber auch durch zweckrational, wertrational und/oder traditional bestimmte Motivationsstrukturen beeinflußt. Gerade dort, wo es dem Vorgesetzten infolge von Mißtrauen, Furcht, Angst, Eifersucht und Ehrgeiz gleichsam an innerer Freiheit fehlt oder Strebertum, Geltungssucht und Angst vor seinen Vorgesetzten sein Handeln bestimmen, wird es kein gegenseitiges Vertrauensverhältnis geben, das dann auch nicht das Vorschlagswesen ersetzen kann[117]. Ein erfolgreiches Vorschlagswesen setzt nun einmal eine allgemeine Vertrauensbasis und ein dieser entsprechendes „Betriebsklima" voraus, denn erst aus dieser Einstellung heraus, können sich die partnerschaftlichen Verhaltensweisen des Mitwissens, Mitdenkens und Mitgestaltens zu einem weitgehend selbständigen und eigenverantwortlichem Handeln im Betrieb entfalten. Wo Traditionsgebundenheit, Konservatismus und das Festhalten an autoritärer Führerschaft noch nicht überwunden sind und ein Menschenbild von den Mitarbeitern vorherrscht, nach dem sie die „misera plebs" sind und deshalb scharf

---

116 *Krauss (156,* S. 102), der im Prinzip für eine direkte Weitergabe an die Geschäftsleitung oder einen neutralen Sachbearbeiter eintritt, räumt der Unterrichtung des direkten Vorgesetzten immerhin eine „potenzierende Wirkung" ein; sein „Gefühl des Ausgeschlossen- und Übergangenseins" fällt weg. Hier liegt der Ansatzpunkt eines weiteren Kommunikationsweges, einer Art Mischform zwischen dem Instanzenzug und dem Direktverkehr zur Geschäftsleitung, da es hierbei nur darum geht oder wie es in den *Osram*-Nachrichten Nr. 3/1952 heißt, wünschenswert wäre, „wenn jeder Einreicher seinen Vorgesetzten über seine Absicht unterrichtet, einen Verbesserungsvorschlag einzureichen (unterrichtet!, nicht etwa um Erlaubnis fragt)."

Nach *Ganz (75,* S. 124 ff.) wünschen auch die Vorgesetzten, daß ihre Untergebenen, die Vorschläge vorher mit ihnen besprechen.

117 *Beller (17),* der grundsätzlich für den direkten Kontakt zwischen Mitarbeitern und Führungskräften eintritt, schlägt als Lösung die Abkehr vom institutionellen Vorschlagswesen vor und meint, daß jeder Mitarbeiter seine Gedanken zunächst — ganz „inoffiziell" — dem nächsten Vorgesetzten vorträgt. Da er aber das Organisatorische an sich nicht auszuschalten vermag, bleibt auch für ihn die Frage nach einer sinngemäßen Personalorganisation das entscheidende Problem.

regiert werden müssen, dort wird auch das Vorschlagswesen keine Änderung in der Einstellung zu Arbeit und Betrieb bewirken[118].

Gegen eine Umgehung der Führungshierarchie, die in der Regel mit einer *Anonymität* bei der Vorschlagseinreichung verbunden ist[119] wendet sich auch Goossens (*88*, S. 424/425 und S. 76 ff.), wenn er schreibt: „Grundsätzlich sollte kein Vorschlag eingereicht werden, der von dem betreffenden Arbeitnehmer nicht *vorher* mit seinem Vorgesetzten besprochen wurde. Andernfalls wird es sicher Unstimmigkeiten zwischen Vorgesetzten und Mitarbeitern geben. Besteht bereits vorher kein Vertrauensverhältnis, so daß der Mitarbeiter aus Angst vor Unzuträglichkeiten nicht mit dem Vorgesetzten spricht, so wird die Einreichung des Vorschlages in keinem Fall zur Verbesserung der Mitarbeiterbeziehungen beitragen, mag er nun angenommen oder abgelehnt werden. Entscheidende Voraussetzung eines funktionierenden Vorschlagswesens ist daher die aktive Mitarbeit der mittleren und unteren Führungsschicht im Betrieb." Auch in seinem Buch „Moderne Unternehmensleitung" (*87*, S. 401 ff.), tritt Goossens für die Einhaltung „eines innerbetrieblichen Weges" ein, bei dem der Grundsatz beachtet wird, daß niemand der einen Rat sucht, eine Mitteilung macht, einen *Verbesserungsvorschlag* einreicht, eine Beschwerde vorbringt u. a. m., die Zwischenvorgesetzten übergeht und direkten Kontakt mit einer höheren Rangstufe sucht, „denn gerade die unteren Führungskräfte sollten mit dem Mitarbeiter zu einem engeren Kontakt kommen". Es ist also notwendig, wie Goossens weiter schreibt, „daß für alle Fragen aus dem Arbeitsverhältnis (und in weiterem Sinne kann hierzu auch das betriebliche Vorschlagswesen gerechnet werden [Zusatz des Verfassers]) zunächst nur der *unmittelbare* Vorgesetzte zuständig ist", daß er vom Mitarbeiter zumindest unterrichtet wird und somit der reine Arbeitskontakt durch eine echte menschliche Beziehung ergänzt wird. Mag dieser Mitteilungsweg auch etwas umständlicher sein, so erscheint er doch zweckmäßiger, denn wenn man eine von gegenseitigem Vertrauen getragene Zusammenarbeit zwischen Vorgesetzten und Mitarbeitern erreichen will, dann muß der Vorgesetzte um die Verbesserungsvorschläge aus seiner

---

118 W. *Kellner*, der in seinem Buch über den modernen sozialen Konflikt *(136)*, von den Menschen- und Leitbildern des Unternehmers, der Arbeiter und der Angestellten ausgeht und deren „Verifikation" beschreibt, hat die verschiedenen Einstellungen des "Managements" zu den Mitarbeitern (also das Menschenbild das diese von den Arbeitern und Angestellten haben), am Beispiel des betrieblichen Vorschlagswesens aufgezeigt und damit ebenfalls die Auswirkungen dieser Maßnahme auf das gesamte Betriebsgeschehen bestätigt (S. 122 ff.).

119 Es wird ausdrücklich vom Verfasser angemerkt, daß diese Auffassung, die sich *gegen* die *Anonymität* bei der *Vorschlagsabgabe* richtet, unter bestimmten Voraussetzungen auch vom Verfasser geteilt wird; allerdings mit Einschränkungen ausschließlich bei der *Begutachtung* der Verbesserungsvorschläge.

Arbeitsgruppe wissen und die Beteiligung seiner Mitarbeiter am Ideenwettbewerb gutheißen. Nur aus dieser Haltung kann er selbst zum Förderer des betrieblichen Vorschlagswesens werden. Von diesem Gedanken hat sich, um ein Beispiel aus der betrieblichen Praxis zu bringen, eine englische Firma, die *Aldis Brothers Ltd.*, Birmingham, leiten lassen und ihre Führungskräfte — auch in gehobener Stellung — angewiesen, an zwei Abenden in der Woche für eine Stunde Vorschläge *persönlich* entgegenzunehmen und dem Einreicher bei der Formulierung behilflich zu sein. Ein engerer Kontakt mit den Mitarbeitern, ihre Ermutigung zu aktiverer Beteiligung und die Hebung des Kameradschaftsgeistes waren die positiven Ergebnisse dieser Maßnahme (*370*, S. 93).

Man kann also die Einhaltung des Dienstweges nicht vorbehaltlos ablehnen, wenn man bestrebt ist, zwischen Vorgesetzten und Mitarbeitern ein Vertrauensverhältnis zu schaffen, das das Gemeinsame bei der Arbeit im Betrieb betont. Vertrauen kann sich aber erst entwickeln, wenn gewisse gruppenfördernde und gruppenbildende Prinzipien geschaffen und eingehalten werden, wozu auch ein ständiger Kontakt und damit eine relativ kleine soziale Distanz gehören. Schon deshalb wäre die Umgehung des oder der Vorgesetzten (der Dienstweg schließt ja alle Zwischeninstanzen ein) ein Zuwiderhandeln gegenüber sozial- und gruppenpsychologischen Erkenntnissen. Leider geschieht das, wie der Verfasser auf Arbeitskreisbesprechungen über das betriebliche Vorschlagswesen immer wieder feststellen mußte, in der betrieblichen Praxis noch sehr häufig, und es geschieht immer noch, obwohl versucht wurde, den Beteiligten die menschlich-sozialen Auswirkungen klar zu machen. Freilich ergeben sich bei der Vorschlagsabgabe auf dem Instanzenweg ebenfalls negative Auswirkungen, da durch die zahlreichen „Filtrierstellen" im Kommunikationssystem viele Vorschläge liegen bleiben, verstümmelt oder entstellt werden und sogar verloren gehen. Diese Fakten sprechen wiederum für einen direkten Vorschlagsweg, so daß der Versuch einer befriedigenden Lösung in einer ganz neuen Form liegen mag; einem Vorschlagsweg, der sich an gruppendynamischen Verhaltensweisen orientiert, die genannten „Hierarchie- und Gemeinschaftsprobleme" (Kolbinger) ausschließt und die neue Form der Mitarbeit durch das betriebliche Vorschlagswesen unterstreicht. Bevor wir darauf näher eingehen, wollen wir aber die Vor- und Nachteile des „Direktweges" aufzeigen, der in der Praxis des betrieblichen Vorschlagswesens geradezu als Symbol des Ideenwettbewerbs gilt.

Die *Umgehung des Dienstweges* (Instanzenzuges) steht — wie bereits erwähnt — bei der Organisation des betrieblichen Vorschlagswesens immer noch im Vordergrund und zweifellos wirkt diese Möglichkeit auf den Einreicher selbst anregend, kann er dadurch doch seine Ideen unter

Umständen unmittelbar an die oberste Stelle der Betriebshierarchie herantragen. Von der „direkten Leitung zum Chef" (*389*, S. 1) bis zur „Sprechstunde des Unternehmensführers" (G. Schmidt, *306*, S. 375) lauten dann auch die hierfür verwendeten Ausdrucksformen. Die Vertreter dieses „Direktweges" bei der Vorschlagsabgabe führen Gründe an, die teilweise ebenso anzuerkennen sind, wie die derjenigen, die dem „Dienstweg" den Vorzug geben. Es zeigt sich dabei allerdings die Tendenz, daß die Umgehung der Zwischeninstanzen in der Regel mehr oder weniger kategorisch als *allein* richtungsweisend angesehen wird. Die Feststellung, daß „die Einreichung eines Verbesserungsvorschlages... *niemals* auf dem *Instanzenweg*... erfolgen darf, weil dadurch von vornherein jeglicher Anreiz zur Mitarbeit unterdrückt wird" (*365*, S. 361); die Aussage einer *unbedingt* notwendigen „direkten Leitung", um sicher zu sein, „daß sämtliche Vorschläge — auch solche, die nicht jedem Vorgesetzten angenehm sind — weitergeleitet und erledigt werden" und die daraus abgeleitete Folgerung „daß die Umgehung des Dienstweges aus Gründen der Widerstände der Vorgesetzten eine *entscheidende* Tatsache sei" (Peter, *244*, S. 13/14), sowie der Standpunkt „daß die *unteren* Vorgesetzten aus dem institutionellen Gang des Vorschlagswesens *grundsätzlich* auszuklammern sind" (Popitz u. a., *249*, S. 51), sind entschieden zu einseitig aufgestellt und lassen nur allzu deutlich die Kapitulation vor der menschlichen Unzulänglichkeit erkennen. Sicherlich lassen sich derartige Feststellungen infolge der ihnen zugrunde liegenden sozialpsychologischen Motivkonstellationen zum Teil rechtfertigen, wie auch aus einer Äußerung von A. Mayer zur Frage des direkten Weges bei der Vorschlagsweitergabe hervorgeht. Er schreibt (*201*, S. 196): „Die *Vermeidung des Instanzenweges* über Vorarbeiter, Meister bis zum technischen Leiter bzw. vom kaufmännischen Angestellten über den Bürovorstand zur kaufmännischen Direktion, stärkt einerseits das Vertrauen des Arbeiters, daß seine Vorschläge auch Beachtung finden, andererseits scheidet sie die Gefahren aus, daß Neid und Geltungssucht von Vorgesetzten die Vorschläge unterdrücken und dazu benutzen, selbst mit ihnen zu glänzen." Trotzdem sollte das Vorhandensein solcher Konflikte im Spannungsfeld mitmenschlicher Begegnung — die es im übrigen immer geben wird — keineswegs der Anlaß sein, diese durch Umgehungshandlungen zu verschärfen und auszuweiten. Das geschieht aber durch die mit Umgehung des Dienstweges erweiterte soziale Distanz fast zwangsläufig, die gleichzeitig der *Anonymität* des Vorschlagswesens das Wort redet. Diese Anonymität zwischen dem Vorschlagenden und seinen Vorgesetzten, soll diesem Schutz gegen die „Schikanen und Repressalien der Meister" (Popitz, u. a., *249*, S. 50) und sonstigen Führungskräfte geben und sie daran hindern, sich gegen die Ideen ihrer Mitarbeiter zu stellen oder sich diese sogar anzueignen[120]. Die anonyme Vorschlagsabgabe soll aber auch dem Einreicher die Angst vor seinen Kollegen und die Furcht vor einer Blamage nehmen, die oft größer sind, als die erwarteten Unannehmlichkeiten mit den Vorgesetzten (vgl. Ganz, *75*, S. 97 ff.). Damit würde sich aber das betriebliche Vorschlagswesen in das Gegenteil seiner ursprünglichen Zielsetzung umkehren; es erzeugt dann Verärgerung und Mißstimmung und verschärft die schon vorhandenen Spannungen im mitmenschlichen Beziehungsfeld. Daß bei solchen unerfreulichen Auswirkungen die „Flucht in die Anonymität" (Schirm) als alleiniges Heilmittel angesehen, also für das Übergehen der Führungskräfte eingetreten wird, ist daher nur zu verständlich und es gibt noch genügend Fachleute auf dem Gebiet des betrieblichen Vorschlagswesens, die der Ansicht sind, daß der Erfolg des Ideenwettbewerbs ausschließlich von der Zusicherung und Wahrung der *unbedingten* Anonymität der Einreicher abhängt.

Aber kann diese geforderte Anonymität — die Höckel (*122*, S. 126) sogar als „notwendiges Übel" bezeichnet — überhaupt immer vollkommen eingehalten werden? *Vollkommene* oder *unbedingte* Anonymität würde doch bedeuten, daß selbst noch bei der Durchführung des Verbesserungsvorschlages der „Ersinner" unbekannt bleibt, daß sein Name *niemals* genannt und *niemandem* bekannt wird. Das dürfte aber sehr schwierig sein, abgesehen davon, daß nicht jeder Mitarbeiter auf die öffentliche Anerkennung verzichten will. Aber selbst wenn wir einmal annehmen, daß der Vorschlagende völlig unbekannt bleiben will, wird an irgendeiner Stelle des Organisationssystems die geforderte Anonymität durchbrochen werden und in der Regel gerade beim Vorgesetzten. Er wird, bei der Vielzahl der Vorschläge, die aus der Tätigkeit am Arbeitsplatz entstehen, zwangsläufig bei der Durchführung eingeschaltet und möchte dann wissen, *wer* diesen Verbesserungsvorschlag eingereicht hat. Die dann einsetzende „Geheimniskrämerei" wird ihn zu einer Einstellung erziehen, die dem Ideenwettbewerb kaum förderlich sein dürfte und die so oft genannte „saure Reaktion" des Vorgesetzten kommt dann erst recht Auswirkung. Vom anonymen Einreicher her gesehen, besteht die Gefahr, daß dieser „einen unbeliebten Meister (besser Vorgesetzten [Zusatz des Verfassers]) mit entsprechenden Vorschlägen systematisch boykottiert, mit dem Ziel, seine Stellung und sein Ansehen bei der Leitung zu untergraben" (Krauss, *156*, S. 64). Der Vorgesetzte weiß dann

---

[120] *Popitz*, H. und Mitarbeiter haben in ihrer soziologischen Studie über „Das Gesellschaftsbild des Arbeiters" *(249)*, auf dieses immer wiederkehrende Argument hingewiesen und einige Aussagen wörtlich wiedergegeben (S. 50/51). Mit ihrer daraus vertretenen Schlußfolgerung, die unteren Vorgesetzten grundsätzlich auszuschließen (vgl. das wiedergegebene Zitat auf Seite 269), vertreten sie — und das sei schon hier angemerkt — geradezu die gegenteilige Auffassung des Verfassers.

nie, wieviele und welche Vorschläge sich „gegen ihn“ richten und es kann nicht ausbleiben, daß er sich durch diese betriebliche Einrichtung beunruhigt, kontrolliert oder sogar bedroht fühlt. „Sieht man die Dinge so“, meint Krauss (*156*, S. 64) weiter — und man sollte sie so sehen — „dann ist auch der Einwand berechtigt, der Meister verlöre durch das betriebliche Vorschlagswesen den persönlichen Kontakt zu seinen Untergebenen.“ Gerade deshalb erscheint uns die Forderung nach *unbedingter* Anonymität sehr problematisch, weil damit das betriebliche Vorschlagswesen keineswegs die Zusammenarbeit im Betrieb fördern würde. Anonymität kann demzufolge immer nur eine *Notlösung* sein. Nicht in der Wahrung der Anonymität, sondern in der Schaffung einer Vertrauensatmosphäre liegt die wirkliche Lösung der vorhandenen Schwierigkeiten, in einem *offenen* Gegenübertreten der Partner, mit dem der Wunsch nach Anonymität selbst zurücktritt. Gerade weil das betriebliche Vorschlagswesen eine ganz neue Auffassung von der *Mit*arbeit im Betrieb voraussetzt, hat es sich immer wieder mit menschlichen Unzulänglichkeiten und Schwächen auseinanderzusetzen, die auch nur durch adäquate, d. h. sozial- und gruppenpädagogische Maßnahmen behandelt werden können. „So gesehen hat das Vorschlagswesen auch eine menschliche Seite“, wie es in einer Werkszeitschrift (*375*, S. 32) heißt, denn „es veranlaßt den in einen straff organisierten Arbeitsablauf eingespannten Menschen auch schöpferisch tätig zu sein. Doch fehlt dieser schöpferischen Tätigkeit bei der anonymen Behandlung der Gedanken ein bedeutsames Element; nämlich der Zwang, diese Gedanken in der Auseinandersetzung mit den Mitmenschen durchzusetzen ... Deshalb lehnen wir die Anonymität beim Vorschlagswesen ab. Mit ihr umgehen wir zwar die Schwierigkeiten, die sich nun einmal in jedem großen Betrieb ergeben, aber wir tragen nicht zu ihrer Lösung und Klärung bei, weil ein *bestehendes Mißtrauen* zwischen Arbeitern und Vorgesetzten und umgekehrt *verewigt* wird“ (Hervorhebung vom Verfasser).

Das sind immerhin Einwände, die gegen eine Umgehung des Dienstweges sprechen; sie werden noch verstärkt durch die daraus tendierende Haltung der Vorgesetzten, für die dann dieser Weg der Vorschlagsabgabe zunächst ein System ist, „das den Untergebenen direkt auffordert ... über ihren Kopf hinweg Mängel übergeordneten Stellen der ‚Linie‘ oder Stellen mit ‚Stabsfunktionen‘ zu melden und das noch *anonym*“, und man kann „sich vorstellen, welche menschliche Größe von seiten der Vorgesetzten aus dazu gehört, hier alles *Persönliche* auszuschalten und nur der Sache zu dienen. Es dürfte nur allzu menschlich sein, wenn die Mehrzahl der Vorgesetzten diese Größe nicht aufbringt. Was nützt es aber, wenn ein noch so guter Verbesserungsvorschlag letztlich mit einem unheilbaren Riß zwischen Vorgesetzten und Untergebenen ‚prämiiert' wird? Der Vorschlag ist in jedem Fall zu teuer erkauft" (H. Meyer, *214*, S. 34). Diese Feststellung ist eindeutig genug, sie zeigt die vorhandenen Gründe und die ihnen zugrunde liegenden Motive auf, die *gegen* eine Umgehung des Dienstweges sprechen und es wäre verfehlt, eine Steigerung der Beteiligung am Ideenwettbewerb mit solchen Auswirkungen „erkaufen" zu wollen. Wenn immer noch dem „Direktweg" das Wort geredet wird oder wie G. Schmidt (*307*, S. 239) meint, allein schon die Tatsache, mit einem eigenen Vorschlag über den vielleicht mißgünstigen Vorgesetzten hinweg an die obersten Instanzen heranzukommen, ein „innerbetriebliches Positivum" sei, dann zeigt sich wiederum *die* Stelle, an welcher die größten Schwächen des Ideenwettbewerbs liegen — nämlich bei den Führungskräften selbst. Sie müssen zuerst für das Vorschlagswesen gewonnen werden, damit ihr Mißtrauen gegen diese „Einrichtung" und alle damit auftretenden menschlichen Schwächen beseitigt wird. Erst dann werden auch Verbesserungsvorschläge selbst auf dem „Dienstweg" ungehindert weitergegeben werden und wenn der Vorgesetzte, der gute persönliche Beziehungen zu seinen Mitarbeitern aufrechterhält, Vorschläge wünscht und diesen Wunsch auch genügend deutlich zum Ausdruck bringt, dann wird er auch solche erhalten.

Beide Möglichkeiten der Vorschlagsabgabe — der Instanzenweg und seine Umgehung — enthalten also menschlich-soziale Spannungs- und Konfliktsituationen, die die unbedingte Einhaltung dieser Verkehrswege im Rahmen des betrieblichen Vorschlagswesen in Frage stellen. Wenn sich heute in den Betrieben ein neuer Führungs- und Verhaltensstil bemerkbar macht — und wir vertreten die Auffassung, daß insbesondere das betriebliche Vorschlagswesen zu dieser kooperativen Führungshaltung beitragen kann — dann verlangt diese neue Einstellung gegenüber dem Menschen und seiner Arbeit im Betrieb auch „den Verzicht auf alteingeschliffene und im Rahmen der bisherigen Betriebsorganisation durchaus ‚bewährte' Formen des zwischenmenschlichen Verkehrs und der Zuständigkeitsverteilung" (Scharmann, *276*, S. 140). Vom Grundgedanken unserer Arbeit ausgehend, wird es also notwendig, sich auch bei der Organisation des Vorschlagswesens an sozialpsychischen und gruppendynamischen Verhaltensweisen zu orientieren und diesen *„Mitwirkungsweg"* (Holzinger) den Erfordernissen der Gruppenarbeit und Gruppenpflege anzupassen[121]. Damit ist aber gleichzeitig angedeutet, daß weder die konsequente Anwendung des Dienstweges bei der Vorschlagsabgabe, noch dessen bewußt gewollte Umgehung zu einer befriedigenden Lösung führt. Die in der Praxis übliche

---

[121] *Scharmann* hat in seinem ebengenannten „Diskussionsbeitrag" *(276)*, einige allgemeine Gesichtspunkte einer solchen *Führungs-* und Anweisungstechnik aufgestellt (S. 140 ff.).

Handhabung, neben dem direkten Vorschlagsweg zur Geschäftsleitung oder einer neutralen Stelle — „die Idee des Vorschlagswesens beruht gerade in einer dauernden Umgehung des Dienstweges, zumindest in der Möglichkeit, ihn zu übergehen" (so Höckel, *122*, S. 20) — auch die Weitergabe im Instanzenzug offen zu lassen, zeigt zweifellos, daß man sich durchaus der menschlichen Schwächen beider Kommunikationswege bewußt ist und lediglich versucht, die auftretenden Hemmnisse und Widerstände mit dieser Kompromißlösung weitgehend auszuschalten. Mit anderen Worten: es steht damit dem einzelnen Betriebsangehörigen frei, auf welchem der beiden Mitteilungswege er seinen Vorschlag weiterreicht, so daß es letztlich von seiner Meinung abhängt und damit von der, die er von seinem Vorgesetzten hat, ob er dabei diesen übergeht oder nicht. Das scheint uns aber dann doch eine falsch verstandene Freiheit des Einzelnen im Rahmen der Demokratisierung des Organisationssystems zu sein, so daß sich die Spannungen zwischen Vorgesetzten und Mitarbeitern, aber auch zwischen den Arbeitskollegen selbst, eher verschärfen und zu neuen sozialen Konflikten in der betrieblichen Sozialstruktur führen werden[122].

Ein neuer *Mitwirkungsweg* mag sich durch die Verwirklichung des von uns vertretenen *Gruppenprinzips* ergeben, durch eine Anpassung des *Vorschlagsweges* an die Form der Gruppenarbeit und des Teamwork. Wenn wir davon ausgehen, daß die überwiegende Zahl der Verbesserungsvorschläge aus dem eigenen Tätigkeitsgebiet des Vorschlagenden kommt und damit aus einer Betriebs*gruppe*, die in der Regel nicht nur ein Organisationsgerüst aufweist sondern auch eine Gruppenstruktur, innerhalb der sich gemeinsame Normen und Wertungsskalen gebildet haben, dann werden die negativen Verhaltensweisen der anderen Gruppenmitglieder gegen den Vorschlagenden und damit auch gegen das Vorschlagswesen selbst durchaus begreifbar. Der Einzelne verstößt dann gegen die von ihm selbst sanktionierten Gruppennormen, die sich nicht nur auf der horizontalen Beziehungsebene, d. h. zwischen ihm und seinen Arbeitskollegen, sondern auch auf der vertikalen Kommunikationslinie, d. h. zwischen ihm und seinem Vorgesetzten stilisiert haben; sein Verbesserungsvorschlag trifft ohne vorherige In-

---

122 Hans *Biäsch*, der in dem Buch von P. *Atteslander (4)* einen Forschungsbericht über die in den schweizerischen Betrieben gewählte „Arbeiterkommission" gibt (S. 237 ff.), nennt neben dem Dienstweg über die „Linienfunktionen" und „Stabsfunktionen", einen *dritten*, direkten, kurzgeschlossenen Dienstweg von der Arbeiterschaft zur Unternehmensleitung über die *Arbeitskommission*. Er warnt aber mit Recht vor einer nicht klaren und deutlichen Abgrenzung der Aufgaben und Funktionen eines jeden dieser drei „Dienstwege" und spricht von einer „sorgfältigen Pflege des Dienstwegbewußtseins im Alltagsleben des Betriebes". Denn dort, „wo die Dienstwege unklar und inkonsequent gehandhabt werden, sich jeder unsicher, übergangen und beleidigt fühlt", wird es immer Anlaß zu endlosem Mißtrauen geben (S. 243).

formation Vorgesetzte und Arbeitskollegen gleichzeitig unerwartet und stört mit der ihm evtl. zugrunde liegenden technisch-organisatorischen Veränderung des Arbeitsablaufes oder einer sonstigen sozioökonomischen Einwirkung auch das soziale Gleichgewicht der Gruppenstruktur. Die Betroffenen fühlen sich durch diese Umgehungshandlung in irgendeiner Form verletzt, wobei gerade die Nichtbefriedigung des Informationsbedürfnisses und die dadurch empfundene Nichtbeachtung der Person, als Bedrohung der Sicherheit und des Ansehens empfunden werden. Die aus einem solchen Informationsausschluß bewirkten negativen Verhaltensweisen führen dann zu den so oft genannten Konfliktsituationen, die als sozialpsychische Verteidigungsmechanismen nicht nur die menschlichen Beziehungen stören, sondern gleichzeitig entsprechende negative Auswirkungen im Leistungsverhalten zeigen[123]. Diese destruktiven intra- und interpsychischen Spannungen lassen sich aber weitgehend vermeiden, wenn der Vorgesetzte und die Arbeitskollegen (und selbst wenn es nur ein von allen Mitgliedern der Gruppe ausgewählter Personenkreis ist, dem dann zumindest der informale Gruppenführer angehören wird) von dem Vorschlagenden unterrichtet werden, was natürlich wiederum jenes gegenseitige Vertrauensverhältnis voraussetzt, das wir bei planmäßiger Förderung und sachgemäßer Pflege der Gruppenprinzipien bei allen Beteiligten erreichen. Die aktive Teilhabe und Teilnahme, der durch spontane Kooperation, partnerschaftliche Koordination und *ständige Kommunikation* sich bildende Gruppengeist, bewirken eine gemeinsame Haltung gegenüber auftretenden Problemen und der Einzelne, der bisher aus Furcht vor Sanktionen der Vorgesetzten und Arbeitskollegen seine Verbesserungsvorschläge zurückgehalten hat, wird jetzt seine Ideen im Interesse aller Gruppenmitglieder vorbringen. Er hat es nicht mehr nötig, sich hinter der Anonymität seiner Person zu verstecken, sondern kann, wie jedes andere Gruppenmitglied, seine Meinung frei äußern. Wenn dazu in einer Gruppenaussprache der Verbesserungsvorschlag diskutiert wird, wird es zu mancher durchdachteren Lösung kommen, da das Arbeitsteam als Ganzes nicht nur logische Fehler eher bemerkt und korrigiert, sondern auch Schwierigkeiten der praktischen Durchführung eines Verbesserungsvorschlages von vornherein besser erkennt. Auf den damit möglichen „Leistungsvorteil der Gruppe" (Hofstätter), der besagt, daß sich in der Regel das *Gruppendenken* dem individuellen Denken überlegen zeigt (N. R. F. Maier, Th. Scharmann u. a.), haben wir schon des öfteren hingewiesen. Scharmann *(275)* hat nachgewiesen, daß eine

---

[123] Hier wird noch einmal deutlich, daß es nicht allein ökonomische Motive sind, die den Menschen bei seiner Arbeit bestimmen, sondern auch Motive psychologischer Art außerordentlich bedeutsam sind (*Eyseneck*, Hans J.: Wege und Abwege der Psychologie, rde Bd. 17, Hamburg 1956, S. 96/97).

Steigerung dieses Gruppenvorteils — der sowohl ein zweckdienliches Binnenklima als auch ein ebensolches Leistungsrichtmaß umfaßt — dadurch erreicht werden konnte, daß der Gruppenleiter gruppenpädagogisch geschult war bzw. sich der sog. „Konferenzmethode" bediente. Der im Gruppenprozeß sich vollziehende Integrationsvorgang gebietet geradezu die Notwendigkeit einer Vorschlagsinformation über den direkten Vorgesetzten und im Idealfalle über alle Mitglieder der Betriebsgruppe. Dabei ergeben sich weitere Probleme, wenn ein Verbesserungsvorschlag zu technischen, organisatorischen oder sozialen Veränderungen führt, die über die Gruppengrenzen hinausreichen und damit auch auf andere Gruppenstrukturen einwirken. Die damit ausgelösten Veränderungen im Gefüge weiterer Betriebsgruppen, die in der Regel zu umfassenderen Anpassungsschwierigkeiten führen, können sich dann im ungünstigsten Falle in der Sozialstruktur des gesamten Betriebes auswirken, der als Sozialgebilde ebenfalls von gruppendynamischen Prozessen und den sie kennzeichnenden Verlaufs- und Strukturierungsformen abhängt. Bei solchen Verbesserungsvorschlägen ist also eine weitergehende Information notwendig, damit auch die betroffenen Nachbargruppen mitwissen, mitdenken und mithandeln können.

In welcher Weise eine solche Mitarbeit zustande kommt (Arbeitsausschüsse oder Vorschlagskommissionen aus den betroffenen Gruppen, seien hier als mögliche Diskussionsgruppen genannt) ist nicht ausschlaggebend, wichtig bleibt auch hier eine gemeinsame Bewußtseinsbildung — die Ausrichtung auf das gemeinsame Ziel und damit der Wille zur Teamarbeit. Das bedeutet in Anlehnung an R. Likert *(183)*, die Vorstellung der Organisationsstruktur des Betriebes als der eines „Systems zusammenhängender, sich überlappender Gruppen", in dem jede Betriebsgruppe im Sinne des Teamwork integriert ist und jede Führungskraft zwei formalen Betriebsgruppen angehört; einmal als Vorgesetzter und in der nächsthöheren Gruppe als nicht-leitender Mitarbeiter. Auf diese Weise entsteht ein Kommunikationssystem, dessen Kommunikationslinien nicht mehr ausschließlich der Hierarchie des Dienstweges folgen, sondern über die Vorgesetzten als Verbindungsglieder, die Sozialstruktur des Betriebes kreuz und quer durchziehen. Die Betonung und Förderung einer solchen zusammenhängenden und ineinandergreifenden Gruppenstruktur begünstigt den freien Fluß der Informationen im weitesten Sinne (also auch von Ideen und Vorschlägen) und wenn die einzelnen Betriebsgruppen harmonieren und ihre Vorgesetzten wirklich als Verbindungsglieder nach „oben", nach „unten" und nach der Seite funktionieren, „kann sich daraus ein geistiger Verkehr in der Unternehmung entwickeln, wie er in der traditionellen Organisationsstruktur undenkbar wäre" (Staerkle, *316*, S. 39). Das macht es aber erforderlich, daß Verbesserungsvorschläge, die in die Gruppenstruktur des Betriebes oder einen seiner Teilbereiche eingreifen, im Sinne eines vorherrschenden Teamgeistes *gemeinsam* durchgesprochen und diskutiert und dabei durchaus menschlich verständliche Interessen- und Meinungsverschiedenheiten *vorab* in konstruktiver Zusammenarbeit gelöst werden.

Man wird hier vielleicht einwenden, daß der oben genannte Kompromiß bei der Vorschlagsabgabe — Wahl zwischen „Dienstweg" und „Direktweg" — in der derzeitigen Situation betrieblicher Partnerschaft noch die beste Lösung sei und daß man den Gruppengedanken nicht überbewerten sollte und zwar aus mancherlei Gründen, von denen die Einschränkung der persönlichen Freiheit, der Zwang, sich den Gesetzen der Gruppe unterzuordnen nur einer ist (Bornemann, *28*, S. 93 bis 100). Wir verkennen diese mit der Gruppenarbeit auftretenden Probleme keineswegs und haben bereits mehrmals auf die Grenzen der Gruppenarbeit und Gruppenpflege im Betrieb hingewiesen (vgl. insbesondere o. S. 156 ff.). Und gerade beim Ideenwettbewerb sind es jene strebsamen und überdurchschnittlich begabten Betriebsangehörigen, die sich gegen diesen Gruppenzwang auflehnen; aus deren Reihen aber oft die originellsten Ideen kommen. Dabei kann es natürlich vorkommen, daß die Majorität den Vorschlag eines solchen genialen und produktiven Einzelgängers verwirft, seine Idee auslacht und damit seine aktive Mitwirkung für immer untergräbt. Es wäre zweifellos falsch, aus der sich daraus ergebenden Problematik, die individuelle schöpferische Kraft zu übersehen, da in vielen Fällen eine Idee zunächst von einem einzelnen Menschen ausgeht. Trotzdem kann auch hier durch eine gemeinsame Diskussion manches Vorurteil beseitigt und überspannte, unlogische und kaum durchführbare Gedanken auf ein zweckgerichtetes Maß zurückgeführt werden. Bei einer solchen Gruppenbesprechung wird letztlich auch ein origineller und produktiver Vorschlag eines Einzelgängers die Anerkennung der Gruppenmitglieder finden, andererseits wird aber auch der strebsame und „nicht"-gruppenbewußte Einzelgänger berechtigte Einwände der Gruppenmitglieder gegen seine Idee gelten lassen. Dazu kommt, daß die Gruppe dem zu eigenem Denken fähigen Mitarbeiter neue Anregungen gibt, ihm einen größeren Informationsraum erschließt und ihn vor Fehlschlüssen bewahren kann; eine Notwendigkeit, die sich aus der Anonymität moderner Organisationssysteme und der Abstraktion vollmechanisierter Arbeitsfunktionen fast zwangsläufig ergibt. Ulrich (*339*, S. 11) geht zwar davon aus, daß nur der einzelne Mensch Ideen habe und auch „die schöpferische Leistung einer Unternehmung immer ihren *Anfang* in der Neues schöpfenden Kraft *einzelner* Menschen nimmt", meint aber einschränkend, daß heute jedermann weiß, „daß die Aufgaben der Unternehmung nur in einer *unaufhörlichen, engen Zusammenarbeit* von Menschen*gruppen* gelöst werden können, und daß infolge der weitgetriebenen Arbeitsteilung und Spezialisierung auch relativ ‚kleine' Aufgaben nicht mehr von Einzelpersonen, sondern durch ein *koordiniertes Zusammenwirken* mehrerer Mitarbeiter gelöst werden können" (Hervorhebung vom Verfasser). Damit kommt er unserer Auffassung von der Gruppenarbeit sehr nahe, denn auch wir vertreten weder einen Gruppenkonformismus noch einen Gruppenantagonismus, sondern eine Gruppenarbeit, in der im Sinne des Teamgeistes zwischenmenschliche Begegnungsformen als Ausdruck einer sozial-individuellen Verschränkung vollzogen und erlebt werden. Die Verwirklichung des Gruppengedankens beim betrieblichen Vorschlagswesen kann also, je nach der *Gestaltung* dieser neuen Mitwirkungsform, beides sein; sie kann „zur Lahmlegung und Unterdrückung individueller schöpferischer Kräfte führen, sie kann aber ebensogut auch das Klima und der Rahmen sein, in dem diese schöpferische Arbeit des Einzelnen *erst recht* zur Entfaltung kommt" (Ulrich, *339*, S. 11).

Damit kann das *Gruppen-Vorschlagssystem* bei sachgemäßer Entwicklung und planmäßiger Pflege, also bei Beachtung und Anwendung sozial- und gruppenpsychologischer Erkenntnisse, die insbesondere bei den bisherigen Formen der Vorschlagsabgabe auftretenden Spannungen zwischen Mensch und Mitmensch weitgehend verringern, da hierbei der Einzelne weder die Grenzen gesetzter Ordnung übertritt, noch aus dem spürbaren Druck seiner Abhängigkeit mit Vorschlägen zurückhält. In der so geschaffenen *Gruppensituation* wird er nicht nur geformt, sondern auch gefordert, d. h. es bleibt ihm trotz der notwendigen Anpassung genügend Raum zur Selbstentfaltung und zwar in einer Form der Mitwirkung, die ihn aus seiner Anonymität heraushebt, aus dem starren Reglement funktional organisierter Beziehungen als Folge der immer mehr zunehmenden Beziehungslosigkeit zwischen Mensch, Arbeit und Betrieb. In der wohlverstandenen eigenen Freiheit, die gleichzeitig auch die Freiheit des anderen achtet und anerkennt, strukturiert sich die sozial-individuale Integration des Einzelnen und aller Gruppenmitglieder zu einem „Wir-Erlebnis", dessen menschliches „Klima" einen offenen und ungezwungenen Gedankenaustausch zwischen allen Beteiligten zuläßt, bei dem aber auch jede Umgehung eines Gliedes dieser „Gruppe von wirhaften Mitgliedern" (F. Künkel) wiederum alle genannten sozialpsychischen Spannungs- und Reibungstendenzen auslösen würde.

Zusammenfassend ist festzustellen, daß die Beachtung und Förderung gruppenspezifischer Prozesse bei der Organisation des betrieblichen Vorschlagswesens, infolge der sich in diesen Vorgängen abspielenden sozialen Wechselbeziehungen und Wechselwirkungen, zum „archimedischen Punkt" im gesamten Organisationssystem dieser Einrichtung wird. Hier prallen die Gegensätze zwischen dem durch die technisch-wirtschaftliche Betriebsorganisation geschaffenen System sozialer Rollen in hierarchisch-herrschaftlichen Bezügen, denen eine erwartete Verhaltensnormierung zugrunde liegt (formale Sozialorganisation des Betriebes) und dem durch das Vorschlagssystem geförderten rollenabweichenden Verhalten, das in die an sich schon vorhandenen Gegensätze zwischen formaler und informaler Sozialorganisation eingreift, besonders scharf aufeinander, mit allen daraus entstehenden Rollen- und Statuskonflikten in der Sozialstruktur des Betriebes. Die dadurch notwendige Akzentverschiebung im organisatorischen Denken erfordert den „Einbau des team-work-Prinzips" in das betriebliche Vorschlagswesen, seine Gestaltung in einem System, welches das Vorhandensein sozial- und gruppenpsychologischer Wirkungszusammenhänge berücksichtigt; eine Arbeitsform, die in ihrer Organisationsstruktur „sozialisations"-fördernd (i. w. Sinne) wirkt. Hierfür bietet sich das von uns vertretene *Gruppen-Vorschlagssystem* an, das als betriebsimmanente sozioökonomische Institution mit ihren zahlreichen Prozessen ganz besonders in der Lage ist, unserer Forderung nach einer vom gemeinsamen Geist getragenen aktiven Mitbeteiligung aller Werksangehörigen am betrieblichen Geschehen zu entsprechen. In einem sich ständig vollziehenden Prozeß der sog. „Teilhaberschaft", der zunächst nur eigene, dafür organisierte Vorschlagsgruppen umfassen mag, sollten immer mehr Mitarbeiter in das Gruppenvorschlagssystem einbezogen werden, mit dem Ziel, die mangelnde Bereitschaft zur Zusammenarbeit der Vorgesetzten und der ihnen jeweils untergeordneten Arbeitskräfte in ein gegenseitiges Vertrauensverhältnis umzuwandeln. Dabei wird die sachgemäße Entwicklung und planmäßige Pflege dieses Vorschlagssystems von der Führungsspitze auszugehen haben, um sich dann innerhalb der Gruppenstruktur des Betriebes fächerartig auf alle sich überlappenden Betriebsgruppen, also sowohl auf vertikaler als auch horizontaler Ebene auszubreiten. Das bedeutet ein neues Führungsverhalten auf allen Stufen der Betriebshierarchie, aber auch eine neue Einstellung zu Arbeit und Betrieb bei allen Mitarbeitern — zwei Verhaltensnormen, die sich keineswegs gegenseitig ausschließen, sondern lediglich auf zwei Ebenen der Organisationsstruktur gemeinsame Ziele verfolgen. Denn wenn wir schon im Vorschlagswesen eine „neue Form der Mitgestaltung der Belegschaft" (Kolbinger) am Betriebsgeschehen sehen, dann ist es an der Zeit, auch neue Wege der organisatorischen Gestaltung zu begehen und ein Organisationsgebilde zu strukturieren, in dem auf Grund weitgehend harmonisierter mitmenschlicher Beziehungen eine Zusammenarbeit vorherrscht, die dieses Organisationssystem nicht nur reaktions- und anpassungsfähiger, sondern auch leistungsfähiger macht.

Es wird sicherlich nicht leicht sein, in der betrieblichen Praxis den Gedanken einer den ganzen Betrieb umfassenden Gruppen- und Teamarbeit beim Ideenwettbewerb zu verwirklichen, denn der Geschäftsleitung wird es kaum möglich sein, alle Mitarbeiter um ihre Meinung zu irgendwelchen betrieblichen Problemen zu bitten. Aber das Prinzip der Gruppenarbeit beruht zunächst auf den kleinen Arbeitsteams, deren interpersonale Beziehungen auch auf die größere Sozialstruktur des Betriebes einwirken und diese gleich einem Netzwerk verbinden. Der Gedanke des Gruppen-Vorschlagssystems kann also, wie bereits angedeutet, zunächst in die einzelnen Arbeitsgruppen hineingetragen werden, in denen dann Verbesserungsvorschläge in gemeinsamer Diskussion ausgearbeitet und als Gruppenvorschläge weitergegeben werden. Aber auch in sog. „Arbeitsausschüssen", „Vorschlagskomitees" oder wie sonst auch immer derartige Aussprachegruppen heißen mögen, läßt sich der Prozeß der Gruppenbildung verwirklichen und zwar um so mehr, als in diesen Gruppen, die auch noch institutionellen Charakter haben, „die sonst nach streng hierarchisch-formalen Gesichtspunkten geordnete Geschäfts- und Auftragsverteilung zugunsten einer *demokratischen* Kooperation zurücktreten kann" (Scharmann, *276,* S. 133). Das wird insbesondere dann der Fall sein, wenn sich ein solcher Ausschuß paritätisch zusammensetzt und neben der Geschäftsleitung und dem Betriebsrat auch die mittlere und untere Führungsschicht und Mitarbeiter aus verschiedenen Tätigkeitsbereichen vertreten sind. In einem solchen Arbeitsausschuß — der sich je nach Betriebsgröße auch für jeden Betriebsbereich bilden läßt — darf es keine Rangunterschiede und Zuständigkeitsgrenzen mehr geben, d. h. jedes Mitglied muß gleichberechtigt und uneingeschränkt zu Wort kommen und sich seinem Wesen nach Geltung und Anerkennung verschaffen können. In diesem Interaktionsprozeß vollzieht sich die Strukturierung der Gruppe mit allen den sie beinhaltenden Merkmalen, und zwar nicht nur aus dem zweckrationalen betriebsorganisatorischen Bedürfnis — was einer Verinstitutionalisierung des Vorschlagswesens gleich käme — sondern auch aus der Spontaneität ihrer Mitglieder, die sich auf Grund der geschaffenen Gruppensituation frei und verantwortungsbewußt für das betriebliche Vorschlagswesen einsetzen werden und in deren Kreis auch der Vorschlagende selbst seine Ideen offen zur Diskussion stellen kann. Je mehr sich ein solcher „Ausschuß für das betriebliche Vorschlagswesen" zu echter Gemeinschaftsarbeit ("teamwork") integriert, desto reibungsloser werden auf Grund des vorherrschenden „Gruppengeistes", die so oft genannten Widerstände der Vorgesetzten und Mitarbeiter gegen das Vorschlagsprogramm sublimiert. Es bildet sich dann eine *Arbeitsgemeinschaft,* in der aus der gemeinsamen Gesinnung heraus eine sachliche Zusammenarbeit von relativem Dauercharakter stattfindet und in der sich bei Beachtung und Pflege gruppenpsychologischer und -pädagogischer Erkenntnisse, Spannungen und Stauungen des Einzelnen lösen, Klärungen anbahnen, neue positive Einstellungen bilden, jeder vom anderen lernt, an Einsicht gewinnt, sich gehört, ernst genommen und mehr oder weniger anerkannt, aber immer geachtet und beachtet fühlt (vgl. Dörschel, *54*, S. 79). Durch die gemeinsame Diskussion der Gruppenmitglieder und den durch gemeinsamen Gruppenbeschluß angenommenen Verbesserungsvorschlag — der in der Regel auch zu einer durchdachteren Lösung geführt hat[124] — wird bei den Beteiligten am ehesten jene soziale Verhaltensänderung erreicht, die mit der Änderung der Gruppenziele notwendig wird. Das ist hier besonders wichtig, weil mit dem Verbesserungsvorschlag, der in der Regel eine technische oder organisatorische Änderung zur Folge hat, auch Wertvorstellungen und Normen der Gruppe angetastet werden. Eine Anpassung an die damit geschaffene neue Situation, wird aber um so leichter erreicht, je mehr der Einzelne bei der Gestaltung mitbeteiligt wird. Das wiederum setzt voraus, daß eine solche Arbeitsgemeinschaft schon *vor* der Einführung des betrieblichen Vorschlagswesens gebildet und mitberatend und mitgestaltend beim organisatorischen Aufbau eines Vorschlagsprogrammes eingeschaltet wird. Von ihr kann dann der Gedanke des Ideenwettbewerbs in den gesamten Betrieb hineingetragen und bewußt gefördert werden, bis dieser im Idealfall alle Werksangehörigen erfaßt und damit der Gemeinschaftsaufgabe des betrieblichen Vorschlagswesens gerecht wird. In dieser Form gemeinsamer Mitwirkung kommt es dann auch zu der von Scharmann (*276*, S. 139) geforderten Notwendigkeit einer durchgehenden Gruppenarbeit und Gruppenpflege im ganzen Betrieb; es entsteht die von Likert (passim) vorgeschlagene organisatorische Gruppenstruktur des Betriebes, in der sich die Prinzipien der Zusammenarbeit und des Zusammenlebens (spontane Kooperation, partnerschaftliche Koordination und ständige Kommunikation) am günstigsten verwirklichen lassen.

Das Gruppen-Vorschlagssystem läßt sich aber auch in echten „Vorschlags-“ oder „Denkgruppen“ verwirklichen, in denen selbständig Verbesserungsvorschläge gesucht und ausgearbeitet oder vorhandene betriebliche Probleme zur Diskussion gestellt werden. Ob sich solche Gruppen spontan, also aus eigener Initiative mehrerer Mitarbeiter bilden oder betriebsseitig zur Lösung bestimmter Aufgaben organisiert werden, ist auch hier ohne Bedeutung — wichtig bleibt, daß innerhalb einer derartigen Gruppe infolge des gleichgerichteten Handelns und Verhaltens eine Zusammenarbeit entsteht, die vom Geist einer aktiven Mitbeteiligung und Mitverantwortung aller Gruppenmitglieder getragen wird. Das Gefühl, ein anerkanntes Mitglied eines solchen selbst-

---

[124] Vgl. die Ausführungen zum Vorteil des Gruppendenkens in dieser Arbeit.

entscheidenden Teams zu sein, das Bewußtsein der inneren Teilhaberschaft an den betrieblichen Aufgaben und die Befriedigung über die gemeinsam vollbrachte Leistung oder den durch einen Verbesserungsvorschlag erzielten Fortschritt, erweisen sich als starke Antriebsquellen für den Arbeitseinsatz und die Leistungsbereitschaft im Betrieb. Die daraus sich bildende positive Einstellung zur Arbeit und zum Betrieb wird neben der Forderung nach ausreichender Arbeitsproduktivität auch einer solchen nach dem Wert und der Würde des Menschen im Betrieb gerecht und entspricht damit dem *sozioökonomischen* Prinzip, als eines sinnvollen Ausgleichs zwischen den wirtschaftlichen Zielen des Betriebes und den sozial-individualen Bedürfnissen der daran beteiligten Mitarbeiter.

Wenn sich auch rückblickend auf die bisherigen Ausführungen zum organisatorischen Aufbau des betrieblichen Vorschlagswesens feststellen läßt, daß der Gedankenwettbewerb viel weniger technische und organisatorische, als psychologische und insbesondere sozialpsychologische Probleme aufgibt, so darf doch die Bedeutung der „verwaltungstechnischen Seite" nicht unterschätzt werden. Denn auch vom rein *organisationstechnischen* Ablauf des betrieblichen Vorschlagswesens hängt der Erfolg oder Mißerfolg dieser Einrichtung ab, wobei im Schrifttum immer wieder auf die Notwendigkeit einer möglichst kurzen Zeitspanne zwischen Einreichung, Prüfung, Bewertung und Durchführung eines Verbesserungsvorschlages hingewiesen wird (vgl. Lill, *184*, S. 30; Liebel, *181*, S. 5 und neuerdings Ganz, *75*, S. 178 ff.). Trotzdem sollte man sich vor einer „Verbürokratisierung" des Vorschlagswesens hüten, was um so leichter möglich ist, als gerade „die organisatorische Verwaltungstechnik eine Vollendung erfahren hat, die nur noch erlaubt, sie und ihr Funktionieren schon als Leistung an sich anzusehen" (A. W. Schmidt, *304*, S. 624). Jeder Mitarbeiter, der einen Vorschlag eingereicht hat, will so ernst genommen werden, wie er selbst seinen Beitrag zum Ideenwettbewerb auffaßt, und dieses berechtigte menschliche Bedürfnis sollte auch während des Bearbeitungsvorganges der Verbesserungsvorschläge entsprechend berücksichtigt werden (Herwig, *110*, S. 68). Die verwaltungstechnische Handhabung des betrieblichen Vorschlagswesens darf deshalb nicht zu einem schwerfälligen bürokratischen Apparat werden, sondern nur solche Funktionen übernehmen, die für die rasche Bearbeitung, Prüfung, Bewertung und Durchführung der Vorschläge und einzelner damit zusammenhängender Teilgebiete unbedingt erforderlich sind. Es ist nicht unsere Aufgabe, an dieser Stelle den organisatorischen Ablauf, also die mehr verwaltungstechnische Handhabung des betrieblichen Vorschlagswesens in allen Einzelheiten aufzuzeigen und dazu einen Organisationsplan aufzustellen; vielmehr sollen hier insbesondere die innerhalb des organisationstechnischen Ablaufs grundsätzlich zu beachtenden und richtungsweisenden sozial- und gruppenpsychologischen Aspekte in aller Kürze angedeutet und ihr positiver oder negativer Einfluß auf das betriebliche Vorschlagswesen dargestellt werden.

Der organisations*technische* Ablauf des betrieblichen Vorschlagswesens beginnt mit der *Abfassung* und *Einreichung* der Verbesserungsvorschläge. Hierbei sollte der Einzelne oder eine Gruppe von Mitarbeitern grundsätzlich die Möglichkeit haben, den Verbesserungsvorschlag entweder mündlich oder schriftlich zu formulieren. Bei der schriftlichen Abfassung, die in der Praxis allgemein vorgezogen wird, sollte man auf keinen Fall Vorschriften über die Form der Niederlegung oder Verwendung von Vorschlagsformularen erlassen, weil damit schon der Kreis derjenigen Betriebsangehörigen ausgeschlossen wird, der Scheu vor allem „Geschriebenen" hat. Im übrigen werden die meisten Betriebsangehörigen etwa aufgelegte Vorschlagsvordrucke oder -zettel verwenden, die dann aber so einfach wie möglich gestaltet sein müssen, um jede Verwirrung zu vermeiden. Es gilt nicht, einen der üblichen „Fragebogen" zu schaffen, sondern einen Vordruck, der dem Mitarbeiter das Niederschreiben seiner Idee erleichtern soll. Desgleichen ist es erforderlich, daß der Weg der Vorschlags*einreichung* allen Beteiligten ausreichend bekannt ist und seine Kommunikationslinien den Prinzipien der Gruppenarbeit und der Auffassung des Betriebes als einer Gruppenstruktur entsprechen. Da wir diesen Problemkreis der Vorschlagsabgabe bereits eingehend erörtert haben (vgl. S. 259 ff.) können wir uns hier nähere Ausführungen erlassen.

Die nun folgende *Bearbeitung* der Verbesserungsvorschläge in der „Zentralstelle für das betriebliche Vorschlagswesen" ist zwar mehr formaler Art, aber gerade hier kommt es auf „ein schnelles und unbürokratisches Arbeiten an, das der Individualität jedes Einsenders gerecht wird" (*390,* S. 29/30). Es kann hier nicht auf diese verwaltungstechnischen Arbeiten im einzelnen eingegangen werden (vgl. dazu die Ausführungen bei Michligk, Lill, Höckel, u. a.); die erste und gründliche Durcharbeitung der Verbesserungsvorschläge ist aber bereits „einer der neuralgischen Punkte des Vorschlagswesens, an dem bereits die Weichen zu Erfolg oder Mißerfolg gestellt werden" (Liebel, *180,* S. 128). Zunächst ist es von Bedeutung, dem oder den Einsendern eine Eingangsbestätigung zu schicken, damit diese wissen, daß der Sachbearbeiter den Verbesserungsvorschlag erhalten hat und sich dieser Idee annimmt. Das muß dann allerdings auch prompt geschehen. Dem Sachbearbeiter bleibt die Aufgabe, auf Grund des gewählten Bearbeitungsvorganges alle sonstigen Maßnahmen zur Bearbeitung in die Wege zu leiten, dabei aber immer darauf bedacht zu sein, die Bearbeitungsdauer so kurz wie möglich zu halten. Sollte sich aber einmal aus irgendwelchen Gründen eine Verzögerung ergeben, was ist einfacher, als den Mitarbeiter mit einem aufklärenden und freundlich gehaltenen Schreiben um Geduld zu bitten und ihn gleichzeitig spüren zu lassen, daß man seinen Vorschlag ernst nimmt und sich mit ihm beschäftigt. Wie dem auch sei, hier muß man sich in die Situation des Einreichers versetzen können, um seine Neugierde auf den Erfolg, aber auch um sein Streben nach Anerkennung wissen, denn „es ist nur zu verständlich, wenn dieser Mitarbeiter ... in der ständigen Erwartung lebt, daß man in gebührender Form von seiner wertvollen Mitarbeit Notiz nimmt“ (Schirm, *303*, S. 58).

Das alles müssen auch die Gutachter oder Prüfer beachten, denen die Vorschläge von der „Zentralstelle“ zur *Begutachtung* — einer Art Vorprüfung — zugehen. Sie sollten die Termine, die ihnen in der Regel vom Sachbearbeiter bis zur nächsten Sitzung des Bewertungsausschusses gestellt werden, möglichst einhalten, damit nicht schon bei ihnen, die von den Vorschlagenden so oft bemängelte lange Bearbeitungszeit ihren Anfang nimmt. Wenn sich ihre Begutachtung auch meist in der Beurteilung der praktischen Verwendbarkeit und der Errechnung des wirtschaftlichen Nutzens erschöpft, also in einer mehr auf objektiven Gesichtspunkten aufbauenden Kosten- und Wirtschaftlichkeitsberechnung, so ist es doch wichtig, wie es im Handbuch für „Soziale Betriebspraxis“ (*390*, S. 36) heißt, „daß sich der Prüfer seine Aufgabe nicht zu leicht macht, denn von seiner *Sorgfalt* und *Gründlichkeit* hängt es ab, wie weit der Einsender die später bekanntzugebende Entscheidung als gerecht empfinden wird“ (Hervorhebung vom Verfasser). Sie sollten daher versuchen, aus *jedem* Vorschlag alle vorgebrachten Anregungen auszuschöpfen und nicht nur abgerundete und durchführungsreife Vorschläge begutachten, sondern auch auf gute Teilüberlegungen hinweisen, für die der Vorschlagende ebenfalls eine entsprechende Anerkennung erfahren kann. In dieser Ablaufperiode der Vorschlagsbearbeitung tritt dann wieder einmal das Problem der Wahrung oder Preisgabe der *Anonymität* des Einreichers auf. Als Begründung für eine „offene Begutachtung“ wird in der Regel die Möglichkeit zu Rückfragen bei den Vorschlagenden angeführt, also auf Fälle hingewiesen, in denen der Formulierung des Verbesserungsvorschlages die nötige Klarheit fehlt. Solche Mängel sollten sich aber auch durch andere Maßnahmen beheben lassen; aus Gründen der *Objektivität* der Begutachtung, wird die Einhaltung der Anonymität an dieser Stelle des Bearbeitungsvorganges auch vom Verfasser befürwortet. Die Ausschaltung subjektiver Momente vermeidet bei der Begutachtung jede Bewertung der Person, um die es in diesem Stadium nicht gehen darf, da hier erst die Grundlagen für die Gesamtbewertung und Prämiierung durch den Prüfungs- oder Bewertungsausschuß geschaffen werden. Dabei widerspricht die hier vertretene Wahrung der Anonymität des Vorschlagenden keineswegs unseren bisherigen Grundsätzen, da der in oder von einer Gruppe ausgearbeitete Vorschlag einer solchen *sachlichen* und *zweckorientierten* Begutachtung bedarf, um seine auf *objektiven* Gründen beruhende Verwendbarkeit festzustellen, wobei es ohne Bedeutung ist, ob sich daraus ein errechenbarer Nutzen oder nur eine allgemeine Nutzanwendung ergibt[125].

Das endgültige Urteil über den Verbesserungsvorschlag fällt der Prüfungs- oder *Bewertungsausschuß* anhand der jedem Ausschußmitglied vorliegenden Gutachten, deren Inhalt der Beauftragte für das Vorschlagswesen mit Hilfe von Zeichnungen oder Modellen noch ausgiebiger erläutern kann. Dabei hat es sich, wie der Verfasser selbst feststellen konnte, außerordentlich bewährt, wenn sich die Ausschußmitglieder vor einer solchen Sitzung mit dem Einreicher unterhalten und zwar an seinem Arbeitsplatz, da die meisten Vorschläge aus der unmittelbaren Arbeitssituation hervorgegangen sind. Dieser enge persönliche Kontakt zwischen dem Vorschlagseinreicher und den Mitgliedern des Prüfungsausschusses, erscheint uns entgegen der Meinung vieler Autoren, die auch hier noch die Anonymität des Vorschlagenden wahren möchten, notwendig, weil, abgesehen von dem damit bekundeten Interesse für den mitdenkenden Betriebsangehörigen und seinem Verbesserungsvorschlag, sich ein Teil der Ausschußmitglieder aus dem schriftlichen Gutachten gar kein wirklichkeitsnahes Bild von dem einen oder anderen Vorschlag machen kann. Diese Kenntnis setzen aber die nach vielen Faktoren aufgebauten Prämiensysteme voraus, wenn es nicht zu einer unsachgemäßen Bewertung kommen soll. Die Gefahr, daß hier noch subjektive Momente eines oder mehrerer Ausschußmitglieder die Bewertung beeinflussen, ist durch die Gruppensituation der Bewertungskommission weitgehend ausgeschaltet, da die anderen Gruppenmitglieder Bemerkungen, wie etwa: „Der Müller, der sollte sich auch mal lieber um seine Familie kümmern, bevor er anderen Leuten sagt, wie man es besser machen kann“ (Höckel, *122*, S. 129), entgegentreten können. Außerdem sollte der Bewertungsausschuß niemals in eine schematische Arbeitsweise verfallen, die sich beispielsweise darin erschöpft, aus einer vorgegebenen „Prämienordnung“ die Bewertungspunkte abzulesen; in ihm sollte vielmehr jeder Vorschlag nochmals diskutiert und auf seine technisch-organisatorischen und menschlich-sozialen Auswirkungen überprüft werden. Fehlt dazu die

---

125 Aus diesem Grund sollte eine Prüfung der Vorschläge durch den eigenen Abteilungsleiter unterbleiben, weil bei ihm die Gefahr einer „ichhaften Prestigereaktion“ möglich ist, im Gegensatz zu einem abteilungsneutralen Prüfer oder einer Kommission, die auf Grund einer objektiv dienenden Einstellung, die Vorschläge mit großer Sachlichkeit prüfen werden (*Carrard, 36*, S. 204/205).

erforderliche Zeit und das ist eine Tatsache, die heute leider vorherrscht, so sollte man auf den Ideenwettbewerb verzichten, denn es fehlt dann eine der wichtigsten Voraussetzungen für dessen Erfolg. Wird dagegen jeder Vorschlag nochmals durchgesprochen und in allen Auswirkungen zur Diskussion gestellt, wobei durch die paritätische Besetzung sowohl die Belange der Arbeitgeber- als auch der Arbeitnehmerseite die notwendige Beachtung erfahren, dann wird auch die Bewertung und Prämienfindung den Ansprüchen beider Partner — dem Unternehmer und dem Mitarbeiter — gerecht werden. Der aus dem Verbesserungsvorschlag sich ergebende *Nutzen* kommt dann einmal dem Betrieb und die dafür gefundene *Anerkennung*, die nicht nur in einer Geldprämie ihren Ausdruck zu finden braucht, dem Mitarbeiter zugute.

Für die Bewertung und Prämiierung von Verbesserungsvorschlägen sind von Betrieben, Institutionen und Einzelpersonen die unterschiedlichsten „Prämiensysteme" oder „Prämienordnungen" ausgearbeitet worden, deren Beschreibung ein eigenes Buch füllen würde; trotzdem seien dazu einige grundsätzliche Bemerkungen gemacht. Es wird sicher niemand die Bedeutung eines finanziellen Anreizes bezweifeln und jeder Einsender rechnet zunächst damit, für seinen Verbesserungsvorschlag eine *Geld*prämie zu erhalten. Er wird sich sogar in etwa über den Wert und damit die Höhe der Belohnung seiner Idee konkrete Vorstellungen machen, da er aber nicht in der Lage ist, die Bedeutung seines Vorschlages richtig abzuwägen, wird er sowohl zu einer Unter- wie Überbewertung neigen (Kolbinger, *150*, S. 66). Deshalb sollte die Honorierung weder „Trinkgeldcharakter" tragen, noch ein „Geschenk" darstellen, das nur aus Großmut gegeben wird, weil man im Vorschlagswesen eine soziale Einrichtung sieht. „Geschenke belasten, wie auch sozial fortschrittliche Unternehmen betonen, das Selbstbewußtsein der Mitarbeiter, während leistungsgerechte Prämien das Selbstgefühl steigern" (*390*, S. 46). Es geht bei der *Bewertung* und *Prämienfindung* um die Festsetzung einer angemessenen Vergütung für das Mitdenken und Mitwirken des Betriebsangehörigen, wobei, wie es im Handbuch für „Soziale Betriebspraxis" (*390*, S. 45) heißt, die eigentliche Aufgabe darin liegt, „die oftmals unrealistischen Erwartungen der Einsender auf die tatsächlich zu erzielenden Verbesserungen hin zu korrigieren und dies mit *sachlich* und *psychologisch* gut fundierten Argumenten zu tun"[126]. Daß dabei auch die Betriebsbelange zu berücksichtigen sind, ist eine Selbstverständlichkeit. Diese

---

[126] *Kolbinger* (*150*, S. 67) sieht darin die Vermittlung eines „gewissen kalkulatorischen Gefühls", als Ansatzpunkt für ein dezentrales Rechnungswesen — also jenen Vorgang, der dem heute immer wieder geforderten „Kostendenken" möglichst aller Betriebsangehörigen entspricht.

Gründe haben schließlich zu den einzelnen Bewertungs- und Prämiensystemen geführt, die so verschiedenartig sind, daß fast keines dieser Systeme einem anderen gleicht[127]. Wenn auch solche Prämienordnungen notwendig erscheinen, sollte man den Wert starrer Bewertungsschemata nicht überschätzen, „denn es gibt kein System" — wie Kern (*142*, S. 140/141) schreibt — „das mit unfehlbaren mathematischen Maßstäben arbeiten könnte; immer bleibt ein beträchtlicher Ermessensspielraum, wodurch jede überspannte Systematisierung ad absurdum geführt wird". Das sollte aber wiederum nicht so aufgefaßt werden, als ob der Prämienordnung überhaupt kein Wert beizumessen wäre. Eine formalgerechte, also objektive Bewertung ist notwendig; man sollte sich nur nicht mit einer überspannten Starrheit des Systems den „Spielraum" nehmen, der in bestimmten Fällen auch das Eingehen auf eine *menschliche*, also mehr subjektive „Wertung" möglich macht. Ein solches Abweichen ist aber dem Prüfungsausschuß unmöglich, wenn er sich an eine feste Prämienordnung gebunden weiß. Auch das oftmals übertriebene *Nützlichkeitsdenken*, das soweit geht, daß überhaupt nur Vorschläge interessieren, die „neu" oder wirtschaftlich wertvoll sind, soll hier kurz Erwähnung finden. Dieser Standpunkt müßte zwar bei der Begutachtung im Vordergrund stehen, im Bewertungsausschuß sollte aber auch der „*Gesamtnutzenwert*" des Verbesserungsvorschlages Beachtung finden, mit dem neben die Bewertung des rein wirtschaftlichen Nutzens, auch eine Wertung der *geistigen Leistung* der Mitarbeiter tritt, als Anerkennung *ihrer* Aufgeschlossenheit zur Mitwirkung und Mitverantwortung im Betrieb. Eine solche Einstellung entspricht der Forderung von Kern (*141*, S. 108), der dazu schreibt: „Ein Verbesserungsvorschlag darf nicht *nur* unter dem Nützlichkeitsstandpunkt gesehen werden; jede Einsendung verdient, als erster scheuer Schritt zur betrieblichen Partnerschaft gewertet zu werden!" Dazu kommt, daß die finanzielle Belohnung nicht immer oder zumindest nicht für sich allein, dem Vorschlagenden das Gefühl vermittelt, als Mitarbeiter anerkannt zu werden und gerade vom Standpunkt der Befriedigung menschlicher Bedürfnisse im Betrieb, sollten bei der Belohnung die grundlegenden Motive menschlichen Handelns und Verhaltens mit angesprochen werden (Goode, *86*). Auch A. Mayer (*201*, S. 196) meint dazu: „Materielle Gewinne sind nur sekundärer Art. Der eigentliche Wert der innerbetrieblichen Wettbewerbe liegt in ihren *sozialpsychischen Auswirkungen:* in der

---

[127] Es sei hier insbesondere auf die Darstellungen bei *Michligk* (*215*, S. 103 ff. und 117 ff.), *Krauss* (*156*, S. 207 ff.), *Lill* (*184*, S. 85 ff.) und *Höckel* (*122*, S. 163 ff.), auf eine von der RKW-Bezirksgruppe Nordrhein-Westfalen herausgegebene Veröffentlichung: „Die Prämien und ihre Berechnung" (Verfasser: A. *Seidemann*), sowie auf die Ausführungen in den Fachberichten der Gesellschaft für Soziale Betriebspraxis (*380*, S. 4 ff.) hingewiesen.

Wiedererweckung der verschütteten Eigeninitiative einer stumpf gewordenen Belegschaft, in der Neubelebung der Beziehungen zwischen Betriebsleitung und Arbeiterschaft, im Aufleben eines intensiveren Gemeinschaftsgefühls, in der Stärkung der Zusammengehörigkeit und Minderung der Interessengegensätze — vor allem aber in dem durch die Chance, sich vor anderen auszeichnen zu können, geweckten Gefühl und Bewußtsein, als tüchtiger Mensch sich im Werturteil der Mitarbeiter Geltung zu verschaffen" (Hervorhebung vom Verfasser). Auch die Arbeitnehmer betrachten keineswegs nur die Geldprämie — den rein materiellen Anreiz — als einziges Motiv zur Vorschlagsabgabe. Ganz, der in seiner Untersuchung (*75*, S. 184—193) auch die Einstellungen der Mitarbeiter zur Geldprämie als Vorschlags*motiv* untersucht hat, kommt zu dem Ergebnis, daß die „Geldprämie" als Vorschlagsmotiv eine untergeordnete Rolle spielt und meist erst an dritter Stelle hinter „Arbeitserleichterung" und „Schöpferischer Mitarbeit" genannt wird (vgl. auch Kellner, *136*, S. 122—127). Es scheint also doch so zu sein, daß der Mensch nicht nur vom Brot allein lebt und daß wir, „wenn wir dem Geld als Anreizmittel den ersten Rang einräumen, ... zwangsläufig unser Denken in eine falsche Richtung lenken und ... niemals begreifen, wie man die in jedem Menschen schlummernde Energie und Begeisterung wecken kann" (Urwick, *340*, S. 49). Das gilt dann ganz besonders für den Gedankenwettbewerb, da gerade durch die Teilnahme an ihm bisher unbekannte Talente entdeckt, richtig eingesetzt und mit besonderen Aufgaben betraut, aber auch *fachlich* gefördert werden können (vgl. bei Herwig, *110*, S. 70; Höckel, *122*, S. 215 ff.; Schirm, *303*, S. 50 ff.). Es geht also nicht nur darum, wertvolle Verbesserungsvorschläge zu erhalten, „viel wichtiger ist es, förderungswürdige Mitarbeiter, entwicklungsfähige Menschen herauszufinden. Es ist daher weder nur mit der Belohnung des guten Vorschlages, noch mit seiner Realisierung getan; viel wichtiger ist die Frage: Was können wir mit diesem Mann tun?" (Ulrich, *339*, S. 9). Von einer solchen *Mitarbeiterförderung*[128] und den durch

[128] Der Mitarbeiterförderung im weitesten Sinne wird heute in Theorie und Praxis mehr denn je Beachtung geschenkt, wobei man sich im klaren ist, daß diese Aus- und Weiterbildungsmaßnahmen sowohl den sich wandelnden wirtschaftlichen als auch gesellschaftlichen Anforderungen zu entsprechen haben. Nach *Specht* („Wir haben noch Nachholbedarf", *311*, S. 426/427) handelt es sich bei allen Fortbildungsmaßnahmen, die stets im Zusammenhang mit der Ausbildung gesehen werden sollten, um etwas Dreifaches: 1. um „Aufbügelung" der Qualifikationen, des Wissens auf den neuesten und erforderlichen Stand („Intervallfortbildung"); 2. um die Intensivierung der Fähigkeiten und des Wissens im Rahmen einer bestimmten Berufstätigkeit (sog. „Weiterbildung"); 3. um die Vermittlung der Qualitäten, die als Voraussetzung für den beruflichen Aufstieg erforderlich sind (kann als „Führungsausbildung" bezeichnet werden [Zusatz vom Verfasser]).

Über die „soziologischen Aspekte der Mitarbeiterförderung" vgl. insbesondere F. *Fürstenberg* (*73* und *74*, S. 105 ff.).

die aktive Beteiligung am betrieblichen Vorschlagswesen verbundenen Aufstiegschancen gehen starke sozialpsychische Anreize auf die Arbeits- und Leistungsbereitschaft aus, die für die Entfaltung der Persönlichkeit von grundlegender Bedeutung sein können und damit der Befriedigung menschlich-sozialer Bedürfnisse im Betrieb entgegenkommen[129], ganz abgesehen davon, daß zur Erhaltung der Wirtschaftskraft und Wettbewerbsfähigkeit der Betriebe und unserer Volkswirtschaft, immer wieder die Forderung nach betrieblicher und überbetrieblicher Bildungsarbeit erhoben wird[130].

Je nach dem Entscheid der Bewertungskommission wird es nun zu einer *Annahme* oder *Ablehnung* des Verbesserungsvorschlages kommen. Wird ein nicht brauchbarer Vorschlag ohne jede Entschädigung *abgelehnt*, so ist es unbedingt erforderlich, den Einsender zu benachrichtigen und ihm dazu eine entsprechende Begründung zu geben. Ihn dabei nicht zu verärgern, sondern für weitere Verbesserungsvorschläge zu gewinnen, das ist schon ein „psychologisches Meisterstück". Kropff (*161*, S. 211) meint dazu: „Wird ein Vorschlag von der Kommission abgelehnt, so beginnt eine der wichtigsten Handlungen im Rahmen des Systems. Es genügt nicht, dem Einsender die Absage schriftlich mitzuteilen oder ihn gar schematisch durch einen Vordruck davon zu unterrichten. Es ist vielmehr notwendig, daß ein besonders taktvolles und psychologisch begabtes Mitglied der Kommission (oder der Sachbearbeiter selbst [Zusatz des Verfassers]) diese Entscheidung persönlich mit dem Abgewiesenen bespricht. Es muß imstande sein, den Einsender davon zu überzeugen, daß es nicht möglich war, seinen Vorschlag anzunehmen. Geschieht das nicht, oder unterbleibt die Be-

---

[129] Daß die Chance des beruflichen und damit auch des sozialen Aufstiegs schon bei der Berufswahl eine wichtige Rolle spielt, hat *Scharmann* in seinem Buch „Arbeit und Beruf" *(278)* aus psychologischer und soziologischer Sicht nachgewiesen.

[130] *Weddigen*, der als Volkswirtschaftler und Sozialpolitiker stets die Erhaltung der *Produktivität* der Wirtschaft betont, hat in seinem Vortrag über „Selbstverantwortung und Gemeinschaft in der deutschen Sozialpolitik" auf der erweiterten Mitgliederversammlung der Bundesvereinigung der Deutschen Arbeitgeberverbände am 3. Dezember 1964 in Bad Godesberg ebenfalls die Wichtigkeit der Aus- und Fortbildung betont und unter anderem ausgeführt: „Fördern wir daher noch wirksamer als bisher die Allgemeinbildung und die Ausbildung unseres Nachwuchses und vor allem auch die weitere Fortbildung der bereits ausgebildeten Kräfte. Brechen wir damit jedes Bildungsmonopol, machen wir unserem tüchtigen Nachwuchs ohne Rücksicht auf Herkunft und Beziehungen den Weg nach oben frei. Fördern wir insbesondere auch noch viel mehr die Zugänglichkeit und die Transparenz der Märkte, auf denen dieser Nachwuchs nach seiner Aus- und Fortbildung zu konkurrieren hat. Nur so wahren wir das Gleichgewicht von Selbstverantwortung und Gemeinschaft, das unser Volk auf die Dauer leistungsfähig erhalten kann." (Aus dem Handabzug des Referates, erstellt von der Presseabteilung der Bundesvereinigung der Deutschen Arbeitgeberverbände, Köln 1964, S. 19/20.)

nachrichtigung überhaupt, so erhält das Ansehen des Systems einen schweren Stoß. Nichts führt so schnell zum Veröden eines Vorschlags-Systems als nachlässige Behandlung abgelehnter Ideen. Hier ist eine vorzügliche Gelegenheit für einen psychologisch gut geschulten Mann, um seine Persönlichkeit und seinen Takt zu beweisen. Von ihm hängt es ab, ob der Abgelehnte neue Vorschläge einreicht, oder ob er definitiv entmutigt ist." Aber auch in den Fällen, in denen der Einreicher nur ein sog. „Ablehnungsschreiben" erhält, muß dieses *persönlich* gehalten sein und neben einer klaren Begründung der Nichtannahme, den Dank für die Mitarbeit und die Ermunterung zur Lösung weiterer betrieblicher Probleme enthalten. Der Enttäuschung des Einsenders, der ja dem Betrieb helfen wollte und dafür eine Belohnung erwartete, die Einsicht folgen zu lassen, daß dieser Vorschlag nicht betrieblich verwertet werden konnte, bedarf also besonderer menschlicher Bemühungen, damit Fehleinstellungen vermieden werden und der Mitarbeiter zu neuen Verbesserungsvorschlägen ermutigt wird, ganz abgesehen davon, daß dieses ernste Bemühen vom Betroffenen selbst dann noch als Anerkennung erlebt wird. Über die Wichtigkeit psychologisch richtig gehandhabter Ablehnungen für den Fortbestand des betrieblichen Vorschlagswesens sind sich alle Autoren einig und hier liegt tatsächlich einer der sozialpsychologischen Schwerpunkte des Ideenwettbewerbs. Denn die letzte, beim Einsender zu erzielende Reaktion soll nicht sein: „Einmal und nicht wieder!" — sondern: „Wenn nicht diesmal, dann vielleicht beim nächsten Mal!"

Die *Annahme* eines Vorschlages bedeutet gleichzeitig seine Anerkennung und Prämiierung, wobei eine solche Anerkennung auch für einen nicht brauchbaren Vorschlag gegeben werden kann; zum Beispiel in Form einer sog. „Ermunterungs-Prämie". Für die Belohnung der *verwertbaren* Verbesserungsvorschläge gibt es eine ganze Skala von Möglichkeiten[131], sie sollte aber

a) sowohl eine ideelle als auch materielle Anerkennung beinhalten,

b) beim Ausgezeichneten das Gefühl seiner Wertschätzung im Betrieb erhöhen,

c) nachhaltig wirken und neuen Ansporn zur Mitarbeit am Ideenwettbewerb geben,

d) bei den anderen Betriebsangehörigen für das Vorschlagswesen werben,

---

[131] Vgl. dazu Rolf H. *Krauss* (*156*, S. 172 ff.) und den Abschnitt „Wie wird ein Verbesserungsvorschlag belohnt?" im Bericht von der 3. Fachtagung „Einführung in die Praxis des betrieblichen Vorschlagswesens" am 5./6. 4. 1954, S. 6, durchgeführt von der Arbeitsgemeinschaft für soziale Betriebspraxis (ASB), Heidelberg.

e) eine Erhöhung zulassen, wenn der Verbesserungsvorschlag größere Auswirkungen zeigt oder auf einen größeren Anwendungsbereich ausgedehnt werden kann,

also neben der rein finanziellen Belohnung auch die sozialpsychischen Reizwerte beachten, die aus dem Geltungsbestreben des Einzelnen motiviert werden[132]. Das sollte auch in der *Form* der Anerkennung zum Ausdruck kommen, in der Aushändigung der Geld- oder Sachprämien. Abzulehnen ist die Auszahlung des Prämienbetrages im Rahmen der üblichen Entlohnung, da die Anerkennung hier zu einem „Faktum der reinen Bezahlung degradiert wird" (so Krauss, *156*, S. 164), zu unpersönlich wirkt und den Kontakt von „unten" nach „oben", der durch die Beteiligung am betrieblichen Vorschlagswesen entstanden ist, wieder zerstört. Dagegen wird die Überreichung der Prämie durch ein Mitglied der Geschäftsleitung oder eine in der betrieblichen Rangordnung entsprechend hochgestellte Führungskraft, dem einzelnen Mitarbeiter oder einer Gruppe von Mitarbeitern, das Gefühl der echten Anerkennung ihrer Teilhabe am betrieblichen Geschehen vermitteln, ganz abgesehen von der damit erreichten Werbewirkung für den Ideenwettbewerb. Veröffentlichungen der prämiierten Mitarbeiter am Schwarzen Brett, in der Werkszeitschrift oder in sonstigen Sondermitteilungen, sollten allerdings mit der nötigen Vorsicht vorgenommen werden, insbesondere dann, wenn das Vertrauensverhältnis zu Vorgesetzten und Arbeitskollegen eine solche öffentliche Ehrung aus Gründen der so oft genannten negativen Verhaltensweisen verbietet. Wir schließen damit eine solche Anerkennung keineswegs aus, nur müssen dann bereits die Voraussetzungen einer Zusammenarbeit vorliegen, die eine solche Maßnahme sinnvoll erscheinen lassen. Wenn bei den bisherigen Einzelvorschlagssystemen die Anonymität der Vorschlagenden im Vordergrund steht, wird eine öffentliche Anerkennung, die in der Regel dann auch noch in übertriebener Art und Weise vorgenommen wird, diese Anonymität ad absurdum führen, mit allen daraus sich bildenden Konfliktsituationen zwischen dem Einreicher seinen Vorgesetzten und Arbeitskollegen. Dieser nachteilig wirkenden „Einzelanerkennung" kann ebenfalls durch das von uns vertretene Gruppen-Vorschlagssystem entgegengewirkt werden, weil hierbei die Anerkennung für die aktive Mitarbeit der ganzen Gruppe (einschließlich des Vorgesetzten) zugute kommt. Durch *Gruppen-* oder *Gemeinschafts*prämien werden viele Neidgefühle und vermeintliche oder tatsächliche Ungerechtigkeiten weitgehend ausgeschaltet; der wirtschaftliche Erfolg des Gruppenvorschlages führt über das gemeinsame Mitdenken und Mithandeln zur gemeinsamen Anerkennung und Be-

---

[132] In Anlehnung an den ebengenannten Bericht der ASB-Fachtagung vom 5./6. 4. 1954, S. 6.

lohnung. Es wird in der Literatur zum Vorschlagswesen und zwar nicht ganz zu Unrecht behauptet, daß bei einer Gruppenprämiierung der Pro-Kopf-Anteil der Prämie zu gering sei (vgl. Höckel, *122,* S. 207), aber auch das sollte bereits bei der Prämienfestsetzung berücksichtigt werden, zumal der Gruppenvorschlag in der Regel einen höheren Reifegrad aufweisen wird. Hier wird es Aufgabe des Bewertungsausschusses sein, der Gemeinschaftsleistung dieses Vorschlages gemäß, eine allen Beteiligten angemessene Belohnung zu sichern. Die teilweise eingeführten Prämiensysteme, bei denen der Einsender einen Teil seines Prämienbetrages an die Mitarbeiter seiner Arbeitsgruppe und/oder an die gesamte Belegschaft abführen muß, haben mit dem von uns vertretenen Gruppenvorschlags- und Gruppenprämiensystem nichts gemein; sie tragen, wie Höckel (*122,* S. 207) dann allerdings mit Recht meint, schon „kollektivistische Züge" und sind ebenso abzulehnen, wie Prämien an die Vorgesetzten für die Beteiligung einzelner Mitarbeiter aus ihrer Arbeitsgruppe (s. o. S. 238 ff.). Mit solchen Maßnahmen wird es kaum gelingen, die Zusammenarbeit im Rahmen des betrieblichen Vorschlagswesens zu fördern, zumal Geld allein kein Ersatz für das vom Teamgeist getragene Handeln und Verhalten im Betrieb sein kann. Wird aber die Gruppe für ihren gemeinsam erarbeiteten Vorschlag ausgezeichnet, dann wird kein Gruppenmitglied den Prämienbetrag als Ersatzleistung für alle daraus sich ergebenden technischen, organisatorischen und/oder sozialen Veränderungen ansehen, sondern als Belohnung für die über den üblichen Rahmen des Arbeitsvertrages hinausgehende Mitbeteiligung am betrieblichen Geschehen[133].

Als letzter, aber keineswegs unwichtiger Vorgang im organisatorischen Ablauf, ist die *Durchführung* der Verbesserungsvorschläge im Betrieb zu nennen: die Erfüllung der Idee des oder der Mitarbeiter. Zwar stellt der Verbesserungsvorschlag bereits die Konkretisierung einer Idee dar, aber einen solchen einzureichen und ihn in der betrieblichen Praxis durchzuführen, ist eben nicht dasselbe, vorausgesetzt natürlich, daß kein Zweifel am Erfolg einer solchen Neuerung besteht. Ideen oder Verbesserungsvorschläge allein genügen nicht, man muß auch wissen, was es bedeutet, solche Neuerungen einzuführen (Levitt, *175).* Daß der Durchführung von Verbesserungsvorschlägen primäre Bedeutung beigemessen wird, sich jedes Vorschlagssystem ohne diese totlaufen würde und die Verwirklichung des Vorschlages dem Einsender oft mehr bedeutet als die Prämiierung, hat Kern (*142,* S. 141) einmal recht deutlich umschrieben. Er meint: *„Wichtiger als die Prämiierung ist die rasche Durchführung der angenommenen Vor-*

---

[133] Eine solche, vom gemeinsamen Geist getragene Gruppenarbeit, läßt auch Bedenken eines Streites um die Priorität oder des geistigen Diebstahls mehr als zweifelhaft erscheinen.

schläge. Das ist zwar eine nachgerade banale Feststellung, sie sollte aber über den Schreibtischen aller Sachbearbeiter des BV hängen, weil viele immer noch dem Aberglauben anhängen, daß es dem Einsender vor allem um das Geld gehe. Der Arbeiter ist im allgemeinen gar nicht so materialistisch eingestellt, wie die meisten glauben. So wie es ihm in erster Linie nicht um den Lohn an sich geht, so legt er auch beim BV erst in zweiter Linie Wert auf eine anständige Prämie, *in erster Linie aber auf die baldige Durchführung seiner Idee* in der Praxis" (Hervorhebungen vom Verfasser). Dabei kann man ein weiteres tun und sich bei der Einführung des Vorschlages seines Rates bedienen oder ihn an der Durchführung mitwirken lassen (Juran, *134*). Von einer solchen Mitwirkung geht ein besonderer sozialpsychologischer Effekt aus, weil wir damit die praktische Erfahrung anerkennen und damit einen Persönlichkeitsfaktor, der dem Mitarbeiter mehr bedeutet, als eine ehrenvolle Erwähnung mit Foto in der Werkszeitung oder die Bekanntgabe seines Namens am Schwarzen Brett. Es ist also notwendig, eine entsprechende Kontrolle über die praktische Durchführung der angenommenen Verbesserungsvorschläge durch den Beauftragten für das Vorschlagswesen oder ein Mitglied des Bewertungsausschusses vornehmen nehmen zu lassen und die Bearbeitung eines Vorschlages sollte erst dann als erledigt betrachtet werden, wenn dieser bei einer Verwertbarkeit seine praktische Verwirklichung gefunden hat.

Ganz gleich in welcher Form auch die organisationstechnische Bearbeitung der Verbesserungsvorschläge erfolgt, es sind auch hierbei die auftretenden menschlich-sozialen Einflüsse und Wirktendenzen zu beachten. Dazu ist es notwendig, daß der gesamte Bearbeitungsvorgang *allen* Betriebsangehörigen ausreichend bekannt ist, denn „wird den Ideenträgern Gelegenheit gegeben, sich von der Klarheit, Übersichtlichkeit, Wirksamkeit, Schnelligkeit, Gründlichkeit und Objektivität des organisatorischen Aufbaus (und Ablaufs) des betrieblichen Vorschlagswesens zu überzeugen, so wird auch hier ein wachsendes Vertrauen in die Maßnahmen der Leitung und letztlich ein besseres Betriebsklima die Folge sein" (Krauss, *156*, S. 160). Das kann durch ausreichende Information in Richtlinien oder Merkblättern über das Vorschlagsprogramm, in einer Vorschlagsfibel oder in der Werkszeitschrift geschehen; aber mit einer ungleich größeren sozialpsychischen Wirkung durch maßgebliche Einschaltung der Beteiligten bei allen Organisationsfragen und -maßnahmen selbst. Wie auch der organisationstechnische Teil der Organisation des betrieblichen Vorschlagswesens gestaltet sein mag, das *sozialpsychologische Problem* liegt darin, die Bearbeitung der Verbesserungsvorschläge nach klaren, für alle deutlich erkennbaren Gesichtspunkten zu ordnen, dabei aber hinter jedem noch so verwaltungsmäßigen und bürokratisch anmutenden Vorgang den

Menschen mit allen seinen Strebungen zu erkennen, die *Person*, um deren schöpferische Mitarbeit man sich so ernsthaft bemüht. Das gilt gilt sowohl für den Einzelnen als auch für die Gruppe im Betrieb. Das Organisationsschema zeigt zwar die funktionalen Beziehungen zwischen den einzelnen Arbeitsgruppen auf, nicht aber das zwischen diesen vorhandene soziale Gefälle, die soziale Fluktuation oder das soziale Gleichgewicht. Es gibt auch kein Bild jener ursprünglichen Gruppen, die Tag für Tag unmittelbar zusammenarbeiten, sondern ersetzt die tatsächlich bestehenden Beziehungen zwischen den Menschen verschiedener sozialer Positionen durch vertikale und horizontale Koordination der Funktionen (Roethlisberger, *262*, S. 51). Damit versucht die zweckrational aufgebaute „Formalorganisation" den Menschen zu übersehen und aus diesem ihr zugrunde liegendem logischen Prinzip der Wirtschaftlichkeit, mit der sie die menschlichen Verhaltensweisen ausklammert, ergibt sich der „Konflikt zwischen Person und Organisation"[134]. Um solche Widersprüche und die daraus entstehenden Reibungsverluste zu vermeiden, muß bei allen Organisationsmaßnahmen „auch das Menschliche mitschwingen, die Organisation muß in der Lage sein, eine Idee auch menschlich zum Tragen zu bringen"[135]. Denn jeder Versuch einer Neuordnung im Betrieb berührt in irgendeiner Weise auch die sozialpsychische Struktur des Betriebes; jede Änderung der technologischen oder organisatorischen Bedingungen — gleichgültig ob diese zusammen oder isoliert auftreten — zeigt auch Auswirkungen auf das *soziale* Gefüge eines Betriebes und die *informale* Organisation. „Die komplexe Wirklichkeit des Betriebes läßt sich nicht ausreichend erfassen, wenn man nur seine wirtschaftlichen, technischen und arbeits- oder funktionsteiligen Aspekte betrachtet. Es ist vielmehr notwendig, zu einer integrierten Betrachtungsweise zu gelangen, die die *sozialen* und *psychologischen* Aspekte des Betriebes einbezieht" (Mayntz, *206*, S. 5 [Hervorhebungen vom Verfasser]). Die damit ausge-

---

[134] Chris *Argyris*, der in seinem gleichnamigen Buch (Personality and Organisation, "The conflict between organisation and the 'individual' ", New York 1957) den Versuch unternimmt, die Frage zu beantworten, warum Menschen sich innerhalb Organisationen so verhalten, wie sie es eben tun, schreibt sinngemäß: Die formale Organisation ist ihrem Wesen nach rational. Daraus ergeben sich Widersprüche zu den im wesentlichen nicht-rationalen Tendenzen der einzugliedernden Menschen, und zwar um so mehr, je ausgeprägter deren Persönlichkeit ist, je vollkommener die formale Organisation in Richtung ihrer rationalen Zwecke durchgestaltet ist und je perfekter sie gehandhabt wird. Die Widersprüche verstärken sich nach dem unteren Ende der organisatorischen Hierarchie hin sowie mit zunehmender Arbeitsteilung und Mechanisierung. (Aus einer Buchbesprechung von E. *Bramesfeld* zum vorgenannten Werk. In: „Fortschrittliche Betriebsführung", Darmstadt, 13. Jahrgang, Heft 4/1964, S. 130/131.)

[135] Aus dem Geleitwort des 1. Vorsitzenden der „Gesellschaft für Organisation", Ernst *Reuter*, zum Jahresbeginn 1959. In: „Zeitschrift für Organisation", Wiesbaden, Jahrgang 28, Heft 1/1959, S. 1.

sprochene Anerkennung des Betriebes als soziales Gebilde mit einer „menschlich-gesellschaftlichen Struktur", ist also — wie Gasser (*76*, S. 35) ganz richtig schreibt — „vorerst einmal keine Frage der Moral, der Ethik; das ist keine Frage des Herzens, keine Gefühlsduselei, sondern umgekehrt: das *Einbeziehen der menschlich-gesellschaftlichen Struktur in unsere Überlegungen, das ist ein Abrücken von einer der Wirklichkeit in keiner Weise entsprechenden weltfremden Abstraktion*, nämlich von der Abstraktion, ein wirtschaftender Betrieb bestehe nur aus Maschinen, technischen Zeichnungen, organisatorischen Regelungen, kalkulatorischen Überlegungen usw." Aus dieser Sicht erhält jede technische, organisatorische, wirtschaftliche und sozialpolitische Maßnahme die ihr eigene menschlich-soziale Problematik. Für das betriebliche Vorschlagswesen gilt das um so mehr, weil es keineswegs eine rein technologisch-organisatorische Maßnahme darstellt, sondern von seiner eigentlichen Idee her, gerade als eines der sozialpsychologischen Mittel angesehen werden kann, mit deren Hilfe es möglich sein sollte, die strenge Zweckrationalität der Organisation und die fortschreitende Abstraktion der Arbeit durch ein *gemeinsames Mitwissen, Mitdenken* und *Mithandeln,* aber auch *Mitverantworten,* auch den menschlich-sozialen Bedürfnissen im Betrieb anzupassen. Das bedeutet freilich „eine Akzentverschiebung im organisatorischen Denken" (Staerkle) überhaupt, die Übernahme der anthropologischen Auffassung der Organisation, als eines Systems zwischenmenschlicher Beziehungen, in dem das gemeinsame an Technologie, Organisationsstruktur und Persönlichkeit sich aus dem Verhalten der daran beteiligten Personen bildet (Chapple, u. a., *38*). Voraussetzung dazu ist das Wissen um die im Sozialgebilde Betrieb ablaufenden sozialen Prozesse, die, weil sie von Menschen bewirkt werden, eigenen Tendenzen und keineswegs nur den gewünschten Verhaltensweisen der formalen Organisationsbemühungen, dem „rationalen Modell" (Gouldner) folgen. Die sozial- und gruppenpsychologisch fundierte Gestaltung des betrieblichen Vorschlagswesens vermag indes einen Teil des Gegendrucks informaler Sozialbeziehungen zu absorbieren, die aus den Spannungs- und Konfliktsituationen zwischen Mensch und Sachwelt herrühren und jene menschlichen Verhaltensmotivationen zu fördern, die in dem Streben nach Selbstentfaltung und Selbstverantwortung und damit auch sozialer Anerkennung zum Ausdruck kommen. Die sozial-individuale Integration, die wir mit Beck (*13*, S. 110) als Ziel des sozialseelischen Strukturierungsprozesses ansehen, vollzieht sich nicht nur im Menschen selbst, sondern auch als ständiger Prozeß in der sozialen Verschränkung der Menschen untereinander; in dem Streben nach einer gestalthaften Synthese der eigenen Freiheit und der geschonten Freiheit des in der sozialen Umwelt ständig vorhandenen Mitmenschen. Die sinnvolle Anpassung aller organisatorischen Maßnahmen an den

Menschen im Betrieb, seine Anerkennung als personal und sozial strukturiertes Wesen, verlangt neben einem dauernden betriebspädagogischen Bemühen zur Integration von Sache und Mensch zu einer ganzheitlichen Lebensauffassung, die Abkehr von der Meinung, daß wir es im Betrieb nur mit „organisationsgerechten ‚Mitarbeitern' " zu tun haben, die sich allen Organisationsmaßnahmen willenlos anpassen lassen. Das gilt gleichermaßen für die Organisation eines *ständig funktionierenden* Vorschlagswesens, die damit mehr bedeutet als nur den Versuch, die aktive Mitarbeit in vorbestimmte Bahnen zu lenken; sie ist wie Goossens (*88*, S. 426) das einmal so treffend ausgedrückt hat, „gewissermaßen die Krönung aller anderen Maßnahmen im Rahmen der Personalorganisation und Personalführung mit dem Ziel guter Mitarbeiterbeziehungen und eines voranschreitenden Betriebes — *technisch, wirtschaftlich* und *menschlich*".

Schlußbetrachtung

Die Auffassung des betrieblichen Vorschlagswesens als Gruppenaufgabe und Gruppenproblem, führte uns fast zwangsläufig zu einer sozialpsychischen Betrachtungsweise der Arbeit und des Lebens im Betrieb. Aus dieser Sicht stellte sich der Betrieb nicht nur als ein technisch-organisatorischer Zweckverband dar, der ein Optimum an ökonomischer Leistung zu erbringen hat, sondern auch als ein soziales Gebilde, in dem Menschen zusammenleben und zusammenarbeiten. Damit stehen sich in jedem Betrieb zwei Ordnungsprinzipien gegenüber — auf ökonomischer Ebene die *Leistungsordnung*, ausgerichtet nach wirtschaftlichen Gesichtspunkten; auf menschlicher Ebene die *Sozialordnung* mit ihrer Ausrichtung auf das Verhältnis von Mensch zu Mensch (vgl. Schäfer, *274*, S. 116 ff.). So verschieden die Prinzipien dieser Ordnungsformen auch sein mögen, sie entsprechen einem wechselwirkenden System, das beide Aspekte beachten und zugleich nach technisch-ökonomischen und nach menschlich-sozialen Gesichtspunkten geordnet sein muß. Daraus erklärt sich letztlich auch die grundsätzliche Annahme, daß „das *Arbeits*verhalten eines Menschen nicht von seinem *Sozial*verhalten abstrahiert werden kann, da das eine das andere bedingt und beide Aspekte nur in dieser Bedingtheit erklärbar sind" (Atteslander, *4*, S. 52).

Dieses wechselseitige Verhältnis zwischen Leistungs- und Sozialordnung im Betrieb führt zur Überschneidung der wirtschaftlichen Ziele des Unternehmens mit den menschlichen Bedürfnissen bei der Arbeit und aus den diesen Prinzipien zugeordneten Motivationsstrukturen zu Spannungen und Konfliktsituationen in der Sozialstruktur des Betriebes. Diese Wirkungsweise zeigt sich aber nicht nur im Verhältnis zwischen Mensch und Sachwelt, sondern auch in dem Verhalten der Menschen untereinander: in den zwischenmenschlichen oder mitmenschlichen Beziehungen im Betrieb. Das aber bedeutet und erfordert wiederum nicht nur eine Anpassung der Arbeit an den Menschen und umgekehrt, sondern auch eine Anpassung des Menschen an den Mitmenschen — die Ausrichtung der im Betrieb tätigen Mitarbeiter zu einer gemeinschaftsbezogenen Haltung, die als *ganzheitlichen* Aspekt Kooperationswillen und Leistungsbereitschaft als wesentliche Strukturmerkmale der Arbeitsgemeinschaft beinhaltet. Als wichtigste Voraussetzung für die Bildung einer solchen gemeinschaftsbetonten Haltung erscheint daher die Koordinierung der menschlichen Bedürfnisse am Arbeitsplatz mit den ökonomischen Zielen des Unternehmens. „Diese Koordinierung ist ohne zwischenmenschliche Kontaktformen, durch die sich der Mensch verstanden und gewertet fühlt, nicht zu erreichen. Die zwischenmenschlichen Kontaktformen müssen allerdings von der Unternehmensleitung über alle Zwischenvorgesetzte hinunter bis zum Mitarbeiter mit den kleinsten Befugnissen reichen, damit die innerbetrieblichen Reibungsverluste, die auf Intrige, Mißtrauen, Neid, Machtkampf, Mißverständnissen und Vorurteilen beruhen, vermieden werden“[1]. Es gilt also das sozialpsychische Spannungsfeld zwischenmenschlicher Beziehungen, als das der arbeitende Mensch seine betriebliche Umwelt erlebt, durch geeignete Arbeits- und Kooperationsformen aufzuhellen und die in der Abstraktion der Arbeit und Anonymität der Organisation verschütteten sozialen Kontakte immer wieder neu zu beleben, damit dem einzelnen Mitarbeiter trotz aller notwendigen Institutionalisierung und dem Zwang zur Anpassung an die Formalorganisation, noch ein ausreichender „Initiativspielraum“ (Kunze), ein gewisser Grad an Freiheit zur Selbstverwirklichung und Selbstverantwortung innerhalb der Betriebsgemeinschaft erhalten bleibt. Bei allen Maßnahmen, die sich mit der Arbeit und den sie tragenden Menschen im Betrieb befassen, ist es notwendig, „die Interdependenz des Technischen, Ökonomischen, Physischen, Psychischen und Sozialen ... zu entwirren, um eine optimale Abstimmung aller Faktoren in die Wege zu leiten, eine Aufgabe, die der arbeitende Mensch früherer Zeiten durch die Übersichtlichkeit und räumliche Beschränktheit seiner Arbeit und seines Arbeitsplatzes selbst zu übersehen vermochte“ (Specht, *313*, S. 4). Und obwohl sich seit Beginn der Industrialisierung die Widersprüche zwischen der zweckrationalen Organisation der betrieblichen Arbeitsbedingungen einerseits und den Bedürfnissen der im Betrieb arbeitenden Menschen andererseits verstärkt haben (Fürstenberg, *74*, S. 22 und S. 71 ff.), läßt sich eine Tendenz zu kooperativen und teamspezifischen Arbeitsformen nicht übersehen, mit denen versucht wird, den arbeitenden Menschen in wachsendem Maße Orientierungs- und Anpassungshilfen zu geben, die ihnen die Auseinandersetzung mit den Anforderungen der industriellen Arbeitswelt und die Bewältigung der Arbeitswirklichkeit erleichtern sollen. Diese Entwicklungstendenz zu einer verstärkten Kooperation im Betrieb wird gekennzeichnet von den Bemühungen um die Bildung neuer Kontakt- und Gemeinschaftsformen im Sozialgebilde Betrieb; sie führt damit zwangsläufig zu einer immer stärkeren Beachtung sozial- und

---

[1] Aus einem Interview mit Kurt A. *Körber*: „Wie können die zwischenmenschlichen Beziehungen in einem Industriebetrieb verbessert werden?“ In: „Führungspraxis“, Baden-Baden, Heft Nr. 12/1964, S. 4.

gruppenpsychologischer Aspekte im Betriebsleben und verlangt geradezu eine Akzentverschiebung im organisatorischen Denken, als menschlich-soziale Ergänzung der bisher zu einseitig betriebenen technologischen und organisatorischen Rationalisierung.

Hierzu hat die Gruppenforschung in Theorie und Praxis entscheidend beigetragen, auf neue Wege hingewiesen und mit der Einbeziehung des „Teamwork-Prinzips" eine neue Arbeits- und Organisationsform gefunden, die dem Einzelnen trotz der vollzogenen Bindung an die Gemeinschaft, eine gewisse und für die Persönlichkeitsentfaltung ausreichende Freibeweglichkeit garantiert. Diese betriebliche Ordnung, bei der, wie Schäfer (*274*, S. 105) so treffend sagt, „die schöpferischen Impulse von oben möglichst förderlich und ungehindert in alle Einzelarbeit einfließen können und in welcher dem einzelnen Mitarbeiter bei aller Ein- und Unterordnung ein Höchstmaß freien Auswirkens seiner individuellen Fähigkeiten verstattet ist", entspricht der Auffassung vom Menschen als einem personal und sozial strukturierten Wesen, dessen Handeln und Verhalten sowohl von einzelmenschlichen als auch gemeinschaftsbezogenen Motivationsstrukturen bestimmt wird. In dem bipolaren Spannungsfeld von Individual- und Sozialsein vollziehen sich in einem ständigen Prozeß der sozial-individualen Verschränkung, Selbstentfaltung und Persönlichkeitsbildung der Person, die im Schnittpunkt zahlreicher Gruppen steht. Der aus diesen Gruppenprozessen möglicherweise resultierende „Leistungsvorteil der Gruppe" (Hofstätter), wird aber nur dann eintreten, „wenn bei der Gestaltung einer Arbeitsgruppe (besser Betriebsgruppe [der Verfasser]) nicht nur die organisatorischen und technischen Arbeitsbedingungen sondern auch die *sozialpsychologischen* Faktoren berücksichtigt und neben den lohnpolitischen Anreizen auch die menschlichen Grundbedürfnisse nach Sicherheit, Anerkennung und Selbstentfaltung so weit wie möglich berücksichtigt worden sind" (Scharmann, *287*, S. 31). Erst mit der Befriedigung dieser personal und soziokulturell determinierten menschlichen Bedürfnisse wird die zur Erreichung des Betriebszweckes notwendige und vom Betrieb erwartete *sozialwirtschaftliche* Handlungs- und Verhaltensweise aller Mitarbeiter eintreten, wobei zweifellos auch von jedem einzelnen Betriebsangehörigen eine Anpassung an die vorliegenden technisch-organisatorischen Bedingungen und menschlich-sozialen Begegnungsformen erwartet werden muß.

Wir möchten an dieser Stelle nochmals betonen, daß es bei allen Bemühungen um das Menschliche und Mitmenschliche im Betrieb keineswegs um die Verwirklichung sozialromantischer Ideen geht. Der Betrieb ist weder ein Arbeitssanatorium noch ein Mädchenpensionat oder eine Wohlfahrtsinstitution, sondern eine „hochorganisierte, straff koordinierte technisch-wirtschaftlich-soziale Leistungseinheit; d. h. die in ihm auftretenden sozialen Probleme sind nicht nur sozial, sondern auch technisch und wirtschaftlich bedingt" (Fürstenberg, *74*, S. 175). Es wird daher auch zukünftig in jedem Betrieb, gleichgültig in welche Wirtschaftsordnung er sich gestellt sieht und nach welchem Führungsprinzip er geleitet wird, eine nach Weisungsrecht und Verantwortung abgestufte Hierarchie geben: Befehlende und Ausführende, die miteinander den Leistungsvollzug erbringen. Auf die Form dieses Miteinander kommt es aber letztlich an, auf die Einsicht jedes Einzelnen, „den Mitarbeiter, Vorgesetzten und Untergebenen als *Menschen* zu sehen, zu meinen, gelten zu lassen und zu bejahen; sein Menschentum anzuerkennen und zu fördern" (A. Mayer, *202*, S. 80). In dieser Grundeinstellung, die die *Persönlichkeitswerte* des arbeitenden Menschen bejaht, finden die Bemühungen, den Mitarbeiter selbständiger, verantwortungsbewußter und unabhängiger zu machen, damit sich seine personalen und sozialen Kräfte frei entfalten können, ihre eigene menschbezogene Verwirklichung. Aber diese mit der Selbstentfaltung und Selbstverantwortung geschaffene Freiheit des Einzelnen wird sich in der Gemeinschaft, in die sich auch der Mitarbeiter im Betrieb einordnen muß, nur auf Dauer behaupten können, wenn jeder Einzelne auch die Freiheit des Anderen schont, „denn wer seine eigene Freiheit hoch einschätzt, ist verpflichtet, die Freiheit seiner Mitmenschen ebenso hoch zu achten" (Kellner, *136*, S. 251). Zwischen Individual- und Sozialsein, der Freibeweglichkeit des selbstverantwortlichen Einzelnen und der Bindung an die Gemeinschaft, liegt der kardinale Berührungspunkt einer Zusammenarbeit und eines Zusammenlebens im Betrieb, die jedem Mitarbeiter trotz erforderlicher Anpassung an die zweckrationale Betriebsorganisation noch genügend Raum zur persönlichen Mitwirkung und Mitverantwortung läßt und mit der dann gleichzeitig neben der Befriedigung seiner personalen und sozialen Bedürfnisse, auch seine Arbeitsbereitschaft und sein Leistungswillen positiv beeinflußt werden.

Dieser Vorgang, den wir als Teilprozeß der sozial-individualen Verschränkung verstehen lernen sollten und den wir als Kern aller betriebspsychologischen Bemühungen bezeichnen möchten, wird in seinem Ablauf allerdings gehemmt durch den dauernden wirtschaftlichen, sozialen und kulturellen Wandel, der mit seinen Veränderungen immer wieder in den Integrationsprozeß der betrieblichen Sozialbeziehungen eingreift. In der daraus entstehenden *sozialen Dynamik des Betriebes* werden sich Konflikt und Kooperation auch weiterhin begegnen, so daß die für die betriebliche Zusammenarbeit notwendige Koordination der Verhaltensweisen, die Anerkennung gemeinsamer Normen und das Entstehen eines gemeinsamen Bewußtseins, einen ständigen Anpassungsprozeß erfordert. Es wäre sicherlich falsch, die sich daraus ergebende Problematik zu übersehen, weil in einem menschlichen

Interaktionsgefüge, das die Betriebsgemeinschaft zweifelsohne darstellt, die verschiedenartigen Kräfte nicht nur zusammenwirken, sondern auch miteinander kämpfen müssen, wenn es seine volle Leistungsfähigkeit und innere Angespanntheit behalten soll, „denn jedes stabile Gleichgewicht in einem Organismus bedeutet dessen Erstarrung und Tod" (Weddigen, *348*, S. 125). Wir können diesen Interaktionsvorgang lediglich durch geeignete, betriebspsychologische Maßnahmen begünstigen und durch bewußte Förderung und planmäßige Pflege der *Gruppen-* und *Teamarbeit*, die technisch-organisatorischen Voraussetzungen und die sozialpsychologischen Bedingungen schaffen, aus denen sich auf die Dauer ein zweckdienliches Binnenklima und ein ebensolches Leistungsrichtmaß entwickeln. Innerhalb übersehbarer, im Rahmen des Ganzen kooperierender Betriebsgruppen erhält der *Einzelne* die Möglichkeit, sich selbst zu entfalten, damit aber auch mit höherem Wirkungsgrad hinsichtlich Leistung und Mitverantwortung am Betriebsgeschehen teilzuhaben. Gleichzeitig finden wir in der zum Team gewordenen Betriebs- (Arbeits-)gruppe das Freiheitsprinzip wieder, das das Individuum für sich behauptet und am anderen schont, also eine Einstellung von Mensch zu Mitmensch, die von der *gemeinsamen Anteilnahme* aber auch von der *gemeinsamen Verantwortung* am betrieblichen Geschehen getragen ist.

Hierzu kann das betriebliche Vorschlagswesen — als eine Form der Mitwirkung der Belegschaft am Betriebsgeschehen — seinen Teil beitragen, da es von seinem Grundgedanken her dem einzelnen Mitarbeiter die Möglichkeit gibt, aus dem starren und unpersönlichen System organisierter Regeln herauszutreten, sich aktiv an den technischen, organisatorischen und wirtschaftlichen Problemen des Betriebes zu beteiligen und mit dieser echten Mitarbeiterfunktion auch seine personhaften Strebungen zu befriedigen. Dieses Mitwirken im Betrieb, das Mitwissen, Mitdenken und Mithandeln, aber auch Bereitschaft zum Mitverantworten voraussetzt, schafft Beziehung zur Arbeit und bringt in den hochmechanisierten Arbeitsvollzug wieder eine persönliche Note. Beziehung zur Arbeit hebt aber wiederum die Arbeitsfreude, bewirkt größere Arbeits- und Betriebszufriedenheit, fördert das Leistungsbewußtsein und wird damit auch der ökonomischen Zwecksetzung des Betriebes gerecht. Die Dynamik der Entwicklung zwingt den Betrieb einerseits zu ständiger Anpassung an die technischen, wirtschaftlichen und sozialen Veränderungen, wenn er seine Konkurrenzfähigkeit erhalten will; sie fordert andererseits die schöpferische Mitwirkung auf allen Stufen der betrieblichen Hierarchie. Diese brachliegenden Talente unter den Mitarbeitern gilt es zu entdecken, zu fördern und sinnvoll zur Lösung betrieblicher Probleme einzusetzen; es gilt ihnen den geistigen Raum zu schaffen, in dem sie sich frei entfalten können. Das Mitwissen, Mitdenken und Mithandeln im Rahmen des betrieblichen Vorschlagswesens, bleibt auch heute und trotz zunehmender Verwendung automatisierter Maschinen und Betriebsmittel eine echte Rationalisierungschance (vgl. Pradel, *254)* und die Berichte und statistischen Veröffentlichungen über eingereichte Verbesserungsvorschläge in den Jahren 1963, 1964 und 1965 zeigen, daß das Vorschlagswesen keineswegs tot ist und nicht nur in den Betrieben, sondern auch bei Ämtern, Behörden und sonstigen Institutionen, weiterhin gefördert wird[2]. Daran wird auch die fortschreitende Automation nicht viel ändern, weil „kein Automat in der Lage ist, schöpferische Fähigkeiten und eigene Initiative zu entwickeln" (*388*, S. 8). Sie mag zwar die Bedingungen zum Mitdenken und Mithandeln verändern, da aber auch in einer automatisierten Wirtschaft und Gesellschaft der Mensch der entscheidende Mittelpunkt bleibt, ist nicht nur ihre weitere Entwicklung, sondern auch ihre Erhaltung letztlich von seinen schöpferischen Leistungen abhängig, zu denen sie ihn durch die Übernahme einfacher und monotoner Arbeiten sogar frei machen kann. Schon deshalb ist es notwendig, jede potentielle Fähigkeit zur schöpferischen Leistung bei allen Mitarbeitern zur Entfaltung zu bringen und diese schöpferischen Kräfte für den Betrieb als Ganzes fruchtbar zu machen.

Daß die Verwirklichung dieser *gemeinschaftlichen* Mitgestaltung an allen Aufgaben des Betriebes keine leichte Aufgabe ist, bedarf nach den vorausgegangenen Ausführungen keiner näheren Erklärung — nur sollten aus den daraus gewonnenen Erkenntnissen endlich die notwendigen Folgerungen für die Gestaltung und Förderung des betrieblichen Vorschlagswesens und das Zusammenwirken aller Mitarbeiter gezogen werden. Gerade weil der Ideenwettbewerb mit seinen Maßnahmen ganz besonders in die Sozialstruktur des Betriebes eingreift und mit dem Abweichen vom institutionellen Bezugsrahmen auch Veränderungen im Interaktionsgefüge mit allen sich daraus ergebenden Hierarchie- und Gemeinschaftsproblemen bewirkt, wird auch sein Organisationssystem den damit entstehenden Konfliktsituationen Rechnung zu tragen haben. Es wird also notwendig sein, die daran Beteiligten durch spontane

---

[2] Unternehmerbrief des Deutschen Industrieinstituts, Köln, Nr. 33 vom 13. 8. 1964, S. 3 (19 Millionen Dollar für Verbesserungsvorschläge an 500 000 Arbeitnehmer in amerikanischen Betrieben im Jahre 1963).

„Schweinfurter Tagblatt" vom 22. 5. 1964, S. 4 (Kohlen-Idee brachte „Kohlen" ... [2519 DM Prämie für US-Zivilangestellten]).

Mitarbeiterbrief des Deutschen Industrieinstituts, Köln, Nr. 17 vom 1. 10. 1964, S. 2 (58 000 Verbesserungsvorschläge wurden im Jahre 1963 von den Mitarbeitern größerer Betriebe eingereicht).

„General-Anzeiger" der Stadt Wuppertal vom 22. 10. 1964, S. 8 (Ein Soldat erhielt 4000 DM — die Bundeswehr zahlt Prämien für brauchbare Ideen).

Die Robert Bosch G.m.b.H., Stuttgart, hat im Jahre 1964 den Verbesserungsvorschlag eines Mitarbeiters mit DM 25 000,— prämiiert und damit in der Bundesrepublik die bisher höchste Prämie gezahlt.

Vgl. auch die Übersicht auf Seite 46.

Kooperation, partnerschaftliche Koordination und ständige Kommunikation zu einem Arbeitsteam zu integrieren, in dem dann auf Grund der gemeinsamen Bewußtseinsbildung menschliche Reibungsverluste weitgehend ausgeschaltet sind und eine Leistungsbereitschaft herrscht, die auch der Forderung nach ausreichender Arbeitsproduktivität entgegenkommt. Die Erkenntnis, daß neben dem Technischen, Organisatorischen und Rechnerischen auch die menschlichen und gesellschaftlichen Realitäten für die Erreichung des Betriebszweckes von Bedeutung sind und daß bei allen Maßnahmen im Betrieb, die dem Menschen eigenen sozialpsychischen „Strebungen", „Gefühle" und „Gesinnungen" beachtet und gefördert werden müssen, erfordert geradezu bei der Gestaltung des betrieblichen Vorschlagswesens eine Organisationsform, die diesem ganzheitlichen Aspekt der Betriebswirklichkeit entgegenkommt, d. h. ein Vorschlagssystem, dessen Organisationsstruktur die grundlegenden Prinzipien der *Gruppen-* und *Teamarbeit* beinhaltet.

Die verwirklichte Form eines solchen gleichgerichteten Zusammenwirkens im Betrieb stellt das in dieser Arbeit vertretene *Gruppen-Vorschlagssystem* dar, da es als betriebsimmanente sozioökonomische Institution mit ihren zahlreichen sozialen Prozessen ganz besonders in der Lage ist, bei den Beteiligten ein „Wir-Bewußtsein" zu integrieren, welches auf Grund der Gemeinsamkeit von Normen, Wertungsskalen und Zielen, ein Bestverhältnis zwischen Kooperation und Leistungsnorm zu bewirken vermag. Die Überlegenheit, die wir dem Gruppen-Vorschlagssystem bei sachgemäßer Entwicklung und planmäßiger Pflege gegenüber den anderen Formen des Ideenwettbewerbs einräumen, bedeutet aber keineswegs, daß wir den heute überwiegend angewendeten Einzelvorschlagssystemen ihre Berechtigung absprechen. Wir sind nur der Meinung und glauben das ausreichend nachgewiesen zu haben, daß ohne die erforderliche *sozialpsychologische* Anpassung der Organisation des betrieblichen Vorschlagswesens an den sie tragenden Menschen — d. h. ohne die Berücksichtigung seiner Grundstruktur als personalem und sozialem Wesen und der daraus personal und soziokulturell determinierten Grundbedürfnisse, die sein Handeln und Verhalten in einem dauernden Prozeß sozial- individualer Verschränkung fordern und formen — geradezu mit peinlicher Genauigkeit das Gegenteil von dem erreicht würde, was das betriebliche Vorschlagswesen eigentlich bewirken sollte: einen weiteren Schritt zu einer Form der Zusammenarbeit und des Zusammenlebens im Betrieb, die auf dem Prinzip einer durch Gruppen- und Teamarbeit realisierten *„teilnehmenden Mitarbeit"*[3] beruht und die das *Mitwissen, Mitdenken, Mit-*

[3] In der anglo-amerikanischen Literatur spricht man von "participative management", was etwa „teilhabende Betriebsführung" (so *Rohn, 264*, S. 82)

handeln und damit auch das *Mitverantworten* auf allen Stufen der Betriebshierarchie umfaßt; freilich beschränkt durch die in der Person des einzelnen Mitarbeiters begrenzten Möglichkeiten einer solchen betrieblichen Teilnehmerschaft. Die daraus sich bildende „Mitarbeitergemeinschaft" verlangt aber nicht nur das Bemühen der Unternehmensleitung, sondern auch den Willen möglichst aller Betriebsangehörigen zu verantwortungsbewußter Mitarbeit, ständiger Lernbereitschaft und Einhaltung der sog. „Arbeitstugenden", weil eine solche mittragende und mitverantwortliche Rolle bei der Gestaltung der modernen Arbeitswelt nicht nur bedeutet, daß jeder an der damit verbundenen Genugtuung, sondern auch an der damit zu tragenden Last beteiligt ist (Fürstenberg, *74*, S. 179). Ob wir diese Chance einer umfassenderen Anteilnahme am gesamten Betriebsgeschehen und einer dadurch größeren „Mündigkeit" möglichst vieler Mitarbeiter nützen — und zwar abseits aller ideologischen und politischen Auseinandersetzung um die „Mitwirkung und Mitbestimmung" im Betrieb — wird weitgehend von einer betrieblichen Personal- und Sozialpolitik abhängen, die darauf gerichtet ist, „die Initiative, das Mitdenken, Mitwirken und Mitverantworten jedes einzelnen Mitarbeiters zu wecken und zu fördern, um in einer Synthese zwischen Freiheit und Verantwortung auch das geistige Ziel aller menschlichen Bemühungen im Betrieb zu erreichen: die Persönlichkeitsbildung und damit die Anerkennung der Person. Eine solche Einstellung widerspricht keineswegs dem ökonomischen Zweckgedanken, der für die Erhaltung des Wirtschaftsprozesses notwendig ist — sie wird nur der Auffassung gerecht, daß der Mensch letztlich der Träger allen wirtschaftlichen Lebens ist" (Krafft, *153*, S. 36).

Das betriebliche Vorschlagswesen ist zwar nur eines von vielen möglichen Mitteln, um dieses Ziel zu erreichen, da es aber den Menschen im Betrieb und dessen Mitarbeit selbst anspricht, ist es ganz besonders geeignet, diese Bemühungen wirkungsvoll zu unterstützen. Dabei kann die Einbeziehung des *Gruppengedankens* dazu beitragen, diese immer noch mit so vielen Hierarchie- und Gemeinschaftsproblemen belastete Institution zu einem echten Teamwork zu integrieren, um der *Synthese* von technisch-ökonomischer und menschlich-sozialer Betriebsgestaltung einen Schritt näher zu kommen und den *wirtschaftlichen Fortschritt* im Rahmen des Möglichen mit *sozialem Frieden* zu verbinden.

---

bedeuten würde. Da aber hierunter alle Bestrebungen einer Umstrukturierung auf Gruppenarbeit und Teamwork gemeint sind, scheint uns unsere, wenn auch freiere Übersetzung, der Realität solcher betrieblicher Maßnahmen entsprechend, besser gewählt.

Exkurs

Industrietypus und betriebliches Vorschlagswesen

(Anmerkungen zur Typologie des Industriebetriebes)

Der Versuch, durch eine sinnvolle Kombination charakterisierender Merkmale, bestimmte Grundformen oder einen bestimmten Typus von Industriebetrieben zu entwickeln, um mit Hilfe eines so erarbeiteten typologischen Verfahrens, Ansatzpunkte für allgemeine und spezielle Fragen der theoretischen und praktischen Industriebetriebslehre zu erhalten, ist auch für die Frage der Einführung, Gestaltung und den Erfolg des Vorschlagswesens im Industriebetrieb von Bedeutung. Je nach Industrietypus werden sich, wie der nachstehende Versuch zeigen soll, bestimmte Folgerungen ergeben, deren Kenntnis manche übertriebene Vorstellung über die Auswirkung des betrieblichen Vorschlagswesens auf die gegebenen Voraussetzungen realisiert, wenn nicht gar Fehlschlüsse einer solchen Maßnahme vermeidet, wobei hier aus industriewirtschaftlicher Sicht der technisch-ökonomische Aspekt des Ideenwettbewerbs im Vordergrund steht.

Ansatzpunkte für eine solche Betrachtungsweise des betrieblichen Vorschlagswesens, dem der Gedanke des Mitwissens, Mitdenkens und Mithandelns der Betriebsangehörigen zugrunde liegt, bilden die von Herrn Prof. Dr. Erich Schäfer, Nürnberg, zur Industrietypologie ausgearbeiteten charakterisierenden Merkmale, die in einem mehrstufigen System, allgemeine Merkmale der technisch-ökonomischen Struktur, Merkmale des Fertigungsaufbaues und des Fertigungsablaufes des Industriebetriebes umfassen. Ohne darauf hier näher eingehen zu können, soll nun versucht werden, auf rein betriebswirtschaftlicher Basis und unter Heranziehung dieser Merkmale oder Merkmalskombinationen, zu konkreten Aussagen über die Möglichkeit und den Erfolg dieser betrieblichen Einrichtungen zu gelangen.

Zunächst wird man ganz allgemein sagen können, daß die Möglichkeit, Verbesserungsvorschläge einzureichen, in solchen Industriebetrieben vorherrschen wird, in denen noch betont gestaltete menschliche Arbeit geleistet wird: der Fertigungsvorgang also noch nicht zu stark mechanisiert ist. Von der noch vorzufindenden handwerklichen Produktionsweise bis zum automatisierten Betrieb, werden die Mitgestaltungsmöglichkeiten der Betriebsangehörigen an technischen, aber auch organisatorischen Verbesserungen absolut abnehmen, wobei insbesondere die natürliche Fließfertigung (auch als „Zwangslauffertigung" bezeichnet), den Mitwirkungsmöglichkeiten enge Grenzen setzt. Von der technisch-ökonomischen Struktur des Industriebetriebes ausgehend, wird sich der Ideenwettbewerb ganz besonders in Betrieben der mechanisch-technologischen Produktion mit synthetischer Stoffverwertung verwirklichen lassen, wobei infolge der dort hohen Beherrschbarkeit des Fertigungsergebnisses, also bewußt gestalteter Endprodukte, nicht nur Vorschläge zur Verbesserung des Fertigungsaufbaues und Fertigungsablaufs, sondern auch hinsichtlich der Gestaltung der Produkte zu finden sind. Das soll nicht heißen, daß in chemisch-technologischen Industriebetrieben mit vorwiegend analytischer Stoffverwertung oder in Betrieben mit biologischer Stoffumwandlung (z. B. Molkereien, Hefeherstellungsbetriebe) keine Verbesserungsvorschläge möglich sind, nur wird sich ihre Zahl infolge des dort vorherrschenden natürlichen oder vom Produkt her zwangsläufig geplanten Fertigungssystems in engen Grenzen halten. Dazu kommt, daß das dort vorherrschende gestaltlose Produkt wenig Raum für Verbesserungsvorschläge durch die Mitarbeiter läßt[1].

Aus dieser Feststellung ergibt sich die Folgerung, daß insbesondere sowohl durch den bestehenden Fertigungsaufbau, als räumliche Anordnung der Fertigungs- oder Leistungsmittel und der sie bedienenden Arbeitskräfte, als auch durch den vorgeschriebenen Fertigungsablauf, als zeitliche Ordnung der Fertigungsfolge, Möglichkeiten und Grenzen der Mitwirkung von Betriebsangehörigen am betrieblichen Geschehen sichtbar werden. Die durch die *räumliche* Ordnung der Fertigungsfolge entstehenden Fertigungssysteme[2] zeigen das schon recht deutlich. Bei dem noch sehr losen „System" der *Werkbankfertigung*, bei dem die Ausrichtung der Produktionsmittel auf den Produzierenden erfolgt (z. B. in Reparaturwerkstätten), hat der einzelne Mitarbeiter einen noch verhältnismäßig großen eigenen Gestaltungsraum der Arbeitsverrichtung, was ihm das Mitdenken und die Einreichung von Verbesserungsvorschlägen erleichtert. Auch in den Fertigungssystemen der *Baustellenfertigung*, mit der Ausrichtung der Leistungsmittel auf das Fertigungsobjekt (z. B. Hoch-, Tief-, Schiffs- und Großmaschinenbau) und der *Werkstättenfertigung*, als Ausrichtung der Fertigungsmittel auf das

[1] Diese Aussage betrifft lediglich Verbesserungen im Rahmen des betrieblichen Vorschlagswesens, also keine patentfähigen Erfindungen oder wissenschaftlich erarbeitete Verfahren zur Herstellung neuer Produkte. Solche schöpferischen Arbeiten, die vertraglich im Aufgabengebiet von Konstrukteuren, Physikern, Chemikern, Biologen und sonstigen wissenschaftlich tätigen Mitarbeitern liegen, zählen nicht zu Verbesserungsvorschlägen im Sinne des betrieblichen Vorschlagswesens.

[2] Nach der Terminologie von Prof. Dr. Erich Schäfer, Nürnberg.

Verfahren (hier ist die Ordnung der „klassischen" Maschinenfabrik verwirklicht), bleiben den Mitarbeitern trotz Arbeitsplanung und vorgegebener Arbeitsgestaltung noch viele Möglichkeiten zu Verbesserungsvorschlägen. Der eigene Gestaltungsraum wird hier freilich schon immer enger und auf die spezielle Arbeitsverrichtung begrenzt, und die Verbesserungsvorschläge beschränken sich auf ganz bestimmte Teilvorgänge der Arbeitstätigkeit. Schließlich wird dieses „schöpferische" Mitdenken bei der sog. *Fließfertigung,* soweit es sich dabei noch um die lockere Form der sog. „Reihenfertigung" handelt, auf Vorschläge begrenzt, welche die durch die praktische Tätigkeit herausgefundenen „Kniffe" und „Tricks" beinhalten, obwohl bei der in diesem Fertigungssystem vorherrschenden Massen-, aber zumindest Serienfertigung, der geringe Nutzeffekt des Einzelvorschlages, durch das „Prinzip der Massenbewältigung" einen großen Wirtschaftlichkeitserfolg erzielen kann. Dagegen wird die straffe Fließfertigung *(Fließbandfertigung)* mit ihrem streng zeitlichen Taktverfahren, dem einzelnen Mitarbeiter kaum noch eine Chance zu eigenen Verbesserungsvorschlägen lassen, eine Tatsache, die bei der vorherrschenden Tendenz zur Automation, neue Probleme auch im Bereich des betrieblichen Vorschlagswesens aufwirft. Auch in der *zeitlichen* Ordnung der Fertigungsfolge und hier insbesondere beim starr gebundenen Fertigungsablauf, also einem lückenlos geschlossenen Fertigungsprozeß, wird die in der Regel natürliche und damit zwangsläufige Fertigungsfolge (nach u. M. kann ein solcher Zwangsablauf durch ein für das Produkt ganz bestimmtes Herstellungsverfahren auch geplant sein), ebenfalls Verbesserungsvorschläge im Rahmen des Ideenwettbewerbs kaum ermöglichen, zumal auch das dabei vorwiegend erzeugte gestaltlose Produkt, fast keine Ansatzpunkte bietet.

Selbst bei einer Differenzierung der Verbesserungsvorschläge (Vorschläge an Arbeits- oder Transportmitteln, sonstigen Anlagen und Einrichtungen, Arbeitsprozessen oder -verfahren, zur Arbeitssicherheit, am Erzeugnis, u. ä. m.), würde sich als Folgerung eines bestimmten Fertigungssystems und Fertigungsablaufs und im weiteren Sinne einer bestimmten Typenbildung, eine Aussage hinsichtlich der Wirkung eines dort eingeführten betrieblichen Vorschlagswesens machen lassen, freilich eingeschränkt durch den unterschiedlichen und nicht vorausbestimmbaren Wert der einzelnen Verbesserungsvorschläge. So werden, um ein Beispiel zu geben, in Betrieben mit natürlich-fließender Fertigungsanordnung, aus dem Bereich des Arbeitsschutzes viel weniger Verbesserungsvorschläge eingebracht werden können, als z. B. beim Werkstättensystem, weil die Unfallgefahren durch die Art der Fertigungsmittel und die Ordnung der Fertigungsfolge weitgehend neutralisiert sind.

Es ließen sich sicherlich noch weitere Ansatzpunkte bei Anwendung des typologischen Verfahrens für das Vorschlagswesen im Industriebetrieb finden, aus deren Erkenntnissen sich Folgerungen für die Gestaltungsmöglichkeiten einer derartigen betrieblichen Maßnahme ableiten ließen, und zwar nicht nur in technisch-ökonomischer, sondern auch in menschlich-sozialer Sicht, die bei einer ganzheitlichen Betrachtungsweise des Industriebetriebes als „technisch-wirtschaftlich-soziale Leistungseinheit" (Fürstenberg) nicht ausgeklammert werden kann. Denn beide Aspekte dienen letztlich einem Ziel: einer durch aktive Zusammenarbeit und harmonisches Zusammenleben optimalen Wirtschaftlichkeit.

Literaturverzeichnis

1. *Abraham*, Karl: Der Betrieb als Erziehungsfaktor, Köln-Braunsfeld 1953.
2. *Ackermann*, Albert: Das Unternehmen in psychologischer Sicht, München 1964.
3. *Allport*, G. W.: Persönlichkeit, Stuttgart 1949.
4. *Atteslander*, Peter: Konflikt und Kooperation im Industriebetrieb, Köln und Opladen 1959.
5. *Bales*, R. F.: Interaction process analysis, Cambridge (Mass.), Addison Wesly Press, 1950.
6. *Bartenwerfer*, Hansgeorg: Psychische Beanspruchung. In: Handbuch der Psychologie / Bd. 9: Betriebspsychologie (Hrsg. B. *Herwig* und A. *Mayer*), Göttingen 1961, S. 252—275.
7. *Barnard*, Chester I.: The Functions of Executive, Cambridge (Mass.) 1939.
8. *Barnard*, Chester I.: Organization and Management, Cambridge (Mass.) 1948.
9. *Baumgarten*, Franziska: Psychologie der Menschenbehandlung, 2. ergänzte Auflage, Zürich 1946.
10. *Baumgarten*, Franziska: Zur Psychologie des Maschinenarbeiters, Zürich 1946.
11. *Baumgarten*, Franziska: Berufs- und sozialpsychologische Untersuchung bei Arbeitern, Zürich 1956.
12. *Bechert*, K.: Vom Organisieren, Stuttgart 1949.
13. *Beck*, Walter: Grundzüge der Sozialpsychologie, München 1953.
14. *Becker*, Günther: Der Verbesserungsvorschlag im Sinne der Verordnung über das Erfindungs- und Vorschlagswesen in der volkseigenen Wirtschaft vom 6. 2. 1953 (Gesetzblatt S. 293) und seine Vergütung, Berliner Dissertation 1956 (unveröffentlicht).
15. *Behrendt*, Richard F.: Team-Arbeit als gesamtwirtschaftliche Aufgabe. In: „Industrielle Organisation", Zürich, 31. Jahrgang, Heft 6/1960, S. 7—11.
16. *Behrens*, Karl Chr.: Absatzwerbung in betriebswirtschaftlicher Sicht. In: „Zeitschrift für Betriebswirtschaft", Wiesbaden, 33. Jahrgang, Nr. 5/1963, S. 257—273.
17. *Beller*, Anton: Das Vertrauen zum Vorgesetzten kann kein Vorschlagswesen ersetzen. In: „Mensch und Arbeit", München, 12. Jahrgang, Heft 8/1960, S. 246.
18. *Benad*, Günther: Gruppe und Leistung. In: „Soziale Welt", Dortmund, Jahrgang 4, Heft 2/1953, S. 156—165.

19. *Benad*, Günther: Zur Theorie der Gruppenbildung. In: H. *Paul* und P. H. *Steinmetz* (Hrsg.), Die Gruppe im Betrieb, Dortmund 1953, S. 81 bis 88.

20. *Bente*, H.: Organisierte Unwirtschaftlichkeit, Jena 1929.

21. *Biäsch*, Hans: Grenzen der Psychotechnik. In: „Psychotechnik" (Hrsg. H. *Spreng*), Zürich und Leipzig 1935.

22. *Bigler*, Rolf: Sie wollen ganz anders sein (Die Psychologie militärischer Eliteverbände [Eine Untersuchung über den „Para"-Geist]). In: „Frankfurter Allgemeine Zeitung" vom 12. 2. 1964, S. 11/12.

23. *Binder*, Hugo: Die vernachlässigte Seite der Organisation. In: „Mensch und Arbeit", München, 3. Jahrgang, Heft 9/1950, S. 193 ff.

24. *Böhrs*, Hermann: Die menschliche Arbeitsleistung und die Möglichkeit ihrer Messung. In: „Zeitschrift für Betriebswirtschaft", Wiesbaden, 31. Jahrgang, Heft 11/1961, S. 641—654.

25. *Boes*, Hellmut: Verantwortung und Monotonie. In: Der Mensch im Betrieb, Bd. 3 der Veröffentlichungen der Walter-Raymond-Stiftung, Köln und Opladen 1962, S. 27—34.

26. *Bohmann*, L., *Friedrichs*, H., *Lux*, W., *Ott*, R. und *Wistinghausen*, H. J.: Die Zusammenarbeit zwischen Unternehmensleitung und Belegschaftsvertreter im Betrieb, Darmstadt 1959.

27. *Bornemann*, Ernst: Hauptergebnisse der experimentellen Gruppenpsychologie. In: H. *Paul* und P. H. *Steinmetz* (Hrsg.), Die Gruppe im Betrieb, Dortmund 1953, S. 109—124.

28. *Bornemann*, Ernst: Einwände gegen die Gruppenarbeit. In: RKW-Auslandsdienst/Heft 72: Gruppenarbeit und Produktivität, München 1958, S. 93—100.

29. *Bornemann*, Ernst: Bedeutung der Gruppenarbeit für die Überwindung der sozialen Spannungen im Betrieb. In: RKW-Auslandsdienst/Heft 72: Gruppenarbeit und Produktivität, München 1958, S. 21—24.

30. *Bornemann*, Ernst: Allgemeine Arbeitsbedingungen. In: Handbuch der Psychologie/Band 9: Betriebspsychologie (Hrsg. B. *Herwig* und A. *Mayer*), Göttingen 1961, S. 72—94.

31. *Bouman*, P. J.: Einführung in die Soziologie, 2. neubearbeitete Auflage, Stuttgart 1960.

32. *Bräutigam*, G.: Was hält den Arbeitnehmer davon ab, Verbesserungsvorschläge zu machen? In: Forfa-Briefe, Braunschweig, 6. Jahrgang, Heft 3/1957.

33. *Bräutigam*, Georg: Die innerbetriebliche Information. In: Handbuch der Psychologie/Bd. 9: Betriebspsychologie (Hrsg. B. *Herwig* und A. *Mayer*), Göttingen 1961, S. 531—555.

34. *Brown*, J. A. C.: Psychologie der industriellen Leistung, rde, Bd. 30, Hamburg 1956.

35. *Bühler*, Charlotte: Psychologie im Leben unserer Zeit, München/Zürich 1962.

36. *Carrard*, Alfred: Praktische Einführung in die Probleme der Arbeitspsychologie, Zürich 1949.

37. *Cattepoel*, Dirk: "Human Relations" allein genügen nicht! In: „Arbeitswissenschaftlicher Auslandsdienst", Darmstadt, 5. Jahrgang, Heft 3/1956, S. 56—57.

38. *Chapple*, Eliot D. und *Sayles*, Leonhard R.: Mensch, Arbeit und Organisation. In: „Fortschrittliche Betriebsführung", Darmstadt, 11. Jahrgang, Heft 11/1962, S. 1—5.

39. *Cohen*, John: Psychologie psychologisch betrachtet, Freiburg/München 1959 (Org.: Humanistic Psychologie, London 1957).

40. *Cox*, Clifton H.: Ausbildung in der Arbeitsvereinfachung. In Zeitschrift: „Soziale Beziehungen in der Industrie", Frankfurt, 2. Jahrgang, Heft 7/Juli 1951, S. 12 ff.

41. *Croner*, Fritz: Die Angestellten in der modernen Gesellschaft, Wien 1954.

42. *Cronin*, J. F. N. A.: Human Relations im Wirtschaftsleben von heute, Bad Nauheim 1952.

43. *Crozier*, Michel: Der soziologische Zusammenhang der Beziehungen zwischen Vorgesetzten und Untergebenen. In: „Fortschrittliche Betriebsführung", Darmstadt, 13. Jahrgang, Heft 4/1964, S. 117—122 (Übersetzung aus *Cnof*, Nr. 11/1963).

44. *Dahrendorf*, Ralf: Industrie- und Betriebssoziologie, Sammlung *Göschen*/Bd. 103, Berlin 1956.

45. *Dahrendorf*, Ralf: Sozialstruktur des Betriebes, Wiesbaden 1959.

46. *Dahrendorf*, Ralf: Homo Sociologicus, 3. unveränderte Auflage, Köln und Opladen 1961.

47. *Dahrendorf*, Ralf: Einstellung und Verhalten des Arbeiters. In: Der Mensch im Betrieb, Bd. 3 der Veröffentlichungen der Walter-Reymond-Stiftung, Köln und Opladen 1962, S. 10—25.

48. *Dahrendorf*, Ralf: Gesellschaft und Freiheit, Sammlung *Piper*, München 1962.

49. *Dale* Ernest: Greater Productivity through Labor-Management Cooperation, (Analysis of Company and Union Experience), American Management Association, New York 1949, Research Report Number 14.

50. *Dederra*, E.: Pflichtgefühl und Mannschaftsgeist (Gruppenpsychologische Einsichten aus dem England der Kriegszeit). In: „Fortschrittliche Betriebsführung", Darmstadt, 9. Jahrgang, Heft 1/1960, S. 22—24 (Rezension des Buches von T. T. *Paterson:* Morale in War and Work, London 1955).

51. *Dederra*, E.: Über Struktur und Führung sozialer Gebilde (Rezension der Bücher von Ch. I. *Barnard* "The functions of Executive" und "Organization and Management"). In: „Fortschrittliche Betriebsführung", Darmstadt, 9. Jahrgang, Heft 2/1960, S. 42—47.

52. *Dessauer*, Friedrich: Die geistigen Kalkulationsfaktoren. In: „Wirtschaftlichkeit", Heft 48/1928, zitiert nach Paul *Michligk (215*, S. 34/35).

53. *Dessauer*, Friedrich: Kooperative Wirtschaft, Bonn 1929.

54. *Dörschel*, Alfons: Betriebspädagogische Bemerkungen zur Arbeitsgruppe. In: „Arbeit und Leistung", Frechen, 18. Jahrgang, Heft 5/1964, S. 77—79.

55. *Dougall* Mc: Aufbaukräfte der Seele, 3. Auflage, Stuttgart 1947.

56. *Eisenring*, Max: Schöpferisches Denken in der Führung einer Unternehmung. In: Zeitschrift: „Industrielle Organisation", Zürich, 30. Jahrgang, Heft 4/1959, S. 27—30.

57. *Erdély*, Michael: Einführung in die Wirtschafts- und Betriebspsychologie, Göttingen 1955.

58. *Erismann*, Theodor: Allgemeine Psychologie, II. Teil: Grundarten des psychischen Geschehens (Sammlung *Göschen*, Bd. 832/832a), Berlin 1959.

59. *Fassbender*, Siegfried: Die Führungskräfte im Unternehmen, Essen 1957.

60. *Feurer*, W.: Innerbetriebliche Information und Praxis — der Übermittlungsprozeß. In: *Ackermann* u. a.: Innerbetriebliche Information als Führungsaufgabe, Bern 1959.

61. *Fischer*, Hardi: Gruppenstruktur und Gruppenleistung, Schriften zur Sozialpsychologie/Nr. 2, Bern 1962.

62. *Frauenknecht*, F. — *Lechner*, H.: Der Mensch ist keine Maschine. In: „Mensch und Arbeit", München, 1. Jahrgang, Heft 7/1949, S. 160 ff.

63. *Freese*, Heinrich: Die institutionelle Fabrik, 3. durchgesehene Auflage, Jena 1919.

64. *Freud*, Sigmund: Gesammelte Werke (18 Bände), 2. Aufl. 1946.

65. *Freud*, Sigmund: Abriß der Psychoanalyse (Das Unbehagen in der Kultur), Fischer-Bücherei, Bd. 47, Frankfurt 1956.

66. *Friedeburg*, Ludwig von: Soziologie des Betriebsklimas, Bd. 13 der Frankfurter Beiträge zur Soziologie (Hrsg. Th. *Adorno* und W. *Dirks*), Frankfurt 1963.

67. *Friedmann*, Georges: Der Mensch in der mechanisierten Produktion, Köln 1952.

68. *Friedmann*, Georges: Zukunft der Arbeit (Perspektiven der industriellen Gesellschaft), Köln 1953.

69. *Friedmann*, Georges: Grenzen der Arbeitsteilung, Frankfurt 1959.

70. *Fürstenberg*, Friedrich: Das betriebliche Informationswesen als soziale Gestaltungsaufgabe. In: „Mensch und Arbeit", München, 10. Jahrgang, Heft 5/1958, S. 130—131.

71. *Fürstenberg*, Friedrich: Der Betriebsrat (Strukturanalyse einer Grenzsituation). In: „Kölner Zeitschrift für Soziologie und Sozialpsychologie", 10. Jahrgang, Heft 3/1958, S. 426 ff. (Jetzt im gleichnamigen Abschnitt in den „Grundfragen der Betriebssoziologie", Köln und Opladen, S. 154).

72. *Fürstenberg*, Friedrich: Die betriebliche Sozialstruktur. In: Handbuch der Psychologie/Bd. 9: Betriebspsychologie (Hrsg. B. *Herwig* und A. *Mayer*), Göttingen 1961, S. 433—453.

73. *Fürstenberg*, Friedrich: Das Aufstiegsproblem in der modernen Gesellschaft, Stuttgart 1962.

74. *Fürstenberg*, Friedrich: Grundfragen der Betriebssoziologie, Köln und Opladen 1964.

75. *Ganz*, Dieter: Verbesserungsvorschläge im Betrieb. (Eine soziologische Untersuchung über das betriebliche Vorschlagswesen in zwei Industriebetrieben.) Unveröffentlichte Dissertation, Mannheim 1962.

76. *Gasser*, Christian: Der Mensch im modernen Industriebetrieb, 2. neubearbeitete und erweiterte Auflage, Köln und Opladen 1952.

77. *Geck*, L. H. Ad.: Sozialpsychologie in Deutschland, Berlin 1929.

78. *Geck*, L. H. Ad.: Soziale Betriebsführung, 2. Aufl., Essen 1953.

79. *Gehlen*, Arnold: Die Seele im technischen Zeitalter, rde/Bd. 53, Hamburg 1957.

80. *Gehlen*, Arnold: Der Mensch im Betrieb — aus der Sicht der Sozialpsychologie. In: Der Mensch im Betrieb, Bd. 2 der Veröffentlichungen der Walter-Reymond-Stiftung, Köln und Opladen 1962, S. 105—121.

81. *Geldmacher*, Willy: Verbesserungsvorschläge sind die positive Kritik im Betrieb. In: „Hüttenbetrieb“, Werkzeitschrift der Bochumer Verein AG, Folge 2/1955.

82. *Gerwig*, Ernst: Die soziologische Struktur des Industriebetriebes, Zürich und Stuttgart 1960.

83. *Giese*, Fritz: Handbuch psychotechnischer Eignungsprüfungen, Halle 1921.

84. *Gilbreth*, F. B.: Motion study, New York 1911.

85. *Görsdorf*, Kurt: Kritik und Vorschläge zur innerbetrieblichen Werbung. In: „Mensch und Arbeit“, München, 6. Jahrgang, Heft 6/1954, S. 174/175.

86. *Goode*, Cecil E.: Es gibt stärkere Anreize als das Gewinnstreben. In: „Fortschrittliche Betriebsführung“, Darmstadt, 4. Jahrgang, Heft 3/1955, S. 52—54.

87. *Goossens*, Franz: Moderne Unternehmungsleitung, München 1958.

88. *Goossens*, Franz: Handbuch der Personalleitung/Bd. I: Personalorganisation und Personalführung, 3. Aufl., München 1959.

89. *Goossens*, Franz: Handbuch der Personalleitung/Bd. II: Arbeitsleistung, Lohn und Sozialwesen, München 1959.

90. *Greiss*, Franz: Die Werkszeitung soll dem gegenseitigen Vertrauen dienen. (Vortrag am 4. 2. 1955 in Köln.) In: Vortragsreihe des Deutschen Industrieinstituts, Nr. 33/1955.

91. *Grimm*, K. W.: Erfahrungen mit dem betrieblichen Vorschlagswesen. In Zeitschrift: „Wirtschaftlichkeit“, Wien, Heft 1/2 (1954).

92. *Grössle*, Heinz K.: Der Mensch in der industriellen Fertigung, Wiesbaden 1957.

93. *Gross*, Herbert: Manager von morgen, 4. Aufl., Düsseldorf 1952.

94. *Hanhart*, Dieter: Der Gruppenfertigungsversuch. (Ein Beitrag zur experimentellen Gruppenforschung.) In: „Schweizerische Zeitschrift für Psychologie und ihre Anwendungen“, Bern und Stuttgart, Nr. 1/1963, S. 29—42.

95. *Hartley*, Eugeno L. und *Hartley*, Ruth E.: Fundamentals of social psychologie, New York 1952 (Deutsch: Die Grundlagen der Sozialpsychologie, Berlin 1955).

96. *Hartmuth*, Hans C. W.: Was erwartet der Betrieb von der Psychologie? In: Wege zur Rationalisierung (Hrsg.: RKW), Heft 8: Der Mensch und seine Arbeit, München 1958, S. 25—33.

97. *Hasenack*, Wilhelm: Der Mensch im Betrieb. In: „Zeitschrift für Betriebswirtschaft", Wiesbaden, 31. Jahrgang, Heft 10/1961, S. 577—596.

98. *Havenbeck*, Edgar: Lebensnahe Rationalisierung. In: „Rationalisieren: Warum? — Wo? — Wie?"/Beilage Nr. 41 der Zeitschrift „Der Volkswirt", Frankfurt, 10. Jahrgang/Oktober 1956, S. 10—14.

99. *Hax*, Karl: Grundfragen der betrieblichen Personalpolitik. In: „Zeitschrift für Betriebswirtschaft", Wiesbaden, 31. Jahrgang, Heft 12/1961, S. 721—732.

100. *Hehlmann*, Wilhelm: Wörterbuch der Psychologie, 2. ergänzte und erweiterte Auflage, Stuttgart 1962.

101. *Hehlmann*, Wilhelm: Geschichte der Psychologie, Stuttgart 1963.

102. *Heinkel*, Ernst: Meine Erfahrungen als Betriebsführer mit dem betrieblichen Vorschlagswesen, Berlin 1943.

103. *Heitbaum*, Heinrich: Psychologie im Betrieb, 2. erweiterte und überarbeitete Auflage, Köln 1952.

104. *Hellpach*, Willy: Die Erziehung der Arbeit. In: Das Problem der Industriearbeit, Berlin 1925.

105. *Hellpach*, Willy: Sozialpsychologie, Stuttgart 1933[1].

106. *Hellpach*, Willy: Sozialpsychologie, 2. Auflage, Stuttgart 1946.

107. *Herwig*, Bernhard: Methodik der Eignungsprüfung. In: Praktische Psychologie (Bd. 3), Leipzig 1921.

108. *Herwig*, Bernhard: Psychologie der Arbeit. In: Lehrbuch der Psychologie, Bamberg 1944.

109. *Herwig*, Bernhard: Arbeitspsychologie. In: Handbuch der Sozialwissenschaften, Tübingen 1954.

110. *Herwig*, Bernhard: Allgemeine Grundfragen zur Anpassung der Arbeitsbedingungen an den Menschen/Teil II: Das betriebliche Vorschlagswesen. In: Handbuch der Psychologie/Bd. 9: Betriebspsychologie (Hrsg. B. *Herwig* und A. *Mayer*), Göttingen 1961, S. 62—71.

111. *Herwig*, Bernhard: Stellung und Aufgabe des Meisters. In: Der Mensch im Betrieb, Bd. 3 der Veröffentlichungen der Walter-Raymond-Stiftung, Köln und Opladen 1962, S. 157—165.

112. *Hetzer*, K. G.: Deutsche Betriebspsychologie, München und Düsseldorf 1952.

113. *Heydemann*, Bernd: Abwechslung muß sein, auch im Betrieb. In: „Mensch und Arbeit", München, 16. Jahrgang, Heft 8/1964, S. 246—247.

114. *Heyer*, Heinz Otto: Arbeitsvereinfachung, Heidelberg 1952.

115. *Hinkle*, Roscoe L., und *Hinkle*, Gisela N.: Die Entwicklung der amerikanischen Soziologie, München 1960 (Org.: The Development of Modern Soziology, New York 1954).

116. *Hische*, Wilhelm: Das Eignungsprinzip, Halle 1925.

117. *Hische*, Wilhelm: Arbeitspsychologie, Hannover 1950.

118. *Hische*, Wilhelm: Psychologische und soziologische Spannungsfelder zwischen Mensch und rationalisierter Arbeit, Hannover 1955.

119. *Hische*, Wilhelm: Psychologie und Gegenwartsmensch, Hannover 1958.

120. *Hische*, Wilhelm: Wie kann die Arbeits- und Betriebspsychologie dem Menschen im Betrieb helfen? In: Wege der Rationalisierung/Heft 8 der

Schriftenreihe des RKW: Der Mensch und seine Arbeit, München 1958, S. 39—53.

121. *Höckel*, Günther: Bericht des Hessischen Instituts für Betriebswirtschaft über den „Erfahrungsaustausch auf dem Gebiete des betrieblichen Vorschlagswesens". Bericht auf der 2. Fachtagung für betriebliches Vorschlags- und Informationswesen am 13./14. 10. 1953 in Heidelberg. (Veranstalter: „Arbeitsgemeinschaft für Soziale Betriebsgestaltung", Heidelberg.)

122. *Höckel*, Günther: Keiner ist so klug wie alle (Chancen und Praxis des betrieblichen Vorschlagswesens), Düsseldorf—Wien 1964.

123. *Hofstätter*, Peter: Sozialpsychologie, Sammlung Göschen (Bd. 104/104a), Berlin 1956.

124. *Hofstätter*, Peter: Gruppendynamik, rde Bd. 38, Hamburg 1957.

125. *Hofstätter*, Peter R.: Werbepsychologie. In: Fischer-Lexikon (Bd.: Psychologie, Frankfurt 1957, S. 327—329).

126. *Hofstätter*, Peter: Einführung in die Sozialpsychologie, 2. neubearbeitete Auflage, Stuttgart 1959.

127. *Hohmann*, Emil: Produktivitätssteigerung durch leistungsfördernde Lohngestaltung und betriebliches Vorschlagswesen, Hamburg 1955.

128. *Hundhausen*, Carl: Werben oder Beherrschen, Essen 1950.

129. *Irle*, Martin: Führungsprobleme. In: Handbuch der Psychologie / Bd. 9: Betriebspsychologie (Hrsg. B. *Herwig* und A. *Mayer*), Göttingen 1961, S. 511—527.

130. *Irle, Martin:* Das innerbetriebliche Vorschlagswesen ein Mißerfolg? In: „Rationalisierung", München, 13. Jahrgang, Heft 10/1962, S. 231—233.

131. *Jacobi*, Helmut: Werbepsychologie, Bd. VII der Studienreihe „Betrieb und Markt" (Hrsg. K. Chr. *Behrens*), Wiesbaden 1963.

132. *Jacobi*, Franz: Personalpolitik heute und morgen, Düsseldorf—Wien 1963.

133. *Jost*, W.: Das Sozialleben des industriellen Betriebes, Berlin 1932.

134. *Juran*, J. M.: Wie man Änderungen einführt. In: „Arbeitswissenschaftlicher Auslandsdienst", Darmstadt, 6. Jahrgang, Heft 1/1957, S. 15—18.

135. *Kant*, J.: Idee zu einer allgemeinen Geschichte in weltbürgerlicher Absicht. In: Kant's Populären Schriften, Berlin 1911.

136. *Kellner*, Wolfgang: Der moderne soziale Konflikt, Stuttgart 1961.

137. *Kern*, Hans: Das Verbesserungsvorschlagswesen (Worauf es dabei ankommt). In: „Mensch und Arbeit", München, 3. Jahrgang, Heft 6/1951, S. 166—168.

138. *Kern*, Hans: Einige Voraussetzungen für erfolgreiche Menschenführung. In: „Mensch und Arbeit", München, 5. Jahrgang, Heft 2/1953, S. 34 ff.

139. *Kern*, Hans: Das Verbesserungsvorschlagswesen (Einstellungen und Fehleinstellungen der Führungskräfte). In: „Mensch und Arbeit", München, 6. Jahrgang, Heft 2/1954, S. 39—42.

140. *Kern*, Hans: Das Verbesserungsvorschlagswesen (Einstellungen und Fehleinstellungen der Belegschaft). In: „Mensch und Arbeit, München, 6. Jahrgang, Heft 3/1954, S. 70—71.

141. *Kern*, Hans: Das Verbesserungsvorschlagswesen (Zur Praxis der Durchführung [1. Teil]). In: „Mensch und Arbeit", München, 6. Jahrgang, Heft 4/1954, S. 110—111.

142. *Kern*, Hans: Das Verbesserungsvorschlagswesen (Zur Praxis der Durchführung [2. Teil]). In: „Mensch und Arbeit", München, 6. Jahrgang, Heft 5/1954, S. 139—142.

143. *Kilger*, Wolfgang: Der Faktor Arbeit im System der Produktionsfaktoren. In: „Zeitschrift für Betriebswirtschaft", Wiesbaden, 31. Jahrgang, Heft 10/1961, S. 597—611.

144. *Klöckner*, Albert: Betriebliches Vorschlagswesen, Berlin 1934.

145. *Knoop*, Ernst H.: Werbung für das Vorschlagswesen — ihre Methoden und Effektmittel. In: „Mensch und Arbeit", München, 10. Jahrgang, Heft 3/1958, S. 85—87.

146. *Knoop*, Ernst H.: Graphische Werbemittel für das Vorschlagswesen. In: „Mensch und Arbeit", München, 10. Jahrgang, Heft 5/1958, S. 148—149.

147. *König*, René (Hrsg.): Sozialpsychologie. In: Fischer-Lexikon (Bd.: Soziologie), Frankfurt 1958, S. 274—283.

148. *Kolbinger*, Josef: Die Bedeutung des Leistungsdenkens für die Menschenführung im Betrieb. In: Festschrift für K. *Oberparleitner*, (Hrsg. Willy *Bouffier)*, Wien 1956.

149. *Kolbinger*, Josef: Das betriebliche Personalwesen (Teil I: Grundlagen), Sammlung *Poeschel* (Hrsg. Hans *Seischab*) Stuttgart 1961.

150. *Kolbinger*, Josef: Das betriebliche Personalwesen (Teil II: Hauptgestaltungsbereiche), Sammlung *Poeschel* (Hrsg. Hans *Seischab)*, Stuttgart 1962.

151. *Kollmannsperger*, Carlos: Über den Umgang mit Gruppen im Betrieb. Sonderdruck der wirtschafts- und sozialpolitischen Grundinformationen des Deutschen Industrieinstituts, Köln 1963.

152. *Kosiol*, Erich: Organisation der Unternehmung. In: Schriftenreihe „Die Wirtschaftswissenschaften", Wiesbaden 1962.

153. *Krafft*, Werner: Wandel in der betrieblichen Sozialpolitik. In: „Maschine und Manager", Düsseldorf—Gerresheim, Heft 5/1964, S. 25 ff. (Diesem Aufsatz liegt ein Vortrag „Betriebliche Sozialpolitik — Gestern, Heute, Morgen", gehalten am 19. 1. 1960 vor dem Juniorenkreis der Industrie- und Handelskammer Würzburg—Schweinfurt, zugrunde).

154. *Krause*, Erwin: Industrielle Berufsausbildung, Stuttgart 1955.

155. *Krause*, Erwin: Grundlagen einer Industriepädagogik, Berlin 1961.

156. *Krauss*, Rolf: Das betriebliche Vorschlagswesen als Mittel zur Rationalisierung und zur Sozialen Betriebsgestaltung, Münchener Dissertation 1956 (Unveröffentlicht).

157. *Kroeber-Keneth*, Ludwig: Erfolgreiche Personalpolitik, 2. vermehrte Auflage, Düsseldorf 1951.

158. *Kroeber-Keneth*, Ludwig: Kritisches zum betrieblichen Vorschlagswesen. In: „Der Betrieb", Heidelberg, 8. Jahrgang, Nr. 34/1953, S. 697 bis 699.

159. *Kroeber-Keneth*, L.: Zwischenbilanz des Vorschlagswesens. In: Forfa-Briefe, Braunschweig, 5. Jahrgang, Heft 7/1956.

160. *Kroeber-Keneth*, Ludwig: Über das Unbehagen in der Industrie. In: „REFA-Nachrichten", Heft 2/1957, S. 66—67.

161. *Kropff*, Hans F. J.: Innerbetriebliche Werbung als Exekutive der industriellen Psychologie. In: „Zeitschrift für handelswissenschaftliche Forschung", Köln und Opladen, Neue Folge, 2. Jahrgang, Heft 5/1950, S. 193—215.

162. *Kropff*, Hans F. J.: Neue Psychologie in der neuen Werbung, Stuttgart 1951.

163. *Kropff*, Hans F. J.: Die Werbemittel und ihre psychologische, künstlerische und technische Gestaltung, Essen 1953.

164. *Künkel*, Fritz: Charakter, Einzelmensch und Gruppe, Leipzig 1933.

165. *Kunze*, H. H.: Wandlung des Führungsstiles im industriellen Unternehmen. In: „Fortschrittliche Betriebsführung", Darmstadt, 14. Jahrgang, Heft 2/1965, S. 33—42.

166. *Kupka*, E.: Vom Verbesserungsvorschlag zum Leistungsbuch. In: Zeitschrift „Industrielle Psychotechnik", Heft 10/12, 1941.

167. *Kura*, Paul: Das Vorschlagswesen der Mitarbeiter. In: *Nadig, Hamson, Geratewohl* u. a.: Leistungssteigerung und Betriebsklima, Darmstadt 1954.

168. *Kura*, Paul: Ratschläge zur dauernden Belebung des betrieblichen Vorschlagswesens. In: *Nadig, Hamson, Geratewohl* u. a.: Leistungssteigerung und Betriebsklima, Darmstadt 1954.

169. *Lang*, R. und *Hellpach*, W.: Gruppenfabrikation, Berlin 1922.

170. *Lepsius*, M. Rainer: Industrie und Betrieb. In: Fischer-Lexikon (Bd.: Soziologie [Hrsg. René *König*]), Frankfurt 1958, S. 122—134.

171. *Lepsius*, M. Rainer: Strukturen und Wandlungen im Industriebetrieb, München 1960.

172. *Lersch*, Philipp: Die praktischen Einsatzgebiete der Psychologie. In: „Deutschlands Erneuerung", Heft 1/2 (1940).

173. *Lersch*, Philipp: Aufbau der Person, 5. Aufl., München 1962.

174. *Lever*, Emil J. — *Goodell*, Francis: Die Zusammenarbeit im Betrieb, München 1951, (Org.: Labor Management Cooperation, New York—London 1948).

175. *Levitt*, Theodore: Ideen allein genügen nicht. In: „Fortschrittliche Betriebsführung", Darmstadt, 13. Jahrgang, Heft 3/1964, S. 75—80.

176. *Lewin*, Kurt: Vorsatz, Wille und Bedürfnis, Berlin 1926.

177. *Lewin*, Kurt, *Lippitt*, R. und *White* R. K.: Patterns of agressive behave or in experimentally created "social climats". In: Journal of Social Psychology, Vol. 10/1939, S. 271—299.

178. *Lewin*, Kurt: The Field Theory in Social Science, New York 1951.

179. *Lewin*, Kurt: Die Lösung sozialer Konflikte, Bad Nauheim 1953 (Org.: Resolving Social Conflicts, New York 1948).

180. *Liebel*, Eberhard: Kurzer Einblick in das betriebliche Vorschlagswesen. In: „Bergbau Rundschau", Bochum, 8. Jahrgang, Nr. 3/1956, S. 127—130.

181. *Liebel,* Eberhard: Betriebliches Vorschlagswesen — Theorie und Praxis. Sonderdruck der Zeitschrift „Erzbergbau und Metallhüttenwesen" (Bd. X), Heft 5/1957, S. 2—9.

182. *Likert,* R.: Productivity, Superversion and Morale in an Office Situation, Ann Arbor, Mich., 1951.

183. *Likert, R.*: A Motivation Approach to a Modified Theory of Organization and Management. In: Modern Organization Theory, Haire M. (ed.), New York-London 1959, S. 184—217.

184. *Lill,* Christian: Das betriebliche Vorschlagswesen, 2. verbesserte und erweiterte Auflage, München 1957.

185. *Linhardt,* Hanns: Grundlagen der Betriebsorganisation, Essen 1954.

186. *Lipmann,* Otto: Angewandte Psychologie (Psychotechnik), Beiheft 59/1931 der „Zeitschrift für angewandte Psychologie".

187. *Lipmann,* Otto: Lehrbuch der Arbeitswissenschaft, Jena 1932.

188. *Lohmann,* Erich: Organisation und Rationalisierung (Zur Problematik der Begriffe). In: „Wirtschafts-Magazin" Wiesbaden, Nr. 12/1955, S. 545 bis 548.

189. *Lorenz,* E.: Zur Psychologie der industriellen Gruppen-Arbeit. In: „Zeitschrift für angewandte Psychologie", Bd. 45, Heft 1/1953, S. 1—45.

190. *Lückert,* Heinz Rolf: Konfliktpsychologie, München—Basel 1957.

191. *Lüttge,* Friedrich und *Lepsius,* Rainer: Die soziale Stellung des Meisters im Industriebetrieb (Ergebnisse einer Befragung von Industriemeistern), München 1954.

192. *Lukasczyk,* Kurt: Sozialwissenschaftliche Einführung und Grundbegriffe. In: RKW-Auslandsdienst / Heft 72: Gruppenarbeit und Produktivität, München 1958, S. 24—33.

193. *Lukasczyk,* Kurt: Zur Theorie der Führerrolle. In: „Psychologische Rundschau", Heft 11/1960.

194. *Magnus,* Kurt: Die Rationalisierung sichert die Konjunktur. In: „Rationalisieren: Warum? — Wo? — Wie?" (Beilage Nr. 41 der Zeitschrift „Der Volkswirt", Frankfurt, 10. Jahrgang, Oktober 1956, S. 7—8).

195. *Maier,* Norman R. F.: Psychology in Industrie, Cambridge (Mass.) 1946.

196. *Maier,* Norman R. F.: The quality of group decisions as influence by the discussion leader, Humans Relations, Vol. II, 1950, Nr. 2, S. 155—174.

197. *Man,* Hendrik de: Der Kampf um die Arbeitsfreude, Jena 1927.

198. *Mand,* Josef: Betriebliche Personalpolitik, Wiesbaden 1956.

199. *Markull,* Fritz: Incentive awards — ein Mittel der Verwaltungsvereinfachung in den USA. In: „Zeitschrift für Organisation", Wiesbaden, Jahrgang 25, Heft 6/1956.

200. *Mayer,* Arthur und *Laur,* Heinz: Die ungenützten Kräfte, 14. Beiheft der Zeitschrift „Mensch und Arbeit", München—Düsseldorf 1953.

201. *Mayer,* Arthur: Die soziale Rationalisierung des Industriebetriebes, München 1951.

202. *Mayer,* Arthur: Betriebspsychologie und industrielle Gesellschaft. In: „Zeitschrift für Betriebswirtschaft", Wiesbaden, 25. Jahrgang, Heft 2/1955, S. 65—80.

203. *Mayer*, Arthur: Der arbeitende Mensch in unserer Zeit. In: „Zeitschrift für Betriebswirtschaft", Wiesbaden, 26. Jahrgang, Heft 12/1956, S. 669 bis 678.

204. *Mayer*, Arthur: Die Betriebspsychologie in einer technisierten Welt. In: Handbuch der Psychologie / Bd. 9: Betriebspsychologie (Hrsg. B. *Herwig* und A. *Mayer*), Göttingen 1961, S. 3—47.

205. *Mayntz*, Renate: Die soziale Organisation des Industriebetriebes, Stuttgart 1958.

206. *Mayntz*, Renate: Zum gegenwärtigen Stand der Organisationssoziologie, Heft 29 der Betriebswirtschaftlichen Mitteilungen der Hochschule St. Gallen, Bern 1964.

207. *Mayo*, Elton: The Humans Problems of an Industrial Civilization, New York 1933.

208. *Mayo*, Elton: The Social Problems of an Industrial Civilization, Cambridge (Mass.) 1945 (Deutsch: Probleme industrieller Arbeitsbedingungen, Frankfurt 1950).

209. *Mayo*, Elton: Hawthorne und die Western Electric Company. In: Meister der Rationalisierung (Hrsg. Kurt *Pentzlin*), Düsseldorf—Wien 1963, S. 284—302.

210. *Mechler*, Heinrich: Management, Stuttgart 1956.

211. *Mechler*, Heinrich: 1000 Arbeiter — 1000 Unternehmer, Soziales Management im Betrieb, Stuttgart 1956.

212. *Mellerowicz*, Konrad: Allgemeine Betriebswirtschaftslehre, 1. Bd. (Sammlung *Göschen* / Bd. 1008), 9. unveränderte Auflage, Berlin 1956.

213. *Mellerowicz*, Konrad: Allgemeine Betriebswirtschaftslehre, IV. Bd. Sammlung *Göschen*, Bd. 1186 1186 a), 10. erweiterte und veränderte Auflage, Berlin 1959.

214. *Meyer*, Hans-Heinrich: Ein Vorschlag zum Vorschlagswesen. In: „Unter uns" (Werkszeitung der Knapsack-Griesheim AG, Knapsack, Nr. 2/1957, S. 33—34).

215. *Michligk*, Paul: Neue Praxis des betrieblichen Vorschlagswesens und der Arbeitsvereinfachung, Stuttgart 1953.

216. *Michligk*, Paul: Innerbetriebliche Werbung um Mitarbeit, Essen 1953.

217. *Michligk*, Paul: Das Richtige tun — produktiv werden und wirken!, München 1960.

218. *Miessner*, Horst: USA-Erfahrungen mit dem betrieblichen Vorschlagswesen. In: „Chemische Industrie", 6. Jahrgang, Nr. 8/1954, S. 457—459.

219. *Miessner*, Horst: Das betriebliche Vorschlagswesen in der chemischen Industrie. In Schriftenreihe: „Aus der Praxis betrieblicher Sozialpolitik", Wiesbaden, Heft 3 3/1956.

220. *Miller*, D. C. und *Form*, W. H.: Unternehmung, Betrieb und Umwelt, Köln und Opladen 1957 (Org.: Industrial Sociology, New York 1951).

221. *Moede*, Walter: Experimentalpsychologie im Dienste des Wirtschaftslebens, Berlin 1919.

222. *Moede*, Walter: Experimentelle Massenpsychologie, Leipzig 1920.

223. *Moede*, Walter: Lehrbuch der Psychotechnik, Berlin 1930.

224. *Moede*, Walter: Psychologie des Berufs- und Wirtschaftslebens. Sammlung *Goeschen* (Bd. 851. 851 a), Berlin 1958.

225. *Mörtsch*, Friedrich: Offenheit macht sich bezahlt, Düsseldorf 1956.

226. *Mohr*, Eva: Der Funktionswandel des Industriemeisters. In: „Rationalisierung", München, 15. Jahrgang, Heft 2/1964, S. 30—34.

227. *Moore*, Leo B.: Auch Ihre Mitarbeiter haben gute Ideen! In: „Fortschrittliche Betriebsführung", Darmstadt, 7. Jahrgang, Heft 4/1958, S. 80—84.

228. *Moreno*, Jacob L.: Who Shall Survive?, Washington 1934 (Deutsch: Die Grundlagen der Soziometrie, Köln und Opladen 1954).

229. *Mueller*, Franz H.: Soziale Theorie des Betriebes, Berlin 1952.

230. *Müller*, Heinz: Grundprobleme einer Psychologie der Selbstentfaltung. In: Archiv für die gesamte Psychologie, (Bd. 113/1961).

231. *Müller*, H. A.: Die Dynamik des Arbeitsverhaltens und ihre Wirkung auf die Gruppenleistung. In: „Psychologie und Praxis", Stuttgart—Bad Cannstatt, VI. Jahrgang, Heft 1/1962, S. 21—28.

232. *Münsterberg*, Hugo: Grundzüge der Psychotechnik (letzter Bd. der „Grundzüge der Psychologie"), Leipzig 1913.

233. *Münsterberg*, Hugo: Psychologie und Wirtschaftsleben (Ein Beitrag zur angewandten Experimentalpsychologie), Leipzig 1919.

234. *Naase*, Karl-Heinz: Wie man Ideen durch "Brainstorming" findet. In: „Mensch und Arbeit", München, 13. Jahrgang, Heft 6/1961, S. 172—173.

235. *Nell-Breuning*, Oswald: Der Mensch im Betrieb. In: „Zeitschrift für Betriebswirtschaft", Wiesbaden, 10. Jahrgang, 1950.

236. *Newcomb*, Theodore M.: Social Psychology, New York 1950 (Deutsch: Sozialpsychologie, Meisenheim 1959).

237. *Neuloh*, Otto: Die praktische Bedeutung industriesoziologischer Forschung für den Betrieb, dargestellt an der Hawthorne-Studie. In: „Soziale Welt", Dortmund, 4. Jahrgang, Heft 2/1953, S. 99—111.

238. *Parsons*, Talcott: The Social System, London 1952.

239. *Pechold*, Engelbert: Arbeitsgestaltung durch Gruppenarbeit. In: H. *Paul* und P. H. *Steinmetz* (Hrsg.), Die Gruppe im Betrieb, Dortmund 1953, S. 97—101.

240. *Peck*, Robert F.: Wodurch wird ein Mensch schöpferisch? In: „Fortschrittliche Betriebsführung", Darmstadt, 8. Jahrgang, Heft 1/1959, S. 8—10.

241. *Peddinghaus*, G.: Verbesserungsvorschläge als wertvolles Mittel der Produktivitätssteigerung. In: „Rationalisierung", München, 9. Jahrgang, Heft 9/1958, S. 235—238.

242. *Pentzlin*, Kurt: Arbeitsrationalisierung, München 1954.

243. *Pentzlin*, Kurt: Meister der Rationalisierung (Herausgegeben in Zusammenarbeit mit dem Rationalisierungskuratorium der Deutschen Wirtschaft), Düsseldorf und Wien 1963.

244. *Peter*, Werner: Das Vorschlagswesen, Bern 1946.

245. *Pietsch*, Max: Von Wert und Würde menschlicher Arbeit, Wien 1952.

246. *Pirker, Braun, Lutz* und *Hammelrath:* Arbeiter, Management, Mitbestimmung, Stuttgart—Düsseldorf 1955.

247. *Plenge,* Johann: Drei Vorlesungen über allgemeine Organisationslehre, Essen 1919.

248. *Poeverlein,* Julius: Grundlagen und Praxis fortschrittlicher Personalführung, Stuttgart 1959.

249. *Popitz,* H., *Bahrdt,* H. P., *Jüres,* E. A. und *Kesting,* H.: Das Gesellschaftsbild des Arbeiters, (Soziologische Untersuchungen in der Hüttenindustrie), Tübingen 1957.

250. *Popitz,* H., *Bahrdt,* H. P., *Jüres,* E. A. und *Kesting,* H.: Technik und Industriearbeit, Tübingen 1957.

251. *Poppelreuter,* Walter: Arbeitspsychologische Leitsätze für den Zeitnehmer, München und Berlin 1929.

252. *Poschenrieder,* M.: Integration der Arbeit (Unveröffentlichte Dissertation), Mannheim 1959.

253. *Posz,* Conrad: Methodische Jagd nach dem Gedankenblitz. In: „Fortschrittliche Betriebsführung", Darmstadt, 8. Jahrgang, Heft 1/1959, S. 6—8.

254. *Pradel,* A.: Verbesserungsvorschläge — auch heute noch eine Rationalisierungschance. In: „Frankfurter Allgemeine Zeitung" vom 23. 11. 1964.

255. *Proesler,* H. — *Beer,* K.: Die Gruppe — The group — le groupe (Ein Beitrag zur Systematik soziologischer Grundbegriffe), Heft 7 der Nürnberger Abhandlungen zu den Wirtschafts- und Sozialwissenschaften, Berlin 1955.

256. *Randell,* Frederic D.: Regen Sie Ihre Führungskräfte zu schöpferischem Denken an! In: „Arbeitswissenschaftlicher Auslandsdienst", Darmstadt, 6. Jahrgang, Heft 1/1957, S. 8—12 (Gekürzte Übersetzung aus Harvard Business Review, Juli/August 1955).

257. *Reitmayer,* Franz: Das betriebliche Vorschlagswesen als Teil der Arbeitsgestaltung. In: „REFA-Nachrichten", Darmstadt, Heft 4/1952, S. 89—91.

258. *Riedel,* Johannes: Arbeitspädagogik im Betrieb, Essen 1958.

259. *Rüssel,* Arnulf: Arbeitspsychologie, Bern und Stuttgart 1961.

260. *Rieger,* Wilhelm: Einführung in die Privatwirtschaftslehre, 2. unveränderte Auflage, Erlangen 1959 (1. Aufl., Nürnberg 1928).

261. *Roethlisberger,* F. J. und *Dickson,* W. J.: Management and the Worker, Cambridge (Mass.) 1947.

262. *Roethlisberger,* F. J.: Betriebsführung und Arbeitsmoral, Köln und Opladen 1954 (Orig.: Management and Morale, Cambridge (Mass.) 1941.

263. *Roethlisberger,* F. J.: Zwei Seelen in der Brust (Der Meister zwischen zwei Fronten). In: „Arbeitswissenschaftlicher Auslandsdienst", Darmstadt, 4. Jahrgang, Heft 3/1955, S. 54—59.

264. *Rohn,* Walter: Anwendung und Ergebnisse der Gruppenarbeit in der amerikanischen Wirtschaft. In: RKW-Auslandsdienst / Heft 72: Gruppenarbeit und Produktivität, München 1958, S. 56—89.

265. *Rosenstock,* E.: Werkstattaussiedlung, Berlin 1922.

266. *Rubinstein*, S. L.: Grundlagen der allgemeinen Psychologie (Übersetzung aus dem Russischen), Deutsche Ausgabe, Berlin 1958.

267. *Rupp*, H.: Psychologie der Fließarbeit, Pste. Zeitschriften (Bd. 2), 1927.

268. *Segerstedt*, Torgny T.: Die Macht des Wortes (Eine Sprachsoziologie). Bd. III der Internationalen Bibliothek für Psychologie und Soziologie (Hrsg.: Paul *Reiwald*), Zürich 1947 (Originaltitel: "Ordens makt").

269. *Seidemann*, A.: Aus der Praxis des betrieblichen Vorschlagswesens. In Zeitschrift: „Glas-Email-Keramo-Technik", Hamburg, 4. Jahrgang, Heft 11/1953, S. 416—418.

270. *Silberer*, Paul: Wege zur Team-Arbeit. In: „Industrielle Organisation", Zürich, 31. Jahrgang, Heft 6/1960, S. 21/28.

271. *Sogorsky*, Hans: Initiative im Betrieb. In: „Sodalenbrief der Marianischen Kongregation", Augsburg, 11. Jahrgang, Nr. 4/1958, S. 110—117.

272. *Solms*, Max, Graf: Die Gesellungslehre und das Problem der menschlichen Gesellschaft. In: Derselbe (Hrsg.), Aus der Werkstatt des Sozialforschers, Frankfurt a. M. 1948.

273. *Solms*, Max, Graf: Analytische Gesellungslehre, Tübingen 1956.

274. *Schäfer*, Erich: Die Unternehmung, 1.—3. Teil, Köln und Opladen 1956.

275. *Scharmann*, Theodor: Untersuchungen über das intellektuelle Verhalten in der Gruppe (Die Gruppe als soziologisches und psychologisches Phänomen). In: Bericht über den 18. Kongreß der Deutschen Gesellschaft für Psychologie in Marburg 1951, Göttingen 1953.

276. *Scharmann*, Theodor: Betriebsorganisation und Gruppenpflege. In: „Soziale Welt", Dortmund, Jahrgang 4, Heft 2/1953, S. 130—142.

277. *Scharmann*, Theodor: Die Gruppe im Betrieb (Ein Beitrag zur Systematik der Gruppenpflege). In: *Paul* und *Steinmetz* (Hrsg.), Die Gruppe im Betrieb, Dortmund 1953, S. 53—76.

278. *Scharmann*, Theodor: Arbeit und Beruf, Tübingen 1956.

279. *Scharmann*, Theodor: Produktivitätssteigerung und soziale Rationalisierung. In: „Bundesarbeitsblatt", Heft 13/1956, S. 423—428.

280. *Scharmann*, Theodor: "Human Relations" allein genügen nicht! In: „Arbeitswissenschaftlicher Auslandsdienst", Darmstadt, 6. Jahrgang, Heft 3/1957, S. 60—63.

281. *Scharmann*, Theodor: Struktur und Dynamik gegenläufiger Prozesse. In: Festschrift der Odenwaldschule, Braunschweig 1960.

282. *Scharmann*, Theodor: Zur Methodik der experimentellen Gruppenforschung. In: Bericht über den 22. Kongreß der Deutschen Gesellschaft für Psychologie in Heidelberg 1959, Göttingen 1959, S. 259—262.

283. *Scharmann*, Theodor: Zur Systematik des „Gruppen"begriffs in der neueren deutschen Psychologie und Soziologie. In: „Psychologische Rundschau", Göttingen, 10. Jahrgang, Heft 1/1959, S. 16—48.

284. *Scharmann*, Theodor: Tertius miserabilis, Heft 12 der Nürnberger Abhandlungen zu den Wirtschafts- und Sozialwissenschaften, Berlin 1959.

285. *Scharmann*, Theodor: Anpassung und Autonomie in der nordamerikanischen Gesellschaft von heute ("Human Relations" in den USA), Bd. XIII der Veröffentlichungen der Hochschule für Wirtschafts- und Sozialwissenschaften, Nürnberg 1959.

286. *Scharmann*, Theodor: Die individuelle Entwicklung in der sozialen Wirklichkeit. In: Handbuch der Psychologie / Bd. 3: Entwicklungspsychologie (Hrsg.: H. *Thomae*), Göttingen 1959.

287. *Scharmann*, Theodor: Psychologische Aspekte der Teamarbeit im Unternehmen. In: Zeitschrift: „Industrielle Organisation", Zürich, 31. Jahrgang, Heft 6/1960, S. 29—38.

288. *Scharmann*, Theodor: „Gruppenfertigung" als Methode der experimentellen Gruppenforschung. In: „Schwalbacher Blätter", Heft 45/1960, S. 377—384.

289. *Scharmann*, Theodor: Rolle, Person, Persönlichkeit. In: Bericht über den 23. Kongreß der Deutschen Gesellschaft für Psychologie, Göttingen 1963.

290. *Scharmann*, Theodor: Psychologische Beiträge zu einer Theorie der sozial-individualen Integration. In: *Wurzbacher*, Gerhard (Hrsg.), Der Mensch als personales und soziales Wesen, Stuttgart 1963, S. 35—55.

291. *Scharmann*, Theodor: Leitsätze der Gruppenarbeit und Gruppenpflege im Betrieb (Hektografiertes Manuskript aus den Vorlesungen am Institut für Betriebswirtschaft an der Hochschule für Wirtschafts- und Sozialwissenschaften St. Gallen, Mai 1963).

292. *Scharmann*, Theodor: Jugend in Arbeit und Beruf, München 1965.

293. *Schelsky*, Hellmut: Industrie- und Betriebssoziologie. In: A. *Gehlen* und H. *Schelsky* (Hrsg.): „Soziologie" (Ein Lehr- und Handbuch zur modernen Gesellschaftskunde), Düsseldorf—Köln 1955.

294. *Scherhorn*, Gerhard: Bedürfnis und Bedarf (Sozial-ökonomische Grundbegriffe im Lichte der neueren Anthropologie), Berlin 1959.

295. *Scherke*, Felix: Betriebspsychologie, Berlin 1948.

296. *Scherke*, Felix: Soziale Betriebsgestaltung. In: W. *Proesler* (Hrsg.), „Nürnberger Abhandlungen", Heft 1, Berlin 1952.

297. *Scherke*, Felix: Die Bedeutung der Gruppe für das Leben im Betrieb. In: *Paul* und *Steinmetz* (Hrsg.), Die Gruppe im Betrieb, Dortmund 1953, S. 7—12.

298. *Scherke*, Felix: Betriebsknigge für Betriebsführer, Personalchefs und Meister, Konstanz 1955.

299. *Scherke*, Felix: Soziale Betriebsgestaltung. In: Kleine Schriften zur Sozialpolitik und zum Arbeitsrecht, 2. Folge, Heft 9 (Hrsg.: Institut für Sozialpolitik und Arbeitsrecht, München), München 1955.

300. *Scherke*, Felix: Konsum-Motiv-Forschung. In: Jahrbuch der Absatz- und Verbrauchsforschung, 4. Jahrgang, Heft 1/1958.

301. *Scherke*, Felix: Die Arbeitsgruppe im Betrieb, Wiesbaden 1956.

302. *Schiller*, Heinrich: Gruppenpädagogik (Social group work) als Methode der Sozialarbeit, Wiesbaden-Bieberich 1963.

303. *Schirm*, Rolf W.: Zwischenbilanz des Vorschlagswesens, Essen 1955.

304. *Schmidt*, A. W.: Schwache Beteiligung an Betriebsverbesserungen? In: „Der Arbeitgeber", Düsseldorf, 5. Jahrgang, Nr. 14/1953, S. 623—625.

305. *Schmidt*, A. W.: Menschliche Fehler beim betrieblichen Vorschlagswesen. In: „Zentralblatt für Arbeitswissenschaft und soziale Betriebspraxis", 8. Jahrgang, Heft 12b/1954, S. 221—222.

306. *Schmidt*, Gerhard: Führungsmittel Vorschlagswesen (Zur Organisation einer wichtigen betrieblichen Einrichtung). In: „Zeitschrift für Organisation“, Wiesbaden, Jahrgang 20, Heft 6/1951, S. 375—377.

307. *Schmidt*, Gerhard: Prämie = $c \times 2^{p/30}$ (Prämienberechnung bei *Osram*, Berlin). In: „Zeitschrift für Organisation“, Wiesbaden, Jahrgang 25, Heft 4/1956, S. 139—141.

308. *Schmidtke*, Heinz: Arbeitswissenschaftliche Aspekte einer Theorie des Sozialisationsprozesses. In: *Wurzbacher*, Gerhard: (Hrsg.), Der Mensch als soziales und personales Wesen, Stuttgart 1963, S. 57—77.

309. *Schnewlin*, Helmut: Formen der Team-Arbeit in der Industrie. In Zeitschrift: „Industrielle Organisation“, Zürich, 31. Jahrgang, Heft 6/1960, S. 13—19.

310. *Spahn*, Fritz: Über die Praxis der Prämiengestaltung im Rahmen des betrieblichen Vorschlagswesens. Bericht von der 2. Fachtagung für betriebliches Vorschlags- und Informationswesen am 13./14. 10. 1953 in Heidelberg (Veranstalter: „Arbeitsgemeinschaft für soziale Betriebsgestaltung“, Heidelberg).

311. *Specht*, Karl Gustav: Wir haben noch Nachholbedarf. In: „Junge Wirtschaft“, Bonn, 8. Jahrgang, Heft 10/1960, S. 426—427.

312. *Specht*, Karl Gustav: Empirie und Theorie (Bemerkungen zu den Grundlagen der Sozialforschung), Bd. XV der Veröffentlichungen der Hochschule für Wirtschafts- und Sozialwissenschaften in Nürnberg, Nürnberg 1960.

313. *Specht*, Karl Gustav: Was heißt Arbeitswissenschaft? In: „Arbeitswissenschaft“, Wiesbaden, 1. Jahrgang, Nr. 1/1962, S. 3—5.

314. *Specht*, Karl Gustav: Die mittleren Führungskräfte. In: Der Mensch im Betrieb, Bd. 3 der Veröffentlichungen der Walter-Raymond-Stiftung, Köln und Opladen 1962, S. 195—200.

315. *Spreng*, H. u. a.: Psychotechnik (Angewandte Psychologie), Zürich und Leipzig 1935.

316. *Staerkle*, Robert: Anpassung der Organisation an den Menschen. Heft 10 der Betriebswirtschaftlichen Mitteilungen des Institutes für Betriebswirtschaft an der Handels-Hochschule St. Gallen (Hrsg.), Bern 1960.

317. *Starker*, Norbert: Betriebliches Vorschlagswesen — ein Beispiel aus der Praxis. In: „Rationalisierung“, München, 4. Jahrgang, Heft 12/1953, S. 322—324.

318. *Stratoudakis*, Pan: Das Kommunikationssystem als organisatorisches Problem. In: „Zeitschrift für Betriebswirtschaft“, Wiesbaden, 32. Jahrgang, Heft 4/1962, S. 204—216.

319. *Stehle*, W.: Das betriebliche Vorschlagswesen — der Rationalisierungsbeitrag des Arbeiters. In: „Zentralblatt für Arbeitswissenschaft und soziale Betriebspraxis“, 8. Jahrgang, Heft 12 b/1954, S. 217—220.

320. *Steiner*, Arthur: Was erwartet der Arbeiter von der Arbeits- und Betriebspsychologie? In: „Fortschrittliche Betriebsführung“, Darmstadt, 7. Jahrgang, Heft 4/1958, S. 91—96.

321. *Steinwarz*, Herbert: Das betriebliche Vorschlagswesen als nationalsozialistisches Führungsinstrument, Berlin 1943.

322. *Stern,* William: Angewandte Psychologie, Leipzig—Berlin 1921.

323. *Stern,* William: Allgemeine Psychologie auf personalistischer Grundlage, 2. Auflage, Haag 1950.

324. *Stirn,* Hans: Die informelle Arbeitsgruppe, Heft 1 der Schriftenreihe für Gruppenforschung und Gruppenpflege (Hrsg. H. *Paul* u. P. H. *Steinmetz*), Dortmund 1952.

325. *Stirn,* Hans: Die Arbeitsgruppe. In: Handbuch der Psychologie / Bd. 9: Betriebspsychologie, Göttingen 1961 (Herausgeber: B. *Herwig* und A. *Mayer*), S. 487—510.

326. *Taylor,* Frederick, W.: Grundsätze wissenschaftlicher Betriebsführung, München—Berlin 1919 (Org.: The Principles of Scientific Management, New York 1911).

327. *Taylor,* Frederick W.: Die Prinzipien des Scientific Management. In: K. *Pentzlin,* Meister der Rationalisierung, Düsseldorf—Wien 1963, S. 63 bis 88.

328. *Than,* Otto: Brainstorming — nur eine neue Mode! In: „Zeitschrift für Organisation", Wiesbaden, Jahrgang 26, Heft 6/1957, S. 239.

329. *Theiss,* Klaus: Rationalisierungsbeiträge durch Betriebsverbesserungsvorschläge der Belegschaft. Sonderdruck aus Zeitschrift: „Stahl und Eisen", 73 (1953), Heft 1.

330. *Thomae,* Hans (Hrsg.): Entwicklungspsychologie. In: Handbuch der Psychologie / Bd. 3: Entwicklungspsychologie, Göttingen 1959.

331. *Thomas,* William I. und *Znaniecki,* Florian: The Polish Peasent in Europe and America, Volume I, Boston 1918.

332. *Thomas,* William I.: The Unadjusted Girl, Boston 1923.

333. *Tittes,* Tassilo: Die Gruppenarbeit in betriebswirtschaftlicher und organisatorischer Sicht (Unveröffentlichte Dissertation), München 1958.

334. *Tönnies,* F.: Gemeinschaft und Gesellschaft, 8. Auflage Leipzig 1935 (1. Auflage 1887).

335. *Toman,* Walter: Einführung in die moderne Psychologie (Sammlung „Die Universität" / Bd. 20), Wien 1951.

336. *Toman,* Walter: Dynamik der Motive (Sammlung „Die Universität" / Bd. 52), Wien 1954.

337. *Traphagen,* Wilhelm: Wege zur Gruppenbildung. In: H. *Paul* und P. H. *Steinmetz* (Hrsg.), Die Gruppe im Betrieb, Dortmund 1953, S. 77—80.

338. *Ulrich,* Hans: Betriebswirtschaftliche Organisationslehre, Bern 1949.

339. *Ulrich,* Hans: Förderung der schöpferischen Kräfte in der Unternehmung. In: Zeitschrift „Industrielle Organisation", Zürich, Heft 4/1959, S. 7—11.

340. *Urwick,* L. F.: Der Mensch lebt nicht vom Brot allein. In: „Fortschrittliche Betriebsführung", Darmstadt, 7. Jahrgang, Heft 3/1958, S. 49—50.

341. *Urwick,* L. F.: Aufstieg als Anreiz. In: „Fortschrittliche Betriebsführung", Darmstadt, 10. Jahrgang, Heft 1/1961, S. 49—50.

342. *Vaubel,* Ludwig: Einführung zu Bd. 2 der Veröffentlichungen der Walter-Raymond-Stiftung: „Der Mensch im Betrieb", Köln und Opladen 1962, S. 1—9.

343. *Vetter*, August: Der arbeitende Mensch im Umbruch unserer Zeit. In: Wege zur Rationalisierung (Hrsg.: RKW), Heft 8: Der Mensch und seine Arbeit, München 1958, S. 11—24.

344. *Vollmer*, Zeitschrift „Recht der Arbeit" (III), 1957.

345. *Weber*, Hans: Die Gestaltung eines erfolgreichen Vorschlagswesens. In: Zeitschrift „Industrielle Organisation", Zürich, 24. Jahrgang, Nr. 1/1955, S. 5—12.

346. *Weber*, Max: Zur Psychophysik der menschlichen Arbeit (Aus „Archiv für Sozialwissenschaft und Sozialpolitik", 1908/1909). In: Meister der Rationalisierung (Hrsg. Kurt *Pentzlin*), Düsseldorf—Wien 1963, S. 154 bis 167.

347. *Weddigen*, Walter: Wirtschaftsethik (System humanitärer Wirtschaftsmoral), Berlin 1951.

348. *Weddigen*, Walter: Grundzüge der Sozialpolitik und Wohlfahrtspflege, Stuttgart 1957.

349. *Weddigen*, Walter: Theoretische Volkswirtschaftslehre als System der Wirtschaftstheorie, 2. durchgesehene und ergänzte Aufl., Berlin 1958.

350. *Weippert*, Georg: Die Bildung sozialer Gruppen, Heft 6 der Schriftenreihe der Hochschule für politische Wissenschaften, München 1950.

351. *Whyte*, William F.: Lohn und Leistung, Köln und Opladen 1958, (Org.: Money and Motivation, New York 1955).

352. *Whyte*, William H.: Herr und Opfer der Organisation, Düsseldorf 1958, (Org.: The Organization Man, New York 1956).

353. *Whyte*, William H.: Der Einzelne muß gegen die Diktatur der Gruppen-Organisation kämpfen! In: „Mensch und Arbeit", München, 11. Jahrgang, Heft 11/1959, S. 143—146.

354. *Wiedemann*, Herbert: Die Rationalisierung aus der Sicht des Arbeiters. Bd. 24 der Dortmunder Schriften zur Sozialforschung (Hrsg. Sozialforschungsstelle der Universität Münster), Köln und Opladen 1964.

355. *Wiese*, Leopold, von: System der allgemeinen Soziologie als Lehre von den sozialen Prozessen und den sozialen Gebilden der Menschen (Beziehungslehre), 2. Aufl., München—Leipzig 1933.

356. *Wiese*, Leopold, von: Soziologie, 6. Aufl., (Sammlung *Göschen* / Bd. 101), Berlin 1960.

357. *Wistinghausen*, Jochen: Stellung und Aufgaben des Meisters in den Industriebetrieben. In: „Der Arbeitgeber", Düsseldorf, 10. Jahrgang, Nr. 3/1958, S. 70—72.

358. *Wistinghausen*, Jochen: Die innerbetriebliche Information — Grundsätze und Möglichkeiten sowie Hinweise für die Betriebspraxis. In: Handbuch der „Sozialen Betriebspraxis", Neuwied.

359. *Witte*, J. M.: Das Vorschlagswesen der Arbeitnehmer im Lichte der Statistik. In: „Rationalisierung", München, 4. Jahrgang, Heft 8/1953, S. 234—236.

360. *Wurzbacher*, Gerhard (Hrsg.) u. a.: Der Mensch als soziales und personales Wesen, (Beiträge zu Begriff und Theorie der Sozialisation), Stuttgart 1963.

361. *Wurzbacher*, Gerhard: „Sozialisation-Enkulturation-Personalisation". In: Derselbe (Hrsg.), Der Mensch als soziales und personales Wesen, Stuttgart 1963, S. 1—34.

362. *Zahn*, Walter: Aus der Praxis des betrieblichen Vorschlagswesens der Buderu'schen Eisenwerke, Wetzlar. In: „Rationalisierung", 12. Jahrgang, München, Heft 3/1961, S. 56—59.

363. *Zander*, Ernst: Aufstiegsmöglichkeiten im Betrieb. In: „Fortschrittliche Betriebsführung", Darmstadt, 13. Jahrgang, Heft 1/1964, S. 19—24.

364. *Ziegenfuß*, W.: Der Mensch als Gesellschaftswesen und der Betrieb, Berlin 1953.

Ohne Verfasser:

365. o.V.: Vorschlagswesen hilft rationalisieren. In: „Wirtschaftsmagazin", Wiesbaden, Nr. 8/1951, S. 361.

366. o.V.: Ein Vorschlagssystem — auch für die Betriebsleitung. In Zeitschrift: „Rationalisierung", München, 3. Jahrgang, Heft 7/1952, S. 192.

367. o.V.: Wie man jemandem die Freude an Verbesserungsvorschlägen verleiden kann. In: „REFA-Nachrichten", Darmstadt, 6. Jahrgang, Heft 3/1953.

368. o.V.: Das Vorschlagswesen der Arbeitnehmer im Lichte der Statistik. In: „Rationalisierung", München, Heft 8/1953, S. 234—236.

369. o.V.: Gruppenpflege im Betrieb. In Zeitschrift: „Der Arbeitgeber", Düsseldorf, 5. Jahrgang, Nr. 7 vom 1. 4. 1953, S. 281—282.

370. o.V.: Offene Türen beim betrieblichen Vorschlagswesen. In: „Rationalisierung", München, 6. Jahrgang, Heft 4/1955, S. 93 (aus "Management and Methods", Juni 1944).

371. o. V.: Was man längst vergessen hat. In: „Zeitschrift für Organisation", Wiesbaden, Jahrgang 26, Heft 5/1957, S. 199.

372. o.V.: Das betriebliche Vorschlagswesen weckt die Initiative der Mitarbeiter. In: „Mensch und Arbeit", 9. Jahrgang, München, Heft 8/1957, S. 256.

373. o.V.: Was ist Brainstorming? In: „Betriebswirtschafts-Magazin", Wiesbaden, Heft 2/1962, S. 73—74.

374. o.V.: Forum des Vorschlagswesens. In: „Krupp-Mitteilungen", Heft 4/Juni 1963, S. 122—123.

Sonstige Veröffentlichungen

375. „Der Arbeitskamerad", Werkszeitschrift der Aluminium-Walzwerke-Singen GmbH, Singen, Heft 3/1953.

376. Arbeitskreis Dr. *Krähe:* Unternehmungsorganisation (Veröffentlichungen der Schmalenbach-Gesellschaft, Bd. 19), 2. erweiterte Aufl., Köln und Opladen 1954.

377. *Institut* für *Sozialforschung* an der Universität Frankfurt: Betriebsklima, Frankfurt 1955.

378. RKW-Auslandsdienst (Hrsg.): Human Relations — die menschlichen Beziehungen (Beobachtungen einer deutschen Studiengruppe in den USA mit Beiträgen verschiedener Verfasser), Heft 41, München 1956.

379. Informationsbrief 2 des RKW, Bezirksgruppe Nordrhein-Westfalen (Hrsg.): Erfahrungen mit dem Betrieblichen Vorschlagswesen, 3. erweiterte Auflage, Düsseldorf 1956 (1. Aufl. 1953).

380. Fachberichte der Gesellschaft für Soziale Betriebspraxis mbH., Düsseldorf: Das betriebliche Vorschlagswesen, Mai 1956 (mit ausführlichem Literaturverzeichnis).

381. Verband für Arbeitsstudien — REFA (Hrsg.): Das REFA-Buch, Bd. 1: Arbeitsgestaltung, 7. unveränderte Auflage, München 1957.

382. *Hofstätter*, P. R. (Hrsg.) u. a.: Psychologie (Das Fischer-Lexikon / Bd. 6), Frankfurt 1957.

383. RKW-Auslandsdienst (Hrsg.): Gruppenarbeit und Produktivität (Bericht über eine Studienreise in USA mit Beiträgen verschiedener Verfasser), Heft 72, München 1958.

384. *König*, Réne (Hrsg.) u. a.: Soziologie (Das Fischer-Lexikon / Bd. 10), Frankfurt 1958.

385. Der Neue Betrieb: Die Funktion des Meisters im Wandel der Technik (Herausgegeben vom Studienkreis für sozialwirtschaftliche Betriebsformen e.V.: „Der Neue Betrieb"), Schrift 10, Düsseldorf 1961.

386. Arbeitsbericht Nr. 16: Betriebliche Personalpolitik und Personalführung (Hrsg.: Ausschuß für Soziale Betriebsgestaltung bei der Bundesvereinigung der Deutschen Arbeitgeberverbände e.V., Köln), Bergisch-Gladbach 1962.

387. Arbeitsbericht Nr. 22: Delegation von Aufgaben, Befugnissen und Verantwortung (Hrsg.: Ausschuß für Soziale Betriebsgestaltung bei der Bundesvereinigung der Deutschen Arbeitgeberverbände e.V., Köln), Bergisch-Gladbach 1964.

388. „Automation — Mut zur Zukunft", Blätter für Vorgesetzte, Nr. 2/1965 (Herausgegeben vom Arbeitsring der Arbeitgeberverbände der Deutschen Chemischen Industrie e.V., Wiesbaden).

389. „Anregungen zur Einrichtung, Gestaltung und Verbesserung des Betrieblichen Vorschlagswesens" (Herausgeber: Hessisches Institut für Betriebswirtschaft e.V., Frankfurt).

390. Handbuch für „Soziale Betriebspraxis" (Hrsg.: Jochen *Wistinghausen*), Gruppe XII: Betriebliches Vorschlagswesen, Neuwied.

Namenverzeichnis

Stichwortverzeichnis

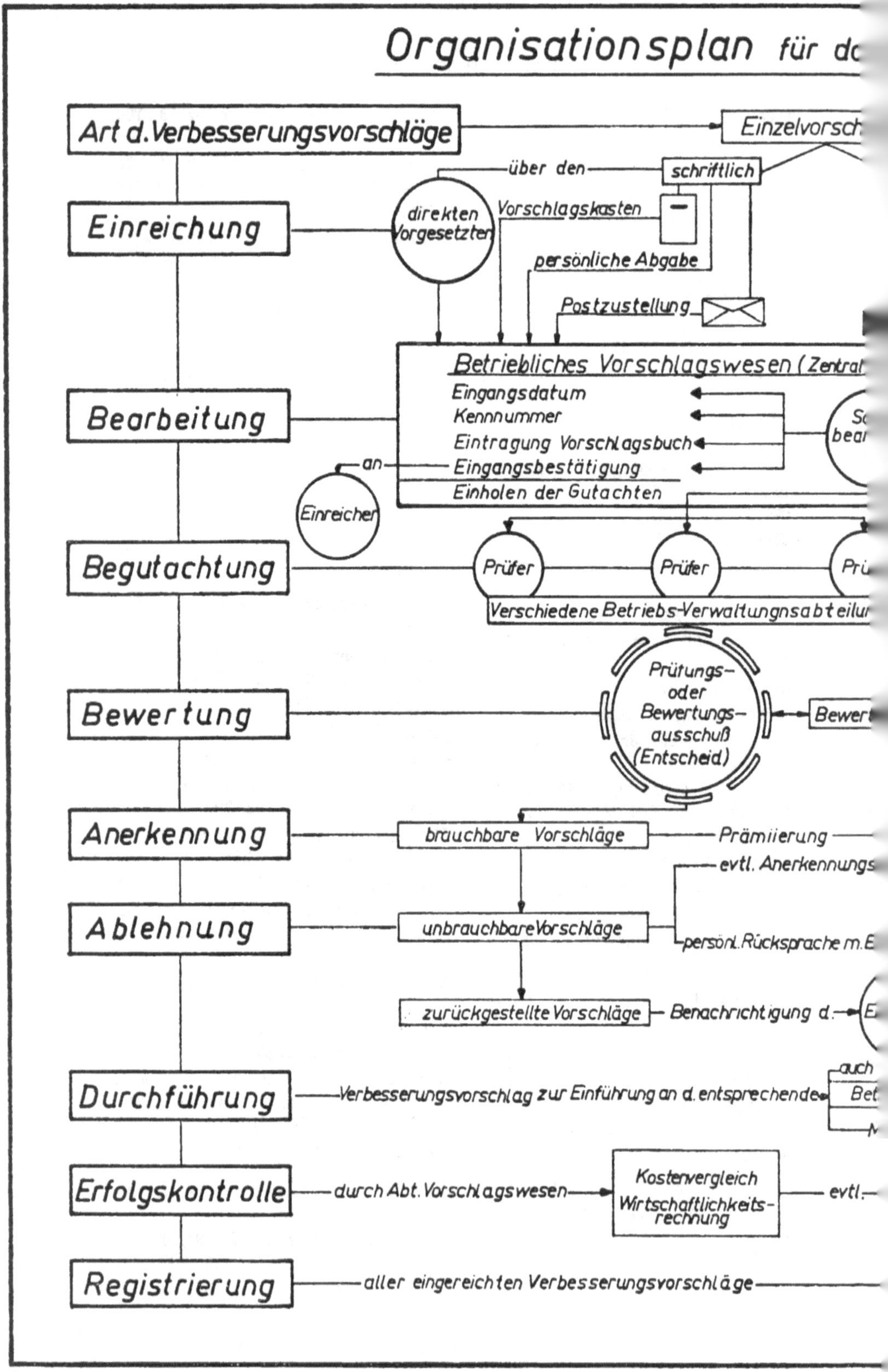
Organisationsplan für da
Art d. Verbesserungsvorschläge
Einzelvorsch
schriftlich
über den
direkten Vorgesetzten
Vorschlagskasten
persönliche Abgabe
Postzustellung
Einreichung
Betriebliches Vorschlagswesen (Zentral
Eingangsdatum
Kennnummer
Eintragung Vorschlagsbuch
Eingangsbestätigung
Einholen der Gutachten
an
Einreicher
Bearbeitung
Begutachtung
Prüfer
Prüfer
Prü
Verschiedene Betriebs-Verwaltungnsabteilun
Prüfungs- oder Bewertungs-ausschuß (Entscheid)
Bewert
Bewertung
Anerkennung
brauchbare Vorschläge
Prämiierung
evtl. Anerkennungs
Ablehnung
unbrauchbare Vorschläge
persönl. Rücksprache m. E
zurückgestellte Vorschläge
Benachrichtigung d.
Durchführung
Verbesserungsvorschlag zur Einführung an d. entsprechende
auch
Bet
Erfolgskontrolle
durch Abt. Vorschlagswesen
Kostenvergleich
Wirtschaftlichkeits-rechnung
evtl.
Registrierung
aller eingereichten Verbesserungsvorschläge

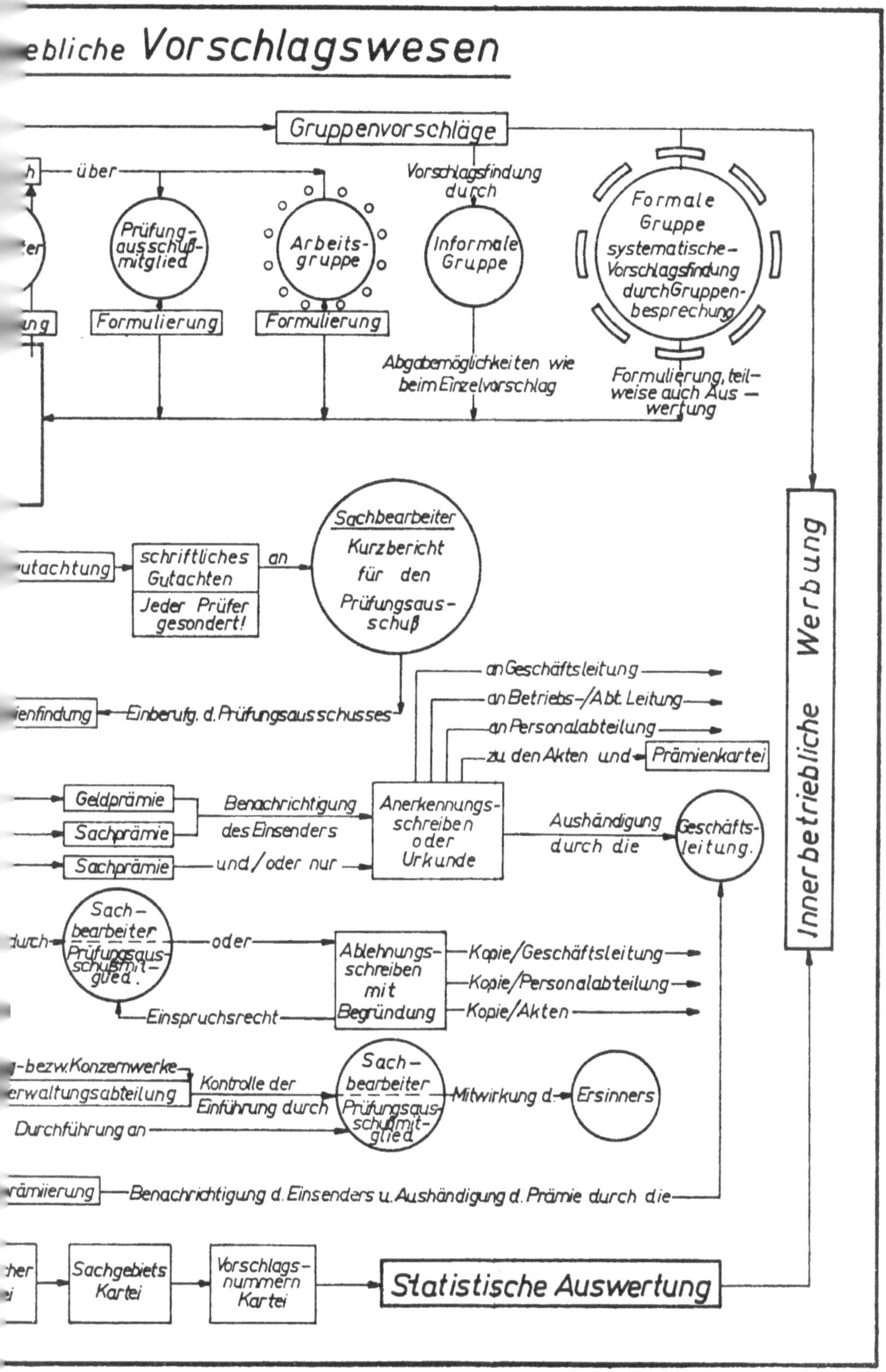

Tafel online abrufbar unter: https://www.duncker-humblot.de/9783428008278_Tafel

FSC
www.fsc.org
MIX
Papier | Fördert gute Waldnutzung
FSC® C083411

Kolibri 360 GmbH
Ferdinand-Jühlke-Straße 7
99095 Erfurt, Deutschland
produktsicherheit@kolibri360.de

Druck:
CPI Druckdienstleistungen GmbH
im Auftrag der
Kolibri 360 GmbH
Ferdinand-Jühlke-Str. 7
99095 Erfurt